개정판

Foodservice Industry

신 외식산업현황과 창업실무매뉴얼

신봉규 · 박재호 · 송흥규
이용석 · 박한나 공저

백산출판사

머리말

식당의 성공요인은 맛과 서비스, 위생이다. 베스트 서비스는 단순히 최고급 메뉴만을 제공하는 것이 아닌 고객이 식당에 들어서는 순간부터 식당을 떠날 때까지 전 과정에서 종업원과 고객 사이에 접촉이 이루어지는 수많은 접점(진실의 순간)마다 자발적이고도 진심어린 서비스를 받았다고 느낄 때를 말한다. 즉 단순한 기능적 서비스가 아니라 마음에서 우러나는 인간적인 서비스로서 정신적인 만족감을 말한다.

경영자들은 식당경영에 있어 가장 중요한 것과 성공요인은 맛, 구전효과, 입지, 서비스, 경영주 마인드, 시설(분위기) 순이라 말한다. 그러나 식당 운영과정에서 가장 투자를 많이 하는 것은 직원교육이나 상품 R&D(연구개발)보다는 시설이나 인테리어로 조사되고 있다. 소프트웨어(맛, 서비스, 신뢰성)보다는 눈에 보이는 외형에 치중하는 경영형태를 단적으로 나타내고 있는 것이다. 식당성공의 가장 중요한 요소인 상품과 서비스의 질적 수준을 높이기 위한 투자보다는 외형에 더 많은 부분을 투자하는 왜곡된 모습이 그대로 드러나고 있는 것이다. 이와 같이 음식점은 개업 또는 개선 후 장사가 반짝(2~3개월간) 잘될 수는 있다. 그러나 장기간 고객들의 입에서 입으로 전해지는 유명업소는 될 수 없다. 배, 비행기, 거북선 등의 테마 레스토랑이나 번화가 인테리어에 의존하는 카페나 커피숍들도 개업 초기에는 장사가 잘되는 것을 보아왔지만 몇 개월이 지나면 고객들로부터 외면당하는 것을 볼 수 있다. 눈에 보이는 것으로 잠깐 고객을 만족시킬는 수 있어도 장기간 만족시킬 수는 없는 것이다. 마음에서 느끼는 감동만이 단골고객을 유지시키고 성공식당을 만들 수 있다.

저성장기의 식당 경영전략은 기본에 충실한 점포를 만드는 것이다. 맛있는 상품, 정성스런 서비스, 위생적인 환경으로 가치를 창출하는 것이다. 고객은 이 세 가지 요소, 즉 QSC로써 지불한 금액과 비교하여 가치(Value)를 계산해 보고 만족할 때 재방문하는 것이다. 차별화란 곧 고객에게 이익을 주는 것이다.

2016년 8월

신 봉 규

차 례

01 우리나라 외식산업의 발전과정

제1절 외식산업의 개요

1. 외식산업의 개념

1) 외식(外食)의 정의

외식(外食)을 단순히 한자로 풀어보면, 가정 이외의 장소에서 먹는 식사를 뜻한다. 그런데 가정 이외의 장소에서 해결하는 식사 형태는 외식뿐만 아니라 급식(給食)도 포함되며 이를 영문으로 표기하면 푸드서비스(Food service)라는 단어 하나로 표기된다. 하지만 국내에서는 '외식'과 '급식'이라는 단어가 오래전부터 이분화되어 국내 학자들과 전문가들 사이에서 다르게 정의되어 왔다. 예를 들면, 외식경영학 및 외식업에 종사하는 전문가들 관점에서는 푸드서비스산업을 외식산업으로 정의하고 외식산업 내에서 다시 일반 외식업과 단체급식업으로 분류하고 있다. 반면, 급식경영학자들 관점에서는 푸드서비스(Food service)를 "식사(食)를 제공한다(給)"는 의미로 보고 급식산업 내에 일반 외식업과 단체급식업으로 분류하고 있다.

외식업소나 단체급식소 모두 가정 이외의 장소(外)에서 음식(食)을 만들어 제공하는 공통된 특징을 갖는다는 측면에서 푸드서비스산업을 외식산업으로 해석하는 것이 타당하나 외식을 '식사와 관련된 음식, 음료, 주류 등 가정 이외의 장소에서 만들어져 제공되는 것'이라고 포괄적으로 정의하는 것이 일반적인 견해이다.[1)]

2) 외식산업의 정의

산업(産業)이란 인간이 생계를 유지하기 위해 일상적으로 종사하는 생산적 활동이나 모

1) 김태희(2003), "외식산업의 현황과 과제"

든 분야의 생산적 활동 전반을 지칭하는 것이기도 하지만, 같은 종류의 제품 또는 서비스를 공급하는 기업, 즉 복수의 '기업들'이 존재하고 있으면서 이들이 서로 경쟁관계에 있는 동일한 분야를 의미한다.2)

외식산업은 과거에 영세한 개인이 음식점을 주로 운영해 왔기 때문에 식당업, 요식업, 음식업 등으로 불려왔으나, 오늘날의 외식산업의 개념은 음식과 서비스라는 같은 종류의 상품을 공급하는 외식기업들이 다수 존재하면서 경영 면에서 체계성을 갖추고 시장에서 서로 경쟁하고 있는 산업을 의미하고 고용창출, 국민의 삶의 질 향상, 국가경제 발전에 기여하고 있다는 측면에서 산업으로 인정받기 시작했다.

과거의 식당업, 요식업 개념이 생리적 욕구를 충족시키기 위한 음식 제공이었다면, 현재의 외식산업은 음식이라는 상품뿐만 아니라 서비스, 분위기, 고객 가치(Value)를 동시에 제공하는 산업으로 확대된 개념으로 해석할 수 있으며, 비슷한 욕구를 가진 시장(Market)을 대상으로 고객들의 기대와 니즈를 충족시키기 위해 다양한 메뉴와 콘셉트(Concept)들이 개발되면서 외식산업은 갈수록 세분화, 전문화되어 가고 있는 추세이다. 프랜차이즈 운영 형태 및 체인화에 의한 외식산업의 다점포 전개 방식의 확산은 규모의 경제(Economies of scale) 달성이 어려운 서비스산업의 한계를 뛰어넘어 외식산업을 표준화, 시스템화, 산업화하는 데 많은 기여를 하고 있다.

우리나라가 외식산업이라는 용어를 사용하기 시작한 것은 언제부터인지 정확하지 않다. 미국의 경우는 1950년대 공업화 단계에 진입하면서 Food service industry or dining-out industry로 불리기 시작했고, 일본의 경우 1970년 초에 외식관련 전문지나 매스컴 등에서 이 용어를 사용하고 1978년 일본 정부의 공식문서인 경제백서에 이 용어가 정식으로 포함되었다.3)

한국은 1979년 10월 롯데리아가 일본 롯데리아의 기술지원을 통해 국내에 도입되면서 소개되었고, 1980년대 초 MBC방송과 각종 언론매체에서 외식산업이라는 용어를 사용하기 시작했다. 1980년대 후반에 맥도날드 등 미국 유명 브랜드 도입이 활발하게 진행되면서, 기존의 요식업, 식당업, 음식업의 명칭이 외식산업이라는 단어로 통일되어 전 사회적으로 자연스럽게 보편화되어 왔다.4)

한국표준산업분류표에 따르면, 외식산업은 대분류상으로는 도·소매 및 숙박업에 속하고, 다시 중분류상으로는 도·소매 및 숙박업에 속하며, 소분류상으로는 음식업에 속한다. 이러한 외식산업은 식사를 만든다는 측면에서 소매업에 속하기도 하고, 인적서비스의 의존성을

2) 사전적 정의
3) 신재영 · 박기용(1999), 「외식산업개론」, 대왕사, pp.34~35
4) 김동승(1998), 「외식창업마케팅」, 백산출판사, p.15

강조하면 용역업에도 속한다고 볼 수 있다. 따라서 외식산업은 식품제조업, 소매업, 서비스업의 세 가지 산업적 성격을 합한 복합산업으로 정의되기도 한다. 또한, 산업구조 면에서 생계형 영세음식점과 기업형 대형 음식점으로 극단적인 이중적 구조를 갖고 있으며, 식품제조업과 동시에 소매업의 성격을 지닌 서비스산업의 한계영역에 위치하는 매우 독특한 산업형태를 갖고 있다.

이와 같이 외식업을 산업의 일환으로 포함시켜 다시 분류하기보다는 제조업, 숙박업 혹은 소매업으로부터 분리하여 독립된 하나의 산업체계로 설정되어야 한다는 주장이 설득력을 얻고 있다. 현재 미국의 경우는 외식산업의 부문을 음식서비스업(Food service industry)으로 이미 독립시켰고, 소규모의 음식업소도 외식산업의 범주에 속하느냐의 문제는 소규모 공장, 소규모 소매상을 제조업 혹은 소매업에 포함시킬 것이냐는 문제와 마찬가지로, 외식산업에 포함시켜야 한다는 것이 일반적인 시각으로 받아들여지고 있다.

다양한 유형 면에서 외식산업을 어느 범위까지 설정해야 할 것인가는 어떤 외식 상업용 시설까지를 대상으로 하여야 할 것인가가 관건이다. 외식 상업시설의 측면에서 외식산업은 가정 밖에서의 식사 혹은 이에 따르는 서비스를 제공하는 상업시설로 정의되고 있다. 외식산업의 개념에 대한 기관과 학자들의 정의를 정리해 보면 〈표 1-1〉과 같다.

2. 외식산업의 범주

가정 이외의 장소에서 만들어진 식사들은 영리(Commercial)를 목적으로 판매되는 음식과 비영리(Non-commercial)를 목적으로 제공되는 음식으로 구분할 수 있다. 영리를 목적으로 판매되는 외식형태는 이익을 목적으로 음식을 판매하는 경우를 말하며, 일반 레스토랑, 호텔식음료 매장, 백화점이나 할인점 같은 소매업소의 즉석음식 판매서비스, 위탁급식서비스, 출장연회, 스낵과 음료매장, 바(Bar)와 주점, 자동판매기 등이 모두 포함될 수 있다. 공통적으로 외부에서 조리된 음식이 상품화되어 일정금액을 받고 판매되는 식사를 의미한다고 볼 수 있다. 위탁급식의 경우 전문급식업체가 고객사와 계약을 맺고 고객사의 직원 또는 조직 구성원들에게 식사를 제공하되, 영리를 목적으로 운영되기 때문에 무상의 단체급식과는 다르게 분류하는 것이 바람직하다. 또한 백화점이나 할인점 등에서 판매되는 조리된 음식의 경우 포장해서 가지고 가거나 푸드코트에서 식사를 하고 갈 수 있어 고객의 밀 솔루션(Meal solution) 대안의 하나로 볼 때 외식산업의 범주에 포함시킬 수 있다. 최근 들어, 급성장하고 있는 소매업의 가정식사대용식(HMR : Home Meal Replacement), 즉석식품 또는 일본에서 말하는 중식(中食)은 현대인들의 라이프스타일 변화가 가져온 대표적인 식사형태로서 일본의 경우 외식시장에서 가장 빠르게 성장하고 있는 시장이다. 일본 통계자료를 보면, 외식시장

규모를 산출할 때에도 기존의 외식률(外食率)과는 달리 HMR시장을 포함한 식(食)의 외부화율(外部化率)을 분석하여 제시하고 있는데(일본 외식산업총합연구센터, 2004), 고객의 입장에서 보면 밖에서 즐기는 외식뿐만 아니라 가정에서 하는 외식도 밀 솔루션(Meal solution)의 하나로 생각하기 때문에 외식산업 범주에 포함시키고 있다.

〈표 1-1〉 외식산업의 개념[5)]

연도	연구자	개 념
학자	진양호 (1987)	생리적 목적을 충족시키려는 의지를 가진 자를 위하여 법적 기준의 음식과 시설을 갖추어 음식과 식행위에 부수되는 것을 제공하여 이용하게 하는 업의 총체
	손일락 (1991)	인간의 외식행위에 대응해 성립된 일단의 사업
	김헌희 (1995)	가정 밖에서 식사 혹은 이에 따르는 서비스를 제공하는 상업시설을 갖추고 식품제조업, 소매업, 서비스업의 산업적 성격을 갖춘 산업
	윤혁수 (1995)	외식활동에 대응해 성립된 일단의 산업군으로 식생활에 있어서 외식의 범주에 관계하는 산업. 따라서 음식과 서비스의 제공, 분위기 연출, 편의시설 제공 등 제조업과 서비스업을 함께 추구하는 복합산업
	신재영 선동규 김의근 (1995)	기존 식당의 개념을 포함하고 특정 다수인을 위한 장소와 시설 등을 갖춘 단체급식업소와 출장연회업소, 기내식 등을 포함한 더 넓은 영역의 산업
	오정환 (1996)	가정을 떠나 제공받는 모든 음식의 총체를 산업화시킨 것
기관	표준산업 분류표 재정경제부 (1996)	음식점업 : 접객시설을 갖춘 구내에서 또는 특정장소에서 직접 소비할 수 있도록 조리된 음식품 또는 직접 조리한 음식품을 제공, 조달하는 산업활동. 각종 음식점, 직접 소비용 음식물 출장조리 또는 조달활동과 독립적인 식당차와 운영활동 등이 포함. 식당업 · 주점업 · 다과업 등 사업체 포함
	표준소득표 국세청 (1996)	음식점업 : 접객시설을 갖춘 구내에서 또는 특정 장소에서 직접 소비할 수 있도록 조리된 음식품을 제공 · 조달하는 산업활동. 각종 음식점, 직접 소비용 음식물을 출장 조리 또는 조달활동과 독립적인 식당차와 운영활동 등 포함

5) 홍여진(2007), "외식업체의 육류 품질 및 서비스품질이 고객만족 및 충성도에 미치는 영향에 관한 연구", 경기대학교 석사학위논문, p.8. 인용

우리나라의 경우 아직까지 HMR 시장이 성숙되지 않은 상태이며 몇몇 외식업체들이 HMR 브랜드를 론칭했다가 폐점하기는 했으나, 소득수준 증대, 라이프스타일 변화 및 여성 경제 활동인구 증가 등으로 향후 전망이 밝은 외식시장 중 하나로 떠오르고 있다. 이러한 전망 때문에 많은 외식업체들과 소매업체(편의점, 백화점, 외식산업의 소비변화와 전망점, 슈퍼, 할인점, 홈쇼핑 등)들이 가장 많은 관심을 가지고 전략적으로 연구·개발하고 있는 상품도 바로 HMR, 즉석식품이라고 할 수 있다.

비영리를 목적으로 제공되는 외식형태는 특정 다수인들에게 제공되는 식사인 단체급식 혹은 집단급식을 말한다. 단체의 특성에 따라 학교급식, 사업체급식(일반사무실, 공장, 기숙사, 연구소, 관공서, 연수원 등), 병원급식, 사회복지시설, 군대급식, 교도소급식 등으로 나눠질 수 있고, 기업의 목표달성을 위해 종사원들에게 부수적으로 제공되는 직영방식의 식사 서비스를 말한다. 하지만 기업들이 핵심역량을 강화하고 경영 효율화를 달성하기 위해 직영급식을 점차적으로 위탁급식업체(Food service contractor)에 위탁하여 운영하고 있는 추세이다. 우리나라의 경우 IMF 외환위기를 전후해서 위탁급식시장이 급성장했으며, LG, 삼성, 현대, 한화 등 대부분의 대기업들이 위탁급식사업에 진출함으로써 국내 급식산업의 수준을 한 단계 끌어올리는 데 많은 기여를 하였다. 학교급식과 같이 정부가 직접적으로 관여하지 않는 한 직영급식의 위탁화는 계속될 것이며, 비영리를 목적으로 제공되는 외식시장의 규모는 지속적으로 감소하게 될 것으로 전망된다.

고객의 라이프스타일의 변화와 편리성 욕구 증대로 보다 나은 고객가치 제공을 위해 외식업, 위탁급식업, 소매업 등의 사업영역 경계선은 더욱 희미해져 가는 추세이며, 식재가공 기술 수준의 발달 및 홈쇼핑, 전자상거래의 발달 등으로 향후 영리를 목적으로 판매되는 외식산업의 범위는 점차 확대되어갈 것으로 기대되고 있다.

3. 외식산업의 특징

외식산업은 경영자, 종업원, 고객 등이 삼위일체가 되어 전문성을 바탕으로 사업경영이 이루어지기 때문에 서비스산업에 대한 업종 및 업태 마인드, 공감대, 동질성, 소속감 고취가 무엇보다도 중요하며, 동시에 고객 최우선주의가 중심이 된 Q(quality), S(service), C(cleanliness)를 갖춘 토털서비스를 제공한다(홍기운, 1999 : 123). 이같이 외식산업은 생산과 판매라는 일반적인 상업행위의 과정 속에 서비스업의 특성을 지니고 있어, 타 산업과 구별되는 생산활동과 운영체계를 지니고 있다. 특히 경제, 사회, 문화, 기술적인 변화가 가져온 소비자의 소비패턴 변화가 가속화되면서 외식산업도 환경변화에 적응하기 위해 다양한 형태로 발전되고 있다.

외식산업이 타 산업과 구별되는 차이점은 다음과 같다.

첫째, 외식산업은 서비스산업의 한 부분으로 고객에 대한 서비스의 의존도가 높은 산업이다. 일반적으로 제조업은 기술자본 집약적인 산업임에 반해 외식산업은 고도의 숙련도를 요구하는 인적 의존도가 높은 노동집약적 산업이다. 인적 의존도가 매우 높기 때문에 여타 산업에 비해 단품생산적인 요소가 강하고 인건비가 높은 특징을 가지고 있다.

둘째, 외식산업은 생산과 판매, 소비가 동시에 이루어지는 동시성 산업이다. 외식산업은 고객이 상품을 생산·판매하는 곳을 방문하여 소비하는 산업으로 일정장소에서 생산과 소비가 이루어지는 산업이다. 배달서비스는 생산과 소비가 동시에 이루어지지 않지만, 생산된 상품은 일정한 서비스를 통하여 짧은 시간 내에 고객에게 판매된다. 따라서 외식산업은 생산이 완료된 상품은 장기저장이 불가능한 특징을 가지고 있다.

셋째, 외식산업은 여타산업에 비해 시간과 공간의 제약을 크게 받으며 수요예측이 불확실한 산업이다. 인간이 식사하는 시간은 아침, 점심, 저녁시간으로 한정되어 있어 이 한정된 시간에 대부분의 매출이 일어나므로 인력관리 및 공간이용에 큰 문제가 있으며, 또한 각종 행사 및 계절, 일기 등의 변화로 정확한 고객의 수를 예측하기 어려운 산업으로 식자재의 적정 구입량을 결정하기 어렵다.

넷째, 타 상품의 자재는 어느 정도 보존 가능하다. 그러나 외식산업의 식자재는 상품의 보존 및 기간이 까다롭고 짧아서 부패의 위험성이 매우 높은 특성을 지니고 있다. 따라서 높은 비용지출과 부패한 식자재를 사용할 때 위생에 따른 문제점이 야기된다.

다섯째, 외식산업은 타 산업에 비해 다품종 소량생산의 특성을 지니고 있다. 한두 가지의 음식만 전문적으로 취급하는 점포도 있지만, 대부분은 여러 종류의 음식을 주문에 의하여 생산하여 판매한다.

여섯째, 외식산업의 원자재 가격이 타 산업의 원자재 가격보다 낮은 편으로 통상 식자재비는 매출액의 30~35% 정도가 평균으로 유지되고 있다. 따라서 상품구매가 현금으로 이루어질 경우 운영자금의 회전속도가 여타산업에 비해 매우 빠른 편이다.

일곱째, 외식산업은 여타산업에 비하여 적은 자본과 특별한 기술적 노하우 없이 누구나 쉽게 참여할 수 있는 산업이다. 그래서 과포화 상태이다. 우리나라 식품접객업소는 67만여 개이지만 20만 개 정도가 적당하다.

여덟째, 외식산업은 높은 인적자원에 대한 의존도로 인하여 높은 이직률을 보이는 산업이다. 외식산업이 3D업종으로 불리면서 근무하기 힘든 업종의 하나로 인식되어 타 산업에 비해 종사자들의 높은 이직률을 보이는 특성을 지니고 있다.

아홉째, 표준화(Standardization), 단순화(Simplification), 전문화(Specialization)를 통한 시스

템 산업, 전문성 및 운영기법의 노하우를 이용한 프랜차이즈 산업 등의 특성을 가지고 있다.

마지막으로 입지여건에 따라 영업실적의 차이가 나는 입지의존성이 매우 높은 산업이다.

4. 시장환경과 소비자의 욕구

1) 시장환경

21세기를 살아가는 소비자들의 생존환경은 어떤가. 주어진 여건이 외식에 어떻게 영향을 미칠 것인가를 연구해야 한다. 그러면 우선 21세기의 시장환경이 어떠한지를 알아보자.

■ 시장여건

- 양극화 현상 : 매출, 규모, 가격
- 기업형 외식업체의 성장
- 다양한 업종, 업태의 출현
- 구인난 심화
- 원가의 지속적 상승
- 지역상권의 확대
- 외식업 경영환경의 악화 : 각종 세금, 부담금, 환경, 위생문제, 원산지 표시 등
- 외식업에 대한 사회적 인식변화
- 주부들은 어려운 일을 싫어한다.
- 주5일 근무 및 근로기준법의 엄격한 적용
- 유통의 발달(가정식보다 가격 저렴)
- 인식의 변화(문화적 욕구, 삶의 목적 변화)
- 주식시장이 불안정이다.
- 제2차 구조조정으로 막대한 공적자금 투입에 따른 국민의 세금부담 가중화 초래
- 지방경제 위축의 심화로 인한 지방의 체감경기 악화현상

■ 시장여건 및 사회문화환경

- 시장규모 확대, 외식횟수 증가
- 점포 수 정체
- 양극화 심화
- 메뉴의 변화{양 → 질, 소량 다품종, 벌크(Bulk)}
- 동반고객의 변화(친구, 직장 → 가족, 연인 → 다양한 그룹)
- 디자인(시각적 → 기능적, 단순화)
- 여성의 사회진출 증가로 맞벌이 부부가 계속 증가한다.
- 고객수요가 세계화, 전문화, 다양화된다.
- 고령화 사회의 대두로 실버산업이 발달하게 된다(독신증가).

- 여가시장의 증가 / 골치 아픈 세상살이를 벗어나고자 하는 여행, 오락산업이 발전한다.
- 99가지의 삶 현상 / 세상 살기가 더 바쁘다.
- PL(Product Liability, 제조물책임법)법 실시(2002년 7월)
- 가정 대용음식(HMR) 발달
- 슈퍼마켓과 CVS와의 경쟁
- 소비자 참여 현상 / 시민단체(시민의 모임) 등 소비자가 주체가 되는 사회가 된다.
- 위생, 환경, 논리, 정의를 추구한다.
- 자기중심적 / 코쿠닝(Cocooning) 현상 / 집안에서의 생활이 점차 늘어난다(재택근무 등).
- 환상모험 / 스카이다이빙, 환상체험, 가상체험 등 모험을 즐긴다.
- 건강지향 / 헬스식품 증가, 오래 살고 싶다.
- 인터넷이 산업사회를 지배한다. 공간의 개념이 사라진다. 10년 내에 현재 100명이 하는 일을 단 1명이 할 수 있게 된다.
- 국가의 개념이 사라진다. / 자기중심적 사고
- 각 영역마다 경쟁 점차 격화
- 식(食)의 외부화 비율 가중
- 中食시장 참여 확대
- Take out, Delivery, To go 상품의 증가

2) 시대별 소비자의 외식경향

국내 외식산업은 1980년대 해외브랜드의 국내시장 진출 이후 활기를 띠기 시작했다. 80년대 외식시장을 주도한 중소규모의 패스트푸드업체는 90년대 경기침체와 더불어 쇠퇴하게 되면서 기업형 패밀리레스토랑과 단체급식 중심으로 재편되었다. 2000년대 이후에는 패밀리레스토랑의 거대화, 외식기업의 다브랜드화가 주요 특징으로 시장을 더욱 확대해 가고 있다. 주요 시대별 외식경향에 대하여 정리하면 다음과 같다.[6)]

① 1945(해방기)~1984년 : 생계위주형 외식문화

주로 서민층이 부담 없이 즐길 수 있는 메뉴로 구성되었다. 자장면, 닭갈비, 부대찌개, 떡볶이 등의 음식이 알려지면서 생계위주의 외식업 식문화가 시작되었다.

- 자장면 : 중요한 가족행사가 있는 날이면 어김없이 먹는 음식은 바로 자장면이었다.

6) 남수정 · 김인식(2003), "외식산업에 있어서 육류 이용의 현황과 전망"

가격이 저렴하면서도 서민들의 입맛을 충족시켰으며 지금까지도 그 명성을 이어가고 있다.

- 닭갈비 : 홍천지역에서 시작된 닭갈비는 알을 너무 많이 나아 육질이 질겨진 노계를 이용하여(또는 소비하기 위해) 개발된 음식으로 양념하여 맛을 낸다.
- 부대찌개 : 미군부대가 밀집되어 있는 의정부, 동두천이 근원지로 미군의 주식인 소시지, 치즈, 칠리소스 등을 바탕으로 개발되어 부대찌개라고 이름 붙여졌다.
- 떡볶이 : 6 · 25전쟁 이후 신당동의 마복림 할머니가 중국집에서 흰 가래떡을 자장에 찍어먹는 것을 보고 개발하여 발전되면서 오늘날 고추장 떡볶이가 만들어졌다고 한다.

② 1985~1990년 : 서구식 패스트푸드 개념 등장

이 시기에 서구식 패스트푸드 메뉴가 등장하게 되고 식생활의 서구화 변화 단계로 간단하게 즐길 수 있는 음식(햄버거, 피자)들이 국내에 유입되었다.

- 햄버거 : 1979년 롯데리아에서 도입, 국내 첫선을 보인 햄버거는 빠르고 간편한 서비스와 서구적인 맛을 앞세워 당시 부동의 인기메뉴였던 떡볶이와 자장면을 제치고 단숨에 인기메뉴로 등극했다.
- 피자 : 햄버거의 뒤를 이은 피자는 1985년 피자헛의 도입과 함께 미국식 팬피자가 국내에 처음 소개될 당시 서양 빈대떡이라는 촌스러운 별칭을 붙일 정도로 국내에서는 생소한 메뉴로 등장했다.
- 국수 : 면류 전문점이 폭발적 인기를 구가하여 국수가 하나의 트렌드로 자리 잡았다.

③ 1991~1995년 : 해외 브랜드의 국내진출 가속화

해외 외식브랜드의 국내진출 가속화로 외식산업 내의 입지를 구축하며 발전하게 되었다. 또한 1992년부터 패밀리레스토랑이 진출하면서 외식업계 시장이 기업화되고, CD(Casual Dining)라는 새로운 외식군이 형성되었다.

- 스테이크 : 1990년대에는 경양식점을 중심으로 한 서양식 고급레스토랑이 급속히 증가하였다.
- 크레페 : 1992년 신 패스트푸드가 유행하면서 프랑스풍 크레페 등 다양한 퓨전메뉴가 등장하였다.
- 보쌈 : 1990년대 놀부보쌈의 등장으로 보쌈전문점이 체인화를 구축해 나갔다.
- 냉면 : 함흥냉면의 인기를 타고 다양하고 지역적인 냉면이 등장했다.

④ 1996~1999년 : IMF로 인한 외식시장의 변화

IMF 외환위기가 우리 사회의 모든 분야에 영향을 미쳤듯이 이 시기의 외식산업에서도

예외는 아니었다. 가격파괴와 같은 가격전략이 눈에 띄는가 하면, 외식업계에서는 새로운 신규시장 개척과 기업형태의 외식업으로의 전환이었다. 주요 히트메뉴로는 퓨전음식 위주의 메뉴가 인기를 끌게 되었다.

- 파스타 : 1993년 소렌토를 시작으로 대중화되기 시작한 파스타는 1996~97년을 기점으로 전성기를 맞아 많은 체인점이 생겼다.
- 샐러드 : 1990년대 중반, 패밀리레스토랑의 진출로 사이드 메뉴였던 샐러드는 당당히 독립메뉴로 자리를 잡았다.
- 김밥 : 과거 소풍메뉴였던 김밥은 전문점이 생기면서 인기가 상승하였고, 차후에는 캘리포니아롤과 같은 고급형태로 변화되면서 제공되었다.
- 칼국수 : IMF 외환위기 당시 활성화된 메뉴 중 하나인 칼국수는 저렴하면서 다양함을 제공하였다.

⑤ 2000~2004년 : 웰빙의 바람

2002년 이후 황사, 광우병, 조류독감과 같은 환경재해로부터 자신과 가족의 건강을 보호하는 '웰빙소비' 문화가 정착되면서 새로운 콘셉트의 업종들이 선보였고 외식업계도 전반적으로 재정리되었다. 따라서 주요 히트메뉴로는 웰빙문화의 영향을 받은 건강식 위주의 메뉴가 주를 이루었다.

- 약선요리 : 웰빙 붐으로 인기를 얻은 약선요리는 몸에 좋은 약성을 띠고 있는 재료를 사용하여 소비자의 기억 속에 한층 더 다가섰다.
- 샌드위치 : 1991년에 도입된 서브웨이를 중심으로 중저가로 시작되었으며, 2002년도를 기점으로 고급 샌드위치 시장이 형성되었다.
- 기능성 삼겹살 : 다양한 기능성 삼겹살(녹차, 와인, 김치, 매실 등)이 진출하면서 여성 고객들에게 큰 인기를 얻게 되었다.
- 불닭 : 2004년 히트메뉴인 불닭은 매운 소스를 입혀 구운 닭이며 지역마다 서너 군데는 불닭집이 자리 잡고 있었다.

⑥ 2005년~ : 웰빙의 정착과 소비자의 트렌드 변화

'웰빙' 문화가 정착되면서 소비자의 트렌드에 큰 변화가 일어났다. 주요 현상으로 웰빙의 롱런(Long-run)으로 소비의 양극화와 가치소비를 주장하는 로하스(LOHAS)의 등장이다. 즉 웰빙의 자기중심적 소비에 이어 로하스의 환경과 후대의 삶을 고려하는 소비문화가 유기농을 중심으로 전파되고 있는 상황이다. 하지만 여전히 웰빙 소비문화가 외식문화를 이어가고 있는 모습이다. 따라서 이를 반영한 시푸드 레스토랑, 샐러드 바의 활황,

와인을 소재로 한 업소의 신규등장과 더불어 급속히 대중문화로 확산되는 모습을 보이고 있다.

- 시푸드(Seafood) : 웰빙의 롱런으로 급부상하였고 최근 2~3년 동안 시푸드의 강세가 계속되고 있다. 그동안 시장을 선점해 오던 육류 중심 외식항목이 일부 시푸드로 바뀌었고, 시푸드 전문점이 아니라도 대부분의 레스토랑에서 해산물 메뉴의 비중을 늘리는가 하면, 아예 시푸드 전문점을 표방하고 나선 브랜드도 급증하였다. 특히 최근에는 한두 가지 해산물을 메인으로 하는 형태가 아닌 다양한 시푸드를 맛볼 수 있는 시푸드 뷔페 형태가 시장을 넓혀가고 있다.
- 에스닉푸드(Ethnic food) : 외국음식에 대한 체험과 아울러 이국적 감성소비를 자극하는 에스닉푸드 전문점이 인기다. 대표적으로 인도 음식점인 '강가'와 '인디아게이트', 태국 음식전문점인 '애프터 더 레인', 베트남 음식점인 '포호아'가 대표적 에스닉푸드 전문점으로 마니아(Mania)층을 형성하고 있다.
- 뷔페 : 경기불황이 지속되면서 뷔페레스토랑이 각광받고 있으며, 최근 뷔페레스토랑의 인테리어는 오픈 주방 형태로 미리 만들어진 음식이 아닌 즉석에서 만든 신선한 음식을 제공하고 있다. 또한 메뉴 역시 한·중·일·양식을 넘나드는 종합 레스토랑이 아닌 시푸드, 스시, 고기, 보리밥 등으로 전문화한 것이 특징이다.
- 한우전문점의 '고급'이미지 부각 : 2007년부터 원산지 표시제를 시행함에 따라 고객들이 이전보다 '수입산'보다는 '국내산 한우'를 선호하는 분위기가 더욱 짙어질 것이라는 예상이 한우전문점의 확산을 부추기고 있다.

3) 음식점 고객의 기본적인 욕구

① 기억되기를 바라고
② 환영받고 싶어하고
③ 관심 가져주기를 바라고
④ 중요한 사람으로 인식되기를 바라고
⑤ 편안한 마음으로 식사하기를 바라고
⑥ 존경받기를 원하고
⑦ 칭찬받기를 원하고
⑧ 기대와 욕구가 충족되기를 바란다.

또한 고객들은,

① 웃음으로 맞이하기를

② 음식이 빨리 제공되기를

③ 즉시 좌석에 안내되기를

④ 음식이 괜찮았냐고 물어봐주기를

등과 같이 세심한 배려를 보여주기를 원하고 있다.

또한 고객들은 레스토랑에서,

① 배고픔과 목마름을 해결하고 싶어하고

② 저렴하게 지불하고 싶어하고

③ 맛있는 것을 먹고 싶어하고

④ 빨리 먹고 싶어하고

⑤ 진기한 것을 먹고 싶어하고

⑥ 좋은 대접을 받고 싶어하고

⑦ 레스토랑을 대화의 자리로 활용하고 싶어하고

⑧ 분위기를 즐기고 싶어하고

⑨ 건강식품을 먹고 싶어하고

⑩ 전통(향수)음식을 먹고 싶어하며

⑪ 편의지향적인 음식을 먹고 싶어하며

⑫ 청결한 분위기에서 음식을 먹고 싶어한다.

이와 같이 외식하는 고객은 원하는 것도 바라는 것도 많다. 그러나 불가능한 것을 바라지는 않는다. 고객들이 바라는 것들을 종합적으로 정리하면 좋은 서비스를 제공하는 굿(Good)의 사상에서는 고객의 만족을 기대할 수 없다는 것을 알 수 있다. 그렇기 때문에 보다 좋은 서비스를 제공하는 베터(Better)사상으로, 그리고 고객에게 최고의 만족을 제공한다는 베스트(best)사상을 가진 서비스를 제공해야만 고객만족 또는 고객감동서비스가 가능하게 된다는 것을 알 수 있다. 여기서 말하는 베스트서비스란 단순히 최고급 상품을 제공하는 것만은 아니다. 상품의 품질을 엄격하게 살피고 손님의 반응에 온 신경을 집중시켜 손님에게 최고의 상태를 확보, 제공하는 것을 베스트서비스라고 할 수 있다. 즉 자기가 생각지도 않았던 자상한 배려를 받고 다른 데서 볼 수 없는 적극적인 서비스 자세를 보았을 때 고객은 베스트서비스라고 말한다.

최상의 서비스는 예약단계에서부터 식사를 마치고 레스토랑을 떠날 때까지의 과정에서 종업원과 고객 간의 접촉이 이루어지는 수많은 진실의 순간을 통해서만 가능하게 된다.

그러므로 일선 종업원이 수행하는 서비스에 대한 책임은 무한하다고 볼 수 있다. 일반적으로 일선 종업원이 수행하는 무형의 서비스는 신뢰성(Reliability), 보장(Assurance), 정확성(Accuracy), 반응(Responsiveness), 그리고 감정이입(Empathy)을 고려하여 제공될 때만이 진실의 순간순간마다 자상하고 마음이 통하는 최상의 서비스로 이어질 수 있다.

여기서 신뢰는 제공되는 서비스가 고객의 신뢰를 얻을 수 있고 지속적이어야만 한다는 것을 말하며, 보장은 예측하지 못하는 상황에서 고객을 안심하고 편안하게 느끼도록 만드는 것이다. 그리고 정확성은 세심한 주의를 기울임과 동시에 서비스 절차를 정확하게 따르는 것이다. 마지막으로 반응은 신속하고 신의성 있는 서비스를 말하며 감정이 느껴질 수 있는 미소와 밝은 인사, 그리고 정중한 말씨로 고객을 환영의 마음으로 응대하고, 정확·신속한 응대를 하며, 언제나 고객의 관점에서 서비스를 고려하고 세심한 주의를 기울이며 조심하는 행동, 친절, 배려 등을 말한다. 이와 같이 고객의 바람은 저차원의 욕구에서 고차원의 욕구로 기능적인 서비스에서 인간적인 서비스로, 그리고 물질적인 만족으로부터 느낌에서 오는 만족으로 변해가고 있음을 알 수 있다.

5. 업종 트렌드7)

소비자들이 선호하는 음식점은 업태가 점점 다양해지면서 소비자들의 선호가 다양하게 분산되고 있으며, 20년 전에는 한식, 양식, 일식, 중식, 패스트푸드 등으로 업종의 분류가 한정적이었으나, 현재는 고깃집, 일식, 패밀리레스토랑, 중식, 패스트푸드, 이탈리안 레스토랑, 건강음식점, 요리주점, 한정식, 뷔페, 에스닉푸드 등으로 세분화되고 있는 추세다(월간식당, 2011).

최근 소비자들이 건강식에 관심이 커지면서 치킨업계도 튀긴 제품보다는 구운 요리에 대한 선호도가 크게 증가하여 기름을 적게 섭취하고자 하는 소비자들의 요구에 부합하는 '오븐에 구운 닭'이 상승세를 이어가고 있으며, 주류에서도 웰빙 트렌드와 함께 와인과 막걸리가 주목받고 있으며 이는 최근 젊은층과 외국인들도 즐겨 찾는 국민주로서 소비가 빠르게 상승하고 있다. 이러한 건강식 트렌드는 패스트푸드의 햄버거도 수제버거의 형태로 프리미엄화되면서 크라제버거는 2010년 국내 80개 매장을 오픈하여 해외에 진출하는 등 성장을 가속화하고 있다. 레스토랑형 매장에서 선보이는 수제버거 전문점도 증가하면서 유기농 밀가루나 화학조미료, 가공식품 등을 사용하지 않고 건강식 메뉴로 인식되고 있다.

최근에는 미국 전역에서 유행하고 있는 푸드 트럭(Food truck)을 접목한 매장이 국내에도 많이 등장하고 있는데, 메뉴도 떡볶이·어묵·순대 일색에서 크레페, 파스타, 와인 등과 같이 다양해지고 있다. 이는 경기침체와 맞물려 인기를 끌고 있는 것으로 볼 수 있으며 버스와

7) 외식산업 발전방안 연구(농림부, 2011)

레스토랑을 합친 '버스토랑(Bustaurant)'라고 불리며 저렴한 가격으로 맛있는 메뉴를 즐길 수 있다는 장점으로 고객의 인기를 끌고 있는 것으로 SNS 마케팅에 착안해 트위터, 페이스북을 통해 푸드 트럭의 위치를 실시간으로 알려주고, 친구등록을 하면 가격할인 또는 서비스 메뉴 제공 등의 마케팅을 펼치고 있다.

1) 외식기업 경영 트렌드

국내 외식시장의 현황을 보면 전반적인 외식산업 매출은 줄어드는 반면 외식업 경영에 필요한 원재료비 · 인건비 · 제경비 등 원가는 큰폭으로 상승하고 있다. 지난 2003년 12월에 발생한 광우병 파동은 육류가격을 상승시켰고, 조류인플루엔자(AI) 역시 오리고기와 닭고기 등의 원재료비를 상승시켰다. 구제역으로 인한 식품 물가대란과 함께 외식 물가도 높아지고 있는데, 돼지고기 물량 감소 등으로 인해 이를 주재료로 사용하는 메뉴의 가격이 줄줄이 인상되는 등 외식비가 고공행진하고 있는 것을 볼 수 있다. 국내 외식업계는 매년 업체 수가 늘어나고 있으며 전체 매출외형 역시 소폭으로나마 증가하고 있는 추세이다. 그러나 점포당 매출은 줄어들고 있는 상황인데 매출 추락세의 근본원인은 경기침체, 물가상승, 원가상승 이외에 경제정책 불안정, 업체 수의 증가, 경영노하우의 부재 등을 꼽을 수 있을 것이다. 외식점포 수의 증가와 경쟁의 심화는 외식기업의 경영자들에게 고객의 요구를 충족시켜 주면서 기업의 이익을 극대화할 수 있는 새로운 전략과 효율적이고 차별화된 마케팅 방안을 요구하고 있다.

2) 마케팅 트렌드

외식시장의 새로운 마케팅 트렌드로 '하루에 한 음식점만 할인'을 한다는 원어데이(One a day) 마케팅은 음식, 공연과 같은 서비스 상품을 할인가격으로 구매할 수 있는 소셜 커머스(Social commerce) 형태이다. 미국의 그루폰을 시작으로 국내에서는 티켓몬스터, 위메이크프라이스, 쿠팡 등이 대표적인 업체로 손꼽히고 있다. 소셜 커머스는 공동구매를 통해 메뉴나 상품을 50~80% 할인받을 수 있는 것이 가장 큰 장점이다. 외식업체의 경우 원어데이 마케팅을 통해 잠재고객에게 자신의 업소를 홍보하는 기회를 가지며 특히 개인이 운영하는 레스토랑이나 신규 오픈 레스토랑 업소를 알리는 마케팅 수단으로 활용하고 있다.

2010년 스마트폰 시장이 크게 확장하면서 외식기업들도 스마트폰 애플리케이션(Application, 어플, 앱)을 활용한 모바일 마케팅에 전력을 기울이고 있다. 스마트폰을 활용한 애플리케이션 마케팅은 시간과 장소에 구애받지 않고 개인의 성향에 맞는 서비스를 제공할 수 있다는 점에서 타깃고객의 참여를 보다 쉽게 유도할 수 있다. 또한 트위터, 페이스북, 아고라 등 SNS의 발전으로 소통, 공감이 중요한 키워드로 부각하고 있는 가운데 일방적인 메시지를 전달받는 것이 아닌 쌍방향 커뮤니케이션 기능을 수행하는 데 가장 적절한 마케팅 툴로 모바일이 자리 잡아가고 있다. 이처럼 2011년 레스토랑 핫 트렌드로 'Mobile kitchens'을 언급하고 있으며, 소셜 미디어와 Mobile kitchens가 조화를 이루면 이상적이라고 언급하며, Mobile kitchens의 대표적인 사례로는 L.A의 Kogi BBQ를 들 수 있다. 국내업계에서 애플리케이션 마케팅에 가장 적극적인 기업은 'CJ 푸드빌'로 현재 '투썸플레이스', '콜드스톤', '빕스' 3개 브랜드의 애플리케이션을 론칭하고 다양한 정보 및 이벤트 등을 제공하고 있다. 이 밖에 '애슐리'와 '불고기 브라더스', '도미노피자' 등도 활발한 앱 마케팅을 펼치고 있는데, 외식업체들의 어플(Application)을 활용한 모바일광고 캠페인과 마케팅이 점차 늘어날 전망으로 보인다. 뿐만 아니라, 외식업계 태블릿 PC 도입으로 다양한 음식정보를 종이 메뉴판을 대신하여 고객이 주문할 수 있도록 하였는데 '베니건스 더 키친'에서는 아이패드를 이용해 고객에게 다양한 음식사진, 재료와 메뉴와 관련한 특이사항 등을 설명하고 음식을 고른 후 모니터상에서 주문하면 무선으로 주문결과가 프린트로 전송되는 형식을 사용하고 있다.

3) 메뉴 트렌드

2010년의 외식업체 메뉴 트렌드를 살펴보면, 패밀리레스토랑의 실속형 점심 메뉴 출시가 증가되면서 물가상승으로 인해 소비심리가 위축된 외식시장에서 매출 확대를 위한 외식업계의 가격경쟁이 치열해지고 있음을 알 수 있으며, 커피전문점의 브런치 고객의 증가로 인한 브런치 메뉴군이 다양하게 등장하고 있음을 살펴볼 수 있다. 다이어트족을 위한 저칼로리 메뉴도 많은 외식업체에서 선보이고 있는데 타코벨은 단품당 200kcal 이하의 라이트 메뉴인 '라이트타코'와 '라이트 브리또'를 출시하였으며, 비비고는 한입에 먹을 수 있는 타파스(Tapas) 형태의 메뉴 '토마토푸'를, 마켓오 레스토랑은 피크닉 가는 고객을 위해 영양소를 모두 고려하면서도 칼로리를 줄인 '다이어트 런치박스'를 선보였다.

또한, 일본 대중식의 국내 진출로 돈가스, 우동, 초밥 일색이었던 국내 일식시장에 카레, 돈부리, 벤또, 오므라이스, 주먹밥, 카레전문점 등 일본 대중식 음식들이 도입되었다. 이미 2~3년 전 '로바다야서울(ばたや)', '텟벤(てっ-ぺん)' 등이 한국시장에 진입했고, 일본 최대의 이자카야 브랜드 중 하나인 '시로키야(白木屋)', 일본 규슈라멘 브랜드 '아지센(味千)', 스시 브랜드 '갓파스시(かっぱ 司)', 홋카이도의 유명 라멘 브랜드 '산파치(三八)' 등 업체가 직접 투자하여 국내에 진출하였다. 또한 일본으로 요리 유학을 다녀온 젊은층들이 일본 대중식을 선보이는 전문점을 오픈해 한국 외식시장에서 빠르게 성장하고 있다. 커리전문점의 경우 '코코이찌방야'를 비롯해 '히카리', '카리스푼', '류카레', '아비코', '로코커리' 등이 잇따라 매장을 론칭하고 있으며, 돈부리도 2009년 '오니기리와 이규동(오니규)'을 시작으로 2010년에는 '한우

동&돈부리'(퍼스트에이앤티), '채선당의 돈부리'(다영F&B), '돈돈부리부리'(에땅) 등이 줄지어 오픈하였다.

일본 도시락인 벤또 역시 2010년 '벤또랑'(에프알푸드시스템), '오니벤또'(SK푸드시스템), '코코로벤또', '리치벤또' 등이 매장을 잇달아 출점시켰으며, 국내에서 도시락 전문점의 원조인 '한솥도시락'도 최근 이러한 트렌드의 영향으로 일부 매장을 리뉴얼하는 등 도시락 전문점 사업을 강화하고 있다.

뿐만 아니라, 국내 커피전문점은 꾸준히 호황을 누리면서 점포 수를 늘려가고 있는 추이를 보이고 있으며, 스타벅스와 카페베네, 이디야 등도 점포 수가 300개를 넘었다. 커피업계와 함께 베이커리업체, 파스타업체, 도넛전문점, 패스트푸드업체 등에서도 커피를 접목시킨 카페형 매장을 선보이고 있다. 이는 커피전문점이 약속의 장소뿐 아니라 혼자서도 편안하게 인터넷을 즐길 수 있으며, 다양한 문화생활을 할 수 있을 뿐만 아니라 간단한 요기를 할 수 있는 도심 속의 복합문화휴게공간으로 자리 잡고 있다. 이외에도 국내 외식산업에 영향을 주는 환경 변화로는 슬로푸드, 한식의 세계화, 프랜차이즈시스템 확대, 전략적 제휴, 포장 및 배달판매 시장의 확대, 위생과 안전규제 강화 등의 흐름이 있다.

6. 외식산업의 소비변화와 전망

외식산업도 유통산업과 마찬가지로 소비환경의 변화에 따라 소비패턴이 변해가고 있다. 소비패턴의 변화는 크게 식품 소비구조의 변화와 소비성향의 변화로 구분하여 생각할 수 있다. 20여 년 동안 우리 국민의 식품 소비구조는 크게 변화하여 곡류·육류 등 전분질 식품의 소비는 정체 내지 감소한 반면, 어류류·과채류·해조류·식용유지의 소비가 크게 증가하였다. 이러한 소비구조와 함께 식품 소비성향도 변해가고 있는데, 여기서 가장 많이 언급되는 변화 중 중요한 키워드만을 다음과 같이 정리할 수 있다.

1) 편의와 간편성 추구

시간에 쫓기는 현대인들은 보다 간편하고 편리하면서도 안전하고 위생적인 고품질의 식품을 선호한다. 즉 조리가 복잡하고 시간이 소요되는 식품보다는 편리한 방법으로 식사를 해결하려는 경향이 높아질 것이다.

2) 차별화와 다양화 추구

1인 10색인 소비자는 계속적으로 다양하고 독특하며 이색적인 음식과 분위기를 요구하게 될 것이다.

3) 그레이징화(Grazing)

시간에 쫓기는 도시인들이 전통적인 하루 세 끼의 식사패턴을 무시하고 언제든지 원할 때 소량의 음식을 일하면서도, 걸어가면서도 먹는 현상을 말한다. 또한 이것저것 새로운 것을 조금씩 맛보는 것을 의미하기도 한다.

레스토랑의 업종과 업태, 규모와 수준에 관계없이 요구되는 현상이다. 예를 들어 피자 1조각, 스시 몇 개, 꼬치구이 등을 코스별로 제공받기를 원한다. 고급 레스토랑의 경우는 80년대 초에 프랑스에서 유행했던 메뉴 '데귀스따시용'(여러 가지 요리를 소량씩 차례로 제공)이 좋은 일례이며, 한국의 경우 고급 레스토랑에서 '랍스타와 필렛 미뇽'과 2~3가지의 소스를 함께 제공하는 메뉴를 예로 들 수 있고, '푸드코트'도 그레이징화에 대응하는 좋은 일례이다.

4) 동시다행(同時多行)적 성향

동일공간 내에서 다양한 체험을 원하는 경향이 높아지고 있다. 현대의 소비자들은 기다림의 인내보다는 오히려 더 빨리, 더 많이 즐기고 소비하려는 모습으로 변화하고 있다. 그래서 종래의 상품이나 서비스가 소비자의 다양한 욕구에 맞추어 세분화의 길을 걷던 것과는 달리 요즘에는 나뉘어 있던 부분들이 결합되는가 하면 한 공간에서 여러 가지 기능을 동시에 수행할 수 있는 다기능 공간이 출현하는 등 새로운 통합화의 흐름이 나타나고 있다.

5) 복고주의

먹고 마시는 것에서도, 입고 지니는 것에서도, 그리고 실내장식 등에서도 인공적으로 가공되지 않는 상태의 야성적인 분위기와 자연미를 추구하는 행동양식이 최근의 새로운 흐름으로 나타나고 있다. 이러한 세기말 혹은 밀레니엄 현상의 영향으로 복고주의가 한층 주목받고 있다.

6) 이국취향

세계화 시대, 이국으로부터 많은 상품과 정보가 밀려오고 있다. 이제 국내에서 외국 문물을 접하는 것은 낯선 일이 아니다. 외식업체의 경우에도 먹고 마시는 것, 실내장식과 서비스 스타일 등이 특정 나라의 특정 분위기를 그대로 옮겨 영업을 하는 곳이 많다.

7) 건강, 안정성, 질의 추구

종래의 열량만을 중시하던 식습관에서 탈피하여 맛, 영양 등 고급식품에 대한 선호도가 증가하였다. 또한 건강과 위생에 대한 관심이 고조되어 식품선택에 있어서 식품의 성분, 보관상태와 기간, 그리고 유해물질의 잔류에 대한 것 등을 중시하게 된 것이다.

8) 건강지향식품의 선호

건강지향식품에도 다양한 형태가 있다. 내용별로 크게는 다이어트 지향식품(단맛지향, 저칼로리 등), 건강증진식품(칼슘 첨가, 식이섬유 첨가, 비타민 배합), 자연식품(무공해, 무농약, 유기재배, 바이오 식품 등), 건강관리식품(저염, 미네랄 밸런스 식품 등)으로 분류할 수 있다.

최근 인기메뉴로 떠오르고 있는 스무디(Smoothie)[8] 메뉴나 샐러드와 과일을 소재로 한 음료 및 간이식사 메뉴들도 이 범주에 속한다.

9) 감각적인 맛과 멋, 그리고 질의 추구

오늘날과 같이 생산력이 향상되어 다품종 소량생산이 가능하게 되면서부터 소비자의 다양한 개성에 따라 상품이 선택되는 새로운 소비형태가 나타나게 되었다. 소비자는 물건 자체가 아닌 디자인과 브랜드에서 풍기는 어떤 이미지, 특히 상품이 사용되는 신(Scene)을 구성하는 시간, 장소, 그리고 상황(TPO : Time, Place, Occasion)을 선택하는 것이다.

10) 환경친화 레스토랑 지향

기업에서는 그린 마케팅(Green marketing)에 대한 관심이 높아지고 있다. 이것은 소비자들의 환경보호에 대한 의식이 높아진 데 대한 대응이며 환경보호가 인류의 소망이라는 점에서도 당연한 결과이다. 이러한 소비자 의식의 증대는 생산자로 하여금 기존의 생산제품을 변화시켜야 하는 결과를 낳았다. 즉 생산자들은 소비자들의 환경보호 의식에 대비하여 재활용 제품이나 포장단계의 축소 등을 통하여 환경보호에 해가 되지 않는 것을 생산하고 있다.

중간 유통업체들도 이러한 소비자들의 욕구를 반영하여 불필요한 포장을 가능한 한 줄이고 포장지도 재생용지를 사용한다든가, 썩는 비닐을 포장지로 이용하는 등 소비자들의 욕구에 대응하고 있다. 뿐만 아니라 소비자단체를 주부 환경교육의 장소로 또는 재활용품 수집의 장소로 이용하는 등 소극적인 전략에서 적극적인 그린 마케팅으로 전환하고 있다. 그리고 환경을 강조하는 기업이미지를 구축하기 위해 수익의 일부를 환경보존에 투자하기도 한다.

7. 2014~2016년 외식 핫 트렌드[9]

1) 2014년 외식 핫 트렌드

(1) 1인 맞춤형 서비스

결혼에 대한 가치관의 변화, 전통적인 가족개념의 약화, 노령화 현상 등 사회적인 요인

---

8) 스무디(Smoothy) : 바나나, 주스, 밀크, 요구르트, 아이스크림으로 만든 부드러운 음료, 소프트 드링크, 무알코올 등을 말한다. 즉 사람의 마음을 끄는 부드럽고 향긋한 건강음료이다.

9) 2013-2015 국내외식트렌드(한국농수산식품유통공사)

등에 의해 1인 가구는 증가추세를 보이고 있다. 1인 가구의 소비 특징은 맞춤형소비, 편리성을 추구하고 있으며, 이에 따라 외식업계에서도 1인 맞춤형메뉴, 1인 샤브샤브, 1인 테이크아웃 서비스 등 1인 가구를 위한 다양한 메뉴 및 서비스를 제공하고 있다.

(2) 매스티지(Masstige)

매스티지는 대중(mass)과 명품(prestige product)의 합성어로 품질은 명품과 비슷하지만 한 단계 아래의 상품을 의미하는 말로 2003년 미국 경제잡지 '하버드 비즈니스 리뷰'에서 처음 소개하였다. 매스티지는 실속형 고급소비를 나타내는 대표적인 말로 소비자들의 전반적인 생활수준 향상으로 인해 점차 증가하고 있다. 대표적인 외식업계의 '매스티지 소비'는 간소화된 이탈리안 코스레스토랑, 프랑스 · 이탈리아 명품 프리미엄 와인 대신 품질이 유사한 중저가 신대륙(호주, 남미) 와인소비의 증가, 프리미엄 김밥 브랜드의 등장이다.

(3) 로컬푸드(local food)

로컬푸드는 장거리 운송을 거치지 않은 지역농산물을 의미한다[10]. 로컬푸드 운동은 지역 내 생산된 식재료를 최소한의 배송을 통해 수령하여 좀 더 신선하고 건강한 음식을 먹고자 시작되었다. 외식산업 측면에서 볼 때는 결국 로컬푸드는 사용 식재료에 대한 소비자의 욕구를 충족시키고자 나타난 현상이라고 볼 수 있다.

〈2014 한국 외식산업 Mega Trends〉

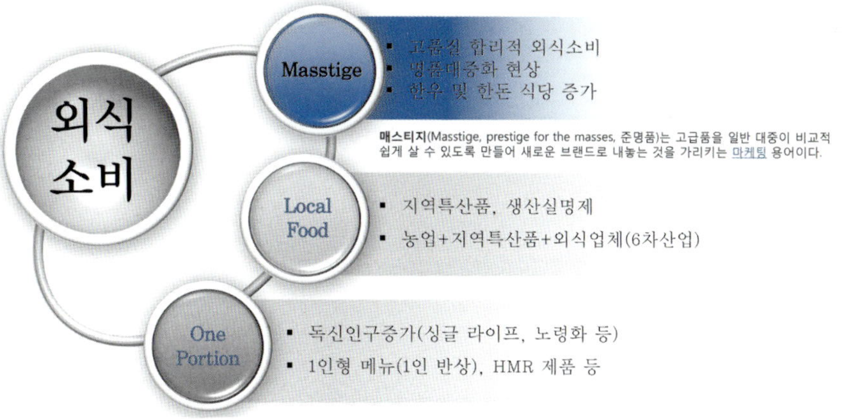

10) 시사상식사전

2) 2015년 외식 핫 트렌드

(1) 먹방신드롬

'먹방'은 '음식 먹는 방송'을 지칭하는 말로 개인이 먹는 모습을 인터넷방송등을 통해 여러 시청자들과 공유하면서 시청자들의 식욕을 돋우는 행위에서 비롯된 단어이다. '먹방신드롬'은 페이스북 인스타그램 등의 SNS를 통해 자신이 먹은 음식에 관한 정보를 남들과 쌍방공유하는 새로운 형태의 식문화현상으로 볼 수 있다.

〈2015 한국 외식산업 Mega Trends〉

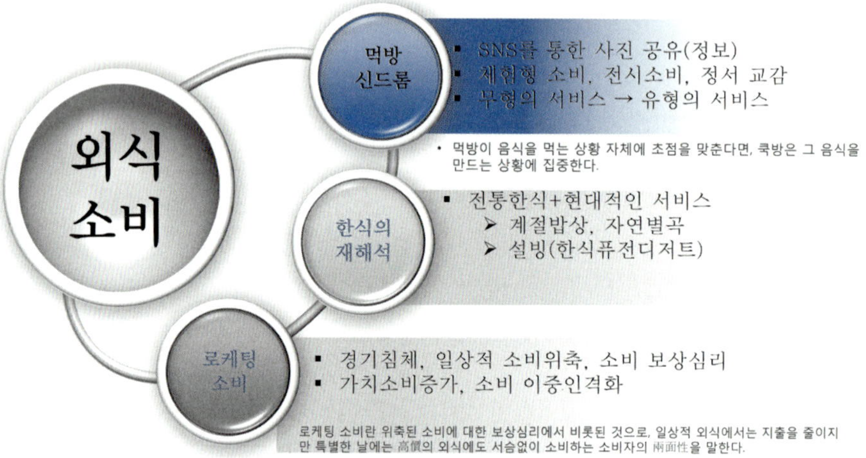

(2) 로케팅 소비

'로케팅 소비'란 일상적 외식에 있어서는 지출을 줄이고자 하고 자신이 좋아하는 메뉴나 특별한 날의 외식의 경우에는 가격에 대한 민감도가 낮아지는 개인 소비의 양면화를 의미한다. 고급품을 사고 싶은 소비심리가 경제적인 제약과 맞물려 등장한 언어로 경기침체로 인해 소비시장이 위축되었으나 고가의 디저트 시장, 프리미엄 메뉴는 소비가 증가하는 현상을 말한다.

(3) 한식의 재해석

전통한식을 재현하고 유지하는 것에서 더 나아가 현대화된 콘셉트에 맞추어 모던하게 재해석한 것을 말한다. 한식 디저트인 '설빙'과 '계절밥상', '자연별곡'과 같은 한식뷔페가 대표적인 예이다.

3) 2016년 외식 핫 트렌드

(1) 미각노마드

'Gastronomy'(미식) + 'nomad'(유목민)의 합성어로 소비자들이 맛을 찾아 유랑하는 외식 소비 현상을 말한다. 이들은 '음식'을 문화로 인식하며 단순 식사에서 벗어나 자신이 부여한 가치 개성이 투영된 맛을 소비하는 것으로 음식을 통해서 가치를 추구하고자 하는 것이다.

〈2016 한국 외식산업 Mega Trends〉

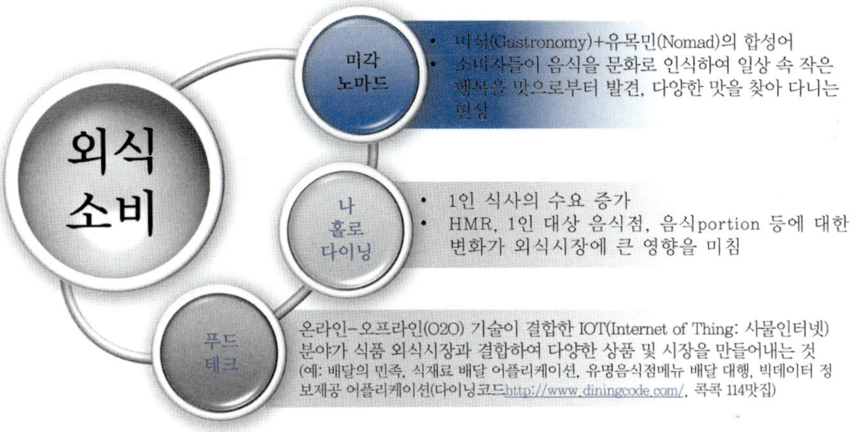

(2) 푸드테크

푸드테크는 외식과 적용할 수 있는 모바일 인터넷 정보기술 기반의 푸드서비스 테크놀로지를 지칭한다. 모바일과 인터넷을 외식산업에 접목시킴으로써 온라인과 오프라인을 결합하고 각종 외식 서비스를 하나의 플랫폼에서 제공가능하게 하고자 하는 각종 테크놀로지를 의미한다.

(3) 나홀로 다이닝

혼자서 당당히 식사하는 외식소비자를 지칭한다. 개인화된 라이프스타일을 추구하는 경향이 강하며 혼자서 식사하는 것에 익숙하고 더 나아가 본인 취향에 맞는 식사를 위해 과감하게 지출할 줄 아는 1인 소비자 외식성향을 말한다.

8. 해외 외식산업 트렌드[11)]

1) 미국 외식산업 트렌드

(1) 미국의 외식관련 소비시장 현황

미국 외식시장의 주요 트렌드는 다양한 국가의 음식(에스닉푸드)을 선호하고 있으며, 건강지향적 소비경향이 두드러진다는 것으로, 식재료의 선택에 있어서도 쌀이나 파스타가 많아지고 닭고기와 같은 지방이 적은 가금류의 선호도가 높아지고 있는 추세이다. 이러한 경향 외에 수산물 사용의 증가, 매운 음식의 선호, 염분을 대체할 수 있는 다양한 맛의 허브와 양념류의 활용도 높아지고 있는 것을 볼 수 있다.

〈최근 3개년 외식 트렌드의 흐름〉

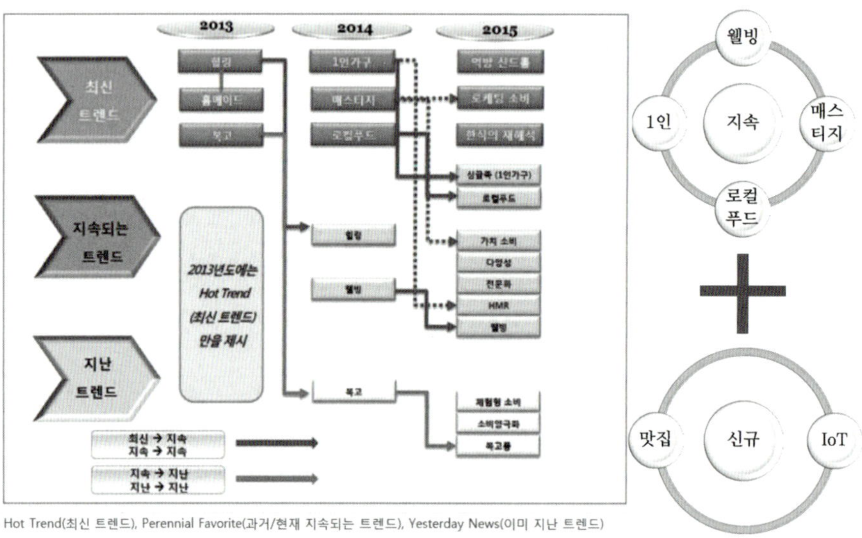

· Hot Trend(최신 트렌드), Perennial Favorite(과거/현재 지속되는 트렌드), Yesterday News(이미 지난 트렌드)

미국레스토랑협회(NRA)의 외식산업운영보고서(Restaurant industry operations report)에 따르면, 미국의 소비자들 중 1/3은 가치 지향적 소비성향을 보이고 있는데, 고객편의를 위한 서비스가 우수한 특화된 레스토랑이나 고객지향의 프로그램을 갖는 레스토랑을 더 선호하는 것으로 나타났다. 또한 경기상황이 좋지 않을수록 소비자들은 뚜렷한 목적을 가지고 소비하려는 경향이 강해지고 있어 가치가 있다고 판단될 때에는 소비를 한다고 전하고 있다. 또한 전체 성인의 35%는 레스토랑에서 무선인터넷 접속의 사용을 원했고, 18세에서 34세의

11) 농림부, 외식산업 발전방안 연구(2011)

성인들은 55%가 와이파이나 무선인터넷을 사용할 수 있는 외식장소를 선호하는 것으로 나타나 최근 급증하고 있는 인터넷 사용률과 SNS 서비스 등 정보화 시대에 적합한 서비스를 제공해야 함을 시사하고 있다. 소비자들 10명 중 3명은 외식업에 배달서비스가 반드시 필요하다고 하였고, 54%의 성인은 가정이나 직장으로의 포장, 배달서비스를 선호하는 것으로 나타났다. 또한 조사자의 성인 중 41%는 이메일 광고를 보고 새로운 레스토랑을 선택하기도 한다고 밝히고 있다.

[그림 1-1] Chef survey : what's hot in 2011, NRA(2011)

뿐만 아니라, '2011년 가장 기대되는 식품 관련 트렌드'란 주제로 설문조사를 실시한 결과를 살펴보면, 운영상의 트렌드, 불황 간의 전략, 영양정보 제공 및 촉진 그리고 소셜미디어에 관한 내용도 포함하고 있는데, 이 가운데 요리사들의 30%가량이 이동식 트럭 음식과 팝업식당(유명 요리사 또는 요리사들이 각자의 도시를 순회하며 정해진 기간 동안만 음식을 판매하는 방식) 방식의 레스토랑 트렌드가 강세를 띨 것으로 예상하고 있다(NRA, 2011).

(2) 프랜차이즈 시장 현황[12)]

미국에서는 대도시나 중·소도시 구분 없이 많은 프랜차이즈 가맹점이 영업 중이다. 2014년도 100대 프랜차이즈에 선정된 기업 중 약 80%가 미국 프랜차이즈 기업일 정도로 프랜차이즈 사업이 크게 발전하였다. 미국의 프랜차이즈 시장은 오랜 연혁을 가진 브랜드가 꾸준히 시장을 선도하고 있으며 주 인기 아이템은 샌드위치, 피자, 커피 브랜드 등이며 맥도날드와 KFC를 필두로 하는 패스트푸드 등 비교적 간단한 메뉴를 취급하는 아이템의 선호도가 꾸준하다. 그러나 최근 몇 년 사이 이러한 현상이 변화하고 있다. 2014년 1월 미국 CBS 뉴스에서 발표한 자료에 따르면 2014년 미국 내에서 유망할 것으로 예상되는 식품트렌드의 경우 집에서도 요리가 가능한 이국적인 음식, 건강차 유기농 스택 등이 손에 꼽혔다. 또한, 특정 식품에 거부반응을 보이는 소비자들이 늘어나 글루텐이나 통, 견과류, 유제품 등이 함유되지 않은 프리(free)식품들이 더욱 많이 출시되고 이와 관련된 프랜차이즈 브랜드도 늘어날

12) 2015 한국외식연감(한국외식정보)

것으로 전망하고 있다. 한편, 미국의 창업전문지 앙트레프레너(Entrepreneur)가 2014년도애 발표한 미국의 10대 프랜차이즈 순위를 보면 1위에는 Anytime Fitness(피트니스), 2위는 Hampton Hotels(호텔), 3위는 Subway(샌드위치), 4위에는 Supercute(헤어살롱), 5위는 Mimmy Johns's Gourmet Sandwiches(샌드위치), 6위는 7-Eleven(편의점), 7위는 Servpro(재해복구 및 청소), 8위는 Denny's(패밀리레스토랑), 9위는 Pizza Hut(피자 및 파스타), 10위는 Dunkin Donuts(커피 및 도너츠)가 차지한 것으로 나타났다. 서브웨이의 경우 2008년까지 7년 연속 1위 자리를 지키다가 2011년 9위로 밀려났고 2012년에는 다시 2위 자리에 올랐으나 2014년에는 3위로 내려갔다. 반면 2011년 3위를 차지한 맥도날드는 2014년 글로벌 프랜차이즈 순위로 2위였음에도 불구하고 2014년 기준 미국 내 10대 프랜차이즈에서는 제외된 것으로 나타났다.

〈표 1-2〉 2014년도 미국 10대 프랜차이즈

순위	변동	브랜드	업종
1	▲	애니타임 피트니스(Anytime Fitness)	피트니스
2	▼	햄프턴 호텔(Hampton Hotels)	중저가 호텔
3	▼	서브웨이(Subway)	샌드위치
4	–	슈퍼커트(Supercuts)	헤어살롱
5	▲	지미 존스 고메이 샌드위치 (Jimmy John's Gourmet Sandwiches)	샌드위치
6	▼	세븐일레븐(7-Eleven)	편의점
7	▼	서브프로(Servpro)	재해복구 및 청소
8	▼	데니스(Denny's)	패밀리레스토랑
9	–	피자헛(Pizza Hut)	피자전문점
10	–	던킨도너츠(Dunkin' Donuts)	커피 & 도넛전문점

출처: 2015 한국외식연감(식품외식정보)

〈표 1-3〉 세계 외식기업 순위(상장기업) 상위 10개

	기업이름	국가	매출 (단위: 백만 달러)	결산시기	전개브랜드
1	McDonald's Corporation	미국	28,106	2013.12	McDonald's
2	Starbucks Corporation	미국	14,892	2013.9	Starbucks
3	Yum Brands Inc.	미국	13,084	2013.12	KFC/Pizza Hut/Taco Bell
4	Darden Restaurants Inc.	미국	6,280	2014.5	Red Lobster/Olive Garden/ LongHorn Steakhouse
5	AUTOGRILL SPA	이탈리아	6,207	2013.12	FC含む250ブランド以上を展開
6	젠쇼 홀딩스(ゼンショーホールディングス)	일본	4,672	2014.3	すき家/ココス/はま寿司
7	Bloomin Brands Inc	미국	4,129	2013.12	OUTBACK STEAKHOUSE/ CARRABBA'S
8	ARCOS DORADOS HOLDINGS	아르헨티나	4,033	2013.12	(中南米, カリブ海)エリアの McDonald's franchisee)
9	Chipotle Mexican Grill, Inc	미국	3,215	2013.12	Chipotle
10	TIM HORTONS INCORPORATED	캐나다	3,162	2013.12	Tim Hortons

출처: 2015 한국외식연감(식품외식정보)

(3) 패스트 캐주얼(Fast casual)[13)14)]

2000년대 중반 이후 지속적인 경기침체, 경쟁자의 지속적인 등장으로 인해 미국 레스토랑 업계의 경영환경은 어려움에 직면하였다. 특히 패스트푸드의 경우 소비자 선호도가 바뀌고 비만에 대한 우려, 식품안전성 등을 문제로 패스트푸드는 정크푸드라는 인식이 강해지면서 맥도날드와 버거킹은 경영 적자 및 매장 축소라는 어려움을 겪고 있다. 이러한 소비현상의 변화에 따라 미국에서는 패스트푸드와 캐주얼 레스토랑 사이의 틈새시장을 겨냥한 패스트 캐주얼 형태의 음식점이 나타났다. 패스트 캐주얼이라는 용어는 Fastcasual.com의 창립자인 Paul Barron이 만든 것으로 알려져 있으며, 패스트푸드와 레스토랑의 중간형태로 일반레스토랑보다는 저렴한 가격대, 패스트푸드보다는 고품질의 음식을 신속하게 제공한다. 패스트 캐주얼은 고품질의 신선한 음식, 팁이 필요 없는 셀프서비스, 편안한 분위기, 빠른 서비스를

13) Washington Post(2015). The Chipotle effect: Why America is obsessed with fast casual food
14) 예술인문사회 융합 멀티미디어 논문지(2016. 신혐암, 김연성). 패스트 캐쥬얼 장르를 창조한 치폴레의 성공요인 분석

특징으로 1999년 대비 약 550% 성장하였다(2014년도 기준 한화로 약 25조 원 시장규모). 패스트 캐주얼은 다음과 같은 특징을 가진다. 첫째, 패스트푸드 레스토랑에 비해 다소 높은 가격대의 메뉴로 구성한다. 둘째, 주 고객층은 성인이다(아동을 포함한 가족이 아니라는 의미이다). 셋째, 고급스러운 분위기를 연출하기 위해 노력한다. 넷째, 카운터에서 계산과 음식의 전달이 이루어진다. 이러한 새로운 방식의 서비스를 제공하는 대표적인 업체는 멕시칸 음식인 브리토를 판매하는 치폴레(Chipotle)이다. 치폴레는 멕시코 대표음식인 브리토, 타고를 맛볼 수 있는 곳으로 1993년 스티브 엘스(Steve Ells)가 콜로라도에서 첫 점포를 열었다.

〈표 1-4〉 레스토랑의 유형

종류	패스트푸드	패스트 캐주얼	캐주얼 레스토랑
가격대	가장 저렴 5달러 이하	7 ~ 10달러	메인메뉴 10 ~ 15달러
서비스 스타일	카운터에서 지불 후 음식 받음. Drive-Thru를 이용하여 자동차에서 직접 받기도 함	카운터에서 지불 후 음식 받음. 라인을 따라 토핑을 선택함	종업원에 의해 테이블로 안내됨. 주문과 서빙, 결제는 고객의 테이블에서 종업원에 의해 이루어짐
속도	빠름	비교적 빠름	느림
분위기	장식이 적은 단순한 분위기 인테리어	레스토랑의 스타일리시한 분위기 연출	가족적인 분위기, 특정국가의 음식 및 퓨전 형식을 제공
대표 레스토랑	맥도날드	치폴레	아웃백 스테이크

출처: 레스토랑의 유령(김승범·김연성, 2014)

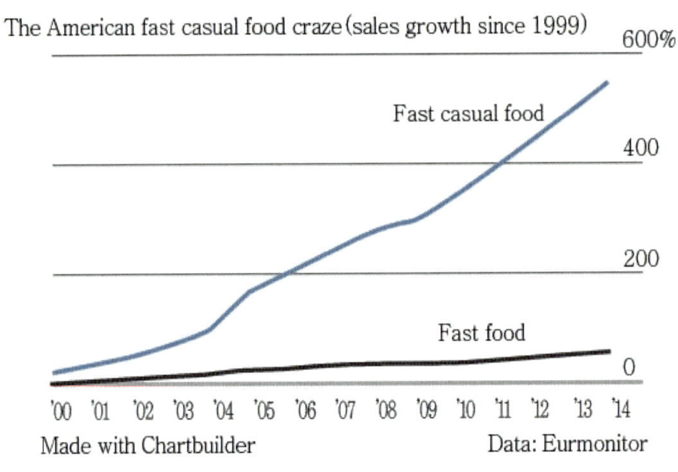

출처: Washington Post(2015)

[그림 1-2] 미국 패스트 캐주얼 성장률

유기농 재료를 사용하고, 메인 메뉴 및 토핑에는 칼로리가 적혀 있어 고객은 열량을 고려한 주문이 가능하다. 이러한 특징으로 멕시코의 서민음식인 브리토, 타코를 고급화시킬 수 있었다. 또한, 레스토랑 내에 테이블 담당 종업원을 배치하지 않음으로써 레스토랑 대비 낮은 가격대로 제공한다.

〈표 1-5〉 2015년 미국 패스트 캐주얼 TOP 20

순위	업체명	순위	업체명
1	Panera Bread	11	Chipotle Mexican Grill
2	Blaze Pizza	12	The Habit Burger Grill
3	Pie Five Pizza	13	Giraffas Brazilian Kitchen & Grill
4	Dickey's Barbecue Pit	14	Modmarket
5	Shake Shack	15	PizzaRev
6	Zoës Kitchen	16	Burger 21
7	Sweetgreen	17	Smashburger
8	Jersey Mike's Subs	18	Cowboy Chicken
9	Starbucks	19	Giardino Gourmet Salads
10	Native Foods Café	20	Newk's Eatery

출처: 2015 Fast Casual TOP 100 mover & shakers

(4) 미국 주요 외식기업 트렌드

미국의 주요 외식기업들은 소비자의 외식 트렌드에 맞추기 위해 다양한 변화를 시도하고 있는데 특히 건강과 관련하여 패스트푸드 업체들도 메뉴를 변화시킨다거나 영양성분 표시를 하고, 광고에 규제를 두는 등의 노력하는 모습을 볼 수 있다.

Chili's의 경우 저지방 저탄수화물 메뉴옵션을 포함하며 Ruby tuesday inc.는 메뉴에 'Smart eating' 섹션을 포함하고 있다. Yum 브랜드의 경우 트랜스지방을 높게 함유한 제품의 변경 방침을 최초로 업계에서 발표하였으며 결국 KFC에서는 트랜스지방이 함유되어 있지 않은 프라이드치킨을 제공하고 있다(Katz, 2008). 맥도날드는 마케팅에 큰 비중을 두고 있었던 슈퍼사이즈 프렌치 프라이드나 음료를 자제하고 지역적 특성에 따라 요거트, 우유, 야채나 과일 등을 포함한 새로운 해피밀을 개발하여 제공하고 있다. Jason's Deli는 고과당 콘시럽이나 트랜스지방, 농약이 없는 식품을 제공하며, 타코벨의 경우 나트륨 함량을 줄인 타코를 제공하고 있다. Heinz 케첩은 고과당 콘시럽 없는 케첩과 펩시에서도 고과당 콘시럽을 뺀 콜라를 제공하여 한 해에 4천백만 달러의 수익을 올렸다(Mintel, 2011). 이는 미국의 비만율이 높아지는 것이 외식행동과 밀접한 연관이 있음을 나타내고 있으며, 미국에서는 정부차원의 정책적 지원을 실시하고 있는데, 이는 범국가적인 지원이 필요한 것임을 시사하고 있다. 이러한 식생활 문화의 변화에 있어서도 미국의 외식프랜차이즈 기업 중 패스트푸드업계는 꾸준히 상위권을 점유하는데 랭킹 10위권 내에서 6개의 업체가 패스트푸드사로 외식업계의 기업 트렌드를 주도하고 있는 것으로 나타났다. 최근 미국 패스트푸드업계에서도 건강지향적이고 유기농 식자재를 사용한 저칼로리 메뉴를 개발하는 추세에 있었으나 상대적으로 고칼로리 메뉴인 1,000kcal가 넘는 Super size burger가 메뉴로 등장하기도 하여 비만율이 급증하고 있는 미국사회에 큰 영향을 미칠 것이라는 우려가 나오기도 하였다.

또한 미국에는 2008년부터 고객들이 선택한 메뉴를 취향에 맞춰 조절할 수 있는 '디자인 메뉴'가 각광받고 있는데, 대표적인 브랜드로는 멕시칸 샌드위치 전문점 '치폴레(Chipotle)' 등으로 이들 브랜드들은 고객이 직접 재료를 선택할 수 있는 조립식 메뉴로 구성하였고, 각 식재료는 산지에서 직접 공수하여 사용하는 방법으로 건강에도 좋은 음식이라는 이미지를 고객에게 심어주어 트렌드에 민감한 미국 뉴요커들의 입맛을 사로잡고 있다.

(5) 마케팅 트렌드

마케팅 트렌드에도 많은 변화를 살펴볼 수 있는데, 미국의 경우 인터넷은 삶에 있어 중요한 구성요소가 되면서 외식을 하는 데 있어 중요한 도구로 활용되고 있다. 전체 고객의 48%는 일상적으로 레스토랑 홈페이지를 방문하고, 27%는 레스토랑이 제공하는 음식의 영양정보를 찾기 위해 인터넷을 이용하는 것으로 나타났다(NRA, 2008). 또한 30% 이상의 고객들이 레스토랑의 웹사이트를 방문하여 메뉴를 주문하거나 새로운 레스토랑을 찾기 위해 인터넷을 이용하고 있다. 이처럼 인터넷과 이메일은 2007년 이후 외식업체의 성장과 고객의 기대를 충족시키기 위한 새로운 대안으로 활용되고 있다. 최근에는 소셜 네트워크를 통한 인터넷 마케팅을 통한 외식업체의 움직임이 빠르게 진행되면서, 외식업체의 선택, 메뉴선택, 방문 후기 등을 실시간 확인하고 서로 공유함으로써 이를 통한 마케팅이 활발하게 진행되고 있는 실정이다.

또한 Demeter group이 Technomic inc.자료를 바탕으로 발표한 2011 레스토랑 산업 트렌드를 살펴보면 메뉴 차별화의 일환으로 프리미엄 주류 및 자사만의 차별화된 음료의 개발, 미국 전역으로 확대되고 있는 Food truck, 전반적인 식품 트렌드와 함께 지역 생산품과 농산품에 대한 관심이 증대되면서 메뉴에 영양정보 표시제도의 요구도가 증가되고 있음을 살펴볼 수 있다. 또한 가치 추구형 고객의 요구가 증대되면서 영속적인 가치를 제공하며, 사회적인 마케팅 기법으로는 소셜미디어나 새로운 기술을 사용하여 고객 편의를 도모하는 것을 2011년 트렌드로 볼 수 있다.

〈표 1-6〉 Restaurant industry trends for 2015

Trend	Commentary
Meals served with side of bragging rights	음식을 인스타그램, 트위터와 같은 SNS에 올리는 현상
Go small or go home	한입 크기의 작은 음식들(예: Tapas, Dimsum)
Traditional sit-down market shrinks	패스트푸드점의 대안으로 새로운 형태의 패스트 캐주얼 서비스시장의 성장(예: Chipotle)
Beverage boom	음료소비시장 성장
Asia ascendent	과거에는 미국인들이 생각하는 아시아 음식은 스시나 중국음식이었으나 최근 한국음식, 베트남음식에 대한 관심이 높아짐
Bitter is Better	쓴 것이 몸에 좋다는 생각
Customers'(healthy) choice	건강한 음식을 선택하고 소비하고자 하는 현상
Locavores take over	로컬 푸드에 대한 관심

출처: Entrepreneur

〈표 1-7〉 Food trend trends for 2016

Trend	Commentary
The hotter the better	매운 소스류의 인기(예: 스리라차 소스_베트남요리에 쓰이는 매운 소스)
International comfore food re-imagined	스튜, 미트볼과 같은 일상적인 소박한 음식들이 품격 있는 메뉴로 변신
Waste not, want not	whole 식재료 선호
Pass the bubbly, please	탄산음료를 지양
GMOs? No thanks	유전자 변형 식품 소비 지양
Fast food get upgrade	패스트푸드 업계의 변신(건강메뉴 판매 등) 및 패스트 캐주얼 서비스의 지속적인 성장
All about apps	온라인 식재료, 식료품 판매 및 배달서비스 소비시장 확대

출처: Entrepreneur

2) 일본 외식산업 트렌드

(1) 소비시장 트렌드

건강식에 대한 선호의 일환으로 2010년 니케이산업지역연구소가 수도권 및 오사카 지역의 20~69세 남녀 805명을 대상으로 한 조사에 따르면, 일본인들이 지출을 아끼지 않는 분야 중 가정식에 대한 소비가 전체에서 38.3%를 차지하여 가장 높은 응답률을 보였다(우상민, 2010). 이러한 일본 소비자들의 소비성향은 가격이 높아도 안전한 식재료를 선호하는 의식이 높아져 불황 속에서도 가정식이나 외식에 관계없이 식사의 안전성에 대한 관심이 커지고 있다는 것을 시사한다.

장기불황을 겪고 있는 일본 소비자들은 외식소비에 있어서도 저렴하면서 푸짐한 메뉴를 선호하는 경향이 뚜렷해지고 있는 것을 볼 수 있는데, 단순히 저렴한 것이 아니라 가격 대비 메뉴 및 서비스의 만족도 기준이 높아져 가격에 비해 푸짐하고, 서비스 수준을 따져보는 가치소비 성향을 보이고 있다. 최근 일본의 소비의식 중 '현절 소비'라는 키워드를 제시하면서 조금은 비싸더라도 장기적으로 절약할 수 있다면 돈을 쓰는 현명한 절약 소비의 추세가 강해지고 있는 것으로 보인다(우상민, 2010).

또한, 혼자서 생활하는 나홀로족이 많은 일본에서는 외식업체들도 도서관의 칸막이 형태로 테이블을 만들어 남의 시선을 의식하지 않고 혼자 자유롭게 식사할 수 있는 공간을 구성하기도 하고 레스토랑 1인 메뉴, 싱글족들을 위한 점심 메뉴, 테이크아웃 메뉴 등을 다양하게 선보이고 있다. 뿐만 아니라 총인구 감소추세와 급격한 고령화 사회 진입으로 자립형 실버세대를 위한 택배 및 테이크아웃 시장이 확대될 것으로 전망되고 있다.

최근 지진으로 인해 전반적인 산업 성장률을 하향 조정한 상태로 내년 이후 본격적 회복세가 이루어질 것으로 전망하고 있으며, 이로 인해 소비시장 전 분야에 걸쳐 당분간 침체기를 겪을 전망으로, 원전사고 이후 방사능 오염에 대한 우려와 자숙 분위기가 확산되며 2011년 해당 산업의 어려움은 더욱 커질 것으로 보인다.

또한 '자기 생활양식(라이프스타일)에 의거하여 상품을 선택'하기를 원하는 소비층이 늘어나고 있으며, 일본 소비스타일을 살펴보면 마음에 든 부가가치에 대해서는 비싸도 비용을 선뜻 지불하는 소비스타일인 '프리미엄 소비'와 상품에 대해 고집하면서 저가격도 추구하며 좋은 제품을 싸게 사기 위해 노력하는 '철저탐색 소비', 철저 탐색형과 대조적으로 상품에 대한 고집도 저가격도 중시하지 않는 스타일로 대신 구입의 편의성을 중시하는 '편의성 소비'와 저가격만을 평가하는 '저가격 납득소비'로 구분되며, 이 가운데 일본인 중에 가장 많은 스타일은 편의성 소비로 일본은 세계적으로도 장소에 상관없이 균일한 품질의 물건을 구입할 수 있는 것으로, 어디서나 일정 품질수준 이상의 상품을 구입할 수 있다는 안심감들이 그 요인이다.

(2) 외식업 트렌드

2008년 미국 금융위기 이후 2011년 3월 일본 동북부지역에서 발생한 대지진으로 일본 외식업계도 적지 않은 영향을 받고 있는데 일본 푸드서비스협회에 의하면 외식기업의 매출은 작년 7월 이후 올해 2월까지 8개월 연속으로 전년 동기대비 플러스 실적을 보이며 호조를 유지해 왔으나 이번 재난으로 인해 회복세가 주춤하고 있는 실정으로 외식업체의 경우 식재공급의 어려움과 이로 인한 일부 메뉴의 제공중단 및 메뉴가격 상승 등이 불가피해짐에 따라 이에 적극적으로 대응해야 하는 상황이다. 또한 일본 외식업계는 2011년 가격경쟁을 멈추고 가치경쟁에 초점을 맞추며 합리적인 가격에 좀 더 고급스러운 음식 맛과 분위기를 제공하기 위해 노력하고 있다.

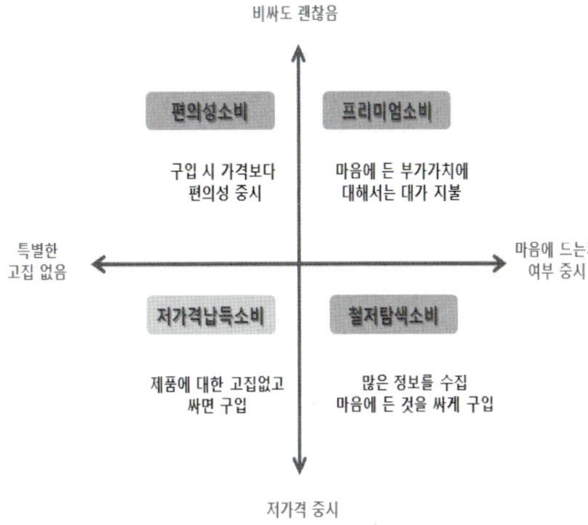

[그림 1-3] 최신 일본 4가지 소비스타일

일본 내수시장 및 외식시장의 장기불황은 외식시장의 경쟁을 심화시키고 있어 각 외식업체는 경영 효율화와 다변화 등을 추진하기 위해 기업의 통합 및 합병을 진행하고 프랜차이즈 업계는 중국 시장으로의 진출을 확장하고 있다.

일본은 맞벌이 부부의 증가 및 노년층, 독신세대의 증가로 식사준비에 시간 투자를 절약할 수 있는 '간소화에 대한 니즈' 증가로 배달서비스가 활발하게 이루어지고 있는 것을 살펴볼 수 있는데, 후지경제에 의하면 2010년 음식 배달서비스 시장은 2,445억 엔으로 전년대비 1.4% 증가를 보이고 있으며, 올해 역시 1.3% 증가한 2,478억 엔이 될 것이라 예상하고 있다. 이 가운데 환자, 노년층을 대상으로 한 도시락 배달시장은 2010년 607억 엔으로 전년대비 4.5% 증가한 것으로 조사되었고, 올해 3.5% 성장을 기대하고 있으며, 외식업체 배달 메뉴에 있어서도 고가 메뉴를 주로 배달하던 예전과는 달리 최근에는 1,000엔 미만대의 도시락까지 서비스를 제공하고, 식재, 칼로리 구성, 배달시간 등 고객의 라이프 사이클에 맞춰 제공하는 등 메뉴 및 가격의 다양성이 확장된 만큼 외식기업의 틈새시장, 수익성 확보를 위한 경쟁이 한층 치열해진 것을 볼 수 있다.

뿐만 아니라, 일본 내 외식산업 트렌드의 큰 변화 중 하나가 일본 내 한류붐에 힘입은 한식 열풍으로 일본 내에서 가장 인지도가 높은 맛집 소개 사이트인 '구루나비'에 등록된 동경 내 한국음식점만 해도 1,400여 업소가 분포되어 있다(월간식당, 2010). 최근에는 일본 외식기업들까지 한식 메뉴를 새롭게 첨가하거나 한식 전문점을 개점하는 현상을 보이고 있다. 이외에도 외식이 일상화되면서 가볍게 식사를 대체할 수 있는 업종이 증가 추세를 보이고 있는데 '서서 먹는 음식점'의 경우는 빠르고 저렴하며 신선한 이미지로 가벼운 식사를 제공하는 업태로 자리 잡아가고 있다. 기존의 서서 먹는 음식점은 소바나 우동집, 이자카야에서 활용되었는데, 이제는 그 간편함이 스시전문점으로까지 확대되어 좀 더 영양가 있는 음식을 저렴하게 제공한다는 콘셉트로 관련 점포가 앞으로도 증가할 것으로 예상된다.

최근 일본 외식업계의 또 다른 흐름은 지역 향토음식의 대두현상과 함께 복고풍 콘셉트의 레스토랑과 메뉴의 선호이다. 특히 저렴하게 즐길 수 있는 서민적 메뉴인 '호르몬 야키전문점', '서서 즐기는 이자카야 및 교자전문점'이 불황 속에서도 호황을 이어가고 있는데, 이러한 복고풍 메뉴의 선호는 장기화된 불황으로 일본 내 소비의 수준과 소비성향이 약해진 고객들이 새로운 메뉴에 모험하기보다 평소 잘 알고 안심할 수 있는 맛을 추구하는 경향이 더욱 강해졌기 때문이다. 메뉴 트렌드의 일환으로 최근 일본에서는 큰그릇에서 요리해 여럿이 나눠먹는 나베요리(찌개요리)가 인기이다. 나베요리는 건강을 고려해 야채를 듬뿍 넣고 조개다시나 육수로 진한 맛이 우러나게 하는 등의 비법이 있어 가정에서는 요리하기 쉽지 않아 외식으로의 전환이 쉬운 장점이 있다.

(3) 일본 최신 외식트렌드[15)]

① 외식시장의 성장 및 양극화

일본은 아베노믹스 정책으로 인해 거시경제의 대규모 변화가 있었으며 엔화의 약세로 경제상황이 개선되었다. 부가가치세가 5%에서 8%로 인상되었음에도 불구하고 2014년도 외식산업은 지속적으로 성장하였으며 부가가치세가 올라감에 따라 소비자들은 가격에 더욱 민감한 소비 성향을 나타냈다. 이러한 변화로 인해 일본 소비자들은 구매결정 시 '가격'이 중요한 요인이 되었으며 이에 저가형 외식시장과 프리미엄 외식시장으로 외식산업이 양극화되는 현상을 보이고 있다.

② 하이브리드형 융합매장의 등장 및 외식업체의 다양화

일본은 인구감소로 인해 소비가 줄어들것으로 예상되는 가운데 업체들 간 경쟁이 심해지고 있다. 이에 기업들은 경쟁업체와 차별화하기 위하여 하이브리드(융합)형 매장 운영 시스템을 도입하고 있다. 대표적인 하이브리드형 매장의 형태는 소매업체가 외식사업으로 진출하는 현상으로 슈퍼마켓 Yaoka가 취식공간과 음료서비스를 제공하는 사례를 들 수 있으며, 기존의 레스토랑 업체가 테이크 아웃 서비스를 제공하는 것도 하이브리드형 매장이라 할 수 있다.

15) 한국농수산식품유통공사, 2015년 국내 외식트렌드 조사

③ 고령층 대상 외식시장의 성장

일본의 인구 고령화 현상은 미래에도 계속될 것으로 전망되며 2014년부터 2019년까지 65세 이상 인구의 예상 연평균 증가율은 1.7% 수준으로 예측되고 있다. 따라서 일본 외식업체들은 노년층을 대상으로 한 건강하고 익숙한 메뉴를 도입하고 있다. 일본의 대형 외식기업인 Skylark은 노년층을 타깃으로 한 레스토랑 Yume-an과 Shabu-ha의 매장 수를 늘릴 계획이며 Gustro는 고령층에게 익숙한 도자기 식기를 사용하고 있다.

④ 편의점 식음료 제품 서비스 확대

일본의 편의점 업계는 1인 가구, 바쁜 직장인, 노년층을 타깃으로 다양한 식음제품 카테고리를 확장하고 있으며 편의점 내 카페를 운영한다든가, 새로운 콘셉트의 매장을 운영하는 등 소비자에게 다영한 서비스를 제공하고 있다. 세븐일레븐은 '세븐카페'를 론칭하여 신선한 원두커피와 함께 고객만족도를 높이기 위해 도넛 온장고 시설을 도입하였고, 미니스톱은 알코올 음료와 간단한 스낵류 제품카테고리를 확장한 브랜드 'Cisca'를 론칭하였다.

3) 중국의 외식 트렌드

(1) 소비시장 현황

중국의 소비환경은 임금상승, 소득증가로 인한 과시적 소비, 친환경 보시가 확대되고 있으며 인구 구조변화로 인해 실버시장이나 영유아 제품시장이 확대되고 온라인 시장이 확대되고 있는 변화를 보이고 있으며, 이러한 환경 변화는 외식 소비시장에도 많은 영향을 미치고 있다.

중국 외식시장은 중국 정부의 내수확대 정책에 힘입어 세계 경제위기의 여파에도 거의 영향을 받지 않고 지속적인 성장세를 유지하면서 2009년 1조 7,998억 위안 규모로 전년대비 16.8% 성장했으며, 이러한 추세를 유지한다면 올해는 2조 위안, 2013년에는 3조 위안 규모를 돌파할 것으로 전망되고 있다. 중국통계연감에 따르면 가구당 식품 소비지출 비중은 감소하지만 외식비 비중은 오히려 증가하는 추이를 보이고 있으며, 외식비는 2005년 7.6%에서 2009년 8.0%로 증가하고 있다. 또한 식품 안전에 대한 불신과 건강, 친환경 제품에 대한 관심 증대로 '러훠주(樂活族)' 소비가 증가하고 있는데, 이는 멜라민 분유, 폐기물 식용유 등 식품 안전사고로 고가임에도 품질과 안전이 보장되는 '무공해', '친환경' 제품 소비가 증가하였으며, 외식업체에서도 유기농 식자재, 건강 지향적 메뉴에 대한 관심이 증대되고 있는 실정이다.

최근 중국의 외식시장은 에스닉푸드에 대한 관심이 증가되면서 가장 선호하는 음식으로 일본음식(34.5%), 미국식(20.1%), 한국식(16.6%), 이탈리안음식(15.0%), 프랑스음식(7.1%) 순으로 조사되었으며, 기타 베트남, 인도, 태국 등의 동남아 음식들은 시장 점유율이 3% 미만으로 소규모로 분포되어 있다. 중국의 에스닉푸드는 일본음식, 한식, 양식, 이탈리안, 프랑스 음식 등 5개국 음식이 시장점유 비중 93%를 차지하고 있다(한식재단, 2009).

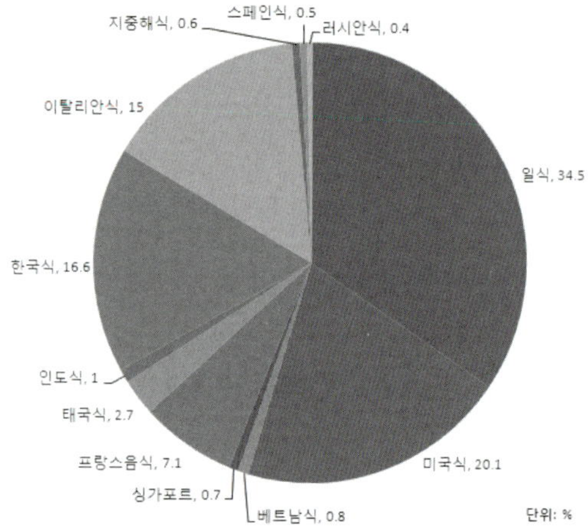

자료 : 한식재단 2009, 한식세계화를 위한 정보조사 및 마케팅 전략수립 보고서

[그림 1-4] 중국 에스닉푸드 식당 Market share

중국에서 482점을 만점으로 에스닉푸드 선호도를 조사해 본 결과 한식이 454점을 얻어 가장 높았으며, 일본음식이 429점, 이탈리안음식 368점, 태국음식 146점, 프랑스음식 118점, 베트남음식 21점, 인도음식 15점, 독일음식 14점, 멕시코음식 10점, 기타 국가음식 9점, 네덜란드음식 3점 순으로 나타났다. 중국에서는 한식과 일본음식, 이탈리아 음식이 가장 대중적으로 선호되는 것으로 조사되었다(한식재단, 2009).

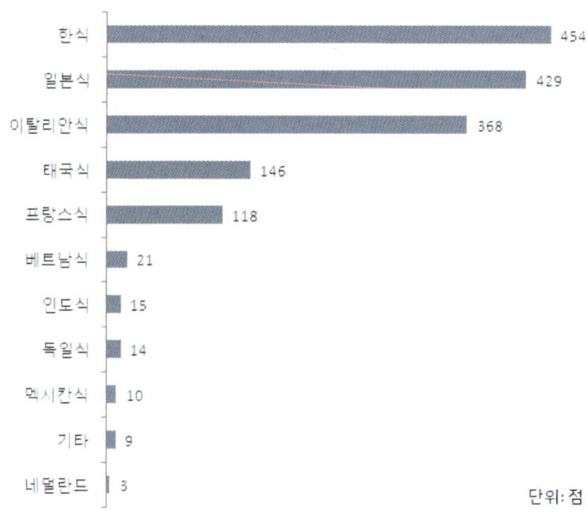

자료 : 한식재단 2009, 한식세계화를 위한 정보조사 및 마케팅 전략수립 보고서

[그림 1-5] 중국 에스닉푸드 선호도

한편 최근 중국은 경제성장과 함께 식품에 대한 소비 인식이 높아지고 있다. 친환경 유기농 식품에 대한 관심이 높아지면서 현재 중국은 세계 4대 유기농식품 소비대국으로 부상하고 있다. 월마트, 까르푸 등 대형 식품 마트에서는 전문 유기농 코너를 별도로 마련하여 운영하고 있으며 시장규모도 점차 확대되고 있다. 또한, 건강 및 웰빙에 대한 관심이 증가하면서 2004년 226억 위안이던 건강 및 영양식품 시장 규모가 2013년 5,000억 위안으로 약 19배 정도 성장하였다. 또한, 한류 드라마의 지속적인 인기로 K-food에 대한 관심이 높아지고 있으며 2014년도에는 중국을 대표하는 TV 먹거리 프로그램인 미식지도에서 '한국식품특집방송'이 방영되는 등 한국음식뿐만 아니라 식품에 대해서도 소비가 증가하

고 있다[16].

(2) 외식기업 트렌드

중국조리협회에서 2010년 5월에 중국 외식체인업계 2만 개 업체와 5만 명의 외식업계 관리자를 대상으로 외식체인 100대 기업을 선정하여 발표한 결과 상위 20개 업체 중 9개 사가 중국식 샤브샤브인 훠궈 업체가 차지하고 있다. 훠궈의 큰 인기는 맛과 저렴한 가격, 기존과 다른 차별화된 대고객서비스 때문이다.

중국 외식시장의 급격한 성장세를 틈타 미국은 스타벅스를 비롯해 KFC와 맥도날드를 진출시켜 가맹점을 공격적으로 늘려가고 있으며, 일본의 규동(덮밥)전문점 요시노야는 2008년 말까지 중국 내 200개 점포를 확장하였으며, 이탈리안 레스토랑 사이제리아는 2009년까지 100개의 점포 오픈을 목표로 하는 등 다국적 기업의 중국시장 진출이 급속하게 이루어지고 있다. 커피시장도 꾸준한 성장세를 계속하고 있는데, 커피전문점은 매년 25%의 고성장을 보이며 그중 스타벅스가 독주하고 있음을 살펴볼 수 있다. 중국통계국에 따르면 전 세계 커피 소비액은 매년 2%씩 증가하는 추세이나, 중국은 매년 10%씩 증가하며 1인당 평균 소비액 증가속도는 매년 30%에 달한다고 보고하였다. 스타벅스 커피는 대도시를 베이스캠프 삼아 점포를 확대하고 있는데 가장 기본 메뉴인 '카페라떼'는 25위안(한화 4천 원가량)으로 물가 대비 결코 싸지 않은 가격이지만 학생부터 직장인까지 폭넓은 소비자층이 있다. 최근에는 중국 최대 맥주생산 및 최대 유통 국유기업인 화룬창업이 기사태평양커피 지분의 80%를 인수하면서 홍콩 내 2위 커피전문점인 퍼시픽커피를 운영하게 되어, 홍콩 83개, 중국대륙 5개의 총 95개 매장을 보유하고 향후 2년 내에 200개 매장을 신설하여 5년 내 중국 최대 커피전문점 체인으로 발전하겠다는 계획을 세우고 있다.

(3) 중국 외식업 프랜차이즈 현황[17]

2012년 기준 중국의 외식프랜차이즈 브랜드는 456개, 총 매출액은 1,283억 위안 규모로 최근 5년간 연평균 성장률 15.1%를 나타냈다. 중국 120대 프랜차이즈 중 외식업종은 총 29개로 중식, 양식, 패스트푸드, 중국식 샤브샤브 등이며 업종 간 경쟁은 점점 심화되고 있다. 패스트푸드의 경우 중국 1·2선 대도시를 중심으로 중국인의 생활리듬이 빨라지면서 강한 성장세를 보이고 있다. 한편, 영양과 건강개념을 함께 반영한 중식 패스트푸드를 찾은 중국 소비자들이 증가하고 있다. KFC 등 해외 양식 패스트푸드업계에서도 아침메뉴로 전통 중국식 아침식사를 제품으로 판매하고 있으며 선택의 폭이 다양한 것을 선호하는 중국인의 취

16) 베이징 aT 센터. 중국시장진출 최식 식품시장 트렌드 알고 가자

17) 한국무역협회(2014.08), Marketing Guide(중국시장 이제는 프랜차이즈로 공략한다)

향에 맞게 주요리와 국은 별도로 선택가능하게 하여 인기가 많다. 기존에 고급이라는 인식이 강했던 커피 전문점의 경우는 중국 시민들의 생활수준 향상 및 여가소비 수요 증가에 따라 점점 대중화되고 있다. 2013년도 기준 중국 내 커피 전문점은 총 3만 4천 개를 초과하였으며 그중 프랜차이즈 커피 전문점이 약 8천여 개인 것으로 나타났다. 중국 베이커리 시장은 2008년부터 2012년도까지 연평균 28.5%의 판매수익 증가율을 기록하였으며, 2012년도 기준 판매규모는 전년대비 13.6% 증가한 1,886억 6,400만 위안(약 30조 8천억 원)을 돌파하였고 2017년까지 4,658억 2,900만 위안(약 76조 7백억 원) 규모로 성장할 것으로 예측하고 있다.

(4) 중국 15개의 소비트렌드

중국의 소비시장이 성장하면서 중국 소비자들을 공략하기 위해 국제무역연구원에서 15개의 중국 소비트렌드를 소개하고 있다, 이는 외식업체에서도 그대로 적용되고 있어 향후 마케팅 전략 수립에 도움이 될 것으로 보인다.

- **중국 브랜드 부상**
  경제가 성장함에 따라 중국 국내브랜드에 대한 소비가 증가하고 있다. 대표적인 예로는 샤오미 이외에도 VIVO, OPPO 등 다양한 스마트폰 브랜드가 부상하고 있으며 중국 국산브랜드에 대한 소비자 관심이 높다.
- **G2세대(80년대 이후 출생자)가 새로운 소비자로 부상**
  경제적인 풍요로움 속에서 자란 G2세대는 개방적, 독립적인 향이 강하며 고가제품에 대한 소비를 통해 자신의 성향을 표현하는 특성이 있다.
- **사치품은 해외구매 증가, 국내구매는 감소**
  2014년 중국내 사치품의 소비는 8년 만에 증가세에서 감소세로 반전되었으며 신규 명품브랜드의 소비가 증가하면서 명품브랜드도 다양화되고 있다.
- **온·오프 융합 O_2O(Online to Offline)서비스 급성장**
  O2O는 온라인·모바일로 결제한 후 오프라인에서 실제 서비스나 물건을 받는 소비형태로 모바일 이용 활성화로 최근 사용빈도가 크게 확대하고 있으며, 위치정보, 결제, 쌍방향 소통 서비스가 하나로 연계되어 소비자 분석, 할인 제공, 쿠폰연계와 같은 '개인 맞춤형' 서비스로 발전하고 있다.
- **남성, 3~4선 이하 도시의 온라인 쇼핑 증가**
  중국의 온라인구매 남성은 여성에 비해 온라인 구해 횟수는 적으나 품위 유지를 목적으로 한 고급명품 지출이 상대적으로 높은 편이다. 특히, 3~4선 지방도시의 경우 소비트렌드 정보는 실시간으로 전달되나 오프라인 쇼핑 여건이 선진도시에 비해 열악하여 온라인 구매의 참여가 증가하고 있다.

■ **뷰티 · 유아 · 먹거리의 해외직구 증가**

해외직구(하이타오)족의 구매액은 2014년 중 1,400억 위안(227억 달러)에 달하여 연평균 85% 정도 증가하였다. 해외 직구 시 주로 구매하는 품목으로는 유아, 뷰티, 식품류의 비중이 높다.

■ **IT마니아(지커)의 영향력 확대**

IT마니아의 커뮤니티 활동 영향력이 소비자 전자제품 구매에 많은 영향을 끼치는 현상이다. 대표적인 사례로 샤오미는 고객을 이용자, 구매고객, 지커 3종류로 구분하고 있으며 MIUI(스마트폰 운영체계) 기능의 1/3이 고객의 참여로 완성되고 있다. 또한, 웨이보, 웨이신 등 SNS를 통해 신제품을 홍보하고 IT커뮤니티를 적극적으로 지원하고 있다.

■ **삶의 균형을 추구**

친환경, 웰빙트렌드와 함께 느린 삶을 추구하는 '보보족'이 증가하고 있다.

■ **경험소비를 중시**

제품구매에만 머물지 않고 관련 서비스 경험과 구매과정의 체험을 중요시하는 현상이 나타나고 있다(예: 직접시연, 무료이용, 전시제품 테스트 등)

■ **올빼미 족의 증가**

야간 모바일 쇼핑인구의 증가로 약 1억 명의 소비자가 늦은 새벽까지 모바일 타오마오 어플을 사용하여 쇼핑을 즐긴다.

■ **식품안전 관심제고**

식품안전에 대한 중국 소비자의 관심이 증대되면서 식품원산지, 첨가물 정보에 대해 민감하게 반응하고 있다.

■ **개인 맞춤형 제품의 인기**

남들과 같은 제품보다는 참신하고 개성을 반영한 자신만의 제품이 인기를 얻고 있다.

■ **프리미엄 영유아용품 소비 증가**

부모 대신 조부모들이 육아를 담당하게 되면서 영유아제품의 구매가 증가하고 있다.

■ **새로운 먹거리에 대한 관심**

SNS 활성화, 음식앱의 증가로 새로운 음식을 맛보고자 하는 인구가 점차 증가하고 있다.

■ **소비자 권익보호 강화**

소비자 권익보호 강화법안의 시행으로 외국기업은 중국에 제품 수출 시 미리 주의해야 한다.

자료 : 한국무역협회(2015.4), 중국 15개 소비트렌드를 주목하라

〈표 1-8〉 2013 중국 상위 프랜차이즈 기업(외식산업)

47		중식	中国全聚德(集团)股份有限公司	全聚德	329,294.00	101	72
48		중식	湖南韶山毛家饭店发展有限公司	毛家	169,600.00	365	259
49		중식	陕西阿瓦山寨品牌投资有限公司	阿瓦山寨	156,437.00	425	418
50		중식	江西毛家湾餐饮连锁发展有限公司	毛家湾	122,400.00	80	72
51		중식	北京便宜坊烤鸭集团有限公司	便宜坊	61,167.00	54	23
52		중식	上海弘奇永和餐饮管理有限公司	永和豆浆	140,000.00	480	460
53		중식	上海世好餐饮管理有限公司	世好吉祥	82,810.00	2,500	2,205
54		중식	深圳市亿百度餐饮管理有限公司	亿百度	65,000.00	521	519
55		중식	四平李连贵饮食服务股份有限公司	李连贵	57,821.60	260	245
56		중식	马兰拉面快餐连锁有限责任公司	马兰	33,186.38	168	58
57		샤브샤브	内蒙古小尾羊餐饮连锁有限公司	小尾羊	407,012.00	311	279
58		샤브샤브	辽宁小背篓餐饮管理有限公司	小背篓	370,852.00	295	271
59		샤브샤브	重庆德庄实业(集团)有限公司	德庄	256,480.00	523	467
60		샤브샤브	北京黄记煌餐饮管理有限责公司	黄记煌	214,620.00	430	175
61	요식업	샤브샤브	北京东来顺集团有限責任公司	东来顺	175,943.00	158	132
62		샤브샤브	陕西一尊餐饮管理有限公司	一尊皇牛	170,080.00	188	113
63		샤브샤브	重庆小天鹅投资控股(集团)有限公司	小天鹅	156,437.00	298	205
64		서양식	百胜餐饮集团中国事业部	肯德基	5,020,000.00	4,563	278
65		서양식	天津德克士食品开发有限公司	德克士	822,000.00	1,964	1,713
66		서양식	北京比格餐饮管理有限责任公司	比格	59,746.05	145	97
67		서양식	新疆百富餐饮股份有限公司	百富	36,000.00	96	51
68		서양식	北京好伦哥餐饮有限公司	好伦哥	29,497.50	103	66
69		서양식	广州市绿茵阁餐饮连锁有限公司	绿茵阁	49,327.00	96	71
70		서양식	上海棒约翰餐饮管理有限公司	棒约翰	46,030.00	140	47
71		커피	浙江两岸食品连鎖有限公司	兩岸咖啡	352,501.00	707	579
72		커피	迪欧餐饮管理有限公司	迪欧	118,585.00	389	344
73		커피	上海上岛咖啡食品有限公司	上岛	77,000.00	1,315	1,248
74		음료	沈阳碰碰凉连鎖企業管理有限公司	碰碰凉	65,000.00	650	595
75		음료	上海快乐柠檬餐饮管理有限公司	快乐柠檬	33,579.00	335	231

출처: 한국무역협회(2014.08). Marketing Guide(중국 시장, 이제는 프랜차이즈로 공략한다)

〈표 1-9〉 2008년 중국 20대 외식프랜차이즈 기업현황

순위	기업명	주요 브랜드
1	Yum! Brand Inc., China Division	KFC, 피자헛 등
2	내몽골 샤오페이양 식음료사업 체인 유한공사	샤오페이양(훠궈)
3	내몽골 샤오웨이양 식음료사업 주식회사	샤오웨이양(훠궈)
4	상하이 진지앙 국제호텔 주식회사	KFC, 징안미엔빠오팡(베이커리)
5	충칭 더쥬앙 실업(그룹) 유한공사	충칭더쥬앙(훠궈)
6	충칭 타오란쥐 음식문화(그룹) 유한공사	충칭회관, 충칭구전(사천요리)
7	중국 취엔쥐더(그룹) 유한공사	취엔쥐더(베이징덕)
8	충칭 리우이쇼우 식음료관리 유한공사	리우이쇼우(훠궈, 중국식 샤브샤브)
9	충칭시 마오꺼 식품개발유한공사	마오시옹라오야탕(오리탕, 충칭요리)
10	내몽골 차오위엔무거 식음료발전 유한공사	차오위엔무거훼양훠궈, 차오위엔훼이니우지우디엔(훠궈, 중국식 샤브샤브)
11	수조우 티오우 식음료관리 유한공사	티오우카페이(커피)
12	충칭 친마 식음료관리 유한공사	친마훠궈(훠궈, 중국식 샤브샤브)
13	션전시 마이홍판 음식기획 유한공사	하이강따지우로우(해산물), 왕즈추팡(양식당)
14	시엔양 아와 식음료문화체인 유한공사	아와샨자이(산채음식)
15	충칭 쿵량 음식문화 유한공사	쿵량훠궈(훠궈, 중국식 샤브샤브)
16	충칭 동팡차이껀시앙 식음료체인관리 유한공사	차이껀시앙(중식당)
17	상하이 싱화로우(그룹) 유한공사	신야위에차이관(중식당)
18	티엔진 고우부리집단(그룹) 유한공사	고우부리(만두)
19	충칭 치룽 음식문화 유한공사	치룽훠궈(훠궈, 중국식 샤브샤브)
20	충칭 치훠꺼콰이러 식음료 유한공사	치훠궈(훠궈, 중국식 샤브샤브)

제2절 우리나라 외식산업 발전과정

1. 우리나라 외식산업 발전과정[18)]

수렵과 채집으로 먹거리를 조달하기 시작한 우리 조상들은 불을 이용하여 음식을 조리하여 먹고, 정착된 곳에서 스스로 농사를 짓고, 가축을 길러 풍부한 먹거리를 조달하기까지 수많은 세월을 요구했다(조성오, 1993 : 19~20).

청동기시대에 농업은 더욱 발전하여 인간의 경제활동에서 가장 기본적인 것이 되었으며, 농업의 발전과 함께 가축사육도 한층 더 활발히 이루어져 생산력이 발전하게 된다.

생산력의 발전은 잉여생산물(剩餘生産物)을 발생시키면서 공동체 간의 교환을 낳는다. 잉여생산물이 발생하지 않았던 때는 각 공동체는 그들이 생산할 수 있는 것에만 의존하고 만족하여야만 했다. 그러나 잉여생산물이 발생하면서부터 공동체 간의 교환활동이 시작되었고, 이러한 교환활동은 공동체 간의 장벽이 허물어지게 되는 계기가 된다(조성오, 1993 : 27).

그리고 철기로 만든 보다 정교하고 다양한 기구는 농업과 수공업의 발전을 더욱 촉진시켰으며 농업과 수공업의 발전은 상업과 무역도 발달시켰다. 그리고 상업의 발달은 시장(市場)이라는 또 다른 기능을 탄생시켰으며, 무역의 발달은 포구(浦口)를 중심으로 대외무역을 활성화시켰다.

사람들이 이동하기 시작한 것이다. 자기가 생산한 것을 가지고 가 필요한 것과 바꾸기 위해서 시장으로 모여들기 시작한다. 그리고 시장에 모여든 사람들에게 먹을 것을 제공하는 곳이 하나씩 생기기 시작한다. 그리고 사람들이 이동하는 범위도 차츰 넓어졌다. 반나절 거리에서 하룻길로, 그리고 몇 달 길로 이동반경이 차츰 넓어진다. 그리고 그들이 이동하는 길목을 따라 그들에게 먹을 것과 잠잘 곳을 제공하는 곳이 생겼다.

외식산업의 발달사와 관련된 기존의 연구는 주로 식생활의 발전사를 중심으로 진행되었다. 식생활의 변천사를 농경사회(B.C. 3000), 산업사회(18세기), 정보사회(20세기), 그리고 창조사회(21세기)로 나누어 살펴보기도 하고(서울상공회의소, 1994 : 24; 이지호/임붕영, 1996 : 34; 매일경제신문사, 1995 : 6), 한국의 식문화를 고조선에서 1980년대까지를 4단계로 나누어 단계별로 살펴보기도 하였으며(미야 에이지, 1992 : 10), 1900년대에서부터 1990년대까지의 한국외식산업의 성장과정을 연대별로 살펴보기도 하였다(한국음식업중앙회, 1995 : 131; 이지호 · 임붕영, 1996 : 37).

또한 음식의 소비형태를 원시적인 균형의 형태에서 건강문제가 주된 관심사가 되는 형태

18) 나정기 · 조춘봉(1999), 한국 외식업 발전사에 관한 소고

까지의 단계를 5단계로 구분하여 살펴보기도 하였으며(구천서, 1994 : 187~204), 60년대에서부터 90년대에 이르기까지의 식생활의 변화를 시대별로 살펴보기도 하였고(송보경 외, 1997 : 82~90), 50년대에서 90년대까지의 외식산업의 성장과정을 정치·경제·사회·문화적인 주요 특징을 중심으로 살펴보기도 하였다(나정기, 1998 : 106~110).

우리나라는 1945년 해방 이후 외식업에 많은 변화를 가져왔으나, 경제적 여건으로 단순히 끼니를 때우는 밥 개념으로 여겼고, 1960년대 들어 요식업이 싹트기 시작하였다. 그러나 외식의 개념이 등장한 것은 1970년대 후반 이후로 볼 수 있다.

미국은 1827년, 델모니코(Delmonico's)사라고 할 수 있는데, 메뉴를 품목별로 식단표를 만들고, 각종 피로연이나 파티 등을 운영하는 것이 오늘날의 레스토랑의 원조가 되었다. 그 후 1950년대 미국의 외식산업의 일대 전환기로 세계 최대의 외식기업인 맥도날드와 레이크 락도 1955년에 출현하였다.

일본의 외식산업이 근대화한 산업으로 발전한 시점은 경제성장 속도가 매우 빠르게 성장한 1960년대이며, 특히 1964년 도쿄올림픽을 전후한 시기이다. 세계적으로 볼 때 근대 외식산업의 중요한 전환기는 1600년경이다.

최초의 커피하우스가 프랑스에 등장하여 전 유럽으로 확산되어, 오늘날의 레스토랑의 선두주자 역할을 하게 되었다. 커피하우스를 원기회복제 파는 장소로 만들어 'Restorante'라 부르게 되면서 'Restaurant'의 어원이 되었고, 이 영향으로 커피하우스를 식당으로 전환하면서 전성기를 맞이하게 되었다.

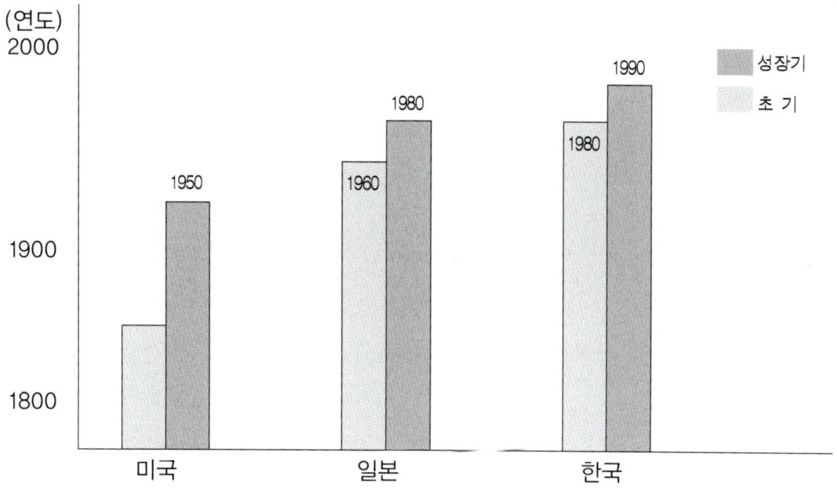

[그림 1-6] 외식산업의 발전시기

우리나라 외식산업은 1980년부터 해외브랜드 도입으로 외식업이 성장하기 시작하여 1985년까지를 '태동기'로, 86아시안게임과 88서울올림픽, 2002월드컵 등 2009년까지를 '성장기'로 볼 수 있다. 2010년 이후에는 외식산업도 '성숙기'에 들어서 보다 원숙한 모습으로 자리매김한 것으로 보고 있다.

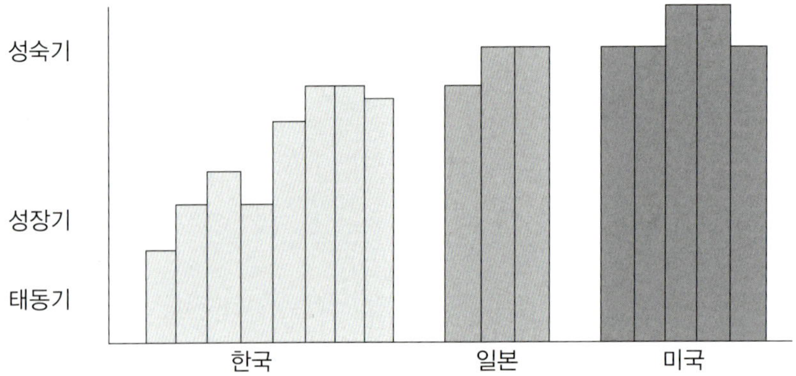

[그림 1-7] Life cycle에 의한 한국 외식산업 성숙도

1) 우리나라 음식문화의 역사적 발전

우리나라는 기후와 풍토에 맞는 식문화가 형성되었다.

■ **우리나라 기후와 풍토**
- 중위도 지방에 위치
- 춘·하·추·동 사계절
- 3면이 바다
- 삼한사온

- 고기요리가 식문화의 본바탕이 된 것으로 보며, 마늘도 중요한 위치를 점함
- 농경기술이 도입되어, 콩·조·기장을 재배하였고, 후에 벼가 도입됨. 불교의 전파로 인해 육식이 멀어짐
- 불교의 영향이 커져 쇠고기를 먹는 경우가 거의 없고, 차(茶) 마시는 예절이 발전함
- 몽골의 침입으로 고기조리방법을 배워 곰탕, 설렁탕의 요리가 발전됨
- 유교를 숭상하고 불교를 배척

- 신분에 따라 상차림의 차이가 심화
- 산나물, 칡, 마 등의 뿌리식물과 이를 이용한 조리법 개발
- 고추의 도입으로 채소절임의 개발, 즉 김치문화 발전
- 고추장, 된장, 간장 등의 장류(김치, 장아찌, 동치미 등)
- 해조류 이용이 활발
- 조기젓, 조개젓, 곤쟁이젓, 굴젓, 새우젓, 멸치젓 등의 젓갈류

★ 발효식품의 발달은 우리나라 식문화에 큰 특징을 가져옴

■ **1910년대**

공식품의 시장으로 전락

■ **1945~1940년대**

어려운 식량사정

■ **1960년대**

- 즉석식품, 인스턴트식품, 조리기구의 확대
- 우리나라 식문화의 획기적인 변화, 다양한 음식과 요식업의 기초성립

〈표 1-10〉 우리나라 외식산업 발전과정

시 대	특 징
1950년대	• 전통음식점 중심의 요식업 태동 • 식량자원 부족으로 침체(1945년 166점포)
1960년대	• 식생활 궁핍 및 침체기 • 밀가루 위주의 식생활이 유입(미국 원조품) • 분식의 확산 및 식생활 개선문제 부상
1970년대	• 영세성 요식업의 출현 • 해외브랜드 도입 및 프랜차이즈 태동
1980년대 초반	• 외식산업의 태동기(요식업, 외식산업) • 영세난립형 체인 속출(햄버거, 국수, 치킨, 생맥주) • 해외 유명브랜드 진출 가속화
1980년대 후반	• 외식산업의 성장기(중소기업, 영세업체 난립) • 패스트푸드 및 프랜차이즈 중심의 시장 확대 • 패밀리레스토랑, 커피숍, 호프점, 양념치킨 약진
1990년대 IMF관리체제 이전	• 외식산업의 전환기(산업으로서의 정착 : 1995년) • 중·대기업의 신규진출 가속화 및 해외 유명 브랜드 도입 • 프랜차이즈의 급성장 및 도태, 시스템 출현(외식 근대화)
IMF관리체제 시대	• 경기의 불황으로 외식비와 빈도가 크게 감소 • 저렴하고, 실속 있는 외식업종의 인기-단체급식 • 소규모 점포창업의 증가

2) 우리나라 외식산업의 역사적 발전

일반적으로 외식은 영리를 목적으로 식사를 제공하는 식당에서 음식을 사먹는 행위로 정의한다. 이 정의에 따르면 외식업이 발전하기 위해서는 식당이 있어야 하고, 외식하는 사람이 있어야 하고, 지불할 화폐가 있어야 한다는 세 가지의 전제조건이 성립되어야 한다. 그리고 이 세 가지의 조건을 충족시키기 위해서는 우선 사람들이 거주지를 떠나 이동해야 할 이유가 있어야 하고, 먼 거리를 움직일 수 있는 교통수단이 있어야 한다.

사람들은 여러 가지 동기에 의해 이동을 한다. 아주 먼 옛날의 경우 먹을 것을 찾아 이동하는 경우, 필요로 하는 것을 구하기 위해서 이동하는 경우, 생산한 것을 판매하기 위해서 이동하는 경우 등이 중요한 이동의 동기가 되었을 것이다.

세월이 흐르면서 이동의 동기와 목적도 시대에 따라 변화하게 된다. 그리고 사람들이 이동하는 반경도 더 넓어지게 되며, 자기 집을 떠나 밖에서 머무르는 시간 또한 길어지게 된다. 그리고 만나는 사람들도 많아지게 된다.

이러한 과정을 통하여 사람들에게 먹고 마시고, 잘 곳을 제공하는 곳도 하나둘씩 생기게 된다. 처음에는 단순한 형태에서 출발하여 차츰 전문화되어가면서 업종과 업태가 다양해지고 질과 양적으로도 발전하게 된다.

(1) 삼국시대

삼국시대 이후부터는 농경이 확립되어 식생활의 안정을 기하게 되었고, 쌀을 주식으로 하는 상층계급의 주부식 분리의 정착화를 이룩하였다. 그리고 어로·목축은 식생활의 보조적인 역할을 하게 되며, 수렵은 기술 연마·훈련·취미와 피혁이나 털을 얻기 위한 것이 되었다(강인희, 1978 : 82).

또한 삼국시대의 식생활은 종교에 의해서도 많은 영향을 받게 되는데, 그중에서도 가장 많은 영향을 미친 것은 중국에서 들어온 살생(殺生)금지를 기본 계율로 하는 불교였다. 불교의 영향으로 육류는 물론 생선을 잡는 것까지 금하여 곡물과 채소에 의존하게 하였다. 그 결과 더 많은 곡물을 얻기 위해서 농경에 힘쓰게 되었으며, 대부분의 백성은 농민이 되었다. 그리고 국가체계가 갖추어져 가면서 신분제도가 확립되어 식생활도 상층계급과 하층계급으로 계층화되어 이중구조를 띠게 된다.

이 시대에 이미 메주를 발효하여 장(醬) 담그는 방법이 등장함으로써 식생활의 혁신적 전기를 만들었고, 이것이 무장아찌 등 식품 저장방법의 발달로 이어지게 된다(강인희, 1978 : 83).

삼국시대에는 식생활이 뚜렷한 계층을 띠게 되는데, 왕족이나 귀족은 쌀을 주식으로 즐길 수 있었고, 쌀의 생산이 양적으로 제한되어 있었던 당시의 서민들은 잡곡에 만족해야 했으며 그것도 부족한 형편이었다. 그리고 차가 제물의 하나로 사용되기 시작하여 상류층 사회의 기호품으로 널리 보급되게 된다.

이 시대 식생활의 특징 중 하나는 부족국가시대에 이루어진 주·부식의 분리가 정착된 것이다. 주식으로는 쌀밥과 잡곡밥이, 그리고 부식으로는 간장, 된장, 젓갈, 김치(짠지 형태) 등이었다.

또한 주거환경이 개선되면서 식사를 마련하는 부엌과 식사하는 곳이 분리되기 시작한다. 결국 신라가 삼국을 통일하면서 지방세력의 등장과 중앙집권체제하의 관계 속에서 한편으로는 향토음식이 계속 발전할 수 있었고, 또 다른 한편으로는 지방 간 음식의 교류도 있었을 수 있어 삼국의 식생활이 융합하여 통일되었다고 생각할 수도 있다.

그리고 귀족과 서민의 신분·계급의 체제 정비에 따른 상류층과 하류층의 식생활이 다른 형태로 정착될 뿐 아니라, 국제 간의 교류와 국내 지방 간의 교류가 활발해지면서 식생활 또한 다양해지고 보다 세련된다.

이러한 식생활 환경을 바탕으로 삼국시대 사람들은 단순한 삶을 살아가는 자급자족의 시대를 벗어나 차츰 필요한 것이 많아지고, 그 필요로 하는 것을 자기가 조달할 수 없게 되면, 그것을 조달할 수 있는 새로운 방법을 모색하게 된다. 필요로 하는 것을 찾아 나서거나, 필요로 하는 것을 공급하는 사람이 생기게 된다. 전자의 경우는 자기가 생산한 것 중 일부를 가지고 가서 자기가 필요로 하는 것과 교환하는 경우이며, 후자의 경우는 자기가 필요로 하는 것을 자기가 가지고 있는 무엇인가와 교환하는 경우로 물물교환의 형태일 것이다.

자기가 필요한 것을 구하기 위해서는 자기가 생산하는 것이나 가지고 있는 가치가 있는 것을 가지고 가서 물물교환 할 곳이 있어야 한다. 그러나 이러한 형태로 물물교환이 이루어지기 위해서는 장시간 존재하여야 한다.

반면 자기가 필요한 것을 자기가 거주하는 곳에서 공급받기 위해서는 물건을 가지고 다니는 행상이 있어야 한다. 그리고 물물교환의 형태가 아닌 화폐를 이용하여 필요한 것을 사고팔기 위해서는 화폐가 통용되어야 한다.

물품의 취합과 재분배가 행하여지던 곳이 시(市)였는데, 이 市는 이미 고조선 때부터 있었으며, 그 당시 市는 상업활동보다는 제천행사(祭天行事)와 인민에 대한 통치가 이루어지는 성스러운 장소였다(한국역사연구회 a, 1998 : 180). 제천행사가 열리면 각지에서 많은 사람들이 모여들었다. 국왕은 각지의 귀중한 물품들은 모아 제사를 지내고 행사가 끝나면 일부를 각 지역의 우두머리에게 다시 나눠주었다. 그리고 분배하고 남은 물품은 市 안에 설치된 창고에 보관했다가 봄이 되면 종자로 농민에게 나누어주거나 구휼식량으로 사용하였다. 또 공납물 일부를 은밀하게 빼돌려 사적(私的)으로 거래하기도 하고, 판매를 목적으로 상품을 생산하여 市에서 제의가 벌어질 때 모여든 사람들에게 팔기도 했을 것이라고 한다. 이와 같이 원초적인 市는 이렇게 시작되었다.

이러한 市가 발달되어 오늘과 같은 기능을 하게 되는데, 신라는 490년에 수도인 금성에 본격적인 시장이 아닌 시사(市肆)라는 일종의 관영건물인 상가건물을 설치하였다고 한다. 그 후 동시(東市)가, 그리고 통일신라시대에 서시와 남시가 개설되었다(한국역사연구회 a, 1998 : 177). 초기의 시장에는 감독관청인 시전(市典)이 설치되어 상인들을 간섭하고 통제하였다. 그리고 취급하는 상품도 주로 고급 비단이나 장신구 같은 고가의 외제 수입품만 취급하여 귀족이나 관료들이 단골고객이었다고 한다. 그러나 시간이 지나면서 여러 가지 물건들이 진열되고 손님층도 다양해져 오늘날과 같은 시장의 기능을 하게 된다.

한편, 삼국의 수도나 지방의 중심 도시는 정치, 군사, 문화의 요충지로서 인구가 꽤 집중되어 있었다. 도시에는 생산활동을 하지 않는 귀족, 관료 같은 지배층을 포함하여 일부 부유한 서민들도 살았다. 이들에게는 먼 곳으로부터 필요한 물품들이 공급되었으며, 이러한 과정에서 상업활동이 활발해지고 강, 하천을 이용한 뱃길과 육상 교통로가 개척되었으며, 이를 전담하는 상인이나 수공업자들도 나타나게 되었다(한국역사연구회 a, 1998 : 185).

당시 상인들은 무리를 이루거나 단독으로 여러 가지 물건을 싣고 인근 도시나 교통로상의 주민들을 대상으로 상업활동을 하였다. 이들의 출현은 잠잘 곳과 먹고 마실 곳, 즉 숙박시설의 발전을 가져오게 된다.

(2) 고려시대

■ **외식의 시발점**

- 간이음식점을 겸한 사교장으로 이용되었던 주막(酒幕)
- 사신이나 여행자들에게 편의를 제공하기 위한 역정(驛亭)과 사원(寺院)
- 주식점(酒食店)에서 숙식의 편의를 제공
- 지방의 시장에는 술집으로 '목로'가 있었음

통일신라 후기의 제도와 풍속을 이어받은 고려왕조는 관료제도의 발달과 불교적 분위기의 심화를 그 특징으로 했던 시대이다. 불교를 국교로 삼고 정치상의 지도이념으로 삼았다. 국교인 불교의 영향으로 살생(殺生) 금기는 물론 물고기를 잡는 것까지 금하던 시대였다. 그 결과 전반적인 식문화는 어육(魚肉)을 이용한 음식이 쇠퇴한 반면, 야채와 곡류를 이용한 음식이 발전하였다.

이 시대도 전(前) 시대와 마찬가지로 일반인들까지 쌀을 밥으로 먹을 수 있던 시대는 아니었다. 귀족들은 쌀밥에 고기반찬을, 천민은 말할 것도 없고 서민의 대다수를 차지하는 농민들의 경우도 관료나 지방 호족들의 사전(私田)을 경작하여 전조(田租 : 地代)와 세공(歲貢)

기타 잡세를 바치고 부역을 해야 했으므로 쌀밥을 주식으로 먹는다는 것은 불가능한 일이었다. 이 시대의 곡물로는 조, 기장, 피, 콩, 메밀, 수수, 귀리, 팥, 녹두 등이 있었고, 특히 조는 잡쌀이라 하여 쌀 다음가는 식품이었다고 한다.

그러나 몽골족의 침략 이후 식생활에도 변화가 생기기 시작한다. 몽골의 공주가 고려의 궁정으로 시집오면서 공주를 수발들기 위해 함께 따라온 사용인(使用人)들로부터 몽골인의 식습속이 궁정과 귀족사회에 영향을 미치게 된다. 설렁탕, 소주, 상화(霜花 : 일종의 만두), 포도주, 사탕, 후추 등이 몽골인을 통하여 고려에 들어온 것들이다. 또한 소와 말을 기르는 목장이 많이 생겼으며, 몽골인들의 침입을 받은 후에는 제주도에 목장을 만들어 말을 길러 몽골에 바치기도 하였다. 그러나 불교를 국교로 한 만큼 살생을 금하고 있어 육식은 흔하지 않았다.

그러나 13세기 중엽부터는 몽골인들의 영향을 받아 육식이 성행했으며, 이때 몽골인들이 '슈루'라고 부르는 설렁탕이 선보였다고 한다. 그리고 충숙왕 때에는 소와 말 대신 닭, 돼지, 거위, 오리 등을 사용하라는 명을 내리기도 하였다고 한다(강인희, 1978 : 137).

「고려도경」에 국(羹)과 불고기(炙)가 맛이 없고 냄새가 난다고 한 기록이 있어, 국에 대한 최초의 공식적인 기록으로 보고 밥과 국이 우리 식생활의 기본적인 상차림의 구조가 된 것은 이때부터라고 추정한다(강인희, 1978 : 142). 또한 채소에 밥을 싸서 먹었으며, 풍부한 과일이 있었으며, 수박은 고려 때 처음 들어온 것이라고 한다. 또한 식초와 참기름, 중국 송나라와의 교역으로 들어온 후추 등이 조미료로 사용되었으며, 설탕과 우유도 선보였다고 한다.

그리고 불교의 전래와 함께 들어온 차(茶)문화는 불교를 국교로 하는 고려에서 사원에서 제수로 쓰이기 시작하면서부터 크게 발달하였다. 차를 관리하는 관청으로 각종 연회에 차를 올리는 임무를 가졌던 다방(茶房)이 있었으며, 절에서는 다촌(茶村)을 두고 차나무의 재배를 맡아보게 했다고 한다.

한편, 이와 같은 식생활의 배경을 가진 고려시대의 사람들은 먼 길을 떠나야 하는 동기 또한 다양해지고 빈번해진다. 그 결과 그들에게 잘 곳과 먹고 마실 것을 제공하는 곳 또한 다양해지고 많아지게 된다.

우선 고려시대에는 개경을 중심으로 거미줄처럼 짜놓은 22개의 뭍길(驛道)에 525개의 역(驛)과 13개의 조창이 중앙과 지방을 묶는 데 매우 중요한 역할을 하였다(한국역사연구회 b, 1998 : 214~226). 중앙에서 각종 공문서를 보낼 때, 조세를 거두어 중앙으로 운반할 때, 임금이나 관리가 지방으로 갈 때, 그리고 군사나 상인들도 이 길을 따라 목적지로 이동하였다. 그리고 조세로 각 지역에서 거두어들인 쌀을 보관하여 수로를 이용하여 중앙으로 보내는 데는 전국 각지에 있는 13개의 조창이 이용되었다.

또한 승려들은 원거리 교역에 종사하는 경우가 많았는데, 대개 하루 만에 목적지까지 도착할 수 없어서 숙박을 해야 했다. 이에 사원이나 승려들은 원(院)(한국역사연구회 b, 1998 : 245)이라는 숙박시설을 설치하여 운영하였는데, 사람의 통행은 많지만 거주지역과는 떨어진 한적한 곳에 위치하였다고 한다. 이곳에서는 숙박기능은 물론 음식도 제공하였으며 말이나 소에게도 먹을 것을 제공하였다고 한다. 이와 같이 불교계는 원을 관장함으로써 고려사회 유통망을 장악하고 있었다. 그리고 원을 중심으로 한 고려의 유통망은 조선 건국 후 국가가 장악하게 된다. 또한 고려시대에도 벽란도를 중심으로 대외무역이 활발하였으므로 외국상인들과 내국상인들이 자고 먹고 마실 곳이 있었을 것이다.

기록에 보면, 고려의 대송무역은 962년(광종 13년)부터 조공형식의 사절단 무역으로 전개됐으며, 사무역은 관청에서 허가해 주는 형식으로 이루어졌다고 한다.

수도 개경에서 30리 길인 예성강 포구의 벽란도는 신라 때부터 무역항으로 각광받기 시작한 이래 광종 때 송나라와 공식 무역관계가 열린 이후부터 국제 간의 무역항으로 크게 자리 잡은 것이다. 여기저기서 우리의 금·은·인삼·면포 등이 뛰어나다는 소문을 듣고 송, 거란, 여진, 일본 등 세계 곳곳에서 모여드는 상인들과 사절들을 위해 우리 고려국 측에서는 숙박소 겸 상품거래의 특허장소로서 영빈관(迎賓館), 회선관(會仙館) 등의 객관(客館)이 현종(顯宗) 2년(1011)에 설치되었으며, 그 후 크게 늘어났다고 한다(강인희, 1978 : 157).

낮이면 드나드는 상선과 어선들, 그리고 전국 각지에서 들어오는 조운선들이 모이는 이곳에는 많은 사람들이 모여들었고, 그들을 위해 먹고 마실 것을 제공하는 요릿집과 주점, 색주가 등이 늘어났을 것이다. 또한 고려시대에는 개성(開城)을 중심으로 하여 상업이 크게 발달하였고, 생활필수품의 판매장으로 행랑(行廊)이란 상가(商街)가 있어 식료품뿐만 아니라 차, 그리고 외국식품의 거래도 있었을 것으로 추측한다(강인희, 1978 : 159~160).

또한 고려시대에는 양온서라는 관청을 두어 행사에 필요한 술과 감주를 관장하였다. 양온서는 장례서·사온서 등으로 여러 차례 이름이 바뀌었으며, 사온서는 조선시대까지 계속 존재했다. 983년(성종 2년)에는 성례(成禮), 낙빈(樂賓), 연령(延齡), 영액(靈液), 옥장(玉漿), 희빈(喜賓) 등 6개의 주점을 설치하였다(한국역사연구회 c, 1998 : 160). 사람과 물물의 유동량이 많은 개경의 번화가와 지방에 주점을 설치하여 술을 판매하였던 것이다. 국가에서 주점을 설치하여 술을 관장한 이유는 다점(茶店), 역원(驛院) 등과 마찬가지로 효과적인 대민정책과 정보수집의 필요성 때문이다.

아울러 주점은 화폐유통에서도 활용되었다. 이것은 1002년(목종 5년) "차·술·음식 등의 점포들이 교역을 할 때에는 화폐를 사용하라"고 한 점에서도 짐작할 수 있다. 또한 숙종 때에는 해동통보를 유통시키면서 중앙과 지방에 술을 관장하는 관청을 설치하였다(한국역사연구회 c, 1998 : 161). 고려 조정은 철전(鐵錢)을 기피하는 경향 때문에 차와 술, 음식 매매에는 반드시 이 철전을 쓰게 하였다. 이렇게 하여 서민층에도 술을 팔고 사는 풍습과 주막에 모여 회음하는 풍습이 발달하기에 이르렀다고 한다.

(3) 조선시대

■ 주막의 발달 – 객주(客主), 객사(客舍)

- 물상객주(物商客主) : 식사가 주목적이 아니라 위탁판매업을 주업으로 함
- 보상객주(褓商客主) : 식사와 숙박을 주업으로 함(고급업소로 중류 이상의 양반계급이나 유생 등의 특수계층이 이용)

이 시대의 식생활을 개괄적으로 살펴보면 식품의 종류가 전 시대에 비하여 많이 증가하였으며, 오늘날 우리가 접할 수 있는 대부분의 곡물류·어패류·육류·조수류·과일류·채소류 등을 접할 수 있었다는 것이다.

육류의 경우 소나 말은 농사와 운반에 필수적인 존재였기 때문에 식용으로 사용하는 것을 적극적으로 금하였으며, 일부에서는 명을 어기고 쇠고기를 즐겼다고 한다. 그러나 조선 후기에 접어들어서는 쇠고기의 소비가 일반화되어 농사에 지장을 초래할 것을 염려하는 수준에 이르게 되었다고 한다. 그래서 쇠고기 대신 돼지고기나 염소고기 먹기를 주장하였으나 돼지고기와 염소고기를 선호하지 않았다고 한다.

수산물 또한 풍부하여 다종의 수산물을 식용으로 이용하였으며, 젓갈의 종류도 다양해져 고추와 함께 젓갈이 김치에 이용되기 시작하여 김치가 급격히 발달한 것으로 사료된다(강인희, 1978 : 188).

또한 강력한 왕권 중심의 중앙집권의 왕조정치가 성립되어 500년의 왕조를 이어 오는 동안 궁중음식이 발달하게 된다. 이렇게 발달한 궁중음식은 양반계급이나 기타 여러 가지 길을 통하여 민가에 전래된다. 이것이 민가의 식생활에 여러 가지로 영향을 미쳤고, 양반가의 식생활을 풍부하게 하였다.

조선시대 서울이나 개성, 나주, 경주, 전주 등 도시에는 정부에서 설치한 상설점포인 시전이 있었다. 그러나 17세기 이후 사회적 생산력의 발전에 따라 점차 시전체계가 붕괴되고 난전이 성행하게 된다. 그리고 경강지역을 중심으로 서울이 상업도시로 성장하게 된다.

18세기 이후 서울이 상업도시로 발달하는 데는 경강의 비중이 매우 컸는데, 경강은 세운조운의 집결지, 삼남과 연결되는 교통의 요충지, 어물의 생산·유통지로서 상업이 발달했다(한국고문서학회 엮음, 1997 : 457~458). 하지만 대다수 지방 농촌에는 시전과 같은 상설점포가 없었다. 또한 일정한 시간간격을 두고 일정한 장소에서 열리는 장시도 조선이 건국될

당시부터 존재한 것은 아니었다. 상설점포가 발달하지 않았던 조선시대에는 행상이 상품유통의 주된 담당자였다. 아직 장터가 없었을 때 지방의 마을을 돌아다니면서 물건을 파는 상인, 즉 행상이 있어 그 지방에서 생산되지 않는 물건을 교환을 통해 구했던 시기 이후부터는 늘 존재하였고, 시기가 내려와 잉여농산물이 증가하고 사회분업의 폭이 확대될수록 활발하게 활동하였다.

그러나 행상의 행상활동에는 한계가 있었고, 따라서 장이 서고 포구상업이 발달하는 등 지역 내 유통중심지와 유통기구가 형성되면서 이들의 상업활동은 변화를 맞게 된다. 즉 장시(場市)라는 농촌시장을 중심으로 이들의 활동이 전개된다. 그리고 이들은 장과 장을 옮겨 다니면서 상업활동을 하게 된다.

농촌의 경우 농촌시장인 장시가 처음 등장하였던 것은 15세기 말이었다. 그 이전에도 지방에 시장이 전혀 없었던 것은 아니었다. 고려시대에도 부정기적으로 주현시(州縣市)가 열리고 있었다. 송나라 사람 서긍의 「고려도경」을 보면 한낮에 상·하 모든 계층이 관아 주변에 모여 물건을 교역하였다고 기록되어 있다. 15세기 말에 등장한 장시는 이로부터 발달하여 한 단계 진전된 유통기구였다.

16세기 이래 장시가 빠른 속도로 확산되어, 18세기 중엽 전국 각지에는 1,000여 개의 장이 산재해 있었으며 이들을 연결하는 도로, 수상 운송망이 뚫리기 시작하였다(조성오, 1993 : 17).

이와 같이 장시는 '가지고 있는 것'으로 '필요한 것'을 교환하여 생계를 도모하는 수준에서 출발한 시장이었다(한국역사학회 d, 1996 : 156). 그러므로 장시는 몇 개 촌락의 주민이 하루에 왕복하여 교역할 수 있는 교통의 요지에 30~40리의 거리를 두고 확산되었으며, 장시에서 거래되고 있는 물품들은 농업생산을 보완하고 농민생활을 보충하는 데 필요한 것들이 대부분이다(역사신문편찬위원회 6, 1999 : 85).

비록 하루 길이긴 하지만 사람이 모이는 곳에는 먹고 마시는 곳이 생기기 마련이다. 오랜만에 만난 사람과 이야기를 나누기 위해서라도, 상거래를 성사시키기 위해서라도, 생리적인 욕구인 배고픔과 목마름을 해결하기 위해서라도, 아니면 웃어른을 대접하기 위해서라도… 어떠한 형태로든 음식점은 형성되었을 것이다.

16세기 이래 장시가 확산되고 도시상업이 성행하여 선박을 이용한 상품 이동량이 증가함에 따라 포구상업이 성장했다. 일반 장시가 행상과 주변의 농민이 참여하는 국지 내 유통의 중심지라면, 포구는 대량의 물자를 원격지로 이동할 수 있는 선박이 출입하는 원격지 유통의 결절점이었다. 포구에는 선박으로 상업활동에 종사하는 상인, 곧 선상이 출입했고, 이들의 거래를 주선하는 객주가 거주했다(한국고문서학회, 1997 : 470~480).

객주는 숙박업 및 화물의 보관·운반업도 부수적으로 담당했다. 또한 객상에게 위탁한 화물을 담보로 대부하기도 하고 곡물 등의 매입자금을 대부하기도 했으며, 어음 할인, 환업무 등을 맡기도 했다.

객주의 출현과 성장은 포구상업의 발전을 반영했지만, 객주는 위탁매매를 중심으로 하는 다양한 업무에 종사했다는 점에서 상업기능의 분화가 진전되지 못하고 상설도매상업이 발달하지 못한 단계에서 존립할 수 있었다.

결국 장시가 국지 내의 주민교역이 이루어지는 중심지라면, 포구는 원격지 간에 도매적 성격의 거래가 이루어지는 결정점이었다. 이 두 가지 성격의 유통이 결합된 전형적인 유통경로를 행상－산지 객주－원격지 행상(주로 선상)－소비지 객주－행상－소비자라고 상정해 볼 수 있다.

원격지 행상이 객주를 통하여 국지적 행상과 만나는 곳이 포구이거나 중심적인 장시였다. 포구에서도 배가 닿을 때마다 부정기적으로 소매상업이 이루어지는 곳도 있었는데, 그것을 갯벌장이라고 한다(한국고문서학회, 1997 : 470~480).

이와 같이 상업활동의 발전과정을 근거로 외식업의 발전과정을 추론해 보면, 도시의 시전을 중심으로 먹고 마실 것을 제공하는 곳이 생겼을 것이고, 농촌시장을 중심으로 숙식을 제공하는 곳이 생겼을 것이며, 그리고 장시에서 장시로 이동하는 도로변에 행상들을 위한 숙식시설(주막)이 있었을 것이며, 포구를 중심으로 숙식시설이 발달하였을 것이다.

또한 조선시대의 교통·통신기관으로는 역과 원이 있었다. 역이 국가의 명령이나 공문서, 중요한 군사정보의 전달, 사신 왕래에 따른 영송과 접대 등을 위해 마련된 교통통신 기관이었다면, 원은 그들을 위해 마련된 일종의 공공여관이었다. 주로 공공업무를 위한 여관이었지만, 제한된 민간인들에게 숙식을 제공하게도 했다.

역에는 역마를 두어 관청의 공문 전달과 공납물 수송을 담당하게 하였다. 또 공무여행자에게는 역마를 이용할 수 있도록 마패가 발급되었다. 원은 7세기 이전부터 이미 생겨났다. 고려시대 각 절들이 운영하면서 크게 번성하였으나, 조선조가 들어서면서 부실해지자 세종은 그 지역 주민 중에서 유능한 사람을 골라 원의 책임을 맡기고 토지를 주어 비용에 쓰도록 했다.

조선 전기에도 여행자를 위한 편의시설은 제법 훌륭한 것이었다. 주로 도로에는 이정표와 역, 원이 일정한 원칙에 따라 세워졌다. 10리마다 지명과 거리를 새긴 작은 장승을 세우고 30리마다 큰 장승을 세워 길을 표시했다. 그리고 큰 장승이 있는 곳에는 역과 원을 설치했다. 주요 도로마다 30리에 하나씩 원이 설치되다 보니 전국적으로 1,210개나 되었는데 1,210개에 달하는 조선 전기의 휴게소들이 설치된 것은 10개의 주요 간선도로변이었다(김경훈, 1998 : 134~137).

그러나 임진왜란과 병자호란을 거치면서 점사(店舍)라는 민간 주막이나 여관들이 생기고,

관리들도 지방관리의 대접을 받아 원의 이용이 줄어들게 되면서 원의 역할은 점차 사라지고 지명에 그 흔적만 남았을 뿐이다.

이러한 논리에서 식당의 발전상을 전개해 보면 자급자족으로 생활을 꾸려가던 시대에는 대중을 위한 식당이 발전할 수 있는 조건이 형성될 수 없음을 알 수 있다. 또한 농촌사람들이 필요로 하는 생필품들을 공급하는 행상을 위한 식당의 경우는 행상의 수가 영리를 목적으로 할 수 있는 식당을 개업하기에는 비경제적이라는 점을 알 수 있다. 그 결과 대부분의 행상은 농촌의 농가에서 먹는 것과 잘 곳을 해결할 수밖에 없었다. 반면 공무로 이동하는 관리들의 경우는 역과 원이 있어 그들이 먹고 쉴 곳을 제공하여 주었다.

시장이 생기기 시작하자 장이 서는 날을 중심으로 주변 사람들이 많이 모이고 사람이 모이는 곳에는 먹을 곳과 마실 곳이 생기는 법이기 때문에 먹을 것과 마실 것을 파는 곳이 생겨나기 시작한다. 그러나 장이 파하면 사람들이 다 떠나기 때문에 상설 음식점이 생길 수 있는 조건이 못 된다. 그러나 전국 각지에서 상시 사람들이 모이는 포구의 경우는 항상 상거래가 이루어지기 때문에 상설 음식점이 생길 수 있는 조건이 된다. 그래서 포구의 경우는 많은 음식점과 술집들이 생겨나기 시작한다.

(4) 개항기에서 일제강점기까지

■ 1800~1900년대 초

- 1879년 : 차츰 숙박업과 식당업으로 점차 양분화하기 시작
- 1902년 : 정동에 문을 연 손탁호텔은 최초의 호텔 - 1층에 양식당이 만들어짐(우리나라 최초의 양식당)
- 1914년 : 조선호텔은 가장 호화로운 서양식 건물 -한식당, 양식당, 커피숍, 여성전용 식당이 별도로 있었음. 아이스크림이 처음 선보인 시기
- 1925년 : 철도식당이 서울역 구내의 양식당으로 문을 열게 됨. 동시에 조선호텔에 의해 열차식당이 운영됨
- 1930년대
  - 종로네거리에 '이문설렁탕', '부벽루', '옥루장', '태창옥' 등 유명한 업소 등장(☞ 이문설렁탕만이 그 맥을 이어오고 있음)
  - 그 밖에 유명한 음식점으로는 추탕 전문점인 '용금옥'과 '곰보추탕', 해장국 골목의 시조를 이룬 '청진옥' 등이 문을 열었음
  - 1936년에 개장한 반도호텔의 양식부, 現 롯데호텔 자리에 있던 '천대전그릴', 제일은행 뒤의 '마아구장', '청목당' 등이 대부분 일본인들에 의해 운영됨(해방 후 거의 문을 닫음)
  - 이문설렁탕

'이문옥' 개업연도는 1907년으로 알려져 있으나, 1902년이라는 설도 있다. 현재도 개업 당시 사용하던 가마솥을 그대로 쓰고 있을 정도로 전통을 주장하는 이문설렁탕은 한국 최고(最古)의 식당이다.

• 1940년대

- 갈비집인 '조선옥' 개점(그 당시 고객은 특수층인 정치인, 기업인, 장·차관, 유명 연예인)
- 일식점은 일본인들이 경영주였는데 '새마을'과 '이학'이 있었음

19세기에 접어들어 서양 여러 나라의 동양 침략이 시작되어 1876년에는 운양호사건을 계기로 일본과는 강화도조약을 맺고, 유럽의 여러 나라나 미국에도 개항(開港)하지 않을 수 없게 되었다. 따라서 우리나라에도 개화의 물결이 밀어닥쳤다.

이 무렵 대량의 쌀이 일본으로 흘러갔다. 이것을 막기 위하여 1889년 방곡령(防穀令)을 발표하였으나, 일본의 압력으로 1891년에는 폐지되어 쌀의 일본 수출이 방치되었다. 1894년 청일전쟁 이후에는 연간 150만 섬이 수출되어 한말의 식량정책에 큰 차질이 생겼다.

1910년 한일병합과 이어지는 식민경제체제를 수립하여 각종 자원에 대한 식민지적 약탈을 감행하였다. 그 결과 조선의 민중들은 부족한 식량을 만주의 좁쌀이나 잡곡으로 때워야 했으며 그마저 없는 경우 초근목피(草根木皮)로 연명해야 했다. 1930년의 통계에 의하면 2~4월, 즉 보릿고개에 쌀이 떨어져 초근목피로 굶주림을 견뎌나가는 춘궁농가가 전 농가의 48.3%에 해당하는 125만 3천 호에 달하였다고 한다(조성오, 1993 : 226).

쌀값이 폭등하여 서울에서는 폭동이, 그리고 전국 중요도시는 물론 농촌 구석구석까지 같은 지경에 빠져 있었다. 1918년 8월의 전국 농촌에서는 식량이 떨어져 초근목피로 생계를 이어나가거나 그도 못해서 아사하는 사람이 속출하고 있으며, 도시로 나가거나 만주·일본 등지로 떠나는 사람이 크게 늘었다. 또 도시에서는 일반 물가와 쌀값 폭등으로 생계비가 올라가자 임금인상을 요구하는 노동자들의 파업이 줄을 잇고 있어 한반도 전체가 생사의 기로에서 아수라장이 된 상황이었다(역사신문편찬위원회 6, 1998 : 23).

이러한 원인은 1917년 이후 쌀값이 오르기 시작하자 지주와 미곡상들은 사재기와 한국경제가 일본경제에 깊이 예속되어 가고 있었기 때문이라고 한다. 또한 토지조사사업을 통해 많은 농민들이 소작인으로 내몰리고, 지주들은 좋은 세상을 만나게 된 것이다.

또한 서울에 흩어져 있는 토막민(土幕民)은 관유지, 사유지, 강바닥, 다리 밑 등을 가리지 않고 유한지(遊閑地)만 있으면 무단으로 점거하여 초라한 움막을 짓고 살았다. 토막민은 고목, 마른 나뭇가지, 헌 멍석, 헌 가마니, 새끼, 흙 등을 사용하여 대략 5~6시간 정도면 집을

완성하였다. 이들은 극빈자의 일반적인 현상인 낮은 출생률 및 높은 영아사망률과 문맹률(약 80%)을 나타내며, 직업도 날품팔이, 잡부, 행상 등 육체노동자가 대부분이었다. 또한 66%가 1평 반의 집에서 살았으며 1인당 점유 면적인 0.2평에 불과하며 총수입의 71%가 음식비여서 말 그대로 하루살이었다(역사신문편찬위원회 6, 1998 : 112).

이들이 서울로 몰려들어 사회의 관심을 끌게 된 것은 대략 1920년부터로 추정된다. 이들은 농촌에서 살기 힘들어 도시로 온 경우가 대부분인데, 1920년대에는 겨우 몇 백 호에 불과했던 것이 1930년대에 이르러 수천 호로 증가했으며, 1939년(4,292호에 2만 911명)에는 더욱 증가했던 것이다. 1939년의 대가뭄과 전시체제하에서의 극심해진 생활고가 이농현상을 부채질했기 때문이다.

이들은 1930년대 후반부터 1936년에 실시한 도시계획으로 몇 곳(홍제동, 돈암정, 아현정, 용두정 등)에 모여 살고 있었다. 1940년대에 들어서도 토막민이 계속 늘어가자 총독부에서는 생계보장이라는 구실로 이들을 북해도나 사할린으로 강제 징용해 토목과 철도공사에 동원하기까지 했었다(역사신문편찬위원회 6, 1998 : 112).

1917년 현재 서울 인구가 총독부 집계만 보아도 25만 명을 넘어 대도시의 규모를 갖추고 있었다. 이들의 직업별 분포를 보면 직업이 분명한 부류는 장사꾼이 5만 8,872명(28.6%)으로 가장 많고 다음이 공장노동자로 3만 3,504명(16.2%), 농사꾼이 6,148명(3%), 어부가 295명(0.1%) 순인데, 반수 이상인 10만 7,396명(52.1%)이 기타로 잡혀 있다. 이들은 대부분 막노동꾼, 지게꾼, 머슴, 식모, 하녀들인 것으로 추측된다.

그런데 이들의 생활형편을 보면 목숨을 부지하고 살아가는 것이 신기할 정도이다. 장사꾼들이야 상황에 따라 수입이 천차만별이어서 일률적으로 말하기 어렵다. 그러나 서울 사람의 68%를 차지하는 노동자들의 노임수준을 보면 양복장이가 일당 1원 내외, 목수 80전 내외, 막노동자나 지게꾼이 50전 정도를 받는다. 이들의 수입과 주요 생필품 가격을 비교해 보면 생활이 얼마나 어려운지 분명해진다.

1915년 물가로 따져서 중품 쌀 한 섬에 12원 22전, 만주좁쌀 한 섬에 9원 20전, 쇠고기 한 근에 20전인데, 지금처럼 쌀 한 가마가 35원을 웃도는 시점에서 비교해 보면 그 비참함은 형언키 어렵다(역사신문편찬위원회 6, 1998 : 26).

게다가 일제 말기 조선사람들은 이른바 공출이라는 이름 아래 자행된 양곡과 가축·물품의 강탈에 치를 떨며 헐벗고 굶주린 생활을 감래해야 했다. 일제는 식량부족에 대한 대책으로써 양곡의 자유로운 유통을 통제하고 농민으로 하여금 할당받은 일정량의 농산물을 의무적으로 팔도록 하였다. 태평양전쟁으로 군수품의 조달이 어려워지자 공출의 이름 아래 미곡을 비롯하여 가축, 식기, 솥, 숟가락, 여성들의 비녀와 가락지까지 무려 80종에 달하는 물품을 강탈해 갔다(김삼웅, 1998 : 166).

또 조선총독부가 비공개로 발행한 「조선의 언론과 세상」은 다음과 같이 기록하고 있다. "조선인이 좋아하는 쌀밥은 다른 사람에게 빼앗기고 조밥으로 만족해야 하며, 한 채의 집마저 잃어버려 방을 얻어야만 하고, 의복도 두 벌을 준비할 여유가 없어 다 떨어진 한 벌의 옷으로 몸을 가릴 정도로 빈궁하게 되었다. 아니 그것조차도 오래 유지할 수 있을지가 의문이다. 끝내는 조밥에서 초근생활로, 셋방에서 천막으로, 누더기조차 없어 맨몸이 될 지경이다. 이러한 상황이 벌어지게 된 원인은 무엇인가. 그 대부분은 조선인의 생활을 무시한 경제정책이 원인이 된 것이다"(김삼웅, 1998 : 170).

또한 「조선인의 의식주 : 1916」에 그 당시의 주식 섭취 상황을 다음과 같이 소개하고 있다. "쌀, 쌀과 보리, 조, 피, 이들 곡류를 몇 종 섞어서 밥을 짓는 경우가 대부분이고 쌀만을 먹는 경우는 드물다. 대부분은 쌀에 다른 곡류를 혼합하거나 혹은 보리·조 등에 콩류 그 밖의 잡곡을 혼용하고 있다. 또 감자를 주식으로 하거나 여름에는 참외로써 주식을 대용하는 일도 있다. 농민의 다수는 3·4월경에 이르러 전년의 곡류가 거의 바닥이 나고 산채, 즉 고사리·도라지·칡, 그 밖의 초목의 어린 뿌리를 채취하거나 독성이 없는 야채를 채취하여 이것을 곡류에 섞어 죽을 만들어 먹는다."

계속되는 정치적인 혼란과 외세의 압력, 민중의 봉기, 전염병과 자연재해 등으로 백성들은 안정된 생활을 할 수가 없을 정도로 시달린다. 게다가 본격적으로 시작되는 일본의 수탈로 모든 것을 빼앗긴 민중들은 울분을 억누르고 배고픔을 참아내야 했다. 게다가 개항 이후 봉건정부의 재정난이 더욱 악화되었는데 이 역시 민중의 생활을 한층 고통스럽게 만든 중요한 요인이었다.

재정이 극도로 악화된 이유는(조성오, 1993 : 91) 봉건정부는 각종 세금으로 민중에 대한 수탈을 강화하였고 매관매직을 공공연히 행하였기 때문이었다.

이처럼 개항 이후 일본의 경제적 침략이 본격화되고 봉건적 수탈이 강화됨에 따라 많은 농민이 파산하고 몰락하였으며, 그들은 주요 도시항구로 흘러들어 도시 빈민층, 방대한 실업자 층을 형성하였다. 하지만 이러한 틈바구니 속에서도 사람들은 치열한 생존경쟁을 하였을 것이고 살아남기 위해 수단과 방법을 가리지 않았을 것이다. 그리고 이들에게 먹을 것과 마실 것을 제공하는 형태 또한 다양해졌을 것이다.

과거로부터 이어지는 다양한 형태의 먹고 마실 것을 제공하는 형태에서 조금 차별화된 또 다른 형태의 주막과 서민들을 겨냥한 음식점들이 도시를 중심으로, 특히 사람들이 모이는 시장(市場), 역(驛), 포구(浦口), 항구(港口) 등에 하나 둘씩 자리를 잡아가고 있었을 것이다(이성우, 1997 : 132~134). 그리고 개화의 물결이 닥쳐옴에 따라 옛 주막도 점차 그 모습을 바꾸어 간다.

조선시대 말엽 서울 거리에는 모주(母酒)와 비지찌개를 파는 노상주점이 생겨서 가난한 사람들의 허기를 채워주었다고 한다. 내외주점(內外酒店)이라 하여 여염집 아낙네나 과수댁이 생활이 궁핍하여 술을 파는 주점이 생겨났고, 목로술집, 선술집, 색주가(色酒家) 등이 생겼다.

「조선잡기」(1894)에 의하면 '모석상두첨주전 : 暮惜床頭沾酒錢'이라고 문에 글을 써 놓은 주막(酒幕)에서는 명태, 돼지고기, 김치뿐인 안주와 술을 팔고, 여인숙에서도 음식을 파는데, 음식값만 지불하면 숙박료는 받지 않았으나 1실에서 수십 명씩 묵고, 때로는 방에 메줏덩어리를 천장에 매달아 놓는 집도 있었다는 것이다.

이것으로 1800년대 말의 주막과 여인숙의 상황을 짐작할 수 있는데, 「경성번창기」(1915)에는 이들 음식점에 대한 좀더 구체적인 기록이 있다. 즉 식사만을 하는 곳을 국밥집(湯飯屋), 약주만을 파는 집을 약주집(藥酒屋), 탁주만을 파는 집을 주막(酒幕), 하등의 음식점을 전골집(煎骨家)이라 하고, 주막에서는 음식도 팔고 숙박을 겸업하고 있다고 설명하고 있다. 이와 같이 개화기와 일제시기를 거치면서 우리나라에는 구미인, 일본인, 중국인들이 들어오고 이들로부터 새로운 음식이 전래된다. 한 나라의 문화는 끊임없는 교류를 통해 발전한다고 했을 때, 외국 음식의 전래는 우리 음식문화를 한 단계 비약시키는 계기일 수 있었다.

그런데 개화기와 일제시기를 거치면서 나타난 외식문화의 변화는 바로 양극화였다. 즉 한국식과 서양식, 그리고 저급과 고급의 이중구조를 말한다. 조선 후기 장터를 중심으로 상인과 장꾼들에게 저렴한 음식을 공급하던 주막이 답보상태를 걷는 반면, 상류층을 대상으로 하는 고급 요릿집들은 문전성시를 이루게 된 것이다. 즉 서양문물을 받아들이고, 일본에서 유학을 하고, 신교육을 받고, 그리고 일제와 손을 잡고 살아가는 친일파들을 위한 식당이 고급 요릿집이다. 또한 은밀한 모임의 장소가 고급 음식점 밀실이었다는 것이다.

그리고 모던 보이와 걸들이 모이는 카페가 등장하고, 외국인들이 모이는 사교장이 생기고, 외국인들을 위한 일식과 양식, 그리고 중식 음식점들이 등장했다.

특히 한국에 출입하는 외국인을 위한 서양식 설비를 가진 숙박시설이나 식당(食堂)이 거의 없어서 개화기에 몰려온 외국인의 불편이 클 수밖에 없었다. 그래서 생겨난 것이 철도국에서 주요 역에 건립한 철도호텔이다. 또한 일본인의 거주지와 중국인들의 거주지를 중심으로 성장한 일식과 중식이 서울에서도 그 수를 더해갔다. 그러나 한국을 대표할 5천 년의 화려한 조선 궁중음식의 맥을 잇지 못하는 아쉬움을 남겼다.

(5) 해방 이후~1950년대

- 1946년에 냉면과 불고기로 유명했던 '우래옥'이 등장
- 1949년에 양식당으로 '외교구락부'가 생김
- [한식당] 평양냉면으로 유명했던 '한일관', 무교동의 '하동관'
- 명동의 '고려정', '평화옥', '삼오정', 불고기로 유명한 '진고개' 등 굵직굵직한 식당들이 문을 열게 됨
- [일식당] '남강', '향진'
- [양식당] '미장그릴', '영보그릴'
- [중식당] '아서원', '금문도', '대관원'
- 대규모 업소로 발전하는 밑받침이 됨

1945년 해방과 함께 일제가 물러가고, 미군정시대를 거쳐 1948년 대한민국 정부가 수립됐지만, 이어 발발한 한국전쟁의 여파로 민중의 굶주림은 계속됐다. 1946년 서울에 양곡배급이 실시되고, 부산에는 콜레라가 창궐하여 서민들의 생활은 비참하기 그지없었다. 일제의 손아귀에서 풀려나 해방을 맞았으나 굶주림의 역사는 끝나지 않고 계속되었다. 해방된 지 5년도 채 못 되어 6·25전쟁이 일어나 우리의 생활은 더욱 어렵게 되었다. 한 끼의 식사 그것은 곧 생존이었다.

1953년 7월 마침내 휴전이 이루어지고, 군정 하의 GARIOA(점령지역행정구호원조)와 55년부터 발효된 PL480호(농업교역발전 및 원조법)의 덕택으로 경제는 어느 정도 안정되어 갔다. 미국의 원조는 처음에는 식량을 비롯한 구호물자가 대부분이었다. 때문에 고픈 배를 채우는 데는 많은 도움이 되었지만, 경제건설을 하는 데는 별 도움이 되지 못했다(이야기한국사편찬회, 1986 : 27~131). 배급 쌀과 밀가루로 끼니를 해결하던 시절에는 집집마다 식구 수를 늘려 신고를 하다 보니 서울시내 떠도는 유령(幽靈) 인구가 수천, 수만 명에 이르던 때도 있었다.

몰락 농민들의 일부가 도시로 진출하여 도시의 빈민층을 서서히 형성하기 시작한 1920년대부터 대도시로 인구가 집중하기 시작했다. 게다가 1930년대 이후 일제의 만주 침략이 시작되고, 식민지공업화가 진행되면서 이농(離農)과 도시화(都市化)가 촉진되었다. 그리고 국내에서 삶터를 찾지 못하는 동포들은 남부여대(男負女戴 : 남자는 지고 여자는 이고 감. 곧 가난한 사람이 떠돌아다니는 삶을 이르는 말)하여 이역만리 일본, 만주, 중국본토, 구소련, 미주 등으로 떠나갔다. 그 숫자는 식민지 35년간에 총 증가인구의 26%에 달하는 327만 명이나 된다고 한다(한국역사연구회 e, 1998 : 41).

1945년 해방이 되자 해외 거주(해외에서 출생한 동포 2세 포함) 402만 동포 중 절반 이상인 220만 명이 남한으로 귀환하였다. 여기에다 해방 전 북한에 거주하던 남한 출신 사람들, 구소련과 북한정권에 반대하던 우익들, 토지개혁과 친일파 처벌을 기피하려는 지주·친일파들이 한국전쟁 직전까지 지속적으로 월남하여 해방 후 남한의 인구는 급격히 증가했다. 그러나 한국전쟁의 여파로 인구가 줄어들었다가, 전쟁 이후 1955~1960년 사이에 남한의 인구는 다시 급증했다.

환국(還國)과 월남(越南), 전후(戰後)의 베이비붐으로 해방 직후 1,614만 명이던 인구는 1960년에 2,499만 명으로 급증하여 농촌에서는 토지에 대한 인구의 압력이 증대되어 이농(離農)이 촉진되었다. 게다가 식민지적 유통망을 통하여 발전했던 호남지방과 서남해안의 종소도시 주민들은 그 유통망의 단절로 지역경제가 침체되자 역시 인근 도시나 서울 등지로 몰려들어 해방 후 도시인구는 폭발적으로 증가했다(한국역사연구회 e, 1998 : 42~46). 그리고 토막집과 토막민이라는 단어가 생겼다(한국역사연구회 e, 1998 : 157~161). 그러나 도시로 집중된 인구는 막노동으로 토막집에서 사는 토막민들이 대부분이기 때문에 구매력이 거의 없어 외식업의 발전에 크게 기여하지는 못했다. 그러나 그들을 겨냥한 외식업은 노점상이나, 포장마차, 선술집 등의 형태로 정착하기 시작했다.

주식의 거의 99%를 곡류에 의존하던 시절이었으나, 전쟁으로 폐허가 된 땅에서 다시 곡식을 생산한다는 것은 쉬운 일이 아니었다. 식량의 절대 결핍을 면치 못했던 전쟁 직후인 1955년부터 도입된 미국의 잉여농산물이 1957년 4월에는 국내 총 곡류생산량의 40%를 차지하면서 식량 해소에 큰 몫을 했다.

1954년 6월 부산국제시장 대화재 발생, 1959년 9월 대홍수, 1960년 4·19혁명에 이어 1961년 5·16 군사정변에 이르기까지 한국의 정치·사회의 혼란은 국민들의 삶에 배고픔만을 더해갔다. 이러한 상황에서 외식을 한다는 것은 대부분의 일반 국민들로서는 상상조차 할 수 없는 일이다. 그러나 50년대까지는 주막이나 주식점, 목로주점 등의 전통음식점 형태가 하나둘 생겨나기 시작하여 한국외식업의 태동기를 맞이하게 된다. 하지만 일반인들의 식생활 유형은 전적으로 가내주도형으로 집에서 먹거리를 해결하는 시대였다.

해방 이후는 대한민국 정부가 수립되면서 일본과의 국교가 단절된 반면 미국과의 교류가 활발해졌다. 그 결과 주로 한국에 주둔하고 있는 UN군과 미군들을 겨냥한 휴식장소와 레스토랑이 하나둘씩 생기기 시작하였으며, 양식(미국식)이 차츰 한국인들에게 소개되기 시작했다. 그러나 아직까지도 서민들에게 양식은 그림의 떡이었다.

1950년 중반부터는 한국인들에 의해 운영되는 호텔이 하나둘씩 생기기 시작한다. 1955년 10월에 앰버서더(현 소피텔 앰버서더), 1957년 해운대 호텔이, 그리고 1959년에는 철도호텔이 외래 관광객 유치를 위한 조치로 관광호텔로 개명하여 양식이 상류층을 중심으로 널리 보급되기 시작했다. 또한 해방 이후 중국 음식점의 수가 갑자기 늘어나면서 중국 음식의 한국화가 이루어진다. 일제 말기 조선에 거주한 화교가 약 6만 5천 명이었고, 중국음식점의 수는 300여 개에 이르렀다고 한다. 그러나 이때만 해도 중국 음식점에 한국인들이 드나들기는 하였지만 아직 한국인은 주요 고객이 아니었다. 중국 음식의 한국화는 해방 이후에 이루어졌다. 한국 정부가 수립되면서 화교들의 처지에 중대한 변화가 생겨났기 때문이다. 한국 정부가 화교들의 무역을 금지시킴에 따라 많은 화교들이 일자리를 잃게 되었으며, 중국대륙이 공산화되어 고향에 돌아갈 수도 없게 되자 적은 자본과 가족 노동력을 이용하여 운영할 수 있는 음식점으로 전업하였다고 한다. 이러한 화교 내부의 사정에 따라 1948년부터 1958년까지 중국 음식점 수가 332개에서 1,702개로 무려 5배 이상 늘어났다고 한다(한국역사연구회 f, 1998 : 177~179).

(6) 1960년대

- 의정부, 동두천시 미군부대의 영향으로 만들어진 부대찌개의 효시인 '오뎅집'
- 홍천지역에 '우미닭갈비집'이 생겨난 것을 시작으로 1973년 조양동(춘천의 명동)이 이주하면서 형성되 지금까지 남아 있는 춘천 닭갈비촌
- 60년대 초 포천에서 명성을 날리던 '원조이동갈비'집
- 신당동 떡볶이의 원조 '마복림 할머니'집이 생겨났다.

5·16 군사정부 공약 4번째에는 "절망과 기아선상에서 허덕이는 민생고를 시급히 해결하고 국가 자주경제 재건에 총력을 경주한다"라고 박정희는 절망과 배고픔의 추방 그 성공여부에 자신의 정치생명을 걸 정도였으므로, 그때 대부분 일반서민들의 배고픔 정도가 어느 정도였는가를 짐작할 수 있다.

한국전쟁에 이어지는 4·19혁명과 5·16 군사정부의 소용돌이 속에서 국민들의 생활은 처참하였다. 1950년대 후반부터 시작된 영양개선운동은 어떻게든 먹고 살아남아야 한다는 절박감에서 출발한 국가적인 총력전이었다. 밀가루 예찬론, 혼분식 장려운동, 유휴산지 개간, 국민 절제운동, 양곡수급 계획발표 등이 이러한 사실을 잘 설명하고 있다.

서민들의 삶은 고달팠고, 너 나 할 것 없이 살기 힘들었다. 1962년 8월 태풍 노라와 함께 가뭄이 겹쳐 62년도는 최악의 흉년을 기록한 한 해였다. 1963년 2월 미국으로부터 원조양곡이 도입되었다. 이와 같이 식량공급에 비상이 걸린 1963년 1월 잉여농산물 도입과 절미운동, 소비절약 유도 등의 내용을 골자로 하는 양곡수급계획이 발표되었다. 수요량 35,282천 석에 공급량은 31,376천 석으로 부족량은 3,906천 석이었다. 부족한 양은 잉여농산물 도입, 정부

보유물 도입, 구상무역 그리고 근검절약으로 충당한다는 계획이었다. 이어 쌀의 소비를 줄이는 절미운동이 강력하게 추진되어 주요 도시에 국수식당이 등장하고, 과자와 엿의 제조에 쌀을 사용하지 못하게 하는 등 절미운동에 모든 수단과 방법이 동원되었다.

이렇게 대량으로 먹게 된 밀가루 음식은 주로 쌀과 보리에 의존했던 우리 밥상을 크게 바꾸어 놓았다. 대대로 먹던 밥과 국을 대신해 국수와 빵 같은 밀가루 음식이 밥상 한 귀퉁이를 차지하게 된 것이다. 이때부터 쌀의 오랜 지위는 추락하고 대신 밀이 그 자리를 차지했다. 분식과 혼식의 장려운동이다.

그리고 관혼상제 시 과소비를 억제하기 위해 가정의례준칙이 1969년에 만들어진다. 관주도로 진행된 밀 문화의 보급은 서구식 영양학에 근거했다. 모든 음식의 가치는 칼로리로 재단됐고, 오랜 체험을 통해 이룩한 우리 음식문화의 가치는 사장됐다. 배고픔의 해결은 그릇된 편견을 낳은 것이다. 게다가 식생활 개선이라는 명목 아래 서구식 식생활이 무비판적으로 받아들여지고, 우리 전통식단이 비판의 대상이 된 때도 있었다.

이와 같은 환경에서 GNP 100~210달러의 60년대 한국의 외식업계는 50년대와 마찬가지로 식생활의 궁핍기이자 침체기였다. 영세한 음식점 및 노상 잡상인들이 대거 출현했던 시기이기도 하다. 또한 밀가루의 유통과 함께 들어선 게 제과점이다. 1945년 고려당과 함께 1967년 강남에는 뉴욕제과가 탄생했다. 그러나 우리는 1960년대까지는 식량부족으로 배고픔 시대를 경험했다.

(7) 1970년대

■ **한식당**
- 갈비와 불고기는 최고의 외식이었음
- 마포 일대의 갈비집들이 각광받는 명소였음
- '본점최대포', '마포원조주물럭' 등

■ **중식당**
- 자장면은 70년대 최고의 외식이었고 대중화되는 시기
- 중식당으로 '홍보성', 74년도에 '희래등', '국일대반점' 등과 70년대 말 '동보성', '다리원', '아리산' 등 대형업소들이 속속 생겨남

■ **외국브랜드 도입기**
- 1970년 말부터 햄버거를 비롯한 도넛, 프라이드치킨 등 패스트푸드가 상륙, 외식문화의 서구화 현상이 나타나기 시작함. 이때부터 요식업에서 외식산업으로 발돋움하기 시작함
- 1978년 국내 프랜차이즈의 효시로 볼 수 있는 커피숍 '난다랑'이 등장
- 1979년 일본의 패스트푸드점 롯데리아 상륙 - 국내 외식시장은 기술제휴 또는 합작형태로 외국 브랜드가 화려한 모습을 드러내기 시작함

70년대 식생활관련 최대 변수는 도시가스의 도입으로 연탄시대를 마감한 것이다. 먹거리 메뉴에는 요구르트, 케첩, 마요네즈, 생수, 과즙탄산음료, 1962년에 시판 금지되었던 쌀막걸리의 부활, 전자레인지, 커피자판기, 생맥주, 롯데리아와 같은 햄버거 하우스가 최초로 등장했다.

특히 1979년 7월에는 국내 프랜차이즈 1호점인 지금의 대학로 샘터빌딩에서 '난다랑'이 오픈되어 국내 외식업계에 일대 변혁이 일어난다. 그리고 10월에는 롯데리아 1호점이 소공동에 들어섬으로써 서구식 외식시스템의 시발점이 되었다. 롯데리아를 흉내낸 '맥도리안', '햄데리아', '뉴도날드', '반도리아', '롯따리아', '맥가이버', '훼미리' 등 군소 브랜드가 우후죽순격으로 생겨났다. 이들은 얼마 되지 않아 폐업하는 결과를 가져와 지금은 찾아볼 수 없다.

그러나 70년대 우리는 우리의 식품을 개발한 것이 아니고 서양식을 그대로 수용한 것이다. 또한 정치적 불안이 가속되고, 사회혼란이 빚어지던 시절 무력감에 빠졌던 사람들이 맵고 짠 강한 양념 맛의 무교동 낙지골목으로 모여들기도 하였으며, 술에 찌든 사람들이 청진동 해장국집에 많이 모이기 시작하였다. 또한 GNP 1,000달러를 넘어선 그때를 기점으로 육류 소비량이 급증하고 고추와 마늘의 섭취량이 많이 늘어나기 시작했다. 또한 1970년대 한식 하면 먼저 설렁탕 등 국밥류의 음식을 떠올렸다. 그런데 이 무렵부터 삼겹살, 갈비, 등심 등과 같이 고기를 구워 먹는 문화가 일반화되었다. 갈비나 불고기는 조선시대 궁중요리로 일반 양반가에서조차 먹기 힘든 음식이었다. 1960~1970년대에도 음식점에서 불고기를 취급하기는 하였지만 일반 서민들이 아무 때나 부담 없이 먹을 수 있는 음식은 아니었다.

(8) 1980년대

■ **한식당**

- 소규모 식당에서 벗어나 법인 위주의 외식경영형태를 띠게 되고 체인화와 다점포의 프랜차이즈 사업 등장
- 외국 유명브랜드 진출 활발(국내 외식업에 대형화의 계기를 제공) - 버거킹(82년), 피자헛(84년), KFC(84년), 맥도날드(86년), 86아시안게임과 88서울올림픽을 거치면서 대중화되기 시작
- 국수체인점이 등장하여 상당한 인기를 모음(83년 장터국수가 등장한 이래 찡구짱구(84년), 다전국수(85년), 민속마당(87년), 방방곡곡, 잔치국수, 참새방앗간 등 80년대 중반부터 80년대 말까지 많은 체인점이 등장해 국수와 김밥 등의 메뉴를 선보임)
- 80년대 중반에는 한식의 대명사라고 할 수 있는 갈비와 불고깃집들이 대형화 추세 - 강남일대, 늘봄공원, 삼원가든, 한우리 등의 업소들이 등장
- 프렌치 레스토랑 등장 - 뮤즈, 보뜨르, 미르바, 아테메, 엘토로, 라스컬러
- 대형 중식당과 일식당 - 만리장성, 대려도, 삼다도
- 보쌈체인점 전국적으로 파급 - 보쌈의 원조 놀부보쌈, 촌집보쌈, 부부보쌈, 할매보쌈,

원할머니보쌈
- 80년대 후반부터 냉면전문점과 칼국수전문점, 우동전문점 등이 성행
- 88년 이후부터는 외식패턴의 다양화와 고급화로 메뉴에 있어서도 상당히 많은 변화를 보이기 시작 2~3년 주기를 형성하며 태동-발전-쇠퇴를 거듭하는 춘추전국시대를 보이고, 또한 식생활의 서구화에 의한 동물성 식품의 소비증대, 식품공급의 과잉에서 오는 영양불균형과 낭비에 따르는 문제점이 발생하기도 했다.

80년대 초부터 외국의 유명 체인호텔과 외국계 패스트푸드점이 대거 한국에 상륙했다. 1983년에는 주문식단제가 처음 실시되기도 했다. 그리고 1989년엔 정수기가 처음 도입되었다.

육류섭취량이 급격히 증가한 것은 GNP가 2,000달러를 뛰어넘은 80년대부터라고 한다. 70년대 1인당 하루 40g이던 것이 1985년 200g으로 껑충 뛰었고, 대형 갈비집들이 우후죽순 격으로 늘어난다. 그 당시 고기를 덩어리째 양념해서 구워 먹는 주물럭이 유행하기도 했다. 얄팍한 불고기에 만족 못 하고 덩어리째 씹어야 직성이 풀리던 시대였기 때문이다. 특히 80년대는 해외 프랜차이즈가 본격적으로 국내에 진출하면서 외식업계에 태풍의 핵이 되었다. 물밀듯이 들어오는 해외 프랜차이즈 브랜드들이었다. 국내 자생브랜드들도 우후죽순 격으로 생겨났다.

그리고 80년대 들어서면서 ○○가든, ○○갈비 등의 고깃집들이 도처에 생겨났다. 이런 음식점들은 주로 큰방을 구비하고 있는 것이 특징인데, 가족식뿐 아니라 잔치, 회식, 친목모임의 장소로 널리 이용되었다. 또한 이 무렵 춘천막국수나 닭갈비, 아구찜, 보리밥 등 지방사람들이나 서민들이 먹던 향토음식들이 별미음식으로 상품화되어 서울로 진출하였다. 특히 승용차 보급률이 높아지고 답사문화가 대중화되면서 향토음식은 그 지역의 관광상품으로 개발되었다.

결국 80년대는 더 맛있고, 더 간편하고, 더 고급스러운, 그리고 더 새로운 식품을 추구했던 시대였다고 말할 수 있다.

(9) 1990년대

한국의 90년대는 외식산업의 본격적인 성장기에 해당된다. 성장의 주역을 꼽는다면 단연 패밀리레스토랑이다. 80년대 레스토랑이 최고의 인기를 누리던 시절이었다. 레스토랑은 연인들끼리, 귀한 사람들과 최고 만남의 장소였다. 하지만 커피전문점, 돈가스전문점 등 전문화시대를 맞이하면서 레스토랑은 사향업종으로 변해갔다.

90년대 들어서면서 레스토랑은 새로운 옷으로 치장하고 우리 앞에 나타났다. 이른바 외국

계 패밀리레스토랑이다. 음식업계에서는 외국계 패밀리레스토랑을 고품격 신업태의 출현으로 받아들였다. 80년대의 아담한 레스토랑이 아니었다. 점포 평수가 최소한 50~60평 이상이다. 자연적으로 사업의 주체는 대기업의 자본이다.

21세기를 맞이하여 한국의 외식시장도 바뀌어 가고 있다. 외국계 유명한 패밀리레스토랑과 피자집, 패스트푸드 레스토랑은 이제 일반화되어 있으며, 최근 들어 호텔과 같은 수준의 전문 레스토랑들이 차츰 늘어나는 추세에 있고, 강남을 중심으로 퓨전음식이 유행하고 있다. 또한 고급 원두커피 전문점들의 수가 늘어나고 있으며, 과거의 다방은 차츰 그 자리를 잃어 가고 있다.

그리고 한편으로는 이탈리안 스타일 등의 이국적인 음식점들이 차츰 늘어나고 있는 추세이며, 또 다른 한편으로는 한식을 중심으로 건강과 기능지향적인 음식과 향수를 유발하는 향토전문 음식점들이 늘어나고 있는 추세이다. 그래서 식당 간판에도 옛날, 할머니, 고향 같은 말을 많이 볼 수 있다. 이러한 현상은 고기도 먹을 만큼 먹어보고, 서양식 고급요리도 먹어볼 만큼 먹어본 사람들이 찾게 되는 옛날 그 시절의 맛과 여유 때문이다.

앞으로 더욱 가처분소득이 증대되어 생활에 여유를 찾아 인생을 즐길 줄 알게 되면, 음식에 대한 관심은 차츰 증폭될 것이다. 시간과 돈에 구애받지 않고 더 새롭고 더 고급스러운 분위기와 음식을 찾아 나서고, 건강식을 선호하게 될 21세기에는 인공조미료보다는 천연조미료를, 가공된 음식보다는 자연 그대로의 음식을 즐기게 될 것이다.

그러나 다른 한편으로는 간편성을 추구하여 인스턴트식품 또한 선호하게 될 것으로 사료되며, 먹거리에 관한 한 항상 이중적인 성향을 가지게 될 것으로 판단된다.

① **1990년대 초반** — 외식산업의 전환기

- 전통회귀바람
  누룽지, 죽 등 전통음식이 인스턴트 포장으로 등장
  술도 쌀로 빚은 것들이 되살아남
- 패스트푸드 유명브랜드가 계속 상륙해 영업을 활성화
  서브웨이(92년), 파파이스(94년) : 80년대 중반 국내에 진출한 패스트푸드의 선점 이미지가 강해 어려움을 겪음
- 피자시장의 대단한 활황
  피자인, 라운드테이블피자(90), 쉐이키피자, 도미노피자, 시카고 피자
- 1992년 한식업종에서 최고의 히트아이템은 쇠고기 뷔페 : 싸게 쇠고기를 먹을 수 있다는 이점 때문에 한동안 많은 고객을 끌어들였지만, 식자재 질의 저하, 20여 개 체인업체 등이 양성하는 수적 포화현상으로 6개월 만에 폐점, 1998년 IMF 외환위기 이후 1999년에 다시 모습을 보이고 있음

- 1996년부터 햄버거보다 저(低)칼로리인 샌드위치를 내걸고 슐라스키, 제이브래너스, 서브웨이 등의 샌드위치점이 선을 보임
- 대형 패밀리레스토랑 진출이 러시를 이룸
  코코스(88년), TGIF(92년), 판다로사(93년), 스카이락(94년), 데니스(94년), 시즐러(95년), 플랫닛헐리우드(95년), 베니건스(95년), 토니로마스(95년), 삐에뜨로(95년), 마르쉐(96년), 토마토&오니온(96년), 칠리스, 우노, 이탈리안스, 아웃백스테이크하우스, 하드락 카페(97년) 등(대기업 자본에 의해 기술제휴형식이나 직접투자로 다수의 해외 브랜드 페밀리레스토랑이 상륙, 해외 브랜드 일색으로 변모)
- 1996 중저가 스파게티 전문점 출현
  소렌토를 시작으로 비스, 스파게띠아, 삐에뜨로 등

② 1998년 IMF 외환위기 한파

- 1997년 말 찾아온 IMF 외환위기로 인해 국내 외식업계의 불황 시작
- 경기의 불황으로 외식비와 빈도가 크게 감소
  중산층 가정의 외식비가 IMF 외환위기 이전에 비해 평균 52.7%가 감소되었고 일반식당의 경우 50%의 매출이 떨어져 최악의 불황을 겪음
  외식업소의 기현상이 일어남(영업이 늦게 시작되고 일찍 끝나는 현상)
- 저렴하고 실속 있는 단체급식 외식업종의 인기
  단체급식시장의 경쟁 치열
- 저가형 대형 음식점 등장
- 소규모 점포 창업의 증가
  명예퇴직 및 조기퇴직으로 인해 직장을 잃었거나 중소기업을 정리한 이들이 외식업에 참여하는 경향이 크게 증가(국내 최초 식당 수 50만 개 넘음)
- 환율상승으로 외국 브랜드 FF/FR 등이 주춤하였으나, 매출은 일반 업소에 비해 크게 하락하지는 않았음
- 퓨전퀴진의 새로운 콘셉트 음식점 등장
- 복합매장 형태의 외식경영 등장(Shop in shop)
  커피&케이크, 아이스크림&베이커리
- 이태리요리 전문점들의 두드러진 성장과 대중화
- Food-court, Food center 등 전문 음식상가가 나타나기 시작

③ 1999년

- 1999년 상반기까지 경기전망은 IMF체제로 인해 외식업 또한 불투명했으나, 1999년 중반 이후 경기가 다소 회복되면서 외식소비 인구가 급증하게 되었고, 점차 발전되어 가고 있는 소비자의 소득수준과 외식수준이 높아짐으로 인해 외식에 대한 이미지도 바뀜
- N세대, Y세대, X세대 등 젊은 소비자 계층이 탄생으로 독특한 메뉴와 서비스, 분위기가 속속 등장 - 이색업소 : 감옥카페, 분장카페, 비행기레스토랑, 열차카페, 섹스어필레스토랑
- 인터넷을 통해 이벤트 및 할인쿠폰 등 외식업계는 치열한 마케팅 전쟁
- 단체급식시장 : 학교급식 전면 실시로 인한 수주경쟁 치열

〈표 1-11〉 한국인이 사랑하는 오래된 한식당 100선

번호	업소명	주메뉴	개업연도	지역
1	이문설농탕	설렁탕	1904	서울 종로구 견지동
2	하얀집	곰탕, 수육	1910	전주 나주시 중앙동
3	내호냉면	함흥냉면	1919	부산 남구 우암2동
4	박달집	개장국	1920	부산 금정구 구서2동
5	안일옥	설렁탕	1920	경기 안성시 영동
6	함양집	비빔밥	1924	울산 남구 신정3동
7	천일식당	떡갈비	1924	전남 해남군 해남읍
8	형제추어탕	추어탕	1926	서울 종로구 평창동
9	천황식당	진주비빔밥	1927	경남 진주시 대안동
10	기장곰장어	짚불곰장어	1929	부산 기장군 기장읍
11	삼대 광양 불고기집	불고기	1930	전남 광양시 광양읍
12	황산옥	생복찜	1931	충남 논산시 강경읍
13	신식당	떡갈비	1932	전남 담양군 담양읍
14	용금옥	추탕	1932	서울 중구 다동
15	은호식당	꼬리토막	1932	서울 중구 남창동
16	곰보추탕	추탕	1933	서울 동대문구 용신동
17	잼배옥	설렁탕	1933	서울 중구 서소문동
18	연춘	장어구이	1936	충남 아산시 득산동
19	청진옥	해장국	1937	서울 종로구 종로1가
20	진주회관	불고기	1939	충남 천안시 성환읍
21	하동관	곰탕	1939	서울 중구 명동1가
22	한일관	불고기 냉면	1939	서울 강남구 신사동
23	동래할매파전	동래파전	1940	부산 동래구 복천동
24	영명식당	갈낙탕	1940	전남 영암군 학산면
25	옥천옥	설렁탕	1941	서울 동대문구 신설동
26	소복식당	소갈비	1942	충남 예산군 예산읍
27	할머니집	소머리국밥	1943	경기 오산시 오산동
28	전통 경주 할매집	쌈밥정식	1944	경북 경주시 황남동
29	남성식당	복국	1945	경남 창원시 오동동
30	삼백집	콩나물국밥	1945	전북 전주시 고사동
31	평양옥	해장국	1945	인천 중구 신흥동
32	하연옥	진주물냉면	1945	경남 진주시 이현동
33	국일 따로국밥	따로국밥	1946	대구 중구 전동
34	송정3대 국밥	돼지국밥	1946	부산 부산진구 부전2동
35	우래옥	평양냉면	1946	서울 중구 주교동
36	할머니 묵집	묵밥	1946	대전 유성구 봉산동
37	부여집	꼬리곰탕	1947	서울 영등포구 당산동2가
38	강서면옥	평양냉면	1948	서울 중구 서소문동
39	옥돌집	불고기	1948	서울 성북구 길음동
40	육거리 곰탕	곰탕	1948	경남 진주시 강남동
41	원조 창평 시장 국밥	국밥	1949	전남 담양군 창평면 창평리
42	경희식당	한정식	1950	충북 보은군 속리산면
43	급행장	소갈비구이	1950	부산 분산진군 부전1동
44	명동할매낙지	낙지백반	1950	서울 중구 명동2가
45	진주집	꼬리곰탕	1950	서울 중구 남창동
46	포항할매집	곰탕	1950	경북 영천시 완산동
47	강산면옥	물냉면	1951	대구 중동 교동
48	고래고기 원조할매집	고래수육	1951	울산 남구 장생포동
49	불로식당	한정식	1951	경남 창원시 동성동
50	천안곰탕	곰탕	1951	부산 중구 광복동1가
51	평양옥(대전)	영양탕	1951	대전 서구 만년동
52	호동식당	복국	1951	경남 통영시 서호동
53	국일식당	꼬막정식	1952	전남 보성군 벌교읍
54	문화옥	설렁탕	1952	서울 중구 주교동
55	옥천냉면	냉면	1952	경기 양평군 옥천면
56	이학식당	따로국밥	1952	충남 공주시 중동
57	평양냉면	냉면	1952	충남 천안시 동남구 사직동
58	한국집	육회비빔밥	1952	전북 전주시 완산구 전동
59	다신식당	가리국밥	1953	강원도 속초시 청호동
60	연남서식당	소갈비	1953	서울 마포구 노고산동
61	옛집식당	육개장	1953	대구 중구 시장북로
62	우리옥	백반	1953	인천 강화군 강화읍
63	원산면옥	냉면	1953	부산 중구 창선동1가
64	하동집	복국	1953	경남 진주시 대안동
65	한일관	한정식 전주비빔밥	1954	전북 전주시 완산구 중화산동
66	고성회관	오징어순대	1955	강원 속초시 중앙동
67	남들갈비	돼지갈비	1955	충북 청주시 모충동
68	소문난 3대 할매김밥집	충무김밥	1955	경남 통영시 서호동
69	새진주식당	비빔밥	1955	부산 중구 보수동1가
70	시내식당	광양불고기	1955	전남 광양시 광양읍
71	옥천 장날순대	순대국밥	1955	충북 청원군 옥산면
72	경주 원조콩국	콩국수	1956	경북 경주시 황남동
73	대들보 함흥면옥	냉면	1956	대전 중구 유천1동
74	마포 진짜 원조 최대포	돼지갈비	1956	서울 마포구 공덕동
75	송월관	떡갈비	1956	경기 동두천시 생연2동
76	양산도집	민물장어구이	1956	부산 사상구 감전동
77	열차집	빈대떡	1956	서울 종로구 공평동
78	목리 장어센터	장어구이	1957	전남 강진군 강진읍
79	삼거리 번지막 순대국	순대국	1957	서울 영등포구 대림1동
80	상주식당	추어탕	1957	대구 중구 동성로2가
81	가선식당	어죽	1958	충북 영동군 양산면
82	리정식당	육개장	1958	충북 청주시 내덕동
83	백반집	한정식	1958	전북 전주시 다가동1가
84	오장동 함흥냉면	냉면	1958	서울 중구 오장동
85	완도 횟집	생선회	1958	전남 강진군 마량면
86	태조 감자국	감자국	1958	서울 성북동 동소문동
87	구포집	회비빔밥	1959	부산 중구 부평동3가
88	새집 추어탕	추어숙회	1959	전북 남원시 천거동
89	전주 중앙회관	곱돌비빔밥	1959	서울 중구 충무로1가
90	고려삼계탕	삼계탕	1960	서울 중구 서소문동
91	두암식당	짚불구이	1960	전남 무안군 몽탄면
92	함흥 곰보냉면	냉면	1960	서울 종로구 안의동
93	명월집	백반	1962	인천 중구 중앙동3가
94	역전회관	바삭불고기	1962	서울 마포구 용강동
95	진주회관	콩국수	1962	서울 중구 서소문동
96	편대장 영화식당	육회	1962	경북 영천시 금노동
97	덕인관	떡갈비	1963	전남 담양군 담양읍
98	진짜초가집 원조아구찜	아구찜	1965	경남 창원시 오동동
99	버들식당	곱창	1967	대구 달서구 성당1동
100	청화집	순대	1967	충남 천안시 병천면

〈표 1-12〉 한국, 미국, 일본, 중국 외식산업 발전과정 비교

구분	한국	미국	일본	중국
1920년대		• 음식의 태동기 (요식업 형태) • 레스토랑, 열차식, 호텔식, 프랜차이즈, 카페테리아, 급식, 센트럴키친 출현		
1930년대		GNP $440 • 외식업의 태동기 (음식점-외식산업) • 로드사이드 레스토랑, 기내식 출현 • 도심과 리조트 중심, 생산자 지향		
1940년대		GNP $750 • 외식산업의 전환기 (발전기) • 개인판매지향, 부분적 합리화 추구	• 요식업으로 전개 • 우동, 덴뿌라, 구내식당 출현 • 교통 관련지역 출점(열차 내, 역사 내) 일부 중심지	
1950년대	(1960년대 이전) • 음식업의 태동기 • 경제적 빈곤기 • 식생활 및 식습관의 가내 주도현	GNP $875 • 외식산업의 도약기 (공업화기) • 치킨, 병원급식, 커피숍, 햄버거, 피자 출현 • 개인판매에서 대량판매지향, 테이크아웃, 퀵서비스, 경영혁신(QSC), 세계외식산업의 혁명(시스템화 출현)	GNP $4,000 • 음식업의 태동기(기업화의 기반) • 전통음식중심, 패밀리레스토랑, 아이스크림 출현 • 교통 관련지역 일부 중심지로 점차 확대	
1960년대	• 음식의 침체기 및 여명기 • 식생활의 궁핍, 밀가루 위주의 분식 • 식생활문제 개선 부각 → 분식장려	GNP $2,800 • 외식산업의 성장기 (도약성장기) • 스테이크, 샌드위치, 패밀리레스토랑 출현 • 시스템화대량판매지향, 기업 인수 및 합병	GNP $1,400 • 외식산업의 태동기(도약기반 조성) • 프랜차이즈, 센트럴키친, 기업형체인화 • 음식업자유화(자본자유화근간 1969.3)	
1970년대	GNP $500 • 외식업의 태동기 • 대중음식의 출현 (한식, 중식 등) • 분식장려운동 실시 • 새마을운동(경제개발계획운동)	GNP $8,300 • 외식산업의 성숙기 (안정성장기) • 2회의 오일쇼크로 대변혁, 신콘셉트 및 신업태의 출현 • 일본 등 해외진출, 소프트화, 고감도화, M&A, 업체별 경쟁심화	GNP $5,000 • 외식산업의 성장기(도약발전기, 1978년 외식혁명) • 외식의 대중화, 패스트푸드 전성기, 패밀리레스토랑 활성화 • 기술도입러시, 세계화, 외식기업 성장화	GDP $118.82(1인당) • 1978년부터 외식업의 개념 도입
1980년대	GNP $1,700 • 외식산업의 적응기 • 외식업 용어 최초 사용 • 다양한 업종과 업태 출현 • 해외브랜드 도입 및 프랜차이즈 시작 GNP $6,300 • 외식산업의 성장기 • 영세체인 난립 • 대기업 및 호텔의 외식산업 진출 • 외식업소 전문화 양상 • 패밀리레스토랑 개념 도입 • 프랜차이즈 활성화	GNP $18,300 • 외식산업의 성숙기 (고도성숙기) • 자본력에 의한 경쟁가속, 내식과 외식 경쟁치열 • RA강화(on-line화, POS, 시스템화, 선불카드제 등 종합정보 네트워크)	(상)GNP $10,000 • 외식산업의 성장기 (저성장, 전환기) • 업종 및 업태 다양화, 테이크아웃점, 카페, 바, 캐주얼레스토랑 • 프랜차이즈 가속화, 다점포지향 (하)GNP $22,000 • 외식산업의 안정성장기 (저성장, 안정기) • 고감도화, 정보화, 과학화, 고도화 • 센트럴키친, 물류센터, 종합정보관리시스템 도입	GDP $193.02(1인당) • 외식산업의 도입기 • 1986년 중국 프랜차이지 도입시작
1990년대	GNP $7,600 • 외식산업의 침체기 • IMF, 기업형 외식업체 붕괴	GNP $29,000 • 외식산업의 성숙기 (안정성숙기)	GNP $37,300 • 외식산업의 성숙기(침체기→회복기→침체기)	GNP $314.43(1인당) • 해외 프랜차이즈 진출 (KFC), 맥도날드

	• 가격파괴 메뉴 등장	• 특화시장, 감성형, 테마콘셉트형 • 고객만족과 창의적인 아이디어 중시	• 해외진출, 가격파괴, 업태전환 • 종합생활기업 추구, 규모경제실현, 경영혁신	• 외식산업수량화 시기 • 중국 프랜차이즈업체의 발전기
2000년대	GNP $19,830 • 외식산업의 저성장기 • 광우병, AI(조류인플루엔자)파동 • 국제 곡물가 파동	GNP $46,360 • 프랜차이즈 열량표시 의무화(2007년) • 패스트푸드 중심의 성장 지속 • 다국적 음식 선호	GNP $38,080 • 외식소비의 양극화 • 중식(中食) 시장 지속 성장 • 식육기본법 재정(2005년)	GNP $949.18(1인당) • 외식산업의 지속적인 성장률(두자릿 수 성장률 기록) • 중국 프랜차이즈업체의 성숙기(브랜드화, 외자합작 등) • 외식산업의 대중화(브랜드화, 프랜차이즈업체 성숙기
2010년대	GNP $29,791 • 외식산업의 전환기 • 농수산물 원산지 표시제 확대 • 외식산업진흥법 제정	GNP $47,123 • 지역 농산물에 대한 관심 고조 • 건강지향적 외식	GNP $38,080 • 지역특산물 활용한 전문점 • 건강지향적 매뉴	GNP $4,433.34(1인당) • 커피시장 산업의 성장 • 중국 외식 프랜차이즈 산업 성장 • 1인당 외식비 1,000위안 이상 소비

제3절 우리나라 외식산업 현황

1. 국내 외식산업의 기원

한국 외식업의 기원은 고려시대의 간이음식점을 겸한 주막을 들 수 있다. 그 후 사신이나 여행자들에게 편의를 제공하기 위한 역정(驛亭)과 사원(寺院)도 있었으나, 이는 특별한 영리를 목적으로 운영된 것은 아니었다. 조선시대를 거치면서 조금씩 영리를 목적으로 한 음식점들이 생겨났고, 1990년대 들어서 제법 큰 규모의 음식점들이 생겨났으나 식량자원의 부족과 가내 주도형 식사로 전반적인 외식산업은 활성화되지 못한 상태였다.[19] 〈표 1-11〉은 한국인이 사랑하는 오래된 한식당 100개로 우리나라 외식업의 발전과정을 한눈에 볼 수 있다.

〈표 1-13〉 연도별 창업 외식업체

연도		론칭브랜드
1945 ~1984	1945	고려당 종로1호점
	1948	남포면옥
	1963	삼양라면 시판
	1967	뉴욕제과
	1975	람보치킨
	1976	가나안제과
	1977	림스치킨

19) 모수미(1994), "한국 외식문화의 발달과정", 한국식생활문화학회지, 9(2)

	1979	난다랑/롯데리아
	1980	아메리카나
	1982	다림방
	1983	장터국수
	1984	버거킹/KTF/웬디스/신라명과/하이델베르크
1985 ~1990	1985	해태델리/찡구찡구/피자헛/파자인/투모로우타이거/데니스/베스킨라빈스
	1986	웨펜픽델리카트슨/한국맥도날드/빅웨이/맥가이버
	1987	이태리피자
	1988	코코스/맥도날드/합슨스/도토루/쟈뎅/나이스데이/크라운베이커리/만리장성
	1989	쉐이키스피자/피자월드/피자페피노/원더랜드/뽀빠이하우스/미스터피자
	1990	피자팝/모닝피자/델타코/밀라노피자/브래머/헤르젠/구텐/하디스/도미노피자/시카고피자
1991 ~1995	1991	써브웨이/하겐다즈/타코벨/칸
	1992	T.G.I.Fridays
	1993	판다로사
	1994	스카이락/데니스/LA팜스
	1995	플래닛헐리우드/씨즐러/베니건스/토니로마스/삐에뜨로
1996 ~1999	1996	까르네스테이션/마르쉐/토마토&오니언/정글짐/요시노야/OK코랄/하드락카페
	1997	칼스주니어/빕스/아웃백스테이크하우스/칠리스/우노/A&W/버거물
	1999	우리들의 이야기/스타벅스

2. 외식시장 규모

외식소비의 증대는 소비자의 외식행태와 외식업계의 시장을 빠르게 변화시켜왔다. 최근 외식소비의 주요 특징은 다양성, 간편성, 건강지향성으로 요약되고 있는데, 소비자들이 외식업체의 선택기준으로 맛, 서비스, 분위기를 중요시하게 됨에 따라 전문음식점에 대한 선호도가 높아지고, 음식 종류별 및 식단 수준별로 다양한 외식업체가 등장하게 되어 오늘날 외식시장에 이르고 있다.

1) 국내 외식시장

농식품부 · aT, '2016년도 식품 외식산업 주요지표'에 따르면, 우리나라 식품산업규모는 164조 원으로 연평균 5.9%대 성장 지속해 왔다. 통계청 광업제조업조사 결과('04) 92조 원에서('14) 164조 원으로 성장한 것이다.

2014년도의 음식료품제조업(80조 원)에서 음식점 및 주점업(84조 원)으로 성장했다. 또한 매출 1조 원 돌파 식품기업이 10년 전 4개에서 2015년 19개로 증가하였고, 간편식 관련 품목,

1인 가구, 맞벌이 등 수요가 늘어 3.5조 원 시장으로 성장했다. 특히 냉동조리, 레토르트, 기타 식사용 조리식품 등이 2004년 1.2조 원에서 2014년 3.5조 원으로 증가했다.

외식업체 수는 65만 개소로 인구 78명당 1개꼴로서 경쟁이 심화되었고, 2014년 주민등록 인구 5천133만 명 기준으로 산출하였다. 한식 음식점업이 사업체 수는 많지만 업체당 평균 매출액은 서양식 음식점업이 가장 높고, 즉 업체당 평균 매출액을 보면 서양식음식점업(3.6억 원), 일식음식점업(3.0), 한식음식점업(1.2), 치킨전문점(1.0), 분식 및 김밥전문점(0.7) 순으로 나타났다.

세계식품시장은 6.1조 달러(약 6,769조 원)로서 아시아·태평양시장이 빠르게 부각되고 있다. 유럽 비중은 ('14) 35.3% → ('15) 32.3 → ('16) 31.8%이나 아시아·태평양 비중은 ('14) 31.2% → ('15) 33.2 → ('16) 34.2%로 성장하고 있다.

외식산업은 경제적, 사회적, 문화적 요인 등 외부 환경 변화에 매우 민감하며, 타 산업의 성장에도 많은 영향을 미치고 있는 산업 분야로 소비자 욕구의 다양화, 고객 맞춤화, 건강과 웰빙 중시, 새로운 콘셉트의 레스토랑 출현 등에 따라 외식산업의 환경이 크게 변화하는 추세이다. 또한 식재료 대량 소비처인 외식산업은 다양한 여건 변화에 따라 지속적 성장이 예측되고 있으며, 2008년 산업연관표에 따르면 외식산업 10억 원 성장 시, 농림어업분야 1.6억 원의 생산유발효과를 가져온다고 보고하고 있다(한국은행, 2010).

(1) 국내 식품 외식산업 현황

2014년 기준 식품산업 규모는 약 164조 원으로 전년대비 4.4% 성장한 것으로 나타났으며, 음식료품 제조업이 3.4% 증가한 80조 원, 외식업은 5.4% 증가한 84조 원으로 나타났다.

2004년도에 92조 규모였던 식품산업은 지난 10년간 72조 원이 늘어난 164조 원으로 78.2% 성장했으며, 부문별로 식품제조업이 36.4조, 외식업이 35.5조 증가했다.

〈표 1-14〉 식품산업 성장 추이('04~'14년)

(단위 : 10억 원)

구 분	'04	'06	'11	'12	'13	'14	연평균 증가율 ('04~'14)
□ 제조·외식(A+B)	91,895.9	98,082.8	143,715.2	152,435.1	156,870.1	163,745.2	5.9%
○ 음식료품제조업(A)1)	43,526.3	44,381.4	70,208.2	75,149.9	77,320.5	79,925.3	6.3%
○ 음식점업(B)2)	48,369.6	53,701.3	73,507.0	77,285.2	79,549.6	83,819.9	5.7%
□ 농림업3)	37,288.6	36,389.3	43,214.1	46,357.1	46,648.0	47,292.2	2.4%

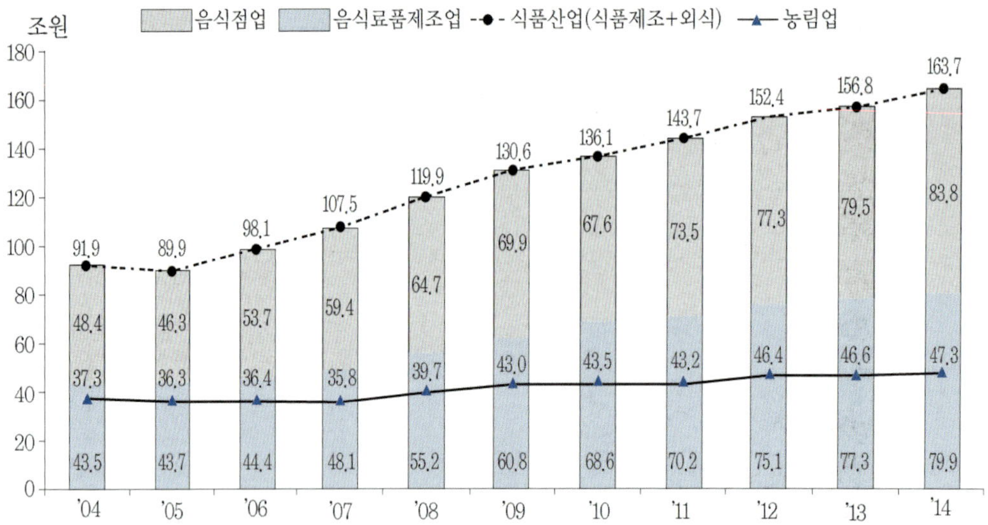

주: 1) '06년 이후 도소매업조사 자료는 9차 개정 자료이고, '04년 자료는 8차 개정 자료로 분류체계가 다르므로 자료 해석에 주의
2) '05년과 '10년 자료는 통계청 경제총조사 자료임

자료: 1) 통계청 광업제조업조사(종사자 수 10인 이상 사업체)
2) 통계청 도소매업조사 매출액(음식점 및 주점업)
3) 농림축산식품부 농림업 생산액

(2) 식품제조업 산업구조

2014년 통계청의 「광업제조업조사」와 「전국사업체조사」 결과에 따르면 음식료품 제조업 사업체 수는 57,711개소이며, 출하액 규모는 80조 원으로 제조업의 5.4%를 차지하는 것으로 나타났다.

종사자 규모는 제조업의 8.2%에 해당하는 32만 명이 음식료품 제조업에 종사하는 것으로 나타났다.

〈표 1-15〉 전체 제조업 내 음식료품 제조업

(단위 : 10억 원, 개, 천 명, %)

구 분	'04	'08	'09	'12	'13	'14		
							사업체 수	종사자 수
○ 제조업(A)	743,051	1,113,309	1,122,987	1,507,834	1,491,736	1,486,574	397,171	3,957
- 식품제조업 (B=C+D)	43,526	55,212	60,771	75,150	77,320	79,925	57,711	323
비중(B/A)	(5.9)	(5.0)	(5.4)	(5.0)	(5.2)	(5.4)	(14.5)	(8.2)
• 식료품 제조업(C)	35,784	47,154	52,879	65,588	67,482	69,518	56,267	305
• 음료 제조업(D)	7,743	8,058	7,892	9,562	9,838	10,407	1,444	18

자료: 1) 통계청 광업·제조업조사(음식료품 제조업, 종사자 수 10인 이상 사업체)
2) 사업체, 종사자 수는 전국사업체 조사(1인 이상 사업체)

한편 음식료품·담배제조업의 부가가치는 18.9조 원으로 제조업(418조 원)의 4.5%를 차지하는 것으로 나타났다.

〈표 1-16〉 제조업, 음식료품 및 담배제조업 부가가치

(단위 : 10억 원, 명목기준, %)

구 분	'10	'11	'12	'13	'14	'15
□ 전산업	1,145,124.1	1,209,956.2	1,251,455.3	1,303,238.2	1,354,855.3	1,417,608.5
○ 제조업	351,770.6	379,521.0	388,010.1	403,656.7	408,510.2	418,042.0
- 음식료품 및 담배제조업	14,931.1	15,807.9	16,100.6	17,234.3	18,292.7	18,867.8
(비중)	(4.2)	(4.2)	(4.1)	(4.3)	(4.5)	(4.5)

주: 한국은행에서는 음식료품과 담배제조업을 분리하여 공표하지 않음
자료: 한국은행 국민계정

품목별 생산현황을 보면 사업체 수가 가장 많은 품목은 김치(249개)이고, 그 뒤로 김 가공품(235개)이었다. 출하액이 가장 큰 품목은 포장육, 우유, 맥주 순으로 나타났다.

〈표 1-17〉 음식료품 제조업 상위 생산품목(2014)

(단위 : 개, 10억 원)

	사업체 기준	사업체 수	출하액		출하액 기준	출하액	사업체 수
1	김치	249	1,121	1	포장육(포장갈비 등, 가금류 제외)	3,557	214
2	김	235	57	2	우유	2,711	37
3	포장육(포장갈비 등, 가금류 제외)	214	3,557	3	맥주	2,544	11
4	기타 빵류	155	953	4	닭고기	2,332	53
5	기타 혼합조제조미료	154	828	5	라면	1,771	17
6	가금류 포장육	135	935	6	소주	1,699	21
7	기타 고기가공품	134	641	7	발효유	637	48
8	떡(제조도매)	115	303	8	쌀(도정한 것)	1,574	93
9	기타 냉동조리식품	110	1,110	9	밀가루	1,309	19
10	기타 식사용 조리식품	110	483	10	아이스크림	1,147	34
11	도시락(제조도매)	99	468	11	김치	1,121	249

주: 포장육 : 닭고기 등의 가금육을 제외한 소고기, 돼지고기 등의 고기를 양념, 진공포장 등의 과정을 거친 제품
자료: 통계청 광업·제조업조사 품목편(종사자 10인 이상 사업체 기준), 사료·도축업 제외

특히 1인 가구, 맞벌이 가족의 증가로 간편식 관련 품목의 출하액은 '2004년 1조 2천억 원에서 '14년도에는 약 2.9배 늘어난 3조 5천억 원 규모의 시장으로 크게 성장하였다.

〈표 1-18〉 간편식 관련 품목의 출하액 추이('04~'14)

(단위 : 10억 원)

구 분	'04	'05	'06	'07	'08	'09	'10	'11	'12	'13	'14
냉동만두	-	-	-	278	281	388	447	477	389	538	442
냉동조리식품	484	622	660	-	-	-	-	-	-	-	-
기타 냉동 조리식품	-	-	-	291	312	514	594	885	950	980	1,110
김밥	101	95	95	97	95	155	167	190	204	235	268
도시락	358	391	391	454	493	344	387	384	433	450	468
레토르트 식품	48	86	86	170	340	297	201	291	597	510	732
기타 식사용 조리식품	196	225	225	255	247	307	285	294	329	367	483
합 계	1,187	1,419	1,457	1,546	1,768	2,005	2,081	2,522	2,902	3,080	3,503

주: 1) '04~'06년까지는 8차 분류체계 기준이며, '07년부터는 9차 분류체계 기준임
2) '04~'06년까지는 5인 이상 사업체 기준이며, '07년부터는 10인 이상 사업체 기준임
자료: 통계청 2014 광업·제조업조사 품목편

(3) 외식업 산업구조

2014년 음식점 및 주점업 사업체 수는 '13년 대비 2.4% 증가한 65만 개로 우리나라 주민등록 인구 5천 133만 명 기준, 78명당 1개의 음식점 및 주점이 존재하는 것으로 나타났다. 음식점업 및 주점업 종사자는 190만 명에 달하며, 매출액은 84조 원 수준이다.

〈표 1-19〉 음식점 및 주점업 사업체 수, 종사자, 매출액

(단위 : 천 개, 천 명, 10억 원, 백만 원/개소, 백만 원/명, 천 원/㎡)

구 분	'04*	'06	'11	'12	'13	'14	연평균증가율 (04~14)
○ 사업체 수(A)	600	577	607	625	636	651	0.8%
○ 종사자 수(B)	1,556	1,529	1,684	1,753	1,824	1,896	2.0%
○ 매출액(C)	48,370	53,701	73,507	77,285	79,550	83,820	5.7%
※ 업체당 매출액 (C/A)	80.6	93.1	121.1	123.7	125.1	128.8	4.8%
※ 1인당 매출액 (C/B)	31.1	35.1	43.7	44.1	43.6	44.2	3.6%
※ 건물 연면적(㎡) 당 매출액	915.9	954.9	1,154.9	1,220.6	1,239.3	1,264.5	3.3%

주: 2006년 이후 도소매업조사 자료는 9차 개정 자료이고, 2004년 자료는 8차 개정 자료이므로 분류체계가 다르니 자료 해석에 주의
자료: 통계청 도소매업조사

전체 65만 개 음식점 중 종사자 5인 미만의 소규모 음식점이 56만 9천 개소로 87.4%를 차지했고, 종사자 수 10인 이상 음식점은 1만 6천 개사로 전체 음식점업의 2.5%에 불과하나 2004년 이후 매년 증가추세를 보이는 것으로 나타났다.

〈표 1-20〉 종사자 규모별 음식점 업체 수

(단위 : 천 개)

구 분	'04*	'06	'11	'12	'13	'14	연평균증가율 ('04~'14)
□ 음식점업체 수	600.2	577.0	607.2	624.8	635.7	650.9	0.8%
○ 종사자 규모별							
-5인 미만	546.6	521.0	549.4	553.4	559.3	568.7	0.4%
-5~9인	44.0	45.5	44.1	57.6	61.2	66.1	4.2%
-10인 이상	9.7	10.5	13.6	13.8	15.2	16.1	5.2%

주: '06년 이후 도소매업조사 자료는 9차 개정 자료이고, '04년 자료는 8차 개정 자료이므로 분류체계가 다르니 자료 해석에 주의

자료: 통계청 도소매업조사

사업체 수로는 한식 음식점업(30만 1,939개)이 가장 많았고, 커피숍 등 비알코올 음료점업(5만 5,693개), 분식·김밥전문점(4만 6,221개), 치킨전문점(3만 1,529개) 순으로 나타났다.

업종별 매출액 총계는 한식 음식점업(36.6조 원)이 가장 높았고, 기타 주점업(7.6조 원), 기관구내식당업(5.6조 원)이 그 뒤를 이었다.

그러나 업체당 평균 매출액은 기관구내식당업(5.7억 원)을 제외하면, 서양식 음식점업이 3.6억 원, 일식 음식점업이 3억 원 순으로 높은 반면, 사업체 수가 많았던 한식 음식점업은 1.2억 원, 치킨전문점은 1.0억 원, 분식·김밥전문점은 0.7억 원에 그쳤다.

〈표 1-21〉 식품산업의 사업체, 종사자, 출하액

구 분		'04	'05	'06	'07	'08	'09	'10	'11	'12	'13	'14	연평균 성장률	'04년 대비 성장률
식품제조·외식1)	사업체 수(천 개)	-	-	424.9	427.9	424.8	426.0	430.1	444.2	455.8	463.9	472.2	1.3%	11.1%
	전년대비(%)	-	-	-	0.7%	-0.7%	0.3%	1.0%	3.3%	2.6%	1.8%	1.8%		
	종사자 수(명)	1,716	1,603	1,686	1,730	1,739	1,768	1,780	1,861	1,932	2,008	2,090	2.0%	21.8%
	전년대비(%)	-	-6.6%	5.2%	2.6%	0.5%	1.7%	0.7%	4.6%	3.8%	3.9%	4.1%		
	출하액(1조 원)	91.9	89.9	98.1	107.5	119.9	130.6	131.3	143.7	152.4	156.9	163.7	5.9%	78.2%
	전년대비(%)	-	-2.1%	9.1%	9.6%	11.5%	8.9%	0.5%	9.5%	6.1%	2.9%	4.4%		
음식료품 제조업1)	사업체 수(천 개)	3.8	3.9	4.1	4.3	4.1	4.2	4.3	4.4	4.4	4.6	5.0	2.6%	29.7%
	전년대비(%)	-	2.4%	3.2%	4.9%	-4.6%	2.7%	2.2%	2.3%	1.4%	4.4%	8.0%		
	종사자 수(명)	160	158	157	163	161	167	171	177	179	184	195	2.0%	21.9%

	전년대비(%)	-	-1.3%	-0.6%	3.8%	-1.2%	3.7%	2.4%	3.5%	1.1%	2.8%	6.0%		
	출하액(1조 원)	43.5	43.7	44.4	48.1	55.2	60.8	63.7	70.2	75.1	77.3	79.9	6.3%	83.6%
	전년대비(%)	-	-	1.6%	8.5%	14.7%	10.1%	4.9%	10.2%	7.0%	2.9%	3.4%		
음식점업2)	사업체 수(천 개)	-	-	420.8	423.6	420.7	421.9	425.9	439.8	451.3	459.3	467.2	1.3%	11.0%
	전년대비(%)	-	-	-	0.7%	-0.7%	0.3%	0.9%	3.3%	2.6%	1.8%	1.7%		
	종사자 수(명)	1,556	1,445	1,529	1,567	1,578	1,601	1,609	1,684	1,753	1,824	1,896	2.0%	21.9%
	전년대비(%)	-	-7.1%	5.8%	2.5%	0.7%	1.5%	0.5%	4.7%	4.1%	4.1%	3.9%		
	매출액(1조 원)	48.4	46.3	53.7	59.4	64.7	69.9	67.6	73.5	77.3	79.5	83.8	5.7%	73.3%
	전년대비(%)	-	-4.4%	16.1%	10.5%	9.0%	8.0%	-3.3%	8.8%	5.1%	2.9%	5.4%		
음식료품 및 담배 도매업2)	사업체 수(천 개)	-	-	46.6	48.1	49.6	50.3	51.7	54.3	58.7	63.4	71.5	5.5%	53.2%
	전년대비(%)	-	-	-	3.1%	3.1%	1.4%	2.8%	5.1%	8.2%	7.9%	12.8%		
	종사자 수(명)	181	194	194	204	210	224	221	224	234	257	282	4.5%	55.8%
	전년대비(%)	-	7.2%	0.0%	5.2%	2.9%	6.7%	-1.3%	1.4%	4.5%	9.8%	9.7%		
	매출액(1조 원)	49.2	50.5	55.6	62.0	68.3	70.8	88.5	94.6	100.3	100.6	103.4	7.7%	110.3%
	전년대비(%)	-	2.7%	10.0%	11.5%	10.3%	3.5%	25.1%	6.9%	6.0%	0.3%	2.8%		
음식료품 및 담배 소매업1)	사업체 수(천 개)	-	-	103.1	101.3	97.0	96.3	98.7	100.9	104.1	103.9	106.0	0.3%	2.8%
	전년대비(%)	-	-	-	-1.7%	-4.3%	-0.7%	2.5%	2.3%	3.1%	-0.1%	2.0%		
	종사자 수(명)	194	176	182	180	169	168	171	176	184	186	193	-0.1%	-0.5%
	전년대비(%)	-	-9.3%	3.4%	-1.1%	-6.1%	-0.6%	1.8%	2.9%	4.5%	1.1%	3.8%		
	매출액(1조 원)	10.8	9.0	9.6	10.1	11.2	12.2	12.7	13.7	13.6	13.5	13.9	2.6%	28.8%
	전년대비(%)	-	-16.9%	7.7%	5.2%	10.1%	9.5%	3.6%	7.9%	-0.7%	-0.7%	3.0%		
식품 소매업2)	매출액(1조 원)	-	42.7	45.1	49.1	52.7	56.8	65.2	71.7	76.5	77.8	79.5	7.2%	86.4%
	전년대비(%)	-	-	5.8%	8.8%	7.2%	7.8%	14.8%	10.0%	6.6%	1.8%	2.2%		

주: 1) '05년, '10년은 통계청 총조사 자료임
2) 도소매업조사 자료는 '04년까지는 8차 개정 자료이고, '06년부터는 9차 개정 자료로 분류체계가 다르므로 자료 해석에 주의

자료: 1) 통계청 광업제조업조사(종사자 수 10인 이상 사업체)
2) 통계청 도소매업조사

〈표 1-22〉 업종별 음식점 업체 수

(단위 : 개, 10억 원, 백만 원/개소)

업 종	사업체 수 (A)	매출액 (B)	업체당 매출액(B/A)
■ 음식점 및 주점업	650,890	83,820	128.8
□ 음식점업	467,229	68,402	146.4
○ 일반 음식점업	343,415	46,299	134.8
- 한식	301,939	36,555	121.1
- 중식	21,550	3,149	146.1
- 일식	7,740	2,362	305.1
- 서양식	10,397	3,779	363.5
- 기타 외국식	1,789	455	254.2

○ 기관구내식당업	9,709	5,583	575.0
○ 출장 및 이동음식업	560	140	250.1
○ 기타 음식점업	113,545	16,380	144.3
- 제과점업	16,496	4,682	283.8
- 피자, 햄버거, 샌드위치 및 유사 음식점업	14,630	3,903	266.8
- 치킨 전문점	31,529	3,151	99.9
- 분식 및 김밥 전문점	46,221	3,463	74.9
- 그 외 기타 음식점업	4,669	1,182	253.2
□ 주점 및 비알코올 음료점업	183,661	15,418	83.9
○ 주점업	127,968	11,124	86.9
- 일반유흥주점업	28,565	3,237	113.3
- 무도유흥주점업	1,363	336	246.6
- 기타 주점업	98,040	7,551	77.0
○ 비알코올 음료점업	55,693	4,294	77.1

주: 1) 일반유흥주점업 : 접객요원을 두고 술을 판매하는 유흥주점
2) 기타 주점업 : 접객시설을 갖추고 대중에게 술을 판매하는 주점(맥주전문점, 와인바, 막걸리집, 민속주점 등)
자료: 통계청 도소매업조사(2014)

(4) 국내외 주요 식품기업

(국내) '15년 기준 한 해 매출액이 1조 원 이상인 식품제조기업은 '15년 19개사이며, 전년 대비 매출액이 증가한 곳은 14개사로 집계됐다.

우리나라 식품기업 중 매출규모가 가장 큰 기업의 매출액은 약 4.5조 원 수준이었으며, 두 번째 기업의 매출규모는 약 2.2조 원으로 1위와 2위 기업 간의 매출액 격차가 컸다.

〈표 1-24〉 연도별 매출 1조 원 이상 식품기업

(단위 : 백만 원, %, 개)

순위	업체명	'14년(A)	'15년(B)	증감(%)	순위	업체명	'14년(A)	'15년(B)	증감(%)
1	CJ제일제당(주)	4,328,999	4,539,667	4.9	11	동서식품(주)	1,501,658	1,506,570	0.3
2	롯데칠성음료(주)	2,083,654	2,194,881	5.3	12	오비맥주(주)	1,530,046	1,490,813	△2.6
3	(주)농심	1,801,320	1,878,665	4.3	13	(주)동원F&B	1,338,174	1,374,937	2.7
4	(주)오뚜기	1,745,068	1,829,762	4.9	14	매일유업(주)	1,202,641	1,254,427	4.3
5	롯데제과(주)	1,704,597	1,775,103	4.1	15	(주)농협사료	1,325,102	1,247,164	△5.9
6	(주)파리크라상	1,653,240	1,727,744	4.5	16	남양유업(주)	1,126,347	1,204,321	6.9
7	롯데푸드(주)	1,633,022	1,706,248	4.5	17	(주)삼양사	1,264,340	1,169,694	△7.5
8	서울우유협동조합	1,745,304	1,674,891	△4.0	18	대한제당(주)	1,158,583	1,127,441	△2.7
9	하이트진로(주)	1,605,639	1,663,246	3.6	19	코카콜라음료(주)	1,000,892	1,065,051	6.4
10	대상(주)	1,601,117	1,648,286	2.9	20	(주)삼립식품	1,028,618	985,825	△4.2

연도	개수	매출 1조 원 이상 기업
'05	4	㈜농심, 롯데제과(주), 롯데칠성음료(주), 대상(주)
'06	5	㈜농심, 롯데제과(주), 롯데칠성음료(주), 서울우유협동조합, 대상㈜
'07	8	(주)농심, 롯데제과(주), 롯데칠성음료(주), 서울우유협동조합, (주)오뚜기, 동서식품(주), 대한제당(주), CJ제일제당(주)
'08	10	CJ제일제당(주), (주)농심, (주)오뚜기, 롯데제과(주), 서울우유협동조합, 롯데칠성음료(주), 대한제당(주), 동서식품(주), (주)농협사료, (주)한국야쿠르트
'09	14	CJ제일제당(주), (주)농심, 서울우유협동조합, (주)오뚜기, 동서식품(주), 롯데제과(주), 롯데칠성음료(주), (주)농협사료, 대한제당(주), (주)한국야쿠르트, 하이트맥주(주), 대상(주), 남양유업(주), (주)파리크라상
'10	14	CJ제일제당(주), ㈜농심, 서울우유협동조합, 동서식품(주), 롯데제과(주), (주)오뚜기, (주)파리크라상, 롯데칠성음료(주), 대상(주), 대한제당(주), (주)농협사료, 남양유업(주), 하이트맥주(주), (주)동원F&B
'11	14	CJ제일제당(주), (주)농심, (주)파리크라상, 롯데칠성음료(주), 롯데제과(주), (주)오뚜기, 동서식품(주), 서울우유협동조합, 대상(주), (주)농협사료, 대한제당(주), 남양유업(주), (주)동원F&B, 오비맥주(주)
'12	18	CJ제일제당(주), 롯데칠성음료(주), (주)농심, 하이트진로(주), (주)오뚜기, 서울우유협동조합, (주)파리크라상, 동서식품(주), 대상(주), 롯데제과(주), (주)농협사료, 남양유업(주), 대한제당(주), (주)삼양사, 오비맥주(주), (주)동원F&B, 매일유업(주), 롯데푸드(주)
'13	19	CJ제일제당(주), 롯데칠성음료(주), (주)농심, (주)오뚜기, 서울우유협동조합, (주)파리크라상, 하이트진로(주), 롯데제과(주), 대상(주), 롯데푸드(주), 동서식품(주), (주)농협사료, 오비맥주(주), (주)삼양사, (주)동원F&B, 남양유업(주), 대한제당(주), 매일유업(주), 코카콜라음료(주)

자료: 금융감독원 공시자료 기준 국내 식품기업(식품제조업) 매출상위 상장기업 및 외감기업(순위는 '15년도 매출액 기준), 상세 자료는 식품산업통계정보시스템(FIS), 국내 주요 식품기업(http://www.aTFIS.or.kr) 참조

식품산업 주요 지표는 유관 협회, 단체, 연구기관 및 식품기업에 무료로 배포되고 있으며, 식품산업통계정보시스템(FIS, www.aTFIS.or.kr)에서도 직접 다운로드받을 수 있다.

〈표 1-24〉 우리나라 100대 식품기업('15년)

(단위 : 백만 원)

순위	업체명	'13년			'14년			'15년		
		매출액	영업이익	순이익	매출액	영업이익	순이익	매출액	영업이익	순이익
1	CJ제일제당(주)	4,513,827	290,223	202,846	4,328,999	313,175	125,055	4,539,667	328,913	157,827
2	롯데칠성음료(주)	2,029,594	163,276	91,346	2,083,654	95,587	26,587	2,194,881	147,042	86,494
3	(주)농심	1,870,807	92,103	92,612	1,801,320	70,933	68,062	1,878,665	105,300	115,183
4	(주)오뚜기	1,697,865	90,069	75,366	1,745,068	105,573	87,711	1,829,762	118,672	94,004
5	롯데제과(주)	1,610,077	109,603	73,147	1,704,597	106,223	27,540	1,775,103	119,130	36,831
6	(주)파리크라상	1,651,264	66,318	65,667	1,653,240	66,582	53,776	1,727,744	68,402	51,707
7	롯데푸드(주)	1,568,261	73,754	113,945	1,633,022	65,945	59,873	1,706,248	69,227	50,274
8	서울우유협동조합	1,677,491	81,987	32,573	1,745,304	65,934	19,723	1,674,891	44,166	883
9	하이트진로(주)	1,628,738	142,861	84,349	1,605,639	95,307	31,256	1,663,246	123,757	47,256
10	대상(주)	1,570,275	118,105	86,094	1,601,117	120,873	73,483	1,648,286	120,335	72,919
11	동서식품(주)	1,527,031	204,644	169,333	1,501,658	201,785	168,070	1,506,570	199,439	169,829
12	오비맥주(주)	1,484,804	472,732	310,172	1,530,046	328,376	225,067	1,490,813	386,202	253,674
13	(주)동원F&B	1,246,609	38,240	25,960	1,338,174	60,843	43,800	1,374,937	52,523	39,487
14	매일유업(주)	1,138,185	30,752	20,271	1,202,641	28,794	26,215	1,254,427	39,889	30,787
15	(주)농협사료	1,501,244	34,532	27,559	1,325,102	37,644	20,578	1,247,164	60,080	35,341
16	남양유업(주)	1,205,331	-22,008	-44,327	1,126,347	-26,123	1,678	1,204,321	17,129	24,937
17	(주)삼양사	1,282,861	21,998	20,593	1,264,340	34,571	28,534	1,169,694	55,063	39,854
18	대한제당(주)	1,190,728	33,004	7,519	1,158,583	23,304	1,369	1,127,441	13,431	-11,097
19	코카콜라음료(주)	1,003,959	95,095	73,723	1,000,892	70,309	50,683	1,065,051	96,704	74,764
20	(주)삼립식품	968,029	20,750	14,778	1,028,618	21,716	16,795	985,825	24,745	15,994
21	(주)한국야쿠르트	992,463	86,793	51,208	967,394	84,444	57,739	937,184	85,902	41,424
22	(주)한국인삼공사	784,799	124,995	89,292	812,795	130,107	93,176	917,786	133,352	69,256
23	(주)팜스코	743,701	6,206	13,483	838,817	29,169	18,444	875,142	36,645	16,779
24	(주)카길애그리퓨리나	887,373	15,918	17,557	852,476	27,293	25,404	847,161	23,998	-310
25	(주)빙그레	805,059	50,708	37,488	819,872	41,803	37,676	795,438	30,928	24,315
26	(주)하림	789,049	11,417	10,025	754,061	-1,774	-8,279	794,594	4,234	-4,983
27	해태제과식품(주)	719,892	33,653	10,021	680,063	25,332	4,675	788,448	47,103	13,305
28	(주)오리온	792,164	47,478	10,930	751,707	44,731	5,209	707,438	95,149	15,354
29	(주)사조해표	607,417	-10,376	-17,025	629,672	14,693	9,746	650,119	17,332	16,495
30	제일사료(주)	649,528	26,308	30,525	650,066	25,887	8,657	630,529	28,757	-3,782
31	(주)선진	522,076	28,482	29,560	594,896	27,221	24,362	594,264	27,944	20,367
32	(주)동원홈푸드	126,179	14,626	10,900	466,811	22,776	17,154	587,301	23,943	17,742
33	(주)농협목우촌	512,440	812	-7,238	507,814	2,390	1,564	574,448	4,234	4,474
34	비알코리아(주)	502,727	54,602	45,147	510,402	52,423	42,825	520,244	51,789	43,090
35	오뚜기라면(주)	460,194	8,885	9,719	471,635	17,394	15,103	507,996	23,951	21,322

순위	업체명	'13년			'14년			'15년		
		매출액	영업이익	순이익	매출액	영업이익	순이익	매출액	영업이익	순이익
36	사조동아원(주)	501,345	7,400	-4,038	459,441	-22,055	-89,623	446,851	4,989	-46,495
37	(주)크라운제과	428,763	34,881	10,949	420,760	35,619	19,011	430,980	37,968	25,846
38	(주)사조대림	399,419	5,210	1,317	405,812	4,571	2,557	429,808	3,736	47,098
39	(주)팜스토리	452,740	18,515	11,175	404,859	22,644	16,920	403,834	18,920	2,224
40	(주)참프레	125,387	-5,955	-2,690	243,148	-10,626	-9,311	392,889	1,576	5,408
41	㈜한국축산의 희망서울사료	364,024	8,292	-11,233	376,087	7,398	-28,189	373,489	9,580	2,982
42	디아지오코리아(주)	359,947	83,760	56,636	366,552	87,713	78,643	372,602	96,733	127,537
43	(주)팔도	323,571	-18,893	-36,566	329,984	-2,845	26,619	371,278	11,425	32,849
44	(주)올품	346,441	10,269	8,335	346,621	3,154	2,666	359,149	5,696	22,130
45	대한제분(주)	367,083	15,037	13,915	364,204	41,892	24,211	340,671	33,594	21,525
46	대한사료(주)	348,173	11,935	5,208	348,754	12,720	7,219	321,752	12,824	6,244
47	한성기업(주)	283,729	3,127	2,133	287,155	1,252	-12,402	291,547	4,729	2,407
48	태경농산(주)	248,425	12,303	9,804	278,069	7,625	4,824	286,424	10,480	5,813
49	삼양식품(주)	292,920	11,776	5,898	305,966	9,557	7,509	284,365	6,926	-6,021
50	사조씨푸드(주)	253,698	9,567	4,810	263,244	11,932	7,685	280,822	10,827	5,535
51	해태음료(주)	260,401	8,000	19,061	271,115	4,759	2,053	280,594	7,066	19,061
52	(주)우성사료	311,453	2,566	2,378	294,197	5,542	3,728	278,477	3,506	-5,058
53	(주)무학	234,137	59,979	54,719	285,233	81,511	80,550	278,309	66,158	29,369
54	(주)마니커	278,039	-1,518	1,040	285,891	-10,571	-17,243	276,990	-9,736	-12,395
55	롯데네슬레코리아(주)	355,013	-29,086	-11,335	284,426	-22,889	-3,031	273,698	-11,256	-9,720
56	에스피엘(주)	251,261	12,960	5,934	251,858	9,118	6,442	263,314	10,905	4,960
57	(주)푸르밀	272,202	7,434	6,574	266,182	9,666	6,439	253,760	4,343	3,380
58	샘표식품(주)	239,157	9,294	8,751	236,669	10,313	7,007	246,647	12,686	13,970
59	대상에프앤에프(주)	210,096	11,114	6,894	226,773	11,899	9,900	246,266	11,459	7,379
60	(주)동우	251,709	12,491	10,480	219,796	6,518	1,663	239,668	5,876	8,315
61	동아오츠카(주)	212,822	4,487	1,470	210,290	-218	-862	231,137	4,906	3,480
62	(주)도드람푸드	153,934	652	633	206,066	4,174	3,394	219,144	3,128	2,570
63	(주)샤니	237,429	3,263	2,485	214,032	1,211	1,996	210,397	1,192	1,805
64	(주)사조화인코리아	14,569	-1,872	34	100,919	4,602	3,664	192,700	2,684	11,724
65	(주)비락	229,780	6,726	4,914	226,067	1,375	939	192,160	-1,502	-2,099
66	엘에스지스카이 셰프코리아(주)	160,234	41,169	32,933	174,786	43,104	34,299	187,320	43,613	33,448
67	부산경남우유협동조합	197,621	-953	78	195,998	-5,214	-3,847	185,102	-12,669	-11,330
68	웅진식품(주)	192,298	217	-1,064	179,432	8,748	5,692	183,853	6,905	2,836
69	(주)대경오앤티	218,493	13,492	9,726	211,421	12,044	8,373	182,832	9,997	16,804
70	고려산업(주)	198,976	5,046	3,759	180,738	10,686	8,210	181,566	7,341	4,798

순위	업체명	'13년			'14년			'15년		
		매출액	영업이익	순이익	매출액	영업이익	순이익	매출액	영업이익	순이익
71	(주)정식품	188,772	2,735	803	172,280	1,603	720	178,761	7,659	5,374
72	(주)일화	123,289	6,814	3,563	139,823	4,316	-4,940	162,664	3,093	381
73	CJ씨푸드(주)	154,322	7,199	6,412	156,340	6,456	3,273	161,717	5,646	2,552
74	한국제분(주)	175,058	-9,739	-38,381	179,417	8,950	-51,623	154,564	12,394	-6,308
75	(주)금복주	121,736	34,240	27,859	134,083	38,778	32,713	141,763	39,043	34,055
76	페르노리카코리아 임페리얼(주)	193,591	36,084	26,839	167,525	23,340	-5,365	139,838	35,008	28,294
77	풀무원건강생활(주)	124,584	2,771	2,187	126,470	7,101	5,754	139,733	5,793	6,161
78	(주)엠에스씨	127,199	6,458	4,065	129,226	7,737	5,327	134,818	8,664	3,582
79	(주)이지바이오	113,576	20,967	15,131	126,053	23,648	17,403	130,732	25,103	16,178
80	(주)렉스팜	62,869	329	406	110,675	1,363	1,316	125,816	978	218
81	(주)씨.에스코리아	108,263	1,655	579	111,906	2,557	506	125,632	4,648	2,484
82	(주)밀다원	140,302	16,890	8,517	123,480	22,620	13,756	125,487	24,085	16,030
83	농심켈로그(주)	110,439	3,530	2,955	110,342	3,475	2,120	125,258	8,738	5,633
84	현대사료(주)	143,461	7,233	6,974	135,019	5,821	3,357	125,226	4,835	2,235
85	농업회사법인(주)다솔	118,096	3,669	791	127,840	7,828	3,001	123,807	6,039	2,502
86	보해양조(주)	114,926	7,337	1,597	118,793	8,762	4,962	122,901	8,425	8,245
87	(주)놀부	99,402	3,246	-1,685	121,178	4,356	409	119,645	2,605	-1,186
88	동양플러스(주)	99,968	1,995	179	115,457	1,522	502	119,583	1,348	131
89	홍성사료(주)	172,967	5,278	5,132	140,490	2,887	1,227	119,090	1,222	-1,136
90	성화식품(주)	124,068	941	-279	123,111	-949	-2,288	118,808	-2,481	-4,018
91	(주)크레치코	81,256	3,161	3,216	104,374	1,023	1,950	118,541	1,987	2,674
92	일동후디스(주)	99,002	-9,228	-5,026	102,878	-2,839	-1,013	116,120	2,510	1,601
93	(주)골든블루	44,363	3,281	2,628	75,418	10,961	10,177	114,058	21,091	18,205
94	(주)조흥	99,637	5,611	4,594	112,728	7,162	5,275	113,154	6,582	6,638
95	(주)건화	80,485	3,962	3,234	99,845	1,988	1,580	111,788	3,139	2,712
96	한일사료(주)	141,977	505	-2,790	127,140	3,440	1,600	111,142	2,894	1,231
97	(주)진주햄	106,279	628	359	108,269	304	-223	110,442	1,012	816
98	(주)카페베네	176,255	3,457	-1,246	128,959	4,946	-7,497	110,110	-4,382	-33,999
99	(주)할리스에프앤비	68,595	7,023	3,588	80,313	5,573	4,970	108,584	6,857	4,603
100	(주)견우마을	80,829	3,462	2,540	85,983	4,586	3,046	108,549	6,308	4,662

주: 금융감독원 공시자료 기준 국내 식품기업(식품제조업) 매출상위 상장기업 및 외감기업(순위는 '15년도 매출액 기준)(1) 국내 외식시장 규모

자료: 식품산업통계정보시스템(FIS), 식품기업정보

제4절 업종별 외식산업 현황[20]

1. 한 식[21]

1) 개 요

한식이란, 〈표 1-25〉에서 정의하는 우리 민족의 생활여건에 가장 알맞게 창안되어 한국의 일상생활, 궁중의식, 통과의례, 세시풍속 등을 통한 고유의 역사적 배경과 문화적 특징을 지니면서 지역적 특성에 맞게 발전된 음식으로 한국 식문화의 대표성과 상징성을 지닌 산업화가 가능한 음식이다(신봉규, 2011).

한국식 음식이란 중기청 상권정보시스템의 한식점업 분류체계인 한식/백반/한정식, 갈비/삼겹살, 곱창/양구이 전문, 한정식전문, 해장국/감자탕, 돌솥/비빔밥전문, 부대찌개/섞어찌개, 족발/보쌈전문, 설렁탕집, 쌈밥전문, 두부요리전문, 파전전문, 추어탕전문, 순두부전문, 보리밥전문, 버섯전문, 황태전문, 냉면집, 기사식당, 기타 고기요리 등 주식과 부식의 메뉴를 기준으로 20여 개로 세분류하고 있다.

이 업종은 일반 소비자를 대상으로 업장 내에서 직접 조리하여 판매하며, 누구나 수시로 이용할 수 있는 서비스업에 해당한다. 이 업종은 한국인에게 가장 익숙하고 친근하며, 음식의 특징은 계절에 따른 독특한 식재료와 그에 맞는 조리법이 조화롭게 이루어진 자연음식이라는 점과 다양한 식재료와 발효법을 활용한 깊은 맛을 지닌다. 이는 2006년 김치가 미국 「Heath」 지에 일본의 콩제품, 그리스의 요구르트, 스페인의 올리브유, 일본의 렌즈콩과 함께 세계 5대 음식으로 선정된 것으로 이미 입증되었다.

또한 한식은 영양학적으로 균형을 이룬 건강식으로 자리매김하고 있으며 항암과 SARS 예방 등에 탁월한 우수한 건강식으로 인정받고 있으며, 21C 트렌드인 슬로푸드 열풍과 웰빙, 로하스등 몸을 생각하는 음식의 트렌드에 적합한 음식이라는 데에 그 특징과 우수성이 존재한다. 이 업종의 가장 큰 특징으로는 각 한식 메뉴마다 다르지만 다른 외식업종에 비해 특별한 조리기술을 필요로 하며, 다양한 소비계층을 이루고 있다.

(1) 대기업, 중소기업 진출시기

CJ푸드빌의 비비고는 한식 패스트푸드 레스토랑으로 2010년도에 진출하였다. 현재 국내 매장과 해외 매장(중국, 미국, 싱가포르, 영국, 일본) 전 점을 직영점으로 운영하고 있으며,

20) 중소기업연구원, 업종별 외식산업 현황(2012)

21) 신봉규(2011), 한식에 대한 인식이 한식이미지, 태도, 충성도 및 세계화추구성향에 미치는 영향에 관한 연구(박사학위논문)

대성산업의 '디큐브 한식저잣거리'는 외식업체 이야기가 있는 외식공간의 오진권 대표가 약 35억 원을 투자해 합작 개발된 한식테마관으로 2011년에 진입하였다(한국일보, 2011.03.08). 이랜드파크의 '후원'은 함흥냉면 전문점으로 2004년에 진입하였으며, '반궁'은 일반한식 전문점으로 진입하였다.

〈표 1-25〉 한식의 개념

연구자(연도)	개념 및 연구 내용
이숙영(2000)	한국 전통 한 그릇 음식이란 주로 김치류, 생채 또는 숙채류가 곁들여지는 (볶음 또는 조림류 등이 곁들여지지 않고) 한 끼의 식사로 먹을 수 있는 음식, 즉 비빔밥, 콩나물밥, 볶음밥, 덮밥, 국밥 등의 밥류, 곰탕, 갈비탕, 설렁탕, 육개장 등의 탕반류, 칼국수, 수제비, 냉면, 떡만두국 등의 면류, 그리고 팥죽, 호박죽, 닭죽 등의 죽류가 있음
양일선 등(2006)	한국 전통음식은 우리 민족의 생활여건에 가장 알맞게 창안되어 한국의 일상생활, 궁중의식, 통과의례, 세시풍속 등을 통한 고유의 역사적 배경과 문화적 특징을 지니면서 지역적 특성에 맞게 발전된 음식
정해옥(2005)	한국 전통음식은 채식 위주이고 육식과 채식의 절묘한 조화를 이루는 과학적인 음식
이순옥(2005)	전통음식이란 그 고장에서 생산되는 식품을 기본재료로 하여 그곳에서 거주하는 주민들의 환경요인, 사회문화, 정치, 경제적인 요인의 영향을 받아 오랜 역사를 거쳐 그 지방 특유의 음식이 형성되어 전래된 것
김미성(2004)	한국 전통음식은 한국인의 일상생활, 궁중의식, 통과의례, 세시풍속을 통한 고유의 역사적 배경과 문화적 특질을 지니면서 지역특성에 맞게 전승되어 온 음식
한국전통음식연구소(2006)	한국음식은 한국에서 생산되는 농・수・축산물을 이용하여 예부터 전해 내려오는 조상 고유의 조리방법으로 만든 음식을 말함. 그러나 최근에는 이와 유사한 식자재를 가지고 우리 조상 고유의 방식 혹은 이와 비슷한 방법으로 요리한 음식을 통칭
최은경(2007)	민족고유의 음식을 중심으로 식생활과 더불어 지리적, 사회적, 문화적 환경에 따라 형성되고 발전되어 우리 민족 생활여건에 가장 알맞게 창안하여, 우리의 전통문화와 함께 발전시켜 온 한국인만의 독특한 음식이라고 말한다. 조선왕조 오백 년 역사 속에서 왕실을 중심으로 내려온 궁중음식과 부잣집의 화려한 음식, 일반 서민음식, 그리고 각 고장마다 특색 있게 계승되어 내려오는 향토음식을 총괄하는 말로 알려져 있다.
농림수산식품부(2008)	우리 고유의 음식으로서 한국 식문화의 대표성과 상징성을 지닌 산업화가 가능한 음식
농수산물가공육성법(2006)	전통식품은 국산 농수산물을 주원료로 하여 가공되고 예로부터 전승되어 오는 우리 고유의 맛, 향 및 색깔을 내는 식품
한국외식산업경영연구원(2008)	한국음식은 한국에서 생산되는 식품을 주재료로 하여 예부터 전해 내려오는 조상 고유의 조리방법으로 만든 음식 또는 이와 유사한 식자재를 가지고 우리 조상 고유의 방식 혹은 이와 비슷한 방법으로 요리한 음식
이연정(2008)	요리란 한국 고유의 전통적 요리, 한식(韓食)이라고도 하였다. 한자어 〈요리〉는 〈저울로 달다〉 〈가사(家事)를 정리하다〉 〈일을 맛있게 요리하다〉라는 뜻이며, 한국에서 음식 또는 음식을 만드는 일
채경연(2010)	한국음식(韓國飮食) 혹은 한식(韓食)은 사전적으로 '우리나라 고유의 음식이나 식사'로 정의되며, 일반적으로 한국 사람들이 과거부터 유래한 조리법을 활용하여 조리한 음식으로 '전통음식 및 식품' 또는 향토음식 등과 유사한 의미로 정의
본 연구 신봉규(2011)	우리 민족의 생활여건에 가장 알맞게 창안되어 한국의 일상생활, 궁중의식, 통과의례, 세시풍속 등을 통한 고유의 역사적 배경과 문화적 특징을 지니면서 지역적 특성에 맞게 발전된 음식으로 한국 음식문화의 대표성과 상징성을 지닌 산업화가 가능한 음식

자료: 신봉규(2011), 한식에 대한 인식이 이미지, 태도, 충성도 및 세계화 추구성향에 미치는 영향에 관한 연구, 한식세계화를 중심으로

워커힐호텔의 외식사업부는 인천공항 식음영업장, 클럽하우스, 분당에 위치한 시니어, 코엑스 F&B사업을 하고 있으며 한식 음식점업은 2001년에 진입하였다. 아워홈의 '손수헌'은 한식 파인 다이닝 레스토랑으로 2010년에 진입하였으며, '밥은 답이다'은 한식패스트푸드 레스토랑으로 2011년에 진입하였다. 이티앤제우스는 '불고기 브라더스'로 2006년에 진입하였다.

중소 외식기업의 경우 대체로 소규모 창업의 진행과정을 통해 자연발생적으로 생성된 기업들이라 할 수 있으며, 대부분의 경우 프랜차이즈 시스템의 국내도입으로 가맹사업을 전개하게 된 경우라 할 수 있다. 중견기업인 놀부NBG는 1987년도, 본아이에프는 2002년도, 원앤원은 1975년도에 소규모 창업을 통해 한식 음식점업에 진입하였으며, 현재 가맹사업을 진행 중이다.

〈표 1-26〉 대・중소기업의 진입연도

구 분				시장 진출연도	비 고
대기업	상호출자제한기업	CJ푸드빌(비비고)		2010년	
		CJ엔시티(한쿡)		2003년	
		대성산업 (디큐브한식저잣거리)		2011년	한식을 5가지 분야로 분리하여 푸드코트 형태를 혼합한 구조
		이랜드파크	후원	2004년	
			반궁	-	
		SK네트워크 워커힐 호텔	자연	2001년	인천국제 공항입점
			가야금		
			하늘		
		농협	농협안심 한우마을	2012년	직영사업
			목우촌 웰빙마을	1995년	가맹사업 1995년 실시
	중견기업	아워홈	손수헌	2010년	
			밥이답이다	2011년	
		놀부NBG		1987년	가맹사업 1989년 실시
		본아이에프		2002년	가맹사업 2002년 실시
		원앤원		1975년	가맹사업 1991년 실시
		이티앤제우스		2006년	가맹사업 2010년 실시
그 외 중소기업		그 외 독립자영업체		1900년대	1904년 서울 '이문 설농탕'

자료: 각사 공시자료 및 공정거래위원회

협동조합인 농협에서는 농협중앙회, 농협목우촌을 통해 한식 음식점업을 하고 있으며 직영으로 운영되는 농협안심한우마을은 저렴한 가격으로 한우를 공급, 농가에는 소득 안정화와 소비자에게는 낮은 가격의 구이를 제공한다는 방침으로 2012년 한식 음식점업에 진입하였다. 농협목우촌의 목우촌웰빙마을은 1995년 한식에 진입하였다.

최초의 한식당은 1904년도에 서울 '이문설렁탕'을 시작으로 그 후 한식당이 점차 늘어났다. 〈표 1-27〉은 우리나라에서 오래된 100대 한식당 중 10위에 속한 한식당이다. 오래된 100대 식당이 가장 많이 남아 있는 곳은 서울로, 28개가 있고 전남이 12개, 부산(11개), 경남(9개), 충남(7개), 충북 · 대구 · 전북(각 5개) 순이다. 얼큰한 해장국이나 뜨끈한 설렁탕 등 탕 종류를 하는 곳이 34개로 가장 많았고 불고기와 양념갈비를 하는 곳이 19개였다. 여름에 시원하게 먹는 냉면이나 콩국수 등 면류가 14개, 한식의 대표가 된 비빔밥 등 일반 한식당이 10개이다.

〈표 1-27〉 오래된 한식당 10위

순번	업소명	개업일	전화번호	주소	주메뉴
1	이문설렁탕	1904	02)733-6526	서울 종로구 공평동 45	설렁탕
2	하얀집	1910	061)333-4292	전남 나주시 중앙동 48-17	곰탕, 수육
3	내호냉면	1919	051)646-6195	부산 남구 우암2동 189-871	함흥냉면
4	박달집	1920	051)515-9879	부산 금정구 구서2동 1026	전통개장국
5	한일옥	1920	031)675-2486	경기 안성시 영동 24	설렁탕
6	함양집	1924	052)275-6947	울산시 남구 신정3동 579-4	전통비빔밥
7	천일식당	1924	061)535-1001	전남 해남군 해남읍 읍내리 34	떡갈비
8	형제추어탕	1926	02)379-7562	서울 종로구 평창동 281-1	추어탕
9	천황식당	1927	055)741-2646	경남 진주시 대안동 4-1	진주비빔밥
10	기장곰장어	1929	051)721-2934	부산 기장군 기장읍 시랑리	짚불곰장어

자료: 농림수산식품부, 한식재단(2011)

제5절 세계 식품시장

시장조사 전문기관인 Canadean(전 데이터모니터)에 따르면 세계 식품시장은 '12년 이후 약 6.5조 달러 규모를 유지하다 '15년 6.1조 달러로 다소 감소한 것으로 추정하였다.

대륙별로는 아시아·태평양 지역이 연평균('12~'19) 4.5% 성장하여, '15년을 기점으로 세계 최대의 식품시장으로 부상되었다.

〈표 1-28〉 전 세계 식품시장 규모

(단위 : 10억 달러, %)

구 분		'12	'13	'14	'15*	'16*	'17*	'18*	'19*
○ 세계 식품시장		6,491.2	6,559.2	6,598.5	6,147.7	6,298.3	6,601.9	6,939.9	7,316.2
		(100.0)	(100.0)	(100.0)	(100.0)	(100.0)	(100.0)	(100.0)	(100.0)
카테고리별	- 식품시장	3,150.5	3,181.9	3,180.0	2,989.3	3,050.2	3,175.1	3,307.6	3,453.3
		(48.5)	(48.5)	(48.2)	(48.6)	(48.4)	(48.1)	(47.7)	(47.2)
	- 음료시장	2,641.7	2,675.8	2,723.1	2,510.8	2,591.4	2,743.5	2,917.9	3,120.8
		(40.7)	(40.8)	(41.3)	(40.8)	(41.1)	(41.6)	(42.0)	(42.7)
	- 담배시장	699.0	701.5	695.4	647.6	656.7	683.3	714.4	742.1
		(10.8)	(10.7)	(10.5)	(10.5)	(10.4)	(10.3)	(10.3)	(10.1)
대륙별	- 유럽	2,275.3	2,349.7	2,328.2	1,984.2	2,001.0	2,074.6	2,152.4	2,240.4
		(35.1)	(35.8)	(35.3)	(32.3)	(31.8)	(31.4)	(31.0)	(30.6)
	- 아시아·태평양	1,995.2	2,004.3	2,061.3	2,042.3	2,153.7	2,318.9	2,502.6	2,708.7
		(30.7)	(30.6)	(31.2)	(33.2)	(34.2)	(35.1)	(36.1)	(37.0)
	- 북미	1,238.0	1,256.5	1,287.4	1,310.4	1,347.9	1,392.8	1,440.8	1,489.7
		(19.1)	(19.2)	(19.5)	(21.3)	(21.4)	(21.1)	(20.8)	(20.4)
	- 중남미	803.7	775.5	746.8	635.8	614.2	625.4	644.2	666.8
		(12.4)	(11.8)	(11.3)	(10.3)	(9.8)	(9.5)	(9.3)	(9.1)
	- 중동·아프리카	179.1	173.1	174.9	175.1	181.6	190.1	199.8	210.6
		(2.8)	(2.6)	(2.7)	(2.8)	(2.9)	(2.9)	(2.9)	(2.9)

주: 1) 제시된 수치는 Food, Alcoholic Beverages, Non-Alcoholic Beverages, Tobacco 및 식품 무역액이 포함된 합계임('15~'19년은 추정치)
2) 외식업은 포함되지 않음
3) 2015~2019년은 추정치

자료: '16년 7월 Canadean(www.intelligence.canadean.com)

국가별 식품시장 규모는 '15년 기준 미국(약 1.2조 달러)과 중국(약 1조 달러)이 가장 크고, 다음으로 일본(0.3조 달러), 영국(0.2조 달러) 등의 순이었으며, 우리나라 식품시장은 약 0.1조 달러로 세계 14위 수준인 것으로 나타났다.

〈표 1-29〉 국가별 식품시장 규모('15년 추정)

(단위 : 10억 달러)

순위	국가명	규 모	순위	국가명	규 모	순위	국가명	규 모
1	미 국	1,170.0	6	브라질	270.2	11	스페인	145.3
2	중 국	1,085.7	7	프랑스	225.9	12	인 도	143.3
3	일 본	335.0	8	러시아	213.3	13	캐나다	140.4
4	영 국	279.4	9	이탈리아	198.4	14	한 국	123.5
5	독 일	278.3	10	멕시코	160.1	15	호 주	104.4

주: 1) 외식업은 포함되지 않음
2) 국가 간 비교를 위한 조사기관의 추정(가중치적용)이 포함되어 있으므로 한국의 식품시장규모는 통계청 발표와 차이가 있을 수 있음

자료: '16년 7월 Canadean(www.intelligence.canadean.com)

한편, 세계 식품시장 규모를 타 산업과 비교했을 때 '15년 기준 세계 자동차시장(1.3조 달러)의 4.9배, IT시장(1.6조 달러)의 3.8배, 철강시장(0.8조 달러)의 7.3배로 상당히 큰 규모인 것으로 나타났다.

〈표 1-30〉 전 세계 주요 산업별 식품시장 규모

(단위 : 10억 달러)

구 분	'12	'13	'14	'15	'16	'17	'18	'19
○ 세계 식품시장	6,491.2	6,559.2	6,598.5	6,147.7	6,298.3	6,601.9	6,939.9	7,316.2
○ 세계 자동차시장	1,099.4	1,161.2	1,214.3	1,252.6	1,343.8	1,427.2	1,510.1	1,577.1
○ 세계 IT시장	1,332.7	1,394.9	1,507.9	1,606.1	1,712.6	1,821.7	1,933.7	2,048.5
○ 세계 철강시장	1,117.7	1,043.0	1,041.0	845.0	983.2	1,193.0	1,268.7	1,355.6

주: '15~'19년은 추정치

자료: Canadean(www.intelligence.canadean.com), Marketline(www.marketline.com)

■ Canadean

- 영국의 시장조사회사로 음료, 식품, 포장, 소매 등 FMCG(일용소비재) 시장에 특화됨
- '10년 영국의 디지털미디어그룹인 「Progressive Digital Media」에 인수됨
- '15년 9월, 「Progressive Digital Media」가 Datamonitor Financial, Datamonitor Consumer, Verdict, Marketline을 인수하면서 Datamonitor Consumer는 Canadean에 통합됨
- '16년 5월, Datamonitor Consumer 사이트가 Canadean Intelligence 사이트로 전환됨

(해외) Forbes誌가 선정한 2,000개 주요 글로벌 기업 중 음식료품 관련 기업은 담배제조업

을 포함해 112개사가 등재되었으며, 이 중 음식료 분야 1위 기업은 네슬레社(스위스)였다.

한편, 글로벌 식품기업이 가장 많은 국가는 미국(33개사, 코카콜라, 펩시 등)이며, 중국과 영국은 각각 10개사, 일본과 캐나다가 각각 7개사로 많았다.

〈표 1-31〉 Forbes誌 선정 글로벌 식품기업 국적별 분포

(단위 : 개)

국가명	기업 수	국가명	기업 수	국가명	기업 수	국가명	기업 수
United States	33	Switzerland	3	Taiwan	2	Portugal	1
United Kingdom	10	South Korea	3	Saudi Arabia	2	Ireland	1
China	10	Singapore	3	Russia	2	Indonesia	1
Japan	7	Mexico	3	Netherlands	2	India	1
Canada	7	Hong Kong	3	Australia	2	Denmark	1
France	4	Brazil	3	Sweden	1		
Thailand	3	Belgium	3	South Africa	1		

주: Forbes사가 발표한 글로벌 식품기업(식음료, 담배부문)의 국적을 기준으로 집계

자료: Forbes, The World's Biggest Public Companies 중 식품(Beverage, Food Processing, Food Retail, Restaurant, Tobacco) 부문

〈표 1-32〉 국가별 식품시장 규모 순위

(단위: 백만 달러)

구 분	'14		'15	
순 위	국가명	규 모	국가명	규 모
1	미국	1,136,436.0	미국	1,169,988.1
2	중국	1,050,882.9	중국	1,085,652.2
3	일본	378,283.9	일본	335,031.9
4	브라질	338,015.3	영국	279,351.5
5	러시아	318,212.1	독일	278,299.2
6	독일	317,567.6	브라질	270,194.6
7	영국	291,173.1	프랑스	225,944.1
8	프랑스	259,793.6	러시아	213,316.7
9	이탈리아	227,636.0	이탈리아	198,439.0
10	멕시코	174,401.0	멕시코	160,148.7
11	스페인	166,178.8	스페인	145,283.8
12	캐나다	150,931.0	인도	143,283.7
13	인도	133,927.2	캐나다	140,408.6
14	한국	126,707.9	한국	123,520.9
15	호주	116,742.5	호주	104,414.8

16	터키	101,457.9	터키	89,887.4
17	폴란드	71,018.7	태국	68,092.1
18	아르헨티나	70,198.1	아르헨티나	67,794.8
19	네덜란드	69,173.7	폴란드	63,575.1
20	태국	68,385.7	인도네시아	62,702.9
21	인도네시아	64,865.9	네덜란드	60,665.7
22	벨기에	58,687.2	남아프리카공화국	55,678.1
23	남아프리카공화국	58,670.4	벨기에	51,191.5
24	콜롬비아	48,918.7	필리핀	43,061.9
25	스웨덴	47,003.5	이집트	42,956.5
26	베네수엘라	46,321.2	칠레	40,309.3
27	루마니아	45,915.1	스웨덴	40,155.8
28	오스트리아	44,754.9	루마니아	39,926.6
29	우크라이나	44,537.7	콜롬비아	39,592.4
30	이집트	43,367.9	오스트리아	39,104.5
31	칠레	42,442.2	사우디아라비아	37,987.1
32	그리스	41,963.8	그리스	36,344.6
33	필리핀	41,901.4	베네수엘라	32,505.8
34	포르투갈	36,316.5	포르투갈	31,712.0
35	사우디아라비아	35,566.4	노르웨이	28,397.2
36	노르웨이	33,672.8	우크라이나	27,057.4
37	덴마크	29,070.4	덴마크	25,422.3
38	체코	26,549.6	페루	25,208.2
39	페루	26,519.4	체코	24,598.0
40	핀란드	25,980.8	뉴질랜드	22,613.3
41	뉴질랜드	24,527.7	핀란드	22,512.9
42	말레이시아	23,480.4	홍콩	21,920.6
43	아일랜드	22,236.1	말레이시아	21,409.1
44	홍콩	20,679.4	이스라엘	19,539.9
45	헝가리	19,828.7	아일랜드	19,296.9
46	이스라엘	19,705.4	아랍에미리트	18,920.0
47	아랍에미리트	17,611.0	헝가리	17,673.1
48	불가리아	15,890.9	불가리아	14,167.2
49	슬로바키아	13,541.4	슬로바키아	11,858.3
50	싱가포르	10,896.4	싱가포르	10,568.8

자료: '16.7월 Canadean(http://intelligence.canadean.com)

〈표 1-33〉 글로벌 식품기업('Forbes 2,000' 중 식품분야 112개사)

(단위 : 십억 달러)

식품 부문 內 순위	전체 순위	분야	Company	Country	Sales	Profits	Assets	Market Value
1	33	Food Processing	Nestle	Switzerland	92.2	9.4	123.9	235.7
2	56	Beverage	Anheuser-Busch InBev	Belgium	43.6	8.3	136.5	204.6
3	83	Beverage	Coca-Cola	United States	43.5	7.3	91.3	192.8
4	90	Beverage	PepsiCo	United States	62.7	5.2	70.0	147.3
5	133	Food Processing	Mondelēz International	United States	29.6	7.3	62.8	65.7
6	177	Tobacco	British American Tobacco	United Kingdom	20.0	6.6	46.5	111.0
7	184	Tobacco	Philip Morris International	United States	26.2	6.6	34.6	150.3
8	189	Restaurant	McDonald's	United States	25.4	4.8	37.9	110.1
9	194	Tobacco	Imperial Tobacco Group	United Kingdom	39.1	2.6	45.6	49.3
10	214	Beverage	SABMiller	United Kingdom	20.8	3.0	42.3	99.0
11	222	Tobacco	Japan Tobacco	Japan	19.2	4.0	37.9	84.3
12	223	Food Retail	Kroger	United States	109.8	2.0	34.9	34.2
13	226	Tobacco	Altria Group	United States	18.9	5.2	32.5	118.4
14	236	Beverage	Diageo	United Kingdom	16.1	3.8	39.5	68.6
15	240	Food Retail	Seven &I Holdings	Japan	40.5	1.3	48.2	37.6
16	252	Food Processing	Archer Daniels Midland	United States	67.6	1.8	40.2	23.3
17	264	Food Retail	Wesfarmers	Australia	47.7	1.8	30.4	36.4
18	269	Tobacco	Reynolds American	United States	10.7	3.3	53.2	68.3
19	279	Food Retail	Carrefour	France	87.4	1.1	49.0	21.9
20	281	Food Processing	Kraft Heinz Company	Canada	20.2	0.6	123.0	94.9
21	283	Food Processing	Danone	France	24.9	1.4	35.5	46.5
22	292	Beverage	Heineken Holding	Netherlands	22.7	2.1	41.5	23.3
23	358	Food Processing	Tyson Foods	United States	39.7	1.4	23.3	22.9
24	359	Food Processing	Wilmar International	Singapore	38.8	1.1	37.9	16.8
25	375	Food Retail	Tesco	United Kingdom	82.3	0.5	61.2	21.9
26	383	Food Processing	General Mills	United States	16.9	1.5	21.6	36.0
27	389	Restaurant	Starbucks	United States	20.2	2.5	12.9	85.3
28	390	Beverage	Femsa	Mexico	19.4	1.1	23.7	33.6
29	454	Beverage	Pernod Ricard	France	9.9	1.1	34.0	28.7
30	467	Restaurant	Compass Group	United Kingdom	27.2	1.3	13.3	28.9
31	475	Food Processing	Associated British Foods	United Kingdom	19.2	1.1	15.1	35.7
32	486	Food Retail	Royal Ahold	Netherlands	42.4	0.9	17.3	17.5
33	518	Food Retail	Sysco	United States	48.9	0.8	13.1	25.8

34	519	Food Processing	JBS	Brazil	48.8	1.4	31.3	7.0
35	538	Food Retail	Couche Tard	Canada	34.1	1.1	11.2	24.5
36	626	Food Retail	Aeon	Japan	60.0	0.05	72.9	13.0
37	630	Food Retail	J Sainsbury	United Kingdom	36.3	0.7	25.7	8.1
38	633	Food Processing	Kellogg	United States	13.5	0.6	15.3	26.5
39	642	Food Retail	George Weston	Canada	36.7	0.4	27.2	11.2
40	644	Food Processing	Bunge	United States	43.5	0.7	17.9	8.4
41	649	Restaurant	Yum Brands	United States	13.1	1.3	8.2	33.1
42	652	Beverage	Constellation Brands	United States	6.5	1.1	17.0	30.9
43	666	Food Processing	WH Group	Hong Kong	21.2	0.8	14.3	11.7
44	668	Beverage	Kweichow Moutai	China	4.9	2.5	14.0	47.9
45	671	Beverage	Asahi Group Holdings	Japan	15.3	0.6	15.8	16.0
46	760	Food Retail	Woolworths	Australia	45.3	-0.08	17.6	21.5
47	774	Food Retail	Magnit	Russia	15.6	1.0	5.6	14.6
48	781	Tobacco	ITC	India	6.3	1.6	7.4	39.4
49	817	Food Processing	Guangdong Wens Foodstuffs Group	China	7.7	1.0	5.3	26.4
50	827	Food Retail	Delhaize Group	Belgium	27.1	0.4	14.2	10.5
51	872	Food Processing	Hormel Foods	United States	9.2	0.7	6.0	20.0
52	875	Food Processing	Ajinomoto	Japan	9.7	0.7	10.7	13.6
53	887	Beverage	Kirin Holdings	Japan	18.1	-0.4	20.3	13.5
54	891	Food Processing	BRF	Brazil	9.6	0.9	10.6	10.9
55	934	Food Processing	Campbell Soup	United States	8.0	0.7	8.1	18.7
56	941	Food Processing	JM Smucker	United States	7.4	0.4	16.3	15.1
57	949	Food Processing	Inner Mongolia Yili	China	9.6	0.7	6.1	13.3
58	952	Food Retail	Finatis	France	51.9	-0.08	49.3	0.3
59	954	Food Processing	Uni-President	Taiwan	13.1	0.4	12.1	10.3
60	986	Food Processing	Grupo Bimbo	Mexico	13.8	0.3	11.6	13.5
61	990	Food Retail	Whole Foods Market	United States	15.5	0.5	6.2	9.7
62	991	Food Processing	ConAgra Foods	United States	12.9	-0.6	13.2	19.5
63	1011	Beverage	Dr Pepper Snapple Group	United States	6.3	0.7	8.9	16.2
64	1014	Food Processing	Hershey	United States	7.4	0.5	5.3	19.5
65	1017	Beverage	Carlsberg	Denmark	9.7	-0.4	18.4	14.7
66	1042	Food Processing	Kerry Group	Ireland	6.8	0.6	7.6	16.1
67	1068	Food Retail	CP All	Thailand	11.4	0.4	9.1	11.8
68	1074	Food Retail	Wm Morrison Supermarkets	United Kingdom	24.5	0.3	13.2	6.4
69	1082	Food Processing	Meiji Holdings	Japan	10.0	0.4	7.5	12.1

70	1086	Food Processing	Saputo	Canada	8.4	0.5	5.6	12.5
71	1089	Food Retail	Jeronimo Martins	Portugal	15.2	0.4	5.8	10.2
72	1092	Beverage	Coca-Cola Enterprises	United States	7.0	0.6	7.6	11.8
73	1129	Beverage	Thai Beverage	Thailand	5.0	0.8	5.1	13.6
74	1179	Beverage	Wuliangye Yibin	China	3.2	1.0	8.1	15.7
75	1197	Restaurant	Restaurant Brands International	Canada	4.1	0.5	18.4	9.2
76	1216	Tobacco	KT&G	South Korea	3.6	0.9	7.6	14.8
77	1217	Beverage	Brown-Forman	United States	3.0	0.7	4.3	19.3
78	1220	Beverage	Jiangsu Yanghe Brewery	China	2.5	0.8	5.0	15.5
79	1225	Food Processing	CJ Corp	South Korea	18.7	0.2	20.1	5.4
80	1228	Beverage	Monster Beverage	United States	2.7	0.5	5.7	25.0
81	1233	Food Retail	Sun Art Retail Group	Hong Kong	15.4	0.4	8.5	7.0
82	1254	Food Retail	Colruyt	Belgium	10.4	0.4	4.4	8.5
83	1278	Food Retail	Metro	Canada	9.5	0.4	4.3	8.0
84	1280	Beverage	Molson Coors Brewing	United States	3.6	0.4	12.3	20.6
85	1284	Food Retail	ICA Gruppen	Sweden	12.0	0.4	8.9	6.5
86	1295	Food Processing	Charoen Pokphand Foods	Thailand	12.3	0.3	13.7	5.6
87	1370	Restaurant	Chipotle Mexican Grill	United States	4.5	0.5	2.7	13.1
88	1387	Tobacco	Gudang Garam	Indonesia	5.3	0.5	4.6	9.8
89	1400	Beverage	Arca Continental	Mexico	4.8	0.5	7.6	11.3
90	1413	Restaurant	Whitbread	United Kingdom	4.3	0.6	6.3	10.2
91	1468	Food Processing	Olam International	Singapore	13.9	-0.05	14.7	3.5
92	1469	Food Retail	Companhia Brasileira de Distribuicao	Brazil	20.7	0.1	12.0	3.4
93	1472	Food Processing	Almarai	Saudi Arabia	3.8	0.5	7.5	11.9
94	1486	Food Processing	Lindt &Sprungli	Switzerland	3.8	0.4	6.4	16.3
95	1488	Food Processing	Want Want China	China	3.4	0.5	3.8	10.7
96	1491	Food Processing	China Mengniu Dairy	China	7.8	0.4	7.8	6.9
97	1497	Food Retail	Shoprite Holdings	South Africa	9.3	0.3	3.3	6.7
98	1499	Food Processing	McCormick	United States	4.3	0.4	4.4	11.6
99	1509	Restaurant	Darden Restaurants	United States	7.0	0.3	4.5	8.0
100	1550	Food Processing	Savola Group	Saudi Arabia	7.1	0.5	7.2	5.7
101	1583	Food Processing	Ingredion	United States	5.6	0.4	5.1	7.6
102	1628	Food Retail	China Resources Enterprise	Hong Kong	22.7	-0.02	6.6	5.1
103	1639	Beverage	Coca-Cola HBC	Switzerland	7.0	0.3	7.1	7.3

104	1640	Food Processing	New Hope Liuhe	China	10.5	0.4	5.6	5.1
105	1677	Food Processing	Dali Foods Group	China	2.7	0.5	1.3	8.9
106	1695	Food Processing	CJ Cheiljedang	South Korea	11.4	0.2	11.7	4.2
107	1702	Food Retail	Empire	Canada	18.6	-0.9	7.2	4.5
108	1718	Food Retail	Supervalu	United States	17.9	0.2	4.6	1.4
109	1737	Food Retail	X5 Retail Group	Russia	13.1	0.2	5.6	5.5
110	1769	Food Processing	Tingyi Holding	China	9.1	0.3	8.5	6.5
111	1832	Food Retail	President Chain Store	Taiwan	6.5	0.3	2.7	7.5
112	1879	Food Processing	Golden Agri-Resources	Singapore	6.5	-0.02	14.6	4.0

주: 1) 순위는 Sales, Profits, Assets, Market Value를 고려하여 2,000기업을 랭크
2) 부문 내 순위: 식품부문 내 순위 / 전체 순위: 전 산업 카테고리 내 순위(2,000개사 중 순위)
자료: Forbes, The World's Biggest Public Companies 중 식품(Beverage, Food Processing, Food Retail, Restaurant, Tobacco) 부문

제6절 해외 외식시장 현황

1) 해외 외식시장 규모

(1) 미국 외식시장 규모[22)]

미국의 외식산업은 전체 GDP의 평균 3.2%의 비중을 차지하고 있으며 2001년 이후 꾸준히 증가하고 있으나 2006년 이후에는 성장세가 다소 주춤하고 있다. 미국레스토랑협회 조사에 따르면 2012년 기준 외식업 경기는 전반적으로 좋지 않은 것으로 나타났다. 전반적인 경제 현황이 불투명한 가운데 패스트푸드를 기초로 한 제한된 서비스 음식점이 그래도 비교적 선전하고 있으나, 이 역시 2.8%의 하락세를 보이고 있다.

〈표 1-34〉 미국 외식산업규모(소비기준) 및 전년대비 증감률

(단위: 백만 달러)

구 분	2005	2006	2007	2008	2009	2010	2011	2012
매출액	509,643	544,157	573,484	589,655	586,317	605,121	640,121	680,239
전년대비 증감률	8.9	6.8	5.4	2.8	-0.6	3.3	5.7	6.3

22) 2015 한국외식연감(한국외식정보)

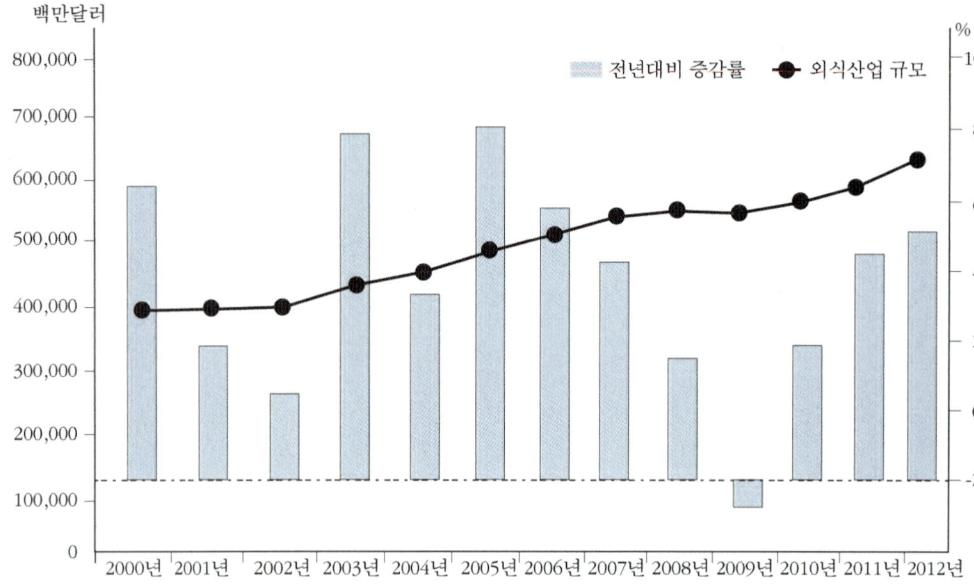

출처: 2015 한국외식연감(식품외식정보)

[그림 1-8] 미국 외식산업 규모(소비기준) 및 전년대비 증감률

미국 농무부(USDA)에 의하면 외식산업 매출액은 2012년 매출액이 총 6,802억 달러로 2008년 이후 연평균 4.9%의 증가세를 보이는 것으로 나타났으며 전년대비 6.3%로 성장하였다.

미국 인구조사(US CENSUS)에 의하면 음식점 및 주점업의 사업체 수는 2008년 57만 3,520개소에서 2012년 59만 8,512개로 연평균 2.3%의 증가율을 보이고 있다. 미국 내 외식산업은 미국 내 노동시장의 9% 이상을 차지하는 주요 취업진군으로 종사자 수는 2008년 이후 연평균 0.9%의 증가율을 보이고 2012년에는 약 1,000만 명을 넘었다. NRA에 따르면, 2011년 기준으로 미국 외식산업 규모는 $6,040억(약 6,550조 원)으로 전망되며, 이는 우리나라 외식산업 규모의 약 10배에 해당하는 수준이다.

〈표 1-35〉 미국의 외식산업 성장 추이

(단위 : 백만 달러, 개, 명, %)

구분	2008	2009	2010	2011	2012	연평균 증가율 (08~12)
매출액	589,655	586,317	605,121	640,121	680,239	4.9
사업체 수	573,520	572,367	580,831	585,613	598,512	2.3
종사자 수	9,950,103	6,904,652	9,490,973	9,691,577	10,048,664	0.9

자료: 한국농수산식품유통공사 및 2015년도 한국외식연감을 기준으로 재작성

2012년도의 외식산업 시장규모를 산업분류에 따라 살펴보면 음식점 및 주점업 분류 하위에 완전서비스 음식점과 제한서비스 음식점, 기타 음식점, 주점업으로 분류된다. 완전서비스 음식점이 2,249억 달러, 제한서비스 음식점이 1,855억 달러의 매출액을 가지고 두 산업이 외식시장 매출액의 대부분을 차지한다. 주점업의 경우 197억 달러의 매출액을 가지고 전체 음식점 및 주점업 5,130억 달러 시장의 약 3.8%의 비중을 차지하고 있다. 사업체 수는 전체시장이 59만여 개로 완전서비스 음식점이 23만 개, 제한서비스 음식점이 22만여 개 분포하고 있으며 스낵 및 음료 전문점이 5만 개, 주점업이 4.2만 개, 위탁급식업이 2.5만 개, 출장음식점이 1만여 개, 카페테리아, 뷔페, 그릴뷔페가 6천여 개, 이동 음식업이 2천여 개 정도 외식시장에 분포하여 있다. 종사자 수는 완전서비스 음식점이 470만여 명, 제한서비스 음식점이 358만여 명으로 전체 1,000만 48명의 외식시장 종사자의 약 83% 이상이 분포하여 있다. 이러한 종사자 수는 2011년 12.8million으로 꾸준히 증가되고 있으며, 2021년에는 14.1million까지 증가될 것이라고 예상하고 있는 것으로 보아 외식산업이 인력창출을 위한 중요한 산업군으로 외식산업의 발전이 전체 산업에 영향을 미치는 것으로 인지할 수 있다.

[그림 1-9] 미국 외식산업의 종사자수 현황

미국의 패스트푸드 시장은 계속 성장을 유지하고 있는데 미국 프랜차이즈타임즈가 발표한 '2009년 프랜차이즈기업 매출랭킹 200' 자료 중 1위부터 10위까지의 순위 안에 맥도날드, KFC, 서브웨이, 버거킹, 피자헛 등 6개의 패스트푸드기업이 차지한 것을 바탕으로 미루어 알 수 있다. 최근 몇 년 전부터 웰빙붐이 일면서 패스트푸드 산업이 위협을 받았으나 품질 및 식재료 개선을 통한 메뉴개발, 영양표시제도를 통한 건강한 패스트푸드 운동, 경기침체로 인한 저렴한 외식 선호현상으로 다시 회복세를 보이고 있다(한국외식정보, 2010).

[그림 1-10] 미국 외식산업의 매출액 현황

미국의 노동부가 제시한 자료에 의하면 2014년 가계당 음식료품 지출액은 7,222달러로 이 중에서 식료품 지출액이 차지하는 비중은 6,759달러이고 주류는 463달러였다. 식료품 소비액 중 외식비 지출 금액은 2,788달러로 외식비 비중이 41.2%로 나타난다. 2009년의 외식비와 비교하여 볼 때 169달러 증가하였고, 2009년에서 2014년까지 외식비의 비중은 약 40%대를 유지하고 있는 것으로 나타내고 있다.

〈표 1-36〉 산업분류에 따른 미국 외식산업의 시장규모(2012)

산업별	매출액 (천 달러)	사업체 수 (개)	종사자 수 (명)
음식점 및 주점업	513,014,000	598,512	10,048,664
완전서비스 음식점	224,670,000	232,711	4,774,211
완전서비스 음식점	224,670,000	232,711	4,774,211
제한서비스 음식점	185,580,000	224,877	3,588,446
제한서비스 음식점	185,580,000	224,877	3,588,446
카페테리아, 뷔페, 그릴뷔페	6,753,000	6,370	121,698
스낵 및 음료 전문점	30,838,000	54,498	540,224
기타 음식점	45,401,000	39,013	674,331
위탁급식업	37,069,000	25,896	537,742
출장음식업	7,584,000	10,196	128,381
이동음식업	747,000	2,291	128,381
주점업	19,771,000	42,043	349,754
주점업	19,771,000	42,043	349,754

자료: CENSUS, 「County business patterns」, 한국농수산식품유통공사

〈표 1-37〉 미국의 식품 가계소비 지출

(단위 : $)

구 분	2009	2010	2011	2012	2013	2014
음식료품 지출	6,807	6,541	6,947	7,050	7,047	7,222
식료품	6,372	6,129	6,458	6,599	6,602	6,759
외식	2,619	2,505	2,620	2,678	2,625	2,788
외식비 비중	41.1	40.8	40.5	40.6	40.0	41.2
음료비	435	412	456	451	445	463

자료: Bureau of labor statistics, 「Consumer expending survey」(2009-2014) 1인 이상 세대 기준

미국의 경우도 외식업계를 둘러싼 금융위기와 최저 가처분소득 증가율, 실업률 증가 등의 환경변화가 외식산업의 걸림돌로 작용할 것으로 예상하였으나 외식산업은 미국 노동시장의 9% 이상을 담당하는 국가의 주요 취업직군 중 하나로 일자리 제공에 커다란 역할을 담당하고 있으며 향후에도 이 같은 추세는 지속될 것으로 보인다(식품산업동향, 2010).

(2) 일본의 외식시장 규모

일본의 외식산업총합연구센터 자료에 의하면 2014년 기준 일본 외식시장 규모는 전년대비 1.4% 증가한 24조 3,686억 엔으로 나타났다. 일본 외식산업의 낮은 성장세는 1990년대에 시작된 버블경제의 붕괴 이후 나타난 경기침체가 원인으로 2009년 대비 제자리 성장을 나타내고 있다.

(단위 : 억 엔)

자료: (재)일본외식산업총합조사연구센터(www.anan-zaidan.or.jp)

[그림 1-11] 일본 외식산업 시장규모 추이

2012년 일본 외식산업시장의 분야별 매출액과 성장추이를 살펴보면 패밀리레스토랑과 일반식당, 일본요리점, 양식당, 중식당 및 기타 동양요리점(야키니쿠 포함)을 포함하는 '식당 레스토랑'은 전년대비 3.2% 증가한 8조 8,160억 엔이었다. '메밀우동점(서서 먹는 점포 포함)'도 0.8%로 증가하였다. 그러나 회전초밥을 포함한 초밥집은 2011년 대비 0.7% 감소하였고, 기타 음식점(패스트푸드 햄버거 등 포함)도 1.7% 감소하였다. 그러나 호텔, 여관에서의 식사와 연회가 포함되는 '숙박시설'의 시장규모는 전년대비 4.7% 증가한 2조 5,131억 엔을 나타냈다. 한편 '집단급식'의 시장규모는 전체시장의 약 14%를 차지하고 있으며 2011년 대비 0.5% 증가한 3조 3,591억 엔을 기록하였다. '학교급식(주로 국공립 초등학교, 중학교 등의 급식으로 대학생 학생식당은 미포함)'은 아동인구의 감소 등으로 인해 0.7% 감소한 3조 3,591억 엔이었다. '사무소' 급식 중 사원식당 급식은 출근일수 등으로 0.2% 증가한 반면, '도시락 급식'은 0.2% 감소하였다. '음료주체부문'의 2012년 시장규모는 전체 외식산업의 약

20.0%를 차지하고 있으며, 전년대비 1.1%로 감소한 4조 6,521억 엔을 기록하였다. '카페'의 경우 1조 197억 엔으로 0.1% 감소하였다. '이자카야 비어홀' 등은 1.5% 감소한 9,780억 엔이었고, '요정 · 바 등'의 매출도 전년대비 1.4% 감소하였다(2조 6,544억 엔).

<table>
<tr><td rowspan="9">외식산업
232,386
(1.8%)</td><td rowspan="7">급식주체부문
185,865
(2.1%)</td><td rowspan="3">영업급식
152,274
(2.5%)</td><td>음식점
124,686
(2.0%)</td><td>식당 레스토랑 88,160 (3.2%)
메밀 우동점 10,718 (0.8%)
초밥점 12,753 (▲0.7%)
기타 음식점 13,055 (▲1.7%)</td></tr>
<tr><td colspan="2">국내선 기내식 등 2,457 (3.8%)</td></tr>
<tr><td colspan="2">숙박시설 25,131 (4.7%)</td></tr>
<tr><td rowspan="4">집단급식
33,591
(0.5%)</td><td colspan="2">학교 4,930 (▲0.7)</td></tr>
<tr><td>사무소
17,179
(0.1%)</td><td>사원식당 등 급식 11,992 (0.2%)
도시락급식 5,187 (▲0.2%)</td></tr>
<tr><td colspan="2">병원 8,609 (1.5%)</td></tr>
<tr><td colspan="2">보육시설 급식 2,876 (2.5%)</td></tr>
<tr><td colspan="2" rowspan="2">음료주체부문
46,521
(▲1.1%)</td><td>카페, 이자카야 등
19,977
(▲0.7%)</td><td>카페 10,197 (0.1%)
이자카야, 비어홀 등 9,780 (▲1.5%)</td></tr>
<tr><td>요정, 바 등
26,544
(▲1.4%)</td><td>요정 3,171 (▲1.4%)
바, 카바레, 클럽 23,371 (▲1.4))</td></tr>
</table>

주: ( ) 안은 2011년 대비 증감률, 전체 외식산업 규모(23조 2,386억 엔)는 요리소매업 부분을 제외한 금액임
▲은 전년대비 매출 감소를 의미함(단위: 억 엔)
자료: 한일재단 일본지식종합센터(www.kjc.or.kr), 일본 업태별 외식시장 분석
食の安全 · 安心財団(www.anan-zeidan.or.jp)

[그림 1-12] 2012년 일본 외식산업 분야별 시장 규모(매출액)

한편 일본은 반찬/도시락 전문점 등 테이크아웃 시장이 빠른 성장세를 나타내고 있다. 이에 일본외식산업총합조사연구센터에서는 일반 외식산업과는 별도로 테이크아웃이 50% 이상을 차지하는 업종을 '요리품 소매업'으로 분류해 매년 시장규모를 조사하고 있다.

일본외식산업총합조사연구센터의 2011년부터 2013년까지의 연도별 일본 외식산업 분야별 매출액 및 증감률을 보면 특징적인 것은 2011년 마이너스 성장을 보였던 영업급식 중 음식점 분야가 2012년도와 2013년도에는 모두 플러스 성장을 나타냈다. 또한 집단급식의 경

우 탁아소 급식을 제외하고 마이너스 성장률을 보였다. 식음료부문에 있어서는 2012년도에는 찻집을 제외하고는 마이너스 성장률을 보인 반면 2013년도에는 모두 증가하였다. 특히 요리품 소매업은 2012년 대비 2013년도에는 2.7%, 이 중 도시락 급식을 제외하면 2.9%의 높은 성장률을 보였으나 2013년도에는 0.5% 정도만 증가하여 증감률이 정체된 것으로 보인다.

〈표 1-38〉 연도별 일본 외식산업 분야별 매출액 및 증감률(2011-2013)

분 류	매출액(억 엔)			전년대비 증감률(%)			구성비(%)		
	2011	2012	2013	2011	2012	2013	2011	2012	2013
외식산업계	228,282	232,314	239,046	△2.8	1.8	2.9	100.0	100.0	100.0
급식주체부문	181,261	185,795	190,706	△3.4	2.5	2.6	79.4	80.0	79.8
영업급식	148,317	152,583	157,575	△3.9	2.9	3.3	65.0	65.7	65.9
음식점	122,230	124,683	128,473	△2.2	2.0	3.0	53.5	53.7	53.7
식당 및 레스토랑	85,462	88,158	90,658	△2.6	3.2	2.8	37.4	37.9	37.9
소비 및 우동전문점	10,637	10,717	11,474	△1.4	0.8	7.1	4.7	4.6	4.8
초밥전문점	12,847	12,753	13,459	△0.1	△0.7	5.5	5.6	5.5	5.6
그 외 음식점	13,284	13,055	12,882	△1.8	△1.7	△1.3	5.8	5.6	5.4
국내선 기내식 등	2,366	2,440	2,463	△6.2	3.1	0.9	1.0	1.1	1.0
숙박시설	23,721	25,460	26,639	△11.7	7.3	4.6	10.4	11.0	11.1
집단급식	32,944	33,212	33,131	△0.8	0.8	△0.2	14.4	14.3	13.9
학교	4,712	4,905	4,880	△5.2	4.1	△0.5	2.1	2.1	2.0
사업소	17,164	17,179	17,066	△0.0	0.1	△0.7	7.5	7.4	7.1
사원식당 등 급식	11,968	11,992	11,878	△0.1	0.2	△1.0	5.2	5.2	5.0
도시락 급식	5,196	5,187	5,188	0.1	△0.2	0.0	2.3	2.2	2.2
병원	8,231	8,206	8,189	△0.8	△0.3	△0.2	3.6	3.5	3.4
탁아소 급식	2,837	2,922	2,996	2.3	3.0	2.5	1.2	1.3	1.3
음료주체 부분	47,021	46,519	48,340	△0.7	△1.1	3.9	20.6	20.0	20.2
찻집 · 선술집	20,110	19,977	20,698	△0.5	△0.7	3.6	8.8	8.6	8.7
찻집	10,182	10,197	10,602	△0.1	0.1	4.0	4.5	4.4	4.4
선술집 · 비어홀	9,928	9,780	10,096	△1.0	△1.5	3.2	4.3	4.2	4.2
요정 · 바	26,911	26,542	27,642	△0.8	△1.4	4.1	11.8	11.4	11.6
요정	3,217	3,173	3,304	△0.8	△1.4	4.1	1.4	1.4	1.4
바 · 카바레 · 나이트클럽	23,694	23,369	24,338	△0.8	△1.4	4.1	10.4	10.1	10.2
요리품소매점	62,979	64,648	64,934	1.4	2.7	0.4	-	-	-
도시락 급식 제외	57,783	59,461	59,746	1.6	2.9	0.5	-	-	-
도시락 급식	5,196	5,187	5,188	0.1	△0.2	0.0	-	-	-
외식산업(요리품 소매점 포함)	286,065	291,775	298,792	△2.0	2.0	2.4	-	-	-

주: △은 전년대비 매출 감소를 의미함
자료: (재)일본외식산업총합조사연구센터

〈표 1-39〉 일본의 월평균 가계소비지출(전가구)

(단위 : ¥)

구 분	2009	2010	2011	2012	2013	2014
세대인원	3.11	3.09	3.08	3.07	3.05	3.03
세대주연령	55.8	56.3	56.8	57.5	57.9	58.3
소비지출	291,737	290,244	282,966	286,169	290,454	291,194
식료	68,322	67,563	66,904	67,275	68,604	69,926

주: 2인 이상(농림어가 세대포함) 세대임
자료: 총무성, 「가계조사연보」

〈표 1-40〉 일본의 월평균 가계소비지출(근로자가구)

(단위 : ¥)

구 분	2009	2010	2011	2012	2013	2014
세대인원	3.43	3.41	3.42	3.42	3.42	3.4
세대주연령	47.1	47.3	47.3	47.8	48	48.1
소비지출	319,060	318,315	308,838	313,874	319,170	318,755
식료	70,134	69,597	68,420	69,469	70,586	71,189
외식	14,141	14,156	13,791	14,349	14,803	14,735
엥겔지수	22	21.9	22.2	22.1	22.1	22.3

주: 2인 이상(농림어가 세대포함) 세대임.
자료: 총무성, 「가계조사연보」

일본의 근로자가구 월평균 가계소비지출은 2014년 총 소비지출 31만 8,755엔에서 식료의 비중이 7만 1,189엔으로 22.3%를 차지한다. 소비지출액은 2013년 대비 2012년에 415엔 감소하였으나 소비지출에서 식료의 금액은 2013년 대비 2014년에 603엔 증가하였다. 외식비용은 2014년도 기준으로 식료지출의 약 20% 정도를 차지하고 있다. 2013년도와 비교하여 보았을 때 전년대비 2014년도의 소비 지출액 및 식료에 대한 지출이 약간 증가하여 엥겔지수 또한 증가하였다.

(3) 중국의 외식시장 규모

2013년 기준 중국 전체 외식산업 판매 총액은 약 31조 위안으로 전년대비 약 7% 증가하였으나 2008년 대비 약 1.7배 성장하였다. 한중국 소비자가 식품에 지출한 금액은 약 592억 달러이며 중국 1인당 외식금액은 약 186달러로 나타났다. 2011년 중국 외식시장의 세부 섹터별 규모를 살펴보면 '풀서비스 레스토랑'이 72.2%로 가장 높았으며 그 다음으로 '패스트푸드'가 24.2%로 나타났다. 그 외에는 '카페/바', '길거리/간이음식점', '배달/포장 전문음식점'

은 2.0% 미만으로 중국의 외식시장은 아직까지 업태 세분화가 이루어져 있지는 않다고 한다. 그러나 경제성장으로 인한 소득수준의 향상으로 중국인의 라이프 스타일이 변화하고 간편화·다양화 트렌드가 확산되면서, 카페/바, 패스트푸드 시장의 성장세가 두드러지고 있다. 스타벅스의 경우 대도시권을 중심으로 매장이 급속도로 증가하고 있고, 패스트푸드 시장은 2005-2011년 외식시장 전체 연평균 성장률(9.2%)을 웃도는 10.5%의 성장률을 기록하며 시장점유율을 높여가고 있다.

	2008	2009	2010	2011	2012	2013
매출액 (CNY Million)	1,814,164	1,998,811	2,342,235	2,659,002	2,924,600	3,165,131

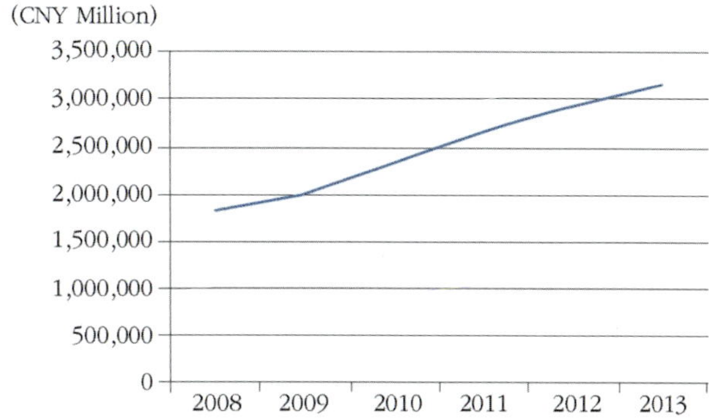

출처: 2014 해외외식 및 한식산업 조사(한식재단)

[그림 1-13] 중국 매출액 기준 외식산업 규모

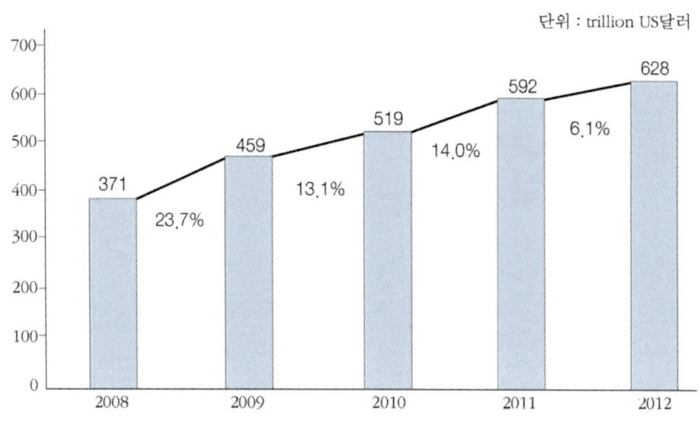

출처: 2015 한국외식연감(식품외식정보)

[그림 1-14] 중국 식비지출액 규모

중국의 외식시장 규모는 2013년 기준 3조 1,651억 위안으로 집계되었으며, 이는 전년대비 약 8.0%가 성장한 수치이다. 중국 국가통계청이 발표한 자료에 따르면 소비지출비 중 음식소비가 차지하는 비율은 매년 증가하고 있으며 1991년 5.2%에서 2005년에는 21.6%를 차지하였으며 2010년도부터는 약 30% 정도를 차지하고 있다.

사업체 수는 2009년도에 2만 694개에서 2016년도에 2만 6,634개로 5년 동안 약 22.3% 증가하였으며, 외식업종사자 수도 2009년도에는 약 2백만 명에서 2014년도에는 2천3백만 명으로 약 1.2배 정도 증가하였다.

〈표 1-41〉 중국 외식산업의 시장규모

(단위 : 백만 위안, 개, 명, %)

구분	2009	2010	2011	2012	2013	2014
매출액	1,998,811	2,342,235	2,659,002	2,924,600	3,165,131	-
사업체 수	20,694	21,595	22,496	23,390	26,743	26,634
종사자 수	2,006,056	2,202,988	2,277,980	2,437,088	2,467,693	2,345,474
1인당 소비지출 중 음식이 차지하는 비율(도시)	-	35.6	36.3	36.2	30.1	30.5

자료: 중국 국가 통계국

중국연쇄경영협회의 통계에 따르면 2008년 프랜차이즈 총 매출액은 2,987억 위안(전년 동기대비 23.8% 증가)이며 브랜드 수는 총 3,500여 개(전년대비 25% 증가), 중국 프랜차이즈경영협회의 최근 발표에 따르면 2008년 말까지 중국 프랜차이즈 체인점은 30만 개를 넘었으며, 관련 산업 역시 60개를 넘었다. 2008년 중국 프랜차이즈 상위 100대 체인점의 매출은 2,199억 위안에 달했으며, 8만 5,316개의 점포 가운데 체인점은 6만 9,729개로 나타났다. KOTRA가 2009년 10월 7일에 발표한 "중국 주요시장 프랜차이즈산업 상권분석 및 진출방안" 보고서에서 중국 프랜차이즈 시장은 지난 3년간 평균 20% 이상 성장했으며, 2008년 기준으로 3천억 위안 규모의 거대시장이 됐다고 밝혔다.

〈표 1-42〉 중국 내 업태별 체인 외식산업 규모

<table>
<tr><th rowspan="2">분 류</th><th colspan="4">업체 수(개)</th><th colspan="4">종사원 수(만 명)</th><th colspan="4">매출액(1억 위안)</th><th colspan="4">메뉴 및 상품 매출액(1억 위안)</th></tr>
<tr><th>2009</th><th>2010</th><th>2011</th><th>2012</th><th>2009</th><th>2010</th><th>2011</th><th>2012</th><th>2009</th><th>2010</th><th>2011</th><th>2012</th><th>2009</th><th>2010</th><th>2011</th><th>2012</th></tr>
<tr><td>레스토랑</td><td>4,291</td><td>5,172</td><td>6,237</td><td>6,275</td><td>27.94</td><td>28.18</td><td>35.81</td><td>32.18</td><td>329.73</td><td>311.81</td><td>408.62</td><td>452.09</td><td>162.75</td><td>170.11</td><td>205.77</td><td>207.69</td></tr>
<tr><td>패스트푸드</td><td>7,189</td><td>8,350</td><td>8,893</td><td>10,412</td><td>29.37</td><td>37.62</td><td>45.52</td><td>45.97</td><td>454.60</td><td>591.31</td><td>671.62</td><td>778.96</td><td>175.93</td><td>268.18</td><td>300.38</td><td>335.53</td></tr>
<tr><td>찻집</td><td>5</td><td>10</td><td rowspan="2">809</td><td rowspan="2">976</td><td>0.01</td><td>0.02</td><td rowspan="2">1.06</td><td rowspan="2">1.57</td><td>0.26</td><td>0.34</td><td rowspan="2">26.29</td><td rowspan="2">38.54</td><td>0.01</td><td>0.03</td><td rowspan="2">7.13</td><td rowspan="2">12.67</td></tr>
<tr><td>커피숍</td><td>708</td><td>397</td><td>1.43</td><td>0.48</td><td>14.97</td><td>15.79</td><td>2.57</td><td>4.1</td></tr>
<tr><td>기타</td><td>1,546</td><td>1,404</td><td>346</td><td>490</td><td>6.43</td><td>4.32</td><td>0.91</td><td>0.83</td><td>79.75</td><td>36.18</td><td>13.87</td><td>13.68</td><td>20.73</td><td>13.41</td><td>5.65</td><td>5.46</td></tr>
<tr><td>합계</td><td>13,739</td><td>15,333</td><td>16,285</td><td>18,153</td><td>65.18</td><td>70.62</td><td>83.29</td><td>80.55</td><td>879.32</td><td>955.43</td><td>1120.39</td><td>1283.26</td><td>362.00</td><td>455.83</td><td>518.93</td><td>561.36</td></tr>
</table>

출처: 2015 한국 외식연감(식품외식정보)

〈표 1-43〉 중국의 도시 및 도시 외 가구별 소비지출 추이(2008~2011년)

(단위 : 1억 위안)

분 류	2008	2009	2010	2011
전 소비지출	111,670.4	123,584.6	140,758.6	164,945.2
도시가구	83,993.1	94,579.3	108,784.0	127,550.6
음식	26,205.4	28,419.4	31,588.6	37,458.5
의류	7,172.4	8,149.2	9,495.8	11,392.7
주거	14,187.0	15,888.6	19,168.1	21,596.2
가정시설 등	4,255.8	4,993.5	6,119.7	7,135.0
의료보건	7,418.4	8,773.8	10,049.5	12,590.7
교통 및 통신	8,717.7	10,677.4	13,041.8	14,624.1
교육·문화 오락 물품 및 서비스	8,366.0	9,346.0	10,700.9	12,596.8
금융 서비스	2,132.9	1,995.8	3,172.4	3,686.1
보험 서비스	1,536.2	1,589.8	2,165.4	2,516.0
기타	4,011.3	4,745.9	3,281.7	3,954.5
도시 외 가구	27,677.3	29,005.3	31,974.6	37,396
음식	11,342.7	11,397.8	12,249.1	13,989.2
의류	1,502.7	1,619.8	1,796.1	2,265.7
주거	5,005.5	4,850.9	5,042.2	5,792.3
가정시설 등	1,277.9	1,589.8	1,980.2	2,504.4
의료보건	2,478.9	3,030.7	3,643.9	4,609.9
교통 및 통신	2,609.2	2,806.9	3,136.6	3,631.2
교육·문화 오락 물품 및 서비스	2,231.5	2,372.9	2,494.6	2,631.5
금융 서비스	505.4	474.9	751.7	879.1
보험 서비스	179.3	275.7	240.6	281.4
기타	544.2	585.9	639.6	809.9

자료: 2015 한국외식연감(식품외식정보)

외식시장의 급속한 성장을 반영하듯 중국의 가구별 소비지출도 상승 추세를 보이고 있다. 중국의 도시와 도시 외 지역의 가구별 소비지출 추이를 살펴보면 2011년도에 도시가구와 도시와 가구 모두 소비 지출량은 상승추세에 있지만 도시가구가 도시 외가구의 소비지출액인 3조 7,934억에 비해 약 4배 정도 높은 12조 2,755억으로 나타났다. 음식소비의 경우에도 마찬가지로 도시가구가 3조 7,458억 위안으로 도시 외 가구 음식 소비 지출액인 1조 3,989억 위안보다 약 2.6배 높았다. 음식에 대한 소비 비율을 보면 도시가구의 경우 소비지출대비 29.3%, 도시 외 가구가 37.4%로 나타났다.

02 창업자의 자세와 자가진단

제1절 고객가치[1)]

고객을 위한(For the Customer) 가치

- 고객을 위해 기업이 제공할 수 있는 제품과 서비스
- 최고의 가치를 제공하기 위해 상품 및 서비스의 차별화와 체험마케팅에 주력
- 끊임없이 변화하는 고객의 요구를 측정하고 대응방안을 마련
- 고객에게 전달되는 가치가 클수록 고객이 지불하는 비용도 높아진다.

고객의(Of the Customer) 가치

- 기업이 고객을 기다리기보다 능동적으로 고객을 선택하고 고객가치를 개발하는 것
- 고객 잠재 니즈 발견, 고객 포트폴리오 구축, 불량고객의 충성고객 전환, 고객 생애 가치 분석 등 다양한 마케팅 툴과의 연계를 통해 고객이 가진 원천적 가치를 극대화해야
- 단계별 고객에 대한 심층적인 이해와 지속적인 신뢰관계 구축이 곧 기업의 성공으로

고객에 의한(By the Customer) 가치

- 고객들의 자발적 참여를 통한 가치창출을 의미
- 최근 '프로슈머', '파워블로거' 등 자발적 참여 고객을 통해 생산되는 수많은 정보들이 실제 제품 구매와 기업 인지도 향상으로 이어지는 것이 대표적인 예다.
- 따라서 기업은 고객참여 프로그램을 개발하고 그 속에서 아이디어를 얻어 제품과 서비스에 반영할 수 있도록 노력해야 한다.

1) 롤란드 T. 러스트 외(2006), 고객가치관리와 고객 마케팅 전략

고객(자산)가치란 기업의 장기적인 가치는 기업과 고객의 관계적 가치에 의해 결정되고, 이를 고객자산가치(Customer Equity)라 부른다. 고객가치는 개인 고객의 할인율이 적용된 모든 생애가치의 총액을 말한다.

다시 말해, 우리는 고객의 현재 수익성 관점뿐만 아니라 시간의 흐름에 따라 기업이 얻게 되는 순수 할인율이 적용된 고객의 공헌이익(고객의 미래가치)의 관점을 반영하여 고객의 가치를 정의한다. 따라서 이들 개념을 전체 고객에 대해 합한 것을 고객가치라 부른다.

모든 선진경제에서 오늘날 형성되고 있는 경제적 변화는 브랜드가치에서 고객가치로 경영의 초점 이동이 불가피하다는 것이다. 이러한 추세는 상품 중심에서 고객 중심으로의 이동이 보편화되고 있음을 의미한다.

고객관계관리를 점차 강조하는 일반적 추세는 상품에 대한 강조가 점차 줄어드는 것과 일치한다. 그렇다고 상품이 중요하지 않다는 의미가 아니라 점차 고객을 만족시키는 데 이차적 요소가 되고 있다는 것이다. 다른 의미로 급변하는 기술환경에서 제품은 왔다가 가지만 고객은 남는다. 성공의 비밀은 어떤 제품이 포함되는가 혹은 시간이 지나면서 제품에 대한 욕구가 어떻게 변하는가와 관계없이 고객과의 수익적 관계를 유지하는 것이다. 따라서 진정으로 현대 기업들이 해야 할 일은 개별고객의 브랜드 충성도와 관련되지 않을지라도 고객관계를 유지하는 데 있다.

1) 고객을 위한(For the Customer)

고객을 위해 기업이 제공할 수 있는 제품과 서비스 최고의 가치를 제공하기 위해 상품 및 서비스의 차별화와 체험마케팅에 주력하는 것을 말한다. 끊임없이 변화하는 고객의 요구를 측정하고 대응 방안을 마련해야 하고 고객에게 전달되는 가치가 클수록 고객이 지불하는 비용도 높아진다.

2) 고객의 가치(Of the Customer)

기업이 고객을 기다리기보다 능동적으로 고객을 선택하고 고객가치를 개발하는 것을 일컫는다. 이를 위해 고객 잠재 니즈 발견, 고객 포트폴리오 구축, 불량 고객의 충성고객 전환, 고객 생애 가치 분석 등 다양한 마케팅 툴과의 연계를 통해 고객이 가진 원천적 가치를 극대화해야 하며, 각 단계별 고객에 대한 심층적인 이해와 지속적인 신뢰관계 구축이 곧 기업의 성공으로 이어진다.

3) 고객에 의한 가치(By the Customer)

고객들의 자발적 참여를 통한 가치창출을 의미한다. 최근 '프로슈머', '파워블로거' 등 자발적 참여 고객을 통해 생산되는 수많은 정보들이 실제 제품구매와 기업 인지도 향상으로 이어지는 것이 대표적인 예라고 할 수 있다.

따라서 기업은 고객참여 프로그램을 개발하고 그 속에서 아이디어를 얻어 제품과 서비스에 반영할 수 있도록 노력해야 한다.

제2절 창업자의 기본자세

경제연구원이나 정부기관들은 2030년 경제성장률을 1~3%대, 물가 상승률을 2% 이상 될 것으로 예견, '저물가－저성장'이라는 암울한 전망치를 제시하고 있다.

그러면 외식업계는 어떨 것인가. 업계의 전문가와 교수 및 해외도입브랜드인 패밀리레스토랑과 패스트푸드 그리고 한식 기업경영자들이 '하향 성장'이라는 일치된 견해를 보였다. 분명한 것은 성장이다. 그러나 연간 평균 적게는 0%부터 많게는 3% 정도의 저성장시대라는 것이다. 특히 한식이나 개인이 운영하는 식당들은 적자경영에서 허덕일 것으로 전망되고 있다. 대기업에서 운영하는 식당이나 세계적인 다국적 브랜드는 5%까지 성장할 것으로 전망하고 있다.

고유가, 소비자물가 상승, 주식시장의 불안정, 공적자금 투입에 따른 국민의 세금 가중, 지방경제 위축, 실업률의 증가, 기업채산성 악화, 임금인상률 둔화 등으로 인한 내수가 위축되어 소득의 정체, 세금 증가라는 2중고에 직면하여 있다. 또한 수출을 주도하는 반도체 가격의 하락과 고유가의 여파가 저성장 현상을 보이고 있다.

외식업계의 의식도 그에 따라 변하여 맛이나 서비스 분위기보다는 고객들의 식당 선택의 기준이 가격에 민감하게 반응하고 있다. 결국 외식비를 비롯, 가계 씀씀이가 줄어들 수밖에 없음이 자명하다. 비관적 경기전망에 따라 외식업소들은 '비교우위의 경쟁력'만이 생존방법으로 인식되고 있다.

소비자들은 자기중심적, 코쿠닝(Cocooning)현상으로 택배나 포장판매, 반가공식품을 요구하고 있으며, 소득의 격차가 더욱 커져 외식업계도 빈익빈 부익부(貧益貧 富益富)현상이 심화되고 있다.

전국 65만 개의 식당이 산재해 국민 75명당 1개의 식당이 생존경쟁을 벌이고 있는 가운데 성장업종과 쇠퇴업종이 뚜렷해지고 있다. 파스타시장의 안정, 일본식문화의 지속적인 성장, 패밀리레스토랑의 저성장, 패스트푸드의 CVS(편의점)과 경쟁심화, 전통적이고 복고적인 한식의 새로운 업태가 출현하고 있다. 또 중식당, 일반 레스토랑, 다방 등은 급속히 쇠퇴하고 있으며, 서서 마시는 술집, Take out커피숍, 복합점포, 메뉴의 업종파괴, 고객이 조리하는 식당 등 다양한 업태가 출현하고 있다.

급변하는 사회환경과 업종파괴, 계속되는 무분별한 창업, 새로운 업태출현, 가격경쟁 격화, 계획외식 등 외식시장이 급변하고 있는 불황기인 21세기에는 어떤 식당들이 살아남을 수 있으며 그 경영방법은 어떠한가.

- 고객들은 기억되기를 바라고, 환영받고 싶어하고, 관심을 가져주기를 바라고, 중요한 사람으로 인식되기를 바라고, 편안한 마음으로 식사하기를 바라고, 존경받기를 원하고, 칭찬받기를 원하고, 기대와 욕구가 충족되기를 바란다.
- 또한 고객들은 웃음으로 맞이하기를, 음식이 빨리 제공되기를, 즉시 좌석에 안내되기를, 음식이 괜찮았냐고 물어봐 주기를… 등과 같이 세심한 배려를 보여주기를 원하고 있다.
- 또 이들 고객은 레스토랑에서 배고픔과 목마름을 해결하고, 저렴하게 지불하고, 맛있는 것을 빨리 먹고, 진기한 것을 먹고, 좋은 대접을 받고, 레스토랑을 대화의 자리로 활용하고, 분위기를 즐기고, 건강음식을 먹고, 전통(향수)음식을 먹고, 편의 지향적인 음식을 먹고, 청결한 분위기에서 음식을 먹고 싶어한다.

이와 같이 외식하는 고객은 원하는 것도 바라는 것도 많다. 그러나 불가능한 것을 바라지는 않는다. 고객들이 바라는 것들을 종합적으로 정리하면 좋은 서비스를 제공하는 굿(Good)의 사상에서 고객의 만족을 기대할 수 있다는 것을 알 수 있다. 그렇기 때문에 보다 좋은 서비스를 제공하는 베터(Better)정신으로, 그리고 고객에게 최고의 만족을 제공한다는 베스트(best)정신을 가진 서비스를 제공하여야 고객만족 또는 고객감동서비스가 가능하게 된다.

베스트 서비스란 단순히 최고급 메뉴만을 제공하는 것이 아닌 고객이 식당에 들어서는 순간부터 식당을 떠날 때까지 전 과정에서 종업원과 고객 간의 접촉이 이루어지는 수많은 접점(진실의 순간)마다 자발적인 서비스를 느낌으로 받았을 때를 베스트서비스라고 한다. 즉 단순한 기능적인 서비스가 아니라 마음에서 우러나는 인간적인 서비스로 정신적인 만족감을 말한다. 자기가 생각지도 않았던 자상한 배려를 받고 다른 데서 볼 수 없는 적극적이고 자발적인 서비스 자세를 보았을 때 고객은 베스트서비스를 받았다고 말한다.

그러므로 일선 종업원이 수행하는 서비스에 대한 책임은 무한하다고 볼 수 있다. 일선 종업원이 수행하는 무형의 서비스는 신뢰성(Reliability), 보장(Assurance), 정확성(Accuracy), 반응(Responsiveness), 그리고 감정이입(Empathy)을 고려하여 고객과 접촉할 때(진실의 순간)마다 자상하고 마음이 통하는 최상의 서비스로 이어질 수 있다.

〈표 2-1〉 경영자의 경영관리 분석

구 분	내 용	빈도(명)	비율(%)
식당경영 시 비중사항	맛	217	43.0
	서비스	103	20.4
	분위기	38	8.0
	가격	89	17.6
	위생 및 청결	41	8.0
	기타	16	3.0
경영상의 힘든 점	세금문제	137	27.2
	직원관리(인력난)	186	37.0
	영업부진	29	5.7
	과당경쟁	45	8.9
	원가관리	103	20.4
	기타	4	0.8
현재 성공식당의 요인	맛	149	29.6
	서비스	102	20.2
	마케팅(판촉 및 구전효과)	81	16.1
	분위기	36	7.1
	입지조건	69	13.7
	경영주 및 직원의 마인드	67	13.3
운영과정에서의 투자항목순위	메뉴개발	195	38.7
	직원교육	81	16.1
	시설 및 인테리어	204	40.5
	기타	24	4.7
경영정보 취득방법	전문서적	145	28.8
	벤치마킹	188	37.3
	전문가의 도움(컨설팅 등)	13	2.6
	외식관련 교육기관	41	8.1
	기타	117	23.2
직원교육방법	국내 전문기관에 의한 위탁교육	87	17.2
	점포 내부의 자체교육	327	64.9
	외국교육기관에 의한 연수교육	27	5.4
	외부강사 초빙교육	63	12.5
직원 동기부여방법	후생복지강화	261	51.8
	경영권 참여	81	16.0
	전문교육 기회부여	22	4.4
	성과급 지급	132	26.2
	기타	8	1.6

여기서 신뢰는 제공되는 서비스가 지속적이어야만 한다는 것을 말하며 보장은 고객을 안심하고 편안하게 느끼도록 만드는 것이다. 정확성은 세심한 주의를 기울임과 동시에 서비스 절차를 정확하게 따르는 것이다. 반응은 신속하고 신의 있는 서비스를 말하며, 감정이 느껴질 수 있는 미소와 밝은 인사, 그리고 정중한 말씨로 고객을 환영의 마음으로 응대하고, 정확, 신속한 응대를 하며 언제나 고객의 관점에서 서비스를 고려하고 세심한 주의를 기울이며 조심하는 행동, 친절, 배려 등을 말한다. 이와 같이 고객의 욕구는 저차원의 욕구에서 고차원의 욕구로, 기능적인 서비스에서 인간적인 서비스로, 그리고 물질적인 만족에서 느낌에서 오는 정신적인 만족으로 차츰 변해가고 있음을 알 수 있다.

경영자에 대한 설문조사[2)]에서 식당경영에 있어 가장 중요한 것으로 생각하고 있는 것은 맛, 서비스, 가격, 분위기, 위생 및 청결의 순으로 집계됐다. 식당을 운영하면서 가장 어려운 점은 직원관리(인력난)로 서비스가 중심이 되는 외식사업의 구조적인 문제를 가장 심각하게 생각했으며 다음으로 세무문제 순으로 나타났다.

잘되는 식당들의 성공요인에 대해서는 맛, 서비스, 판촉 및 구전효과로 인한 마케팅, 입지조건, 경영주 및 직원의 마인드, 분위기 순으로 나타났다. 식당운영과정에서 가장 투자를 많이 하는 부분으로는 시설 및 인테리어, 메뉴개발, 전문서적, 외식관련 교육기관, 컨설팅 등과 같은 전문가의 도움을 받는다 순으로 나타났으며, 직원교육 방법은 자체교육, 전문기관 위탁, 외국 연수교육, 외부강사 초빙교육 순으로 조사되었다.

이와 같은 결과에서 보듯이 식당경영주들은 맛이나 서비스 개발에 집중적인 투자와 연구를 해야 성공식당이 될 수 있다.

제3절 성공지침

■ 창업자의 기본자세

- 부업이 아닌 전업
- 철저한 프로의식(상인정신)
- 불필요한 자존심을 버릴 것
- 편하게 성공할 수 없다.
- 작게 시작하라.
- 자기자본으로 시작하라.

2) 한국외식산업연구소, 2007, 안산시 댕이골음식문화거리 육성방안 연구

- 가족의 노동력을 지원받아라.
- 냉철한 현실을 파악하라.
- 할 수 있다는 굳건한 의지를 가지고 발로 뛰어라.
- 21C 유망사업
- 목적과 관심 필요
- 사전조사 발로 뛰는 시장조사
- 모든 일을 손수해야 한다.
- 주관을 가져야 한다.
- 소상권 시대(Only NO. 1)

1) 성공지침

- 전문점/단일메뉴를 선택하라.
- 대중적인 메뉴로 차별화시켜라. / 맛, 밑반찬, Interior, Service
- 자신이 직접 경영하라.
- 입지에 적합한 메뉴를 선택하라.
- 자신의 환경에 적합한 업종
- 고객의 입장에서 생각한다.
- 동종업종에서 일해 보라.
- 가치를 창출하라.
- 벤치마킹 등 열심히 연구하라.
- 친절하다, 양이 많다(충분히 더 준다).

2) 실패원인

- 맛이 없다.
- 메뉴의 종류가 너무 많다.
- 지나치게 손익을 따진다.
- 음식량이 적다.
- 최선을 다하지 않고 자리(입지)만 따진다.
- 동업관계에 있다.
- 쓸데없는 자존심이 강하다.
- 오너 개인의 품위와 품격을 지키려고 한다.
- 고객의 입장에서 생각하지 않고 오너의 입장에서만 사고하고 행동한다.

3) 성공 경영자의 특징

- 왕성한 지식욕
- 사소한 일도 그냥 지나치지 않는다.
- 외식에 대한 자료정보, 자기점포와 관련된 국내외 자료를 많이 가지고 있다.
- 말을 아낀다.
- 체력과 정신력이 강하다.

제4절 창업자 자가진단 테스트

〈표 2-2〉의 진단결과를 상대적으로 평가할 수는 없다. 그러나 이 평가표를 기준으로 창업자 자신의 장단점을 파악하여 장점은 특화시키고 단점은 보완해서 성공을 위한 마인드 정립의 계기로 삼아야 한다.

〈표 2-2〉 창업자 자가진단 체크표

평가요소	평가항목	가중치(A)	평가구간(B) 강(많음) 약(적음)	평점 (A)×(B)/10
적성 및 자질 (30)	① 모험심 • 새로운 것에 대한 호기심	2	(호기심이 강) (무관심) 10 5 0	
	• 가능성에 대한 도전성	2	(도전성이 강) (약하다) 10 5 0	
	② 가능성에 대한 집념 • 추진력과 정력	2	(강) (약) 10 5 0	
	• 지구력 및 끈기	2	(강) (약) 10 5 0	
	③ 스케일 • 외향적 성격, 내성적 성격	2	(외향적) (내성적) 10 5 0	
	• 사업가적 스타일, 샐러리맨 스타일	2	(사업가) (샐러리맨) 10 5 0	
	④ 리더십 • 학창시절, 직장생활 중 리더로서의 경험	2	(유) (무) 10 5 0	

평가요소	평가항목	가중치(A)	평가구간(B)	평점 (A)×(B)/10
적성 및 자질 (30)	• 상·하 포용능력	2	(강) (약) 10 5 0	
	⑤ 의지력 • 실패에 대한 인내력	2	(유) (무) 10 5 0	
	• 목표달성의 인내력	2	(강) (약) 10 5 0	
	⑥ 기타 기업가적 소질 • 금전선호사상	2	(강) (약) 10 5 0	
	• 기본체력	2	(강) (약) 10 5 0	
	• 독립심	2	(강) (약) 10 5 0	
소 계		30		( )

평가요소	평가항목	가중치 (A)	평가구간(B) 강(많음) 약(적음)	평점 (A)×(B)/10
적성 및 자질 (30)	• 독립심	2	(강) (약) 10 5 0	
	• 외식기업가의 가치관	2	(합리적) (비합리적) 10 5 0	
	• 능동형, 수동형	2	(능동형) (수동형) 10 5 0	
소 계		30		( )

평가요소	평가항목	가중치 (A)	평가구간(B) 강(많음) 약(적음)	평점 (A)×(B)/10
경험 및 지식 (30)	① 창업관련분야에서의 경험	5	(10년) (5년) (없음) 10 5 0	
	② 학문과 지식 • 학력	5	(대졸이상) (고졸) (중졸이하) 10 5 0	
	• 업종에 대한 지식	5	(풍부) (보통) (부족) 10 5 0	

경험 및 지식 (30)	③ 창업자 능력 • 창업자가 가지고 있는 자격	3	(기사1급) (약) (기사2급) 10 5 0	
	• 사회적 지위	3	(상) (중) (하) 10 5 0	
	• 전 직장에서의 신용	3	(양호) (보통) (불량) 10 5 0	
	④ 교재인물의 폭과 깊이	3	(다양) (보통) (낮음) 10 5 0	
	⑤ 창업환경을 둘러싸고 있는 인간관계	3	(강함) (보통) (낮음) 10 5 0	
소 계		30		( )

평가요소	평가항목	가중치(A)	평가구간(B) 강(많음) 약(적음)	평점 (A)×(B)/10
업무수행능력 (경영능력) (40)	① 가정유지능력 • 전 가족의 전적인 동의	3	(동의) (반신반의) (반대) 10 5 0	
	• 사업의존성	2	(독립성) (50% 이상) (의존성) 10 5 0	
	• 사업과 가사와의 조화	2	(조화 확실) (보통) (부조화) 10 5 0	
	• 사업실패 시 가계의 타격정도	3	(타격 없음) (50%) (100%) 10 5 0	
	② 창업맴버의 구성 및 통제능력 • 핵심창업멤버 확보용이	2	(용이) (보통) (곤란) 10 5 0	
	• 창업멤버구성	2	(100%) (50%) (미정) 10 5 0	
	• 해당업종의 필수자격구비	2	(100%) (50%) (불가) 10 5 0	

	• 조리직 근로자 통제능력 (창업자의 기술수준)	2	(100%) (50%) (불능) 10 5 0	
	• 창업자의 영업통제능력	2	(100%) (50%) (불능) 10 5 0	
	③ 서비스 및 기술혁신 능력 • 해당업종의 서비스향상방안 확립	3	(완비) (불비) 10 5 0	
업무 수행 능력 (경영 능력) (40)	• 경쟁사대비 서비스수준	3	(200%) (100%) (50%) 10 5 0	
	• 기술개발시스템 및 인력확보	3	(100%) (추진) (미확보) 10 5 0	
	④ 경영 및 환경적응능력 • 경영환경 적응능력	3	(높음) (보통) (낮음) 10 5 0	
	• 경영분석능력	3	(양호) (보통) (부족) 10 5 0	
	• 경영판단능력	3	(양호) (보통) (부족) 10 5 0	
소 계		40		( )
합 계		100		( )

제5절 예비창업자의 적성검사[3)]

본 조사항목은 (예, 아니오)로 응답하여 본인의 적성을 검토하는 내용이다. 본 프로그램을 보다 정확히 활용하기 위해서는 소상공인시장진흥공단을 활용하기 바란다.

3) 소상공인창업지원센터(http://www.sbdc.or.kr/)

〈표 2-3〉 예비창업자 적성검사표

1. 나의 생활방식을 다른 사람에게 구체적으로 설명할 수 있다.
2. 일을 계획적으로 하는 편이다.
3. 일을 맡으면 적극적으로 하고 싶은 생각이 든다.
4. 실패해도 실망하지 않는 편이다.
5. 약속을 지키는 편이다.
6. 창업을 위해 정보를 수집하고 있다.
7. 친구가 많다.
8. 다른 사람이 나와 다른 의견을 내고 귀를 기울이는 편이다.
9. 어려움을 함께 고민해 줄 친지가 세 명 이상된다.
10. 도전정신이 왕성한 편이다.
11. 자신의 의사가 확고한 편이다(또는 그 의사를 타인에게 전달할 수 있다).
12. 건강에 자신이 있다.
13. 기초적인 재무지식이 있어 재무제표 정도는 이해할 수 있다.
14. 좋아하는 일이라면 먹고 자는 일도 잊어버린다.
15. 창업을 하는 데 있어 가족들을 설득할 자신이 있다.
16. 잘 될 줄 알았던 일이 생각처럼 안 되어도 곧 잊어버릴 수 있다.
17. 즐겁지 않은 모임에 가서도 참고 즐길 수 있다.
18. 누군가에게 맞으면 반드시 반격을 한다.
19. 외부사람이 말을 걸어오면 일단은 들어준다.
20. 친한 친구의 출세가 마음에 걸린다.
21. 교재 범위가 넓은 편이라 사람을 만나는 데 많은 시간을 소비한다.
22. 손재주는 비교적 있는 편이다.
23. 기획과 섭외 중 기획을 더 잘할 수 있을 것 같다.
24. 도서실이나 자료실에서 책이나 문서를 정리하고 관리하는 일을 싫어하지 않는다.
25. 선입견으로 판단하지 않고 이론적으로 판단하는 편이다.
26. 예술제나 미술전 등에 관심이 많다.
27. 행사의 사회나 방송 등 마이크를 사용하는 분야에 관심이 많다.
28. 하루 종일 방에 틀어박혀 연구하거나 몰두해야 하는 일은 싫다.
29. 공상이나 상상을 많이 하는 편이다.
30. 모르는 사람과도 마음이 맞으면 쉽게 마음을 터놓으며 바로 친해진다.
31. 물건을 만들거나 도구를 사용하는 일이 싫지는 않다.
32. 새로운 아이디어를 생각해 내는 일이 좋다.
33. 회의에서 사회나 서기를 맡는다면 서기 쪽이 맞을 것 같다.
34. 사건의 뒤에 숨은 본질을 생각해 보기를 좋아한다.
35. 색채감각이나 미적 센스는 풍부한 편이다.

36. 남의 눈에 띄는 것을 좋아하므로 남의 주목을 받는 것이 아무렇지도 않다.
37. 문화재 위원과 체육대회 위원 중 체육대회 위원을 하고 싶다.
38. 보고 들은 것을 문장으로 옮기기를 좋아한다.
39. 남에게 뭔가 가르쳐주는 일이 좋다.
40. 많은 사람과 장시간 함께 있으면 피곤하다.
41. 엉뚱한 일을 하기 좋아하고, 발상도 개성적이다.
42. 전표의 숫자를 계산하거나 장부에 기입하는 일을 싫증내지 않고 할 수 있다.
43. 책이나 신문을 열심히 읽는 편이다.
44. 신경이 예민한 편이며, 감수성도 예민하다.
45. 연회석에서 망설임 없이 노래를 부르거나 장기를 보이는 편이다.
46. 운동을 하고 있을 때에는 생기가 넘친다.
47. 사보나 팸플릿 등의 기획이나 편집에 흥미가 있다.
48. 남 앞에서 스스럼없이 자기소개를 한다.
49. 과자나 빵을 판매하는 일보다 만드는 일이 나에게 맞을 것 같다.
50. 즐거운 캠프를 위해 계획 세우기를 좋아한다.
51. 데이터를 분류하거나 통계 내는 일을 좋아한다.
52. 드라마나 소설 속의 등장인물의 생활방식이나 사고방식에 흥미가 있다.
53. 자신의 미적 표현력을 살리면 상당히 좋은 작품이 나올 것 같은 생각이 든다.
54. 화려한 것을 좋아하며 주위의 평판에 신경을 쓰는 편이다.
55. 여럿이서 여행할 기회가 있다면 즐겁게 참가한다.
56. 여행소감을 쓰기 좋아한다.
57. 상품전시회에서 상품 설명을 한다면 잘할 수 있을 것 같다.
58. 변화가 적고 손이 많이 가는 일도 꾸준히 계획하는 편이다.
59. 신제품 홍보에 흥미가 있다.
60. 열차시간표 1페이지 정도라면 정확하게 옮겨 쓸 자신이 있다.
61. 자신의 장래에 대해 자주 생각해 본다.
62. 상품을 고를 때 디자인과 색에 신경을 많이 쓴다.
63. 극단이나 탤런트 양성소에서 공부해 보고 싶다는 생각을 한 적이 있다.
64. 외출할 때 날씨가 좋지 않아도 그다지 신경 쓰지 않는다.
65. 손님을 불러들이는 호객행위도 마음만 먹으면 할 수 있을 것 같다.
66. 신중하고 주의 깊은 편이다.
67. 하루 종일 책상 앞에 앉아 있어도 지루해 하지 않는 편이다.
68. 알기 쉽게 요점을 정리한 다음 남에게 잘 설명하는 편이다.
69. 생물시간보다는 미술시간에 흥미가 있다.
70. 남이 자신에게 상담해 오는 경우가 많다.
71. 친목회나 송년회 등의 총무역할을 좋아하는 편이다.
72. 실패하나 성공하나 그 원인은 꼭 분석한다.

73. 실내장식품이나 액세서리 등에 관심이 많다.
74. 남에게 보이기 좋아하고 지기 싫어하는 편이다.
75. 대자연 속에서 마음대로 몸을 움직이는 일이 좋다.
76. 파티나 모임에서 자연스럽게 돌아다니며 인사하는 성격이다.
77. 무슨 일에 쉽게 구애받는 편이며 장인의식도 강하다.
78. 우리나라의 분재를 프랑스 파리에서 파는 방법을 생각해 내는 일 등을 좋아한다.
79. 거리를 하루 종일 돌아다녀도 그다지 피곤을 느끼지 않는다.
80. 컴퓨터의 키보드 조작도 연습하면 잘할 수 있을 것 같다.
81. 자동차나 모터보트 등의 운전에 흥미를 갖고 있다.
82. 인기탤런트의 인기비결을 곧잘 생각해 본다.

03 상권입지의 조사분석

제1절 상권입지의 개요

1. 상권입지의 정의

① 상권(商圈, Trading area)이란?

垈地(집터로서의 땅)나 物件(점포)이 미치는 영향권(거래권)의 범위나 상가가 형성되어 있는 범위 전체(A, B, C, D, F급지)의 總合을 말한다.

② 입지(Location)란?

垈地나 物件(점포)이 소재하고 있는 위치적인 조건이나 지리적 위치, 즉 지형, 지세를 말한다. 또한 기능적 위치로서 주간과 야간, 오피스, 학원가, 환락가, 대학가에 따라 구분한다.

③ 物件이란?

일정한 형체를 갖춘 모든 물질적 대상으로서 민법상 물권의 객체가 되는 유체물 및 전기, 기타 관리할 수 있는 자연력을 말한다(대한민국 민법 제98조). 동산은 움직이는 물건이며, 부동산은 동산이 아닌 물건, 즉 움직이지 않는 물건이다

2. 상권입지의 분석 목적

입지와 상권은 성공적인 점포창업 및 경영에서 가장 중요한 요소 중 하나로 체계적인 조사·분석을 통하여 입지/점포를 선정하거나, 점포의 Concept 및 고객대응전략을 수립·실행하여야 한다. 분석목적은 입지상권에 적합한 콘셉트(아이템)의 개발, 사업타당성/수익성 검증, 경영개선 및 영업활성화 전략 수립, 상권의 범위와 홍보마케팅 범위 설정, 경쟁점포의 셰어(점유율)와 영향권 분석, 상가 또는 상가건물의 가치척도의 기준 파악 등이다.

3. 상권입지분석 프로세스

상권입지의 분석절차는 그림과 같이 상권분석, 입지분석, 점포분석, SWOT분석 및 영업전략수립 단계로 추진하는 것이 적절하다.

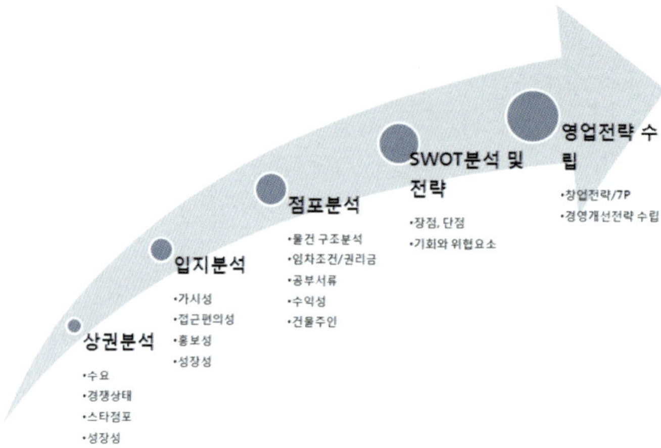

[그림 3-1] 상권입지분석 프로세스(Process)

제2절 상권분석

1. 상권의 범위

외식업에서 상권은 점포가 미치는 영향력의 범위로, 실질구매력을 보유한 유효수요가 있는 공간으로, 일반적으로는 특정점포를 방문하는 고객의 지리적 범위를 기준으로 구분한다.

상권의 개념으로 거래권, 판매권, 상세권, 상권 등이 있다.

- 거래권 : 거래 상대방인 고객의 소재지 범위
- 판매권 : 소매점이 판매대상으로 삼고 있는 지역
- 상세권 : 특정 상업집단(시장, 상점가 등)이 상업세력이 미치는 지역적 범위
- 상권 : 1개의 상점이 고객을 흡인할 수 있는 지역적 범위

상권을 분석할 때 주로 사용하는 거리개념의 상권범위다. 그러나 더욱 엄격하게 구분해 보면 이용고객의 흡수되는 범위를 1차상권, 2차상권, 3차 상권으로 구분하는 게 적절할 것이다.

1차
- 사업장 이용고객의 60~70%를 포함하는 범위
- 대략적인 거리는 편의음식은 700M, 전문음식과 FR 1KM, FD은 2KM

2차
- 사업장 이용고객의 15%~25%를 포함하는 범위
- 1차상권의 외곽에 위치하며, 고객분산도 높음

3차
- 1차, 2차 상권 이외의 고객을 포함하는 범위
- 고객 거주지역은 매우 분산

[그림 3-2] 상권의 분류

2. 상권의 업종, 업태별 범위

일반적으로 상권범위는 고객 흡인율로 설정하나, 세부 상권범위 설정은 업종, 상권특성, 지리적 특성, 교통환경, 점포환경 등에 따라 상이하다. 일반적인 경우 업종별 상권범위는 아래 〈표 3-1〉과 같다.

〈표 3-1〉 상권의 업종, 업태별 범위

업태	업종	1차상권 범위	주요 업종
소매 유통업	생활필수품 편의품	300~500m	• 편의점, 슈퍼마켓, 문구, 반찬가게, 과일야채 • 생선, 정육, 비디오/책 대여점 등
	선매품 전문품	1~3km	• 안경점, 보세의류점, 포토샵, 잡화점, 스포츠용품점 • 가구점, 보석 · 시계 전문점, 명품브랜드숍, 브랜드 의류
외식업	중소형 음식점	300~500m	• 분식, 김밥, 우동, 치킨, 돈가스, 삼겹살 등 • 근린 가족외식업종(칼국수, 샤브샤브, 해물탕, 중국집)
	패스트푸드 고급/전문음식점	1~3km	• 레스토랑, 햄버거, 피자, 갈비, 설렁탕, 오리고기 등 • 전문 뷔페, 중국요리전문점, 한식전문점 등
기타 서비스업	근린생활업종	300~500m	• 세탁편의점, 플라워숍, 애견용품점, 제과점, 부동산
	교육, 취미, 건강 서비스업	1~3km	• 어학원, 어린이집, 요리학원, 대형 PC방, 병원, 피부관리, 헬스, 찜질방, 건강식품 대리점 등

3. 상권에 미치는 영향요인

상권에 영향을 미치는 요소는 다양하나, 주요한 요소를 중심으로 살펴보면 다음 〈표 3-2〉와 같다.

〈표 3-2〉 상권에 미치는 영향요인

요 인	세부 내용
지리적 요인	• 위계 및 좌표, 지형/지세, 행정구역, 하천, 강, 대형도로망, 도시계획 등
교통 요인	• 도로망, 도로 정체도, 이동동선, 육교, 횡단보도, 지하도, 정류장(지하철, 버스), 일방통행, 통행방향 등
인구통계적 요인	• 가구 및 인구, 연령대별, 소득수준별, 주택, 유동인구(시간대별, 연령대, 동선 흐름) 등
경쟁시설 요인	• 1차 경쟁, 2차 경쟁, 잠재경쟁, 경쟁범위 및 규모, 대형소매점, 시너지 효과
배후 소비자 특성	• 쇼핑행태, 라이프스타일, 외식/문화/레포츠 행태 등
점포관련 요인	• 점포 브랜드파워, 구조 및 규모, 인테리어, 익스테리어, 상품, 서비스, 간판, 가시성, 주차장 등
상권 업종특성 및 집객시설 요인	• 상권 내 업종구성, 보완관계 업종, 경합업종 등의 구성형태, 상권 내 공공시설, 다중이용시설, 흡인력이 높은 시설 등의 유무 등

4. 상권의 수명주기

제품이나 인간에게 수명주기가 있듯이 상권에도 수명주기가 있으며, 해당상권에 따라 해당업종의 수명주기가 다르게 움직인다. 따라서 상권분석 시 해당 상권의 수명주기에 대한 철저한 분석은 물론 상권 내에서의 해당업종의 수명주기에 대하여도 분석하여야 한다.

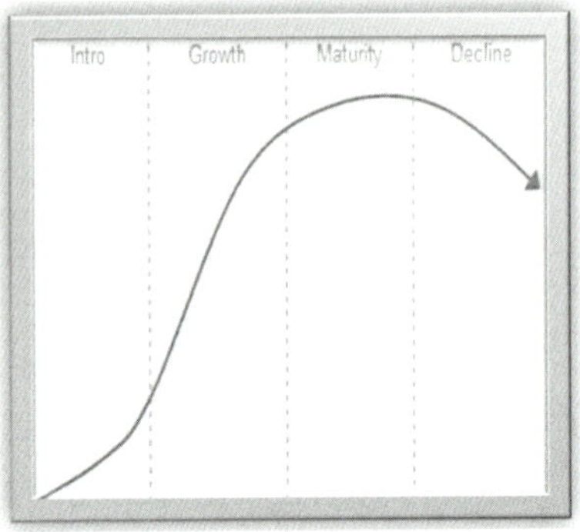

상권 수명주기	상권내 업종 수명주기
• 신도시와 같은 도입기 상권인지, 기존도심처럼 쇠퇴기 상권인지를 분석 • 각 상권주기에 따라 업종 및 임대료, 권리금 등에 대하여 체계적으로 분석 창업 준비 • 일반적으로는 성장기 상권이 바람직 • 초보사업자는 도입기, 성숙기 이후 상권은 피하는 것이 좋음	• 업종 또는 아이템의 수명주기는 4단계가 있으나, 점포창업에서는 지역, 즉 상권의 특성에 따라 수명주기상 단계가 다를 수 있음 • 도심에서는 성숙기이지만, 지역에서는 성장기인 경우(예시) • 최근에는 정보유통의 속도가 빨라 수명주기도 단축되고 있는 실정

[그림 3-3] 상권의 수명주기

5. 성장상권

출점예정인 입지가 미래에 어떻게 될 것인가는 아주 중요하다. 이런 변화에 대해서는 구체적인 확인이 필요하다. 뜬구름 잡듯이 "언제쯤 공사를 시작한다더라"나 혹은 "시작할 예정이다" 등의 정보는 위험천만하다. 최소한 1년 이내에 변화가능성이 있어야 한다. 즉 단기변화는 1년 내 시행되는 것을, 중기변화는 3년 내에, 장기변화는 3년 이상으로 분류할 수 있다. 적어도 음식점을 창업하기 위해서는 1년 이내에 변화가 있어야 한다. 중장기를 바라보고 출점하는 것은 망하기가 십상이다. 아파트단지 내의 상가나 인근 상업지역에 출점하는 경우에도 신중해야 한다. 아파트단지는 입주개시 후 적어도 3년, 길게는 10년이 되어야 안정될 수 있다. 상권은 고정된 것이 아니라 유동적이므로 향후 도시계획, 재개발, 재건축, 관공서 및 대학 이전, 인근 유흥지 개발, 아파트 입주, 대중교통 노선 및 정류장, 지하철 등 다양한 요인에 의해 변화한다.

이와 같은 주변 환경 변화에 따라 경쟁점포의 진입 및 퇴출 등 다양한 변화가 예상되므로 이에 대한 가능성을 철저하게 조사·분석하는 작업이 매우 중요하다. 긍정적 요인은 아래와 같다.

- 아파트 입주 시작
- 반경 200m 이내에 전철역 형성(이동동선)
- 인근으로 횡단보도/버스정류장 이동
- 주변 대형 업무용빌딩 완공이나 관공서 등의 이전
- 해당지역 용도의 상업지역 변경
- 상가들의 개발진행으로 본격상가 형성
- 건물 내 인근 보완업종 입점
- 동인구가 충분히 지속적으로 늘고 있다.
- 생활도로망-어디에서나 차로 올 수 있다.
- 집객시설의 존재-많은 사람들이 모인다.
- 지역 최대의 주차장-자동차 편의성
- 점포 과소 상태-경쟁점포가 없다.
- 독립상권의 성격-수요가 유출되기 어렵다.

상권분석을 위한 기초 조사내용은 아래 〈표 3-3〉과 같다.

〈표 3-3〉 상권조사 내용

항목	주요 내용
도시계획관련 요인	• 도시계획 예정, 변경, 주거정비, 뉴타운 등
교통관련 요인	• 지하철, 버스 등 대중교통시설 추가 및 변경, 정류장 설치 및 이전
주택관련 요인	• 주택 신규분양 및 입주, 재건축, 재개발 등
상업시설	• 상업지역 개발, 상업시설 신규 오픈, 상가, 근린상가 등 건축
관공서 등	• 관공서 이전 및 신규설치 등 공공기관, 학교, 기업 등
기타 집객시설	• 기타 근린공원 등 유동인구 등 유발시설
경쟁시설	• 경쟁점포 진입 및 퇴출 관련
유사업종	• 유사업종 진입 및 퇴출
시너지창출점포	• 상호 보완업종, 먹거리, 가구, 브랜드 의류 등 밀집 시 시너지 창출업종
기타	• 기타 상권변화에 영향을 미치는 사항

6. 쇠퇴상권

상권의 부정적 요인은 다음과 같다.

① 인근아파트의 재개발 · 재건축 시작(뉴타운 등)

② 지하철 공사 시작, 횡단보도/정류장 이동

③ 기존 도보통행구간에 마을버스 운행

④ 인근지역에 대형마트, SSM 진출

⑤ 관공서, 대학 등의 타 지역 이전

⑥ 반경 500m 바깥쪽에 상업지역 형성

⑦ 주변지역에 신도시 개발(상업지역 포함)

⑧ 인근 상업지구의 추가개발(유출가능성 높은 경우)

쇠퇴상권의 징후는 다음과 같다.

① 주변의 거리가 전혀 붐비지 않는다.

② 주위의 간판이 낡고 변색된 점포가 눈에 띄기 시작했다.

③ 다른 업태의 번성점이 눈에 띄지 않는다.

④ 같은 업태가 한 번 출점하였으나 철수하였다.

⑤ 빈 점포가 눈에 많이 들어온다.

⑥ 게임센터와 유흥 음식점 등이 최근 늘었다.

⑦ 통행인의 보행속도가 빠르다.
⑧ 통행인의 흐름이 한 방향으로만 이어지고 있다.
⑨ 주위의 도로가 지저분하고 휴지조각이 많이 떨어져 있다.
⑩ 자전거나 기물 등이 방치된 채로 있는 곳이 많다.

상권 단절요인은 다음과 같다.

① 자연 지형물 - 하천, 둑, 계곡 등
② 인공 지형물 - 철로, 도로(6차선 이상) 등
③ 장애물시설 - 하수처리장, 쓰레기소각장, 학교, 병원 등
④ 상권단절 요인의 영향을 덜 받는 업종 - 초대형음식점, 배달업, 편의점 등

제3절 상권조사분석 방법

1. 정보의 수집

지금까지 상권조사의 목적과 조사의 전제가 되는 상권의 설정방법에 대해서 기술하였다. 이들 원칙에 입각하여 실제적으로 조사를 하는 데 필요한 포인트를 정리하여 보자.

조사는 정보의 수집과 전략수립의 2가지로 나눌 수 있지만, 조사결과의 좋고 나쁨을 크게 좌우하는 정보수집의 측면부터 생각해 보자. 정보수집은 누구로부터(무엇부터) 어떤 방법으로 정보를 구할 것인가가 중요하다.

2. 정보수집의 대상

어떠한 형태로 정보를 수집하는가에 따라서 조사결과는 크게 달라진다. 그 하나가 조사의 대상을 무엇으로 하는가이다. 정보의 제공자로서 다음의 대상을 생각할 수 있다. 공개자료, 관련자, 거래처, 매출데이터, 지금까지 내점한 고객, 상가 통행객, 상권 내의 생활자 등 각각이 모두 좋은 정보원이지만 얻을 수 있는 정보의 내용과 질이 다르다. 그 특징을 파악하여 활용하는 것이 중요하다. 이들 정보를 통하여 상권 전체를 분석하는 것과 자기점포에 대한 평가로 이용할 수 있는 것으로 나누어 정리해야 한다.

3. 정보수집의 방법

일반적으로는 정보를 수집하는 수단으로서 다음과 같은 방법이 이용된다. 조사대상에 따

라 조사방법이 다르고, 조사방법에 따라 비용과 시간이 크게 다르기 때문에 방법별 특징과 한계를 알아두는 것이 중요하다.

1) 방문면접법

조사의 대상자에 대해서 직접 방문하여 앙케이트의 문항에 따라 답을 얻는 방법이다. 대화를 하면서 조사하는 것이기 때문에 매우 세세한 질문을 할 수 있으며, 답변을 확인하면서 추진할 수 있기 때문에 조사가 정확한 장점이 있다. 다른 방법에 비해서 질문의 양(量)도 어느 정도 많게 할 수 있기 때문에 가장 많이 이용되는 방법이다.

2) 우편조사법(Mail survey)

대상자에 대해서 질문표를 우송하여 회답을 받는 방법이다. 서면(書面)에 의한 앙케이트이기 때문에 상세한 뉘앙스가 충분하게 전달되도록 질문안을 고안할 필요가 있다. 반송(返送)이나 회답을 받지 못하는 경우도 있기 때문에 정보의 수집에 한계가 있다.

3) 전화조사법

대상자에게 전화로 앙케이트를 행하는 방법이다. 대화는 가능하지만 정해진 시간 내에 질문하지 않으면 안되기 때문에 정확한 질문방법과 재빠르게 하는 것이 중요하다. 인터뷰의 훈련을 충분히 하는 것도 중요하다. 비용과 시간 면에서 상당히 효율적인 방법이다.

4) 유치조사법

대상자를 조사원이 방문하여 조사의 취지와 질문 내용을 설명하고 조사를 의뢰하는 방법이다. 질문표를 맡겨 두고 질문 내용을 기입하게 한 후 후일 다시 방문하여 설문지를 되돌려 받는다. 또는 우편으로 반송을 받을 수도 있다.

방문과 우편조사를 병용하여 조사하면 정확도는 높지만 비용과 시간이 상당히 많이 드는 단점이 있다.

5) 관찰조사법

점포의 상태, 교통량, 통행량의 양과 특성을 조사원이 자신의 눈으로 확인하거나 숫자를 체크하는 방법이다. 단시간에 사실을 확인할 수 있기 때문에 많이 이용하는 방법이다.

〈표 3-4〉 상권조사의 형태

	조사의 형태	조사의 대상	정보수집의 방법	분석의 내용
점포활성화	상권데이터 분석	공개자료 관련자, 거래처	공공기관, 자료센터 발행처 구입 또는 청취	상권특성, 상가의 특성, 상권수요, 고객특성 등
	고객데이터 분석	매출데이터	고객카드, 매출자료	상권설정, 상권셰어, 점포의 고객층
	이용객 조사	점포이용객	면접, 우편, 점포에서 인터뷰, 기타	점포의 이미지 평가, 점포의 고객층, 상권설정, 선호메뉴 등
	통행자 조사	상가통행객	가두 인터뷰, 관찰	상권의 설정, 고객층/상가
	상권 이용자의 조사	상권 내 생활자	가두인터뷰, 설문조사 방문면접, 기타	상권의 설정, 상권셰어, 경쟁점의 침투상황, 이미지 평가, 상권 전체와 경쟁점포의 고객층
신규출점전략	통행량 조사	상권 내 주요 지점, 통행객	관찰 및 체크	출점 후보지의 선정 가능성, 후보지의 상권설정, 이용객 수의 추정
	통행객 조사	상가 왕래자 (통행객)	가두 인터뷰/ 관찰	상권설정, 상가의 고객층, 출점 가능성, 출점 후의 가능성, 출점 후의 전략 입안
	상권 내 이용자 조사	상권 내 생활자	방문면접, 전화, 관찰	상권설정, 상권셰어, 경쟁점포의 침투상황, 이미지 평가, 상권 전체와 경쟁점포의 고객층, 출점가능성, 출점 후의 전략 입안
	상권데이터 분석	공개자료 직장인, 거래처	공적기관 자료 센터로부터 입수, 발행처로 부터 구입 청취	상권의 특성, 출점거리의 특징, 상권수요 등, 출점후보지의 선정, 출점후보지의 상권 설정

■ 조사자료 찾기

어디에서 어떤 자료를 입수할 수 있는가?

1. 지도 - 각 지역 서점, 중앙지도사(서울)
2. 도시계획, 도시계획지도, 용도별 지역도 - 시청, 구청(도시계획과)
3. 인구, 노동, 전기, 수도, 금융, 주택, 운수, 관광, 전화, 학교
   현황통계 - 시청, 국회도서관(각 지역통계연보 및 관련논문)
4. 아파트 현황 - 가까운 부동산, 동사무소
5. 업태 업종별 외식업소 통계 - 외식업중앙회 산하지부, 직접조사
6. 그 외 참고자료 : 교보문고, 정부간행물센터
   - 각종 경제신문, 한국통계연감, 지역통계연감, 도시가계연감
   - 인구주택총조사 잠정보고서, 한국 통계월보, 경제활동인구연보, 소상공인 통계연보 등

4. 조사의 형태

지금까지 언급해 온 것과 같이 상권조사에는 목적과 과제, 정보의 수집방법 등에 따라서 몇 개의 형태가 있다. 그렇기 때문에 상권조사라고 하는 것만으로는 듣는 사람에 따라서 여러 가지 방법으로 생각할 수 있다. 여기에서는 상권조사의 과제와 정보수집 등의 조합을 고려하여 일반적으로 사용되고 있는 조사의 형태에 대해서 추진방법 및 포인트를 알아보자. 조사의 형태는 기존점포의 활성화를 위한 상권조사와 신규출점의 전략 만들기를 위한 입지조사 2가지로 나누어진다. 이들 2가지 조사방법에 따라서 최종적인 분석의 내용이 달라진다.

5. 상권데이터의 분석

특정지역의 상권을 분석하기 위해서 공개된 자료를 활용하면 음식기업의 전략을 입안할 수 있다. 국가와 지방자치단체 외 공공단체, 신문사, 출판사, 데이터뱅크 등에서 수많은 통계자료와 조사보고서가 일반에게 공개되어 있어 이용할 수 있는 것은 많다. 단, 숫자를 모으는 것만으로는 이들 자료를 충분히 살릴 수는 없다.

분석의 목적을 정하여 어떤 데이터를 어느 과제로 적용시킬까 하는 것을 결정하는 것이 중요하다. 또한 데이터와 데이터 간의 관련성을 확실하게 하면 보다 입체적인 분석을 할 수 있다. 더욱이 같은 항목의 데이터를 3~5년 정도의 기간으로 비교하여 본다든지, 비교하기 쉽게 그래프를 그리면 이제까지 보이지 않았던 것이 확실하게 되고, 못 보고 그냥 넘어가는 것을 막을 수가 있다. 공개자료는 통계조사와 인구센서스 등이 대표적인 것이지만, 시 단위·도 단위의 것이 많고 개개점포의 상권에 딱맞는 숫자를 얻을 수 있는 것도 있지만 그렇지 않은 것이 대부분이다. 이것을 커버하기 위해서는 될 수 있는 한 목표점포의 상권에 가까운 데이터를 입수하는 노력이 필요하게 된다. 공개되어 있는 자료를 정리하면 다음과 같지만, 이들 가운데서 적절한 자료를 얻어 활용하기 바란다.

1) 통계연보

조사한 연도에서 1~2년 뒤늦게 출판되지만, 조사의 전항목이 분책(分冊)으로 출판되기 때문에 활용가치가 있다.

2) 동별 인구세대수표(人口世帶數表)

지방자치단체가 주민등록대장을 정리하여 발행하고 있다. 동(洞)별로 되어 있기 때문에 상권범위를 정확히 정하면 그에 맞는 인구와 세대수를 알 수가 있다. 상권분석에는 가장 중요한 데이터이다.

3) 상가진단과 상점가 진단

지방자치단체가 발행하고 있다(발행하지 않는 곳도 있다).

상가의 상권, 통행량, 이용자의 특성과 매물상황 등이 분석되어 있어 도움이 된다.

4) 시·도(市·道)의 통계 데이터

시와 도의 통계가 종합적으로 모아져 있어 사용하기 쉽다(시청 지역경제과, 사회과).

5) 소비행동 조사

시민(도민)소비형태 및 라이프사이클 조사, 시민(도민)의식조사 등 명칭은 각양각색이지만 시와 도, 상공회의소, 신문사, 은행 등이 실시하고 있다. 약간 광역적인 조사가 되고 있지만, 지역 생활자의 실태를 파악할 수 있기 때문에 유용한 활용자료가 된다.

6) 개발계획

한때 부동산열기로 각종 개발에 관련된 도서들이 많이 출판되고 있다. 주로 주택, 도로, 상업 등의 정책과 개발계획이 나와 있다. 장래의 개발계획의 내용을 파악하는 데 주요하다.

7) 종합적인 통계서

경제활동인구연보, 한국의 사회지표, 도시가계연보, 지역별경제지표 등, 전국의 도시별 데이터가 정리되어 있다. 도시 간의 비교로서 전국에서 도시의 포지셔닝 등에 활용할 수 있다.

8) 각종 명부

명부류도 사용방법에 따라서 중요한 자료가 된다. 상가회명부(상공회의소), 업계명부, 각종조합, 고액소득자명부, 상공리서치, 기타 일반 사설리서치 등이다. 직업별 전화부도 분석자료로써 활용할 수 있다.

6. 고객 데이터 분석

조사라고 하면 어려운 것, 번거로운 것이라고 생각하거나 골치아프다고 생각하는 경우가 많지만, 주변의 데이터를 자기 나름대로 정리하는 것부터 시작하면 쉽게 접근할 수 있다. 모을 데이터의 범위와 분석방법 등의 요령을 파악하여 어떤 작은 것이라도 모으게 되면 모든 것을 전략적으로 연결할 수가 있다. 그런 의미에서 자기점포 고객 데이터는 일상의 판매활동 가운데서 많은 정보가 흘러나올 수 있는 좋은 예(例)이다. 더구나 상권조사를 위한 정보의 대부분이 이 속에 있다고 해도 과언이 아니다.

어떤 정보보다도 유익한 데이터이며 무엇보다도 가장 최우선으로 분석해야만 할 정보임을 잊어서는 안 된다. 자기점포와 거래가 있는 고객의 정보를 분석함에 따라서 일차적으로는 고객의 분포상황, 고객 만들기의 실적, 고객의 특성 등을 명확하게 할 수가 있다. 그렇기 때문에 우선 고객정보를 정리해 두어야 한다. 연도별, 지역별, 상품별 등으로 크게 나누고 후에 기술하는 항목에 따라서 분석을 하면 된다.

정리되어 있지 않은 경우에는, [전(全) 고객 리스트] 만들기에서부터 시작하는 것이다. 고객카드, 고객장부(노트), 매출전표, 배달전표 등의 판매활동으로 기록한 정보를 모아서 순서에 따라서 성실하게 리스트화한다. 그리고 전화부, 고객명부 등도 정보원으로 활용하여 과거에 거래가 있었던 모든 고객을 리스트화하는 것이다.

성명, 성별, 가능하면 연령, 이용횟수, 매출액 등을 파악할 수 있는 범위 내에서 정보를 모아 고객별로 카드화하여 둔다. 한 번 데이터화한 것은 계속해서 보충하거나 새로운 정보를 더해 가는 것이 중요하다. 고객정보를 소중하게 하는 자세가 정보의 활용, 넓게는 전략의 정확성에 큰 차이가 되어 나타난다. 일상의 영업활동 가운데서 고유명사인 고객정보가 수집되어 있지 않을 경우는 아래의 조사로 상권분석을 할 수도 있다.

최근까지 이름과 주소 등의 고객 데이터를 모으는 습관이 없었던 소규모 점포에서도 자기점포의 고객을 고유명사로 하여 정보를 수집하는 현상이 나타나고 있다. IC카드 등에 정보를 입력하는 특수한 크레디트카드의 도입이 화제가 되고 있기도 하다. 이것은 아직까지 많은 비용이 들게 되어 보급이 늦어지고 있지만, 앞으로는 식당에서 유용하게 사용될 것이다.

이런 활동은 고객이 다양해지고 있는 현재의 시장 속에서 얼마나 고객정보가 중요한가를 말해주고 있으며, 적극적이고 전략적인 마케터들이 여러 가지 고안을 거듭하면서 고객에게 접근하는 노력을 하고 있다는 증거이다.

7. 단골고객과 이용고객조사

1) 단골고객조사

단골고객의 점포에 대한 평가와 욕구불만 등을 알기 위한 조사이며 고객과의 직접적인 커뮤니케이션 수단으로서도 이용할 수 있다. 고객카드 등에 의해서 조사대상을 잡는다.

정보수집은 방문면접, 우편, 전화 등이 있지만 우편이 일반적이다. 앙케이트 용지와 반신용 봉투(또는 왕복 엽서)를 사용하여 반송을 받는다.

2) 이용고객조사

고정객뿐만 아니라 자기점포의 이용자 전체의 평가와 고객을 알기 위한 조사이다. 이용객에 대해서 점포 앞에서 인터뷰하는 방법과 앙케이트 용지를 건네주고 나중에 우편이나 방문을 통하여 회답을 받는 방법이 있다. 이용객이 많을 경우는 시간과 요일을 정하여 전체를 대표하는 고객층을 잡을 수 있도록 대상자를 간추릴 필요가 있다.

일반적으로 음식점의 조사는 이용한 고객에게 즉석에서 설문조사를 실시하는 것이 좋다. 즉 고객이 테이블에 앉으면 물과 함께 서버하고 설문지에 대해서 설명하고 난 뒤 기입을 요청하는 것이다. 이 경우에는 거의 모든 고객이 음식을 기다리는 동안에 기록하게 된다. 패스트푸드 음식점의 경우에는 적용하기가 곤란한 경우도 있으나, 볼펜 등 선물을 줄 경우에는 호응도가 높게 나타난다.

인터뷰에 의한 조사는 상당히 상세한 정보를 얻을 수 있는 반면, 경쟁점포의 평가와 같은 자료는 어려우며 항목에 제약이 있다.

8. 통행객(유동인구)과 차량조사

기존점포의 상권과 신규출점 후보지 물건의 상권범위를 추정하거나 상권의 고객층, 고객특성, 신규출점 타당성 등을 분석하기 위해 행하여지는 조사이다. 경쟁상태도 그다지 상세하지는 않지만 파악할 수가 있다. 신규출점에서는 출점시의 매출액의 추정과 판촉전략의 입안 등도 활용되고 있다. 상권 내의 주요한 지점(街頭)에 조사원을 배치하여 통행자에게 앙케이트 조사를 실시한다.

상가의 가운데 있는 점포에서는 충분히 활용하여 좋은 결과를 얻을 수 있다. 조사의 대상을 미리 성별, 연령별로 하여 샘플 수를 정하여 둔다. 조사의 요일과 시간에 대해서는 어느 시간이 적당한가 하는 판단 등이 주요 포인트가 된다. 날짜와 시간에 따라 고객층이 다를 수 있기 때문에 판단을 잘못하면 분석결과를 망치게 된다.

〈표 3-5〉 통행인구 조사방법

① 평일과 주말의 특정시간대를 정한다. 평일은 최소한 2일(월요일과 금요일이 좋다), 토요일 2회, 일요일 2회 ② 조사시간 : 점심시간 오전 11시~오후 2시 간식시간 오후 2시~6시 저녁시간 오후 6시~9시 ③ 계층분류는 업종·업태별로 다르다. 일반적으로 어린이, 청소년(중·고교생), 주부, 직장인, 중장년층을 남녀로 세분해서 시간대별 이동량을 조사해야 타깃에 맞는 전략을 구사할 수 있다.

통행 성격(목적) 파악, 유동인구현황(성별, 연령별, 시간대별, 요일별 유동량, 유입 - 유출,

통행 인구의 거주, 상주권 파악 - 어디에서 어디로 이동하는가)을 파악해야 한다. 또한 점포 앞 유동인구 조사는 통행인구 중 누구를 대상으로 무엇을 판매할 것인지를 결정하는 데 중요한 판단자료로써 활용할 수 있고, 단순히 어느 시간대 몇 명이 다니느냐가 아닌, 통행인구의 성격과 이동방향, 움직이는 동선, 통행인구의 연령대별 직업, 이동목적, 걸음걸이 속도 등에 대한 세부적인 조사와 분석작업이 필요하다.

평일과 주말의 특정시간대를 정한다.

- 평일은 최소한 3일(월요일과 금요일이 좋다), 토요일 2회, 일요일 2회
- 상권의 성격에 따라 조사시간 상이

조사시간

- 외식업소의 경우 점심시간 오전 11시~오후 2시, 간식시간 오후 2시~6시, 저녁시간 오후 6시~9시

조사방법

- 일반적으로 어린이, 청소년(중·고교생), 주부, 직장인, 중장년층을 남녀로 세분해서
- 조사목적 및 여건을 감안한 조사표 설계·작성
- 손에 쥐고 누르면 인원체크가 가능한 카운터기 등 사용
- 통행인구의 걸음걸이의 속도도 확인
- 유동인구의 흐름, 통행목적 등에 대한 확인

시간대별 이동 량을 조사해야 타깃에 맞는 전략을 구사할 수 있다.

- 저녁시간대 먹자골목은 오후 및 야간시간대 중점조사, 일상생필품 : 주부들의 구매시간대 감안 조사
- 문구류 등 : 학생 등하교 시간 등 감안 조사

[그림 3-4] 유동인구 조사 Tip

〈표 3-6〉 고객유형별 집계표

<table>
<tr><th rowspan="3">구분
시간</th><th rowspan="3">어린이</th><th rowspan="3">주부</th><th colspan="2">중고학생</th><th colspan="2">청년/대학생</th><th colspan="4">직장인</th><th colspan="2">노년층</th></tr>
<tr><th rowspan="2">남</th><th rowspan="2">여</th><th rowspan="2">남</th><th rowspan="2">여</th><th colspan="2">30대</th><th colspan="2">40대</th><th rowspan="2">남</th><th rowspan="2">여</th></tr>
<tr><th>남</th><th>여</th><th>남</th><th>여</th></tr>
<tr><td>11:00 ~ 12:00</td><td></td><td></td><td></td><td></td><td></td><td></td><td></td><td></td><td></td><td></td><td></td><td></td></tr>
<tr><td>12:00 ~ 13:00</td><td></td><td></td><td></td><td></td><td></td><td></td><td></td><td></td><td></td><td></td><td></td><td></td></tr>
<tr><td>13:00 ~ 14:00</td><td></td><td></td><td></td><td></td><td></td><td></td><td></td><td></td><td></td><td></td><td></td><td></td></tr>
<tr><td>14:00 ~ 15:00</td><td></td><td></td><td></td><td></td><td></td><td></td><td></td><td></td><td></td><td></td><td></td><td></td></tr>
<tr><td>15:00 ~ 16:00</td><td></td><td></td><td></td><td></td><td></td><td></td><td></td><td></td><td></td><td></td><td></td><td></td></tr>
<tr><td>16:00 ~ 17:00</td><td></td><td></td><td></td><td></td><td></td><td></td><td></td><td></td><td></td><td></td><td></td><td></td></tr>
<tr><td>17:00 ~ 18:00</td><td></td><td></td><td></td><td></td><td></td><td></td><td></td><td></td><td></td><td></td><td></td><td></td></tr>
<tr><td>18:00 ~ 19:00</td><td></td><td></td><td></td><td></td><td></td><td></td><td></td><td></td><td></td><td></td><td></td><td></td></tr>
<tr><td>19:00 ~ 20:00</td><td></td><td></td><td></td><td></td><td></td><td></td><td></td><td></td><td></td><td></td><td></td><td></td></tr>
<tr><td>~</td><td></td><td></td><td></td><td></td><td></td><td></td><td></td><td></td><td></td><td></td><td></td><td></td></tr>
<tr><td>합계</td><td></td><td></td><td></td><td></td><td></td><td></td><td></td><td></td><td></td><td></td><td></td><td></td></tr>
</table>

〈표 3-7〉 차량교통량 분석표

구분 / 시간	승용차	화물차	버스	이륜차	봉고 외
09:00 ~ 10:00					
10:00 ~ 11:00					
11:00 ~ 12:00					
12:00 ~ 13:00					
13:00 ~ 14:00					
14:00 ~ 15:00					
15:00 ~ 16:00					
16:00 ~ 17:00					
17:00 ~ 18:00					
18:00 ~ 19:00					
19:00 ~ 20:00					
합계					

알고 싶은 특정지점의 통행량을 파악하기 위하여 행해지는 조사이다. 특히 신규출점 후보지를 결정하거나 후보물건의 주변 통행량을 알기 위하여 실시한다. 요일과 시간대에 따라 고객층에 차이가 있기 때문에 일주일 전체를 유추할 수 있도록 시간을 정확하게 정하는 것이 필요하다. 통상 토·일요일과 평일의 각각 2일, 시간대는 30분 간격으로 통제한다. 차량의 통행량은 승용차만 하여도 된다. 트럭이나 화물차량은 구매력이 약하다.

교통시설조사는 지하철, 버스정류소, 택시승강장, 터미널, 주차장, 도로, 신호등과 신호체제, 횡단보도, 노상주차, 승하차 등을 구분하여 조사하는 것이 좋다.

교통량 조사는 차종별, 시간대별, 통행 차량의 거주, 상주권 파악, 탑승자로 구분하여 조사하여야 한다.

9. 상권 이용자 조사

특히 지역밀착형의 소매업이나 식당업에 있어서 유효한 조사방법이며 상권조사에서 대표적인 것이다. 상권 내 이용자를 조사대상으로 하여 상품의 구매행동과 의식, 점포의 선택과 점포의 서비스에 대한 사고방식, 이미지 평가 등의 분석을 할 수 있다. 그리고 대상자의 특성을 분석하면 상권 내의 고객특성을 면밀하게 파악할 수 있다. 자기 점포와 라이벌점, 점포의 침투상황(점포별 지명도와 판매상황, 단골고객)과 이미지 평가 등 구체적인 정보도 얻을 수 있다. 점포별 고객층의 차이도 알 수 있기 때문에 전략입안의 대부분에 걸친 조사가 가능하며 매우 유효한 조사이다. 그런 만큼 정보수집의 테크닉과 조사의 기획 및 설계가 어려우며 일반적으로 제3자(전문의 조사기관)에 의뢰하는 경우가 많다. 특히, 고객의 니즈를 파악하기 위하여는 고객의 세분화 및 세분 시장별 고객 프로파일 및 특성을 파악하여야 하며, 각 세분 시장별 고객특성 파악을 통하여 해당집단의 고객 니즈를 정확하게 파악하여 활용해야 한다.

〈표 3-8〉 서울 세종문화회관 뒤편 상권(예시)

상권 구분	세분 고객집단	고객 프로파일	고객 특성 및 라이프스타일	고객 니즈
1차 상권	직장인	• 정부종합청사 • 서울지방경찰청 등 • 국민은행 등 금융 • 금호그룹 등 기업	• 단골로 확보용이 • 주5일근무로 주말 방문 뜸함 • 단체(2人 이상 손님)로 방문함	• 한정된 점심시간에 맞추어 신속한 차림 선호 • 저렴하고 푸짐한 메뉴 선호
	단체고객	• 정부관공서 등 관청 • 기업 • 상인 • 주부모임	• 부서 회식일 경우 법인 카드 사용 • 단체 회식일 경우가 많으며 주로 목/금요일 방문	• 단체 회식용 대형 룸 선호 • 시끄럽지 않은 장소 선호
	주부	• 아파트 • 미용실 등	• 테이블 회전율 저조 • 술 매상 저조	• 깔끔한 음식 선호 • 오랜 시간 편히 이야기 할 수 있는 분위기 원함
	가족	• 30~50대 중장년 가족	• 주로 주말 저녁 또는 가족 행사 외식 장소 선호	• 어린이 놀이방 갖춘 곳 선호 • 주차시설 확보 용이한 곳 선호

〈표 3-9〉 주거현황 조사표

상권	항목	계	내용				
1차 상권	주거형태별	계	단독주택	아파트	연립/다가구	오피스텔	기타
	입주형태별	계	자가	전세	월세		
	면적별	계	20평 미만	20~30평	30~40평	40~50평	50평 이상
2차 상권	주거형태별	계	단독주택	아파트	연립/다가구	오피스텔	기타
	입주형태별	계	자가	전세	월세		
	면적별	계	20평 미만	20~30평	30~40평	40~50평	50평 이상

10. 업종구성의 파악

상권 내의 업종별 점포 수, 업종비율, 업종별·층별 분포를 파악한다. 업종별로는 판매업종과 서비스업종으로 구분할 수 있는데, 판매업종에는 식품류, 신변잡화류, 의류, 가정용품류, 문화용품류, 레포츠용품류, 가전 가구류로 구분하고, 서비스업종으로는 외식서비스, 유흥서비스, 레저오락서비스, 문화서비스, 교육서비스, 의료서비스, 근린서비스로 나눌 수 있다.

1) 상업시설 업종업태 분석

해당점포가 입지하고 있는 상권의 업종분포현황 조사를 통하여 지역의 특성(근린상권, 먹자골목, 유흥가 상권 등)을 파악할 수 있다.

〈표 3-10〉 업종별 상업시설 조사표

외식업		생필품		서비스업		기타	
업종	점포 수	업종	점포 수	업종	점포 수	업종	점포 수
한식		슈퍼		학원		가구	
중식		과일		미용실		의류	
분식		문구		노래방		보석	
치킨		약국		헬스		안경	
		베이커리		세탁소			
계		계		계		계	

건물 층별로 업종구성을 조사하여 상권의 밀집정도 및 상권의 특성을 알 수 있다.

- 판매업종과 서비스업종의 구조를 파악한다.
- 건물의 층별 점포구성을 분석한다.
- 업종별 세부 분류가 필요하다

2) 외식업 업종업태 조사

외식업 업종업태 외식은 고깃집, 한정식, 패밀리레스토랑, 패스트푸드(햄버거, 치킨) 등등 세부적으로 분류하여 분석한다. 업종의 층별 구성을 분석한다. 지하, 1층, 2층, 3층, 4층의 업종구성을 파악한다. 2층의 구성이 40%이면 좋다. 입점하고 있는 브랜드를 분석한다. 우리나라 소비자는 브랜드 선호도가 높으므로 유명 브랜드가 많이 입점되어 있으면 좋은 입지이다.

〈표 3-11〉 외식업 업종조사표

구분 업종별	층					계	구성비
	B1	1F	2F	3F	4F 이상		
한식 업종 소갈비집 한정식 설농탕 돼지구이집 탕집 김밥 기타							
기타 업종 카페&양식 일식&횟집 중식 베이커리 피자 기타							
계							

〈표 3-12〉 외식업 업태조사표

구분 업종별	층					계	구성비
	B1	1F	2F	3F	4F 이상		
FF(패스트푸드)							
FR(패밀리레스토랑)							
CD(캐주얼 다이닝)							
TR(테마 레스토랑)							
FD(고급 레스토랑)							

3) 외식업 업종 배치도 그리기

주변점포 업종 분포도를 작성하면 주변점포 특성 및 업종분석을 정확하게 할 수 있고, 또한 건물 내 층별 업종 구성도 및 인근지역 점포의 업종배치도를 작성하는 것이 바람직한 상권 현황을 파악하는 데 유용하다.

〈표 3-13〉 건물 층별 업종구성도(예시)

층	면적(m^2)	업종 구성
5F	160	레스토랑
4F	160	카페
3F	160	호프집
2F	160	병원(소아과, 치과)
1F	150	약국, 부동산, 카페
B1	200	노래방

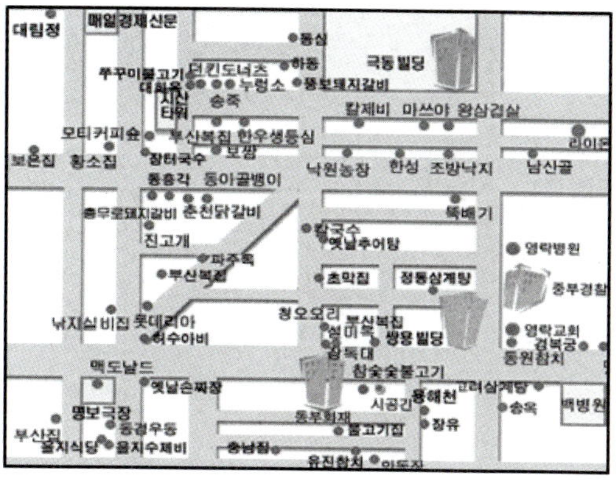

[그림 3-5] 주변지역 업종배치도(예시)

• 판매업종과 서비스업종의 구조를 파악한다.
판매업종이 많을수록 유동성이 높으며 패스트푸드점포가 유망하다. 또한 판매업종이 다수이면 판매업종을 출점하는 것이 유리하다. 전문상가가 되기 때문에 유리하다. 서비스업종이 많으면 서비스업을 택하는 것도 좋다. 명동의 경우 판매업종(80%) 서비스(20%)이고, 일반적인 상가는 판매(20%), 서비스(80%)이다.

• 건물의 층별 점포구성을 분석한다. 건물의 1층 구성비가 높으면 상권이 나쁘고 구성비가 고르면 상권이 좋다.

• 업종의 층별 구성을 분석한다. 지하, 1층, 2층, 3층, 4층의 업종구성을 파악한다. 2층의 구성률이 40%이면 좋다.

• 입점하고 있는 브랜드를 분석한다. 우리나라 소비자는 브랜드 선호도가 높으므로 유명 브랜드가 많이 입점되어 있으면 좋은 입지이다.

• 시너지효과 고려

Tip

동종업종이 집적되어 있으면 초기투자비가 높다. 경쟁점포가 출점하더라도 매출이 민감하게 변하지 않는다. 소비자는 바가지 쓸 염려를 하지 않는다. 구색이 다양해서 선택의 폭이 넓어진다.

(1) 동종업종의 집적을 고려한 입지선정

유사업종(테크노마트, 논현 가구거리)의 집객력을 고려하여 선정한다.

• 판매업종이 집중된 명동이나 백화점, 할인점에 외식업을 출점하면 시너지효과를 최대한 확보할 수 있다.

- 서비스업종이 집중된 음식점이나 유흥위락단지, 숙박업, 학원, 극장 등 같은 업종끼리 집중되면 시너지효과가 극대화된다.

(2) 특정시설에 의존하는 입지를 선택

호텔이나 백화점, 시장, 대형 오피스, 대형 상가, 대형 복합빌딩 등 바로 옆이나 아니면 영향권에서 벗어난 지역에 입점해야 한다. 그러나 소매점 판매업은 가급적 피하는 것이 좋다. 소비자들이 대형 할인점 등 대형 시설물을 좋아하고, 사이버시장이 급속히 증가하고 있으며, 재고가 부담이 되고 점포는 과포화상태이다.

〈표 3-14〉 업종 구성 조사표

구분	업종별	층분류					계	구성비
		B1	1F	2F	3F	4F이상		
판 매	식품류 신변잡화류 의류 가정용품류 문화용품류 레포츠용품류 가전 가구류							
서비스	외식서비스 유흥서비스 레저 오락서비스 문화서비스 교육서비스 의료서비스 근린서비스							
계								

※ 업종별 세부분류가 필요하다. 즉 외식은 고깃집, 한정식, 패밀리레스토랑, 패스트푸드(햄버거, 치킨) 등등 세부적으로 분류하여 분석하는 것이 좋다.

11. 상권규모와 라이프스타일 분석

상권조사는 체인의 각 점포가 고객 늘리기와 점포의 경쟁력강화를 효과적·효율적으로 진행시키기 위한 전략의 기본이 되는 마케팅활동이자, 개업할 때 실패의 리스크를 줄이고자 하는 데 그 목적이 있다. 점포가 시장의 고객과 경쟁점포의 실태를 지켜보면서 어떻게 하면 매출을 계속적으로 안정 또는 확장시킬 수 있을까 판단하는 데 상권조사는 불가결한 것이다.

상권조사방법은 앞에서 기본적인 사고방식과 방법을 기술하였기 때문에 여기에서는 구체적인 조사항목, 상권 데이터의 수집과 분석내용을 체크포인트로써 정리하였다.

1) 상권규모와 상권의 라이프스타일 분석

상권에 어느 만큼의 수요가 있는지 그리고 어떤 고객이 어떠한 생각과 행동을 하고 있는지(상권의 라이프스타일)를 아는 것이며, 점포의 목표와 경영전략 세우기에 도움이 된다.

상권조사는 전략상권의 경계선 설정에서부터 시작된다. 조사의 대상지역을 결정하거나 입지가 결정되면 상권을 조사하게 되는데, 이 조사방법에는 고객의 분포를 분석하는 방법과 통행객조사 등에 의한 방법이 있다.

점포 또는 상가의 고객이 어느 지역에서 어느 만큼 올 것인가, 오고 있는가를 분석하여 상권범위를 확정한다. 조사방법에서는 조사대상자의 주거지역을 동별로 집계하면 좋다. 분석에서는 그 양뿐만 아니라 그 지역의 주거자 숫자에 대한 비율을 산출하여 동별 고객의 집중밀도를 보는 것이다. 또한 분석을 보다 세밀하게 하기 위해서는 상권을 몇 개의 블록으로 나누어 블록별로 분석을 하는 것이다.

블록 간의 차이를 파악하면 효과적인 전략을 세울 수 있다.

점포에서 기본이 되는 상권이 확정되면 다음으로 그 상권 내에서 수요의 동향을 파악하는 것이 중요하다. 상권의 수요액은 앞에서 설명하였으므로 여기서는 생략한다.

상권수요의 변화를 알기 위해서는 거주인구와 평균 외식금액의 증감을 연도별로 체크하는 것이 좋다. 이렇게 분석하기 위해서는 다음과 같은 데이터가 필요하다.

① 동별 인구(세대수, 회사 수 등)

② 연도별 인구 등의 증가 수, 신장률

③ 외식비의 평균 이용금액 : 전국과 지역별로 외식비를 업계 데이터와 통계조사(통계청, 기획재정부) 등에서 파악한다. 그 전체의 액수를 인구로 나누어 1인당 금액을 산출할 수 있다.

2) 상권수요의 유출입 상황

위에서 분석한 수요금액과 상권 내 판매금액을 비교해 보면 수요의 유출입(流出入) 상황을 분석할 수 있다. 수요액이 판매액을 상회하고 있으면 수요가 상권 외로 유출하는 것이며 판매액이 많으면 유입되고 있는 것이다.

그 금액의 크기에 따라서 유출입의 정도를 추정할 수 있다. 또한 유출입의 상황은 이용자의 직접 조사에서도 알 수 있다. 고객들의 외식지역과 구체적인 외식점포를 파악하면 상권의 내외 어느 쪽에서 외식하고 있는가를 알게 된다.

상권 내 고객의 특징을 파악하는 데에는 몇 가지 방법이 있다. 이것은 점포의 타깃이 되는 고객층이 어느 정도 있는가를 알기 위한 분석이며 점포의 고객 늘리기에 유효한 자료가 된다.

- 연령구성 - 상권 내 총인구의 연령별 인구 수이다. 특히 점포의 타깃으로 하는 연령층의 양과 구성비의 크기를 본다.
- 직업구성 - 상권 내 세대의 세대주 직업의 비율을 파악한다. 조사항목에 직업을 넣는다. 국세조사에도 직업에 관한 데이터는 있지만, 시 · 군 · 구의 구분으로밖에 모르는 것이 난점이다.
- 거주연수별 구성 - 주민이 상권 내에 거주한 지 몇 년이 되는가 하는 분석이다. 신흥주택지인가, 옛날부터 내려온 상권인가를 파악하는 것이다. 이것에 따라 점포선택의 기준을 추정할 수 있다.
- 소득구성 - 상권 내 세대의 소득 레벨을 파악하는 것이다. 조사에서는 직접적으로 수입을 묻는 것보다는 소득액을 단계별로 나누는 방법이 좋다.

3) 점포를 선택하는 이용현황

- 점포선택 이유 - 외식점포를 선택하는 데 있어 고객은 어떤 이유에서 이용하고 있는가를 파악하는 것이다. 점포를 선택하는 이유는 각각 다르겠지만, 입지·점포가 제공하고 있는 서비스, 메인상품, 점포의 시설, 점포의 이미지, 가격 등의 이유를 정리하여 어느 요소가 강하게 움직이고 있는가를 파악하는 것이다. 이 결과에 따라 업태의 기본방향, 서비스의 방법을 체크할 수 있다.
- 점포 이용현황 - 어느 지역의 점포를 이용하고 있는가 또는 어떤 타입의 점포를 이용하고 있는가를 파악하는 것이다.
- 점포의 고정 이용도 - 고객이 몇 개의 점포를 염두에 두고 있는가를 파악하는 것이다. 하나의 점포로 결정하고 있는가, 두세 개 점포로 이용하고 있는가, 아니면 특별하게 정하지 않고 있는가 등을 체크한다. 이 결과에서 상권 내 점포 중 우위점포와 차별점이 무엇인가를 알 수 있다.

12. 경쟁상황 분석

상권 내 경쟁점포와의 관계, 즉 자기점포와 경쟁이 되는 점포가 어느 정도 우위를 점하고 있는가, 어느 정도의 셰어를 점하고 있는가를 파악해 보는 방법으로 3가지 측면에서 간략하게 설명한다.

- 지명도 - 상권 내의 세대 또는 인구 중에서 자기점포와 경쟁점포의 이름을 알고 있는 고객 수의 비율을 파악한다.
- 이용경험률 - 자기점포에서 이용한 고객 수의 비율을 분석한다.
- 고정고객률 - 고객 중에서 그 점포를 항상 이용하고 있다고 대답한 고객 수의 분석, 특히 점포 측에서 생각하는 고정객과 고객 측에서 생각하는 그 차이를 보는 데 유효하다. 이 방법은 점포명을 고유명사로 질문한다.

따라서 자기점포를 포함한 상권 내의 점포에 대해서 같은 질문으로 조사하고, 역학관계를 분석한다.

이 분석에 따라서 단골고객 만들기 방침을 확실히 할 수 있다.

1) 상권 내의 유명 점포의 이미지 평가

이용자가 상권 내의 점포를 어떤 눈으로 보고 있는가, 제공하고 있는 서비스를 어떻게 평가하고 있는가를 파악하는 것이다. 이것에 따라서 점포의 활동개선책, 이미지 만들기의 전략을 세운다. 그리고 지점과 라이벌점포의 장단점을 발견한다. 평가내용은 업종 · 업태에 따라서 다르지만, 기본적으로 다음 항목이 필요하다.

- 상품구성 - 양이 많은 것뿐만 아니라 원하는 맛있는 것이 있는지의 유무
- 가격 - 점포의 가격대가 높은지 싼지의 평가로서 실제로 팔고 있는 가격의 차이가 아니라 의식적으로 어떻게 보고 있는가가 포인트가 된다.
- 점포의 출입관계 - 점포의 크기뿐만 아니라 심리적으로 점포에 들어가고 싶은지 아닌지이다.
- 점포의 분위기 - 점포의 역사와 존재가치를 포함한 격(格)을 어떻게 생각하고 있는지, 그리고 점포의 외관, 인테리어, 레이아웃 등의 분위기는 어떤가.
- 종업의 접객태도 - 점포 입구와 고객방문 시 접객태도가 좋은지 나쁜지
- 점포가 제공하는 서비스 - 접객서비스, 기타서비스 등, 내용과 양이 좋은지 나쁜지

점포의 판촉활동에 대해서 어떤 평가를 하고 있는지, 그리고 경쟁점의 판촉활동이 어느 정도 침투하고 있는가를 파악한다. 이때 조사항목도 업종 · 업태에 따라 다르지만, 다음 항목은 꼭 체크해 볼 필요가 있다.

- 전단지 · DM 등에 대한 반응 - 전단지와 DM을 어느 정도 보고 있는가. 그리고 실제적으로 전단지 · DM을 보고 이용하고 있는가 어떤가(방문활동도 포함).

- 원하는 정보의 내용－판촉활동은 점포에서 고객에 대한 정보제공이지만, 그 내용이 어떤 것을 원하고 있는가, 현 상태에서 만족하고 있는가 어떤가.
- 유명 점포의 판촉도달 상황－자기 점포와 라이벌점의 전단지와 DM 등의 판촉이 어느 일정기간(예를 들면, 2주간이라든지, 1개월)에 각각 어느 정도 영향을 미치는가, 이용하였는가 또한 그 내용은 좋은가? 이상(以上)은 기존점포의 상권조사에 있어서 기본적인 체크 포인트가 되지만, 신규출점을 위한 조사에 대해서도 원칙은 같다.

신규출점의 조사에서는 기존점포의 [자기점포]에 해당하는 부분을 출점 후보지로 바꾸어 생각하면 된다. 그리고 경쟁현황의 분석으로 상권 내의 경쟁예상점포의 현황을 체크하면 좋다. 또한 신규출점 시 상권설정에 대해서도 앞에서 기술하였으므로 이해하였을 것이다. 상권조사를 분석하는 체크 포인트는 이상과 같지만, 조사의 효과적인 운영을 위해서 잊어서는 안 되는 4가지 원칙이 있다.

2) 조사의 효과적인 운영을 위해서 잊으면 안 되는 것

- 분석방법과 분석결과를 누구라도 이해할 수 있고 활용할 수 있어야 한다(표준화).
- 조사의 흐름에 연관성이 있고 하나로 통합되는 스토리가 있어야 한다(시스템화).
- 분석결과를 평가하는 기준이 있고 전체 속에서 위치를 정해야 한다(기준화).
- 같은 항목을 시간을 두고 분석할 수 있다(계속성).

13. 입지·상권의 관찰조사

상권조사는 기존 데이터와 각종 통계자료, 사내자료의 분석, 통행량조사, 상권 내 고객조사 등에 한정되는 것은 아니다. 조사의 원점(原點)은 눈으로 보는 것과 피부로 느끼는 것에서부터 시작한다.

관찰조사는 구체적인 숫자와 도표로 분석하는 그 이상으로 중요한 것이다.

체인점의 점장이나 조사원이 일상적으로 실행 가능한 항목들이다. 이런 조사는 점포의 점장이 정기적으로 계속해야 하는 것들도 있다.

1) 상권의 상황을 판단하는 데 필요한 것

- 상권의 범위는 점포의 주변을 돌아다니면서 상권의 경계지역까지의 거리와 각 포인트마다 걸리는 시간(도보·자동차에 의한다) 등을 체크한다.
- 상권의 자연조건(산과 강, 언덕길 등)과 사회적 조건(철도와 도로 등)을 파악한다. 공장과 사무실의 분포상황도 보아둔다.

- 통행량을 체크할 때에는 점포 주변과 상권 내의 포인트가 되는 지점에서의 통행량과 통행자의 방향을 가능하면 요일과 시간대별로 체크해야 한다.

2) 점포의 타깃이나 이용고객의 동향을 파악하는 데 필요한 것

- 고객계층의 연령 · 복장 등의 유행속도, 언어사용 등 그리고 시간대별 고객 수, 이용수단 · 방법 등을 체크한다. 자동차로 내점하거나 해야 하는 콘셉트라면 차종구성이나 동승자 등 체크항목은 많아진다.
- 영업을 하고 있는 점포가 입지전략을 세우거나 매출증대를 위하여 조사를 실시할 때에는 ② 점포 내에서 고객 움직임 이것도 ①과 같이 일상적으로 실행해야 하는 포인트이다.
- 단, 판매의 직접적인 항목뿐만 아니라 고객의 점내에서의 움직임, 종업원과의 대화 등 상세한 관찰이 중요하다. 캐셔를 모아서 좌담회를 개최하는 등의 정보수집도 실행해야 한다.

3) 상권 내 고객의 동향을 평가하는 데 필요한 것

- 고객의 분포를 확인하는 데 고객 데이터에 의하여 동(洞) 또는 섹션별로 고객의 범위를 미리 알아두고 어떤 조건에서 고객이 많은지, 그 이유는 또한 고객이 적은 경우는 어떤 경우인가를 관찰한다.
- 상권 내 주택의 밀집상황과 주택의 레벨(크기와 질(質) · 아파트 평수의 구성비 등)을 파악한다. 그리고 아파트의 건축과 택지의 조성예정 등도 체크한다.
- 상권의 고객계층은 아파트도 포함되지만, 그 외에 살림살이(예를 들면, 세탁물의 질과 에어컨의 보급 등 외부에서 보이는 것) 등을 체크한다. 신규 출점예정 점포라도 이와 같은 방법으로 예상되는 상권 내의 고객을 평가해야만 점포 콘셉트에 적절하게 맞는지를 알 수 있다.

4) 경쟁점포의 동향을 파악하는 데 필요한 것

- 경쟁점의 입지가 어떤가. 역에서의 거리, 번화가와 주택지의 위치 등 고객의 흐름과 도로상황을 정리한다. 특히 경쟁점포의 우위성을 체크한다.
- 경쟁점의 이용고객의 양과 질은 자기점포와 동일한 항목을 체크하고 자기점포와 차이를 명확하게 한다. 라이벌점과의 차별화는 타깃이 되는 고객계층을 확실하게 설정하는 것부터 시작한다.
- 경쟁점포의 움직임은 점포의 상황, 점포 내외의 장식 레이아웃, 상품진열, 가격대, 서비스의 표시 등 그 외 접객의 태도, 고객의 움직임 등을 관찰한다.

〈표 3-15〉 패밀리레스토랑의 자료, 관찰에 의한 조사표 〈자료에 의한 판단〉

항 목		기준 수치	데이터	평 가
1	상권 내 인구	30,000인 (반경 3㎞)		차로 10분 이내로 올 수 있는 거리
2	연령구성	20~49세 44% 이상		객층이 되는 연령구성률
3	세대당 인원	3.1 이하		이 숫자는 낮은 쪽이 영패밀리가 많고, 내점빈도가 많다.
4	인구증가율 / 발전성	2% 이상		연도별 매상증가율 4%를 목표로 하기 위해서는 2% 이상이 이상적이다.
5	교통량 / 일(日)	15,000~30,000대		이것보다 적거나 많으면 좋지 않다.
6	투시거리 / 가시성	200m 이상		최저 200m 떨어진 곳에서 발견할 수 있어야 한다.
7	정면의 폭의 길이	28m 이상		이상적인 배치가 되기 위해서는 최저 28m 이상이 필요하다.
8	주차대수	40대 이상		좌석수(120석)으로 고려하여 이것 이상은 필요하다. 좌석(3석에 1대)
9	경쟁점포 수 / 우위성			없는 편이 바람직하다.

※ 패밀리레스토랑의 자료에 의한 체크리스트

〈표 3-16〉 관찰에 의한 상권 판단표(외식업)

항 목		채 점	의 견	평 가
1	접근성			도로사정 및 입구 부근의 상태를 고려할 때, 점포에 접근하기 쉬운가, 아닌가.
2	에어리어의 경관			주위의 경관이 좋은가 아닌가. 정취가 있는가 아닌가.
3	대상차의 교통량			고객계층이 되는 차량의 통행량 트럭, 덤프차가 많지 않은가.
4	보행자 / 시장성			고객계층이 되는 사람들이 많이 걸어다니고 있는가.
5	집객시설 / 흡입성			고객계층이 되는 사람들이 많이 모이는 시설이 가까이에 있는가 아닌가. 예를 들면, 시민회관, 쇼핑센터 등

※ 패밀리레스토랑의 관찰에 의한 체크리스트

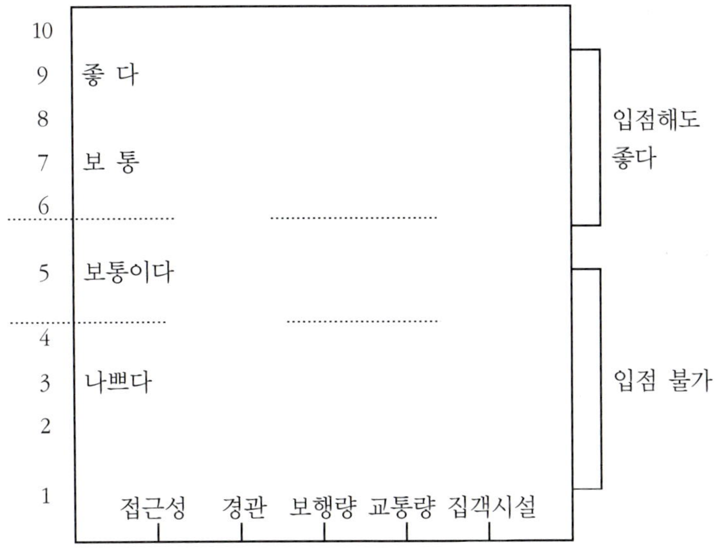

[그림 3-6] 관찰 및 자료에 의한 평가척도(10점)

제4절 입지의 전략

1. 입지이해

입지상권에는 다음과 같은 3가지 유형이 있다.

■ 입지의 3가지 유형

- 적응형 : 통행객의 유동성에 의해서 장사가 되는 입지를 말한다.
- 생활형 : 지역의 주민들에 의해서 장사가 되는, 즉 근린상가 등을 말한다.
- 목적형 : 유동인구에 의존하기보다는 고객창출 요소로 고객이 유인되는 입지를 말한다. 즉 유인요소가 있어야 한다.

외식산업의 점포는 입지의 선택에서 성공이 좌우된다. 그러면 어떤 판단에 의하여 입지[4]를 선택할 것인가 의문이 제기될 것이다. 저자는 15년여간 외식업계에 종사하면서 거의 매일 어떤 자리가 좋은지, 점포를 하나 봐둔 것이 있는데, 좋은지 나쁜지를 판단해 달라 등 수많은 질문을 받아왔다. 그런 판단을 내리기 위해서는 꼭 필요한 몇 가지 조건항목이 있다.

4) 입지 : 대지나 물건(점포)이 소재하고 있는 위치적인 조건을 입지(Location)라 한다.

그럼에도 고객들은 한 번 와서 보고 판단해 달라고 재촉한다. 난감할 때가 많다. 조사도 없이 선뜻 좋다 나쁘다라는 말 한마디가 그 사람의 인생을 좌우하기 때문이다.

외식업 종사자들이라면 누구나 돈 버는 점포를 만들고 싶어 한다. 점포를 개업해서 '성공해야지, 돈을 벌어야지' 하는 의욕을 가지고 개업하지만, 처음의 장밋빛 꿈에서 멀어지면 '왜 이렇게 장사가 안 되지.'라고 낙담하는 사례가 아주 많다. 맛있는 메뉴, 친절한 서비스, 깨끗한 점포(점포력)의 밸런스를 잘 조화시켜 QSC 레벨을 높이려고 노력해도 매출이 늘어나지 않는 경우도 많다. 아무리 훌륭한 점포를 개업시켜도 입지의 특징을 살리지 못하면 개업한 후에 고전할 수밖에 없다. 야심차게 진출한 '플래닛 할리우드' 데니스, LA팜스 등이 입지전략 및 영업전략에 실패한 예이다.

입지전략은 음식점을 성공시키는 데 아주 중요한 요소이다. 적당한 상권[5]의 입지는 식당오너 한 사람의 의지에 의해서 좋아지는 것이 아니다. 그 입지가 좋은 입지로 변하려면 최소한 5~6년이라는 시간이 필요하다. 식당은 입지가 좋아질 때까지 기다릴 수가 없다. 아마 그전에 망하게 될 것이다. 입지가 식당의 성공을 좌우하는 퍼센트는 패스트푸드가 95% 이상, 패밀리레스토랑이 85% 이상, 패밀리다이닝(캐주얼 레스토랑)이 80%, 디너하우스(최고급 레스토랑)가 70% 정도이다. 즉 외식업은 개점하기 전에 입지에 의하여 80~90% 정도의 성공 여부가 결정되게 된다. 그러나 일반음식점 경영자는 무분별하게 대충 감(感)으로 2호점 3호점을 개점하거나 경험도 없는 사람이 가볍게 점포를 창업하는 경우도 아주 많다. 경쟁이 심화되고 있는 지금부터라도 시대의 흐름에 잘 부응하여 점포를 성공으로 이끌기 위한 노력이 필요하다.

■ 좋은 입지의 조건

좋은 입지를 일반화하기는 어렵지만, 통상적인 경우 좋은 입지는 다음과 같은 특성을 보유한다.

- 상권 내 소비대상 인구가 다수이고, 계속 증가가 예상되는 입지(성장성)
- 소득수준 및 소비수준이 높고, 구매력이 왕성한 소비자 집단이 거주하는 곳(多수요)
- 계획업종 및 업태에 적합한 소비자가 다수 존재하는 곳(세분고객수요)
- 도로, 지하철, 버스 노선망 등 교통체계가 발달되어서 사람이 모이기 쉬운 곳
- 대중교통, 승용차, 도보 등 접근이 편리하고 도로망이 잘 갖추어진 곳(접근성)
- 다수 소비자를 유인할 수 있는 시설이 주변에 존재하는 곳(입지성, 집객성, 홍보성)
- 주변에 강력한 경쟁업체가 없는 곳(경합)

5) 상권 : 대지나 물건(점포)이 미치는 영향권(거래권)의 범위(Trading area)를 말한다.

• 멀리서도 잘 보이고 지역의 랜드마크가 주변 100m 이내 있는 곳(가시성)

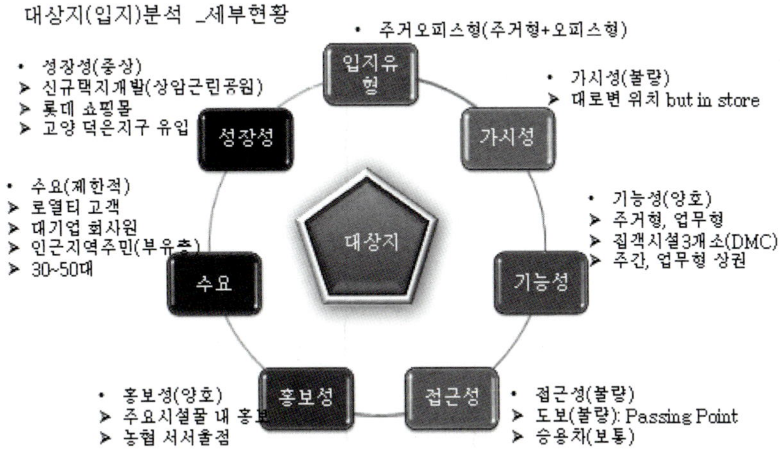

[그림 3-7] 후보지/대상지 입지분석 종합

2. 음식점 창업을 위한 입지조사

개업을 위한 입지조사는 물건(物件) 주변의 전반적인 조사이다. 그 입지가 가지고 있는 특징을 명확히 분석하여 입지에 적합한 업종 · 업태를 결정해야 한다. 결정된 업종 · 업태는 그 타당성을 검토하여 개점해야 할 것이다. 물론 입지조사 이전에 외식업에 임하는 마음자세와 그 음식점의 출점기본방침을 명확히 해야 한다. 종업원을 채용하여 그들에게 대충 맡기면 되겠지라는 안이한 자세는 버려야 한다. 또한 물건을 찾아 부동산 등을 통하여 여러 물건을 리스트(물건조사)하고 그 물건이 사업성이 있는지 없는지를 과학적으로 조사한 후(입지조사) 계약하여 개업해야 한다.

이 조사에 기초하여 어떠한 영업콘셉트, 메뉴콘셉트, 서비스콘셉트, 점포콘셉트로 운영할 것인지를 결정(콘셉트의 결정)하여 개업까지의 확실한 스케줄을 만드는 것이 중요하다(개업시스템 구축).

즉 ① 무엇이든지 할 수 있다는 마음자세를 가다듬고 하고, ② 물건을 찾고, ③ 입지조사를 하여, ④ 콘셉트(기본개념)를 만들고, ⑤ 스케줄을 통해 개업을 준비해 가는 것이 좋은 방법인 것이다.

1) 입지의 종류

음식점에 있어서 입지는 아주 중요하다. "외식사업은 첫째도 입지, 둘째도 입지, 셋째도

입지"라고 할 정도로 매우 중요하다. TGIF나 맥도날드, 스카이락 등 유명 체인회사에서는 본부에 입지를 찾는 개발담당자를 몇 명씩 두고, 좀더 좋은 입지를 입수하려고 노력한다. 세계 최고의 외식기업인 맥도날드에서도 "맥도날드(브랜드)를 믿지 말고 입지를 믿어라"고 강조하고 있다. 그만큼 입지는 중요하다. 즉 음식점은 입지산업이다. 매입할 경우에는 부동산 그 자체만으로도 사업성이 있다. 일부 체인기업의 경우에는 이 입지전략의 과대평가로 부동산사업이 아니냐는 비난을 받기도 한다. 특히 서울의 명동이나 강남, 신촌, 영등포, 잠실 등은 좋은 입지인데, 이같이 대도시뿐만 아니라 부산의 광복동, 서면 등과 인구 10만 명을 초과하는 지방도시에서도 1등 입지는 수없이 전국에 산재해 있다. 그러나 아무리 좋은 입지라고 해도 음식점의 업종·업태에 따라서는 오히려 교외라든가 도로변 입지가 좋은 경우도 있다. 사람이 살아가며 또 즐기기 위해 외출하는 각각의 장소에서, 사람이 있는 한 식사가 수반되기 때문에 음식점은 사람이 있는 곳이라면 어디라도 영업할 수 있다. 일반적으로 역세권이나 대형 쇼핑센터 또는 도보객이 현저히 많은 거리에는 패스트푸드형 외식업체가 좋으며, 관공서 등 오피스타운 밀집가는 전문점 형태의 대중음식점이 좋다. 아파트 밀집가 등은 패밀리레스토랑이 좋고 강가나 드라이브코스가 좋은 곳은 고급음식점, 카페 등이 좋다. 〈표 3-17〉은 입지의 기본적인 종류이다. 여기에서 입지는 원칙적으로 다운타운(도심)형, 시가지형, 도시근교형, 야외형(드라이브인)의 4가지 종류로 나눌 수 있다.

〈표 3-17〉 입지의 기본적 유형(종류)

	도심형(번화가)	시가지형	도시근교형	야외(드라이브인)형
성격분류	① 역전형 ② 번화가형 ③ 시장형 ④ 비즈니스형 ⑤ 기타	① 구 주택지형 ② 이웃 상점형 ③ 간선도로형 ④ 생활도로형 ⑤ 기타	① 신흥주택형 ② 신흥단지형 ③ 공업단지형 ④ 간선도로형 ⑤ 생활도로형 ⑥ 교외형	① 휴식지형 ② 관광지형 ③ 기타
특징	• 그 도시에서 가장 사람이 많이 모인다. • 인구 규모 격차가 심함 • 낮밤의 인구 흐름이 심함 • 전철, 버스, 도보 이동이 주체다.	• 80~90년대 초 주택형성 • 고연령이나 독신이 많고 연령별 격차가 크다. • 편의동기 • 도보, 자전거, 오토바이의 이동이 많다.	• 80~90년대 아파트 형성 지구 • 30대 뉴패밀리가 많다. • 핵세대화가 높고 외식비율이 높다. • 자동차로 이동	• 자동차생활의 일반화로 휴양지 등이 형성
상권규모	• 광역, 지역형 상권을 형성 • 10만 명 이상 • 1~10km	• 지역, 이웃형 상권을 형성 • 5만 명 전후 • 1~3km	• 지역, 아웃형 상권을 형성하고 성격 변화가 있다. • 5~10만 명 • 1~10km	• 거리, 도로형 • 광역 상권, 격차가 큰 성격. 변화 有 • 1,000~5만 명 • 5~20km

(1) 도심형(다운타운형)

도심 내의 번화한 입지, 즉 명동이나 강남역 주변, 영등포, 압구정동, 신촌 등이 대표적인 다운타운형 입지이다. 이것은 도심형, 번화가형이라고 한다. 서울이나 부산, 대구를 비롯해서 대도시는 물론 인구 6~7만 명의 지방도시에도 이 형태의 입지는 있다. 그 지방의 중핵도시를 중심으로 쇼핑을 비롯하여 상권의 흐름이 이 상권을 중심으로 모여 분산되어 간다.

당연히 서비스업이 활성화되어 있고 비즈니스 관계의 오피스도 있으며, 병원이나 학교, 서비스 관련의 회사도 많은 등 일반적인 패턴이 이루어져 낮과 밤의 인구이동이 아주 높다. 패스트푸드나 패밀리 다이닝, 디너하우스, 전문점 등 거의 모든 업종·업태가 유리하다. 다만, 상권 내의 사무인구의 형태에 따라 주의해야 한다. 특히 명동은 고급레스토랑 개업은 주의해서 개업하지 않으면 문제가 될 수 있다.

(2) 시가지형

아파트, 일반주택가 및 오피스가의 혼재형이다. 예를 들면, 서울의 중요 핵상권(다운타운)인 명동이나 강남역, 신촌, 영등포 등의 지역을 제외한 지역, 인구 20~30만 명의 지방도시에서 흔히 발견할 수 있는데, 교외로 나가는 간선도로를 따라 그 뒤편에는 주택이나 아파트가 늘어서 있는 패턴이다. 이것을 시가지형이라고 한다. 10~20년 전에는 구 주택가였는데, 거리의 발전확대에 따라 도로가 늘어나고 그 양측으로 오피스가 생기는 거리를 말한다. 이런 입지는 새로운 거리에서 나타나듯이 낮에는 비즈니스맨의 이용이 꽤 많지만, 일반 주민들은 비교적 고령자가 많아 손님의 내점빈도는 그다지 높지 않다. 따라서 적당한 업종은 전문점형이나 탕집, 잡종한식 등 비교적 대중 레벨의 음식점이 유리하다.

(3) 도시근교형

서울 주변의 분당, 일산, 평촌 등의 신도시나 부산의 해운대, 기장 등의 뉴 아파트 타운에는 그 규모나 밀도에 있어서 고객을 아주 많이 모을 수 있는 지역이다. 지방의 경우에는 공업단지나 도매단지, 개중에는 대형 교외쇼핑센터가 입지하는 경우도 있는데, 이 특수한 경우를 제외하고는 이런 입지에서의 일요일에 고객이 집중되는 경우가 많다. 또한 뉴패밀리가 비교적 많기 때문에 외식빈도가 높아서 유리하다. 대부분의 가정은 자동차를 소유하고 있기 때문에 자동차객이 몰리고, 비교적 넓은 지역을 대상으로 장사할 수 있다. 따라서 업태로서는 패밀리 레스토랑의 입지가 이상적이며, 대형 아파트 단지에서는 패스트푸드점도 유리하다. 대표적인 입지로는 서울 근교의 중동 아파트단지, 일산 아파트단지, 평촌 아파트단지, 산본 아파트단지, 안산 아파트단지, 하남 아파트단지, 구리 아파트단지 등이다.

(4) 야외(드라이브인)형

간선도로를 따라 생기는 드라이브인 입지이다. 도로형이라고도 할 수 있다. 최근에는 관광지, 리조트입지도 생겨 드라이브인형이라고 한다. 드라이브인은 고속도로의 발달에 따라 고속도로 휴게소에 입지하는 휴게용 레스토랑이나 인터체인지 출입구에 입지하는 레스토랑 등 그 스타일이 변화되고 있으며, 레저시대와 여가시대를 맞이한 오늘날에는 최근에 개발되는 리조트지에 아주 새로운 타입의 레스토랑이 출현하고 있다. 또한 고속도로 휴게소 등에도 기존의 개념에서 벗어난 새로운 스타일의 Food-court도 생기고 있다.

이 형태의 입지는 다운타운 입지와 같아서 주변 주거인구가 적고, 지나가는 자동차 수나 그 지역까지 관광하러 나오는 관광객, 레저객 수에 따라 좋고 나쁜 입지가 정해진다고 할 수 있다. 그러나 계절성이 높고 식사시간대별로 변수가 커 위험도 많은 지역이다.

2) 입지의 형태별 분류

앞에서 개업을 위한 입지를 도심(번화가)형, 시가지형, 도시근교형, 드라이브인형으로 크게 4가지로 분류하였다. 그러나 보다 중요하고 실무자가 현실에 적합하게 판단하는 기준으로 이론상의 설명 이상을 더하지 못한다. 개업하고자 하는 사람들의 판단기준으로는 입지의 일반적인 분류보다는 입지형태의 세부 분류가 응용하기 쉬울 것이다. 입지형태별 분류로는 ① 주거형 입지, ② 역세권 입지, ③ 터미널형 입지, ④ 도심번화가형 입지, ⑤ 오피스형 입지, 교외형, 근린형, 유원지형, 학원가형, 유흥가형, 백화점형 등이 있다.

(1) 주거형 입지

주거를 목적으로 형성된 지역을 말한다. 서울의 개포동아파트단지, 목동아파트단지, 광명아파트단지 등의 지역을 말한다. 주거형 입지에는 패밀리형 레스토랑이나 배달전문점 등이 유망한 업태이다.

(2) 역(驛)세권 입지

역을 중심으로 형성된 입지를 말한다. 서울의 영등포역 주변, 신촌역 주변, 강남역 주변, 명동역 주변, 분당 서현역 주변, 2호선 신천역 주변 등이 1급 입지로서 패스트푸드형 외식업체가 유망한 지역이다. 앞으로 엄청난 발전이 예견되는 입지가 역세권이다. 차량의 과(過)포화상태가 더욱 심해질 것으로 예측되는 도시는 아직까지 미개발된 지역을 타깃으로 하여 입지를 개발하면 좋을 것이다. 중동역, 산본역, 분당 서현역, 기타 5, 6, 7, 8, 9호선의 입지를 중점적으로 개척하라. 그러면 권리금만으로도 투자가치성이 충분히 있을 것이다. 특히 역세권은 젊은층이나 샐러리맨을 상대로 한 외식업체 개발이 유망하다.

(3) 버스터미널형 입지

시외버스, 고속버스, 버스정류장 등의 터미널 입지이다. 대부분의 사람들이 목적을 가지고 이동하는 이동중심지로서 외식업소로는 패스트푸드형 음식점이나 간이음식점, 식료품점포가 유망한 지역이다. 패밀리레스토랑이나 디너하우스 등 중고급 업종의 선택은 바람직하지 않다. 최근 호남고속버스 터미널의 대형개발로 주목되고 있다. 이곳 센트럴시티에는 하루 30만 명의 인구가 이동하고 있다.

(4) 도심번화가형 입지

명동이나 압구정동, 대학로, 신천역, 신촌, 강남역 등 유행성 점포가 밀집된 지역으로 쇼핑이나 만남을 목적으로 고객들이 모여드는 입지이다. 유행에 민감하고 집객력이 시설형태에 따라 철새처럼 이동하는 경향이 높다. 패스트푸드나 커피전문점 등 퀵서비스가 가능한 외식업소가 적당하다. 임대료가 비싸고 권리금이 높기 때문에 객석회전율을 높이지 않으면 사업성이 없다. 대부분의 고객들이 젊은층으로 이루어져 있기 때문에 그들의 욕구에 적합한 사업을 구상해야 한다. 커피, 카페, 피자, 햄버거, 아이스크림 등이 좋은 지역이나 역발상으로 30~40대 중장년층을 겨냥한 틈새시장의 개발을 노려볼 만한 입지이다.

(5) 오피스형 입지

사무실 밀집지역이다. 서울의 테헤란로 일대, 여의도가 대표적인 입지이다. 이들 지역은 도심 공동화현상이 심한 지역으로 야간고객이 문제가 된다. 점심시간에는 자리가 없다. 북새통을 이루는 것이 특징이고 저녁에는 텅텅 비어 파리를 날린다. 점심이나 아침식사를 타깃으로 하는 음식점이 좋다. 일반적으로 대중음식점이 유리하고 객단가 4,000원대의 전문점도 유망하다. 디너 스타일의 레스토랑은 전문점 형태로서 최고의 맛과 서비스를 제공할 수 있는 차별화된 고급레스토랑이면 좋다.

(6) 교외형 입지

비교적 한가한 사람들 즉 주부들의 모임, 가족나들이, 드라이브를 즐기는 사람들, 기타 아베크족 등을 타깃으로 업종·업태를 결정해야 한다. 건강식 메뉴를 도입한 식당이나 전문점이 유망하고, 지역의 입지특성을 살려 자연경관을 활용하는 것도 중요하다. 차량소통이 원활하고 가시성 높은 입지가 좋다.

(7) 근린형 입지

패밀리레스토랑이나 한국식 전문음식점이 유리하다.

(8) 유원지형 입지(행락지형)

유원지 형태의 지역이다. 용인에버랜드, 민속촌, 서울대공원, 양평 등 주말이나 공휴일에 집객력이 높은 지역이다. 이와 같은 지역의 단점은 평일의 고객이 약하다는 것이다. 이를 극복할 수 있는 음식점이 유망하다. 전문음식점이나 차량용품 판매, 주유소 등 복합점포가 적합한 업종이다.

(9) 학원가, 학교형 입지

학교나 학원가 주변의 입지이다. 이들 입지는 10대 후반 또는 20대 초반 젊은이들의 이동이 많은 지역이다. 커피숍이나 패스트푸드형 점포, 피자, 스파게티 등의 점포가 유망하다. 대표적인 입지로는 서울의 강남역, 종로, 이대, 신촌지역, 경희대, 한양대, 서울대 등의 상권이다.

(10) 유흥가형 입지

유흥가 밀집지역으로 심야 영업점포나 술 해독을 위한 음식점이 유망하다. 서울의 신사동, 역삼동, 신림동, 영등포역, 종로일대의 입지가 대표적이다.

(11) 백화점, 구 · 신시장형

백화점 내 또는 주변의 입지를 말한다. 중·저가형 레스토랑이 유망하다. 가족고객이나 주부들의 고객이 대부분이다. 백화점 주변의 입지는 중급의 레스토랑이 적합하다. 패밀리레스토랑이나 커피점 등도 유망하다. 그러나 시장형의 입지는 스낵류의 음식점이나 테이크 아웃(Take-out) 포장판매 점포가 적합하다. 우리나라의 상권은 백화점이 주도한다. 그래서 백화점 주변의 식당은 크게 성공하나 구·신 시장은 스낵류나 소규모 판매점만이 명맥을 유지하고 있다.

3. 지형·지세에 따른 좋은 입지선정 방법

먹는 장사의 입지는 인터체인지, 간선도로, 모퉁이, 역, 강, 하천, 철도, 대형 할인점 등 대형 시설물과 지형·지세에 따라 현격한 차이가 있다. 여기서 몇 가지 사례를 소개해 봄으로써 입지 전반에 대하여 개념을 이해할 수 있도록 하였다.

이런 입지는 현대적이고 고객을 창출할 수 있는 화제성이 높은 새로운 업태, 새로운 업종이 적당하다. 특히 미국형 로드사이드형 업종은 적중한다고 보아도 된다. 물건을 판매하는 할인점에는 매장면적 4평에 대하여 1대 이상의 주차장이 필요하다. 그러나 식당일 경우에는 1대의 주차공간이 이동 동선을 포함하여 5평 정도 필요하다. 좌석 3개당 1대의 주차공간이 필요한 것이다.

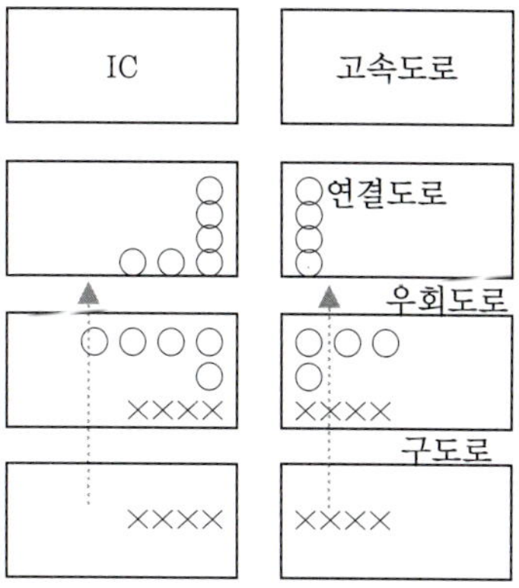

포인트

인터체인지가 만들어지면 새로운 도로, 우회도로를 연결하는 도로가 만들어지고 입지는 구시가지에서 크게 변화되어 새로운 도로쪽으로 상권이 이동하게 된다.

[그림 3-8] 인터체인지(IC) 입지

예를 들어 국민 1인당 소매업 면적이 0.84m²/명이라고 가정하면 E읍의 인구가 10,000명이라고 하면 10,000명 × 0.84m²/명 = 8,400m²의 소매면적이 필요하게 된다.

이 중에서 26%를 쇼핑센터에서 커버하려고 생각한다. 8,400m² × 26% = 2,184m²로 600~700평의 쇼핑센터를 개장할 수 있다. '체인점의 출점거리'(〈표 3-18〉 참조)를 정해 놓았다면 업종별 중간입지를 알 수 있다. 예를 들면, 패밀리레스토랑이 6km 이상 떨어져 입지하는 경우에는 그 중간입지에도 출점할 여지가 충분히 있는 것이 된다.

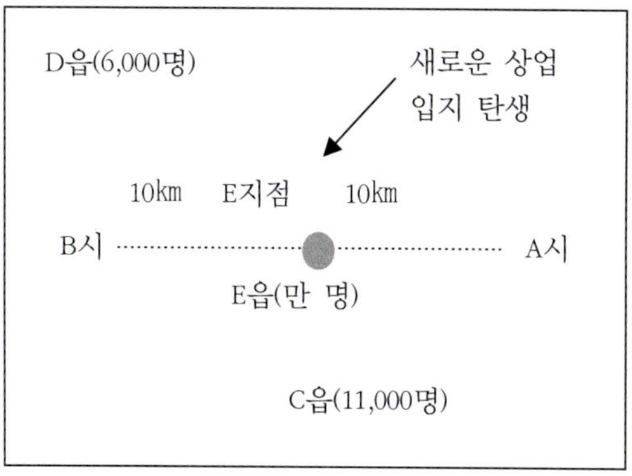

포인트

식당의 흡인율은 매장면적(또는 인구)의 크기에 비례하고 거리의 2승에 반비례한다. 따라서 그림 A시와 B시에 흡인력이 있더라도 거리가 떨어져 있는 E읍에는 영향이 적어 새로운 상업입지가 탄생하게 된다.

[그림 3-9] 도시와 도시 중간지점

〈표 3-18〉 체인점포의 출점거리

① 교외형 대형 SC 형태(12km)	② GMS 형태(9km)
③ SM 형태(6km)	④ 미니 SM 형태(3km)
⑤ CVS 형태(1.5km)	⑥ 패밀리레스토랑(5km)

그러나 음식점의 점포 간 거리는 소매점과 다르다고 할 수 있다. 음식점은 QSC에 의해 성공이 좌우되므로 오히려 타 브랜드와 밀집하면 시너지효과에 의해 더 많은 고객을 창출할 수 있고, 강력한 힘이 생길 수도 있다. 그러므로 주변상권의 수요에 대비하여 적정한 수량이 결정될 수 있다. 또한 권외의 상권으로부터도 추가 유입될 수 있을 것이다.

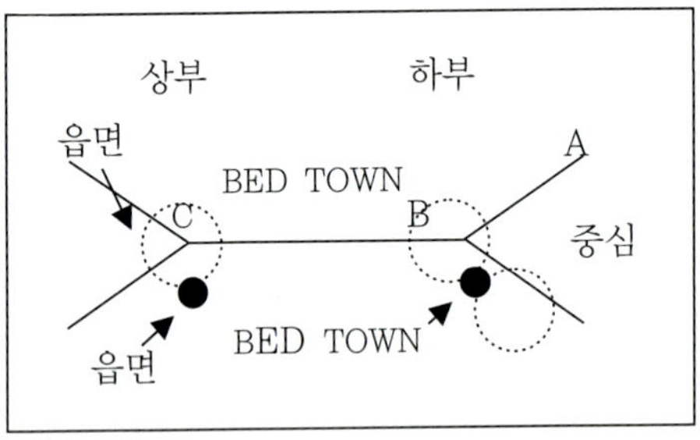

포인트

가장 좋은 장소라고 하는 것은 방사하고 있는 도로이다.
B 〉 C 〉 BC 사이

[그림 3-10] 교차, 방사(放射) 입지

- B는 Bed Town(대도시 주변의 아파트단지)의 결속지점으로서 교외의 대형 할인점 존이 될 가능성이 높다. 입지를 찾을 때는 B지점이 첫 번째 후보지가 된다. 대형, 중형점, 대형전문점, 양판점 형태의 점포이면 과감한 규모로 출점해야 한다. 좁은 면적에서 출점해서는 대형점에 잠식당하여 실패한다. 특히 B주변에는 대형음식점(패밀리레스토랑)도 유망하다.
- B지역의 대형 할인점이나 백화점 주변이 식당의 창업지역으로 유망하다.
- C는 읍면의 주민을 집객하는 데 유리하며 지역밀착형 점포가 유리하다. 지역형 전문점, 한식당이 좋다.

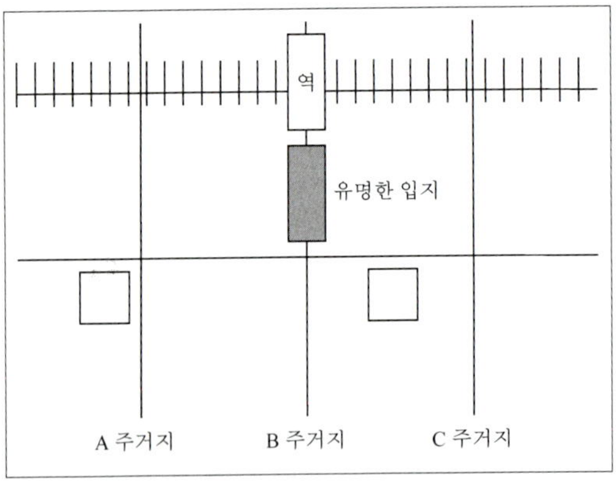

포인트

B주택지보다 A, C 주택지 쪽이 넓이가 있으므로 좋으며, 대로는 역 앞 대로의 좌우가 대부분 좋은 입지이다. 역 앞의 입지는 주점형 식당이 좋다. 또한 젊은층이나 샐러리맨을 상대로 한 영업전략이 적절하다. 한식구이점, 로바다야끼, 돼지구이점, 패스트푸드, 맥주점, 김밥 등 스낵류가 성공할 수 있다.

[그림 3-11] 역 앞 대로변 입지

1) 할인점 주변입지

대형 할인점의 근처는 좋은 입지이다.

3,000m^2 이상의 대형점은 그 점포 내에서 대부분 구매를 할 수 있으므로 접근하면 접근할수록 소매점은 불리하다. 그러나 가족형 음식점은 유망하다.

그러나 500~1,500m^2 대형점은 모든 수요에 완전히 대응할 수 없으므로 보완업종으로 홈센터, 신사복점, 구두점, 가전점, 완구점, 스포츠용품점, 비디오 렌털점, 타이어센터, 컨비니언스 스토어, 오토바이점, 패밀리레스토랑, 피자, 국수, 만두점, 세탁소 등을 개점하면 좋다.

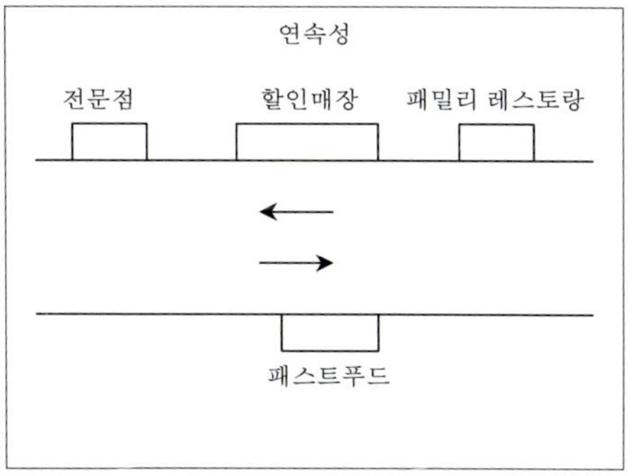

포인트

같이 늘어서 있을 것.
가까이에 있을 것.
쌍방향 통행이 가능한 곳일수록 좋으며 가능한 많은 업종이 늘어서 있으면 좋다. 신당동 떡볶이 골목이나 신림동의 순대타운, 청담동 퓨전음식거리 등이 대표적인 지역이다.

[그림 3-12] 시너지 창출형 입지

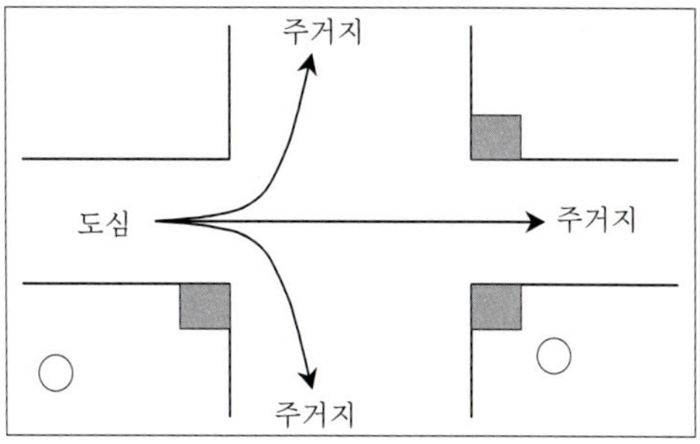

포인트

내점하기 쉬운 점을 생각하면 자동차 진행방향의 오른쪽에 입지하는 편이(오른쪽) 꺾어지기 쉬우므로 훨씬 유리하다. 또한 도심에서 베트타운 쪽(오른쪽)이 진입하기에 편리하고, 외식은 퇴근때 이루어지므로 퇴근 방향 쪽이 좋다.

[그림 3-13] 퇴근길 오른쪽 입지

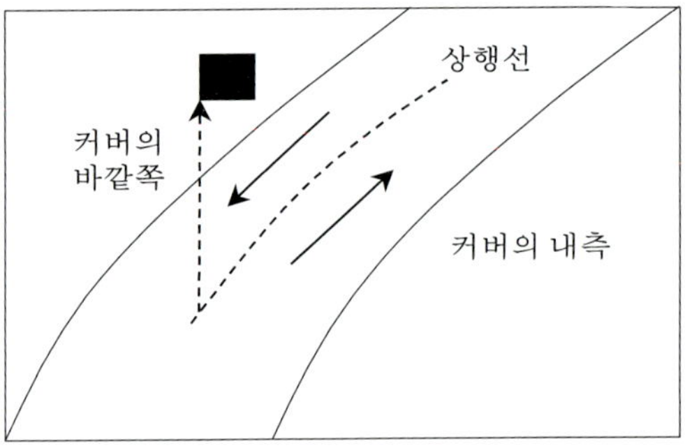

포인트

특히 로드사이드점의 경우, 시계성의 높이가 포인트이다.
커버의 경우 내측보다 외측이 50m 훨씬 떨어져 있어도 건물 또는 폴사인이 보이는 것이 바람직하다(가시성의 양호).

[그림 3-14] 커버의 바깥쪽

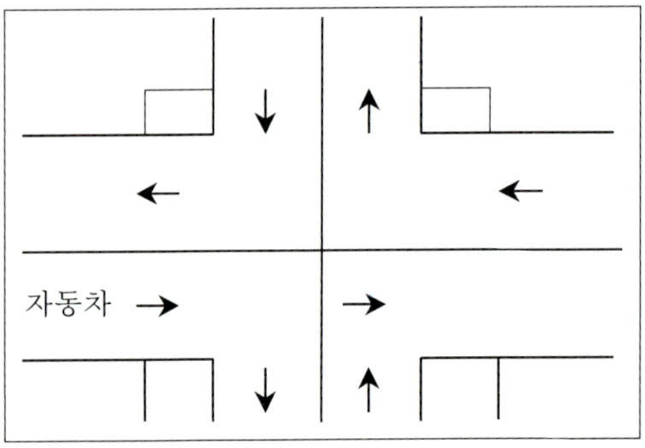

포인트

교차점의 모퉁이는 두 방향으로부터 입점이 가능하므로 좋은 입지이다.
단지, 교통체증이 심한 교차점은 그다지 바람직하지 않다.

[그림 3-15] 도로의 모퉁이 입지

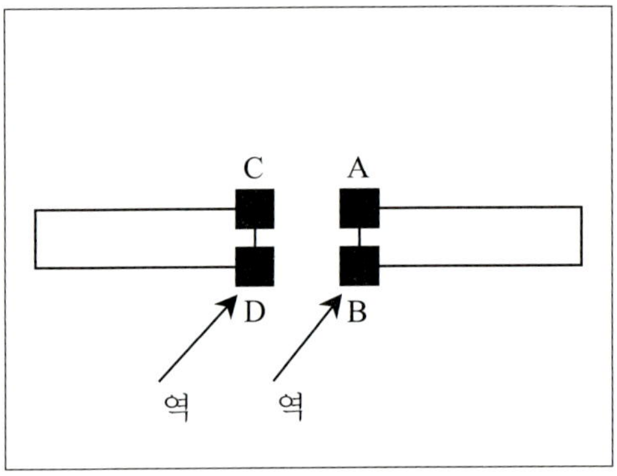

포인트

인간은 근도심리와 직행심리가 작용하므로 D --> B --> A --> C의 순으로 유리하다.
C보다 A거점이 유리한 것은 주택에 가깝기 때문이다(근도심리).

[그림 3-16] 근도심리 직행심리

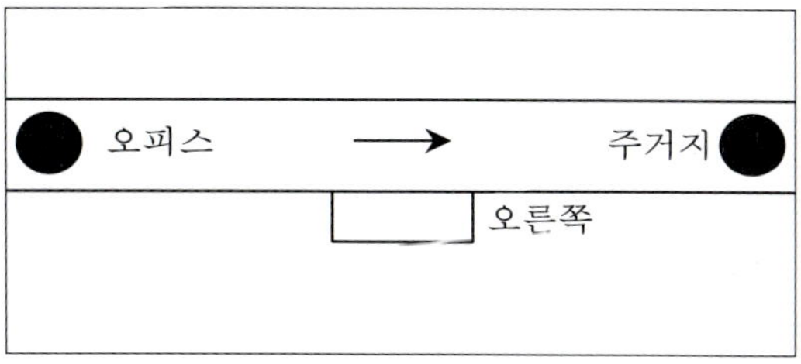

[그림 3-17] 일면입지

2) 기타 입지

① 일면입지

일면입지는 생활도로가 좋고 승용차 통행량이 많은 오피스와 아파트 단지가 많은 지역이 좋다. 또 점포 앞 전면으로 주차장이 있으며 전면 길이가 5m 이상이면 좋다. 최초 길목으로 행단보도와 버스정류장, 지하철역이 인접해 있으면 음식점 입지로 적합하다.

② 삼거리 코너입지

삼거리 코너입지는 우회전 방향의 코너가 좋으며 삼각방향에서 가시성이 좋아 홍보에 유리하다. 삼거리 교차지점에서 코너입지를 끼고 좌회전 또는 U턴할 수 있으면 좋고 비보호 신호등일수록 좋으며 주차장이 전면에 있어야 한다.

③ 4거리, 5거리 코너입지

5거리는 상권이 분산되는 입지로써 지점 내 집적시설(주차장, 백화점, 관공서 등)이 있는 곳이어야 출점할 수 있고, 4거리 코너는 좌회전, 우회전, U턴, 직진 등 자동차가 자유롭게 왕래할 수 있어야 하고 신호등이 점포 전면에 있으면 좋다.

④ 쌍방향 일자형, 쌍방향 양면입지

아주 좋은 입지로서 가시성, 홍보성이 우수하다. 4면이 교통도로가 아니면 좋고 생활도로나 도보 도로이면 좋다. 특히 4방향 양면입지는 접근성이 좋다.

[그림 3-18]은 기타 입지의 유망입지를 표시한 것이다.

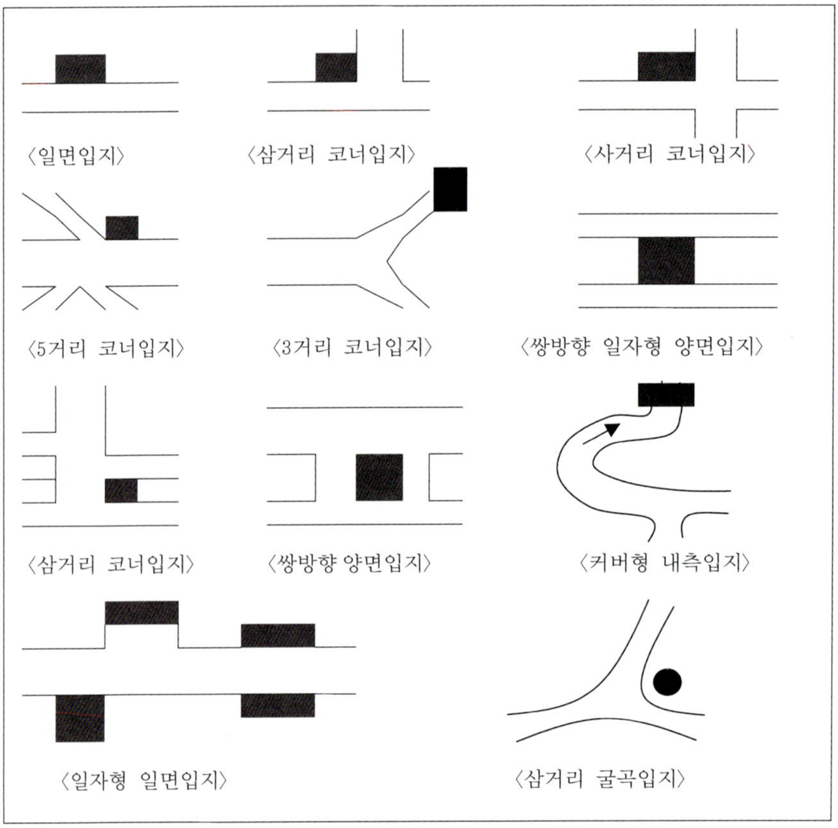

[그림 3-18] 입지종류별 유망지역

4. 도로입지 종류별 적합 업종 · 업태

도로의 형태와 이용차량에 따른 업종 · 업태의 선택방법이다. 물론 여기에는 차량의 정체나 시간대별 이동량, 차종 등의 변화에 따라 고려할 필요가 있다.

물류도로란 물자 등을 운반하기 위한 경제활동의 도로이지만 리조트용 등에도 사용된다.

1) 물류도로

물류도로는 화물자동차의 이동이 대부분이나 통행량은 승용차와 비슷하다.

화물차는 대부분의 운전사가 남성이며 이들은 식사량이 비교적 많다.

(1) 적정업종

남성을 타깃으로 한 레스토랑, 즉 불고기점, 설렁탕, 스낵점, 곰탕, 국밥, 운전기사식당, 주유소, 창고업, 드라이브인, 고급외식전문점(리조트지가 있는 경우)이 적합한 입지이다.

(2) 적절하지 않은 업종

가족, 여성을 타깃으로 한 업종이다.

2) 상업 물류도로

상업 물류도로란 비즈니스를 위한 도·소매 서비스업과 세일즈활동에 주로 사용되는 도로이다. 이 도로의 주된 통행차량은 승용차이다. 승용차가 50% 이상을 차지하므로 이들을 타깃으로 하는 업종을 선택해야 한다. 배후세력으로 아파트나 공장지대가 있으면 업종의 폭이 넓어진다. 수원, 인천을 오가는 수인선 산업도로나 춘천가도를 예로 들 수 있다.

(1) 적정 업종

휴게음식점, 국수, 만두점, 불고기점, 곰탕, 백반, 대형가전전문점, 홈센터, 가구센터, 대형타이어센터, 운전기사식당, 카 딜러, 중고차센터, 1만 평 이상의 대형 SC, 주부나 아동을 타깃으로 한 업종(아파트단지가 있는 경우)이다.

(2) 적절하지 않은 업종

고객계층, 개념이 명확하지 않은 것, 소규모점 등이다.

3) 교외 생활간선도로

상업지역을 빠져나와 교외의 대도시 주변의 주택단지(APT단지)를 배경으로 하여 교외로 뻗어 있는 생활간선도로는 생활용품이 가장 유망한 도로이다. 상업 물류도로와 마찬가지로 승용차 통행량이 지배적이므로 이들을 타깃으로 업종을 설정해야 한다. 생활도로는 필요소비성이 높은 도로이다.

(1) 적정업종

- 식생활: 패밀리레스토랑, 햄버거, 횟집, theme 레스토랑, 카페, 슈퍼마켓, 주류양판점
- 주생활: 홈센터, 가구센터, 골동품점, 민예품점, 가전전문점
- 오락: 비디오, 교외영화관, 테니스코트, 사우나, 스포츠용품점, 완구점
- 기타: 선물센터, 카 딜러, 중고차센터, 주유소, 애완동물점, 동물병원
- A급 도로, 즉 대학과 고급주택(신도시 아파트 단지)가 있는 도로: 대형전문서적, 퍼스널컴퓨터점, 대형전문문구점, 취미용품점, 카레, 중국요리집, 한국음식점, 신형차 쇼룸 등
- B급 도로, 즉 약간 빈약한 신흥주택(구주택지)이 있는 도로: 디스카운트 업태
- C급 도로, 즉 농촌을 배후지로 하는 도로: 슈퍼마켓 등의 원스톱 쇼핑기능을 가지는 점포

4) 시가지 생활도로

옛날의 낡은 주택이 있는 시가지로, 상가와 주택이 혼재되어 있는 도로로서 승용차의 통행량이 60% 이상을 차지하고 차량의 숫자도 물류도로에 대비해서 월등히 많다.

생활도로는 주민들이 일상생활에 필요한 용품들을 구매하고 일상적으로 활동하는 도로이다.

(1) 적정업종

포장도시락, 포장초밥, 자장면, 비빔밥, 국밥, 부대찌개, 아이스크림, 케이크점, 비디오, CD점, 인스토어 베이커리, 커피점, 애완동물점, 세탁소, 스포츠클럽, CVS 등이다.

(2) 적절하지 않은 업종

대형 전문점, 남성을 타깃으로 한 점포 등이다.

5) 교외 혼합도로

시가지에서 교외로 빠지는 간선도로는 차종이 혼합되고 그 용도와 고객계층도 혼합되어 있으므로 다양한 욕구가 혼재되어 발생한다. 그런 만큼 경합도 복잡하고 실패의 확률도 높다.

(1) 적정업종

쇼핑센터, 대형 전문점, 대형 음식점, 대형 서비스점, 대형·중형규모의 양판형의 종합점

(2) 적절하지 않은 업종

아이템 수가 적은 단순점, 특징이 없는 전문점 등이다.

〈표 3-19〉 입지 특성에 따른 적정업종의 설정

(물건판매)

구분	입지형태 \ 업종·업태	복합소매점: 백화점	복합소매점: 양판점	복합소매점: 쇼핑센타	복합·전문대여점: 패션빌딩	복합·전문대여점: 홈센터	복합·전문대여점: 전문대여점	소형점: SM<수퍼마켓>	소형점: CVS<편의점>	소형점: 의류품	소형점: 신변품	소형점: 리빙용품	소형점: 일용품	소형점: 문화용품	소형점: 식료품
흡인조건 – 흡인권	광역형	○	○	○	○	○	○			○	○	○		○	
흡인조건 – 흡인권	중간형				○			○		○	○	○		○	
흡인조건 – 흡인권	근린형							○	○				○		○
흡인조건 – 흡인형태	교외형		○	○		○	○	○	○						
흡인조건 – 흡인형태	터미널형	○	○	○	○			○	○	○	○	○	○	○	○
흡인조건 – 흡인형태	도심형	○			○		○			○	○	○	○	○	○
흡인조건 – 중심성	중심지 입지	○			○		○			○	○	○		○	
흡인조건 – 중심성	중심이 아님		○	○		○	○	○	○				○		○
소매집적상황	집적(대)	○			○		○			○	○	○		○	
소매집적상황	중간형	○	○	○			○			○	○	○	○	○	○
소매집적상황	집적(소)		○	○		○	○	○	○				○		○
교통기관	철도객 의존	○			○					○	○			○	
교통기관	도보자·자전거	○	○		○			○	○	○	○	○	○	○	○
교통기관	자동차객의존	○	○	○		○	○	○	○	○					
환경	집객강제요소(有)				○					○	○	○		○	
환경	집객강제요소(無)	○	○	○		○		○	○				○		○
인구밀집역(통행자밀도)	밀집지역	○			○			○	○	○	○	○	○	○	○
인구밀집역(통행자밀도)	분산지역		○	○		○	○		○						
평점															

(음식·레저)

구분	입지형태 \ 업종·업태	음식: 대형<점포내>종합식품	음식: 패밀리레스토랑	음식: 전문식당	음식: 단일메뉴 식당<우동>	음식: 찻집	음식: 스넥·패스트푸드	음식: 주류판매점	레저: 영화·극장	레저: 옥외스포츠시설	레저: 옥외레크레이션시설	레저: 실내스포츠시설	레저: 실내레저·레크레이션시설
흡인조건 – 흡인권	광역형	○						○	○	○	○	○	○
흡인조건 – 흡인권	중간형		○	○		○	○	○	○				○
흡인조건 – 흡인권	근린형		○	○	○	○	○	○					
흡인조건 – 흡인형태	교외형	○	○			○		○		○	○	○	○
흡인조건 – 흡인형태	터미널형	○	○		○	○	○	○	○				○
흡인조건 – 흡인형태	도심형	○		○	○	○	○	○	○	○		○	○
흡인조건 – 중심성	중심지 입지	○		○	○	○	○	○	○			○	○
흡인조건 – 중심성	중심이 아님	○	○	○	○			○		○	○		
소매집적상황	집적(대)	○		○	○	○	○	○	○			○	○
소매집적상황	중간형					○	○	○		○	○	○	○
소매집적상황	집적(소)		○			○		○		○	○		
교통기관	철도객 의존			○		○	○	○	○			○	○
교통기관	도보자·자전거			○	○	○	○	○	○			○	○
교통기관	자동차객의존	○	○			○				○	○		
환경	집객강제요소(有)			○	○	○	○	○	○				○
환경	집객강제요소(無)		○					○		○	○	○	
인구밀집역(통행자밀도)	밀집지역			○		○	○	○	○				○
인구밀집역(통행자밀도)	분산지역		○							○	○	○	
평점													

(서비스·기타)

구분	입지형태 \ 업종·업태	서비스: 렌트카	서비스: 금융	서비스: 호텔	서비스: 미용실	서비스: 세탁소	서비스: 병원	서비스: 목욕탕	서비스: 결혼식장	서비스: 의상임대	서비스: 주유소	기타: 학원	기타: 보육원·유치원	기타: 각종학교	기타: 자동차학원	기타: 주택<아파트>	기타: 주차장	기타: 창고업	기타: 트럭터미널	기타: 버스터미널
흡인조건 – 흡인권	광역형	○	○	○					○			○		○	○	○		○	○	○
흡인조건 – 흡인권	중간형	○	○	○	○		○	○		○	○	○	○			○	○			○
흡인조건 – 흡인권	근린형				○	○	○	○			○		○				○			
흡인조건 – 흡인형태	교외형	○		○				○	○	○	○	○	○	○	○	○	○	○	○	○
흡인조건 – 흡인형태	터미널형	○	○	○	○	○	○	○	○	○	○	○		○		○	○	○	○	○
흡인조건 – 흡인형태	도심형		○	○	○	○	○	○	○	○		○	○	○	○	○	○	○	○	○
흡인조건 – 중심성	중심지 입지		○	○	○	○			○	○		○		○			○		○	○
흡인조건 – 중심성	중심이 아님	○		○	○	○	○	○	○	○	○	○	○	○	○	○		○		○
소매집적상황	집적(대)		○	○	○	○	○	○												
소매집적상황	중간형		○	○	○		○	○		○				○		○				○
소매집적상황	집적(소)	○			○	○	○	○	○		○	○	○	○	○	○			○	
교통기관	철도객 의존	○		○				○				○		○		○				
교통기관	도보자·자전거		○	○	○	○	○	○				○	○	○		○				
교통기관	자동차객의존		○	○			○	○	○	○	○	○	○	○	○	○	○	○	○	○
환경	집객강제요소(有)													○	○		○			○
환경	집객강제요소(無)	○	○	○	○	○	○	○	○	○	○	○	○			○		○	○	
인구밀집역(통행자밀도)	밀집지역		○	○	○	○	○	○		○	○					○	○			○
인구밀집역(통행자밀도)	분산지역	○		○	○		○	○	○	○	○	○	○	○	○	○		○	○	○
평점																				

5. 입지조사 방법

1) 입지조사의 자세

입지조사의 방법에는 2가지 유형이 있다. ① 업종·업태를 먼저 결정하고(체인의 대부분이 이 방식에 속한다) 조사를 실시하는 방법과 ② 시장조사의 결과에 따라 업종·업태를 결정하는 방법이다. 조사방법은 전자(前者)와 후자를 응용할 수 있다. 입지조사를 시작할 때 가장 중요한 것은 어떤 업종·업태로 개점할 것인가를 먼저 생각해 보는 것이다. 물론 일반적으로 좋은 입지라고 판단되는 점포를 우선 계약하고 조사결과에 따라 업종·업태를 결정할 수도 있다. 그러나 그런 방법은 자금력이 충분하고 시간적인 여유가 풍부한 창업자라면 가능할 것이다. 업종·업태를 결정하기 전에 전문가의 자문을 구하는 것이 시행착오를 줄일 수 있는 방법이다. 전문가의 자문을 구할 때 자신의 취미와 좋아하는 음식, 그리고 본인의 비전과 꿈 등을 솔직하게 공개해야 한다. 또 자신의 현재의 환경과 자금여력, 맨파워, 타인과의 차이점 등도 전문가에게 소개하여 자신의 적성과 능력에 맞는 업종·업태를 결정해야 한다. 자신이 좋아하는 음식이라면 거의 매일 먹어볼 것이기 때문에 상품력이 높아질 것이다. 또 자신의 자금에 적당한 투자계획도 잡아야 하는 것이다.

2) 입지선정의 전제조건

앞에서도 다소 언급했지만 점포의 물건(物件)을 조사하기 전에 다음과 같은 일부 필수불가결한 전제조건을 미리 설정하여 정리해 놓으면 자기의 출점 전제조건의 기본사항에 맞지 않는 물건을 조사하기 위한 시간과 노력 및 비용을 낭비하지 않을 수 있다. 다음 〈표 3-20~22〉 입지결정 요인 체크리스트는 미국과 일본에서 발표된 입지결정요인 체크리스트이다. 이러한 전제조건들은 사업주 개인사정 또는 하고자 하는 업종·업태에 따라 좌우되는 것으로 각각의 개인마다 또는 회사마다 전제조건들이 상이하게 나타날 수 있다.

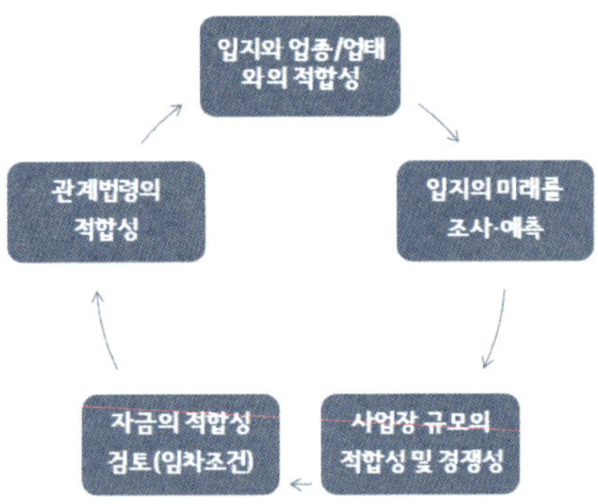

[그림 3-19] 입지선정의 전제조건

〈표 3-20〉 입지결정요인 체크리스트 Ⅰ

1. 위치의 면적과 전체면적	16. 위생적 상하수도 처리기준
2. 위치전면의 직선길이	17. 상하수구배출 설비기준
3. 가장 가까운 주요 거리로부터의 거리와 방향	18. 현행 토지이용조건
4. 하루 동안의 평균교통량	19. 인섭시설물의 이용
5. 길의 위치, 폭, 중앙위치	20. 건축제한
6. 교통통제 상태	21. 약 6㎞ 내에 위치하고 있는 경쟁시설물들
7. 인접거리의 속도제한	22. 지역인구밀도와 소득의 특징
8. 거리에 주차여부	23. 허가 및 승인을 요구하는 관계기관
9. 주차장(크기, 폭, 필요한 주차장의 수)	24. 영업상태
10. 주차장을 위한 주위환경과 방해물	25. 서비스수준
11. 지형적 특성	26. 건축법
12. 토지의 형태	27. 경쟁상황
13. 하수처리 정도	28. 메뉴가격
14. 기존하부구조	29. 부동산매매중개인의 정보
15. 이용할 수 있는 에너지	

*자료: Donald E. Lundberg, John R. Walker(1993), The restaurant from concept to operation, John Wiley & Sons, Inc.

〈표 3-21〉 입지결정요인 체크리스트 Ⅱ

입지 평가	입지선택에 있어 확인 사항
1. 주요 도로로부터의 시계성	1. 도시중심부로부터의 거리(시간과 교통수단)
2. 주요 도로로부터의 이용교통 편의성	2. 토지가격과 성장가능성
3. 다른 교통편의성	3. 지형과 지질의 정도
4. 상하수도 배수시설	4. 공공시설(도로, 하천 등)의 유무
5. 가스, 수도, 전기, 전화 이용과 그 요금	5. 급배수시설
6. 주변 고속도로와의 연결성	6. 공익적 시설(학교, 상업시설 등)
7. 도심과의 이용상황	7. 주변지역의 환경
8. 주변도로의 교통량	8. 도시계획과의 관계
9. 주변의 환경 영향	9. 법률상의 규제 유무
10. 장래 지역성장도	
11. 입지점포의 개요와 장래 확대여지	
12. 지역의 외적환경과 특징	
13. 고객 및 주민의 거주지로부터의 거리	

〈표 3-22〉 입지결정요인 체크리스트 Ⅲ

토지 이용 상황

1. 현재 토지이용의 상황
2. 변경가능한 토지이용의 변화성
3. 건축높이제한 정도
4. 주차한계 및 제한
5. 주변건축물과의 관련성
6. 광고간판의 제약조건
7. 기타 제한

입지조건

1. 주거지역
2. 주변 사무실 이용상황
3. 사업지구(용도)
4. 교육시설 상황
5. 주요 판매시장
6. 스포츠와 레크리에이션 활동
7. 역사유적지와 문화재
8. 지역을 연결하는 도로상황 및 폭
9. 산업활동센터
10. 쇼핑활동센터

지역개발 상황

1. 인구의 형태
2. 향후 성장패턴
3. 사업의 형태
4. 주변지역의 개발상황
5. 목표인구
6. 잠재노동력 전망
7. 향후 개발계획

물리적 이용에 따른 특징 분석

1. 토지용도 상황
2. 입지 지하층부 지질상황
3. 지하수면 상황
4. 하수처리 능력
5. 입지의 경사정도
6. 주위환경의 용이성
7. 현 위치의 해발정도
8. 강, 바다

유사경쟁업체

1. 음식시설의 수
2. 시설과 메뉴의 유형
3. 서비스 스타일
4. 좌석의 수
5. 평균매출액
6. 경쟁의 형태
7. 경쟁의 영향

주변 시각성

1. 장애물의 위치
2. 다른 방향으로부터의 시각성
3. 광고간판의 시각성
4. 위치에 영향을 미치는 시각성
5. 시각성에 불필요한 건축물 개보수

교통이용패턴과 규제

1. 거리의 교통량
2. 인접한 주요 거리의 교통량
3. 가장 번잡한 교통량 시간대
4. 교통의 이용형태
5. 가장 가까운 도로까지 거리
6. 교통제한
7. 주차제한
8. 공공교통수단

공공서비스 시설 현황

1. 관공서의 위치 및 거리
2. 경찰서, 소방서 등
3. 쓰레기 처리시설 장소의 거리
4. 치안을 위한 보호거리

도로 현황

1. 폭
2. 포장상태
3. 도로의 커브상태
4. 보도
5. 조명
6. 경사도
7. 위험도
8. 전체 도로이용 시각상태

기존 시설물의 설비상태

1. 물의 공급
2. 위생처리
3. 하수도
4. 전기
5. 가스
6. 스팀

입지도로 토지 측정

1. 길이
2. 폭
3. 전체지역
4. 건축, 주차, 주변광장을 위해 이용할 수 있는 지역

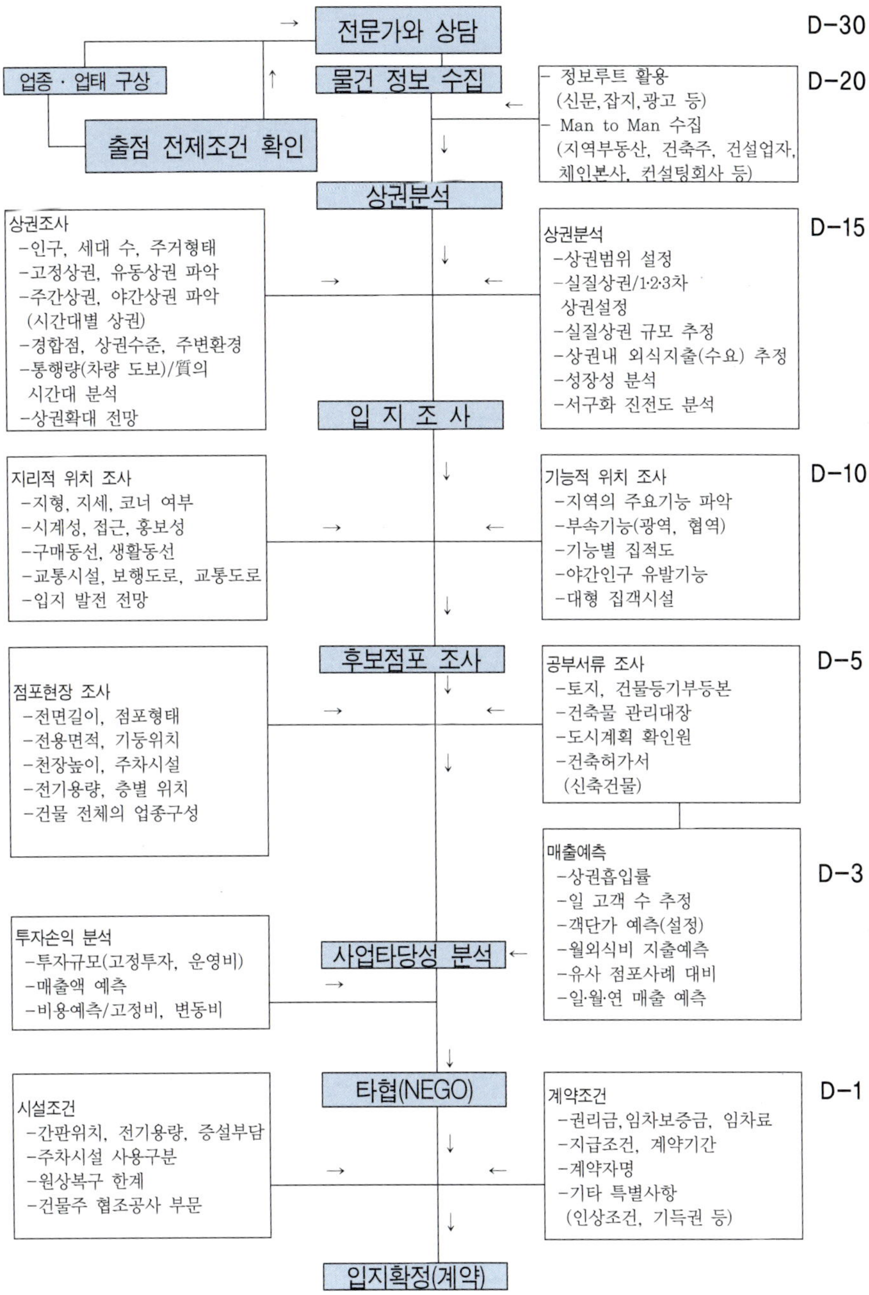

[그림 3-20] 시장조사의 순서(Flow chart)와 사업타당성 분석

3) 입지선정의 주의점

(1) 시장구매력의 파악

시장구매력을 파악하는 방법은 ① 생활형의 입지일 경우에는 배후구매력을 판단해야 하고, ② 적응형일 경우에는 유동인구의 구매력을 파악해야 한다.

① 생활형 입지

배후구매력 × 점유율＝매출이므로 배후인구 × 소비지출액(외식비)은 그 지역의 소비시장(외식)이다. 소비지출금액은 도시가계연보(통계청 발간)에서 가구당 소득수준, 소비지출, 항목별지출을 파악할 수 있다. 예를 들어, 상권 내에 10,000가구가 있다고 가정하면, 도시가구당 99년 1/4분기 외식비가 13만 원(月)이므로 상권 내의 외식수요는 13억 원이다. 이 중에서 특정업체의 시장점유율을 구하고 출점예정인 점포의 추정점유율을 곱하면 매출을 추정할 수 있다.

② 적응형(유동형) 입지

패스트푸드 음식점에 적용할 수 있다. 즉 도심 중심가에 출점 예정일 때는 1차상권 내(500m)의 유사점포 앞의 통행량 3~4개 업소를 측정하여 그 점포들의 매출액의 평균값을 구하면 출점예정지 점포의 매출을 추정할 수 있다. 이와 같은 매출추정법을 다중회귀법이라 한다.

③ 배후인구의 통계적 특성 파악

가구, 인구, 가구당 인구, 연령별 구조를 파악한다. 이와 같은 것들을 파악하기 위해서는 구, 시 통계연보를 시청이나 구청 동사무소에서 구해야 한다. 이 통계연보에서는 연령별 인구, 남녀별, 지역별, 가구별 등을 파악할 수 있다. 또한 도·소매업 조사보고서, 서비스업 조사보고서 등에서는 그 지역주민들의 생활상을 파악할 수 있다. 서울지역의 가구당 인구는 3.2인이고 3.7인 이상의 지역은 보수적인 지역이다. 2.9인 이하의 지역은 핵가족화된 지역으로 소비성향이 높은 지역이다. 가구당 인구가 적은 지역이 외식소비가 높다.

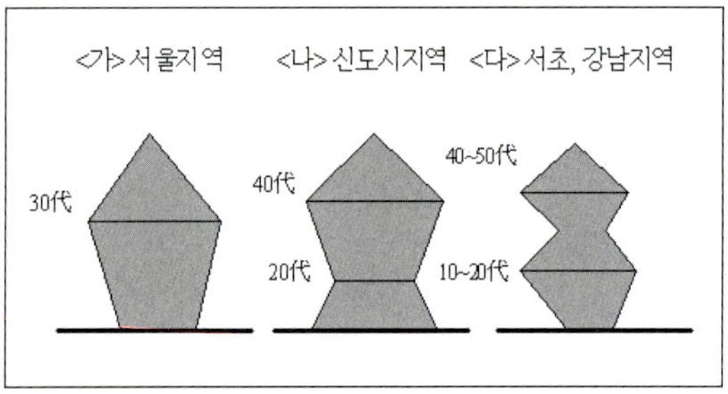

[그림 3-21] 인구 구성형태

위의 그림에서 〈가〉는 서울지역의 인구형태이다. 30대 인구가 가장 많다. 그림 〈나〉는 신도시 분당이나 일산 같은 지역의 인구분포도이다. 40대 전후가 많고 어린이가 많으며, 20대가 비교적 적은 지역의 형태이다. 그림〈다〉는 서울 서초, 강남지역의 인구분포도로서 10~20대, 40~50대가 많으며 유아인구가 거의 없다. 상권조사 후 [그림 3-21]과 같이 그림분석(엑셀 소프트웨어)하여 사업방향을 설정하는 데 중요한 데이터로 활용할 수 있다.

주거형태의 구조를 분석해 보면 똑같은 소득일지라도 아파트지역이 주택지역보다 소비성향이 약 1.2배 높다. 또한 아파트는 집적도가 높아 인구가 많으며 편리성을 추구하는 집단이다. 서울지역의 아파트 인구가 42%나 된다. 강남구는 75%이며 송파구, 양천구 등도 아파트 비율이 높다. 이상과 같은 방법으로 시장성을 파악하고 침투가능성이 있는지를 확인하여 출점해야 한다.

(2) 점포입지별 조사포인트

지금까지 언급한 것과 같이 상권조사는 점포의 전략과 행동을 결정하기 위한 정보의 수집과 분석이다. 따라서 어떤 타입의 점포라도 조사의 원칙은 동일하다. 업종과 업태에 따라 구체적인 항목과 분석결과의 평가는 달라도 기본을 지키지 않으면 좋은 진단은 나올 수 없고 입안한 전략도 유효한 것이 되지 않는다.

① 역상권형 점포

일반적으로 이 타입의 점포상권은 광역적으로 넓어진다. 특히 터미널역 입지는 연선전역(沿線全域)이 되어 있으므로 몇 개의 지역 또는 몇 개의 도시가 상권이 된다. 따라서 상권조사도 목적을 설정하여 실시하지 않으면 효율이 나쁘고 의도한 분석이 나오지 않는 경향이 있다. 이 타입의 조사에서 유의할 사항은 다음과 같다.

- 점포의 고객타깃에 조사대상을 설정한다.

  광역상권의 고객증대에 있어서 상권범위는 가능한 넓게 잡고 타깃 고객계층을 설정하는 것이 원칙이다. 따라서 상권조사도 점포의 타깃이 되고 있는 고객계층을 확실하게 구분(예를 들면, 성격·연령·소득수준 등의 기준을 확실하게 한다)하여 그 대상자만을 분석한다.

- 조사지역을 잡는다.

  타깃 고객계층을 잡을 수 없을 경우에는 조사대상 지역을 한정하는 방법도 있다. 에어리어 샘플링(Area sampling, 특정지역 설정)으로서 광역 에어리어를 몇 개로 나누어 그 가운데서 무작위로 소수의 에어리어를 선택하여 그곳만 조사를 실시하는 방법이다. 물론 선택한 에어리어는 다른 지역도 대표할 수 있는 지역이어야 한다.

• 역 상권과 점포상권의 차이를 명확하게 한다.

두 개의 상권범위가 같다고 생각하기 쉽지만, 자세하게 보면 차이가 있는 것이 많다. 역은 선택할 수 없지만 점포는 선택할 수 있는 것이기 때문에 일어나는 차이이기도 하다. 따라서 이 차이를 확실히 해야만 하며 동일하다고 하는 착각에 빠지지 말아야 한다. 역을 지나다니는 사람들의 성향만으로 점포의 전략을 세워서는 안 된다. 전략은 어디까지나 점포상권의 분석결과만으로 세울 수밖에 없는 것이다.

② 길거리형 점포

로드사이드형 점포의 상권은 광역형(廣域型)과 협역형(狹域型)으로 나눌 수 있다. 통행량이 많은 간선도로에 위치한 점포는 역상권형과 동일하게 고객이 넓은 범위로 확대된다. 반대로 일반 상가와 주택지와 같은 점포의 상권은 좁다고 말할 수 있다. 어느 쪽 타입에 있는가에 따라서 체크포인트도 달라진다.

• 협역상권 타입은 보다 세밀한 분석이 필요하다.

이 타입의 점포는 지금까지 언급하였던 체크포인트를 원칙으로 하여 실시하면 좋다. 한정된 상권으로 데이터 수집이 쉽기 때문에 보다 상세한 조사를 실시한다. 협역상권의 전략원칙은 한정된 상권 속에서 특수한 업종 · 업태를 제외하고는 보다 넓은 폭의 고객계층을 획득하는 것에 있다. 지역에 밀착한 커뮤니케이션이 원칙이며 상세한 분석이 필요하고 한 사람 한 사람의 고객 니즈(Needs)를 분석해야 한다.

• 광역상권 타입은 면적의 범위와 이용수단의 분석을 중시해야 한다.

로드사이드형 광역상권은 그 범위가 특수하다. 주요 도로를 중심으로 지상(枝狀)의 상권이 형성되어 있다. 우선 상권범위의 확정이 중요하다. 그리고 갈라져 나온 상권 하나하나의 에어리어에는 그 규모와 고객계층이 다르며 점포의 고객분포 농담(濃淡)도 다르다. 이들 차이를 확실하게 하는 것이 체크포인트의 가장 중요한 점이다. 특수한 상권이기 때문에 행정구분과 매치(Match)시키기 어렵다. 이런 이유로 기존 데이터를 사용하기 어려운 점이 있다. 주택지역을 이용하여 인구세대수 등의 시장 규모를 신중하게 분석하는 것이 요구된다. 또한 상권조사에서 나누어지는 에어리어마다 전략을 세울 수 있는 구조를 만들어야 한다.

일반상권과 다른 조건의 내점(來店)수단이 있다. 어떤 방법으로 내점하고 있는가의 분석도 중요한 포인트의 하나가 된다. 자동차에 의한 내점자가 중심인 점포에서는 자동차에 대응하는 서비스의 제공 등과 같은 고객증대의 전략이 필요하게 된다.

③ 쇼핑센터형 점포

이 타입의 점포도 센터의 고객흡인력에 의해서 광역상권과 협역상권으로 나눌 수 있다. 앞에서 언급한 것과 같이 각각 타입에서 체크포인트의 기본은 같다.

아래의 점들에 주의하면서 조사를 한다.

- 센터 전체와 개별점포의 차이를 명확하게 한다.

  센터 전체와 테넌트(Tenant)점포의 상권은 다르다. 우선 이 차이를 확실하게 파악해야 한다. 이것은 역(驛)상권형 점포에서도 언급하였지만, 센터 측의 조사에만 의존하지 않고 점포 독자적인 분석을 해둔다. 반드시 고객계층의 구성도 다르고 고객 증대의 전략도 센터 전체의 틀에서 이루어지지만 독자적인 것이 필요하다. 광역상권의 점포에서는 조사의 효율을 생각하여 타깃을 지역에 따라 한정하는 것도 필요하다.

- ‘목적이용’과 ‘기회이용’의 고객구분을 명확하게 해야 한다.

  센터 이용객에는 처음부터 특정의 점포에서 확실한 목적을 갖고 이용하는 고객과 가끔 동일한 센터 내의 점포에 쇼핑을 하다가 우연히 이용하는 고객으로 나눌 수 있다. 점포가 어느 쪽의 비율이 높은가 또는 어떤 객층이 점포를 목적으로 하여 이용하고 있는가의 분석이 중요하다. 이것에 따라서 고객증대 전략을 구사하기 위한 활동(판촉과 업태설정)도 달라진다.

(3) 접근성 분석

접근성도 입지유형에 따라서 분석하여야 한다.

① 적응형 입지

도보자의 접근성을 우선 고려하여야 한다. 도보자가 접근하기 쉬운 출입구, 시설물, 계단, 가시성 등이 좋아야 한다. 대부분의 도보객은 버스나 택시, 지하철을 이용하므로 이들 교통시설물과 근접하면 좋다. 출입구도 자동문이나 회전문은 좋지 않다. 도심의 최적입지는 차 없는 거리이다. 도심의 점포는 주차장이 없어도 된다. 오히려 주차장으로 인하여 투자효율성이 떨어진다. 굳이 주차장을 둔다면 건물 뒤편에 위치하는 것이 좋다. 도보객이 우선적으로 접근하기 쉬워야 하기 때문이다.

② 목적형 입지

특정테마에 따라 고객이 유입되므로 차량이 접근하기 쉬워야 한다. 주 도로에서 접근하기 쉽고 주차장이 크고 편리성이 있어야 하고, 주차관리원도 두어야 한다. 또 주차장의 위치는 건물 앞쪽에 있어야 이용자의 편리성이 높다.

③ 생활형 입지

지역주민이 주로 이용하는 식당이므로 도보나 차량을 모두 흡수할 수 있어야 한다. 주차시설도 갖추고 도보객의 접근도 유리한 지역에 출점해야 한다.

〈표 3-23〉 접근성 분석표

항목		현황	강점	약점	평가
접근성	도보접근성				
	대중교통 접근성				
	차량접근성				
	기타				
교통 및 도로 환경	도로망/도로폭				
	횡단보도/육교 등				
	도로통행특성				
	도로 경사도				
	점포 도로접속 형태				
	유동인구유발 요인				
	야간조명 등				

- 접근성 및 교통환경 특성은 해당점포에 도보, 대중교통 및 차량 등의 접근성에 대한 체계적인 조사·분석을 통하여 입지의 매력도(접근성 측면에서의 강·약점)를 판단하기 위해 실시한다.

4) 입지의 지리적 위치 조사

(1) 코너 위치의 입지

입지에는 일자형 도로에 위치한 '一面' 입지, '삼거리 코너' 입지, '사거리 코너' 입지, 쌍방향 일자형 '兩面' 입지, '5거리 코너' 입지, 기타 입지로 구분할 수 있다. 여러 형태의 입지의 장단점은 제각각이나 지역의 특성에 따라 상당한 차이가 있다.

(2) 점포의 시계(視界) – 가시성

입지의 시계성은 넓고 길수록 좋다. 오목형 입지보다는 볼록형 입지가 좋다. 특히 주변의 간판이나 전면의 가로수 장애, 주변 건물의 장애 등을 잘 체크해야 한다. 시계성이 낮다는 것은 그만큼 홍보가 더디고 고객들의 인지속도가 늦어지게 된다. 또한 점포를 찾아올 때도 그만큼 힘들다. 고객은 단순한 것을 좋아한다. 쉽게 찾을 수 있고 주차하기 편리한 곳을 선호한다.

(3) 접근성

점포의 출입이 용이해야 한다. 승용차의 출입구나 도보자의 출입구, 특히 계단 등의 장애가 없어야 한다. 차량 출입 시 좌·우회전이나 직진, U턴 등이 원활해야 한다. 전용 보행도로나 교통도로가 있는 곳이 좋으며 특히 생활도로 주변이 외식수요가 높은 지역이다.

(4) 홍보성

간판의 위치나 크기, 점포의 위치, 유동인구의 규모, 점포의 전면 길이, 건물 전체의 규모, 건물의 집객능력 등이 홍보에 미치는 영향은 크다. 특히 간판의 위치나 크기는 가능한 크게 만들 수 있는 것이 유리하고, 높이는 지상으로부터 4~6m가 가장 좋다. 옥상의 간판 설치가 가능한지도 체크해야 한다.

(5) 상권의 외식형태와 생활동선의 파악

지역 내의 주요 외식업체가 어디인지 등 위치를 파악하고 이동하는 동선은 어디인지 파악한다. 또한 외부의 유출입 동선도 파악하여 출퇴근 동선, 통학통로, 구매동선 등을 파악하여야 한다.

(6) 주변 교통시설 현황조사

접근성과 밀접한 관련이 있는 교통시설을 조사함으로써 내점 가능 여부를 판단할 수 있게 된다. 조사대상으로는 버스정류장, 전철역, 횡단보도, 지하도, 육교, 신호등 유무, 교통도로 등을 이용하는 교통시설 이용인구가 어느 정도인지를 파악해야 한다.

(7) 도로현황 조사

보행 전용도로의 도로 폭이나 차량통행 여부를 체크하고, 교통도로는 도로차선, 노변 주차 여부, 좌회전 여부, U턴 여부 등을 조사해야 한다.

(8) 지형이나 지세의 파악

철도, 도로, 대형담장, 아파트 경계, 언덕, 평지, 강 등을 조사해야 한다. 이와 같은 대형 지형이나 지세는 음식점의 상권에 장애가 되는 요인이다.

(9) 입지의 향후 발전방향

도로의 신설, 전철역 신설, 횡단보도 신설, 교량 신설, 터널 신설, 비보호 좌회전 신설, 대형 유통센터 신설, 학원신설 등은 발전의 가능성 높은 지역이다.

5) 입지의 기능적 위치 조사

기능적 위치조사를 통해서 광역적 또는 협역적으로 주변지역의 발전상황을 알 수 있게 된다.

① 주변지역의 주된 기능을 파악한다.

주거지역, 상업지역, 공장지역, 공원지역, 오피스 밀집지역, 학원지역 등을 파악한다. 공장지역은 사원식당 등을 제외하고는 극히 일부의 한식메뉴의 수요가 있을 뿐이다. 패밀리나 패스트푸드형 외식업체는 출점하지 않는 것이 좋다.

② 주변의 부속기능을 파악한다.

유흥가, 근린상가 밀집지, 시장, 숙박시설 밀집지, 대형상가, 식당가, 대형병원, 호텔, 학교, 학원, 관공서 등의 부속기능을 파악한다. 혐오시설(화장터, 쓰레기소각장 등)이 있는 지역은 출점해서는 안 된다.

③ 야간인구의 유발기능을 체크한다.

유흥가, 호텔 등의 숙박기능, 경찰서 등 장시간 영업 또는 업무를 하여 야간인구를 유발하는 기능들의 규모와 위치를 파악하여야 한다.

④ 유동인구의 유발기능을 파악한다.

대형 집객시설의 기능을 가진 학교, 호텔, 관공서, 대형빌딩, 극장, 경찰서, 공원, 백화점, 대형할인점, 전철역 등을 파악하고 유동인구의 형태와 부류를 체크한다.

⑤ 인접지의 상가현황과 상가의 업종을 파악한다.

⑥ 기능별 집적도나 활성도를 파악하고 기능별 입지의 발전방향을 체크한다.

6) 법적 조건 체크

입지의 용도는 도시지역, 준도시지역, 농림지역, 준농림지역, 자연환경보전지역 등 5개로 분류된다. 이 중 도시지역만 「도시계획법」에 적용되고 나머지는 「국토이용관리법」이 적용된다.

입지담당자는 「도시계획법」, 「유통상업발전법」, 「건축법」 등 3가지에 대해서는 잘 알아야 한다.

(1) 용도지역

용도지역은 상업지역, 주거지역, 공업지역, 녹지로 구분되나, 상업지역은 일반사업지역, 유통, 중심, 근린상업지역으로 나눈다. 이들 지역들은 건축이 가능한 지역이 있고, 전혀 불가능한 지역이 있으며, 지방자치단체의 조례에 따라 가부가 결정되는 것도 있다.

자세한 세부내용은 구청에 문의하면 최신정보를 얻을 수 있다. 또한 학교시설지구(고등학교 이하)에서는 50m까지가 절대정화구역, 200m까지가 상대정화구역이다.

(2) 건폐율과 용적률 체크

건폐율이란 건물을 땅바닥에 앉히는 면적비를 말한다. 용적률이란 땅 대비 총건축 가능 평수를 말한다. 용도지역에 따라 건폐율과 용적률은 많은 차이가 있으므로 유의해야 한다. 1998년 5월부터는 용도의 전환이 아주 쉬워졌다. 특히 용도 변경은 전환할 때 신고만으로도 가능해진 군이 있다. 주택을 근린시설로 신고만으로도 변경이 가능해졌다.
시설군과 용도군은 다음과 같다.

〈표 3-24〉 시설별 용도 변경

시설군	용도군
1. 영업 및 판매시설	위락판매 및 영업숙박
2. 문화 및 집회시설	집회, 운동, 관광, 휴게
3. 산업시설	공장
4. 교육 및 의료시설	교육 및 복지시설
5. 주거 및 업무시설	업무시설
6. 기타 시설	근린시설

용도군 내의 1번 항목에서 6번 항목으로 용도변경은 신고만으로 가능하다.

7) 입지선정 시 고려해야 할 조건

상기의 입지선정이 끝나면 현재의 입지가 어떻게 형성돼 지금에 이르렀는지 파악해 두는 것이 필요하다. 이것은 입지 자체가 쇠퇴하는 입지인지, 떠오르는 입지인지를 파악하는 기준이 된다. 상업시설이 개발되는 곳에서는 사무실 건물이 한 동(棟)이 늘어설 때마다 매출이 증가하는 경우도 있다. 중장기 개발 전망 시 맞는 입지를 적절하게 선택해야 한다.

- 주요 고객이 누구인지, 취향, 소비형태, 소비심리는 어떤지 등을 파악하여 주택가나 사무실 밀집지역 또는 상업지역 변화가가 좋은지를 결정하여야 한다.
- 소비대상자가 많고 향후 인구증가가 예상되는 곳이어야 한다.
- 주변상권이 활성화되어 고객을 흡수할 수 있는 업종들이 고루 분포된 곳이어야 한다.
- 고객이 모여들 수 있는 시설이 있는 곳이어야 한다.
- 교통체계가 좋아 사람이 많이 모이는 곳이어야 한다.
- 퇴근길 동선을 따라 위치한 점포가 유리하다. 높은 지대보다는 낮은 지대가 유리하다.
- 점포 맞은편에 상권이 발달되지 않은 경우에는 피하는 것이 좋다.
- 권리금이 붙어 있는 점포가 안전하다. 다만, 거품이 존재하는지 반드시 체크해야 한다.
- 자금이 부족하다고 안 좋은 입지에 점포를 얻는 것보다는 점포의 크기를 줄이더라도 목이 좋은 곳을 선택하는 것이 유리하다.

제5절 경쟁 분석

1. 경쟁점포의 이해

상권조사에 있어서 경쟁점포의 동향을 정확하게 파악하는 것이 꼭 필요하다. 경쟁점포를 분석하는 데는 경쟁점포의 능력이나 고객 수(數), 상품의 동향, 점포의 인기도(인지도), 매출 등을 조사해야 한다. 이 조사는 그렇게 쉽지 않다. 경쟁점포의 동향을 파악하는 조사에 대해서 몇 가지의 각도에서 공부해 보자. 먼저 경쟁구조부터 이해해야 한다.

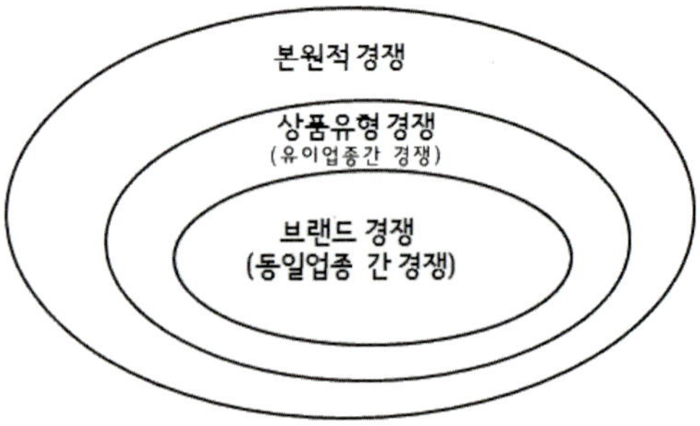

[그림 3-22] 경쟁관계의 이해도

일반적으로 경쟁의 정의를 동일한 업종을 영위하는 점포로 한정하여 비교하는 경우가 다수이나, 이런 경우 실질적인 경쟁관계를 파악하지 못하는 오류를 가져올 수 있다.

따라서 실질적인 경쟁구조 및 경쟁점포를 이해하기 위해서는 상권분석을 통하여 경쟁수준별, 세부 업종별, 그리고 고객의 니즈 측면에서 경쟁을 분석하여야 한다.

① 본원적 수준 : 고객의 본원적 욕구를 충족시키는 상품 전체의 경쟁으로 파악(고객의 수요를 어떤 상품이 흡수하느냐의 경쟁)

② 상품유형 수준 : 구체화된 고객 동일욕구를 충족시키는 상품 간의 경쟁(외식 : 한식, 중식, 갈비, 뷔페 등)

③ 브랜드 수준 : 동일 업종 내 각 브랜드 간 경쟁으로 고객니즈를 충족시켜 주는 동일상품 수준의 경쟁(중국음식점 간 경쟁)

즉 정확한 경쟁자를 파악하기 위하여는 고객(Needs) 측면에서 상품유형 경쟁단계까지 파악하는 것이 필요하고 또한 동일상권 및 타 광역상권과의 경쟁도 고려해야 한다.

2. 경쟁점포 능력측정

경쟁점포를 조사할 경우 그 점포가 어느 정도의 힘이 있고 어떤 특징을 갖고 있는가, 또는 자기점포에 어떤 영향을 줄 것인가, 주고 있는가 하는 경쟁점포의 종합적인 능력을 파악하는 것이 중요하다.

이를 위해서 다음과 같은 여러 가지 조사가 필요하게 된다.

1) 경쟁점포의 현황조사

경쟁예상점포 또는 경쟁점포(이하 경쟁점이라 칭한다)의 현황에 대해서 현 상태에서 파악한다. 조사내용으로는 상호, 주소, 매장면적, 주차장 면적, 개업연도, 영업시간, 종업원 수, 판촉수단, 추정 월매출 등이다.

2) 경쟁점의 상권조사

정확하게 실시하기 위해서는 경쟁점의 점포 앞에서 입점자 조사를 실시하여, 이용자가 어디서 오는지 주소를 묻고 그 범위로 경쟁점의 상권을 추정하는 것이 좋다. 그 다음으로 설정된 상권을 기본으로 하여 상권 내의 세대수와 인구 등을 산출한다.

〈표 3-25〉 경쟁수준에 따른 주변 경쟁점포 조사분석표

구분		이격거리	면적	점포 특징	강점	약점	경합 정도
직접 경쟁점포 (브랜드 경쟁)	A점포						
	B점포						
	C점포						
	D점포						
	기타						
유사 경쟁점포 (상품유형 경쟁)	A점포						
	B점포						
	C점포						

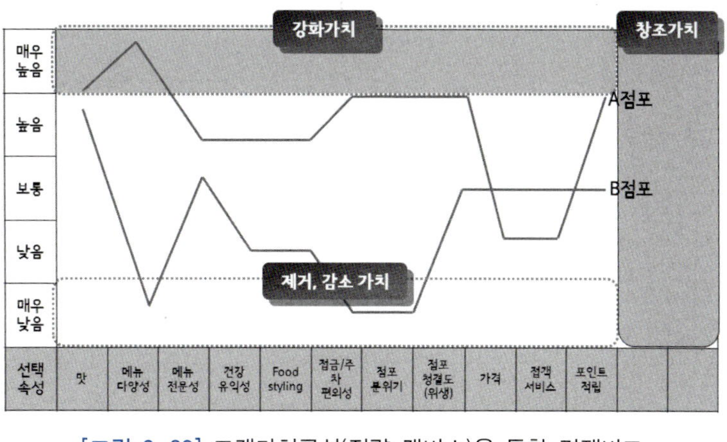

[그림 3-23] 고객가치곡선(전략 캔버스)을 통한 경쟁비교

3) 경쟁점포의 이용객 수 조사

- 거래 납품업자의 납품실적
- 영업 마감시간 전 영수증의 전표 발행

번호 × Table단가 = 매출

- 입점객 수 × 객단가 등의 방법이 있다.

4) 경쟁점포의 매출 추정

경쟁점포의 상권 내 세대수에 외식비용을 1세대당 평균 소비금액을 곱해서 수요와 경쟁점의 이용객 수 결과를 기본으로 매출을 추정한다.

상권 내 외식비 = 세대수 × 가구당 외식비
경쟁점 매출 = 이용객 수 × 객단가

5) 관찰조사

경쟁점포의 힘을 종합적으로 파악하기 위해서는 앞에서 언급한 정보가 필요하지만, 경쟁점의 관찰조사만으로도 유효할 수가 있다.

사람들의 움직임, 고객의 특성, 피크시의 분위기, 상품(메뉴의 동향, 가격동향) 등을 직접 피부로 실감하면서 파악한다. 그래서 경쟁점 조사는 양(量)적으로 파악하는 부분과 질(質)

〈표 3-26〉 경쟁점포와 자기점포의 비교분석표

	A점포	B점포	자기 점포	비교
개 황				
1. 상권의 범위				
2. 매출규모의 추정				
3. 점포의 외관/이미지				
4. 입지조건				
5. 메뉴 및 가격				
6. 고객의 분포				
7. 종업원				
8. 서비스				
9. 마케팅				
10. 조리시스템				
11. 기 타				

적으로 파악하는 부분이 있는데, 자기점포와의 대비가 가능하도록 정리하고 종합적으로 자기점포와의 관계에서 경쟁점의 포지션과 힘을 평가분석할 필요가 있다.

신규창업을 목표로 조사하는 경우에는 조사기관에 의뢰해서 자문을 구하는 것이 바람직하다. 잘못된 판단으로 개업하게 되면 평생 모은 재산을 한순간에 날려버릴 수도 있다. 점포방문, 면접조사, 조사내용의 분석 등은 전문 조사기관에 위탁하는 것이 좋다. 조사주체가 제3자일 때 보다 객관적이면서 정확한 정보를 입수할 수 있게 된다.

3. 경쟁점포의 고객수 분석

경쟁점포에 고객이 많은가 어떤가는 경쟁점포의 매출을 추정하면 알 수 있다. 또한 경쟁점의 집객력을 관찰하는 데 중요한 테마가 된다.

이것을 정확하게 알기 위해서는 점포 앞에서 평일과 휴일, 시간대별로 내점자를 카운트하는 것이 필요하지만, 경쟁점의 점두에서 실시하는 데는 현실적으로 어려운 점이 있다. 그러나 전문조사기관에 위탁하면 문제는 없게 된다. 이 방법 외에는 가상으로 설정한 상권 내의 가구에 대해서 무작위로 면접조사를 실시하여 경쟁점을 어느 정도 이용하고 있는가를 파악하는 방법이 있다. 이 방법은 전화조사로 실시하거나 통행자의 면접조사로 실시하는 등의 방법이 있으며, 다른 조사목적과 병행하여 적당하게 이용하면 좋다. 가능한 넓은 지역을 샘플로 설정하여 조사하면 정확도도 증가하고 유효한 방법이 될 것이다. 그 외 조사를 직접 하지 않고 내점객 수를 조사하는 방법으로는 폐점까지의 레지스터 영수증 번호를 체크하는 방법이 있다.

이것은 폐점까지 판매 레지스터의 번호를 봄으로써 그날의 이용객 수를 조사하는 방법으로 레지스터가 1대인 경우에는 신뢰도가 상당히 높다.

4. 경쟁점포의 메뉴동향

경쟁점포의 상품(메뉴)동향 조사 분석은 취급상품 부문이 어느 정도 있는가에 따라 복잡함과 난이(難易)함이 있는데, 기본적으로는 다음과 같은 조사가 필요하다.

1) 메뉴 조사

점포 전체의 상품구성이 어떻게 구성되어 있는가에 대한 조사는 메뉴북의 디자인 내용을 잘 살펴보면 전략적인 상품이 어떤 것인가를 알 수 있게 된다. 가능하면 전단지, 테이블, 플래이스 매트, 포스트, 플라이어, 이벤트, 전단 등을 수집하여 분석하면 된다.

2) 가격존과 가격라인 조사

메뉴구성 가운데 가장 중요한 것이 경쟁점포의 가격전략이며 그 동향이다. 경쟁점의 전단지 분석 등으로 일부품목에 대해서 대략적인 것을 파악한다고 해도 업태 이미지로서 전체를 완전히 파악할 수는 없다. 그래서 가격에 있어서도 실제로 식사를 해보고 느낌을 관찰해 보아야 한다. 돈을 낸 만큼의 가치가 있는지 어떤지를 분석할 필요가 있다. 모든 메뉴의 가격을 조사하고 원가를 조사하는 것은 매우 어렵기 때문에 대상부문에서 주력상품의 몇개 메뉴를 선택하여 조사해 보아야 할 것이다. 또한 그 상품의 가격 zone(상한과 하한)과 가격라인(중심상품군의 가격 zone)을 조사하여 그 경향을 파악한다. 이 경우에는 메뉴북의 일반가격을 파악하고, 특매가격(할인가격)은 별도로 파악한다. 상품아이템별로 상세하게 파악할 경우에는 미리 조사할 상품을 추출하고 리스트 화하여 실시하면 보다 무난하게 행할 수 있다.

3) 상품정책 조사

이것은 경쟁점포의 점주(店主), 매장책임자 등을 대상으로 하여 전문기관의 명의로 직접 앙케이트 조사를 실시하는 것이다. 어떤 방침으로 어떤 상품을 전략적으로 지향하고 있는가, 이용객이 어떤 상품을 주로 이용하는가 등에 대해서 파악하는 방법으로 이것은 객관성을 유지하기 위해서도 전문조사기관에 맡기는 것이 바람직하다.

4) 전단지 분석

경쟁점포의 전단지에는 그 점포의 전략이 반영되어 있기 때문에 상품동향과 가격동향에 대해서 연구를 할 수 있다.

따라서 경쟁점의 전단지 광고를 시계열(時系列)로 수집하고 주요 메뉴의 구성과 할인가격표 등의 작성을 통해서 경쟁점의 메뉴정책과 마케팅전략을 분석할 수 있다.

5. 경쟁점포의 인지도 조사

① 점포의 인지율(認知率, 인기도)
② 점포의 이용경험률(한번 시험적으로 이용한 적이 있는 비율)
③ 점포의 계속 이용경험률(항상 이 점포를 이용하는 비율)

경쟁점포가 상권 내에서 어떻게 인식되고 어느 정도 인기가 있는가는 상권 내의 전체 경쟁점을 대상으로 상대적인 위치계열에서 파악해 볼 필요가 있다.

인기도의 최종적인 지표는 고정고객(단골고객)이 그 점포를 어느 정도 이용하고 있는가에 있다. 그 가운데에서 인기는 있는 반면, 이용률이 낮은 점포도 존재할 것이다. 따라서 실질적인 인지도를 관찰하는 지표로써 아래의 3가지로 집약할 수 있다. 3개 점포가 모두 이용하기 쉽다고 한다면 관점에서 보면 점포가 어떤 이미지로 받아들여지고 있는지가 중요한 포인트가 된다.

이것을 도시(圖示)하면 [그림 3-24]와 같이 된다.

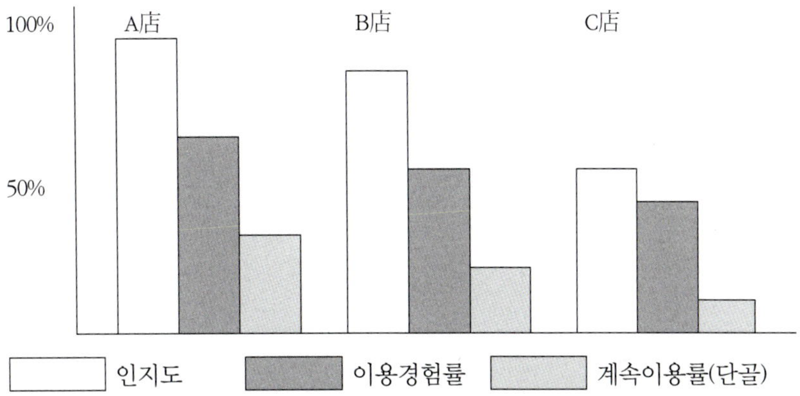

[그림 3-24] 점포의 인지도와 이용경험률

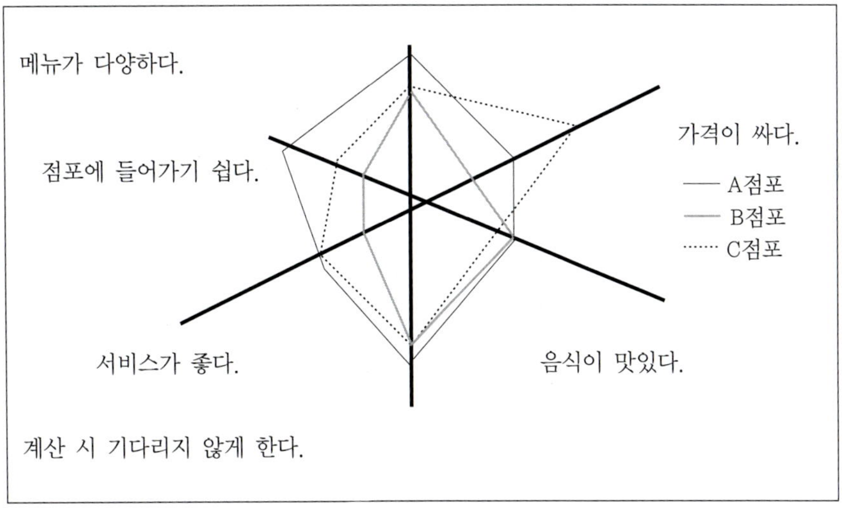

[그림 3-25] 점포 이용률과 고객만족 포인트

정보수집은 상권 내의 가구에 대한 호별방문 면접조사(경우에 따라서는 전화조사 등)나 유동고객에게 면접조사를 실시하는 것이 바람직하다. 전체를 대상으로 직장인(남·여), 학생(남·여), 일을 갖고 있는 주부, 어린이 등 고객계층에 따라서 분석하고 각각의 경쟁점이 어떤 사람에게 어느 정도의 인기를 얻고 있는가를 파악하는 것이 중요하다.

이것은 상권 내의 블록 단위로 분석이 가능하며 전략 블록 내에서 경쟁점의 포지션도 명확하게 된다. 또한 이 조사를 실시할 때에는 다른 조사내용에 대해서도 조사하는 것이 가능하다. [그림 3-25]는 이용률과 점포의 이미지, 이용하는 이유, 부족한 메뉴, 서비스, 가격평가, 점포에 대한 요망사항, 판촉활동의 접촉상황 등 여러 가지 항목에 대해서 동시조사가 가능하다. 더욱이 인기도를 '좋다/싫다'로 파악하고 그 이유를 조사하는 방법도 자기점포의 이미지 구축에 큰 역할을 할 수 있는 정보가 된다.

6. 경쟁점포의 매출추정

경쟁점포의 매출분석을 다음과 같은 형태로 실시하면 대략 경쟁점이 어느 정도의 매출을 올리고 있는지 짐작이 가게 된다. 그러나 정확하게 추정하고자 하면 그 나름대로의 절차가 필요하게 된다.

1) 종업원 1인당 매출액에 따른 추정

우리나라 산업 전반에 경쟁력 제고를 위한 갖가지 노력을 하고 있으나, 노사의 대립이 만만치 않다. 특히 인건비가 경쟁력 제고에 걸림돌이 되고 있다는 것은 누구나 아는 사실이다. 특히 외식업계도 인건비가 차지하는 비율이 적게는 15%에서 많게는 50%에 이르고 있다. 최근 호텔업계에 따르면 S호텔의 인건비가 매출대비 50%를 초과하였다고 한다. 외식업계도 예외는 아니다. 식당의 성패를 좌우하는 인건비 관리가 최대의 운영과제이기 때문이다. 따라서 노동생산성을 고려하여 식당을 경영하는 점포는 이 방법에 의해 매출을 추정할 수 있다. 종업원 수를 조사하고, 1인당 매출(급여의 4배 정도)을 종업원 수와 곱해서 산출한다. 1인당의 매출(고깃집 : 400만 원/1인당)은 업계의 평균치를 사용하는 것이 좋다. 점포에 따라서는 생산성이 다르기 때문에 정확성이 약간 결여되는 단점이 있지만 근사치는 얻을 수 있다.

2) 레지스터 대수(臺數) 추정

레지스터 1대당의 매출을 기준치로 설정하고 대수를 곱해서 평균 일일매출을 추정한다. 이것도 레지스터 1대당 일일매출이 점포의 성격이나 영업 정도에 따라서 다르기 때문에 그 추정에는 주의를 기울일 필요가 있다. 각 포스 1대당 일일 판매실적을 포스수량으로 곱해서 추정하는 것이 가장 정확하다.

3) 식당 면적으로 추정

1평당 매출 기준으로 총면적을 곱해서 평균 일일매출을 추정한다. 이것도 다종의 메뉴를 취급하고 있으면 메뉴마다 기준치가 다르기 때문에 단일메뉴 또는 소량의 메뉴분야에서 유효한 방법이 된다.

그러나 이 방법은 거의 사용하지 않는다. 다만, 유사업종 수개의 평균치를 대입하여 산출하기도 한다.

4) 이용객 수에 따른 추정

가장 정확도가 높은 방법으로 이용객 수에 추정 객단가를 곱하여 산출한다.

객단가는 다음 공식으로 얻을 수 있지만, 미리 자기점포와 경쟁점 동향에서 기준치를 정해 둔다.

객단가 = 월매출총액 ÷ 월 고객 수

추정 객단가는 앞에서 언급한 것 외에도 전문지 기자나 분석하고자 하는 점포의 종업원이나 점장을 통하여 파악하는 것이 정확하다. 내점객 수는 점포입구에서 체크하면 된다.

5) 상권셰어로 추정

경쟁점의 추정셰어(상권 내 점유율)가 판명될 경우, 상권 내 총 수요에 셰어를 곱하여 매출을 추정한다. 이 방법은 대략적인 추정치를 산출할 수 있다.

6) 납품업자의 정보에 따른 추정

정보로서는 정성적(定性的)인 정보가 되지만 상당히 정확도가 높은 것이 된다. 이것은 유통에 종사하는 메이커와 도매상의 출입업자로부터 경쟁점의 매출을 알아내는 방법으로 그들의 대부분이 경쟁점포에 납품하기 때문에 상당히 정확한 매출규모를 파악할 수 있다. 특히 납품품목의 양과 질로써 원가와 매출을 추정할 수 있다. 따라서 이 정보를 바탕으로 다른 방법과 병행하여 다시 체크하면서 정밀도를 높여가는 방법이 좋다.

7) 소비지수에 따른 추정

경쟁점포의 상권을 설정하여 그 상권 내에 거주하는 세대수를 베이스로 하여 그 지역의 1세대당 소비금액을 곱하여 총수요를 산출한다.

이것을 경쟁점의 수로 나누는 방법으로 약간의 개략적인 추정치는 산출된다. 이 경우 특정지역에 관한 소비지출 금액의 데이터를 입수할 수 없는 곳이 많기 때문에 매출을 추정하기가 어렵다. 다만, 도·시·구 단위의 여타 지역의 데이터를 목표로 하는 지역에 소득격차 등을 고려하여 추정치를 산출하는 방법이다.

이와 같이 경쟁점의 매출 추정에는 몇 가지 방법이 있지만, 예산, 스케줄 및 추구하고 있는 정밀도, 갖고 있는 정보의 종류 등에 따라 여러 가지 방법을 병행하여 실시하면 정확도를 높일 수 있다.

그러나 매출의 추정은 경쟁점 조사의 가장 어려운 부분이며 어떤 결과도 추정치의 테두리를 벗어나지 못하기 때문에 시계열(時系列)로 변화를 좇아가면서 정밀도를 높여가는 독자적인 방법을 찾아내는 것이 중요하다.

그리고 사용 데이터가 오래된 것은 최신의 것으로 수정하여 사용할 필요가 있으며, 인구, 세대의 신장률이 현저한 지역이나 역과 버스노선의 개통으로 통행자가 급증할 경우에는 주의하여 데이터를 만드는 것이 중요하다.

제6절 후보점포 분석

물건(物件)의 조사항목은 물건이 위치하고 있는 형태에 따라 증감될 수 있다. 그러나 일반적인 조사항목은 다음과 같다.

1. 점포의 현장조사

- 점포의 전면 길이를 조사한다.
- 점포의 형태(모양)를 조사한다.
- 전용면적을 계산한다(평 = 가로(m) × 세로(m) ÷ 3.3).
- 기둥의 위치 및 크기를 파악하여 업종 · 업태와 상관관계를 체크한다.
- 천장높이(층고)/가능한 높을수록 좋으며 2m 이하의 점포는 출점하지 않는 것이 좋다.
- 영업시설의 장비 반입구/기기, 기계 등의 반입에 문제가 없는지 체크해야 한다.
- 전기용량 체크(적정 용량과 증설 가능성 타진)
- 층별 위치(지하층, 반지하층, 1층, 2층), 1, 2층 연결해서 사용할 수 있는지 등
- 점포의 방향(동향, 남향, 도로변 정문 등)
- 환기시설(아주 중요한 체크항목이다)
- 주차장/패밀리레스토랑의 경우에는 좌석 3개당 1대의 주차공간이 필요
- 상품 배송 차량의 진입 및 일시정차 가능 여부
- 출입구 위치 및 출입계단의 장애요인
- 전체적인 건물 및 영업시설 노후상태 확인(시설투자 증감요인)
- 건물 자체의 업종구성 및 건물 전체 규모/업종이 중복되지 않는지 체크
- 신축 건물인 경우는 건축도면 확인 및 건축주 면담
- 설계도면이 있는 경우에는 복사자료 입수할 것

2. 공부서류 조사

1) 토지 및 건물에 관한 등기부등본 조사 : 등기소

- 계약자 확인, 토지·건물 소유주의 확인, 근저당 등 채무의 확인
- 신축건물인 경우는 건축허가서 확인

2) 건축물 관리대장 조사 : 구청

- 건물 노후 연한 조사
- 건물 전체 용도 및 후보점포의 용도 확인
- 주차장 용도 확인
- 신축건물인 경우는 건축허가 도면 확인

3) 도시계획 확인원 조사 : 구청

- 도시계획 상황 조사
- 신축건물인 경우에는(정식허가서가 있는 경우) 도시계획 확인원이 불필요할 수도 있다.

3. 권리분석

1) 권리금

권리금은 법률상 근거가 없는 상 관행, 현실적으로 존재하며 권리금의 적정유무와 추후 보상가능성 등을 충분히 조사하여 현재상황 및 미래전망을 분석한 후 계약을 진행해야 한다.

권리금이란 영업장소의 시설, 비품 등 유형물이나 거래처, 신용, 영업상의 know-how(노하우) 또는 점포위치에 따른 이점 등 무형의 재산적 가치의 양도 또는 일정 기간 동안의 이용대가이다. 영업권리금은 계약 잔여기간이 1년인 점포에서 평균적으로 발생되는 매출이익으로 볼 수 있으며, 기존 영업주가 운영하면서 단골고객 확보, 영업활성화되어 있다면 인수자가 이를 인정하여 보전하는 성격이다. 일반적으로는 6개월~1년간의 순이익을 기준으로 판단한다.

시설 권리금은 영업주가 초기 개점 시에 투자한 시설비용을 말한다. 인테리어, 간판, 기자재 등으로 시설물의 감가상각은 보통 3년 내외로 하고 영업부진이나 폐업이라면 협상을 통한 인하요인이 된다.

바닥 권리금은 상권이 가져다주는 기본 영업력, 위치에 대한 프리미엄 성격, 좋은 입지인 경우 일정매출 보장 가능하다는 근거에 따라 생긴다. 바닥 권리금은 거품이 많으므로 철저한 조사가 필요하다.

〈표 3-27〉 권리금의 평가

구분	점포 현황	권리금 산정방법
입지 조건 좋은 경우	영업양호	순수권리금 + 시설비
	손익분기점 정도	약간의 순수권리금 +시설비 (주변 점포의 시세 감안)
	손익분기점 이하	약간의 시설비 (일종의 바닥권리)
입지 조건 나쁜 경우	영업 양호	주변 점포들의 순수익 감안 산정
	손익분기점 정도	약간의 시설비
	손익분기점 이하	아예 권리금, 시설비 없다.

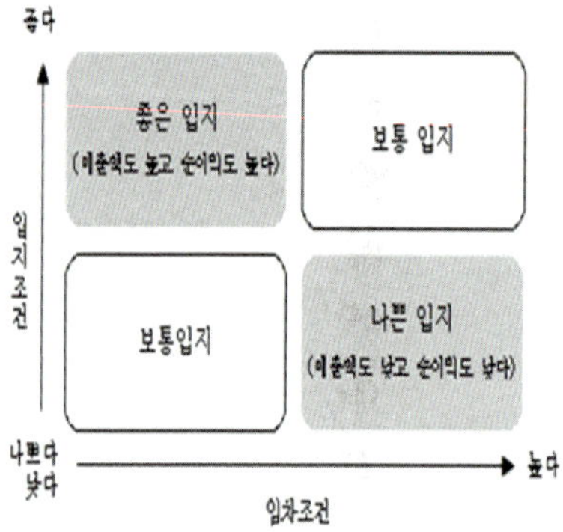

[그림 3-26] 좋은 입지 유형

4. 상가건물 「임대차보호법」의 이해

상가건물 「임대차보호법」의 취지는 사회적, 경제적 약자인 임차인의 보호 목적이다. 따라서 임대차 존속기간 보장은 최대 5년(계약갱신 요구)이다. 점포 인도 후 사업자등록을 신청하면 소유주가 변경되더라도 임차권을 주장할 수 있다. 임대료 인상 상한선도 연 9% 이내 범위이고, 영세상인에 한정한다.

5. 점포선택과 계약

1) 점포현장 조사 시 체크포인트

(1) 내부확인

- 전용면적(실평수)
- 점포의 전면길이와 점포의 모양
- 점포방향 : 유동화 측면에서 정한다.
- 주차시설 유무
- 건물 및 영업시설의 노후상태
- 기타(수도, 도시가스, 창고, 화장실)

(2) 외부확인

- 배후지역 점검
- 유동, 고정고객 유무
- 경쟁점 : 대 · 소형 점포구성 및 영업형태
- 상권 내 소득수준과 인적 구성

- 업종별 라이프사이클
- 임대가격 비교
- 신, 구 건물상태(임대보증금 및 월세설정, 관리비, 공과금 문제 등)

2) 기존점포 인수 시 참고사항

- 권리금과 임대료가 주위 시세와 비교, 적당한가 확인한다.
- 기존업종으로 그 지역에서 경쟁력이 있는가 확인한다.
- 점포, 건물에 이상은 없는가 확인한다.
- 주변의 기존상권에 커다란 변화요인은 없는가 확인한다(도시계획, 대형할인점 등).
- 기존점포에 대한 소비자들의 반응은 어떠한가 확인한다.
- 투자금액 대비 수익성이 있는 점포인가 확인한다.
- 기존 사업자의 폐업사유를 확인한다.
- 건물 주인이 건물의 보수계획을 갖고 있는지, 건물을 팔려고 내놓았는지 등을 사전에 확인한다.

3) 점포 임대차계약 시 주의할 점

- 권리유무 확인(등기부등본, 도시계획확인원, 보증금 및 권리금 등)
- 건물의 용도가 상업용도인지 확인(건물주의 임대의도 확인)
- 목적물 확인(점포의 구조와 건물의 노후상태, 출입문의 방향 등 접근성)
- 점포가 위치한 층수와 업종의 상관관계 확정
- 채권확보 대책 확인(공증 또는 전세권 설정 등)
- 계약시 건물주 본인과 직접 계약하고, 계약서 내용은 세부내용까지 정확하게 작성(중도해약 조건, 권리금의 양도 여부, 건물하자 보수조건, 계약갱신 조건 등)

제7절 타깃 설정(Target segmentation map)

시장조사 데이터를 바탕으로 상권 내 타깃을 명확하게 설정하는 것이 창업에 있어 핵심 전략이 될 수 있다.

Life Stage와 소득 [그림 3-27], 고객집단과 소득 [그림 3-28], 식사유형과 소득 [그림 3-29], 외식빈도와 외식비 [그림 3-30], 메뉴구성과 가격대 [그림 3-31] 등을 고려하여 콘셉트 및 타깃 등 사업방향을 설정하는 것이 중요하다.

1. Life stage와 소득

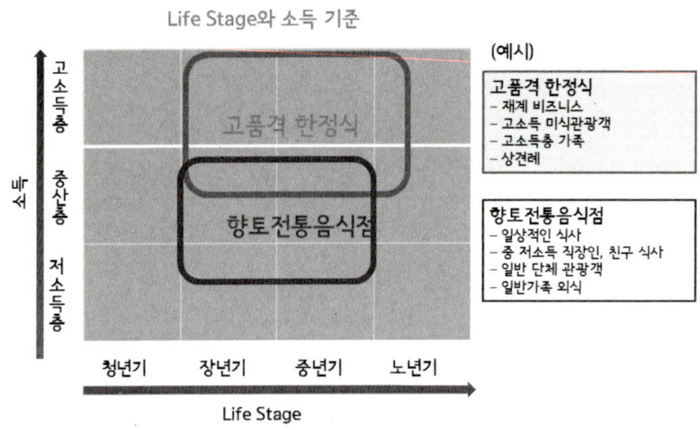

[그림 3-27] Life Stage와 소득

2. 고객집단과 소득

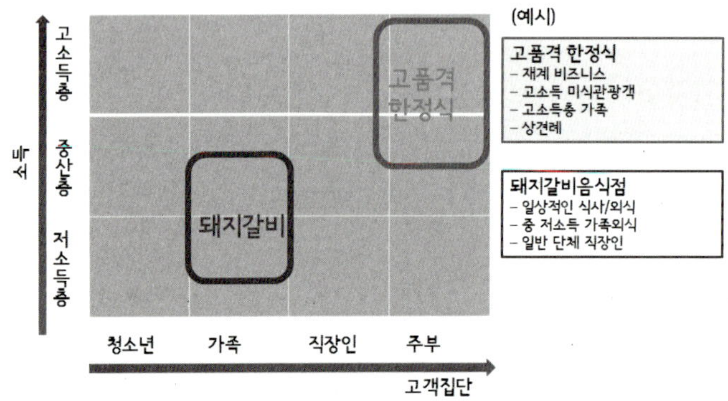

[그림 3-28] 고객집단과 소득

3. 식사유형과 소득

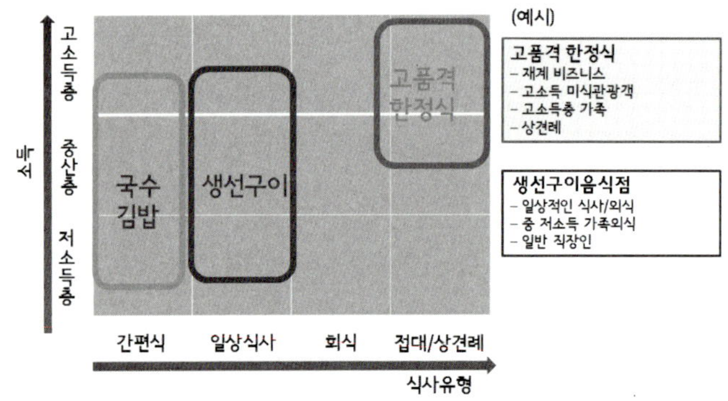

[그림 3-29] 식사유형과 소득

4. 외식빈도와 외식비 지출

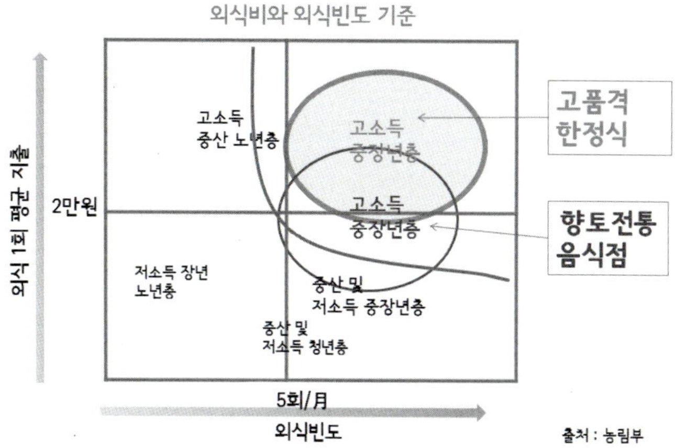

[그림 3-30] 외식빈도와 외식비

5. 메뉴구성과 가격대

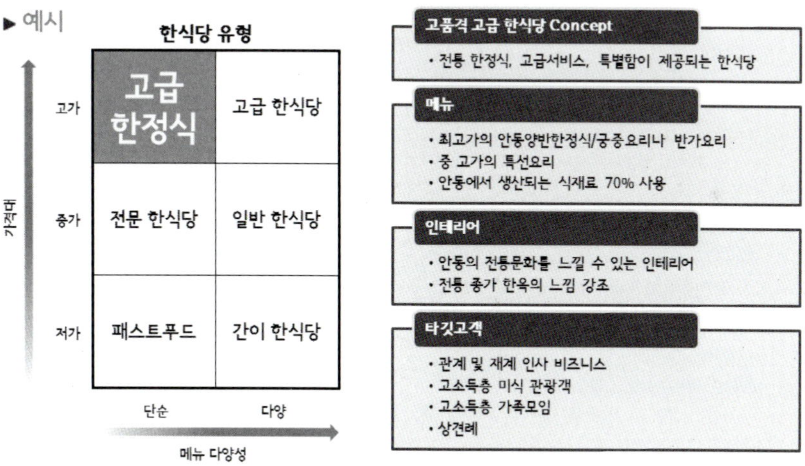

[그림 3-31] 메뉴구성과 가격대

제8절 상권입지 분석을 통한 투자수익성 분석

영리목적 사업은 투자를 통한 수익을 창출하는 것이 목적이다. 최소 투자로 최대 수익을 창출하여야 한다. 창업 시 투자비용은 20~30% 높게 설정하고 준비하는 것이 안정적이다.

〈표 3-28〉 투자수익성 지표

항목	산출 공식	산출비율
투자 수익률(월)	$\frac{\text{월매출-월비용}}{\text{총 투자비}} \times 100 = \frac{(\quad)}{(\quad)} \times 100$	
투자회전율(월)	$\frac{\text{월간 총매출}}{\text{총 투자비}} \times 100 = \frac{(\quad)}{(\quad)} \times 100$	
총자산(사업투자비) 회전율(연)	$\frac{\text{연간 총 매출}}{\text{총자산(사업투자비)}} \times 100 =$	
총자산(사업투자비) 수익률(연)	$\frac{\text{연간 순 이익}}{\text{총자산(사업투자비)}} \times 100 =$	
사업투자비를 3년 내에 회수하려면 년 수익률이 33% 이상이어야 한다		

사업타당성 분석은 투자수익률, 투자회전율, 손익분기점매출, 목표매출액 등을 고려하여 투자수익성을 검증한다. 투자수익률이 월 3% 정도이면 수익성이 좋다고 할 수 있다.

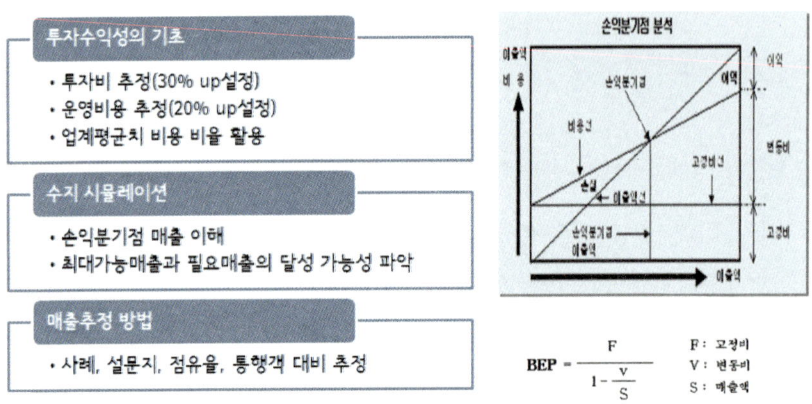

[그림 3-32] 손익분기점과 수지시뮬레이션

매출추정방법에는 다양한 방법들을 활용할 수 있다. 〈표 3-29〉와 같이 설문조사, 통행객조사, 사례조사, 점유율법 등을 이용할 수 있다. 또한 도심에는 해당 점포의 추정 매출액 분석은 해당 상권의 총 수요분석을 통하여 상권 내 M/S 또는 고객흡인율 분석으로 파악할 수 있다. 점포의 추정 매출액은 가능하면 입지 및 상권특성, 점포의 강·약점 분석 등을 통하여 객관적이고 보수적으로 하는 것이 바람직하다. 기타 점포 매출액 추정방법은 매장면적 효율, 객수 및 객단가 활용, 지역별 M/S추정, 매장면적 M/S추정 등 다양한 방법이 있다.

〈표 3-29〉 매출추정방법

모 델	적응형 입지	목적형 입지	근린형 입지
설문조사법	O	O	O
통행객 조사법	O	X	X
사례조사법	O	O	O
점유율법	X	X	△

점포흡수율지수(%) = 흡입 고객 수(1시간당 평균 내점 고객 수) ÷ 유동인구 (1시간당 평균 유동인구) × 100%

손익분기매출 X = 고정비 + (재료비 + 인건비 + 제경비) + 세금

$$BEP = \frac{F}{1 - \frac{V}{S}}$$

F : 고정비
V : 변동비
S : 매출액

최소 필요매출 X=(고정비+변동비)×100 ÷ 20%(이익)

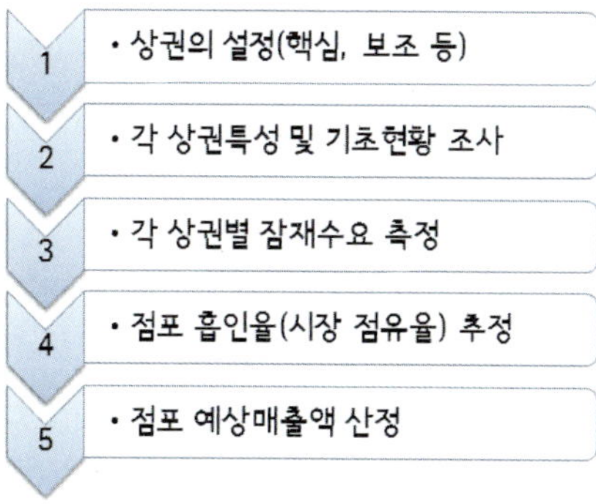

[그림 3-33] 점포예상매출 추정(산정) Process

- 상권범위 : 각 상권별 인구, 세대수, 소득수준, 해당제품 평균 지출액 등
- 제품 이용률 : 해당 제품 이용고객 층, 상권 내 잠재 이용인구, 연평균/월평균/일평균 이용횟수 또는 이용률
- 구매단가 : 1회 이용 시 구매단가
- 상권인구 외 유동인구 등 반영여부 검토 : 역세권, 도심, 오피스가 등 유동인구 구매고객 비율이 높은 지역은 유동인구 또는 사무실 상주인구 등 파악을 통한 흡인율 산출이 중요
- 기타 방법 : 주변 경쟁점과의 비교방법, 전체 시장총량을 동일업종 M/S로 추정하는 방법

04 업종·업태(Concept) 결정하기

제1절 외식산업의 개요

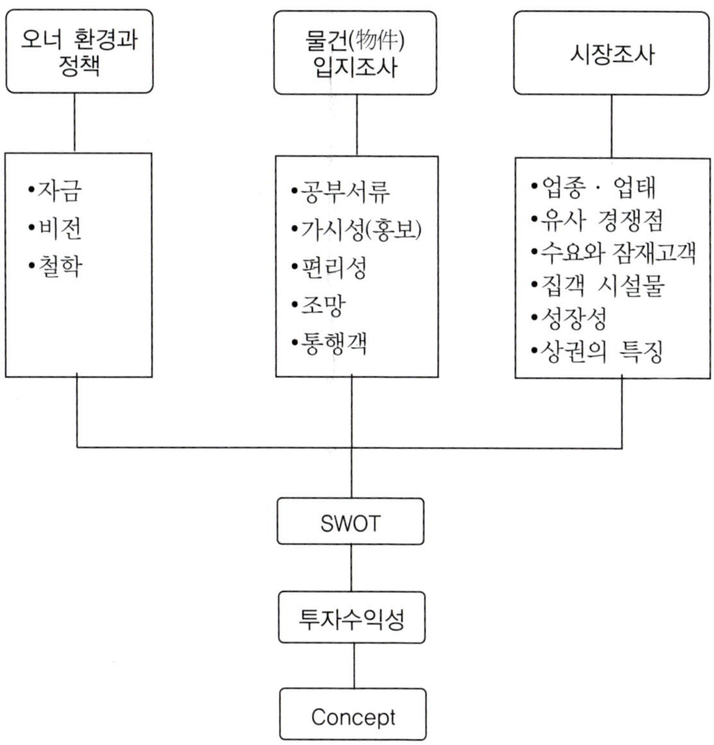

[그림 4-1] 업종 · 업태 결정까지의 Flow

1. 외식업 콘셉트

점포개발에 있어 점포의 실체화를 위한 첫 번째 작업이 점포콘셉트의 수립이다. 현실적으로 외식업계는 수많은 점포가 신설·유지되고 있다. 개개 점포의 성공과 실패를 평가하는데 있어 수많은 사후평가적 요인들이 있지만, 이들을 일관되고 적합하게 만드는 핵심이 바로 점포콘셉트인 것이다. 결국 점포란 것이 입지산업의 특성을 갖고, 지역의 소비에 대응하여 그 결과로 성공·실패가 판가름되어 점포가 이익을 얻는 것인 만큼 투자대상으로서의 점포는 이런 연결고리하에서 점포콘셉트를 만들어간다.

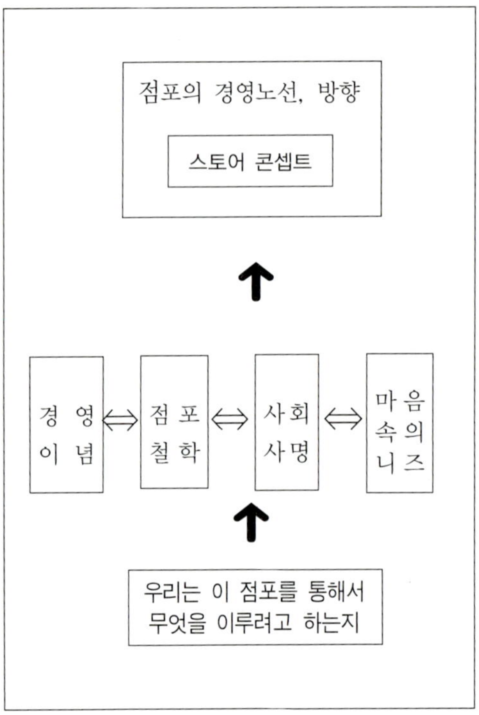

[그림 4-2] 점포콘셉트 수립의 개념도

포인트

• 메뉴콘셉트

"외식콘셉트는 메뉴콘셉트이다"라고 할 만큼 메뉴콘셉트 설정은 외식업을 시작하는 첫 단추를 끼우는 것과 같이 중요하다.
메뉴콘셉트 설정은 입지, 메뉴의 수, 고객계층, 객단가, 인테리어, 주방기기 선정 등에 절대적인 영향을 끼친다.

외식업 콘셉트를 한마디로 하면 '점포의 방침'이라 할 수 있다. 즉 점포의 목표이고 기본틀이다. 이것만으로 끝나는 것이 아니고 메뉴구성 등 점포를 만들기 위한 모든 작업과 연결되어야 한다.

○○점은

「어떠한 사람에게」
(점에 내점받고 싶은 손님)
「어떠한 생활분야를」
(생활의 장, 때, 상품, 서비스)
「어떠한 역할과」
(고객에게 부여할 수 있는 가치)
「어떠한 구조로」
(사는 방법, 가치의 제공방법)

[그림 4-3] 외식업 콘셉트의 전제조건

경영자의 인생관, 직업관은 무엇인가?

⇒ 무엇을 위하여, 무엇을 구하려고 점포를 만드는 것인지

완수해야 하는 사회적 역할은 무엇인가?

⇒ 점포가 그 지역에서 공헌할 수 있는 것은 무엇인지

이러한 것은 지역 사람들, 스태프에게도 찬동을 얻을 수 있는 것인가?

↓

경영이념 [ ]

[그림 4-4] 경영이념 수립 플로

① 경영이념(사회사명)의 수립
↓
② 스토어콘셉트(점포경영노선) 수립
↓
③ 스토어어소션(점포주장·영업형태) 수립
↓
④ 상업시설(설비 포함) 만들기
↓
⑤ 영업시스템 만들기
↓
⑥ 상품구색 만들기
↓
⑦ 점내 만들기(연출, 레이아웃, 디스플레이)
↓
⑧ 서비스 시스템 만들기
↓
⑨ 광고선전활동(영업, 판매기획 포함)

[그림 4-5] 스토어 기획 플로

2. 콘셉트의 수립단계

다양한 시장환경 속에서 자기점포만의 공유한 점포콘셉트를 확립, 창조한다는 것은 점포개발을 위한 작업만큼이나 어렵다. 따라서 이 작업의 수행을 보다 효과적이고 체계적으로 하기 위한 수립단계가 필요하다.

작업의 순서는 맨 처음 본인이나 회사가 보유하고 있고 동원할 수 있는 경영자원을 파악하는데, 이를 강약점 파악 또는 SW분석이라 한다.

다음은 제반조건에 따른 점포가설을 수립하고 이를 검증하는 단계로 들어간다. 이를 위

해서는 매우 다양한 양적·질적 정보를 필요로 하고, 다음은 시장 환경에 따른 기회, OT 분석을 한다. 이러한 작업이 완료되면 비로소 점포콘셉트가 정의되는 것이다.

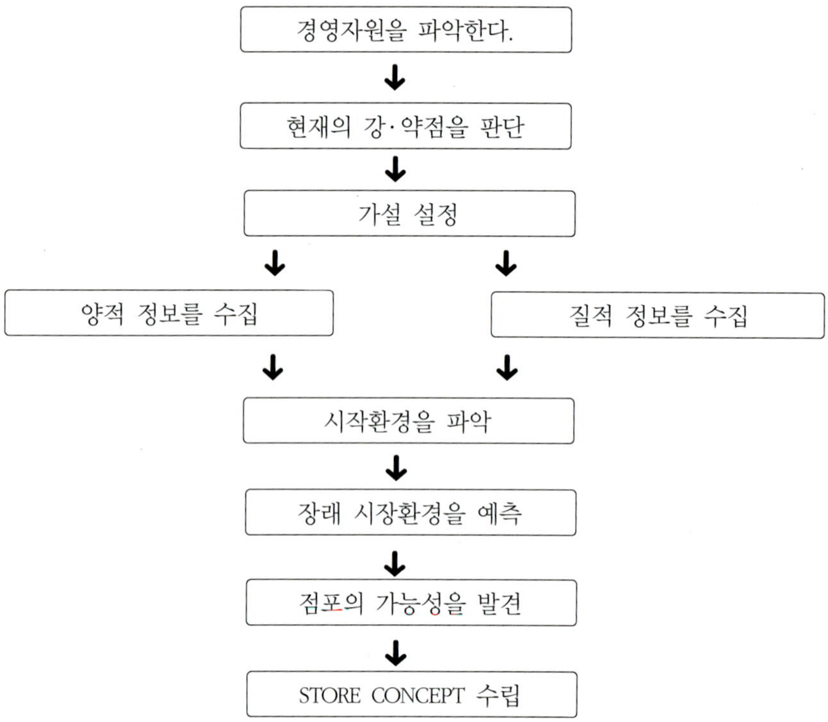

[그림 4-6] 점포콘셉트의 수립단계

3. 업종·업태 결정 시 유의사항

■ **업종·업태 결정 시 유의사항**

- 유행업종이나 과열업종은 피한다.
- 법률적 토대가 미비한 업종은 피한다.
- 대중적인 시장이 형성된 업종을 택한다.
- 재래업종을 다시 재단장하는 것을 택한다.
- 나만이 할 수 있는 틈새사업, 이색사업에 도전한다.

창업이란 즉흥적으로 해서는 절대 안 되는 것이다. 가장으로서 책임 있는 예비 창업자의 마음은 늘 분주하게 마련이다. 그래서 하루라도 빨리 일을 시작하고 싶은 마음에 급한 결정을 내릴 수도 있다.

그러나 그것은 정말 위험천만한 일이다. 창업이란 순간적인 선택이나 한 번 해보는 일이 되어서는 안 된다. 그것이 곧 자신의 평생을 좌우할 수도 있는 전환점이라는 사실을 알아야 한다. 때문에 돌다리도 두드려보고 건너는 심정으로 한 걸음씩 다가가야 하는 것이다.

매스컴에서는 연일 창업자들의 성공담을 보도하고 있고 창업박람회가 열리는 것은 물론, 창업서적도 우후죽순처럼 쏟아지고 있다. 그리고 정확한 답을 가르쳐주는 곳은 어디에도 없다. 그것은 어디까지나 참고사항일 뿐 누구에게나 동일하게 적용할 수 있는 창업의 왕도란 없는 것이다.

성공이란 다양한 요소가 결합하여 나타나는 결과이다. 확실한 사업을 정하기에 앞서 일단 철저히 탐색한다. 이것이 곧 창업에 있어서 가장 중요한 원칙이다.

그렇다면 도대체 '무엇을' 해야 할까? 창업을 결심한 사람이 가장 먼저 부딪치게 되는 고민은 바로 업종선택이다. 아무리 세상에 널린 것이 장사거리라고 하지만, 자칫 업종을 잘못 선택하면 아까운 사업자금만 날리고 패가망신하는 경우가 있는 것이다. 어떤 복병을 만날지 모르는 업종선택의 험한 길 위에서 예비 창업자가 꼭 알아야 할 사항 몇 가지를 알아본다.

1) 유행업종이나 과열업종은 피한다

창업시장에는 이른바 유행업종이라는 것이 몇 개월의 간격을 두고 되풀이되는 경향이 있다. 한때 '탕수육' 전문점 '가격파괴형 고기뷔페'가 창업희망자들 사이에서 각광받았던 적이 있었다. 그러나 지금은 겨우 명맥만 유지할 뿐 대부분 자취도 없이 사라지고 말았다. 과거의 업종들을 살펴보더라도 국수전문점, 조개구이점, 탕수육전문점, 24시간 편의방, 찜질방, 비디오방, 도서대여점, 빨래방, 커피전문점 등과 같은 수많은 업종들이 세월과 사회현상에 따라 부침을 거듭해 왔다.

그러나 '요즘 뭐가 잘 된다더라'는 말로 대표되는 유행업종을 말할 때 항상 진퇴양난에 빠진다. 누구나 할 수 있는 업종이란 역으로 그 누구도 할 수 없는 업종이기 때문이다. 아이스크림점만 해도 그렇다. 1년 만에 40여 개의 브랜드가 새로 생기거나 해외에서 들어와 시장이 완전 포화상태에 이르면서 인기가 시들해졌다.

최근까지만 해도 호황을 누렸던 갈비살구이 전문점도 마찬가지이다. 한때 동네의 조그만 골목에 가봐도 없는 곳이 없을 정도로 늘어났던 수많은 사업장들은 다른 업종으로 전환하거나 사업을 포기해야 했다.

물론 손해를 본 투자자들과 가맹본부 사이에 갈등도 벌어졌다. 하지만 초기에 사업을 주도했던 가맹본부들조차도 그처럼 경쟁업체가 많이 생겨 과열될 줄은 몰랐던 상황에서 누구를 탓해야 할까?

이 같은 관점에서 볼 때 예비창업자들은 아무리 독특하고, 유망한 업종이라 할지라도 엉뚱하게 유사한 회사에서 내준 경쟁업소들을 만날 가능성에 대해서는 항상 생각해야 한다. 즉 경쟁업소가 생겨나기 힘들 정도로 가맹본부가 기술이나 노하우, 상표권, 실용신안권 같은 산업재산권, 특정원료나 재료를 독점할 수 있는지의 여부를 살펴봐야 하는 것이다. 지금 반짝 경기를 타는 유행업종이라는 것만 믿고 섣불리 뛰어들어서는 안 된다. 지금 당장에는 큰 이익을 볼 수 없더라도 긴 안목으로 내다보았을 때 지속적인 매출을 올릴 만한 유망업종을 선택해야 한다.

2) 법률적 토대가 미비한 업종은 피한다

간혹 반짝이는 아이디어가 돋보이는 신흥 업종의 경우, 언론의 소개라든지 입소문 등으로 폭발적인 인기를 끌곤 한다. 그러나 이런 업종은 대부분 법률적인 토대가 없거나 미비한 경우가 많아 나중에 골치 아픈 문제가 많이 발생하기 마련이다. 결국 나중에는 법적인 단속대상이 되어 경영에 어려움을 겪게 되는 일이 비일비재한 것이다. 게다가 이러한 업종들은 대부분 사회적으로 물의를 일으켜 도덕적으로 지탄받게 되는 경우가 많아 이래저래 점주가 볼썽사나운 꼴을 겪기도 한다.

예컨대, 처음 생겨났을 때는 관심의 초점이었고 인기 또한 높았던 전화방이 그렇다. 처음에는 단속규정이 없었으나, 나중에 전기통신법이 확대 적용되면서 강제규제를 당하게 되었기 때문이다. 아직도 법적 공방이 계속되고 있는 성인용품 전문점과 24시간 편의방도 있다. 처음에 시설 및 운영의 기준이 명확하지 못한 틈을 타서 마구잡이로 생겨났던 노래방, 비디오방, 단란주점 등은 후속조치로 양성화의 길은 열렸으나 업주들은 막대한 시설 개보수 비용 때문에 어쩌지도 못하고 불법영업을 하면서 언제 단속당할지 모르는 불안한 나날을 보낸 적이 있다.

뿐만 아니라 기존의 업종 중에서도 먼저 정부의 허가를 받거나 등록을 해야 하는 업종의 경우, "그 정도면 문제없다. 남들도 다 그렇게 한다"라는 가맹본부의 말만 믿었다가 강제로 영업정지를 당하거나 세무조사, 형사입건 등의 불상사를 당하기도 한다. 맥주를 팔다가 곧잘 단속에 걸리는 제과점이나 다방, 툭하면 자격증 대여니 제3자 대리창업이니 하는 시비에 휘말리는 약국, 부동산중개업소, 미용실, 안경점 등이 좋은 예이다. 하지만 말 그대로 법의 칼날은 날카롭다. 조금 힘에 부치더라도 관련 법규를 세심하게 뒤적여보고 경험자들을 찾아다니며 만반의 준비를 하는 수밖에 없다.

3) 대중적인 시장이 형성된 업종을 택한다

우리는 흔히 '아직 경쟁업체가 많지 않은 독과점 사업은 잘될 것'이라고 생각한다. 물론 아주 틀린 생각은 아니다. 그러나 이런 사업의 경우, 아직 널리 알려지지 않아 대중적인 수요가 형성되지 않은 상태에서 영업을 해야 하기 때문에 홍보판촉 면에서 몇 배의 노력을 들여야 한다. 게다가 언제 도태될지 모르는 위험부담까지 안고 있다.

이에 반해, 이미 대중적으로 널리 안정적인 시장이 형성된 업종의 경우, 비록 경쟁은 치열하지만 브랜드들끼리 서로 부딪쳐 볼 수 있어서 좋다. 서로 경쟁하는 가운데 서로 발전할 수 있기 때문이다. 먹자골목에서 장사하는 것이 한적한 지역에서 혼자 하는 것보다 훨씬 잘되는 것과 같은 이치이다. 이러한 업종은 대부분 의식주와 관련된 것이 많은데 그중에서도 매출이 꾸준한 외식업, 즉 먹거리 장사가 으뜸이며 그중에서도 간식거리가 아닌 주식을 주요 아이템으로 한 것이 좋다.

소매업 중에서는 생활필수품을 취급하는, 대중성 있는 사업이 안정적이다. 또한 어린이나 여성, 신세대를 상대로 하여 안정적으로 운영할 수 있는 대중업종도 인기가 높다.

4) 재래업종의 재단장을 택한다

재래업종, 즉 앞에서 살펴본 경우와 비슷한 맥락에 있으며 이미 안정적인 시장수요가 형성된 업종을 현대적인 분위기에 맞게 새로이 단장한 업종이 고객들 사이에서 큰 인기를 끌고 있다. 말하자면, 아이템 자체는 오래된 것이지만 영업형태를 현대적인 감각에 맞게 보다 세련되고 고급스런 형태로 다시 단장하는 것이다.

예를 들면, 낡은 탁자에 왠지 곰팡내 나는 듯한 촌스러운 분위기의 다방 대신에 커피전문점이 들어서고 있으며 솔벤트 냄새가 풍기는 재래식 세탁소 대신 동전을 넣고 고객이 직접 세탁할 수 있는 빨래방이 점차 확산되고 있다. 또한 아주머니가 투박한 손으로 덤을 얹어주기도 하고 깎아주기도 하는 재래시장 대신 농축산물 편의점도 생겨났고, 어느 동네 골목에서나 볼 수 있는 비좁은 구멍가게 대신 24시간 영업하는 편의점이 들어섰다.

동네 아저씨들이 알음알음으로 소개해 주던 복덕방들이 부동산 중개 체인점으로 편입되는 것도 이러한 추세를 반영한 것이다.

이것은 현대인이 편리함을 추구하며 지저분한 것은 참지 못하고 깔끔하고 세련된 것을 추구하는 세태를 발 빠르게 간파하여 브랜드나 업종의 경쟁력으로 발전시킨 경우라 할 수 있다. 때문에 이런 업종의 아이템들이 계속 히트하고 있는 것이다.

길거리를 살펴보라. 아직도 이런 가능성이 숨어 있는 사업 아이템이 수시로 눈에 뜨일 것이다.

5) 나만이 할 수 있는 틈새사업, 이색사업에 도전한다

그러나 신설업종에 위험부담이 있다 하여 안정업종만 찾아다닌다면 그것 또한 발전가능성이 없는 것이다.

성격이 좀 모험을 즐기는 타입이라면 남이 하지 않는 업종, 나만이 할 수 있는 독특한 사업 아이템을 가지고 신종사업, 이색사업에 뛰어드는 것도 나름대로 무한한 가능성이 있다. 그러기 위해서는 기존시장에 대한 정보를 세밀히 수집하고 그 허술한 틈새를 비집고 들어갈 수 있는, 반짝이는 아이디어와 치밀함을 갖추어야 한다. 물론 이때는 반드시 틈새시장에 있거나 고객을 확보할 수 있다는 가정 아래 시작해야 한다.

신종업종, 이색업종은 아직 대중적인 수요가 널리 확산되지 않았다는 맹점을 갖고 있기는 하지만, 부지런히 영업을 뛰고 홍보활동을 벌여 스스로 시장을 개척한다면 독점사업으로서 고소득을 올릴 수 있을 것이다.

이러한 아이디어가 돋보이는 신설업종은 대개 소자본으로 시작할 수 있는 소호(SOHO(Small Office Home Office) ; 작은 사무실 또는 집에서 하는 사업) 업종을 중심으로 널리 확산되어 있다. 예를 들어, 웨딩 이벤트 사업에서 결혼식 방명록에 남은 사인과 재치 있는 문구를 동판에 새겨 기념품을 만들어주는 '웨딩사인', 속절없이 막히는 도로교통 사정을 극복하기 위해 기존의 오토바이 택배서비스를 한 단계 발전시켜 지하철을 이용하는 '퀵서비스' 사업 같은 것이 이에 해당된다.

어느 업종을 막론하고 할인이 일상화된 요즘의 현실을 반영하고, 가맹점포를 모집하고 고객이 해당점포를 이용하면 10~30%까지 할인혜택을 받을 수 있는 쿠폰들을 모아 책으로 묶는 '쿠폰북 발행' 사업 등도 톡톡 튀는 아이디어가 돋보이는 틈새사업이다.

4. 창업 결정 시 고려사항

1) 창업정보를 수집한다

창업하려면 우선 충분한 정보를 수집하고 적성에 맞는 선택을 해야 한다. 객관적 아이템 분석으로 상권에 맞는 업종선택이 무엇보다 절실할 때이다.

사회 전 분야에 걸쳐 감량바람이 거세게 몰아치게 됨에 따라 지금까지 주부들의 부업거리로 각광받았던 소규모 점포가 명예퇴직자나 조기퇴직자 그리고 심지어는 대학생들의 훌륭한 본업거리로 등장하고 있다.

각종 신문이나 미디어에서는 연일 창업관련 광고가 쏟아지고 있지만, 어느 정도 신뢰할 수 있는지 의심스럽다. '얼마를 투자하면 얼마를 번다', '소자본으로 고수익을', '누가 무엇을 했다가 떼돈을 벌었다'는 등의 섣부른 창업정보는 오히려 혼란을 가져오는 사탕발림인 경우가 많다.

정말 그러한지, 누구에게나 해당되는 것인지 등을 나의 경우에 맞춰 차분히 분석할 필요가 있다. 무조건적인 의욕과 설렘보다는 프로근성을 갖고 정보를 수집하고 분석하는 적극적이고 합리적인 자세야말로 창업성공의 지름길이 아닐 수 없다. 이런 맥락에서 창업의 첫걸음은 자신의 조건에 맞는 창업정보를 꼼꼼히 수집하는 일이 돼야 한다. 떠도는 무수한 정보들 가운데 실질적인 정보, 신뢰할 수 있는 고급정보를 가려내고 염두에 둔 사업이 있으면 스파이가 된 듯 해당업종의 관련 데이터를 수집해야 한다. 그 정보를 바탕으로 모형점포 운영현황을 나름대로 만들어보고, 조목조목 수입과 지출항목을 따져보는 게 다음 순서이다. 한두 군데서 모은 정보에 만족하지 않고, 여러 가지 케이스를 종합한 뒤 자신의 조건을 대입해 결과를 예측해 보는 노력이 필요하다.

'친구 따라 강남 가듯이' 부화뇌동식으로 사업을 시작했다가 함께 실패를 맛보는 경우도 많다. 창업에 앞서 관련 정보를 충분히 수집하고 자신의 조건에 맞추어 신중히 예측해 보는 것은 아무리 강조해도 지나치지 않는다.

2) 적성에 맞는 업종을 선택한다

새로 사업을 시작하는 예비창업주들은 창업에서 오는 위험부담을 최소한으로 줄이기 위하여 그쪽 분야에 어느 정도까지 지식이 있거나 잘 알고 있는 업종을 선택하는 것이 바람직하다. 최근 유행에 민감하지도 못하고 정보에도 미숙한 사람이 단지 추측만으로 사업을 시작하려는 것은 위험천만한 처사이다. 그러므로 새로 사업을 하려는 사람은 자기 특기나 전공, 적성 등을 최대한 살릴 수 있는 업종을 선택해야 한다. 미술을 전공했거나 미적 감각이 있는 사람에게는 의류나 액세서리 등 패션 관련사업, 화장품점, 속옷, 목욕용품점, 향수전문점, 미술학원 등을 권장한다.

아동학을 전공했거나 어린이를 좋아하는 창업자는 놀이방, 유아동복, 완구점, 문구점, 분식점, 어린이관련 학원 등이 어울린다.

체육 특기자나 스포츠가 취미인 사람은 사격장 등 스포츠시설, 스포츠 용품점, 오락실, 실내 서바이벌, 포켓볼, 헬스, 에어로빅 등이 괜찮다. 종사했던 일에 따라 적응이 쉬운 사업 아이템을 고르는 것도 지혜다.

대기업 간부나 교사출신은 입시학원, 보습학원, 컴퓨터학원 등 각종 학원, 서구적 편의점, 중대형 패스트푸드점, 한식집 등 대형사업도 해볼 만하다. 대행업은 광고나 이벤트 사업에 종사했던 사람들에게 유리하다. 주부들은 어린이나 여성 대상업종에 적응하기 마련이다. 자격증이 있는 사람은 이를 이용하는 것이 좋다. 약국, 부동산, 미용실, 제과점, 조리음식점, 유치원 등은 자격증이 필요한 사업이다.

3) 객관적으로 아이템을 분석한다

국내에 프랜차이즈의 개념이 본격적으로 정착되면서 대다수의 예비창업주들이 이에 대해 깊은 관심을 가지고 있다. 그러나 프랜차이즈의 사업이라 해서 위험성이나 불안 내재요인이 전혀 없는 것도 아니다.

최근 들어, 의도적인 사기가 아니더라도 부실하거나 아이템 자체가 라이프사이클이 짧은 업종의 선택으로 말미암아 피해를 보는 경우가 속출하고 있다. 따라서 가맹점에 가맹본부의 사업추진계획을 동반자적인 자세로 검증해 볼 필요가 있다. 우선 가맹본부의 사업 아이템을 객관적으로 분석해야 한다. 특수한 업종이나 신종 아이디어 사업 등은 반짝 사업으로 끝나기 일쑤이므로 시간을 두고 사업성을 지켜볼 필요가 있다. 의류, 제과, 커피숍, 학원 등 대중적이고 연륜 있는 사업은 비교적 안정적이다. 지금까지 시장수요가 꾸준히 유지됐기 때문에 브랜드 선택만 잘하면, 장기적으로 운영할 수 있다는 뜻이다.

대부분의 가맹본부들이 예비점주들을 대상으로 상권, 투자액, 예상이익 등을 홍보하고 있다. 이때 가맹본부로부터 추천점포에 대한 상권분석서, 투자내역서, 예상손익계산서 등을 서면으로 받아둘 필요가 있다. 이는 후에 분쟁이 생길 경우 훌륭한 증거자료일 뿐 아니라 가맹본부의 사업자질을 향상시킬 수 있는 압력으로도 작용할 수 있다.

최근 공정거래위원회는 프랜차이즈 가맹사업에 대한 불공정거래행위 기준을 제정 고시했다. 이를 잘 숙지해 가맹 시 불이익을 피하고 소비자적인 입장에서 실속을 챙겨야 한다.

4) 상권에 맞는 업종을 선택한다

유망한 사업아이템이라 해서 어디에서든지 잘 되는 것은 아니다. 상권 안에 들어갈 품목 및 지역 특성들을 꼼꼼히 살펴보고 판단해야만 비로소 사업은 성공의 길로 접어들게 된다. 예를 들면, 서민가 소비자들은 백화점 쇼핑고객과는 성향이 다르다. 과소비가 많지 않고, 꼭 필요한 물품을 저가로 구입한다. 부담 없는 분위기를 선호하고, 구매도 그다지 잦지 않다. 어린이들이 많다는 점도 특징이다.

재래시장 안에 점포를 마련할 때에는 서민들이 꼭 필요한 품목이면서도 재래점보다는 튀어 보이는 업종이 경쟁력이 있다. 브랜드내의점, 건강식품점, 반찬전문점, 유아용품점, 신발점, 완구점 등이 있을 것이다. 주택가 골목이나 상가에서 점포를 하려면 중국식, 한식집, 탕수육집 등 음식점, 피아노·컴퓨터·체육 등 학원, 오락실, 슈퍼, 제과점, 약국 등이 유망하다. 학교 주변에서는 어린이, 청소년 고객들을 겨냥해 문구점, 브랜드 떡볶이점, 분식점, 소형 패스트푸드점 등이 좋다.

중상류층 주택가는 이와 다르다. 부유층 소비자는 일부러 백화점, 쇼핑센터 등의 전문점 등을 찾아가는 독특한 기호와 기동성이 있다. 부유주택가에서는 수입의류점, 화장품점, 목욕용품점, 애완용품점, 수입주류 판매점, 스포츠용품점, 테마카페, 각종 용역업(택배, 구매대행, 심부름센터, 청소, 정원관리), 고급 외식집 등이 유망하다.

5) 대행 아이템에 주목한다

아이디어와 소자본을 밑천으로 이른바 튀는 신사업을 개척하는 정신은 새로이 자신의 사업을 하려는 예비창업주들에게 좋은 교훈이 되기 마련인데, 이 면에서는 신세대형 유망업종과 개발 가능한 신규 아이템을 알아본다.

젊은이들이 선호하는 컴퓨터관련 업종이나 컴퓨터 활용사업, 정보업 분야에는 유망사업들이 무수히 포진하고 있다. 컴퓨터 소프트웨어 및 주변기기사업이나 PC통신이나 인터넷 관련사업 등이 있는데, 인터넷홈페이지 제작업, 정보검색업, 정보제공업(IP), CD롬타이틀 제작업, 컴퓨터앨범 등 컴퓨터아트 제작업, 홈쇼핑업 등은 제법 자리 잡은 분야이다.

각종 대행업도 개인 특유의 끼와 아이디어를 마음껏 활용할 수 있어 인기를 얻고 있는 신종 업종이다. 행사대행업, 점포개업이벤트 대행업, 서류송달, 자동차검사대행, 사랑고백 구애대행, 웨딩보조서비스, 일정관리 비서서비스, 연락대행, 탁아 및 탁아모 파견서비스, 가정 및 오피스청소대행, 점포위탁경영, 주차 및 세차서비스, 노인 간병서비스, 텔레마케팅, DM발송대행 등이 있다.

신세대 창업업종의 특징은 자본이 적기 때문에 무점포 서비스 업종에 집중된다. 아직은 시작단계이지만 이런 아이디어 사업은 후에 전국체인화 사업이 가능한 유망업종이라 할 수 있다.

6) 가족 및 친·인척의 손을 빌린다

아르바이트 고용은 이제 전 업종에 걸쳐 확산되어 있다. 이들 고용의 가장 큰 장점은 바쁜 시간에 집중적으로 필요한 일손을 값싼 인건비로 충당할 수 있다는 점이며, 필요할 때 수시로 고용할 수 있다는 것도 이점이다.

그러나 아르바이트는 편리함이 많은 만큼 주의가 필요하다. 아르바이트 고용의 문제점은 구하기 어렵고 구해놓아도 장기간 근속을 보장할 수 없다는 데 있다.

사유가 많은 반면 열심히 뛸 수 있는 인력은 한정돼 있어 이직률이 매우 높다. 강도 높게 일을 시키면 아무 통보도 없이 훌쩍 떠나기 일쑤다. 사업에 대한 소속감이나 고객관리 의욕이 결여돼 단골고객에게 불친절하게 대하는 등 사업에 악영향까지 미치는 경우도 있다. 이에 대한 대안으로 가족이나 주변 친척을 고용하는 것을 고려해 볼 수 있다. 가족에게 지불되는 비용은 큰 부담이 되지 않는데다 사업이 어려울 경우 서로 이해할 수 있기 때문에 인건비를 절감할 수도 있다. 주인과 같은 의욕과 심정으로 고객을 맞는다는 것도 장점이다.

차선의 방법으로는 부부 유휴인력이나 나이든 분들을 고용할 수도 있다. 이들은 일에 대한 책임감이 강하고 경험이 많아 효율적으로 사업을 운영할 수 있다.

7) 여유자금이나 최소유입자금으로 시작한다

우리는 흔히 투자를 많이 할수록 수익 또한 비례한다고 말한다. 그러나 이러한 잘못된 생각으로 지나치게 외부자금을 끌어 쓰기도 하는데, 이는 오랫동안 빚에 대한 부담으로 노심초사하는 계기를 제공하기도 한다.

그리고 분수에 넘는 과다한 외부자금 유입으로 시작하게 된 창업은 투자금의 1할 이상의 떼돈을 매달 벌어들일 수 있는 환상의 장이 아니다. 평균 5천만 원 내외 소자본 출자자들이 창업 2~3년 후에 투자액 대비 월 3~5부가량의 순수익을 올리는 반면, 1억 원 이상 대규모 출자자들은 월 2~3부가량의 비교적 적은 수입을 올리는 것을 볼 때가 많다. 투자액이 모자란다고 외부자금을 갖다 쓰기 전에 충분히 손익을 따져봐야 한다. 같은 규모의 사업장이라해도 본인의 여유자금만으로 시작한 경우와 은행대출금을 이용한 경우, 고리의 사채를 끌어 쓴 경우 등을 비교해 보면 실제 수익이 크게 차이가 나는 것을 볼 수 있다. 외부자금을 쓰면 수입에서 이자를 제일 먼저 공제해야 하는 부담을 안게 되는 것이다.

무조건 빌려놓고 보자는 식으로 고리의 외부자금을 유입해 출발하면 내 고생으로 남 좋은 일만 시키다 중도 하차하는 결과를 가져온다. 창업할 때에는 본인의 여유자금 또는 저리의 최소 유입자금으로 시작하는 것이 사업을 안정적으로 편안하게 전개시키는 지속적인 힘이 된다.

8) 여성관련 업종, 틈새사업을 선택한다

외식사업, 어린이 사업과 함께 떠오르는 비즈니스로 각광받고 있는 여성관련 업종은 이미 상당한 시장점유율을 기록하고 있으며, 잠재시장 또한 무궁무진하다고 할 수 있다. 패션의류나 구두, 핸드백, 액세서리 화장품, 미용실 등 기존 안정사업분야 외에도 최근에는 보다

고급화한 신종 틈새사업들이 수입브랜드 중심으로 영역을 넓혀가고 있다.

목욕용품 전문점은 화장품뿐 아니라 몸 전체에 대한 세정보습 관리제품을 다루는데, 최근에는 순식물성 자연추출물로 만든 무공해화장품과 비누, 샴푸 등 각종 목욕관련 용품을 취급하는 환경보호사업으로 각광받고 있다. 이미 6개 브랜드가 활동 중이며 머지않아 상륙할 유명브랜드도 많다. 주요 입지로는 여대 앞이나 직업여성, 미시족, 중산층 이상 주부들이 많은 상권 등이다.

속옷 전문점도 각양각색의 소재, 과감한 디자인과 색상 등 차별화한 제품들로 양산시대를 맞고 있다. 최근에는 다이어트 및 체형보정을 위한 맞춤속옷 전문점까지 등장했다. 중산층 이상 밀집 주택가 및 아파트, 상가, 유흥가, 쇼핑센터 등이 적합하다. 과학적, 체계적으로 피부관리를 해주는 전문피부미용센터도 확산되고 있고 손톱미용, 발관리 전문점 등의 틈새사업들도 등장했다. 헬스, 다이어트, 에어로빅, 체형전문점 등도 꾸준하게 이어지고 있는 여성관련 안전업종들이다.

여성들의 부업경향이 강세를 보이고 있는 가운데 정작 시작단계에서는 여간 머뭇거려지지 않는다. 사업에 필요한 전문지식, 운영능력 등 사회적 경험이 남성에 비해 적은 데서 오는 불안요소로 지적된다.

따라서 여성들의 창업은 여성에게 다소 가까운 품목을 선정하는 것이 훨씬 유리하다.

5. 외식사업 창업지침

2010년 12월 말 기준, 휴게음식점, 제과점, 일반음식점, 단란주점, 유흥주점, 위탁급식 등 전국 식품접객업소 수가 80만 개에 달했다(식약청). 음식점 창업 후 1년 내에 주인이 바뀌거나 문을 닫는 경우가 약 40%에 달한다. 2년 내에는 60%에 달한다. 명퇴자나 조퇴자, 정리해고자, 자진 사직자 등 실업자가 할 수 있는 일은 소규모 점포의 창업이나 재취업인 데 반해 그들이 설자리는 별로 없다. 퇴직금이나 운 좋게도 퇴직 장려금을 받은 사람은 다행이지만 그래도 마련할 수 있는 돈은 1억 정도이다. 이들이 이 돈을 날리면 오갈 데가 없어 길거리에서 해마다 자포자기(自暴自棄)해서 삶을 마치는 경우도 있다. 경험이 전혀 없는 창업예정자들의 대부분이 현금수입, 가정에서 라면이라도 끓여봤고, 부인이 음식을 잘 만드니까, 체인본부에서 모든 것을 지원받을 수 있을 테니까 등 열심히만 하면 되겠지 하는 생각에 필수적으로 체크하고 경험해야 될 포인트를 간과하고 개업해 버리는 경우가 대부분이다.

외식업을 창업할 때 이것만은 꼭 체크해야 한다.

① 빤짝 장사가 되는 업종은 피하라. 대중 수요가 없는 업종은 특수한 지역이 아니면 성공할 수 없다. 또한 전문지식이 있어야 한다.

② 업종에 적합한 입지를 선택해야 한다. 젊은층이 많은 지역은 패스트푸드, 주거지역이나 주차장 확보가 가능한 지역에는 패밀리레스토랑, 고급 비즈니스街나 특급호텔 주변에는 파인다이닝, 오피스街에는 대중음식점, 학교 주변에는 분식점 및 커피숍 등 입지와 상권 및 고객의 특성을 조사해야 한다.

③ 좋아하지 않는 음식이나 적성에 맞지 않는 업종은 피하라. 좋아하는 음식이면 자주 먹게 되므로 음식을 맛있게 개선할 수 있다. 좋아하지 않으면 먹어보지도 않고 관심도 없어진다. 적성에 맞지 않으면 재미를 느끼지 못하고 중도 포기하게 된다.

④ 아무리 좋은 입지라도 과다경쟁 상태인 업종은 피하라. 유동인구가 많고 배후세력이 좋다 하더라도 수요에는 한계가 있다. 초보자가 경험자에게 이길 수는 없다.

⑤ 과거의 직업에 얽매이거나 독단은 금물이다. 과거에 대기업 부장이었는데, 대학을 나왔는데, 쪽 팔려서 등등 과거에 얽매이거나 직업에 대한 편견을 버려야 한다. 제로(Zero)상태에서 떳떳하게 창업해야 한다. 혼자서 독단으로 처리하지 말고 주변의 많은 사람들로부터 조언을 구하라.

⑥ 집과 가깝고 가족노동력을 활용할 수 있는 업종을 택하라. 외식업은 종업원들의 직업의식이 낮기 때문에 근태상태가 나쁜 편이다. 종업원이 무단결근할 때 가족노동력을 이용할 수 있어야 한다. 외식업은 아침부터 저녁 늦게까지 잔일이 많고 가족이 도우려면 집에서 가까운 곳이 좋다.

⑦ 체인본부를 잘 선택하라. 체인본부가 부실해지면 체인점 전체가 타격을 입게 되고 업종변경이나 새로운 메뉴의 개발 등 개선을 독자적으로 실행하기가 어렵게 된다.

⑧ 기대하는 수익을 낮추고 투자를 적게 하라. 장기 투자가 예상되는 지역이나 수익을 높게 설정하게 되면 초기투자가 많아져 고정비가 많아진다. 시설비가 많이 드는 업종이나 권리금이 많은 물건(物件)은 피하는 것이 좋다. 초보자일수록 소규모 점포부터 차근차근 공부하면서 경험을 키워야 한다.

⑨ 신종사업보다는 틈새시장을 노리고 전문가의 조언을 구하라. 신규 수요를 노리는 것보다는 틈새시장과 같은 잠재시장을 파고들어야 한다. 무경험자일수록 전문가의 조언은 필수적이다. 철저한 조사와 계획서의 작성으로 수익성을 검토하여 사전에 문제점을 파악하고 그 대책을 수립한 후에 창업해야 한다.

6. 사업방향 결정하기(약식 체크표)

1) 잠재고객 평가

1. 주거자의 인구형태는?

   ① 10~20대　② 21~30대　③ 31~40대　④ 41~50대

2. 주거지의 성별은?

   ① 남자　② 여자

3. 유동인구의 형태는?

   ① 10~20대　② 21~30대　③ 31~40대　④ 41~50대

4. 유동인구의 성별은?

   ① 남자　② 여자

5. 오피스 근로자의 형태는?

   ① 10~20대　② 21~30대　③ 31~40대　④ 41~50대

6. 오피스 근로자의 성별은?

   ① 남자　② 여자

2) 후보물건(物件)의 평수는?

① 5평 이하　② 10평 이하　③ 20평 이하　④ 30평 이하　⑤ 50평 이하
⑥ 60평 이하　⑦ 70평 이하　⑧ 100평 이하　⑨ 150평 이하　⑩ 150평 이상

3) 주차가능 대수는?

① 없다　② 5대 이하　③ 10대 이하　④ 20대 이하
⑤ 30대 이하　⑥ 30대 이상　⑦ 기타(　　)

4) 점포의 편리성은?

① 도보　② 승용차　③ 도보 + 차량　④ 대중교통　⑤ 기타 (　　　)

5) 물건(物件)의 가시성 또는 홍보성은?

① 대로변　② 이면도로　③ 골목길
④ 도보로는 보이지 않음　⑤ 기타(　　　)

6) 입지의 형태는?

① 터미널형　② 오피스형　③ 근린형　④ 드라이브형

⑤ 강변형 ⑥ 다운타운형 ⑦ 극장가형 ⑧ 학교 및 학원가형
⑨ 쇼핑가형 ⑩ 쇼핑가형

7) 입지의 주간 기능은?

① 학원 ② 오피스 ③ 통행인구 ④ 쇼핑가
⑤ 관공서 ⑥ 기타 ( )

8) 입지의 야간 기능은?

① 음식점가 ② 지하철 ③ 유흥가 ④ 학원가
⑤ 숙박형 ⑥ 오락 및 놀이 ⑦ 기타( )

9) 상권내 상점가의 업종·업태는?

① 옷가게 ② 주점 ③ 학원 및 학교 ④ 관공서 ⑤ 음식점
⑥ 병원 ⑦ 극장가 ⑧ 빌딩가 ⑨ 사무실 ⑩ 기타 ( )

10) 상권 내 음식점의 업종·업태는?

① 없다 ② 패스트푸드 ③ 패밀리레스토랑 ④ 파스타(스파게티, 피자)
⑤ 탕집 ⑥ 분식점 ⑦ 백반집 ⑧ 돼지고깃집
⑨ 카페 ⑩ 주점 ⑪ 기타 ( )

11) 주변 식당의 점심메뉴 가격대는?

① 4,000원대 ② 5,000원대 ③ 6,000원대 ④ 7,000원대
⑤ 8,000원대 ⑥ 10,000원 전후 ⑦ 15,000원 이상 ⑧ 기타 ( )

12) 주변 식당의 저녁메뉴 가격대는?

① 7,000원 이하 ② 7,000~10,000원 ③ 10,000~15,000원
④ 15,000~20,000원대 ⑤ 10,000원 전후 ⑥ 15,000원 이상
⑦ 기타 ( )

13) 주변 상권 내(반경 700m) 주거형태는?

① 단독주택지 ② 연립주택지 ③ 아파트단지
④ 오피스+주거혼합 ⑤ 오피스텔 ⑥ 사무소
⑦ 기타 ( )

14) 주변 교통시설은?

① 지하철로 5분 이내 ② 버스정류장 ③ 공용주차장
④ 보행전용도로 ⑤ 기타( )

15) 예상 투자금액은?

① 5,000원 이하 ② 5,000만 원~1억 원 ③ 1억~1억 5천만 원
④ 2억 원 ⑤ 3억 원 ⑥ 4억 원
⑦ 5억 원 ⑧ 5억 원 이상 ⑨ 기타 ( )

16) 예비 창업자가 생각하는 업종은?

① 한식 ② 일식 ③ 양식 ④ 중식
⑤ 분식 ⑥ 퓨전 ⑦ 건강 ⑧ 기타 ( )

17) 대형 집객시설은?

① 관공서 ② 백화점 ③ 대형마트 ④ 할인점
⑤ 구시장 ⑥ 은행가 ⑦ 대형건물 ⑧ 놀이공원
⑨ 식당가 ⑩ 교통의 요충 ⑪ 유흥시설 ⑫ 기타 ( )

18) 상권의 변화 전망은?

① 음식상권 ② 쇼핑상권 ③ 오피스상권 ④ 공장단지
⑤ 학원상권 ⑥ 병원상권 ⑦ 유흥상권 ⑧ 교통의 요충지
⑨ 기타 ( )

19) 물건(物件)의 위치는?

20) 기타 물건(物件)의 정보를 간략하게 적어주세요.

05 외식업 프랜차이즈 창업

1. 가맹점의 성공요건

프랜차이즈 사업은 본사와 가맹점의 오너가 다른 독립기업이면서도 본사와 동일한 상품 및 상호를 가지고 영업하기 때문에 가맹본부 선택이 사업성패의 관건이 된다. 따라서 개점 시에는 사전에 가맹본부에 대한 철저한 조사와 더불어 계약 체결 시에도 다음과 같은 사항에 세심한 주의가 요구된다.

첫째, 가맹본부의 신용상태를 정확히 조사해 보아야 한다. 회사는 창업한 지 얼마나 되었으며, 대표이사의 주요 경력은 어떠하고, 회사의 일반적인 지명도는 어느 정도인지를 세심하게 살펴보아야 한다. 공정거래위원회 홈페이지를 방문하여 가맹사업분야를 클릭하면 「가맹사업법」에 의하여 기등록된 가맹본부의 정보공개서를 열람할 수 있다. 정보공개서에서 가맹본부의 매출, 점포현황, 재무제표, 지역별 가맹점매출현황, 가맹계약서 등을 확인할 수 있다.

둘째, 상품 또는 원재료 공급 시스템과 조직구성에 짜임새가 있는지를 살펴보아야 한다. 상품이나 원재료를 미리미리 확보해 두는 것도 필요하겠지만, 때로는 예상치 못한 상황에 따라 급히 상품이나 원재료를 조달해야 하는 경우가 생길 수 있는데, 이런 경우 어느 정도 기동성을 갖추고 있는지를 조직구성과 함께 자세히 살펴보아야 한다.

셋째, 반드시 경쟁업체와 비교해 보고 결정하되 타 업체에 비해 경영전략상 어떤 특징이 있는지, 향후 발전전망은 어느 정도인지도 조사해 보아야 한다.

넷째, 실적이나 통계자료에 의해 이미 영업을 하고 있는 기존 가맹점의 최근 매출실적과 가맹점주의 변동사항 등 영업상황을 자세히 숨기지 않고 공개하는 회사인지를 살펴보아야 한다.

다섯째, 혹시라도 허황된 아이템이거나 광고 내용이 지나치게 과장된 점은 없는지, 그리고 한 발 더 나아가 가맹점 가입만을 유도하지는 않는지 여러 각도에서 살펴보고 난 후 최종적으로 가맹본부를 결정해야 한다.

가맹점을 경영하기 위해서는 가맹본부와 별도의 계약을 체결해야 한다. 모든 상거래 계약에는 이해가 상반되는 당사자가 존재하듯이 가맹점 계약에 있어서도 그런 경우가 많다.

일반적으로 모든 상거래에 있어서는 사후 발생할지도 모르는 분쟁에 대비하여 계약서를 작성하는 것이 보통이며 체인점 역시 마찬가지이다. 이런 관점에서 가맹점 계약 체결 시에는 특히 다음과 같은 몇 가지 사항에 주의하여 계약을 체결해야 한다.

첫째, 본사에 일방적으로 유리하고, 가맹점에는 불리한 조항이 없는지 계약서 전체의 내용을 자세히 읽어보아야 한다.

둘째, 가맹본부가 제공하는 광고, 홍보활동 및 기타 지원체제 등의 모든 지원 내용이 명시되어 있으며, 이들 내용에 대해 구체적인 실천방법이 제시되고 있는지 살펴보아야 한다.

셋째, 계약상 본사와 가맹점이 독립기업으로 명시되어 있으며, 상품 및 서비스에 대한 독점은 물론 지역적 독점 상권이 확보되어 있는지 살펴보아야 한다.

넷째, 특약사항이나 체인 본사에 대해 특별히 보완을 요하는 사항은 없는지 자세히 살펴본 후 최종적으로 계약을 체결해야 한다.

2. 가맹점의 경영실태

국내 가맹점 실태를 살펴보면 종전에는 주로 편의점, 외식산업, 커피전문점, 의류점, 제과점, 팬시점, 생맥주집 등에 국한되어 있었으나, 최근에는 액세서리점, 도시락점, 귀금속점, 세탁소, 반찬 전문점, 인쇄소, 건강식품, 피부관리, 스포츠클럽, 실버산업, 스포츠용품점, 특허제품 취급점, 어학교재, 놀이기구점, 포장 이삿짐, 가든체인점, 종합외식점, 화환 취급점, 수입품 취급점, 주방용품점, 토털패션점, 홈 인테리어, 가요주점, 자동차용품 취급점, 자동차 종합 서비스 등으로 다양화되고 있다. 특히 종전까지는 이들 가맹본부 대부분이 중소 기업체들이었으나, 최근 들어 대기업들이 참여하면서 점차 대형화, 전문화되고 있다.

3. 가맹본부의 기능

가맹본부가 가맹점에 대해서 져야 하는 주요 의무는 국제 프랜차이즈 연맹의 윤리강령에 명시되어 있다. 이를 근거로 본사가 가맹점에 대해 져야 하는 주요 의무사항을 살펴보면 다음과 같다.

- 가맹본부는 가맹점을 속이거나 착취하기 위한 수단으로 상품 및 서비스를 제공, 판매

하거나 판매촉진을 강요해서는 안 된다.

- 가맹본부는 소비자에게 오인이나 혼동을 주는 방법을 사용해 타사의 상표, 상호, 회사명, 슬로건 등을 모방해서는 안 된다.
- 가맹본부는 피라미드 판매방식이나 다단계 판매방식을 채택하여 사업할 경우 잠재적인 가맹점 희망자 등에게 손해를 입히지 않도록 해야 한다.
- 광고를 할 때에는 최종 소비자에게 미치는 영향을 항상 고려하여 실시하고, 모호한 표현을 피해 이해를 높여야 하며, 국회에서 제정한 법률 및 규칙, 규정, 규율, 명령, 지시 등을 지켜야 한다. 또한 가맹점의 이익, 실질소득에 관한 데이터 계산방식 등 과학적인 자료를 근거로 하여 광고를 해야 하며, 자료의 대상지역과 기간까지 정확히 표시하여 가맹점이 착오를 일으키지 않도록 해야 한다. 아울러 광고를 할 때에는 가맹점 희망자에게 프랜차이즈 사업에 대한 필요 최소 투자액을 상세히 알려주어야 한다.
- 프랜차이즈 사업에 대한 모든 정보는 정확한 문서로 작성해서 계약 희망 의사를 밝혀온 가맹점 희망자에게 제시되어야 한다(다만, 가맹사업상 중요한 기밀사항에 대해서는 가맹계약체결이 결정되는 시점에 공개하겠다는 분명한 의사표시를 하는 것이 좋다).
- 가맹점과 가맹본부의 관계는 계약서에 명시되어야 하며, 이때 쌍방 간의 권리와 의무를 명확히 규정해야 한다.
- 가맹본부는 가맹점을 선정할 때 프랜차이즈 사업을 잘 수행할 수 있는 기초적인 기능, 교육, 인격, 개인적 자질, 자금능력 등을 가맹기준으로 정한다. 그러나 인종, 피부색, 종교, 국적, 성별 등을 가지고 가맹점 가입을 제한해서는 안된다.
- 가맹본부는 가맹점의 사업경영 능력향상과 사업 운영기법 개선을 위해 가맹점주 및 사원을 교육시킬 의무가 있다.
- 가맹본부는 소비자의 이익보호와 프랜차이즈 시스템 전체의 동질성을 유지하기 위해 가맹점을 지도해야 한다.
- 가맹본부와 가맹점 상호 간의 거래는 공정해야 하며, 본사는 가맹점이 계약 위반을 할 경우 우선 가맹점에게 위반사항을 통지하고, 가맹점이 시정할 수 있는 충분한 시간을 주어야 한다.
- 가맹본부는 가맹점이 친근감을 느끼도록 접근하기 쉽게 해주며, 가맹점으로부터 사소한 연락이 오더라도 친절하게 응대하여야 한다.
- 가맹본부는 가맹점의 불평, 불만, 고충처리를 해결하기 위해 노력해야 하며, 커뮤니케이션이 공정하고 합리적이라는 신뢰감을 갖도록 해야 한다.

4. 가맹본부의 선택

1) 가맹점주 자신에 관한 사항

지금까지 한번도 경험해 본 적이 없는 프랜차이즈 시스템의 가맹점주가 되어 가맹사업을 경영하기 위해서는 자신이 가맹사업 경영에 적합한지 스스로 적성을 신중하게 체크해 볼 필요가 있다. 가맹점주 자신이 가맹사업에 적합한지를 점검하기 위해서는 우선 본인의 성격이 가맹사업 경영에 맞는지를 생각해 볼 필요가 있다.

또한, 가맹점 경영자로서 종업원을 다스릴 능력은 있는지 가맹본부의 경영방침에 따라 통일적이고 표준화된 운영방법을 적용할 수 있는 마음가짐과 유연한 대응력이 있는지도 생각해 보아야 한다. 뿐만 아니라 프랜차이즈 시스템의 장점과 단점을 잘 이해하고 있는지, 사업 전개 시 소요자금이 원활히 조달되며, 조달 가능 금액이 얼마인지도 생각해 보아야 한다. 그리고 사업설명회의 설명만으로 가맹점 가입을 결정하려 하지는 않았는지, 집안의 모든 식구들이 환영하며 상호 협력하여 일해 나갈 수 있는지 등도 부수적으로 염두에 두어야 한다.

2) 가맹본부의 업종 및 취급상품에 관한 사항

독립점포든 가맹사업이든 간에 아이템은 매우 중요하다. 가맹본부의 사업 아이템이 적합한지 아닌지를 살펴보기 위해서는 먼저 가맹점주 자신이 관심 있는 업종과 업태를 선택하여 그와 관련된 정보를 사전에 조사해 보아야 한다. 또한 가맹점에서 취급할 상품이나 서비스에 대한 기본사항을 점검해 보아야 하는데, 이때 기본 점검사항 및 그 요령은 다음과 같다.

- 취급할 상품의 범위와 종류 등을 점검해 보아야 한다.
- 취급할 판매상품이 타사 상품과 비교하여 어느 정도 비교우위에 있는지 살펴보아야 한다.
- 이미 설치된 가맹점을 방문하여 상품가격과 품질 등을 조사해 보아야 한다.
- 취급할 상품이 계절과 기후에 따라 어떤 영향을 받는지 고려해야 한다.
- 가맹본부로부터 제공된 상품구매 가격이 매입 면에서 어느 정도 이 상품 수명은 어느 정도나 되는지 조사해 보아야 한다.

3) 가맹본부 자체에 관한 사항

가맹점 희망자는 가맹본부를 선택할 경우 다양한 방법으로 가맹본부에 대해 알아보아야 한다. 가맹본부에 대한 체크 포인트는 다음과 같다.

① 본사의 직영점이 몇 개인지 확인한다. 많을수록 견실하다. 최소한 3개 점포 이상은 되어야 한다. 직영점이 많다는 것은 재무상태가 양호하고 사업 아이템이 수익성이 있다는 증거이다.

② 본사의 재정이나 운영상태를 확인한다. 거래은행이나 하청업체, 가맹점 등을 통하여 확인한다. 대표자와 간부 사원의 경력이나 인간성 등도 탐색한다.

③ 본사의 조직구성을 체크한다. 가맹점 지원을 위한 슈퍼바이저(가맹점 지도, 지원, 체크 등 운영을 지원해 주는 요원)나 식재생산, 물류(납품)요원 등을 체크한다.

④ CK(중앙공급식 주방, 식재 제조공장)가 있는지 확인한다. CK가 없으면 거래 업체들의 식공급이 불완전하고 납품가격도 비교적 높다(가격 인상요인).

⑤ 하청업체나 고객들로부터 평판이 좋은지 조사한다. 하청업체가 본사에 대한 신인도가 높으면 고객들로부터의 평판이 좋다. 납품업자도 고객이기 때문이다.

⑥ 매스컴을 통하여 광고를 지나치게 많이 하는 본사는 피하라. 단기에 떼돈을 벌려고 하는 사업은 망한다. 식당업은 구전(口傳)을 통해서 광고가 되어야 한다. 유명체인점은 전혀 광고를 하지 않는다.

⑦ 본사의 가맹점 수가 많을수록 성공확률이 높다. 점포 수가 30개 정도는 되어야 CK가 손익분기점을 맞출 수 있기 때문이다. 가맹점 수가 많을수록 리스크가 적다. 본사가 다양한 입지에서 시행착오를 겪으면서 노하우(Know-how)를 축적했기 때문이다.

⑧ 본사의 가맹점 지도를 위한 종합 매뉴얼(Manual)이 있는지 체크한다. 가맹점 몇 개 업소를 방문하여 상담해 본다. 본사의 설명과 일치하는지 체크한다(계약 내용, 영업 상태, 메뉴 구성, 맛 등).

⑨ 본사에서 지역 상권을 보호해 주는지 확인한다. 일정 지역 내에서 독점 영업권한을 보장해 주어야 한다.

⑩ 법률적으로 문제가 없는 업종·업태인지를 확인한다.

4) 가맹본부 선정 전후의 검토사항

(1) 입지선정에 대한 점검사항

- 동업종의 경쟁자가 있는가? 있다면 경쟁에서 이길 수 있겠는가?
- 실질적인 상권범위가 개점 시 고객 유치에 충분한가?
- 해당 지역의 소득수준은 높은가? 또는 성장할 가능성은 있는가?
- 다른 체인 본사의 경쟁 가맹점이 생길 경우, 그 영향은 얼마나 되는가?
- 체인 본사의 입지 분석 데이터는 신뢰할 만한가?

(2) 자금에 대한 점검사항

- 점포 개설 시 소요자금에 대한 내역은 신뢰할 수 있으며, 총금액은 파악되었는가?
- 개점 후 소요될 운전자금은 파악되었는가?
- 가맹본부가 제공할 수 있는 융자 알선 규모와 그 방법은?
- 광고 선전에 대한 점검사항
  - 가맹본부는 충분한 광고선전 계획을 갖고 있는가?
  - 판매촉진 활동이 가맹점에 지속적으로 지원되고 있는가?

5) 가맹본부의 지도범위에 관한 사항

(1) 개점하기까지의 사항

- 점포시설 계획에서부터 설비·조달까지 점포 설계공사와 관련하여 얼마만큼 지도·원조를 받을 수 있는가?
- 사업경영 노하우와 교육·훈련 계획은 어떻게 되어 있는가?
- 개점 시 가맹본부에서 가맹점에 지도를 겸한 원조를 얼마나 기대할 수 있는가?
- 개점 시 광고 선전은 얼마나 지원되는가?

(2) 영업개시 후의 사항

- 영업개시 후 지속적인 경영지원 방법에는 무엇이 있는가?
- 가맹본부에서 파견된 가맹점 지도 관리요원이 가맹점 경영상의 제반사항을 정기적으로 컨설팅해 주는가?
- 경영자료를 분석하여 결과를 점검할 전문가는 있는가?
- 종업원에 대한 교육 프로그램은 제공되는가?
- 회계, 판매, 구매, 경리 등 가맹점 관리에 대한 경영방침과 교재는 정비되어 있는가?
- 회계 경리상의 시스템이 통일된 표준방법으로 시행되고 있는가?
- 개점 후 적자가 누적될 경우 체인 본사는 어떠한 원조를 해줄 수 있으며 별도의 특별대책은 강구되어 있는가?
- 가맹점에 대한 복지정책은 있는가?

6) 계약과 관련된 사항

- 계약서에 '프랜차이즈 계약서의 기본조항'이 누락되지 않고 명시되어 있는가?
- 가맹본부의 담당자가 계약 체결시 '개인적 재량으로 약속하니까 계약서에는 기재할 필요가 없다'라고 말한 경우에 특히 주의해야 하는데, 이런 사항이 발견되었는가?

- 가맹사업에 관련된 법과 계약서 간 상호 모순되는 점은 없는가?
- 계약서상에 판매지역은 확실히 명시되어 있는가?
- 상품매입에 대한 규정 중 가맹본부가 책임을 지고 공급하는 품목과 가맹점이 자유롭게 매입할 수 있는 범위와 권한이 명확히 기재되어 있는가?
- 계약 내용의 갱신·해제·지속 조건은 어떻게 규정되어 있는가?
- 계약 내용이 가맹본부에 일방적으로 유리하게 되어 있지는 않은가?
- 가맹점 가입조건은 상세히 명시되어 있는가? 가입조건은 까다로운가? 쉬운가?
- 프랜차이즈 권리를 박탈할 경우, 그 사실에 관한 조건은 상세하게 규정되어 있는가?
- 품질관리 및 안전관리에 대한 시스템은 잘되어 있는가?
- 매출액 실적에 따른 로열티는 있는가? 있다면 로열티 비율은 얼마이며, 기준은 무엇인가? 그리고 적정한가?
- 가맹본부에 정기적으로 지불할 금액에 대한 조항이 있다면 그 산정기준과 경비부담을 상세히 명시하고 있는가?
- 계약서상의 손해배상 요구조건은 양자가 각각 어떤 경우에 청구할 수 있는가?
- 양자가 계약을 위반할 경우에 대비해 위약금 징수 규정은 명시되어 있는가?
- 해약을 할 경우에 대비해 해약금과 해약조건 등에 대한 규정은 명시되어 있는가?

7) 가맹점이 가맹본부에 부담해야 할 의무에 관한 사항

- 가맹점 가입 시 가맹본부가 요구하는 가맹비에 관한 사항은 언급되어 있는가?
- 개점 후 정기적으로 가맹본부가 징수하는 로열티에 관한 사항은 기재되어 있는가?
- 점포 개설 시 점포 구조나 레이아웃에 대해 특별한 의무가 명시되어 있는가?
- 점포 운영 시 상품대금 결제방법에 대한 사항은 명시되어 있는가?

8) 가맹점이 최종 의사결정 전에 주의해야 할 7가지

- 가맹본부가 제안하는 계약서 내용을 충분히 숙지하고 검토했는가?
- 변호사나 가맹거래사 등의 관련 전문가의 조언을 받아 의사결정 전에 상의를 했는가?
- 가맹점 유치 담당자의 약속 내용이 서면으로 된 계약서에 포함되어 있는가?
- 사업경영에 필요한 경험과 경영 노하우를 이미 개점한 가맹점주에게 물어보았는가?
- 가맹본부가 제시하는 예상수익은 면밀히 조사해 보았는가? 이때 예상수익은 서면으로 받아 놓았는가? 또한, 어떤 근거로 산출되었는가를 확인하는 것은 물론 먼저 가입한 가맹점의 수익과 비교해 보았는가?

- 다른 형태의 유사 가맹본부와 가입을 희망하는 가맹본부는 각각 어떠한 장단점이 있는가?
- 상기 조사가 끝나기 전까지는 가맹점 가입을 자제하고 있는가?

5. 프랜차이즈 성공의 4요소

가맹사업을 성공적으로 이끌기 위해서는 가맹점주의 경영 마인드, 상품·서비스의 질과 브랜드 인지도, 시장 전망, 체인 본사의 신용 등이 있는데, 이들 네 가지 성공요건에 대한 평가 포인트를 잘 숙지하여 가맹본부 선택에 신중을 기해야 가맹점 사업에서 성공할 수 있다.

1) 가맹점주의 경영 마인드

예비 가맹점주가 가맹점 경영을 하기 위해서는 우선 자신의 경영 마인드, 특히 가맹사업에 대한 기본 인식과 가맹점 경영에 대한 장단점을 충분히 이해한 다음 접근하는 것이 좋다. 그리고 다음 사항들에 대해 깊이 생각해 보아야 한다.

- 본인이 시간과 돈을 투자할 수 있으며, 위험이 생길 경우 헤쳐나갈 각오는 되어 있는가?
- 사업이 안정될 때까지 수년간의 고생을 각오하고 사업을 성공적으로 이끌 준비는 되어 있는가?
- 본인을 관리할 능력은 있는가?
- 가맹본부와 조화를 이루며 체인사업을 경영할 수 있는가?
- 동시 다발적인 상황 속에서 신속한 의사결정을 내릴 능력은 있는가?
- 가맹본부 또는 다른 사람으로부터 협조나 지원받기를 좋아하는 성격인가?
- 운영자금은 충분한가?
- 가맹본부에서 제공하는 이점을 얻기 위해 자신의 권리를 포기할 수 있는가?
- 본인이 정신적으로나 육체적으로 건강하다고 생각하는가?
- 성격은 원만하고 침착한가?
- 신용상태는 좋은가?
- 가족이나 친지로부터 물질적인 지원을 받을 수 있는가?
- 사업에 도움이 되는 과거 경험이나 교육수준은 갖추어져 있는가?
- 가맹사업과 관련된 법률은 이해하고 있는가?

2) 상품·서비스의 질과 브랜드 인지도

가맹사업 성공의 제2요소는 상품 및 서비스의 질과 가맹본부 브랜드의 인지도이다. 다음 항목에 따라 이를 체크해 보자.

- 가맹본부의 아이템이 열과 성을 바쳐서 사업할 가치가 있는 상품·서비스인가?
- 타사의 상품이나 서비스에 비해 경쟁력은 높다고 판단되는가?
- 상품과 서비스의 품질은 믿을 만한가?
- 기존시장에서 이미 판매되고 있는 상품은 아닌가? 소비자로부터의 인기는 어떠한가?
- 원재료 공급회사는 믿을 만한가?
- 상품등록은 되어 있는가?
- 정부의 소비자보호정책에 따라 보상받을 수 있는 상품인가?
- ISO9000 시리즈 기준에 맞는 상품인가?
- 전국적으로 광고가 잘되어 있는 상품인가?
- 다른 가맹본부에서도 개발 가능한 상품인가?
- 환경이나 공해에 저촉되는 상품은 아닌가?

3) 시장 전망

요즈음은 제품이나 상품의 라이프사이클이 매우 짧다. 1~2년 전의 신상품이 현재는 구상품이 되기도 하고, 오늘 신상품이 다시 1~2년 후에는 구상품이 된다. 이런 관점에서 가맹본부 아이템에 대한 현재의 소비자 반응과 향후 시장전망을 체크하는 일은 매우 중요하다.

가맹상품 및 브랜드에 대한 시장전망을 예측할 때 체크해야 할 사항은 다음과 같다.

- 가맹사업에 관련된 아이템의 시장규모는 점점 커지는가? 정체되어 있는가? 급격히 줄어드는가?
- 인근 경쟁 가맹점의 상품 및 서비스 수요는 어떤가?
- 인근 가맹점에 경쟁상품은 있는가? 있다면 품질과 가격경쟁력은 어느 정도인가?
- 취급할 상품은 1년 이상 판매가 가능한가? 아니면 계절을 타는 상품인가?
- 유행을 타는 상품인가? 아니면 수명주기가 짧은 상품인가?
- 가맹점 희망지역의 인구가 늘어날 것인가? 정체될 것인가? 줄어들 것인가?

4) 가맹본부의 신용

가맹사업은 본사가 절반을 담당하는 것으로 가맹본부의 신용이 가맹점 경영에 직·간접적으로 영향을 미친다. 따라서 신용 있는 가맹본부 선택이야말로 가맹점 성공의 기본요건이라고 할 수 있다.

가맹본부의 신용을 체크하는 방법은 다음과 같다.

- 가맹본부의 명성, 자금력의 수준은 어떠한가?
- 가맹본부의 주요 간부와 경영진은 어떤 경력의 소유자들인가?
- 가맹본부에 대한 소비자 인지도는 어느 정도인가?
- 가맹본부의 대차대조표는 양호한가? 같은 업종의 경쟁사와 비교하여 건실한가?
- 가맹본부가 현재 민사나 형사소송에 관련되어 있지는 않은가?
- 가맹본부가 제시하는 단기 및 장기 목표는 있는가? 있다면 무엇인가?
- 가맹본부 직원은 몇 명이고, 주로 어떤 직종에 치중되어 있는가?
- 각 분야별 전문인력은 확보되어 있는가?
- 가맹본부의 사업은 언제 시작됐으며, 몇 년이나 되는가?
- 최근 3년 동안 가맹사업 부문의 총 매출액은 얼마인가? 또 내년도 예상 매출은 얼마인가?
- 각 가맹사업 가맹점의 평균 매출액과 평균 순이익은 얼마인가?
- 가맹사업 가맹점은 현재 몇 개인가? 직영점은 있는가? 지난해 추가된 가맹점은 몇 개인가? 금년에 추가 예정인 가맹점은 몇 개인가?
- 현재 지역별로 어떻게 분배되어 있으며, 확장계획은 있는가?
- 「가맹사업법」을 위반하여 처벌받은 적이 있는가?
- 가맹점으로부터 소송을 당한 적이 있는가? 있다면 소송내용은 어떤 것이며 어떻게 처리되었는가?
- 연구·개발비는 매년 얼마나 지출되며, 매출액의 몇 %나 지출되는가?
- 최근 3년 동안 실패한 가맹점은 몇 개나 되는가? 실패한 주요 원인은 무엇인가?
- 최근 3년 동안 제삼자에게 소유권을 넘긴 가맹점은 몇 개인가? 소유권을 이전하게 된 주요 원인은 무엇인가?
- 최근 3년 동안 가맹본부에 의해 강제로 폐쇄된 가맹점은 몇 개인가? 폐쇄된 주요 원인은 무엇인가?

6. 프랜차이즈 사업의 장단점

1) 가맹점 경영의 장점

가맹본부의 가맹점이 되어 가맹점을 경영하게 되면 자영점포를 운영하는 것에 비해 다양한 이점을 얻게 된다. 우선, 가맹본부가 프랜차이즈 패키지를 개발하여 사업경영의 노하우를 제공하고, 경영지도와 함께 여러 방면에서 지원해 주기 때문에 사업 성공 확률이 높다는 점을 들 수 있다. 게다가 가맹점 자신이 단독으로 시작하는 것보다 소액 자본으로 사업을 시작할 수 있다는 것 또한 장점 중 하나라고 볼 수 있다. 예를 들면, 개점 시 가맹본부로부터 설비, 도구, 비품 등을 일괄 구매하기 때문에 비교적 저렴하게 공급받을 수 있으며, 상품 및 소모품에 대한 개점 초기의 재고 투자비용이 경감된다.

아울러 사업 경험이 없는 가맹점주도 가맹본부로부터 교육·훈련의 지원과 지도를 받을 수 있을 뿐만 아니라 본사가 제공하는 우량상품 초기부터 지명도를 갖고 효과적으로 경영할 수 있다. 또한, 가맹본부가 일괄적으로 광고해 주므로 판매촉진에 큰 도움을 주는 것은 물론 본사로부터 상품을 집중적으로 대량 구매할 수 있기 때문에 상품 및 원재료를 싼값으로 제공받을 수 있다. 따라서 가맹점 이익이 비교적 높게 창출되고, 좋은 품질의 상품을 지속적으로 공급받게 된다. 뿐만 아니라 소비자행동과 경영환경 변화에 대한 정보를 체인 본사가 사전에 예측하여 가맹점에 제공해 주므로 가맹점은 사업경영에만 전념할 수 있는 것은 물론, 본사가 컴퓨터에 의한 전표처리, 노무관리 등을 측면 지원하여 주기 때문에 보다 손쉬운 사업경영이 가능하다. 그리고 가맹점은 가맹본부가 보유한 법률전문가, 점포디자인 전문가, 경영 컨설턴트 등을 초빙하여 그들의 자문을 받을 수도 있고, 가맹점주가 질병으로 경영이 어렵거나 사망한 경우에도 사업을 수행할 수 있는 가족이 가맹본부와 계약을 다시 체결하고 영업을 계속할 수 있다.

2) 가맹점 경영의 단점 및 문제점

가맹본부의 프랜차이즈 패키지에 지나치게 의존하다 보면 경영개선이나 가맹점 자신의 문제를 스스로 해결할 능력을 갖추지 못하는 경우가 생길 수 있다. 따라서 가맹점 스스로가 체인사업에 대한 목표 의식과 책임감을 갖고 있어야 성공할 수 있다. 사실 가맹본부에서 제공한 프랜차이즈 시스템에 의해 전체 가맹점이 통일적으로 운영되기 때문에 가맹점이 보다 좋은 방법을 개발하여 운영하려 해도 불가능한 경우가 많다.

결국, 가맹점은 상품구입·판매방법 등 극히 일부분에 대해서는 지역별 특성을 감안한 사업경영에 가능하도록 계약체결 시 체인 본사에 요구하는 것도 바람직하다.

가맹본부는 프랜차이즈 패키지를 특수 상황에 맞추지 않고, 일반적이고 전체적인 입장에서 최대의 효과를 낼 수 있는 방법을 계획하여 실시했기 때문에 개별 가맹점은 점포 입지, 지역적 특수성, 소비자구매 수준 등이 실정에 맞지 않아 실패할 수도 있다. 따라서 가맹본부의 가맹점 지도·관리요원과 수시로 면담을 하여 지점 실정에 맞는 사업경영이 되도록 노력해야 한다. 그러나 양측 모두 독립 사업자이기 때문에 상호 이해가 상반되면 체인 본사가 일방적으로 자기 이익을 고집할 수도 있다. 그렇기 때문에 각 가맹점은 가맹점 자체 협의회를 운영하여 이런 경우에 대비할 수 있도록 해야 한다.

아울러 다른 가맹점이 사업에 실패한 경우 자기 자신의 점포이미지와 신용에 영향을 줄 수도 있으므로 이미지 관리를 위해서라도 가맹점 상호 간, 특히 이웃 가맹점과는 수시로 정보를 교환하고 사업을 독려함으로써 자신의 점포가 간접적인 피해를 보지 않도록 협력해야 한다. 만약 가맹본부의 급박한 상황으로 인해 업무 방침이 바뀌면 가맹점은 그 의사결정에 참여할 수 있다. 따라서 가맹본부의 일방적인 경영방침 변경에 자신의 점포가 피해를 보지 않도록 계약서 작성 시에 예방조항을 삽입할 필요가 있다.

본사와의 계약은 어디까지나 부합계약(附合契約)이므로 가맹점 희망자는 개별상황에 따라 자신의 조건 등을 추가하지 못한다. 그러므로 예비 가맹점은 계약체결 전에 가맹점에 일방적으로 불리한 계약조항이 없는지 자세히 살펴보아야 한다.

반대로 가맹점주가 계약을 해지한 경우에는 계약 당시에 지불한 가맹비 등이 반환되지 않는 경우가 대부분인데, 이는 계약조건상 충분한 보증이 없는 경우이므로 손실을 입게 된다. 또한 그전까지의 점포 운영은 체인 본사의 노하우였으므로 자신의 새로운 사업에 응용한다는 것은 어려운 일이다.

그리고 가맹본부의 사업 추진력이 약화되었거나 판매정책을 자주 변경할 경우에 가맹사업 경영은 불안해지며 본사로부터 지원을 받을 수 없게 된다는 것 또한 간과해서는 안 된다.

따라서 프랜차이즈 시스템 운영에 관계되는 가맹본부와 각 가맹점은 가맹사업의 취지와 목표, 그리고 프랜차이즈 패키지 내용 등을 잘 이해하고 상호 협력해야만 사업에 성공할 수 있다는 점을 재삼 인식해 둘 필요가 있다.

7. 프랜차이즈 계약 시 고려사항

가맹사업 참여의 결정은 계약서 작성이 그 시점이 된다. 즉 계약서가 작성되면 그때부터 체인 본사와 가맹점 간의 관계가 성립되는 것이다. 일단 계약이 체결된 후 하자가 발생하더라도 계약서상에 보호조항이 없으면 가맹계약금 등을 손해 볼 수도 있다.

따라서 계약서를 작성하기 전에 최종적인 체크를 해보아야 한다. 특히, 계약서에 서명하기 전에는 가맹점 계약에 관해 다년간 업무를 취급한 경험이 있는 변호사나 공인회계사, 가맹거래사 또는 경영 컨설턴트의 의견을 듣고 난 후 계약에 임하는 것이 좋다. 다음 사항들은 계약 전에 반드시 확인해야 할 사항들이다.

- 가맹본부가 제공하는 상품과 서비스에 독점권이 있는가? 또한 일정구역을 보호받을 수 있는가?
- 계약기간은 몇 년이며, 규정은 어떻게 명시되어 있는가?

- 가맹점을 팔려고 할 때 가맹본부가 거부권을 갖고 있는가? 또한, 구매자 선택권은 누가 갖고 있는가?
- 계약 당사자가 가맹점을 직접 운영해야 하는가? 혹은 사업경영을 대리인이 해도 되는가?
- 가맹본부가 제시하는 가맹점 예상 수익은 얼마이며, 산출근거는 타당한가?
- 개점 전 필요한 자금 및 운영자금 규모는 파악되었는가?
- 가맹비는 얼마인가? 또한 개점 시에 필요한 점포 임차비용, 원료 및 설비, 비품, 인테리어 비용, 초도상품비, 광고, 마케팅 등에 투자해야 하는 자금은 얼마인가?
- 개점 시에 가맹본부가 지원해 주는 항목은 무엇인가? 예를 들면, 입지 선택 및 계약 지원, 점포의 구매나 임대에 대한 선택권 실내구조나 장식, 서비스 및 유지보수에 대한 계약 등 가맹본부가 지원해 주는 항목은 구체적으로 어떤 것이 있는가?
- 가맹본부가 지원하는 항목에 대한 수수료는 가맹점이 지불하는가?
- 가맹점 점포 임차 및 시설 설치 등에 대한 융자는 가능한가? 가능하다면 융자기간과 이자는 얼마인가?
- 가맹점 개설장소 선택권은 누구에게 있으며, 가맹점주가 희망하는 영업장소는 가맹본부 기준에 반드시 맞아야 하는가?
- 가맹점주가 영업장소를 물색할 경우, 이를 위한 충분한 시간을 가맹본부가 인정하는가?
- 로열티는 지속적으로 지불해야 하는가? 이때 얼마나 지불해야 하며, 또한 동업종의 로열티와 비슷한 수준인가?
- 가맹점이 팔아야 할 상품 및 서비스에 대한 제약이 따르는가?
- 가맹점에 판매할 물품 구매에 있어 공급자가 지정되어 있는가? 지정되어 있다면 구매가격은 경쟁력이 있는가?
- 가맹본부의 로고 사용이나 직원의 유니폼 착용, 보험가입 등의 요건에 제한규정이 있는가?
- 가맹점주가 계약서에 서명한 이후부터 실제 사업을 개시하는 시점까지 얼마의 예산이 소요되는가?
- 사업을 개시할 처음 몇 명의 종업원이 필요하며 이들의 급여는 얼마인가? 이때 임시 고용인을 채용해도 되는가?
- 가맹본부가 제공하는 교육 프로그램은 있는가? 이때 교육내용은 무엇이며, 교육비는 체인 본사가 부담하는가? 또한 기간은 얼마이며 교육받을 대상은 관리직과 현장직 모두 포함되는가?
- 신문, TV, 잡지 등의 광고 횟수는 어느 정도인가? 이와 관련된 광고비는 체인 본사가

부담하는가, 혹은 가맹점이 일부 부담하는가?
- 가맹본부의 광고비 예산은 얼마나 책정되어 있는가?
- 가맹본부가 상품정보, 회사 경영방침, 시장정보 등을 지속적으로 가맹점에 제공하는가?
- 가맹점의 외상매출금에 대한 자금융통을 위한 금융제도는 갖추고 있는가?
- 가맹본부의 가맹점 직원 부서요원은 지식과 경험이 많은가?
- 가맹본부의 관리 차원의 지원(정기적인 매장 방문 및 지도, 매뉴얼 제공, 각종 양식 제공, 고객관리 매뉴얼 제공 등)에는 어떤 것들이 있는가?
- 가맹점 영업을 관리하기 위해 가맹본부가 파견한 관리 담당직원은 누구이며 그 수준은 어느 정도이고 관할 구역에서의 평판은 어떠한가?
- 가맹본부가 지원하는 보험 종류에는 어떠한 것들이 있는가?
- 우수 가맹점에 대한 포상지원제도는 있는가?
- 가맹점이 가맹본부에 제출해야 할 서류의 종류와 기간은 각각 어떠한가?
- 다른 가맹점과 정보 및 의견을 교환할 수 있는 가맹본부차원의 정기적인 회의는 있는가?

8. 프랜차이즈 입지선정

1) 가맹점 입지선정의 중요성

가맹점의 입지선정은 가맹사업에서 가장 중요한 사항이다. 입지선정이 잘못되면 아무리 좋은 서비스를 하더라도 상품이 지속적으로 판매되지 않아 결국 실패하고 만다. 점포 장소는 일종의 고정자산이므로 한 번 투자하고 나면 그때부터는 관리비용이 들어가며, 만약 사업이 안 되어 이를 철회하고자 할 때에도 많은 비용이 소요되는 것은 물론, 최악의 경우에는 큰 손실도 감수해야 한다.

그렇기 때문에 아무리 명성이 있는 프랜차이즈 브랜드의 권리를 획득했다 하더라도 점포 입지선정이 잘못되면 판매 부진으로 문을 닫게 된다. 이처럼 가맹사업에 있어서 좋은 입지 선택은 매우 중요한데, 가맹본부의 업종 및 업태에 따라 입지 기준이 다를 수 있지만 대부분 체인 본사에서 사업 아이템에 맞는 기본 입지 기준을 설정해 두고 있는 경우가 대부분이다. 그러나 실제 입지 선택 시에는 지역별 상황이 다를 수 있고, 보는 시각에 따라 판단에 차질이 생길 수도 있으므로 적당한 입지가 물색되면 우선 가맹본부의 입지 전담 직원과 상의하는 것은 물론, 부수적으로 전문 컨설턴트와 상의해 보는 것도 좋은 방법이다.

왜냐하면, 가맹본부입지 전담 직원의 경우 가맹점 증가실적을 염두에 두다 보면 확실한 입지가 아닌 경우에도 가맹점 가맹을 유도하는 경우가 종종 있기 때문에 객관성을 갖기 위해서는 전문 컨설턴트와 상의하는 것이 좋다.

2) 가맹점 점포 입지설계

(1) 점포 입지설계의 신개념

프랜차이즈 가맹점의 입지를 선정할 때 고려해 보아야 할 내용 중에 기존점포에 권리금을 주고 입점할 것이냐, 아니면 신축 점포를 개발할 것이냐가 의사결정의 포인트가 될 수 있다.

점포를 임차할 때 최대의 고민거리는 바로 권리금이다. 권리금이 적정한지에서부터 나중에 처분할 때 다시 받아나갈 수 있는지, 손해는 보지 않을 것인지 등 여러 가지 복잡한 문제가 예상된다. 따라서 이런 권리금 문제 발생의 소지가 없는 신축건물 내에 점포를 임차하는 것도 좋은 방법이다. 주변 상권을 순회하면서 공인중개사 사무실로부터 정보를 얻어가며 찾아보면 의외로 좋은 신축점포를 구할 수도 있다. 뿐만 아니라 중심가에서 교외로, 또는 중심가의 재개발 지역을 공략할 수도 있다. 이때 인구가 증가하는 지역이 중점적으로 탐색해 볼 만한 곳이다. 교외로 나갈 경우에는 주요 도로변을 중심으로 입지를 따져보아야 하는데, 최근 들어서는 자동차 문화의 발달로 교외 입지가 부상하고 있으며, 도심보다 임차료 등이 싸서 실리적이다.

프랜차이즈 가맹점은 소상권주의라고 볼 수 있다. 이에 필요한 인구는 식품의 경우 3만 5천 명에서 5만 명 정도를 목표를 잡고 있다. 또한 소상권에 인접해 있는 지역, 구매력 과점지인 독점구역을 중심으로 이미 진출해 있는 점포 수가 11개점에서 30개점 정도인 지역을 흔히 상역권이라고 하는데, 상역권의 인구는 150만에서 300만 사이로 간주하고 있다. 상역권에는 상품이나 원재료의 물류, 상품관리를 하는 유통센터, 집배, 가공센터를 설치할 수 있는 장점도 있다.

(2) 적정 규모

가맹점의 기본조건은 적정 규모를 실현하는 일이다. 이는 기술혁신과 소비생활의 변화에 따라 고객의 구매욕구가 달라졌기 때문으로, 업종 및 업태에 상응한 면적을 확보하여 적정한 규모를 갖추어야 한다.

적정 규모란 경제적인 규모로서 예상고객 수를 추정하여 산정한다. 아울러 가맹점의 점포규모는 가맹본부에서 설정하는 것이 대부분이기 때문에 가맹본부와 협의하여 결정하면 큰 무리는 따르지 않는다.

(3) 점포의 구조

가맹점의 경우 기본적으로 1층이 좋으며, 특이한 대형 종합점포일 경우나 특수 업종에 한해 지하 또는 2층을 선택할 수도 있다. 하지만 특수 업종인 경우에는 2층이 오히려 직격일 수 있다. 점포 구조의 결정 시에는 고객의 입장에서 생각하고 주고객의 취향에 맞춰 결정하는 것이 좋다. 가능하다면 향후 확장 가능한 구조가 좋고, 주차장이 확보되어 있는 점포라면 최상의 입지구조라고 볼 수 있다.

(4) 점포 분위기 연출 및 인테리어

점포 인테리어는 분위기 연출이 중요한 요소이다. 특히, 가맹점은 쾌적한 현대식 분위기로 고객을 맞이할 수 있도록 환경을 꾸미는 것이 일반적이다.

가맹점의 독특한 통로와 매장의 설치, 점포 내의 레이아웃을 특별한 진열형식으로 꾸미면 좋다. 또한 점포 내의 형태와 배색, 깨끗한 설비, 조명과 사인아크, 광고, 분위기 연출 등은 모두 중요한 인테리어 기술이다. 가맹점의 분위기 연출은 체인 본사에서 주로 하지만, 가맹점의 의견이 반영될 수 있다면 점포 규모, 아이템, 주변 점포 분위기 등을 고려하여 융통성 있는 설계를 하는 것이 바람직하다.

3) 점포 입지선정 시 고려사항

규모가 큰 프랜차이즈 본사에는 대부분 점포 입지 전문가들이 있어서 가맹점 희망자와 함께 장소 물색을 하는 경우가 많다. 그러나 가맹점주의 경우에도 기본적인 사항은 알고 있는 것이 좋다. 점포 입지선정 시 고려해야 할 사항은 다음과 같다.

- 팔고자 하는 상품과 서비스의 종류는 무엇인가?
- 프랜차이즈 운영의 장·단기 계획은 세웠는가?
- 예상 후보지 인근의 연령별, 성별, 소득별 인구통계 분석은 되어 있는가?
- 예상 후보지 근처의 교통량 동태는 파악되었는가?
- 주차는 용이한가?
- 주택지역, 상업지역 등의 구분 및 상점에 대한 도시의 규제사항은 확인했는가?

9. 프랜차이즈 계약서 작성 시 유의사항

1) 가맹계약서 작성 전

법률에 의거하여 가맹계약서 작성 전에 가맹금을 지급할 경우에는 그 가맹금 지급일 전이나 가맹계약서 체결 이전에 가맹본부의 정보공개서를 열람하거나 제공받을 수 있다. 이것은 가맹희망자의 최대의 권리이다. 정보공개서는 직접 전달받거나 홈페이지를 통한 열람과 이메일로 제공받는 열람도 가능하다. 따라서 계약체결 이전에 정보공개서를 사전에 충분히 검토해야 한다.

가맹본부의 재무상태나 가맹점 현황, 「가맹사업법」과 관련된 행정처벌사항, 가맹점희망자가 원하는 상권 주변의 점포현황과 매출현황 등을 제공받아 가맹본부의 안정성을 검토하여야 한다. 특히, 예상매출액 등은 필히 서면으로 확보하여 두는 것이 후일을 위하여 많은 도움이 된다.

가맹계약체결일 전에 가맹계약서도 사전에 제공받게 되어 있다. 사전에 계약서를 분석하고 검토하여 「가맹사업법」상의 권리를 확보해야 한다. 이때 전문가의 도움이 필요하다면 가맹거래사를 적극 활용할 수도 있다.

가맹거래사는 가맹본부와 가맹점사업자 간의 중개 역할을 하며 계약대행이나 분쟁조정신청, 정보공개서 등록이나 열람 등의 업무를 담당하며 가맹점사업자에게 많은 도움이 된다.

2) 가맹점 창업희망자가 반드시 알아야 할 10가지

- 공정거래위원회 제공 -

["가맹점을 창업하실 때에는 본사에 정보공개서를 요구하세요"
"예상매출액, 수익 등의 정보는 서면으로 꼭 받으세요"]

공정거래위원회는 이와 같은 내용이 포함돼 있는 「가맹점 창업희망자가 알아야 할 10가지 필수 사항」이라는 책자를 제작해 보급했다.

홍보책자에는 개정된 「가맹사업법」의 내용이 포함돼 있으며 창업희망자는 사업 준비단계부터 그 내용을 숙지해 피해를 예방할 수 있게 됐다.

자세한 내용은 공정거래위원회 홈페이지(www.Ftc.go.kr. 02-2023-4010)를 참고하기 바란다.

06 개업계획과 개업실무

제1절 창업 접근방법

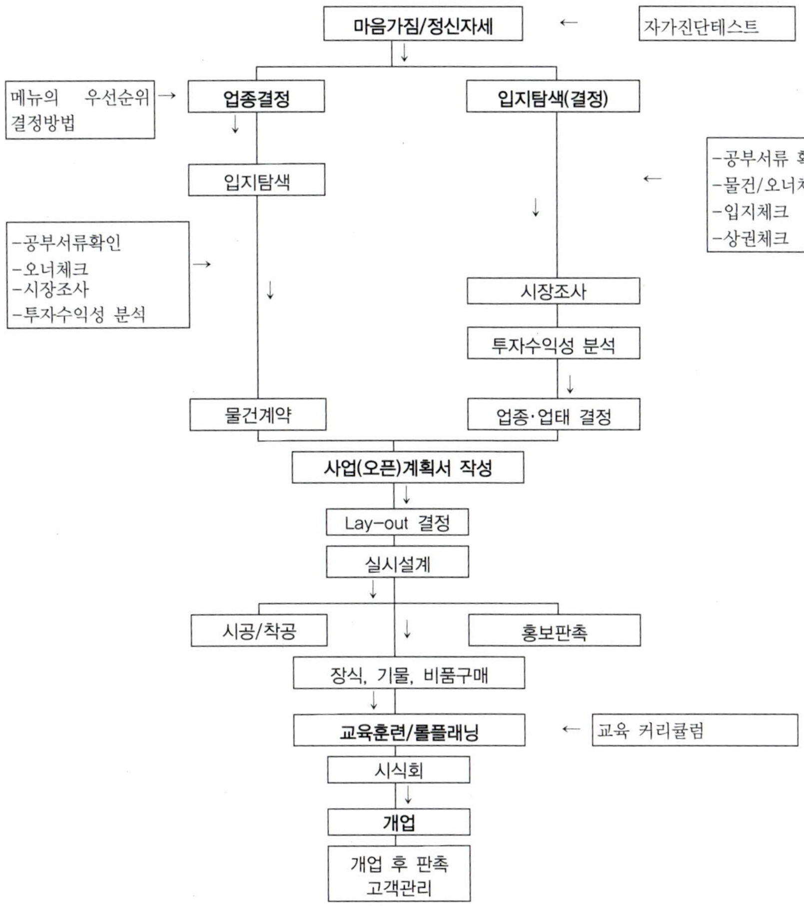

제2절 외식업 창업절차 흐름도

(1) 일반음식점과 휴게음식점 창업

절차 및 체크 포인트		처리부서
시장조사(지역)	• 지역상권 조사 • 중소기업청소상공인지원센터(www.smba.go.kr)	영업자
영업장소 실태조사(건물)	• 도시계획상 지역 확인(도시계획 확인원) • 건물용도 확인, 위법 건축물 여부(건축물 관리대장) • 소유자 확인(건물등기부등본) • 종전 영업사항 폐업, 허가 취소 여부 확인 • 정화조 용량 확인 • 지하 20평 이상 유무	영업자
시설 및 공사	• 「식품위생법」에 의한 시설기준 • 「소방법」에 의한 소방시설기준 • 액화석유가스 사용시설기준 • 정화조 시설기준 • 기타	영업자
검사필증 신청	• 소방시설 완비 증명서 • 액화석유가스 완성검사필증	소방서 가스안전공사
위생교육	• 일반음식점교육원(문의전화 : 3672-3236~6) • 휴게음식점교육원(문의전화 : 598-5384~6)	교육원
신 고	신고서 및 구비서류 제출·수수료 납부	보건소민원실
서류검토 및 수리	• 구비서류 확인(시설조사는 신고수리 후 1개월 이내) • 이중 허가(신고) 여부 검토 • 같은 장소 허가취소 여부 검토	보건위생과
신고증교부	• 즉시 처리 • 도시철도채권 매입·면허세 납부	보건소민원실
사업자등록	영업자가 신고증을 첨부하여 등록신청	세무서
개 업		영업자

(2) 단란주점과 유흥주점 창업

절차 및 체크 포인트		처리부서
시장조사 (지역)	• 지역상권 조사 • 학교·학원 위치 확인(학교 보건정화 절대구역 여부)	영업자
영업장소 실태조사 (건물)	• 상업지역 여부(도시계획 확인원) • 건물용도 확인, 위법건축물 여부(건축물관리대장) • 소유자 확인(건물등기부등본) • 종전 영업사항 폐업, 허가취소 여부 확인 • 정화조 용량 확인	영업자
학교 정화구역심의 신청	• 「학교보건법 및 학원설립 운영에 관한 법률」에 의한 학교 담장으로부터 200m 이내, 인근 학원과의 거리	교육청
시설 및 공사	• 「식품위생법」에 의한 시설기준 • 「소방법」에 의한 소방시설 기준 • 액화석유가스 사용시설 기준·정화조 시설기준	영업자
검사필증 신청	• 소방시설 완비 증명서 • 액화석유가스 시설 검사필증	소방서 가스안전공사
위생교육	• 단란주점(문의전화 : 516-7486) • 유흥주점(문의전화 : 543-9955)	교육원
허가신청	신청서 및 구비서류 제출·수수료 납부	보건소민원실
서류검토 및 수리	• 신청인 자격(동업종 허가 취소 1년 이후, 타 업종 청소년 고용협의로 취소 2년 이후) 여부 확인 • 금치산자, 파산선고를 받은 여부 확인 • 구비서류 확인 • 이중 허가 여부 검토 • 동장소 허가 취소 여부 검토	보건위생과
현장조사	위생공무원이 3일 이내 현장조사	보건위생과
허가증교부	• 면허세(유흥·단란주점 45,000원) 납부 • 도시철도 채권매입(유흥 : 2,100,000원, 단란 : 1,500,000원)	보건소민원실
사업자등록	영업자가 허가증을 첨부하여 등록신청	세무서
개 업		영업자

(3) 기존점포 인수창업[영업자 지위승계 신고(명의변경)]

① 영업자 지위승계란?

흔히 말하는 영업주 명의변경으로 기존의 허가(신고)업소를 다른 사람으로부터 권리를 넘겨받아 1개월 이내에 허가(신고)관청에 영업주 명의변경을 신청하는 절차로서 허가내용은 물론 행정처분(예정사항 포함) 사항까지 승계된다.

이때, 상호 변경신고도 함께할 수 있다(처리기간 : 즉시).

② 절 차

절차 및 체크 포인트		처리자
영업장소 조사	• 허가(신고) 여부 • 행정처분 사항 • 각종 세금, 과태료 등 체납 여부	양수인
계약 및 서류 준비	• 양도자 인감증명서 • 양도 양수서 양식 등에 인감날인	양수인
위생교육	• 식품접객업 외 업종은 식품공업협회에서 차후 통보 실시	양수인
신고서 및 구비 서류제출	• 상호변경 등을 함께할 수 있음 • 수수료 납부	보건소 민원실
서류검토(신원조회)	• 최근 1년 이내 행정처분사항 검토 • (주점의 경우 금치산자, 파산선고를 받은 여부)	보건위생과
허가증(신고증) 교부	• 면허세 납부	보건소 민원실
사업자등록	• 영업자가 허가증(신고증)을 첨부하여 등록 신청	세무서
개 업		영업자

제3절 등급별 외식창업 투자비용

"창업에 있어 자금이 많다고 무조건 성공을 보장하는 것은 아니다. 문제는 자신이 갖고 있는 자금을 얼마나 규모 있게 사용하는가 하는 점이다."

20여 년간 몸담아온 회사를 그만두고 최근 상계동에 칼국수 전문점을 개점한 박영기 씨(47). 박씨가 창업을 준비하면서 가장 고민했던 점은 역시 자금문제였다. 다른 예비창업자와 마찬가지로 자신의 보유 자금과 희망하는 아이템을 맞추기가 쉽지 않았기 때문이다.

고민 끝에 딱 부러지게 해답을 찾지 못한 박씨는 창업전문가인 저자를 찾아 조언을 구했다. 그 결과 비로소 꽉 막혔던 실마리를 풀 수 있었고 본격적으로 창업 준비에 나설 수 있었다.

저자가 박씨에게 조언한 점은 막연하게 창업비용을 생각하지 말라는 것이었다. 박씨가 희망한 칼국수 점포를 낼 경우 같은 지역 동일한 규모라 해도 인테리어, 주방기구, 종업원 등의 등급을 어떻게 정하는가에 따라 투자비용은 크게 달라진다.

박씨의 경우 창업비용은 총 1억 2,000만 원이다. 저자는 박씨의 자금규모를 감안할 때 A급을 사용하기는 어렵다고 판단해 등급을 한두 단계 낮춰 할 것을 조언했다. 동일한 조건이라도 인테리어 식자재 등을 A급에 비해 B, C급을 쓸 때에는 시설투자비용이 최소 수천만 원은 줄일 수 있다. 물론 최고급 매장으로 꾸미고 싶은 욕심이 없는 것은 아니지만, 박씨는 나름대로 투자규모와 창업의 방향을 결정할 수 있었다. 박씨는 시설투자비를 줄인 대신 여유자금을 홍보 등 마케팅에 치중할 수 있었다.

고소득층이 밀집된 압구정 등 강남권과 핵심상권의 경우 고급 매장으로 꾸며야 하지만, 부심권 지역에서는 투자비용을 유연하게 조절할 수 있어 창업의 애로점을 상당히 해소할 수 있다. 여유자금을 갖고 창업을 준비하는 사람은 극히 드물다. 그러나 문제는 부족한 자금범위 내에서 창업비용과 희망 아이템을 얼마나 잘 조화시키는가도 중요하다

최근 인기를 끄는 창업 아이템을 중심으로 등급별에 따른 투자비용을 알아보자.

(1) 돼지갈비 전문점

30평형대 돼지갈비 전문점을 창업하려면 고급식당의 경우 인테리어, 주방기구, 간판, 인쇄물 등 전부 포함해 1억 원이 훨씬 넘는 자금이 필요하다. 고급식당의 인테리어는 평균 6,000만 원 정도가 필요하며 주방기구는 1,500만 원, 간판 300만 원, 인쇄물 400만 원, 초도상품비 550만 원 수준이다.

이와 함께 프랜차이즈로 가맹할 경우 평균 500만 원을 추가하면 약 1억 400만 원 수준이 된다. 30평형대 중급 돼지갈비점은 인테리어 등 모든 비용을 다 더하더라도 5,790만 원 정도의 창업비용이 든다.

중급식당이 고급 전문점과 큰 차이를 보이는 게 바로 인테리어 비용으로 3,000만 원대로 고급 돼지갈비 전문점에 비해 절반 수준이다.

인테리어 비용을 제외하면 나머지 비용은 고급식당과 별로 차이가 나지 않는다. 주방기구는 1,000만 원 정도이며 간판비용 250만 원, 인쇄물 200만 원, 초도상품비 350만 원, 가맹비 300만 원 등으로 모두 5,790만 원이면 그럴듯한 돼지갈비 전문점을 차릴 수 있다.

자금사정이 여의치 않을 경우 4,520만 원만 있으면 돼지갈비 전문점을 차릴 수 있다. 인테

리어의 경우 2,100만 원, 주방기구 1,000만 원, 간판비용 200만 원, 인쇄물 200만 원 등이다.

(2) 일식 돈가스점

일식 돈가스점도 비용이 가장 많이 드는 부문이 인테리어. 고급 매장은 총 투자비용 1억 2,500만 원 가운데 인테리어비는 7,200만 원으로 전체 비용 가운데 60%가 넘는다. 주방기구는 2,000만 원, 간판 300만 원, 그릇 등 기물류가 500만 원이다.

중급 식당의 경우 인테리어 비용은 총 투자비용 8,900만 원 가운데 절반이 넘는 5,200만 원 수준. 주방기구 설치비용은 1,500만 원이며 간판 250만 원, 그릇 350만 원, 인쇄물 200만 원 등이다.

이에 비해 하급 일식 돈가스점을 차릴 경우 인테리어 비용 3,000만 원, 주방기구 1,500만 원, 간판 200만 원, 인쇄물 200만 원 등 모두 6,200만 원의 투자비용이 소요된다.

(3) 스파게티 전문점

최근 젊은층으로부터 큰 인기를 모으고 있는 스파게티 전문점은 고급식당의 경우 모두 2억 8,900만 원 정도가 필요하다.

고급 스파게티 전문점은 다른 업종과 달리 간판과 주방기구 등에 대한 투자비용이 많이 든다. 이른바 N세대를 공략하기 위해서는 이들의 시선을 끌 만한 독특한 간판과 튀는 주방시설을 갖춰야 하기 때문이다. 그릇 등 기물류가 고급 스파게티 전문점 총 투자비용 가운데 30%가 넘는 8,000만 원이 들어가는 것도 이러한 이유 때문이다.

중급 스파게티 전문점은 총 투자비용 1억 1,500만 원 중 인테리어 투자비용이 절반 수준인 6,000만 원이다. 이 밖에 주방기구 2,500만 원, 간판 300만 원, 그릇 등 기물류가 600만 원대이다.

창업자금이 여의치 않으면 7,400만 원으로도 스파게티 전문점을 시작할 수 있다. 여기에는 인테리어 4,000만 원, 주방기구 1,500만 원, 간판 200만 원, 그릇 및 기물류 300만 원 정도가 필요하다.

(4) 투자할 때 유의사항

창업투자비용이 너무 많다고 장사가 잘되는 것은 아니다. 창업자금을 사용하는 데도 원칙이 있다.

창업자금을 100%로 볼 때 점포선정비를 20~25%, 인테리어와 주방설비 등 이른바 점포건설비 30~40%, 행정절차와 광고비 10%는 기본이며 이와 함께 위험요소 대비방안으로 예비비 25~30%를 책정해 사업을 시작해야 한다.

특히 사업을 하다 보면 아무리 사전조사가 치밀해도 예상치 못한 불이익을 당할 수 있기 때문에 예비비는 이러한 애로점을 해결해 줄 수 있는 지원역할을 한다.

〈표 6-1〉 등급별 외식창업 투자비용

(단위 : 만 원)

분류	돼지갈비(30평)			일식돈가스(30평)			패스트푸드(40)			스넥/김밥(20)			스파게티(40)			커피(30)			생맥주/주점(50)		
	C급	B급	A급	C급	B급	A급	C급	B급	A급	C급	B급	A급	C급	B급	A급	C급	B급	A급	C급	B급	A급
인테리어	2,100	3,000	6,000	3,000	5,200	7,200	3,200	5,200	10,000	1,400	2,000	4,000	4,000	6,000	9,000	3,000	4,500	7,000	4,000	6,500	10,000
주방기구	1,000	1,000	1,500	1,500	1,500	2,000	3,000	4,000	15,000	800	1,000	1,500	1,500	2,500	3,500	1,000	2,000	3,000	1.000	1,800	2,800
간판	200	250	300	200	250	300	200	300	1,500	150	200	250	200	300	500	200	350	500	150	250	500
그릇 및 기물류	200	250	350	200	350	500	200	250	350	150	200	250	300	600	800	150	200	400	300	500	1,000
의탁자	220	440	800	350	600	1,000	500	800	1,200	150	2,500	400	500	900	1,500	400	700	1200	200	300	500
홍보판촉/인새물	200	200	400	200	200	400	200	300	500	100	200	150	200	400	700	100	200	300	100	300	400
초도상품비	300	350	550	250	300	400	250	300	400	100	150	200	200	300	500	100	100	200	150	250	300
합 계	4,220	5,490	9,900	5,700	8,400	11,800	7,550	11,150	27,750	2,850	6,250	6,750	6,900	11,000	16,500	4,950	8,050	12,600	5,900	9,900	15,500
가맹비	300	300	500	500	500	700	300	500	1,500	300	300	500	500	500	700	500	500	1000	300	300	500

분류	칼국수(30)			닭갈비(50)			치킨(20)			피자(30)			횟집(50)			베이커리(30)			패밀리레스토랑(100)		
	C급	B급	A급	C급	B급	A급	C급	B급	A급	C급	B급	A급	C급	B급	A급	C급	B급	A급	C급	B급	A급
인테리어	2,100	3,000	4,500	3,500	5,000	7,500	1,400	2,000	4,000	2,400	3,000	6,000	3,500	5,000	10,00	2400	3000	6,000	10,000	15,000	30,000
주방기구	800	,1300	1,800	1,000	2,500	3,500	800	1300	1800	1,000	1500	2,000	1500	1700	2500	1500	1700	2500	3,500	6,500	15,000
간판	200	200	350	200	300	500	100	200	250	200	250	300	100	200	450	200	250	350	500	700	2,500
그릇 및 기물류	300	350	500	300	400	500	100	200	350	200	300	400	300	400	700	300	400	600	1,000	1,500	2,500
의탁자	100	200	300	300	600	1,000	200	300	400	300	400	600	150	200	400	200	300	400	700	1,000	1500
홍보판촉/인새물	100	200	300	100	300	450	100	200	250	100	200	350	100	200	300	100	100	200	300	500	1,000
초도상품비	150	200	300	200	250	300	100	100	150	200	250	300	300	400	600	100	200	300	700	800	1,000
합 계	3,750	5,450	8,050	5,600	9,350	13,750	2,800	4,300	7,200	4,400	5,900	9,950	5,950	8,100	5,950	4,800	5,950	10,350	16,800	26,000	53,500
가맹비	300	300	300	300	300	300	300	300	1000	300	300	1000	500	500	1,000	300	500	500		1000	1500

※ A급식당(고급), B급(중급), C급(대중,하위급)으로 분류하였으며 투자비용은 일반적인 업계의 평균치를 추정하였다.

자료: 한국외식사업연구소(Foodservice.co.kr)

제4절 자금조달과 운용계획

1. 자금운영계획

무리하지 않겠다고 다짐하면서도 하다 보면 한계를 훌쩍 넘어버리는 것이 창업자금이다. 그런데도 불구하고 아직도 많은 창업자들은 창업자금 개념을 '자신이 동원 가능한 최대한의 자금'으로 잘못 인식하는 경우가 많다. 저자의 상담자들 중 초보인 만큼 우선 경험 삼아 적은 자본만 투자하겠다는 사람은 드물고 대부분이 퇴직금 등을 포함해 현재 얼마가 있고, 집을 담보로 융자받을 수 있으니 여기에 맞는 괜찮은 아이템을 찾아 달라는 식이다. 하지만 이는 창업을 새로운 삶의 출발이 아니라, 인생을 담보로 한 마지막 승부를 만드는 행위다. 자금운용에 관하여는 다음의 원칙을 유념해야 한다.

음식업 최초 창업의 경우 아무리 무리해도 총동원 자금의 60~70% 범위 내에서 시작하는 것이 좋다. 실패하더라도 재기할 여력을 남겨두자는 이야기이자 창업 도중 뜻하지 않게 발생될 수 있는 자금수요에 대비하자는 차원이다. 부득이 돈을 빌려 창업을 할 경우는 빌린 돈이 전체 창업규모의 20~30% 이내여야 하며, 그 이상은 정말 위험하다. 창업만 생각하고 운영과정을 생각하지 않는 것도 문제이다. 흔히 창업자금이라면 점포 보증금, 권리금, 인테리어시설, 초도물품 구입비, 보증금 등과 최초 2~3개월간의 인건비, 월 임대료 정도만 생각하는 경우가 많다. 하지만 실제 창업과정에서는 여기에다 최소한 6개월 정도의 운영자금을 덧붙여 생각해야 한다. 문을 열자마자 돈이 벌리는 사업은 드물다. 홍보, 판촉활동을 해야 하고, 그러면서 단골고객을 한두 명씩 늘려가는 과정에서 장사의 기틀이 잡히는 것이 음식점이기 때문이다. 창업과정에서 준비된 자금을 다 써버리고 막상 영업을 시작해서는 고객홍보, 할인행사, 종업원 채용, 경쟁점포에 대한 대응 등을 제대로 하지 못해 곤란에 빠지는 경우를 종종 본다. 따라서 창업할 때는 자신감 못지않게 냉정함과 신중함이 함께 필요하다. 또한 창업자금을 막연히 "돈을 어디서 구하나", "친구, 친척에게 부탁할까"라고 생각해서는 곤란하다. 따라서 신중한 자금조달계획을 세워야 한다. 이때 정부가 지원하는 장기 저금리 자금을 활용해 보자. 근래에는 중소기업청 산하기관인 소상공인지원센터에서 지원하는 창업자금 추천제도가 창업자들에게 인기를 끌고 있다.

2. 자금조달계획(지원내용 변동가능)

1) 소상공인 지원자금

(1) 지원대상 및 요건

- 창업지원자금 : 다음 업종의 소상공업을 창업하고자 하는 자 및 창업한 지 6개월이 경과되지 않은 자
  - 제조업, 광업, 건설업, 운송업 : 상시 종업원 10인 이하
  - 위 업종 외에 도소매업, 서비스업 등 : 상시 종업원 5인 이하
- 경영개선 지원자금 : 위 업종의 소상공업을 영위하는 사업자로서 다음 각 호의 1에 해당하는 경영개선을 하고자 하는 경우
  - 기존 사업체 인수
  - 이전, 확장
  - 업종, 업태 변경
  - 사업장 시설개선 또는 설비 구입
- 지원대상 제외
  - 사치성향적 소비나 투기를 조장하는 사업
  - 금융기관의 불량거래자 또는 불량거래처로 규제중인 자

(2) 자금지원 절차

- 자금신청 절차
  - 신청기관 : 소상공인 지원센터
  - 신청기간 : 배정자금 소진 시까지
  - 구비서류 : 기존 사업자 - 사업자등록증
공통 - 신청서, 사업계획서
  - 추천처리기간 : 자금지원신청서 접수일로부터 7일 이내
  - 추천심사 : 종합평점 55점 이상인 경우 추천서 발송
  - 추천심사 시 우대조건 : 여성창업자 또는 여성상공인에게 가점 5점 부여
  - 추천심사 : 신청인 경영능력, 사업계획서의 실현가능성, 자금조달 능력, 신청금액의 적정성 등을 평가(필요시 현장방문 확인)

2) 신용보증기금 생계형 특별 보증

(1) 보증대상

창업일(사업자등록일)로부터 보증신청일까지 6개월 이내의 생계형 신규창업 중소기업

(2) 신규창업이 아닌 경우

- 가업을 승계하여 승계 전의 사업과 동종의 사업을 계속하는 경우
- 개인사업자가 법인으로 변환하거나 법인의 조직변경 등 기업형태를 변경하여 변경 전의 사업과 동종의 사업을 폐업한 후 폐업 전의 사업과 동종의 사업을 계속하는 경우
- 사업을 폐업한 후 폐업 전의 사업과 동종의 사업을 계속하는 경우
- 대표자 및 경영실권자가 다른 사업을 영위하고 있는 경우
  - 동종의 사업 : 표준산업분류상 세세분류를 기준으로 함
- 보증대상 제외업종
  - 담배, 알코올음료 중 개업
  - 골동품, 예술품 중개업
  - 알코올음료 도매업
  - 모피제품 도매업
  - 주점업(호프점, 민속주점, 간이주점(55229)은 대상에 포함)
  - 댄스홀, 댄스교습소
  - 도박장 운영업
  - 증기탕 및 안마시술소
- 보증한도 : 총 1억 원 이내
  - 자금용도별
  - 사업장(기계 포함) 구입 및 임차자금 : 1억 원 이내
  - 창업초기의 운전자금 : 5천만 원 이내
  - 보증금액 사정
  - 자금 용도별 보증한도 → 기보증잔액 → 창업자금 기차입액 → 자기자금
- 보증심사에 필요한 제출서류
  - 대표자 주민등록등본(법인인 경우는 법인등기부등본 포함)
  - 부동산 등기부등본(사업장 및 대표자 거주주택)
  - 임대차계약서 사본(사업장 및 대표자 거주주택)
  - 사업자등록증 사본(보증상담과 심사를 통해 보증가부 확인 후 제출가능)

- 기타 구비서류는 신용보증기금에 비치

3) 기 타

일반 금융상권의 창업자금 대출은 대체적으로 담보에 의해 이루어진다. 담보의 형식은 부동산 담보가 주류를 이루고 있으며, 부동산 담보 대출의 경우는 실제시가가 아닌 감정가(실제 부동산가격의 70%선)를 기준으로 하고 여기에 주택의 방의 수에 따른 임대차 보호대상 금액을 빼고 난 금액이 은행이 인정하는 담보가 된다.

이 담보가에 대략 70%선이 대출받을 수 있는 액수여서 실제 대출금액은 큰 주택이나 대형 부동산이 아니면 얼마 되지 않는다. 담보대출에 대한 문의는 각 은행 지점에 있는 융자상담 창구나 거래하고 있는 보험회사나 상호 신용금고에 융자상담을 하면 된다.

근래에는 예금대출, 신용대출 등의 새로운 상품들을 금융권마다 선보이고 있다. 따라서 자세한 내용은 각 은행 창구나 은행 대출이 용도별로 잘 정리된 안내서나 책자를 이용하면 보다 쉽게 이해할 수 있을 것이다.

〈표 6-2〉 창업(운영)자금 조달(대출)

대출명	시스템 구성	대출한도	연리	연락처
소상공인 창업 및 경영개선자금 지원	• 5단계 창업 프로그램 수료자 • 경영 개선 프로그램 수료자 • 자영업 컨설팅 이수자	~5,000만 원	5.90% (변동금리)	1588-5302
근로복지공단 창업 지원 자금	• 6개월 이상 직장이 없는 장기 실업자가 점포창업을 하는 경우 대출	서울과 광역시 : ~1억 원 기타 지역 : ~7,000만 원	7.5%	02-2165-3220
서울시 및 지방 자치단체 창업지원 자금	• 서울시 및 지방자치단체 주최 창업 교육 수료 후 신청가능	~2000만 원	4.5%	각 지방자치단체
사업자 주류 대출 자금	• 거래 중인 주류 업체에서 대출을 받을 수 있는 시스템	~2,000만 원	무이자	거래 주류업체
여성기술인력 창업자금 지원사업	• 사업자등록증 발급 1년 이내인 여성들 중 여성인력개발센터의 직업·창업과정을 수료한 자	~1억 원	4.5%	1588-5302
신용보증기금 창업스쿨 지원사업	• 예비창업자 및 창업 후 1년 이내 초기사업자 • 지정 교육 이수 후 자금지원	3년간 최 대 3억 원	4.5%	1588-6565
식품진흥기금	• 영업중인 업소 - 시설개선자금 및 화장실 개선	시설개선자금은 1억 원까지 화장실 개선은 1,500만 원까지	1%	구청, 시청, 군청위생계

제5절 사업계획서 작성과 사업성 분석

1. 사업계획서 수립의 필요성

가맹점 사업을 작정했다면 이제 출발선상에 선 셈이다. 지금부터는 사업을 개시하고 성공하는 일에만 전력질주를 해서 반드시 성공해야 한다. 길게는 5년에서 짧게는 1년 정도의 가맹점 사업준비는 아주 굳은 마음이나 절실함이 없으면 한때의 생각으로 치부하며 자연스레 없었던 일이 되기 십상이다. 그러나 준비계획에 따른 행동이 하나하나 이루어지고 그에 대한 평가와 점검이 이루어진다면 정말 의욕 넘치고 활력 있는 준비기간이 될 수 있다.

그러기 위해서는 무엇보다 해야 할 일을 정하고 생활의 패턴을 바꾸는 게 중요하다. 아침과 저녁시간을 활용할 계획을 세우고 만나야 할 사람, 목적 등을 정하고 술자리 하나라도 무의미하게 보내서는 안 된다.

사업을 계획하고 있는 사람에게는 하루 24시간도 부족하기 때문이다. 실제 사업을 준비하고 있는 사람들은 틈나는 대로 관련정보를 얻고 신문기사 하나도 무심코 읽지 않는다. 부동산 정보에도 항상 신경이 집중되어 있고 자신이 알고 있는 가맹사업가를 찾아 자문과 도움을 얻거나 사람을 소개받기도 한다. 보다 생생한 경험을 얻기 위해 동종업소에서 단기간 근무해 보거나 비슷한 업종의 가게도 무심코 지나치는 일이 없어야 한다. 또 사업 필요자금을 확보하기 위해 생활비를 절약하는 것은 물론 가맹사업시작 예정시기에 맞춰 계에 들거나 은행융자 등을 위해 융자가 가능한 조건을 미리부터 들어놓기도 한다. 그러나 가맹사업 시작에 필요한 모든 일을 주먹구구식으로 해나간다면 대개는 가맹사업을 시작하지 못하게 되거나, 시기를 놓쳐 제대로 준비하지도 못한 채 점포부터 벌여놓고 어려움을 겪게 되는 경우를 자주 보게 된다. 따라서 무엇보다도 사업계획은 항목을 정해 놓고 일정에 따라 체계적으로 추진해야 한다.

사업준비계획서라니까 무슨 거창한 것으로 생각하기 쉽지만, 누구나가 사업을 시작하기 전에 이런저런 준비사항들을 생각해 보는 것을 보다 체계적으로 정리하고 체크할 수 있게 자신의 조건에 따라 만들면 되는 것이다. 이러한 체계적인 사업준비계획서의 작성과 체크로 사업에 대한 추진력도 생기게 되고 생활 하나의 목적을 향해 집중될 수도 있다. 그러나 사업준비계획서는 창업계획서와는 다르다. 사업준비계획서는 말 그대로 사업을 결심하고 사업을 시작하기 위한 준비과정에 필요한 계획서로, 이미 업종을 정하고 가게 터를 고르며 어떻게 운영할까를 정하는 창업계획서 작성 이전 단계의 것이다.

2. 사업준비계획서 체크리스트

사업준비계획서는 남에게 보여주어 설득하기 위한 것이 아니라 자신이 체계적으로 준비하기 위해 필요한 것이므로 형식에 구애될 필요는 없다. 단지 각 항목별로 해야 하는 일을 정하고 언제까지 이것을 실행할 것이라는 목표를 세워 달성여부를 체크하면 되는 것이다.

사업준비계획서는 업종과 조건에 따라 약간의 차이는 있겠지만, 소규모 점포사업을 계획하는 사람에게 기본적으로 꼭 필요한 내용을 정리하면 다음과 같다.

〈표 6-3〉 사업준비계획 리스트

항 목	준비내용	실 행 내 용	일 정
주변 여건 조성	가족 동의	특히 배우자나 부모의 동의	사업결단 직후
	보증인 확보	금융기관 이용을 위한 준비	창업 이전
업종 선택 과 입지 선정 계획	업종별 사업전망 검토작업	자료수집 및 비교 검토, 주변접촉대상자 설정, 업종별 운영점포 답사	각 항목별 세부일정 수립
	입지선정을 위한 준비작업	입지에 대한 안목, 입지에 따른 예상자금 규모, 사업희망지역 설정	각 항목별 세부일정 수립
자금 확보 계획 수립	예상필요자금 (예상금액의 1.5배)	실사를 통한 자금확정 임대료, 고정비, 시설비, 운영자금, 예비비 등	업종결정 직후
	부족자금 확보계획 수립	금융기관 활용계획 수립, 계 등 자금적립 방법 검토, 주변 사채활용 검토	가계터 계약 이전
사업 운영 능력 향상 계획	업종에 따른 사업 노하우 향상	요령, 기술, 자격증, 주의점 등 도움을 줄 대상자 접촉	업종결정 이후부터 세부일정 수립
	기타 개인사업경영에 필요한 상식	세금, 수표, 어음, 상식, 교양, 부기 등 입출금관리요령, 인력확보 대상자 설정	창업 이전까지 세부일정 수립

3. 사업준비계획서 체크리스트(상세)

1) 사업목표설정

- 경영목표(점포콘셉트 설정)
- 주변 시장환경 분석
- 생산메뉴의 특성
- 투자규모
- 경영방향
- 기대효과
- 자금동원 여부

2) 입지 및 상권분석

- 인구 수
- 세대수
- 통행량
- 지리적 발전가능성
- 접근성
- 홍보성
- 주변지역의 기능분석
- 점포비용과 수익률관계 분석
- 고객동향 조사
- 도시계획
- 환경분석
- 법적 규제
- 수요예측

3) 동종업계 현황파악

- 업종형태별 현황
- 주력메뉴
- 메뉴가격 객단가
- 점포콘셉트
- 경영방침
- 서비스 매뉴얼
- 마케팅
- 평균 매장면적 및 종업원 수
- 전략 월평균 매출액 및 평균이익
- 영업일수
- 휴가일수
- 종업원 평균급료
- 시장점유율과 경쟁관계
- 시장의 규모와 전망
- 수용능력 대상 고객 수
- 계획메뉴의 침투가능성

4) 사업 진출확정

- 업종 및 업태 결정
- 주메뉴, 부메뉴의 결정
- 상호, 브랜드, CI 결정
- 자금조달계획서 작성(시설·운전자금)
- 손익계산서 작성(표준)
- 매뉴얼 작성(교육·서비스·주방 매뉴얼)
- 점포콘셉트
- 상품가격 결정
- 점포 레이아웃
- 소요인원 계획
- 핵심요원 확정
- 조직구성도 결정
- 시공업자 선정
- 판매촉진 방안
- 매뉴얼 제작
- 오픈일정, 이벤트계획서 작성
- 건축설계

- 건축시공 및 동선·구조·설비·전기·방재 계획
- 인테리어 설계(시공)
- 주방기기
- 위생교육(영업허가 신청)
- 정화조 신청
- 전화가설 신청
- 사용가스 확인
- 소방관계 확인
- 보건관계 확인
- 중·장기 마케팅전략
- 회계경리시스템
- 제반 관련법규
- 오픈 리허설
- 필요비품 구입
- 식자재 거래시장 확보
- 작업스케줄 작성
- 취업규칙 확정
- 중·장기 매출계획
- 메뉴가격 결정
- 서비스방식 결정
- 원·부자재 조달계획
- 개점준비 계획
- 영업관리 양식

  ① 영업일보 ② 식재료 발주 현황표 ③ 재고조사표
  ④ 주방설비 리스트 ⑤ 메뉴분석표 ⑥ 직원별 업무분담표
  ⑦ 납품업체 현황 ⑧ 식재관리표 ⑨ 판매 및 매출현황
  ⑩ 월간/연간 누계 ABC분석 ⑪ 사입현황
  ⑫ 노동시간 집계표 ⑬ 시간대별 매상집계표
- 설비공사

  ① 동기 보일러 설치 ② 급·배수 위생시설 ③ 공기조절 설비
  ④ 세탁정 설비
- 전기공사(전기배관·배선방재·동선설비·방송설비)
- 기타 공사(정화조 설치·조경·도로·청소)

제6절 매출과 적정규모 추정

1. 매출액 추정 기초 데이터

상권 내 외식 총수요(잠재수요, 잠재구매력)를 파악하는 것이 매출액 예측에 있어 아주 중요한 항목이다. 통계청에서 조사 발표하는 가계조사를 보면 방대한 소비항목이 조사되고

있으며 세대당 연간 품목별 소비지출액을 유효하게 활용할 수 있는 자료이다.

상권 내의 외식 총수요의 파악은 가구당 '외식비 × 세대'로 계산한다. 상권 내의 평균소득은 근로자 1인당의 실수입, 가처분소득, 실수입총액, 연간수입, 1인당 소득, 전국 평균 100으로 한 소득지수, 과세대상액 등의 용어가 산재하나 가처분소득을 기준으로 하여 가구당, 인당 외식수요를 구하는 것이 적당하다.

2. 매출액의 추정방법

점포를 오픈하려는 창업예정자는 개설지역이나 예정점포에 월 매출이 어느 정도 될까가 가장 중요한 관심 중의 하나이다. 이 추정매출에 따라 손익분기점을 유출할 수 있고 사업타당성을 검증할 수 있기 때문이다. 매출액의 추정방법에는 간이 산출법, 컨트롤 스토어법, 매장면적 비율법, 케인법, 통계해석법 등 여러 가지가 있다. 간이산출방법에는 객단가 산출법, 종업원 1인당 산출법, 인건비율법 등이 있다.

① 간이산출법

- 객단가를 기초로 산출하는 방법이다. 즉 객수에 객단가를 곱하여 산출한다.
- 종업원 1인당 매출액을 기초로 산출하는 방식에는 종업원 1인당 매출액에 종업원 수를 곱하는 방식으로 종업원 1인당의 매출액은 업계의 평균치를 파악하고 종업원 수를 어떻게 결정할 것인가가 과제가 된다.
- 평당 연간매출액을 기준으로 산출하는 방법은 평균 평당 매출금액에 매장면적을 곱하면 된다.

② Control store법

유사지역의 유사점포를 예로 하여 추측하는 방법이다 이 방법은 유사사례를 탐색하는 것이 어렵지만 입수되면 간단히 파악할 수 있다. 구체적으로 공표된 매출액의 유사케이스를 목적점포에 적용시켜 시뮬레이션하는 것이다. 이것은 시장점거율을 파악하는 데도 좋은 수단이 된다. 문제점은 유사한 점포를 찾기가 힘들고 공표된 데이터가 없다는 것이다. 그러나 유사점포를 직접 찾아 조사해야 한다.

③ 매장면적 비율법

자기점포의 셰어를 판단하는 방법으로 적당하다. 자기점포를 상권 내의 경쟁점포(자기점포 포함)를 합한 것을 나누면 된다. 매장의 크기가 그대로 매출에 작용하는 것은 아니다. 그러나 소매점의 경우에는 적합성이 높다.

$$\frac{\text{자기점포의 매장면적}}{\text{상권 내 경쟁점포의 전 매장면적} + \text{자기점포의 매장면적}}$$

④ 케인법

매출셰어비율에 매장면적비율을 나누는 방법이다. 계산방법은 다음과 같다.

$$\frac{\text{매출셰어비율}}{\text{매장면적비율}} \times 100$$

$$\text{매출셰어비율} = \frac{\text{자기점포의 매출액}}{\text{상권 내 잠재수요액}} \times 100$$

이 방법에서 산출된 수치는 경쟁력지수이다. 이 수치를 활용하여 새로운 점포를 출점할 때에는 매출액을 예측하는 데 사용될 수 있다.

사례

모 식당(이하 '한국식당'이라 칭한다)은 역전에서 매장면적 200평을 운영하고 있다. 상권 내의 경쟁점은 모두 3개 점포이고 그 매장면적의 합계는 800평이다. 상권 내 세대수는 1,000 세대이고 1세대당 연간 외식비용은 100만 원이라고 하면 잠재수요는 10억 원이다. 한국식당의 연간매출은 2억 4천만 원, 이상의 조건에서 산출하면 다음과 같다.

- 한국식당의 매출셰어비율은

$$\frac{\text{한국식당의 매출액}}{\text{상권 내 잠재수요액 10억 원}} \times 100 \quad \frac{\text{2억 4천만 원}}{\text{10억 원}} = 24\%$$

- 한국식당의 매장면적 비율은

$$\frac{\text{한국식당의 매장면적}}{\text{상권 내 경쟁점포+한국식당의 매장면적}} = \frac{\text{200평}}{\text{800평+200평}} = 20\%$$

- 한국식당의 매장면적 대 매출셰어비율은

$$\frac{\text{매출셰어비율(24\%)}}{\text{매장면적비율(20\%)}} \times 100 = 120\%$$

결국 한국식당은 매장면적이 20%의 비율이면서 잠재수요의 24%를 획득하고 있는 우수점포라 할 수 있다.

그러면 새로운 점포의 매출액 예측방법을 알아보자. 한국식당이 X시의 인접한 Y시에 출점을 시도하는 경우이다. 매장면적을 300평으로 한다고 가정하면 이미 Y시에는 4점포의 합계 900평의 매장이 존재한다. Y시의 잠재 수요액은 15억 원으로 가정한다.

– 한국식당의 Y시에서의 매장면적비율은

$$\frac{\text{한국식당의 매장면적}}{\text{Y시의 경쟁점+자기점포의 매장면적}} \times 100 \frac{300\text{평}}{900+300} \times 100 = 25\%$$

$$\frac{\text{자기점포의 매출액}}{\text{상권 내 잠재수요금액}} \times 100 = \frac{(?)}{15\text{억 원}} \times 100$$

– 한국식당의 Y시에서의 매출예측

Y시의 잠재수요액×(Y시에서의 매장 면적률 × X시에서의[매장면적비율 대 매출셰어비율]=15억 원×(25%×120%)=15억 원×30%=4억 5천만 원

이상의 방법으로 〈매장면적비율법〉에 대한 시장점거율(매출 Share율)을 가미한 점에서 볼 때 신뢰도가 높아진다고 생각된다.

⑤ 통계해석법

통계해석 방법으로 '다변량해석'을 하는 데 많이 사용되나, 음식점의 매출예측에는 잘 사용되지 않으므로 생략한다.

3. 매출예측을 위한 기초자료의 작성방법

신규출점의 매출자료 작성은 유사점포를 선택하여 실시하고 체인점의 기초자료 작성은 기존점포의 데이터를 활용하는 것이 가장 좋다.

① 이용객 앙케이트의 실시

- 고객 수가 평균적인 요일을 선택한다.
- 1일 고객의 10~20%에게 조사를 실시한다. 특정시간대에 편중하지 않고 균형을 유지한다.
- 계산이 끝난 고객에게 부탁하여 기입하도록 한다.
- 2~3개의 책상과 의자가 있으면 좋다.
- 간단한 사례품도 준비한다.

② 앙케이트 결과의 표시와 지역별 셰어 추계

- 앙케이트표의 주소를 상권지도 위에 표시한다.
- 표시된 지도를 지역별로 셰어를 산출한다.

③ 상권과 시장규모의 확인

- 60% 이상 달성 가능한 지역을 1차 상권으로 생각한다.
- 20% 이상 달성 가능한 에어리어를 2차 상권으로 생각한다.
- 이상의 상권을 기초상권으로 생각하고 그 외 지역에 대해서는 추가 유입분으로 생각한다.

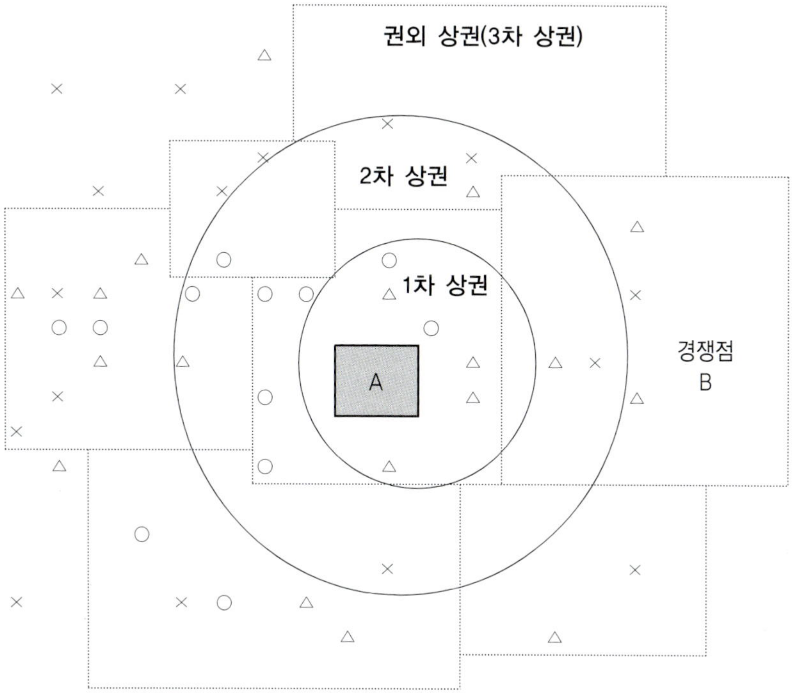

▸ 원은 반경 500m ○ 주 2~3회 이용한다 △ 주 1회 이용한다 × 월 2~3회 정도 이용한다

[그림 6-1] 지역별 매출셰어 분포도

(4) 기타 유동인구와 상주인구, 유동차량 등을 조사하고 유입률을 곱하여 산출하는 방식 등이 있다.

그러나 어느 방식이나 오차의 한계가 있으므로 매출 추정은 여러 가지 방법을 병행하여 검증해야 오차를 줄일 수 있다.

제7절 사업타당성 분석

아무리 좋은 입지라 할지라도 창업하려는 콘셉트(개념)에 부합되지 않으면 사업으로서 가치가 없다. 외식산업은 영리목적의 비즈니스이다. 돈을 벌지 못하면 아무런 의미가 없다. 사업성 분석은 입지조사, 상권조사, 물건(부동산)조사, 예상고객(소비자) 조사 등을 기본 데이터로 하여 콘셉트를 설정한다.

시장조사 결과 아래와 같은 콘셉트를 창출하였다고 가정하자.

〈표 6-4〉 시장조사에 의한 기본 콘셉트

① 판매메뉴 : 햄버거, 치킨
② 객 단 가 : 3,600원(1인당 구매금액)
③ 목표고객 : 20~30대 및 주변 가족고객
④ 실내분위기 : 밝고 경쾌하며 심플하게
⑤ 판매방식 : 셀프서비스 및 배달, 포장 판매
⑥ 점포규모 : 52평(실평)(F1 : 32평 B1 : 20평)
⑦ 임대보증금 : 2억 6천만 원
⑧ 계약기간 : 5년(2년 단위로 조정)
⑨ 전세보증금에 대한 담보 : 건물 및 토지에 근저당권 설정

위와 같이 고객이 설정되고 판매메뉴, 객단가, 실내분위기, 판매방식, 점포규모가 확정되면 투자예산을 유추할 수 있다. 또한 시장조사결과 목적물건 주변의 유동객과 유동차량, 배후 주거 현황, 오피스 현황, 물건 현황, 업종 · 업태 구성 현황, 고객동향, 메뉴동향 등의 데이터에 의하여 매출을 예측할 수 있다.

1. 투자추정

〈표 6-1〉에 기준하여 투자비용은 업계표준치로 계산하면 〈표 6-5〉와 같이 투자예측(안)을 작성할 수 있다.

〈표 6-5〉 투자예측(안)

(단위 : 천 원)

설 비 명	수 량	예상투자금액	비 고
인테리어		81,000	
철거공사		500	
가설공사		2,000	
주방공사		12,000	
객장공사		21,500	• 점포 예상배치 내역(52평 기준)
화장실, 창고 등 공사		6,000	-방설비 : 16평
전기등 기타 공사		14,000	-객 석 : 28평
설비공사		18,000	-사무실 : 2.5평
기타(공과잡비 포함)		7,000	-화장실 : 공용
주방설비		59,100	-냉동창고 및 상온창고 : 1.5평 별도
냉동냉장고	2대	4,600	-탈의실 및 메이트 휴게실 : 4평
냉동창고	1	7,000	**총 계 : 52평**
그리들	1대	2,300	
후라이어	4대	5,000	• 예상객석 수 : 92석(1.8석/평)
제빙기	1대	10,000	
번스토스타	2대	2,200	• 전면 및 돌출
기 타		28,000	
기타 설비		36,000	• 4인용 23조
PC(컴퓨터)	1SET	3,000	
간 판	2개	13,000	
에어컨(겸용)	3대	7,800	
의탁자	23조	6,000	
POS(금전등록기)	1대	3,200	
기타 비품 외		3,000	
임대 보증금		300,000	
총 예 상 투 자 금 액		176,100	• 임대보증금은 불포함

2. 매출추정(안)

매출추정방법은 객단가를 기초로 산출하는 방식과 종업원 1인당 매출액을 기초로 한 방식, 평당 연간매출액 기준 방식으로, 유사지역의 유사점포를 기준으로 시뮬레이션하는 방법 등 여러 가지가 있으나, 여기서는 일반인들이 쉽게 접근할 수 있는 유사점포를 기준으로 유사 케이스를 목적점포에 적용시키는 방법과 평당 매출액을 유사점포에 적용시킨 매출추정분을 합한 금액의 평균값으로 매출을 추정하는 방법으로 설명하겠다.

우선 시장조사 내용 중에서 유동인구를 집계한다. 햄버거나 치킨 등 셀프스타일의 휴게음식점은 여타 시장조사 내용보다 유동인구에 가장 큰 변수가 있으므로 가능한 유동인구가 많은 곳, 즉 10대나 20대의 인구유동이 많은 곳이 성공확률이 높다.

유동인구 체크는 평일 2일, 토요일 2일, 일요일 2일 등으로 복수 체크해야 한다. 보다 정확한 수치를 원한다면 평일은 월요일에서 금요일까지의 합계치를 평균으로 산출하면 예측 신뢰도가 높아질 수 있다. 〈표 6-6〉은 시간대별 목적물건 주변의 유동인구이다.

이 통계치에서 주목할 것은 평일의 경우 오후 2시까지의 유동인구가 극히 적고 3시 이후에 급격히 증가하고 있음을 알 수 있다. 그러나 공휴일이나 토요일은 12시 이후부터 저녁 8시까지 유동인구가 고르게 분포되어 있음을 알 수 있다. 이것은 평일의 매출이 높아질 것으로 예측되는 증거이다.

〈표 6-6〉 시간대별 유동인구

(단위 : 명)

구 분	평 일	토요일	공휴일
10:00~11:00	598	764	820
~12:00	641	814	1,551
~13:00	702	1,030	754
~14:00	645	1,719	917
~15:00	1,107	1,016	871
~16:00	1,369	970	810
~17:00	1,067	1,360	1,005
~18:00	1,484	1,464	1,176
~19:00	1,704	1,166	1,129
~20:00	1,788	1,241	1,232
~21:00	1,357	1,113	1,053
~22:00	1,039	801	907
합 계	13,407	13,458	12,225

〈표 6-7〉 PEAK TIME별 유동인구 현황

조사일시 : 1999년 1월 7일~10일(4일간)

구 분	유동인구											시간대별 PEAK TIME
	남 자					여자						
	어린이	중고생	대학생	사무원	소계	주부	중고생	대학생	사무원	소계	합계	
평일	1,789	1,197	1,307	2,312	6,605	2,933	1,290	1,091	1,488	6,802	13,407	15 : 00
구성비	13.3	8.9	9.7	17.2	49.3	21.9	9.6	8.1	11.1	50.7	100.0	~20 : 00
토요일	1,108	1,358	1,383	2,118	6,037	2,566	1,917	1,237	1,701	7,421	13,458	16 : 00
구성비	8.2	10.1	10.3	16.3	44.9	19.1	14.2	9.2	12.6	55.1	100.0	~20 : 00
일요일	1,778	1,728	952	1,553	6,011	2,330	1,424	1,114	1,346	6,214	12,225	16 : 00
구성비	14.5	14.1	7.8	12.7	49.2	19.1	11.6	9.1	11.0	50.8	100.0	~20 : 00
평균	1,697	1,313	1,254	2,161	6,425	2,778	1,396	1,114	1,491	6,779	13,204	
구성비	12.9	9.9	9.5	16.4	48.7	21.0	10.6	8.4	11.3	51.3	100.0	

* 통행량 특성 : 주거지형 상권으로 주간시간대는 중・장년층 중심이며 하오 시간대로 갈수록 학생층이 급증함. 평일점심시간에는 매출이 낮을 것으로 예측된다.

〈표 6-8〉은 유사점포와 비교하여 예측되는 매출을 산출하였다. 여기서 흡수율은 햄버거와 치킨 점포의 경험에 의한 흡수율로서 오차가 있을 수 있다.

〈표 6-8〉 고객계층별 흡수율 적용 예측 매출 산출표(평일 1)

고객층	유사점포 통행량 / 일객수	유사점포 흡수율(%)	유사점포 일매출(천원)	유사점포 평균객단가	신규점포 통행량 / 일객수	신규점포 흡수율(%)	신규점포 일매출(천원)	신규점포 평균객단가
어린이(남)	3,032 / 216	7.3	778	3,600	1,789 / 131	7.3	472	3,600
중고생(남)	1,137 / 17	0.7	61		1,197 / 8	0.7	29	
대학생(남)	1,516 / 17	0.3	61		1,307 / 4	0.3	14	
사무원(남)	1,894 / 47	2.5	169		2,312 / 57	2.5	205	
주 부(여)	3,716 / 161	4.3	580	3,600	2,933 / 127	4.3	457	3,600
중고생(여)	1,239 / 115	9.3	414		1,290 / 120	9.3	432	
대학생(여)	1,652 / 42	2.5	151		1,091 / 28	2.5	101	
사무원(여)	1,652 / 33	2.0	119		1,488 / 30	2.0	108	
합 계	15,838 / 648	4.1	2,333		13,407 / 505	3.8	1,818	

고객계층별 흡수율 적용 예측 매출 산출표(평일 2)

고객층	유사점포 통행량 / 일객수	유사점포 흡수율(%)	유사점포 일매출(천원)	평균객단가	신규점 통행량 / 일객수	신규점 흡수율(%)	신규점 일매출(천원)	평균객단가
어린이(남)	1,010 / 119	11.8	428	3,600	1,789 / 211	11.8	760	3,600
중고생(남)	821 / 21	2.6	76		1,197 / 31	2.6	112	
대학생(남)	1,894 / 49	2.6	176		1,307 / 34	2.6	122	
사무원(남)	2,589 / 97	3.7	349		2,312 / 87	3.7	313	
주 부(여)	3,066 / 154	5.0	554	3,600	2,933 / 147	5.0	529	3,600
중고생(여)	818 / 35	4.3	126		1,290 / 55	4.3	198	
대학생(여)	1,703 / 99	5.8	356		1,091 / 63	5.8	227	
사무원(여)	1,226 / 48	3.9	173		1,488 / 58	3.9	209	
합 계	13,127 / 622	4.7	2,239		13,407 / 686	5.1	2,470	

고객계층별 흡수율 적용 예측 매출 산정표(토요일 1)

고객층	유사점포 통행량	유사점포 일객수	유사점포 흡수율(%)	유사점포 일매출(천원)	평균 객단가	신규점포 통행량	신규점포 일객수	신규점포 흡수율(%)	신규점포 일매출(천원)	평균 객단가
어린이(남)	4,272	473	11.1	1,703	3,600	1,107	123	11.1	443	3,600
중고생(남)	1,898	43	2.3	155		1,358	31	2.3	112	
대학생(남)	949	21	2.2	76		1,383	31	2.2	112	
사무원(남)	2,373	92	3.9	331		2,188	85	3.9	306	
주 부(여)	3,513	282	8.0	1,015	3,600	2,566	206	8.0	742	3,600
중고생(여)	1,561	157	10.1	565		1,917	193	10.1	713	
대학생(여)	781	45	5.8	162		1,237	71	5.8	256	
사무원(여)	1,952	39	2.0	140		1,701	34	2.0	122	
합 계	17,299	1,152	6.7	4,147		13,458	773	5.7	2,783	

고객계층별 흡수율 적용 예측 매출 산정표(토요일 2)

고객층	유사점포 통행량	유사점포 일객수	유사점포 흡수율(%)	유사점포 일매출(천원)	평균 객단가	신규점포 통행량	신규점포 일객수	신규점포 흡수율(%)	신규점포 일매출(천원)	평균 객단가
어린이(남)	2,031	146	7.2	526	3,600	1,107	80	7.2	288	3,600
중고생(남)	2,133	53	2.5	191		1,358	34	2.5	122	
대학생(남)	2,234	73	3.3	263		1,383	45	3.3	162	
사무원(남)	3,758	153	4.1	551		2,188	89	4.1	320	
주 부(여)	2,851	193	6.8	695	3,600	2,566	174	6.8	626	3,600
중고생(여)	1,748	126	7.2	454		1,917	138	7.2	497	
대학생(여)	2,300	131	5.7	472		1,237	70	5.7	252	
사무원(여)	2,299	118	5.1	425		1,701	87	5.1	313	
합 계	19,354	993	5.1	3,575		13,458	717	5.3	2,581	

고객계층별 흡수율 적용 예측 매출 산정표(공휴일 1)

고객층	유이점포 통행량	유이점포 일객수	유이점포 흡수율(%)	유이점포 일매출(천원)	평균 객단가	신규점포 통행량	신규점포 일객수	신규점포 흡수율(%)	신규점포 일매출(천원)	신규점포 평균 객단가
어린이(남)	2,028	325	16.0	1,170	3,600	1,778	285	16.0	1,026	3,600
중고생(남)	1,689	48	2.8	173	3,600	1,728	49	2.8	176	3,600
대학생(남)	1,014	21	2.1	76	3,600	952	20	2.1	72	3,600
사무원(남)	2,027	160	7.9	576	3,600	1,553	123	7.9	443	3,600
주　부(여)	1,560	165	10.6	594	3,600	2,330	246	10.6	886	3,600
중고생(여)	1,114	134	12.0	482	3,600	1,424	171	12.0	616	3,600
대학생(여)	892	55	6.2	198	3,600	1,113	69	6.2	248	3,600
사무원(여)	891	29	3.3	104	3,600	1,346	44	3.3	158	3,600
합　계	11,215	937	8.4	3,373		12,225	1,007	8.2	3,625	

고객계층별 흡수율 적용 예측 매출 산정표(공휴일 2)

고객층	유사점포 통행량	유사점포 일객수	유사점포 흡수율(%)	유사점포 일매출(천원)	평균 객단가	신규점포 통행량	신규점포 일객수	신규점포 흡수율(%)	신규점포 일매출(천원)	신규점포 평균 객단가
어린이(남)	1,026	212	20.7	763	3,600	1,778	367	20.7	1,321	3,600
중고생(남)	1,972	93	4.7	335	3,600	1,728	82	4.7	295	3,600
대학생(남)	2,209	116	5.3	418	3,600	952	50	5.3	180	3,600
사무원(남)	2,682	202	7.5	727	3,600	1,553	117	7.5	421	3,600
주 부(여)	1,780	17	1.0	61	3,600	2,330	22	1.0	79	3,600
중고생(여)	1,507	155	10.3	558	3,600	1,424	146	10.3	526	3,600
대학생(여)	1,712	127	7.4	457	3,600	1,113	83	7.4	299	3,600
사무원(여)	1,849	96	5.2	347	3,600	1,346	70	5.2	252	3,600
합　계	14,737	1,018	6.9	3,665		12,225	937	7.7	3,373	

〈표 6-9〉 객층별(客層別) 흡수율 적용 예상매출 산출

(금액단위 : 천 원)

구 분		1일 매출	연일수	연매출	월매출
평 일	유사점포 1	2,333	252	587,916	48,993
	유사점포 2	2,239		564,228	47,019
	신규점	2,144		540,288	45,024
토요일	유사점포 1	4,147	48	199,056	16,588
	유사점포 2	3,575		171,600	14,300
	신규점	2,682		128,736	10,728
공휴일	유사점포 1	3,373	65	218,570	18,214
	유사점포 2	3,665		236,844	19,737
	신규점	3,499		226,735	18,895
합 계			365	1,005,542	83,795
				972,672	81,056
				895,759	74,647

※ 매출액 산출 : 1일 통행량×흡수율×객단가×일수
※ 신규점포는 2일치 합계 ÷ 2로 매출을 추정함

〈표 6-10〉 객석당(客席當) 매출 적용 예상매출 산출 월평균 매출 추정(안)

(단위 : 평, 천 원)

점포명	면적	객석 수	매출	객석당 매출	상권급지	비고
유사점포 1	50	96	83,000	865	A	효율성 양호
유사점포 2	50	100	81,000	810	B	효율성 양호
신규점	52	92	80,448	838	B	비교점 수준

여기서 상권급지는 상권규모 및 입지여건을 기준으로 객석당 생산성을 고려하여 A, B, C, D 등 4등급으로 분류하여 당해 점포들의 수준을 지정하였다. 〈표 6-10〉은 객석당 매출(유사점포 1·2의 합계를 2로 나눈 값)을 기준으로 예상매출을 산출하는 방식이다. 이와 같은 방식은 유사점포를 기준으로 추정할 수 있다. 이와 같은 〈표 6-9〉와 〈표 6-10〉의 평균값(77,548,000원)을 매출 추정치로 설정하고 그에 따라 추정손익을 분석해 보자.

3. 추정손익(안)

손익계산은 통행량 기준 수치와 평당 매출의 평균값을 매출로 추정하여 계산하였다. 〈표 6-11〉은 추정 손익계산서와 손익분기점의 추정 수치이다. 신규예정 점포의 손익은 월

간 16,130,000원의 이익을 낼 수 있다.

월간 이용객 수는 21,541명(일일 718명)이고 매출은 77,548,000원이며 매출원가는 29,468천 원이다. 또한 이 점포의 손익분기점(BEP)은 40,242천 원이고 손익분기명수로는 11,178(일일 373명)명이다. 그러므로 이 출점 예정지는 월 1,600원의 이익을 낼 수 있다.

〈표 6-11〉 출점(出店) 예정 점포(店鋪) 예상 손익계산서

구분	신 규 점				비 고
	손익분기점	%	추정매출(안)	%	
매 출 액	40,242	100.0	77,548	100.0	
매출원가	15,291	38.0	29,486	38.0	
매출 총이익	24,951	62.0	48,080	62.0	
판매, 일반관리비	20,185	50.16	27,142	35.0	
직원 급료	9,944	24.71	11,632	15.0	• 상여, 잡급, 퇴직금 포함
복리후생비	926	2.3	2,326	3.0	• 직원 식대, 메이트 급식 포함
수도광열비	2,313	5.75	2,326	3.0	
임대료	0	0.0	0	0.0	
감가상각비	3,018	7.50	3,017	3.89	• 설비(1.8억 원) 5년 정액 산정
소모품비	1,489	3.70	2,869	3.7	
광고선전비	81	0.2	155	0.2	
기타	2,415	6.0	4,815	6.21	
영 업 이 익	4,766	11.84	20,938	27.0	• 수선비, 교육훈련비, 공과금, 잡비 등
금 리	4,808	11.94	4,808	6.2	• 보증금(2.6억 원)+설비(1.8억)=4.4억 원(연 13% 적용)
손 익	-42		16,130	20.8	

※ 손익계산서는 기업회계기준에 의하여 작성하는 것이 가장 합리적이다(기업회계 기준에서는 차입금에 대한 지급이자는 계산하되, 투자금에 대한 인정이자는 계산에서 제외한다). 단, 여기서 투자금 전체를 이자로 계산하였다. 또한 원세는 계산하지 않았다.

제8절 경영지수관리

업종업태 등에 따라 경영관리 계수는 다르다. 그러나 일반적으로 다음 표와 같이 항목을 설정하고 관리하면서 우량 외식기업으로 전략을 수립할 필요가 있다.

	분류	우량	양호	보통	약간 불량	불량	열등	비고
점포	매출전년대비	1.25 이상	1.10~1.25	1.00~1.10	0.95~1.00	0.85~0.95	0.85 이하	
	총자산회전율	2.5 이상	1.5~2.5	1.0~1.5	0.7~1.0	0.7~0.5	0.5 이하	
	초기조건(%)	8.0 이하	8.0~12.0	12.0~18.0	18.0~12.0	20.0~25.0	25.0 이상	금리, 본부비, 감가상각, 월세(관리비)
원료비	원료비율(%)	27.0 이하	27.0~30.0	30.0~33.0	33.0~36.0	36.0~40.0	40.0 이상	Prime Cost
	재고일수(日)	3.0 이하	3.0~5.0	5.0~7.0	7.0~10.0	10.0~15.0	15.0 이상	
인건비	인건비율(%)	20.0 이하	20.0~23.0	23.0~25.0	25.0~28.0	28.0~31.0	31 이상	
	잡급률(%)	50.0 이상	50.0~35.0	35.0~25.0	25.0~15.0	15.0~5.0	5.0 이하	
	노동분배율(%)	30.0 이하	30.0~35.00	35.0~40.0	40.0~45.0	45.0~50.0	50.0 이상	
	原+人	47.0 이하	47~53	53~55	55~60	60~65	65 이상	
제경비	제 경비율	7.0 이하	7~10	10~13	13.0~16.0	16.0~20.0	20.0 이상	
	에너지비율	4.0 이하	4.0~5.0	5.0~6.0	6~7	7~8	8 이상	전기, 가스
	임대료 비율	5.0 이하	5~6	6~7	7~8	8~9	9 이상	
	판촉비율	2.0 이하	2.0~2.5	2.5~3.0	3.0~3.5	3.5~4.0	4.0 이상	정책은 별도
영업이익		35	35~27	27~23	23~16	16.9	9 이하	

✔ 개별메뉴 원가를 높이면 평균원가는 내려간다(?) 薄利多賣

✔ 퍼주는 것이 남는 것이다.

또한 경영환경에는 여러 다양한 문제들이 항상 존재한다. 이를 해결하는 방법으로 중요성, 시급성, 성과, 비용 등을 고려하여 우선순위를 정하면 효율적이다.

문제(주제)	중요성			시급성			성과			비용			합계	순위
	H	M	L	H	M	L	H	M	L	H	M	L		
新 메뉴개발														
서비스 교육														
온라인 홍보														
시설개선														

↓ 진단 Inspection
↓ 계획 Plan
↓ 실행 Doing
↓ 점검 Check
↓ 조정 Control

*최상(9)→최하(0)로 평가

07 개업실무/경쟁력 있는 점포 개설하기

제1절 식품접객업의 업종 분류

1. 업 종

(1) 업종(「식품위생법」 제21조 및 동법 시행령 제7조)

식품접객업의 업종은 일반음식점, 휴게음식점, 단란주점, 유흥주점, 위탁급식, 제과점의 6가지로 분류된다. 이들 업종은 허가나 신고사항이다. 업종 간의 변경은 신고만으로 가능하다. 휴게음식점 영업과 일반음식점 영업은 시장 · 군수 · 구청장에게 신고해야 하고(동법 시행령 제13조 1항 제7호), 단란주점영업과 유흥주점영업은 시장 · 군수 · 구청장의 허가를 받아야 한다(동법 시행령 제10조 제3호).

〈표 7-1〉 식품접객업 업종 분류

구 분	영 업 내 용	행정절차
휴게음식점	음식류를 조리·판매하는 영업(음주행위가 허용되지 않음) 주로 다류를 조리·판매하는 다방·제과·패스트푸드점 등 신고	신고
일반음식점	음식류를 조리·판매하는 영업(부수적으로 음주행위가 허용되는 영업)	신고
단란주점	주로 주류를 조리·판매하는 영업 손님이 노래를 부르는 행위가 허용되는 영업	허가
유흥주점	주로 주류를 조리·판매하는 영업 유흥종사자 고용·유흥시설 설치 허용	허가
위탁급식	음식류를 조리하여 제공하는 영업 집단급식소를 설치·운영하는 자와 계약	신고
제과점	주로 빵, 떡, 과자 등을 제조·판매하는 영업(음주행위가 허용되지 않음)	신고

제2절 외식업의 업태 분류

음식점의 업태는 패스트푸드, 패밀리레스토랑, 디너하우스(파인다이닝) 등으로 나눌 수 있다. 이 업태 분류는 서비스, 점포분위기, 메뉴의 질과 가격의 기준에 따라 나누는 방식이다.

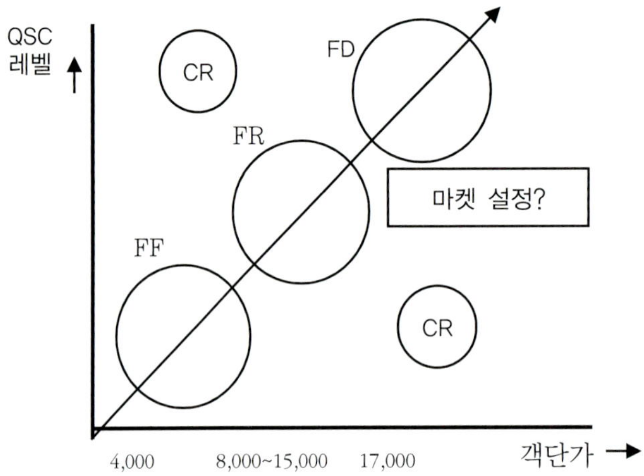

[그림 7-1] 객단가와 QSC 레벨에 의한 업태 분류

〈표 7-2〉 업종 · 업태별 브랜드 분류

업종 \ 업태	한 식	일 식	양 식	중 식	전문점
패스트푸드 (FF)	비빔밥 냉면	우동	맥도날드 롯데리아	자장면 만두	포장마차 투다리
패밀리레스토랑 (FR)	고깃집	기소야	코코스, TGIF	선궁	피자
파인다이닝 (FD)	고급한식 (용수산)	고급일식	힐튼 (일본테)	신라호텔 (팔선)	고급중식당

(1) 업내별 고객 이용빈도

- FF : 주 3~4회, 메뉴한정
- FR : 주 1회 이용
- FD : 월 1~2회

제3절 인허가/위생교육/건강진단

1. 일반음식점 영업신고

(1) 일반음식점이란?

음식류를 주로 조리·판매하는 영업으로서 식사와 함께 부수적으로 음주행위가 허용되는 영업을 말한다(「식품위생법」 시행령 제7조 8호).

(2) 영업신고절차

- 영업신고서 작성(각종 구비서류 포함)
- 접수전 상담(상담일지 작성)
- 접수(3시간 이내 처리)
- 서류검토(3시간 이내 처리)
- 결재(3시간 이내 처리)
- 신고증 교부(3시간 이내 처리)

(3) 구비서류

- 식품영업신고서 1부 : 별지 제25호 서식
- 위생교육필증 1부 : 전업소(문의 : 해당지역 한국음식업협회 지부 교육원)
- 「먹는물관리법」에 의한 먹는 물 수질검사기관이 발행한 수질검사(시험) 성적서 1부(수돗물이 아닌 지하수 등을 먹는 물 또는 식품 등의 제조과정이나 식품의 조리·세척에 사용하는 경우)
- 액화석유가스 검사필증 1부 : 지하 전 업소, 지상 100m^2 이상인 경우(문의 : 한국가스안전공사)
- 소방방화시설 완비증명서 1부(지하층에 위치한 경우로서 「소방법」 시행령 제4조의2의 규정에 의거 영업장으로 사용하는 바닥면적의 합계가 66m^2 이상일 경우(문의 : 해당지역 소방서 예방과)

2. 식품접객업(일반음식점 · 휴게음식점 · 위탁급식 · 제과점) 영업신고 기준

(1) 영업자 제한요건

- 같은 업종을 영업하다가 영업소 폐쇄명령을 받은 후 1년이 경과하지 않은 경우
- 청소년 유흥접객원을 고용하여 식품접객 영업허가(신고) 취소 또는 폐쇄명령을 받은 후 2년이 경과하지 않은 경우

(2) 장소 제한요건

- 영업장소가 종전에 같은 업종의 영업장소로서 폐쇄명령을 받은 후 6개월이 경과하지 않은 경우
- 청소년 유흥 접객원을 고용하여 식품접객 영업허가(신고) 취소 또는 폐쇄명령을 받은 장소로서 1년이 경과하지 않은 경우

(3) 시설기준

① 공통시설 기준

■ 영업장

- 독립된 건물이거나 식품접객업의 영업허가를 받거나 영업신고를 한 업종 외의 용도로 사용되는 시설과 분리, 구획 또는 구분되어야 함(일반음식점 영업에서 식육판매업을 하는 경우 및 관할세무서장의 의제 주류판매 면허를 받고 제과점에서 영업을 하는 경우에는 예외 인정)
- 영업장은 연기, 유해가스 등의 환기시설 설치
- 음향 및 반주시설을 설치하는 경우에는 영업장소 내부로부터의 노랫소리 등이 외부에 들리지 아니하도록 방음시설 설치
- 공연을 하고자 하는 일반음식점, 휴게음식점, 단란주점의 경우에는 영업장 내에 객석과 구분되게 무대시설 설치(객실에 설치금지)
- 영업장 구획 등의 예외 : 「식품위생법」 시행령 제7조 제5호 나목(9) 기타 식품판매업의 영업신고를 한 자가 휴게음식점 영업을 병행하고자 하는 경우와 음식물을 전문적으로 조리하여 판매하는 백화점 등의 일정한 장소(식당가)에서 일반음식점 또는 휴게음식점 영업을 하고자 하는 경우로서 위생상 위해가 발생할 우려가 없다고 인정되는 때에는 각 영업소와 영업소 사이를 분리 또는 구획하는 별도의 차단벽이나 칸막이 등을 설치하지 아니할 수 있음

■ 조리장

- 손님이 내부를 볼 수 있는 구조(제과점 영업소로서 동일 건물안에 조리장을 설치하는 경우와 관광호텔업 및 관광공연장업의 조리장 제외)
- 바닥에 배수구가 있는 경우 덮개 설치
- 조리장 안에는 취급하는 음식물을 위생적으로 조리하기 위하여 필요한 조리시설, 세척시설, 폐기물 용기 및 손씻는 시설 설치
- 폐기물 용기는 내수성 자재로 오물, 악취 등이 누출되지 않도록 덮개 설비
- 1인의 영업자가 동일 건물 안의 같은 통로를 출입구로 사용하여 휴게음식점·제과점영업 및 일반음식점의 영업을 하고자 하는 경우, 전문휴양업, 종합휴양업 및 유원시설업 시설 안의 장소에서 휴게음식점·제과영업점 또는 일반음식점영업 중 둘 이상의 영업을 하려는 경우, 일반음식점 영업자가 당해 업소와 직접 접한 장소에

서 도시락류를 제조하는 즉석 판매 제조·가공업의 영업을 하고자 하는 경우, 제과점 영업자가 식품제조·가공업의 제과·제빵류 품목을 제조·가공하려는 경우, 제과점 영업자가 기존 제과점의 영업신고관청과 같은 관할구역에서 둘 이상의 제과점을 운영하려는 경우에는 하나의 조리장을 공동으로 사용

- 주방용 식기류를 소독하기 위한 자외선 또는 전기살균소독기를 설치하거나 열탕세척소독시설(식중독을 일으키는 병원성 미생물 등이 살균될 수 있는 시설) 설비
- 충분한 환기를 시킬 수 있는 시설, 구조(자연통풍 가능 경우 제외)
- 식품 등의 규격 및 기준 중 식품별 보존 및 보관기준에 적합한 온도가 유지될 수 있는 냉장시설 또는 냉동시설 설비
  - * 냉동, 냉장식품의 보존온도는 따로 정하여진 것을 제외하고는 냉동은 -18℃ 이하, 냉장은 0~10℃를 말함

■ 급수시설

- 수돗물이나 먹는 물 관리법 제5조의 규정에 의한 먹는 물의 수질기준에 적합한 지하수 등을 공급할 수 있는 설비
- 지하수를 사용하는 경우 취수원은 화장실, 폐기물처리시설, 동물사육장 기타 지하수가 오염될 우려가 있는 장소로부터 영향을 받지 아니한 곳에 위치

■ 공동시설 기준 : 화장실

- 조리장에 영향을 미치지 아니하는 장소에 설치하여야 하며, 콘크리트 등으로 내수처리(인근에 사용이 편리한 화장실이 있는 경우 미설치 가능)
- 정화조를 갖춘 수세식화장실 설치(상·하수도 미설치 지역에서는 비수세식 화장실 설치 가능한 경우 변기의 뚜껑과 환기시설 설비)
- 손을 씻는 시설 설치

② 일반음식점 · 휴게음식점 및 제과점 개별기준

- 일반음식점의 객실에는 잠금장치 설치 불가
- 일반음식점의 객실 내에는 무대장치, 음향 및 반주시설, 우주볼 등의 특수 조명시설 설치 불가
- 영업장으로 사용하는 바닥면적의 합계가 100m^2(영업장이 지하층에 설치된 경우에는 66m^2) 이상인 업소는 소방법령이 정하는 소방시설 설비
  - * 다만, 영업점이 1층 또는 지상과 직접 면하는 층에 설치된 것으로서 출입구가 건축물 외부로 직접 연결된 경우에는 제외
  - * 지하층에 설치된 영업장의 바닥면적이 150m^2 이상인 업소는 간이 스프링클러 설비를 설치하여야 할 소방대상물임
- 일반음식점, 휴게음식점 또는 제과점의 영업장에는 손님이 이용할 수 있는 자막용 영상장치 또는 자동반주장치 설치 불가
- 휴게음식점 또는 제과점에는 객실을 둘 수 없으며, 객석에는 높이 1.5m 미만의 칸막이(이동식 또는 고정식) 설치가 가능함. 이 경우 2면 이상을 완전히 차단하지 아니하고 다른 객석에서 내부가 서로 보이도록 설치

3. 유흥주점, 단란주점 허가기준

1) 영업자 제한요건(법 제24조 1항)

- 같은 업종 영업중에 허가취소를 받은 후, 1년이 경과되지 않은 경우
- 청소년 유흥접객원을 고용하여 식품접객영업허가(신고) 취소 또는 폐쇄명령을 받은 후, 2년이 경과하지 않은 경우

2) 시설 제한요건(법 제24조 1항)

- 영업장소가 종전에 같은 업종의 영업장소로서 허가취소를 받은 후 6개월이 경과하지 않은 경우
- 청소년 유흥접객원을 고용하여 식품접객영업허가(신고) 취소 또는 폐쇄명령을 받은 장소로서 1년이 경과하지 않은 경우
- 「식품위생법」 제21조의 시설기준에 적합하지 아니할 때

3) 공통시설기준

공통시설기준은 일반음식점, 휴게음식점 시설기준과 같음

4) 개별시설기준

(1) 단란주점영업

영업장 안에서 객실이나 칸막이를 설치하고자 하는 경우에는 다음 기준에 적합해야 한다.

- 객실을 설치하는 경우 주된 객장의 중앙에서 객실 내부가 전체적으로 훤하게 보일 수 있도록 투명한 유리로만 설비하여야 하며, 통로형태 또는 복도형태로 설비하여서는 아니된다.
- 객실로 설치할 수 있는 면적은 객석면적의 1/2을 초과할 수 없다.
- 주된 객장 안에는 높이 1.5미터 미만의 칸막이(이동식 또는 고정식)를 설치할 수 있다.
- 이 경우 2면 이상을 완전히 차단하지 아니하여야 하고, 다른 객석에서 내부가 서로 보이도록 하여야 한다.
- 객실에는 잠금장치를 설치할 수 없다.
- 소방법령이 정하는 소방·방화시설을 갖추어야 한다.

(2) 유흥주점영업

- 객실에는 잠금장치를 설치할 수 없다.
- 소방법령이 정하는 소방·방화시설을 갖추어야 한다.

4. 위생교육 필증 취득

(1) 위생교육이란?

식품위생 수준의 향상을 위하여 모든 식품접객 영업자 또는 종업원은 보건복지부장관이 지정, 고시한 위생교육전문기관에서 실시하는 교육을 영업개시 전 또는 후에 받아야 한다.

(2) 위생교육대상 및 교육시간

- 식품접객 영업을 하고자 하는 자(1일 6시간)
- 「식품위생법」에 의한 명령 위반하여 행정처분을 받은 영업자(1일 4시간)
- 전염병, 집단식중독의 발생 및 확산될 우려가 있는 경우 해당 업종의 영업자 및 그 종사자(1일 4시간)

■ 용어설명

- 유흥접객원 - 손님과 함께 술을 마시거나 노래 또는 춤으로 손님의 유흥을 돋구는 만 19세 이상의 부녀자
- 유흥시설 - 유흥종사자 또는 손님이 춤을 출 수 있도록 설치한 무도장을 말함
- 특수조명 - 수은등, 백열등, 형광등 등 일반 조명시설이 아닌 것으로, 영업장 내 설치함으로써 영업장 내부에 대하여 현란함, 화려함과 혼란함을 주어 안락하고 단순한 음주 분위기를 해할 우려가 높은 미라볼(우주볼), 사인볼, 깜박이 등과 사이키 조명 등 모든 조명시설을 총칭
- 분리 - 벽 등에 의하여 별도의 방으로 구별되는 것
- 구획 - 칸막이나 커튼 등으로 구별되는 것
- 구분 - 선이나 줄 등으로 구별되는 경우
- 음향기기 - 자막용 영상반주기

(3) 교육 위임, 면제 및 유예 등

〈표 7-3〉 위생교육

구 분	참고사항
교육 면제	조리사, 영양사가 식품접객업을 하고자 하는 때는 신규 위생교육 면제(법 제27조 4항)
교육대상자 지정(위임)	위생교육을 받아야 하는 자로서 영업에 직접 종사하지 않는 경우 종업원 중 책임자를 지정하여 받게 할 수 있음 2곳 이상의 장소에서 영업으로 하고자 하는 경우, 종업원 중 책임자를 지정하여 교육받게 할 수 있음.
사전교육 유예 및 갈음	부득이한 사유로 미리 교육을 받을 수 없는 경우 개업 후 3개월 이내 교육받도록 함 신규 위생교육을 받은 자가 교육받은 날로부터 2년 이내에 교육받은 업종과 동일한 업종 또는 유사업종(일반음식점과 휴게음식점 간, 단란주점과 유흥주점 간)을 영업하고자 하는 경우 교육을 받은 것으로 봄

(4) 교육기관(보건복지부 고시 제2000-47호)

- 일반음식점 - 한국외식업중앙회(02-3672-3231~3)
- 휴게음식점 - 한국휴게음식업중앙회(02-425-6126~8)
- 단란주점 - 한국단란주점연합회(02-2058-0823)
- 유흥주점 - 한국유흥주점연합회(02-543-9955)
- 위탁급식 - 한국식품산업협회(02-585-5052)

(5) 보건증(건강진단)

① 건강진단 대상

식품 또는 식품첨가물(화학적 합성품인 식품첨가물을 제외한다)을 채취, 제조, 가공, 조리, 저장, 운반 또는 판매하는 데 직접 종사하는 자. 다만, 영업자 또는 종업원 중 완전 포장된 식품 또는 식품첨가물을 운반 또는 판매하는 데 종사하는 자를 제외한다.

② 건강진단 항목 및 그 횟수

③ 영업에 종사하지 못하는 질병의 종류

- 전염병예방법 제2조제1항제1호의 규정에 의한 제1군 전염병

  * 제1군 전염병 : 콜레라, 페스트, 장티푸스, 파라티푸스, 세균성이질, 장출혈성대장균감염증

- 전염병예방법 제2조제1항제3호의 규정에 의한 제3군 전염병 중 결핵(비전염성인 경우 제외)
- 피부병 기타 화농성 질환
- 후천성 면역결핍증 : 성병에 관한 건강진단을 받아야 하는 영업에 종사하는 자에 한함

  * B형 간염 : 취업제한 대상자에서는 제외되었으나, 영양사 및 조리사의 면허교부시 식품위생법 및 전염병예방법에 의거 면허교부 결격대상임(의사의 진단에 의하여 제한적으로 허용)

〈표 7-4〉 건강진단 항목과 회수

<table>
<tr><th colspan="2">진단 항목</th><th>대상자</th><th>횟 수</th><th>건강진단 실시기관</th><th>비 고</th></tr>
<tr><td colspan="2">장티푸스</td><td rowspan="3">전 식품 접객 영업 종사자</td><td rowspan="3">매년 1회</td><td rowspan="3">보건소, 의료법에 의한 의원·병원</td><td rowspan="3"></td></tr>
<tr><td colspan="2">결핵</td></tr>
<tr><td colspan="2">전염성 피부질환</td></tr>
<tr><td rowspan="2">B형 간염</td><td>항체 양성자</td><td rowspan="2"></td><td>5년마다 1회</td><td rowspan="2"></td><td rowspan="2"></td></tr>
<tr><td>항체·항원 음성자</td><td>매년 1회</td></tr>
<tr><td colspan="2" rowspan="2">성 병</td><td>유흥 접객원</td><td>혈청검사 1회/3월
STD검사 1회/1월</td><td rowspan="2">보건소의료법에 의한 의원·병원</td><td rowspan="2">성병 정기점검 대상자 미검시 벌금 200만 원 이하(전염병 예방법 제56조)</td></tr>
<tr><td>다방 여종업원</td><td>혈청검사 1회/6월
STD검사 1회/6월</td></tr>
</table>

④ 건강진단을 받지 않은 경우 과태료 부과

〈표 7-5〉 과태료 유형

유 형		과태료
건강진단을 받지 아니한 영업자		20만 원
건강진단을 받지 아니한 종업원		10만 원
건강진단을 받지 아니한 자를 영업에 종사시킨 영업자	종업원 수가 5인 이상인 경우(대상자 50% 이상 위반 시)	50만 원
	종업원 수가 5인 이상인 경우(대상자 50% 미만 위반 시)	30만 원
	종업원 수가 5인 미만인 경우(대상자 50% 이상 위반 시)	30만 원
	종업원 수가 5인 미만인 경우(대상자 50% 미만 위반 시)	20만 원
진단결과 타인에게 위해를 끼칠 우려가 있는 질병자를 영업에 종사시킨 영업자		100만 원

제4절 사업자등록/창업세무

1. 사업자등록 및 창업세무

점포나 사무실을 계약한 후 개업일로부터 20일 이내에 구비서류를 갖추어 관할 세무서 민원봉사실에 신청해야 하며, 사업자등록신청서를 접수하면 발급일시가 기재된 접수증을 교부받게 되며 7일 이내에 민원봉사실에서 사업자등록증을 교부받는다.

■ **사업자등록 신청 시 필요한 서류**
- 사업자등록 신청서 1부
- 개인은 주민등록등본 1부(법인은 등기부등본)
- 사업허가증 사본 1부
- 점포나 사무실 임대차계약서(세무서에 제출하지는 않는다)

(1) 과세특례자가 되려면

새로운 사업을 시작하는 개인사업자의 경우 연간 매출액이 4,800만 원 미만이 될 것으로 예상되는 때에는 사업자등록신청서의 과세특례 적용란에 그 내용을 기재해야 한다.

그러나 아래의 경우에는 과세특례자가 될 수 없다. 도매업(도·소매업을 겸업시에는 소매업도 과세특례적용을 받을 수 없음) 지역, 업종, 규모 등에 비추어 국세청장이 정하는 국세특례 배제기준에 해당하는 경우 연간 매출액이 4,800만 원 미만이더라도 일반 과세가 되고자 하는 경우에는 관세특례적용신고를 하지 않으면 된다.

(2) 간이과세자가 되려면

신규사업자 신규로 사업을 개시하는 개인사업자가 사업을 개시한 날이 속하는 1년의 공급대가의 합계액이 1억 5천만 원에 미달되고, 과세특례 기준금액인 4,800만 원 이상이 될 것으로 예상되는 때에는 사업자등록 신청서상 간이과세 적용란에 표시하면 된다.

■ POINT

- 점포를 구하면 인테리어를 하기 전에 사업자등록을 먼저 하는 것이 중요 포인트
- 인테리어, 기자재 구입 비용 등을 세금계산서를 받을 수 있게 되므로 10%의 부가세 환급을 받을 수 있다(세무사 등에 조언을 구하면 적은 비용으로 안내를 받을 수 있다).

〈표 7-6〉 과세 유형별 과세기준

구분	일반과세자	간이과세자	과세특례자
대상 사업자	간이, 과세특례자가 아닌 모든 사업	1년 동안의 공급대가가 4,800만 원 이상 1억 5천만 원 미만의 개인사업자	1년 동안의 공급대가가 4,800만 원 미만의 개인사업자
과세 표준	공급가액	공급대가	공급대가
세율	10%, 0%	업종별 부가율 10%	일반업종 : 2%
거래 징수	의무 있음	별도규정 없음	별도규정 없음
세금 계산서	세금계산서 또는 영수증 교부	세금계산서 교부는 불가능 영수증 교부	세금계산서 교부는 불가능 영수증 교부
납부 세액	매출세액-매입세액	과세표준, 업종별 부가가치율, 10%	과세표준, 2%, 3.5%
예정 신고 납부	연간 공급가액이 1억 5천만 원 미만인 개인사업자	직전 과세기간 납부세액의 50%	직전 과세기간 납부세액의 50%
매입 세액	매입세액으로 공제	매입세액의 20%만 공제	납부세액의 10%를 납부세액에서 공제
미등록 가산세	공급가액의 1% 법인은 2%	공급대가의 1%	공급대가의 0.5%
소액 무징수	적용대상이 아님	적용대상이 아님	납부세액이 24만 원 미만인 경우 적용
기장	장부에 의해 기장	교부받았거나 교부한 세금계산서 또는 영수증으로 갈음한다.	교부받았거나 교부한 세금계산서 또는 영수증으로 갈음한다.
포기 제도	없음	간이과세자를 포기하고 일반과세자가 될 수 있다.	간이과세자를 포기하고 간이과세자 또는 일반과세자가 될 수 있다.

2. 신규사업자가 알아야 할 기초지식

① 사업을 해서 번 돈, 즉 소득에 대해서는 소득세를 별도로 내야 한다. 모든 사업자가 소득세 납세의무자가 된다. 그러나 소득세는 여러 가지 공제제도가 있어 영세사업자가 이러한 공제금액을 빼고 나면 과세될 소득이 없어 소득세를 내지 않는 경우가 많다. 다만, 신고서는 제출하여야 한다. 사업체가 법인인 경우에는 소득세가 아닌 법인세를 내야 한다.

② 부가가치세는 소비자가 부담하는 세금이다.
부가가치세란 부가가치, 즉 물건을 사거나 파는 과정에서 발생된 가치(마진)에 대하여 부과되는 세금이다. 사업자는 물건값에 부가가치세를 포함하여 팔기 때문에 실제세금은 소비자가 부담하는 것이며, 사업자는 소비자가 부담한 세금을 잠시 보관했다가 국가에 내는 것에 지나지 않는다(이렇게 세금을 실제로 부담하는 사람과 납세의무자가 다른 세금을 간접세라 한다).

③ 직전 과세기간의 공급가액이 7,500만 원 미만인 사업자는 예정신고 의무가 없으며, 전기 과세기간 납부세액의 50%를 납세고지서에 의하여 납부하면 된다. 간이과세자, 과세특례자, 간이과세자와 간이 특례자는 예정신고의무는 없고 확정신고만 하면 된다.

④ 소득세를 신고 납부해야 할 사람은 종합소득(이자, 배당, 부동산, 사업, 근로, 기타), 퇴직소득, 양도소득, 산림소득이 있는 모든 사람이다. 다만, 소득금액이 소득공제에 미달되는 납세자와 수시부과를 받고 연말까지 소득공제와 소득금액에 변동이 없는 납세자는 확정신고를 하지 않아도 된다.

⑤ 주고받은 세금계산서 등 과세자료는 빠짐없이 제출해야 한다.
신고는 하였으나 신고내용이 불성실하거나 누락금액이 있을 경우에는 사후에 세무조사를 받아 많은 세금을 추가로 납부하게 된다.
물건을 사고 팔 때 주고받은 세금계산서는 신고시 빠짐없이 제출해야 한다. 주고받은 세금계산서를 세무신고시 매입, 매출 세금계산서 합계표를 제출하지 아니하면, 그 거래내용이 컴퓨터에 의하여 불성실 혐의가 있는 거래로 분류되어, 가산세를 부담하게 되는 손해를 보게 된다.

⑥ 신용카드 가맹점에는 직전연도 수입금액이 3억 원 미만인 개인사업자는 신용카드 매출표에 의한 매출액의 1%를 납부할 세액에서 공제한다.

⑦ 과세특례시, 간이과세자의 사업규모가 커지면 일반과세자가 된다. 일반과세자가 되면 과세특례자, 간이과세자와는 달리 영수증 대신 세금계산서를 교부하여야 하고, 납부

세액 개선방법이 달라져 상품 매입시 부담한 매입세액을 전액 공제받게 되며, 예정신고 세액고지제도가 없어지게 된다.

⑧ 일반과세자가 되면 다음과 같은 이점도 있다. 흔히 일반과세자가 되면 세율이 2%에서 10%로 인상되어 세금이 급격히 늘고, 각종 의무가 많아지는 것으로 생각되나, 세금계산서를 성실히 주고받은 사업자는 교부받은 세금계산서상의 매입세액(매입금액의 10%)을 전액 공제하게 되어, 오히려 세금이 적어지는 경우가 많다. 또 사업을 확장하거나 계절적 상품으로 일시에 많이 매입하는 경우에는 매입세액이 매출세액보다 많아져 환급도 받게 된다.

⑨ 사업이 커지면 법인으로 바꾸는 것이 유리하다. 최근 들어 이런 추세가 증가하고 있으나 반드시 유리한 것만은 아니다. 규모가 커진 사업을 개인으로 할 경우에는 가계와 기업이 혼동되기 쉬워 합리적인 기업경영이 곤란하게 된다. 개인사업을 법인으로 전환하게 되면 대외적인 신용도를 높일 수 있고, 정확한 세무회계 처리로 절세 면에서도 유리하다.

1) 개인기업과 법인기업의 장단점

(1) 개인기업의 장점

- 전 이윤의 독점성
- 창업의 용이성과 창업비의 저렴
- 활동의 자유와 신속성
- 유리한 대인 접촉성
- 비밀의 유지

(2) 개인기업의 단점

- 무한책임
- 영속성 결여
- 자본조달의 한정
- 경영능력의 한계
- 납세상의 불리

(3) 법인기업의 장점

- 일반적으로 개인사업보다는 법인형태가 대외신용도가 높으며 공유기관으로부터의 진입이 용이하다.
- 법인의 형태로 하면 유한책임이므로 출자의 한도 내에서 책임을 부담한다.

- 법인기업이 개인사업자보다 세금의 총액에서 유리하다.

(4) 법인기업이 단점

- 세금문제 때문에 법인형태를 취하는 것이 꼭 유리한 것은 아니며, 여러 상황을 고려하여야 한다.
- 기업이 어느 정도 이상의 외형 또는 소득을 올리고 있는 경우에는 법인이 유리하나 배당 등 여러 요인에 따라 달라지므로 일률적으로 말할 수만은 없다.

제5절 원산지표시제(原産地表示制)

1. 도입배경 및 경과

원산지표시제(原産地表示制)란, 수입개방화 추세에 따라 값싼 외국산 농산물이 무분별하게 수입되고, 이들 농산물이 국산으로 둔갑 판매되는 등 부정유통사례가 늘어나고 있어, 공정한 거래질서를 확립하고 생산농업인과 소비자를 보호하기 위하여 '91년 7월 1일 농산물 원산지표시제도를 도입하였다.

원산지란 농산물이 생산 또는 채취된 국가 또는 지역을 말한다(농수산물 원산지표시에 관한 법률 제2조 4호). 국제적 거래에 있어서의 원산지는 일반적으로 그 물품이 생산된 정치적 실체를 지닌 국가를 가리키고 국내적으로는 지역 또는 지방을 의미한다고 할 수 있다. 원산지는 가공·생산공정 또는 재배 등의 과정을 거치지 않고 단순히 그 국가를 통하여 거래되었음을 의미하는 경유국, 적출국, 수출국과는 완전히 다른 개념이다.

농산물은 동일작물·동일품종이라도 재배지역·기후·토질·재배방법·시기 등에 따라 그 품질이 달라진다(예 : 이천쌀, 나주배, 청송사과, 인삼(중국산), 쇠고기(미국산)).

가공품은 원료의 산지·가공방법 등에 따라 품질의 차이가 있을 수 있다. 원산지표시 제도는 국제규범에서 허용하고 있는 제도로서 미국, EU, 일본 등 대부분의 국가가 원산지표시 제도를 운영하고 있다.

공정한 유통질서를 확립해 생산자와 소비자를 보호할 목적으로 도입한 제도로, 표시 대상 품목은 곡류·채소류·과실류·축산물 등 국산농산물과 수입농산물 전 품목, 과자류·유가공품·식육제품·통조림 등 농산가공품이다. 원산지표시 대상 농산물을 판매할 목적으로 취급하는 도매업자와 소매업자, 수집상 및 재포장업자, 가공업자 및 판매를 목적으로 하는 자는 의무적으로 이 원산지표시를 해야 한다.

표시방법은 수입농산물은 생산국명으로, 국산농산물은 '국산' 또는 '시 · 군명'으로, 농산가공품은 원료농산물의 생산국명으로 각각 표시한다.

1991년 7월 수입농산물 원산지표시제를 도입해 2년 동안의 계도기간을 거친 뒤 1993년 7월부터 수입농산물에 대한 원산지표시를 의무화하는 한편, 1995년부터는 '국산농산물', 2012년부터는 '국내가공 농산물 원료'에까지 확대해 시행하고 있다. 주무관청은 서울특별시 · 광역시 · 도 및 시 · 군 · 구와 국립농산물품질관리원 등이다.

농림축산식품부는 2008년 7월 초부터 모든 음식점에 대해 쇠고기와 쌀의 원산지 표시를 기존의 구이/탕/찜/튀김용에서 국/반찬류까지 확대하였고, 2012년 4월 11일부터는 농축산물에는 쇠고기, 돼지고기, 닭고기(배달용 포함), 오리고기(훈제용 포함), 쌀, 배추김치(반찬용, 찌개용, 탕용)와 수산물에는 넙치(광어), 조피볼락(우럭), 참돔, 낙지, 미꾸라지, 뱀장어(민물장어) 까지 확대 시행되고 있다. 특히 수산물은 생식용, 구이용, 탕용, 찌개용, 튀김용, 데침용, 볶음용까지 포함된다.

2. 대상품목

대상품목 : 쇠고기, 돼지고기, 닭고기, 오리고기, 쌀(밥류), 배추김치, 넙치, 조피볼락, 참돔, 미꾸라지, 뱀장어, 낙지

- 쇠고기를 구이용, 탕용, 찜용, 튀김용, 육회용 등 모든 용도로 조리하여 판매하거나 제공하는 음식
- 돼지고기를 구이용, 탕용, 찜용 또는 튀김용으로 조리하여 판매 · 제공하는 음식
- 닭고기를 구이용, 탕용, 찜용 또는 튀김용으로 조리하여 판매 · 제공하는 음식으로 배달용으로 판매하는 것도 표시대상
- 오리고기를 구이용, 탕용, 찜용, 튀김용 또는 훈제용으로 조리하여 판매 · 제공하는 음식이 표시대상
- 쌀(밥류)는 쌀(현미, 찐쌀포함)의 원형이 유지된 밥류가 표시대상(죽, 식혜, 떡 및 면류는 제외)
- 배추김치는 절임, 양념 혼합, 발효 또는 가공 등의 과정을 반찬, 찌개용 또는 탕용으로 제공하는 음식이 표시대상(겉절이, 씻은 김치, 보쌈김치 등 포함)
- 넙치, 조피볼락, 참돔, 미꾸라지, 뱀장어, 낙지를 생식용, 구이용, 탕용, 찌개용, 찜용, 튀김용, 데침용 또는 볶음용으로 조리하여 판매 · 제공하는 음식이 표시대상

3. 대상음식점

- 일반음식점 음식류를 조리하여 판매, 식사류와 함께 음주행위가 허용됨(일반음식점, 뷔페, 예식장, 장례식장 등)
- 휴게음식점 패스트푸드점, 분식점 형태의 음식물을 조리 판매하고 음주행위가 허용 안 됨(패스트푸드점, 분식점 등)
- 위탁급식영업 계약에 의하여 집단급식소 내에서 음식물을 조리 · 제공
- 집단급식소 영리를 목적으로 하지 않고 계속적으로 특정다수인(상시 1회 50명 이상)에게 음식물을 제공하는 급식소(학교, 기업체, 기숙사, 공공기관, 병원 등)

4. 일반적인 표시방법

① 휴게음식점영업 및 일반음식점영업을 하는 영업소

원산지는 소비자가 쉽게 알아볼 수 있도록 메뉴판 및 게시판에 표시하여야 하고, 그 밖에 푯말 등 다양한 방법으로 추가적으로 표시할 수 있다. 다만, 영업장의 면적이 100제곱미터 미만인 경우에는 메뉴판 · 게시판 또는 푯말 중 하나를 선택하여 표시할 수 있다.

② 위탁급식영업을 하는 영업소 및 집단급식소

식당이나 취식(取食) 장소에 월간 메뉴표, 메뉴판, 푯말 등을 사용하여 이용자가 쉽게 볼 수 있도록 표시하여야 하며, 교육 · 보육시설 등 미성년자를 대상으로 하는 영업소 및 집단급식소의 경우에는 원산지가 적힌 주간 또는 월간 메뉴표를 작성하여 가정통신문으로 알려주거나 인터넷 홈페이지에 추가로 공개하여야 한다.

③ 장례식장, 예식장, 병원 등 여러 사람이 이용하는 장소에 설치 · 운영되는 영업소나 집단급식소의 경우에는 취식자가 쉽게 볼 수 있는 장소에 푯말, 게시판 등으로 표시할 수 있다.

④ 글자 크기가 메뉴판이나 게시판 등에 적힌 음식명 글자 크기의 2분의 1 이상으로 한다.

⑤ 축산물을 조리하여 판매 또는 제공할 목적으로 냉장고 등에 보관하는 경우에는 제품 포장재에 표시하거나 냉장고 앞면에 일괄하여 표시할 수 있다.

⑥ 원산지가 같은 경우에는 메뉴판 및 게시판에 일괄하여 표시할 수 있다.

[예시]

- 우리업소에서는 "국내산 쌀"만 사용합니다.
- 우리업소에서는 "국내산 한우 쇠고기"만 사용합니다.
- 우리업소에서는 "덴마크산 돼지고기"만 사용합니다.

- 우리업소에서는 "국내산 넙치"만을 사용합니다.

1) 축산물의 원산지 표시방법

축산물의 원산지는 국산 또는 국내산(이하 "국내산"이라 한다)과 수입산으로 구분하고 아래와 같이 구분에 따라 표시한다.

(1) 쇠고기

- 국내산의 경우 "국내산"으로 표시하고, 식육의 종류를 한우, 젖소, 육우로 구분하여 표시한다. 다만, 수입한 소를 국내에서 6개월 이상 사육한 후 국내산으로 유통하는 경우에는 "국내산"으로 표시하되, 괄호 안에 식육의 종류 및 수입국가명을 함께 표시한다.
  [예시] 소갈비(국내산 한우), 등심(국내산 육우), 소갈비 국내산(육우, 호주산)
- 수입산의 경우에는 수입국가명을 표시한다.
  [예시] 소갈비(미국산)
- 원산지가 다른 쇠고기를 섞은 경우에는 그 사실을 표시한다.
  [예시] 갈비탕(국내산 한우와 호주산을 섞음), 설렁탕(육수 국내산 한우, 고기 호주산), 국내산 한우 갈비뼈에 호주산 쇠고기를 접착(接着)한 경우 : 소갈비(갈비뼈 국내산 한우와 쇠고기 호주산을 섞음) 또는 소갈비(호주산)

(2) 돼지고기 · 닭고기 · 오리고기

- 국내산의 경우 "국내산"으로 표시한다. 다만, 수입한 돼지를 국내에서 2개월 이상 사육한 후 국내산으로 유통하거나, 수입한 닭 또는 오리를 국내에서 1개월 이상 사육한 후 국내산으로 유통하는 경우에는 "국내산"으로 표시하되, 괄호 안에 수입국가명을 함께 표시한다.
  [예시] 삼겹살(국내산), 삼계탕(국내산), 훈제오리(국내산), 삼겹살 국내산(돼지, 덴마크산), 삼계탕 국내산(닭, 프랑스산), 훈제오리 국내산(오리, 중국산)
- 수입산의 경우 수입국가명을 표시한다.
  [예시] 삼겹살(덴마크산), 삼계탕(중국산), 훈제오리(중국산)
- 원산지가 다른 돼지고기 또는 닭고기를 섞은 경우 그 사실을 표시한다.
  [예시] 고추장불고기(국내산과 미국산 돼지고기를 섞음), 닭갈비(국내산과 중국산을 섞음), 오리불고기(국내산과 중국산을 섞음)
- 배달을 통하여 판매 · 제공되는 닭고기
  닭고기를 조리하여 배달을 통하여 판매 · 제공하는 경우 그 조리한 음식에 사용된 닭고기의 원산지를 포장재에 표시한다. 다만, 포장재에 표시하기 어려운 경우에는 전단지,

스티커 또는 영수증 등에 표시할 수 있다.

[예시] 찜닭(국내산), 양념치킨(브라질산)

2) 쌀(찐쌀을 포함한다. 이하 같다)의 원산지 표시방법

쌀의 원산지는 국내산과 수입산으로 구분하고, 아래와 같이 표시한다.

- 국내산의 경우 "쌀(국내산)"로 표시한다.
- 수입산의 경우 쌀의 "수입국가명"을 표시한다.
  [예시] : 쌀(미국산)
- 국내산 쌀과 수입산 쌀을 섞은 경우 가목 및 나목에 따른 표시를 모두하고 그 사실도 함께 표시한다.
  [예시] : 쌀(국내산과 중국산을 섞음)
- 2012.4.11.부터 탕용·찌개용 배추김치, 수산물 6종(넙치, 조피볼락, 참돔, 미꾸라지, 뱀장어, 낙지)이 확대 시행되었다.

3) 배추김치의 원산지 표시방법

- 국내산 배추를 사용하여 국내에서 배추김치를 조리하여 판매·제공하는 경우에는 "배추김치"로 표시하고, 그 옆에 괄호로 "배추 국내산"을 함께 표시한다.
  [예시] 배추김치(배추 국내산)
- 수입산 배추(절인 배추를 포함한다)를 사용하여 국내에서 배추김치를 조리하여 판매·제공하는 경우에는 "배추김치"로 표시하고, 그 옆에 괄호로 배추의 수입국가명을 함께 표시한다.
  [예시] 배추김치(배추 중국산)
- 외국에서 제조·가공한 배추김치를 수입하여 조리하여 판매·제공하는 경우에는 배추김치의 수입국가명을 표시한다.
  [예시] 배추김치(중국산)
- 원산지가 다른 배추김치를 섞은 경우에는 해당 표시를 모두 하고, 그 사실도 함께 표시한다.
  [예시] 배추김치(국내산과 중국산을 섞음)

4) 넙치, 조피볼락, 참돔, 미꾸라지, 뱀장어, 낙지의 원산지 표시방법

수산물의 원산지는 국내산, 원양산 및 수입산으로 구분하고, 다음 각 목의 구분에 따라 표시한다.

• 국내산의 경우 "국산이나 국내산 또는 연근해산"으로 표시한다.
  [예시] 넙치회(국내산), 참치회(연근해산)
• 원양산의 경우 "원양산 또는 원양산(해역명)"으로 한다.
  [예시] 참돔구이(원양산), 넙치매운탕(원양산, 태평양산)
• 수입산의 경우 수입국가명을 표시한다.
  [예시] 참돔회(일본산), 뱀장어구이(영국산)
• 원산지가 다른 동일 품목을 섞은 경우 그 사실을 표시한다.
  [예시] 조피볼락회(국내산과 일본산을 섞음), 낙지볶음(국내산과 중국산을 섞음)

5) 그 밖의 공통사항

• 쇠고기, 돼지고기, 닭고기 및 오리고기를 섞거나 넙치, 조피볼락 및 참돔을 섞은 경우 각각의 원산지를 표시한다.
  [예시] 햄버거스테이크(쇠고기 : 국내산 한우, 돼지고기 : 덴마크산), 모둠회(넙치 : 국내산, 조피볼락 : 중국산, 참돔 : 일본산)
• 국내산 쇠고기, 돼지고기, 닭고기, 오리고기, 쌀 또는 배추, 넙치, 조피볼락, 참돔 또는 낙지를 사용한 경우에는 "국내산"으로 표시하는 대신에 이를 생산한 특별시·광역시·도·특별자치도명이나 시·군·자치구명으로 표시할 수 있다
• 쇠고기·돼지고기·닭고기·오리고기의 식육가공품을 사용한 경우에는 그 가공품에 사용된 원료의 원산지를 표시한다. 다만, 식육가공품 완제품을 구입하여 사용한 경우 그 포장재에 적힌 원산지를 표시할 수 있다.

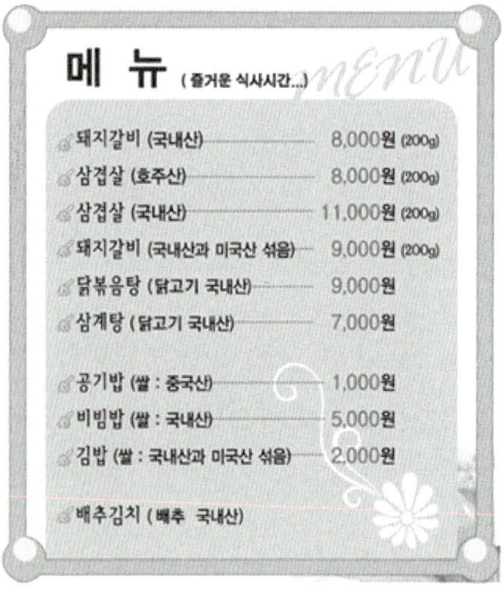

5. 원산지 단속절차 및 방법

원산지 표시단속은 농축산물의 유통량이 현저하게 증가하는 시기에 실시하는 일제단속과 부정유통신고를 접수한 때 등 필요한 경우에 실시하는 수시 단속으로 나누어진다.

- 사회적인 검증방법
  - 단속현장에서는 우선 원산지표시 여부와 방법이 적정한가를 확인한 다음, 조리하고 남은 원료 농·축산물의 원산지를 육안으로 식별한다.
  - 원산지표시 내용이 의심 가는 경우 거래내역을 토대로 추적 조사한다.
- 과학적인 검정방법
  - DNA를 이용한 유전자 분석(쇠고기, 쌀)과 미량원소를 이용한 기기분석 등 과학적인 검정을 실시하여 위반 여부를 확인한다. 분석결과 수입산으로 판정되는 업소는 납품업체까지 추적 조사한다.
- 원산지 단속절차

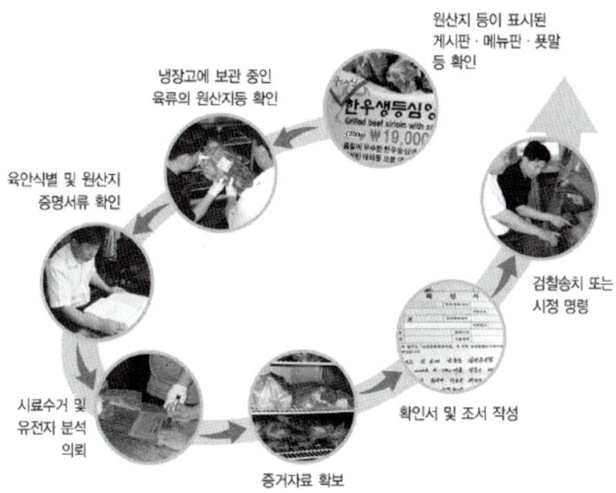

- 원산지 단속체계

  농식품 원산지 단속 전문기관인 농산물품질관리원은 특별사법경찰관 600명을 1,100명으로 확대하여 일제단속과 원산지표시 지도를 병행하고 있다. 소비자단체 및 생산자단체로 구성된 2만여 명의 명예감시원을 활용하여 합동단속 및 사회적인 감시체계를 구성하고 있다. 검역 및 통관정보 활용으로 효율적인 단속체계를 구축했다. 관세청 통관정보(EDI시스템)를 실시간으로 단속원에 전파하여「수입 → 제조·도매 → 최종 소비판매」등 총괄적인 감시체계를 구축하고 있다.

6. 영업자 준수사항

- 음식점 영업자는 축산물 구입 영수증을 매입일로부터 6개월간 업소에 비치・보관하여야 한다(위반 시 과태료 20만 원 부과).
- 음식점 영업자가 원료공급자에게 속아서 원산지 위반이 발생한 경우, 원산지가 기재된 구입 영수증, 거래명세표 등으로 소명하여 위반에 대한 책임을 면제받을 수 있다.

7. 위반 시 처벌

- 쇠고기, 돼지고기, 닭고기, 오리고기, 쌀, 배추 김치류의 원산지를 거짓 표시하거나 국내산 쇠고기는 식육의 종류를 거짓 표시한 경우, 7년 이하의 징역 또는 1억 원 이하의 벌금이 부과된다.
- 원산지 및 쇠고기의 종류를 표시하지 아니한 경우에는 1천만 원 이하의 과태료가 부과된다.

위반사항 테이블			
위반사항	과태료		
	1회	2회	3회
① 쇠고기의 원산지・식육의 종류 모두 미표시	150만 원	300만 원	500만 원
② 쇠고기의 원산지만 미표시	100만 원	200만 원	300만 원
③ 쇠고기 식육의 종류만 미표시	30만 원	60만 원	100만 원
④ 돼지고기, 닭고기, 오리고기, 쌀, 배추김치의 원산지 미표시 ⑤ 넙치, 조피볼락, 참돔, 미꾸라지, 뱀장어, 낙지의 원산지 미표시	30만 원	60만 원	100만 원
⑥ 영수증 미비치	20만 원	40만 원	80만 원
⑦ 상기 원산지표시 방법을 위반한 경우 미표시 과태료의 1/2 부과			

8. 신고포상제도

- 음식점에서 원산지를 거짓으로 표시한 것을 알게 되었을 때에는 가까운 국립농산물품질관리원에 직접 신고하시거나 아래 전화나 인터넷으로 신고한다.
- 신고전화 : 전국 어디서나 1588-8112번
- 인터넷 신고 : http://www.naqs.go.kr
- 신고 포상금은 단속공무원이 신고사실에 대해 위반여부를 조사하고, 원산지 허위표시로 확인되면 최고 200만 원까지 포상금을 지급하며, 미표시 위반자 신고에 대한 포상금은 5만 원으로 정하였다.

제6절 인허가서식

［별지 제1호서식］ <개정 2008. 6. 30>

<table>
<tr><td colspan="4" rowspan="2">(　　　　　　　　) 영 업 신 고 서</td><td>처리기간</td></tr>
<tr><td>즉시</td></tr>
<tr><td rowspan="4">신
청
인</td><td>① 성 명</td><td></td><td>② 생 년 월 일</td><td></td></tr>
<tr><td>③ 주 소</td><td colspan="3">(전화 :　　　)</td></tr>
<tr><td>④ 명 칭 (상 호)</td><td></td><td>⑤ 영 업 의 종 류</td><td></td></tr>
<tr><td>⑥ 소 재 지</td><td colspan="3">(전화 :　　　)</td></tr>
<tr><td colspan="5">「공중위생관리법」 제3조제1항 및 같은 법 시행규칙 제3조제1항의 규정에 따라 위와 같이 영업을 신고합니다.
200 년 월 일
신고인　　　　　　(서명 또는 날인)
시장 · 군수 · 구청장 귀하</td></tr>
<tr><td colspan="5"></td></tr>
<tr><td rowspan="2">구
비
서
류</td><td colspan="2">신고인(대표자) 제출서류</td><td colspan="2">담당 공무원 확인사항
(동의하지 아니하는 경우 해당서류 제출)</td></tr>
<tr><td colspan="2">1. 영업시설 및 설비개요서
2. 교육필증 1부(법 제17조제2항에 따라 미리 교육을 받은 경우에만 해당합니다)
3. 면허증 원본(이용업 및 미용업의 경우에만 해당합니다.)</td><td colspan="2">○ 건축물대장등본(일반/집합)</td></tr>
<tr><td colspan="5">본인은 이 건 업무처리와 관련하여 「전자정부법」 제21조제1항에 따른 행정정보의 공동이용을 통하여 담당 공무원이 위의 담당 공무원 확인사항을 확인하는 것에 동의합니다.
신고인(대표자)　　　　　(서명 또는 인)</td></tr>
</table>

<table>
<tr><td rowspan="2">공부확인</td><td>구 분</td><td>일자</td><td>결 과</td><td>확인자
(서명 또는 날인)</td></tr>
<tr><td>○ 건축물관리 대장등본
○ 도시계획관계확인서</td><td></td><td></td><td></td></tr>
</table>

210㎜×297㎜(일반용지 60g/m^2(재활용품))

[별지 제13호서식] 〈개정 2008.6.20〉 (앞쪽)

<table>
<tr><td colspan="5">식품(　　　　)영업 허가신청서
※ 신청 안내를 참고하시기 바랍니다.</td><td>처리기간
뒤쪽 참조</td></tr>
<tr><td rowspan="5">신청인</td><td>① 성 명</td><td></td><td>② 주민등록번호</td><td colspan="2"></td></tr>
<tr><td>③ 주 소</td><td colspan="4">(전화 :)</td></tr>
<tr><td>④ 명칭(상호)</td><td></td><td>⑤ 영업의종류</td><td colspan="2"></td></tr>
<tr><td>⑥ 소 재 지</td><td colspan="4">(전화 :)</td></tr>
<tr><td>⑦영업장면적</td><td colspan="4"></td></tr>
<tr><td colspan="6">「식품위생법」 제22조 및 같은 법 시행규칙 제22조에 따라 위와 같이 영업허가를 신청합니다.
년 월 일
신청인 (서명 또는 인)</td></tr>
<tr><td colspan="3" rowspan="2">지방식품의약품안전청장
시장 · 군수 · 구청장 귀하</td><td>수입인지 또는 수입증지</td><td colspan="2">수 수 료</td></tr>
<tr><td></td><td colspan="2">28,000원</td></tr>
<tr><td colspan="6">※ 구비서류
1. 제조하려는 식품첨가물의 종류 및 제조방법설명서 1부(제조가 필요한 경우만 해당합니다)
2. 액화석유가스사용시설완성검사필증 1부(「식품위생법 시행령」 제7조제8호다목의 단란주점영업 및 같은 호 라목의 유흥주점영업을 하려는 자 중 「액화석유가스의 안전관리 및 사업법」 제18조제2항에 따라 액화석유가스 사용시설의 완성검사를 받아야 하는 경우만 해당합니다)
3. 교육필증 1부(「식품위생법」 제27조제2항에 따라 미리 교육을 받은 경우만 해당합니다)
4. 유선 또는 도선사업 면허증 또는 신고필증 1부(수상구조물로 된 유선장 또는 도선장에서 식품접객업을 하려는 경우만 해당합니다)
5. 「먹는물관리법」에 의한 먹는물 수질검사기관이 발행한 수질검사(시험)성적서 1부(수돗물이 아닌 지하수 등을 먹는물 또는 식품 등의 제조과정이나 식품의 조리·세척 등에 사용하는 경우만 해당합니다)
6. 「다중이용업소의 안전관리에 관한 특별법」 제9조제5항에 따라 소방본부장 또는 소방서장이 발행하는 안전시설등 완비증명서 1부(「식품위생법 시행령」 제7조제8호다목의 단란주점영업 및 같은 호 라목의 유흥주점영업을 하려는 경우만 해당합니다)</td></tr>
</table>

공부확인	구 분	일 자	결 과	확인자(서명 또는 인)
	○건축물관리대장등본 ○토지이용계획확인서			

210㎜×297㎜[일반용지60g/㎡(재활용품)]

(뒤쪽)

※ 신청 안내

제출하는 곳	1. 지방식품의약품안전청 가. 식품첨가물제조업 나. 식품조사처리업 2. 시 · 군 · 구청 가. 단란주점영업 나. 유흥주점영업	처리기간	1. 지방식품의약품안전청 : 10일 2. 시 · 군 · 구 : 3일
유의사항	1.「건축법」·「학교보건법」·「국토의 계획 및 이용에 관한 법률」 및 그 밖의 관련 법령에 위반하거나 저촉하는 사항이 없어야 합니다. 2. 무허가로 영업을 한 경우 「식품위생법」 제74조의2에 따라 7년 이하의 징역 또는 1억 원 이하의 벌금에 처하게 됩니다.		

이 신청서는 아래와 같이 처리됩니다.

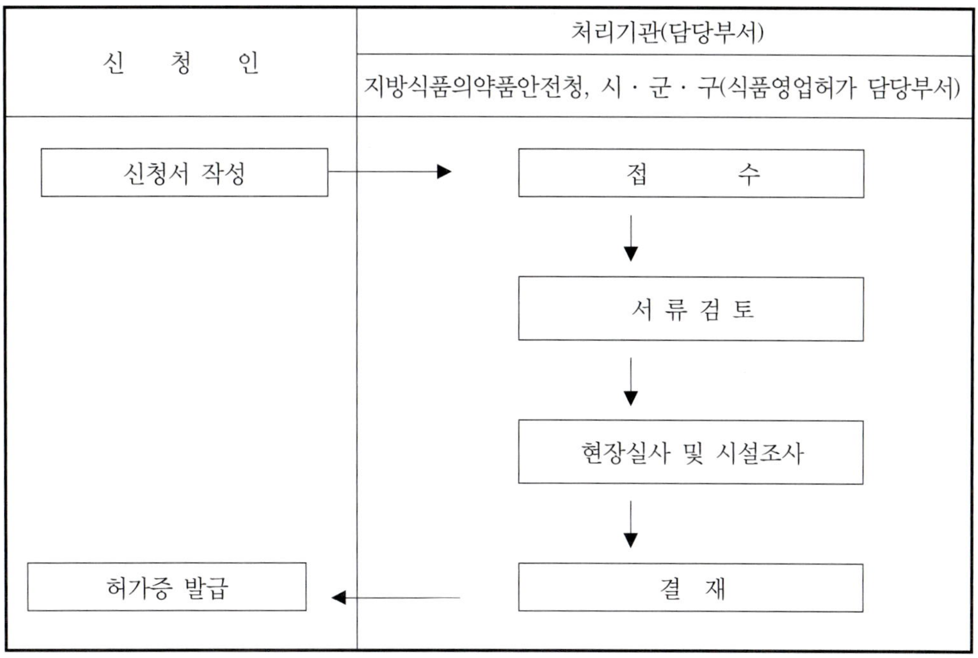

※ 신청안내

- 위생교육필증 1부 : 전 업소(문의 : 해당지역 한국외식업중앙회 교육원)
- 먹는 물 관리법에 의한 먹는 물 수질검사기관이 발행한 수질검사(시험)성적서 1부
  (수돗물이 아닌 지하수 등을 먹는 물 또는 식품 등의 제조과정이나 식품의 조리, 세척에 사용하는 경우)
- 액화석유가스 검사필증 1부 : 지하 전업소, 지상 100m^2 이상일 경우(문의 : 한국가스안전공사)
- 소방방화시설 완비증명서 1부 : 지하층에 위치한 경우로서 소방법 시행령 제4조 2의 규정에 의거 영업장으로 사용하는 바닥면적의 합계가 66m^2 이상일 경우(문의 : 해당지역 소방서 예방과)

08 종업원 채용과 교육

1. 피플 비즈니스(people business)

음식업을 '피플 비즈니스(pleple business)'라고 한다. 아무리 입지가 좋더라도 식당에서 일하는 종업원의 질이 나쁘면 아무것도 되지 않는다. 음식점을 성공시키기 위해서는 상품력, 서비스력, 그리고 점포력, 이 3가지 조건을 충족시키지 않으면 안 된다. 이 3가지 조건, 맛있는 요리를 만들고, 미소로 서비스에 노력하고, 점포를 항상 청결하게 유지할 때 비로소 고객으로부터 지지를 받는 것이다. 이러한 조리, 접객, 메인터넌스의 3가지 행위는 그 점포에서 일하는 종업원이 담당해서 해주지 않으면 안 된다.

공장에서는 물건을 제조하는 행위가 대부분이고, 일반적인 판매업에서는 물건을 파는 행위가 일의 대부분을 차지하고 있지만, 음식업은 원료를 사입, 가공(조리)하고, 게다가 서비스를 곁들여야 기본적인 영업조건이 성립하고, 또한 손님에게 기분 좋은 식사를 제공하기 위해 점내를 청결하게 유지하고, 좋은 느낌으로 장식한다는 것은 여러 가지로 사람의 손을 요하는 일이다.

근대적인 공장은 오토메이션으로 로버트가 물건을 제조해 주지만 음식업은 점내에서 일하는 종업원의 손으로 모든 것이 이루어진다.

때문에 음식점에서 일하는 종업원들이 일할 의욕이 없거나 기술이 떨어진다면, 곧 점포의 품질이 큰 폭으로 떨어지게 된다. 이와 같은 의미에서 음식업을 피플 비즈니스라 하고, 점포에서 일하는 한 사람 한 사람의 質이 문제가 되는 것이다.

따라서 음식업에서는 좋은 인재의 확보를 위해 동분서주한다. 어떻게 좋은 인재를 확보해 점포에 어울리는 종업원으로 육성해 가느냐가 성공 음식점 만들기의 키포인트가 되기 때문이다.

2. 종업원의 가치

종업원을 지속적으로 근무하고 동기부여를 하기 위해 회사가 종업원들에게 어떤 가치를 제공할 것인지 종업원 가치 제안(EVP: Employee Value Proposition)을 분명히 하는 것이 중요하다.

- 종업원 가치 = 보상의 크기에 대한 개인적 지각 (외재적 보상, 내재적 보상) - 공헌도에 대한 개인적 지각 (헌신적 노력, 직무수행 역량)
  → 외재적 보상(물질적 보상): 높은 수준의 연봉과 보수수준, 복리후생, 상여금, 스톡옵션, 주식 증여, 주택 및 차량제공 등
  → 내재적 보상(정신적 보상): 일로부터 얻는 재미와 성취감, 자기발전 기회, 타인으로부터 얻는 인정감, 동료애, 회사에 대한 자부심

종업원의 가치를 평가하기 위해서는 다음과 같은 전제조건이 필요하다.

첫째, 종업원들이 주어진 목표를 달성하는데 있어서 헌신적인 노력을 유발하고 자신의 직무수행 역량을 극대화할 수 있도록 체계적인 목표 관리와 능력개발 시스템이 요구된다.

둘째, 공정하고 객관적인 평가시스템을 통하여 각 개인들의 공헌도를 측정한다.

셋째, 공헌도의 평가에 따라 이에 상응하는 차별적 보상을 제공한다.

넷째, 일로부터 보람을 느끼고 성취감을 느낄 수 있는 보다 다양하고 차원 높은 수준의 직무로의 전환이 요구되며, 동료애, 안정감, 소속감을 느낄 수 있도록 팀워크 증진과 커뮤니케이션 스킬을 함양시킨다.

■ 광고지를 통한 종업원 채용하기

- 정보지 이용 : 벼룩시장, 가로수, 교차로, 기타 등(지역에 따라 접수)
- 주간 구인지 이용
- 인터넷 이용 : ex) 구인넷 http://www.guinnet.com
  구인아이 http://www.9ini.com/

제1절 종업원을 잘 채용하는 방법[1)]

일반적으로 음식업점에서는 종업원을 채용할 때 너무 쉽게 타협적인 채용방법을 취하는 경우가 많다. 즉 항상 일손이 부족하여 “마음에 안 들지만, 일단 채용해 보자”라는 식으로 채용하는 경영자가 많다. 이러한 타협이 점포의 레벨을 떨어뜨리는 요인이다.

간단한 면접을 하고 나서 “언제부터 일해주시겠습니까?”라는 식의 채용으로는 절대로 좋은 인재를 모을 수 없다.

우선 정확한 채용방법, 구분된 인사고용이 중요하다. 그러므로 이상적인 ① 정사원 ② 파트·아르바이트의 채용방법을 알아보자.

1. 정사원의 채용방법

좋은 인재를 채용하기 위해서는 정기적 채용이나 결원을 충원할 때일지라도 최소 3회의 면접기회를 가져야 할 것이다.

첫 번째는 회사의 고용조건을 명시하고, 응모자의 질문에 명확하게 답할 수 있음과 동시에 중소기업이라면 사장이나, 그에 버금가는 직원이 회사의 장래 꿈, 외식산업의 전망을 이야기하고, 또한 응모자가 어떠한 희망을 가지고 응모했는가를 묻는다.

이와 같이 면접에는 1~2시간 정도의 시간을 할애해야 하며, 이 시간 내에 응모자의 대응자세를 빠짐없이 관찰한다. 대체로 이 첫 번째 면접에서 절반 정도가 낙오된다.

두 번째는 회사가 경영하는 점포를 함께 돌며, 식사를 하면서 회사의 경영이념과 영업방침에 대해 이야기하고, 응모자의 장래 꿈이나 인생관을 듣는다. 이에는 약 2시간 정도 걸린다. 여기서 또한 절반 정도는 탈락된다.

그리고 세 번째 면접에 응해 온 사람은 자신을 갖고 채용해도 된다. 그는 틀림없이 눈빛이 빛나고, 자신의 인생을 회사에 걸겠다는 결의가 있음이 틀림없다. 따라서 실제 채용자는 응모자의 20~30% 정도도 되지 않는다. 면접에 노력하는 만큼 회사가 구하는 좋은 인재를 확보할 수 있다.

식재를 사입하거나 점포를 건축할 때에는 모든 노력을 다하나 인재를 채용할 때에는 그 사람의 質에 그다지 신경 쓰지 않고 채용해 버리는 것이 현실이다.

‘사람’이야말로 음식점에서 가장 많은 돈을 들여야 하는 대상이다. 그 증거로 한 사람의 정사원을 10년간 고용해서 급여, 보너스, 복리후생비를 계산해 보면, 곧 그 의미를 이해할

1) 사까키요시오(1989), 식당경영

수 있을 것이다.

면접은 가능한 부하에게 맡겨서는 안 된다. 회사의 오너나 그에 버금가는 지위를 갖는 사람이 면접을 해야 한다. 이렇게 신중하게 채용하지 않기 때문에 이직률(離職率)이 높으며, 대충대충 채용하므로 채용과 퇴직의 악순환을 반복하게 되는 것이다.

게다가 사회보험, 퇴직금도 없는 것이 일반적이라 채용된 종업원들이 서둘러 가망이 없다고 판단하고 그만두는 것이 당연할지도 모른다. 특히 정사원을 채용할 때에는 몇 년 정도 일하면 어느 정도의 기술을 습득할 수 있고, 어느 정도의 수입이 되는가를 명확하게 제시해야 한다. 그래서 교육 커리큘럼의 확립과 급여시스템이 명문화되어 있어야 하고, 또한 평가시스템이 갖추어져 일할 의욕이 나고 안심하고 일할 수 있는 환경을 조성하는 것이 중요하다.

2. 파트·아르바이트의 채용방법

음식업 경영을 정사원만으로 운영하는 기업은 극히 드물며, 파트 또는 아르바이트에 의존하는 경우가 일반적이라 할 수 있다. 패밀리레스토랑에서는 정사원 1할, 파트 또는 아르바이트 9할의 비율로 고용하고 있는 것이 대부분이다. 따라서 음식점의 현장레벨은 이 파트·아르바이트의 질에 따라 크게 좌우된다고 해도 과언이 아니다.

그렇다면 양질(良質)의 파트·아르바이트는 어떻게 면접을 하고 채용해야 할 것인가. 이것 또한 정사원의 면접처럼 면접방법이 중요한 포인트가 된다.

우선 응모자가 어떤 기분으로 응모하러 왔는가? 시간급(時間給)을 어디에 사용하는가?

그것을 명확하게 알고, 파트의 경우에는 '가정살림에 도움이 되기 위해서', '아이들의 교육비를 벌기 위해서' 등과 같은 진지한 목표가 있는 사람을 채용하는 것이 바람직하다. 단지 '시간이 나니까, 시간을 때우기 위해서' 점포에 취직하려는 사람을 채용해서는 안 된다.

이런 경우에는 함께 일하는 동료와 협조가 되지 않기 때문이다.

아르바이트도 마찬가지로 '여행갈 여비를 벌기 위해서」라든지 '오토바이를 사기 위해서', '학비를 벌고 싶어서' 등의 정확한 목표가 있는지 여부를 정확하게 파악해야 한다.

파트·아르바이트를 채용하고자 할 때에는 응모면접표를 준비해 두고, 질문사항과 확인사항을 명확하게 해둔다.

이때 질문사항은,

① 통근시에 무엇을 이용하는가?(버스, 지하철, 오토바이, 자전거, 도보, 승용차) 그리고 시간은?

② 일하는데 가족의 동의를 받았는가?

③ 아이가 있는 경우, 보육원이나 유치원, 학교 등의 행사는 미리 알고 있는가?

④ 급하게 쉬는 경우에는 어떠한 경우를 생각할 수 있는가?

⑤ 회사 사정으로 부득이한 경우에는 사전에 알려주면 출근이 가능한가?

고등학생, 대학생인 경우에는 또한,

⑥ 학교에서 허가를 받았는가?

⑦ 부모님에게 허락은 받았는가?

⑧ 시험은 며칠부터 며칠까지인가?

이러한 항목을 기재한 면접표를 미리 기재해 두고 언제 어떠한 경우라도 같은 질문을 하는 것이 중요하며, 시간이 없든가 바쁘다는 이유로 생략하지 않는 것이 중요하다. 이때 파트·아르바이트의 면접표와 아르바이트 데이터표는 〈표 8-1〉, 〈표 8-2〉와 같다.

※ 미성년자 고용시 보호자 동의서가 없으면 민·형사법상의 책임이 수반되므로 반드시 동의가 필요하다.

고용계약서 작성시 최소한 명시해 두어야 할 사항은,

① 시간급에 대한 그 지급방법

② 직종(일의 내용)에 대해서

③ 노동시간에 대해서

④ 휴식시간에 대해서

⑤ 식사시간과 식대부담에 대해서

⑥ 교통비 지급에 관해서

⑦ 휴일에 대해서

⑧ 세탁물의 룰에 대해서

이러한 것이 명확히 되어 있을 때 비로소 응모자는 안심하고 일할 수 있다. 이러한 사항을 쌍방 확인하고 채용하게 되면 나중에 발생될 문제를 막고, 상호 양호한 고용관계를 유지할 수 있는 것이다(고용계약서 표 8-8 참조).

정사원이나 파트 및 아르바이트가 어떠한 직종이든지 항상 아는 사람, 거래처, 친척, 또한 종업원들을 통해서 일할 의욕이 있고, 좋은 인재를 항상 구하려는 자세가 없으면 좋은 인재를 확보하는 것은 불가능하다. 사람이 그만둔다고 해서 당황하여 서둘러 보충해서는 좋은 인재를 결코 뽑을 수 없다. 항상 회사가 구하는 인재를 명시하고, 채용조건을 기입한 전단지 등을 만들어 많은 거래처에 나눠주고, 스카우트를 계속 요청할 때 비로소 회사가 원하는 양질의 인재를 얻을 수가 있다.

〈표 8-1〉 면접표

<table>
<tr><td colspan="2">성 명</td><td colspan="2"></td><td>성별</td><td>남 , 여</td><td>전화</td><td></td></tr>
<tr><td colspan="2">직 업</td><td colspan="6">일반, 주부, 학생(대학 학과 학년 재, 휴학)</td></tr>
<tr><td colspan="2">생년월일</td><td>년 월 일</td><td colspan="2">주민등록번호</td><td colspan="3">-</td></tr>
<tr><td colspan="2">현 주 소</td><td colspan="6"></td></tr>
<tr><td rowspan="3">근무
가능</td><td>시간</td><td colspan="6">(희망) 시 ~ 시 (가능시간) 시 ~ 시</td></tr>
<tr><td>일</td><td colspan="6">월, 화, 수, 목, 금, 토, 일, 공휴일, 축제일</td></tr>
<tr><td>기간</td><td colspan="6">년 월 일 ~ 년 월 일</td></tr>
</table>

질문사항	답 변 내 용
경험은	무, 유 (내용 :)
가족 관계는	
가족의 동의는	
현재의 건강은	

<table>
<tr><td colspan="3">면접평가(A B C 로 평가한다)</td></tr>
<tr><td>1</td><td>자세 · 복장 · 태도 · 화장(청결감이 있는가)</td><td>A B C</td></tr>
<tr><td>2</td><td>느낌 · 앉은 자세(바른가)</td><td>A B C</td></tr>
<tr><td>3</td><td>말하는 방법(눈을 보고 이야기 하는가. 경어)</td><td>A B C</td></tr>
<tr><td>4</td><td>동작(움직임이 신속한가)</td><td>A B C</td></tr>
<tr><td>5</td><td>이해력(질문에 곧 대답할 수 있는가)</td><td>A B C</td></tr>
<tr><td>6</td><td>협조성(인간관계는 좋은가)</td><td>A B C</td></tr>
<tr><td>7</td><td>표정이 밝은가</td><td>A B C</td></tr>
<tr><td>8</td><td>건강(지병은 없는가)</td><td>A B C</td></tr>
<tr><td>9</td><td>근무조건(점포의 조건과 맞는가)</td><td>A B C</td></tr>
<tr><td>10</td><td>목적(동기는 명확한가)</td><td>A B C</td></tr>
</table>

연락일시	월 일 시 Tel______________	보류___ 채용___불채용___

〈표 8-2〉 아르바이트 데이터 표

작성일 : 년 월 일 면접자 : 점

사 진	성명	생년월일
		년 월 일생
	주소 전화	
	학생(학교명) 주부, 기타( )	

시간급

		A	B	C	D	E	F	
	금액							

근무가능시간

시간 / 요일	7	8	9	10	11	12	13	14	15	16	17	18	19	20	21	22	23	34	6	7
月																				
火																				
水																				
木																				
金																				
土																				
日																				

〈표 8-3〉 성희롱 예방교육 일지

<table>
<tr><td colspan="5" rowspan="2">직장 내 성희롱 예방교육 일지</td><td rowspan="2">결
재</td><td></td><td></td><td></td><td></td></tr>
<tr><td></td><td></td><td></td><td></td></tr>
<tr><td>일 시</td><td colspan="2"></td><td>장소</td><td></td><td colspan="2">교육방법</td><td colspan="3"></td></tr>
<tr><td>주 제</td><td colspan="9">20 년도 직장 내 성희롱 예방교육(차)</td></tr>
<tr><td>강 사</td><td colspan="4">소속 직책 성명</td><td colspan="2">교재</td><td colspan="3"></td></tr>
<tr><td>교육참석</td><td>교육대상인원</td><td>명</td><td>참석인원</td><td colspan="6">명</td></tr>
<tr><td colspan="10">〈주요 교육내용〉
1. 직장 내 성희롱에 관한 법령
2. 직장 내 성희롱 발생시의 처리 절차와 조치기준
3. 직장 내 성희롱 피해 근로자의 고충상담 및 구제 절차
4. 그 밖의 직장 내 성희롱 예방에 필요한 사항

붙임 1. 교육교재
2. 참석자 명단
3. 교육실시 사진</td></tr>
</table>

〈표 8-4〉 성희롱 예방교육 참석자 명단

직장 내 성희롱 예방교육 참석자 명단

교육일시 : . . .

연번	부서명	성 명	서명날인	비 고

〈표 8-5〉 예방교육 참석자 근로자 명부

<table>
<tr><th colspan="6">근로자 명부</th></tr>
<tr><td colspan="2">성 명</td><td></td><td colspan="2">생년월일</td><td></td></tr>
<tr><td colspan="2">주 소</td><td colspan="4">(전화 :)</td></tr>
<tr><td colspan="2">부양가족</td><td>명</td><td colspan="2">종사업무</td><td></td></tr>
<tr><td rowspan="4">이력</td><td>기능 및 자격</td><td></td><td rowspan="4">퇴직</td><td>해고일</td><td></td></tr>
<tr><td>최종 학력</td><td></td><td>퇴직일</td><td></td></tr>
<tr><td>경 력</td><td></td><td>사유</td><td></td></tr>
<tr><td>병 역</td><td></td><td>금품청산 등</td><td></td></tr>
<tr><td colspan="2">고용일(계약기간)</td><td>년 월 일
( )</td><td colspan="2">근로계약갱신일</td><td>년 월 일</td></tr>
<tr><td>근로계약조건</td><td colspan="5"></td></tr>
<tr><td colspan="6">특기사항(교육, 건강, 휴직 등)</td></tr>
</table>

〈표 8-6〉 결근 · 조퇴 · 외출원

<table>
<tr><td rowspan="2">결
재</td><td>담당</td><td></td><td>대표</td></tr>
<tr><td></td><td></td><td></td></tr>
</table>

결근·조퇴·외출원

소 속	직 위(급)	성 명	주민등록번호

상기 본인은 다음과 같이 (결근·조퇴·외출)를 하고자 하오니 승인하여 주시기 바랍니다.

다 음

1. 결근·조퇴·외출 사유

2. 결근·조퇴·외출 일시 : 20   년   월   일   시

년   월   일

신청자   성명   (성명 또는 날인)

(주)한국음식관광연구원   귀중

〈표 8-7〉 2012년 근무상황부

2012년 근무상황부

(사)한국음식관광연구원아시안누들

연번	성명	종별	기간			사유	본인 확인 서명
			부터	까지	일수		

※ 종별 : 외출, 조퇴, 출장, 휴가 등 해당 사항을 기재합니다.

〈표 8-8〉 고용계약서

성 명		생년월일	년 월 일
현주소	TEL		
下記의 조건으로 계약합니다.			
취업장소	店		
일의 내용	店		
고용기간	월 일부터 월 일까지		
취업시간	① 시 분부터 시 분까지 ② 시 분부터 시 분까지		
휴 일	週休 교대제도		
임 금	기본임금 시간급 일급 월급 제수당 (수당 원)(수당 원) (수당 원) 임금지불일(매월 일)		
승 급	연 1회 정기승급제도 (정사원) 파트·아르바이트에 대해서는 고과승급제도로 한다.		
제 제 도	• 교통비 지급 원 까지 • 유니폼 벌 지급 • 클리닝 회수 월 회 • 식사보조(1식 당) 원 지급 • 세미나 참가(1년 이상 근무) 회 • 사내 여행		
기 타			

년 월 일

피고용자 인

주식회사 인

〈표 8-9〉 근로계약서(예시)

근 로 계 약 서 (시급제)

______________(이하 '갑'이라 함)과 _____(이하 '을'이라 함)은 다음과 같이 근로계약을 체결한다.

다 음

1. 근로계약기간 : 2012 년 월 일 (입사일)
2. 근 무 장 소 :
3. 업무의 내용 :
4. 근로일자와 근로시간
   가. 근로일자 : 월요일 ~ 금요일
   나. 근로시간 : 매일 오전 시 ~ 오후 시
   (회사의 업무상 필요할 경우 법정근로시간 내에서 시간 외 근무를 할 수 있다.)
   다. 휴게시간 : 오후 시 분 ~ 오후 시 분
   (회사의 사정 또는 본인이 원할 경우 휴게시간대를 변경할 수 있다.)
5. 유급휴일 : 주휴일(일요일), 근로자의 날
6. 임 금
   가. 임금은 ________로 한다.
   나. 임금 계산기간은 매월 1일 ~ 매월 말일까지로 한다.
   다. 임금지급일 및 지급방법 : 다음달 10일 본인통장으로 지급한다.
   라. 임금구성 항목 : 임금은 기본급, 법정수당 등으로 구성된다.
   마. 임금계산방법
      1) 시간급은 (__________원) 으로 한다.
      2) 기본급은 「시간급 × 근로시간수」로 한다.
      (단, 결근, 지각, 조퇴, 외출시 해당시간에 대한 임금은 지급하지 않는다.)
      3) 주휴수당은 주 소정근로를 만근할 경우 근로기준법에 따른 일급통상 임금(1일 소정근로시간수 × 시간급임금)을 기준으로 지급한다.

4) 그 외 법정수당은 근로기준법이 정한 바에 따른다.

5) 법정 보험료 및 제세공과금을 월 급여에서 공제하고 지급한다.

7. 연차유급휴가

상시 근무하는 근로자수가 5인 이상이고 주 15시간 이상 근무시 근로기준법에 따른 연차유급휴가를 부여한다.

8. 퇴직금

퇴직금은 법정퇴직금제도로 운영한다.

9. 근로관계 종료

'을'은 퇴사하고자 할 경우 퇴직일 30일 전까지 '갑'에게 미리 알리고 '갑'의 사업에 지장이 없도록 자신의 업무를 후임자에게 정확히 인수인계하여야 하며, 사직서를 제출하여야 한다.

10. 준수사항

가. '을'은 '갑'의 정당한 업무 지시를 성실하게 따라야 한다.

나. '을'은 동료 간 화합과 원만한 유대관계를 유지하는데 최선을 다해야 한다.

다. 출근성적 등 근무태도가 불성실하거나, '갑'에게 고의로 손해를 끼치는 등 '을'에게 귀책이 있을 경우 '갑'은 '을'에 대해 해고 등 징계를 할 수 있다.

11. 기 타

이 계약에 정함이 없는 사항은 근로기준법 등 노동관계법령에 따른다.

위 '갑'과 '을'은 위 계약 내용을 숙지하고 아래와 같이 서명 날인한다.

년 월 일

(갑) 사업체명 :

주 소 :

대 표 자 : (서명)

(을) 주 소:

연 락 처 :

성 명 : (서명)

제2절 음식점의 초기교육

"이 사람은 정말 좋은 인재다"라고 여겨 채용하더라도 아무것도 가르쳐주지 않고 현장에 투입한다면 고객이 요구하는 레벨의 인재로 결코 자랄 수 없다.

그런데 대부분의 음식점에서는 어떠한 교육도 시키지 않고 채용과 동시에 현장에 투입하는 경우가 참으로 많다. 이래서는 경쟁에서 이길 수 없고, 성공할 수 없다. 일하려는 의지를 가지고 취직을 한 사람은 누구나 의욕에 가득차 첫 출근을 할 것이다. 이때가 바로 찬스다. 곧바로 현장에 투입하지 말고, 정확하게 경영자 스스로가 초기교육을 시켜야 한다.

초기교육에 필요한 항목은,

① 업계상황의 이해
② 서비스맨의 자질
③ 회사의 경영이념과 경영방침
④ 회사의 조직
⑤ 점포의 룰
⑥ QSC란 무엇인가?

이것을 제한된 시간 내에 가르친다는 것은 정말 어려운 일이지만, 처음에는 3시간 정도 들여 모든 것을 설명하고, 그리고 다음 1주일간에 걸쳐 1항목을 매일 아이들타임에 교육담당자(경영자 SV 또는 점장)가 2시간에 걸쳐 자세하게 가르친다. 외식사업은 피플 비즈니스, 그래서 일하는 사람의 의식, 일하고자 하는 의욕이 중요하다. 서비스맨으로서 기본을 정확하게 가르치는 것이 중요하고, 그 때문에 이 초기교육이 중요한 것이다.

제3절 개업 전 교육훈련 프로그램

개업 전 종합교육은 사원, 파트 및 아르바이트가 빨리 융화하여 정착률을 높이는 데 있다. 특히 목적의식이 적은 파트 및 아르바이트에 대해서는 외식산업의 구조를 이해시켜 일의 즐거움과 목적의식을 갖게 한다. 이 집합교육을 통하여 사원 및 파트·아르바이트와의 팀워크 및 연대의식을 만들어내고 사회인으로서의 상식적인 태도를 이해시킨다.

또 직원 상호간에 보다 좋은 분위기를 창출하여 [교육제도]를 확립하고, 향후 Follow-up 체제를 갖추는 데 있다. 이 교육의 장이 Communication 기회를 마련할 수 있도록 환경을 조성하고, 정신적인 불안과 불만을 해소시키는 환경을 만드는 데도 그 목적이 있다.

■ 입지의 3가지 유형

- 유니폼
- 노트
- 음식점 규정(전원)
- 홀 매뉴얼(홀스텝)
- 메뉴북(약어표, 전표, 메뉴판)
- TV & Video
- 명찰
- 볼펜
- 청소 매뉴얼
- 조리 매뉴얼(주방스텝)
- 기기, 비품
- OHP

다음 8일간의 교육 프로그램은 2교대를 기준으로 작성한 사례이다. 이 프로그램을 기본으로 하여 업체의 콘셉트에 맞게 기획·조정하여 사용할 수 있을 것이다.

〈표 8-10〉 개업 전 교육훈련 프로그램

시 간	교 육 내 용(제1일차)	담당자
12 : 00	- 개강식 - 연수룰 설명 - 사장의 사고방법(회사의 이념 등)	점장 점장 사장
13 : 00	- 점장의 말(요리의 중요성 등)	점장
14 : 00	○휴식	
15 : 00	- 조리자의 말(요리의 중요성 등)	조리장
16 : 00	- 자기소개(이름, 출신지, 취미, 자기 PR) - 레포트(자신의 목표, 일의 목표) - 스케줄 확인	점장 점장
16 : 00 17 : 00	○스텝 협의·식사	
17 : 00	- 개강식 - 연수룰 설명	점장 점장
18 : 00	- 사장의 사고방법	사장
19 : 00	- 점장의 말(자신이 목표로 하는 점장이란 … 등) ○휴식	점장
20 : 00	- 조리장의 말(요리의 중요성 등) - 자기소개(이름, 출신지, 취미, 자기 PR)	조리장 점장
21 : 00	- 레포트(자신의 목표, 일의 목표) - 스케줄 확인	점장
비고	•명찰 •노트 •메뉴북 •레포트 용지	

시간	교 육 내 용(2일차)	담당자
12 : 00	- 점포규정	사장
13 : 00	- 접객 6원칙(용어 · 전화응대)	KF1
14 : 00	- 휴식 - 클리넥스란	KF1
15 : 00	- 레포트(집합교육의 감상과 포부) - 스케줄 확인	점장 점장
16 : 00		
16 : 00	- 스텝협의 · 식사	
17 : 00		
17 : 00	- 점포 규정	사장
18 : 00	- 접객 6원칙(용어 · 전화응대)	KF1
19 : 00	- 휴식 - 클리넥스란	KF1
20 : 00	- 레포트(집합교육의 감상과 포부) - 스케줄 확인	점장 점장
21 : 00		
비고	•명찰 •노트 •메뉴북 •레포트용지 •하우스롤 •클리넥스 매뉴얼	

제3일차

시간	홀 교육내용	담당자	주방 교육내용	담당자
12 : 00 13 : 00 14 : 00 15 : 00 16 : 00	- 서비스 매뉴얼 - 복장, 언어, 태도의 확인 - 점포 내의 설명 - 접객 기본용어의 훈련 ○ 휴식 - 대기 자세 - 트레이 잡는 방법, 걷는 방법 - 쟁반 잡는 방법, 걷는 방법 - 유리잔 잡는 방법 - 찻잔 잡는 방법 - 접시 잡는 방법	KFI	- 조리 매뉴얼 - 복장, 인어, 태도의 확인 - 주방기기 설명 - Order의 흐름 ○ 휴식 - 역할의 설명 - 청소방법	KFI
16 : 00 17 : 00	○ 스텝 협의·식사		○ 스텝 협의·식사	
17 : 00 18 : 00 19 : 00 20 : 00 21 : 00	- 서비스 매뉴얼 - 복장, 언어, 태도의 확인 - 점포 내의 설명 - 접객 기본용어의 훈련 ○ 휴식 - 대기자세 - 트레이 잡는 방법, 걷는 방법 - 쟁반 잡는 방법, 걷는 방법 - 유리잔 잡는 방법 - 찻잔 잡는 방법 - 접시의 잡는 방법	KFI	- 조리 매뉴얼 - 복장, 언어, 태도의 확인 - 주방기기의 설명 - Order의 흐름 ○ 흐름 - 역할의 설명 - 청소방법	KFI
비고	•명찰 •노트 •볼펜 •메뉴북 •서비스 매뉴얼 •조리 매뉴얼 •유니폼 •트레이 •쟁반 •유리잔 •찻잔 •접시			

제4일차

시간	홀 교육내용	담당자	주방 교육내용	담당자
12 : 00 13 : 00 14 : 00 15 : 00 16 : 00	- 복장, 언어, 태도의 확인 - 접객 기본용어의 훈련 - 테이블 세팅의 설명 (재떨이, 캐스터 등) 객실 세팅의 설명 (재떨이, 캐스터 등) ○ 휴식 - Back Yard의 설명 - 茶상품을 만드는 방법 - 점포의 흐름 (손님, 요리 등)	KFI	- 복장, 언어, 태도의 확인 - 각 Section, 준비작업의 훈련(매입) ○ 휴식 - 일부상품 만들기 ↓ - 상품 체크	KFI
16 : 00 17 : 00	○ 스텝 협의·식사		○ 스텝 협의·식사	
17 : 00 18 : 00 19 : 00 20 : 00 21 : 00	- 복장, 언어, 태도의 확인 - 접객 기본용어의 훈련 - 테이블 세팅의 설명 (재떨이, 캐스터 등) - 객실 세팅의 설명 (재떨이, 캐스터 등) ○ 휴식 - Back Yard의 설명 - 茶상품을 만드는 방법 - 점포의 흐름 (손님, 요리 등)	KFI	- 복장, 언어, 태도의 확인 - 각 Section, 준비작업의 훈련(매입) ○ 휴식 - 일부상품 만들기 ↓ - 상품 체크	KFI
비고	•명찰 •노트 •볼펜 •메뉴북 •유니폼 •트레이 •쟁반 •유리잔 •찻잔 •접시 •茶상품			

제5일차

시간	홀 교육내용	담당자	주방 교육내용	담당자
12 : 00 13 : 00 14 : 00 15 : 00 16 : 00	– 복장, 언어, 태도의 확인 – 접객 기본용어의 훈련 ○ 휴식 – 손님의 흐름(홀) •안내 •Order를 받는 방법 •상품의 제공(그릇) •상 치우는 방법 •전송	KFI	– 복장, 언어, 태도의 확인 – 각 Section, 준비작업의 훈련(매입) ○ 휴식 – 일부상품 試作 ↓ – 상품 체크 •STAND-BY 체크 •장소, 수량 •보존방법	KFI
16 : 00 17 : 00	○ 스텝 협의 · 식사		○ 스텝 협의 · 식사	
17 : 00 18 : 00 19 : 00 20 : 00 21 : 00	– 복장, 언어, 태도의 확인 – 접객 기본용어의 훈련 ○ 휴식 – 손님의 흐름(홀) •안내 •Order를 받는 방법 •상품의 제공(그릇) •상 치우는 방법 •전송	KFI	– 복장, 언어, 태도의 확인 – 각 Section, 준비작업의 훈련(매입) ○ 휴식 – 일부상품 試作 ↓ – 상품 체크 •STAND-BY 체크 •장소, 수량 •보존방법	KFI
비고	•명찰 •노트 •볼펜 •메뉴북 •유니폼 •트레이 •쟁반 •유리잔 •찻잔 •접시			

제6일차

시간	홀 교육내용	담당자	주방 교육내용	담당자
12 : 00 13 : 00 14 : 00 15 : 00 16 : 00	- 복장, 언어, 태도의 확인 - 접객 기본용어의 훈련 ○ 휴식 - 손님의 흐름(홀) •안내 •Order를 받는 방법 •상품의 제공(그릇) •상 치우는 방법 •전송	KFI	- 복장, 언어, 태도의 확인 - 각 Section, 준비작업의 훈련(매입) ↓ - 상품 체크 ○ 휴식 - STAND-BY 체크 •장소, 수량 •보존방법 - Order 흐름의 확인	KFI
16 : 00 17 : 00	○ 스텝 협의·식사		○ 스텝 협의 · 식사	
17 : 00 18 : 00 19 : 00 20 : 00 21 : 00	- 복장, 언어, 태도의 확인 - 접객 기본용어의 훈련 ○ 휴식 - 손님의 흐름(객실) •안내 •Order를 받는 방법 •상품의 제공(그릇) •상 치우는 방법 •전송	KFI	- 복장, 언어, 태도의 확인 - 각 Section, 준비작업의 훈련 - 일부상품 試作 ↓ - 상품 체크 ○ 휴식 •STAND-BY 체크 •장소, 수량 •보존방법 - Order 흐름의 확인	KFI
비고	•명찰 •노트 •볼펜 •메뉴북 •유니폼 •트레이 •쟁반 •유리잔 •찻잔 •접시			

제7일차

시간	홀 교육내용	담당자	주방 교육내용	담당자
12 : 00 13 : 00 14 : 00 15 : 00 16 : 00	- 복장, 언어, 태도의 확인 - 접객 기본용어의 훈련 ○ 휴식 - 손님의 흐름(전반) •안내 •Order를 받는 방법 •상품의 제공(그릇) •상 치우는 방법 •전송	KFI	- 복장, 언어, 태도의 확인 - 각 Section, 준비작업의 훈련(매입) ↓ - 상품 체크 ○ 휴식 - STAND-BY 체크 •장소, 수량 •보존 방법 - Order 흐름의 확인	KFI
16 : 00 17 : 00	○ 스텝 협의·식사		○ 스텝 협의 · 식사	
17 : 00 18 : 00 19 : 00 20 : 00 21 : 00	- 복장, 언어, 태도의 확인 - 접객 기본용어의 훈련 ○ 휴식 - 손님의 흐름(전반) •안내 •Order를 받는 방법 •상품의 제공(그릇) •상 치우는 방법 •전송	KFI	- 복장, 언어, 태도의 확인 - 각 Section, 준비작업의 훈련 - 일부상품 試作 ↓ - 상품 체크 ○ 휴식 •STAND-BY 체크 •장소, 수량 •보존방법 - Order 흐름의 확인	KFI
비고	•명찰 •노트 •볼펜 •메뉴북 •유니폼 •트레이 •쟁반 •유리잔 •찻잔 •접시			

제8일차

시간	홀 교육내용	담당자	주방 교육내용	담당자
12 : 00 13 : 00 14 : 00 15 : 00 16 : 00	- 복장, 언어, 태도의 확인 - 접객 기본용어의 훈련 - 리셉션 설명 ○ 휴식 - 손님의 흐름(전반) •안내 •Order를 받는 방법 •상품의 제공(그릇) •상 치우는 방법 •전송	KFI	- 복장, 언어, 태도의 확인 - 각 Section, 준비작업의 훈련(매입) - 일부상품 試作 ↓ - 상품 체크 ○ 휴식 - STAND-BY 체크 •장소, 수량 •보존방법 - Order 흐름의 확인 - 리셉션 준비	KFI
16 : 00 17 : 00	○ 스텝 협의·식사		○ 스텝 협의·식사	
17 : 00 18 : 00 19 : 00 20 : 00 21 : 00	- 복장, 언어, 태도의 확인 - 접객 기본용어의 훈련 - 리셉션 설명 ○ 휴식 - 손님의 흐름(전반) •안내 •Order를 받는 방법 •상품의 제공(그릇) •상 치우는 방법 •전송	KFI	- 복장, 언어, 태도의 확인 - 각 Section, 준비작업의 훈련 - 일부 상품 試作 ↓ - 상품 체크 ○ 휴식 •STAND-BY 체크 •장소, 수량 •보존방법 - Order 흐름의 확인 - 리셉션 준비	KFI
비고	•명찰 •노트 •볼펜 •메뉴북 •유니폼 •트레이 •쟁반 •유리잔 •찻잔 •접시			

제4절 음식점 노무관리

〈표 8-11〉 노무관리 일람표

노무관리 분야	구비 문서 (노무법인 도움 사항)	비고
• 임금을 어떻게 할 것인지? (연봉, 월급, 일급, 시급) • 임금에 법정수당을 포함할 것인지? (연장수당, 야간수당, 휴일수당, 휴가수당) • 퇴직금을 중간정산할 것인지?	- 연봉계약서 - 포괄월급계약서 - 퇴직금중간정산요청서	사업장 특성에 맞게 최초 임금 설계가 중요함
• 수습기간 또는 견습기간을 둘 것인지?	- 기간제 근로계약서 - 수습 근로계약서	
• 근무시간은 어떻게 편성할 것인지? • 휴일을 어떻게 편성할 것인지? • 연월차휴가를 어떻게 부여할 것인지? • 명절, 여름휴가 등을 법정휴가로 대체할 것인지?	- 취업규칙(10인 이상) - 연월차휴가기록부 (5인 이상)	종업원 5인 이상이면, 연월차휴가/생리휴가 부여 의무 있음.
• 직원 퇴직 및 해고시 필요서류	- 사직서 - 해고통보서	
• 임금 및 4대보험 관리분야	- 성립신고서 - 근로자 명부 - 급여 지급대장	4대보험 신고여부를 구분하여 근로자 명부를 관리하여야 함
• 기타 노동법상 의무 분야 - 성희롱예방교육(연 1회 의무) - 노사협의회 정기회의 (분기별)	- 성희롱예방교육대장 - 고충처리대장 - 노사협의회규정 및 회의록	

자료 : 김완식, 열린인사노무법인 대표 제공

09 메뉴개발과 가격결정

제1절 창업 아이템(메뉴) 선정

1. 창업, 아이템 선정이 가장 어렵다

한국외식산업연구소(소장 : 신봉규)에서 외식업 예비창업자를 대상으로 진행한 설문을 보면, 창업 아이템의 선정이야말로 예비창업자들이 가장 어려움을 느끼는 항목으로 조사되었다. 특히 최근의 국내외적인 불안요인과 장기 경기침체 및 불황으로 위기의식이 고조되고 있는 요즘은 모든 예비창업자들이 성공 창업 이전에 보다 안정적인 창업 아이템을 찾고 있는 현실이다.

하지만 실제 외식업 창업시장의 현실은 그리 녹녹하지 않아 수많은 아이템들이 시장에서 고전을 거듭하고 있다. 더욱이 외식시장과 외식소비 트렌드에 대한 철저한 준비 없이 등장한 아이템들은 채 자리를 잡기도 전에 시장과 고객에게서 바로 외면 속에 퇴출당하고 있는 실정이다. 또한 독자적으로 돈만 바라보고 출발한 부실한 신생 프랜차이즈 업체와 브랜드로 인하여 이러한 상황이 더욱 가중되고 있는 것도 작금의 현실이다.

여기에 더해 외식업 아이템의 유행주기가 점점 빨라지고 있는 것도 예비창업자는 물론이거니와 현재 외식업 매장을 운영중인 사업자들에게 어려움을 가중시키고 있다. 관련 기관의 연구결과에 따르면 국내 외식업 아이템의 유행주기는 약 2.7년으로 조사되었는데, 이마저도 점점 단축되고 있는 것으로 나타났다. 즉 설사 유망 아이템이라 할지라도 평균적으로는 채 3년을 넘기지 못하고 단명한다는 얘기다. 결과적으로 말하면 창업시장에서 속칭 어떤 아이템이 뜨고 있다고 하면, 이미 그 아이템은 성숙기를 지나가고 있다고 봐도 무방할 정도인 것이다.

또한 특정 아이템 하나가 시장에서 각광을 받으면 누구나 할 것 없이 우후죽순으로 따라

하기 때문에 어렵게 개발된 아이템만의 고유의 전문성이나 차별성을 갖지 못하고 머지않은 시기에 다 같이 사라지고 마는 실정이다.

현실이 이렇다 보니 요즘 창업시장에서는 말 그대로 아이템 선정이 그 무엇보다 가장 어려운 요소가 되었고, 아울러 당연한 얘기지만 제대로 준비된 아이템이라면 성공의 보증수표가 되는 상황이다.

2. 아이템 선정을 위한 단계

IMF 외환위기 이후 경제적 환경이 불확실해지고 기업의 채용 여건이 악화됨으로 인해서 많은 사람들이 창업에 관심을 갖고 있다. 또 일부이기는 하지만 잘 준비된 창업으로 남들의 부러움을 받을 정도로 성공의 길에 들어선 창업자들도 있다. 하지만 대부분의 예비창업자 또는 전업예정자들은 창업자 자신의 역량, 자금 능력, 관련 제도의 변화, 시장 상황 및 소비 트렌드의 변화를 정확히 인지하지 못한 상태에서 '이 정도면 되겠지'라는 막연한 기대감으로 무한경쟁의 창업시장에 뛰어들고 있는 실정이다.

외식업 창업 성공의 요소는 여러 가지가 있겠지만 최근의 외식시장 상황과 소비자의 기호 변화 등을 고려해 보면 어느 한 가지 요소라도 소홀히 여겼다가는 바로 실패의 길로 추락하기 십상이다. 여기서는 먼저 외식업 예비창업자의 창업여건에 적합한 아이템 선정의 단계를 살펴보기로 하겠다.

1) 1단계 - 창업정보 수집

① 창업박람회, ② 사업설명회, ③ 소상공인지원센터, ④ 창업전문 기관(컨설팅사) 및 ⑤ 인터넷 창업관련 사이트 검색 등을 통해 예비창업자 또는 전업예정자의 창업 여건에 적합한 창업아이템 정보를 수집해야 한다.

특히 인터넷의 경우에는 네이버(www.naver.com), 야후(www.yahoo.co.kr) 등의 검색사이트에 접속하여 검색란에 "창업"이라는 검색어를 입력하기만 하면 매일 실시간으로 언론이나 각종 웹 사이트에 게재되는 수많은 창업 정보들을 검색할 수 있다.

또한 소상공인지원센터나 사업설명회 등을 방문하여 평소에 관심이 많았던 분야의 정보나 아이템에 대해 문의하고, 전문 창업 컨설팅 기관을 통해 창업과정 전반을 의뢰하면 보다 더 신뢰할 수 있는 창업 아이템에 대한 정보를 습득할 수 있을 것이다.

2) 2단계 - 1단계를 통해 창업에 적합한 2~3개의 후보 아이템 선정

후보 아이템을 선정하는 기준으로는 ① 예비창업자의 자질(경영 능력), ② 시장성(수익성), ③ 홍보 및 마케팅(화제성), ④ 자금 여력, ⑤ 조리(기술) 노하우 등에서 평가를 해야 한다. 즉 예비창업자 자신이 직접 외식업에 대한 이해를 바탕으로 매장을 경영 혹은 관리할 수 있어야 하고, 시장성이 있어야 하며, 시장에서 지속적으로 화제성이 있어야 한다는 것이다. 또한 자금과 조리 노하우의 측면에서 창업 가능한 아이템을 선정해야 하는 것이다.

3) 3단계 - 2단계에서 선정한 2~3개의 후보 아이템을 현장에서 직접 확인

정보수집을 통해 선정한 후보 아이템을 판매하고 있는 매장에서 직접 시식을 하면서 고객의 만족도와 매출상황 등을 확인한다. 이때 가장 중요한 것은 특정 아이템에 대해 적어도 5곳 이상의 매장을 방문하여야 한다는 것이다. 단지 1~2곳을 방문해서는 창업하려고 하는 아이템의 전반적인 사항들을 제대로 파악하기 어렵기 때문이다. 대부분의 예비창업자들은 그저 1~2곳의 업소를 방문하고, 방문했을 때 매장에 손님이 넘쳐나면 "그래 이거야!" 하며 아이템을 결정해버리는 경우가 다반사이다. 하지만 방문한 매장이 설사 대박 매장이라 할지라도 아이템 선정 2단계에서 제시한 여러 가지 사항과 그 매장의 영업환경 등을 제대로 이해하지 못하면 나무만 보고 숲을 보지 못하는 우를 범할 수도 있다. 필자에게 컨설팅을 받은 어느 예비창업자는 특정 아이템의 프랜차이즈 매장만 37곳을 방문하여 시식을 하면서 먼저 창업을 하신 사장님을 통해 실제 영업이익이나 투자금액을 직접 확인하고, 매장운영에 관련한 애로사항이나 주요 문제점을 파악을 할 정도였다. 그야말로 창업은 아무나 할 수 있지만, 성공은 아무나 하는 것이 아님을 분명히 인지해 두어야 한다.

4) 4단계 - 외식업이나 창업 관련 전문가나 창업 선배들의 조언을 참조

중소기업청 소상공인지원센터, 외식업 관련 전문 창업컨설턴트, 외식업 창업 선배 및 관련 종사자 등을 통해서 본인이 선정한 2~3개의 후보 아이템에 대한 조언 혹은 평가를 받아 보는 것이 필요하다는 것이다. 이를 통해 본인이 미처 생각하지 못했던 사실들을 발견할 수 있을 것이다. 여기서 무엇보다 가장 중요한 것은 창업 전문가나 외식업 관련 전문가들로부터 본인이 필요로 하고, 도움이 될 만한 정보와 자문을 구할 때는 반드시 거기에 합당한 대가를 지불하여야 한다는 것이다. 즉 소중한 정보와 의견을 구하기 위해 어느 정도의 투자를 하는 것이 필요하고, 그래야만 조언을 해 주는 사람도 그만큼 관심과 열의를 보일 수 있다.

아이템의 준비단계에 들인 돈은 반드시 그 이상의 값어치를 한다는 사실을 꼭 명심해야 하겠다. 전문가들로부터 제대로 된 외식업 관련 정보, 트렌드, 아이템의 시장성 등을 자문받고 창업을 하면 무엇보다 간과하고 있었던 제요소들을 발견하여 적어도 창업 실패의 확률을 낮춰야 할 것이다.

5) 5단계 - 최종 아이템 선정

각 단계를 거치면서 후보 아이템을 검증하여 최종적으로 예비창업자가 사업을 개시할 최종 아이템을 선정한다. 여러 가지 조사와 현장 분석, 전문가 조언 등을 통하여 최종 아이템이 선정되면 무엇보다 나머지 아이템에 대한 미련을 버리고, 선정한 아이템에 대해 성공에 대한 자신감과 긍정적인 마음을 갖는 것이 매우 중요하다. 왜냐하면, 최종 선정을 하고도 다른 아이템에 대해 계속 미련을 갖는 것은 사업의 추진에 결코 도움이 되지 않기 때문이다.

6) 6단계 - Grand open

예비창업자가 최종적으로 선정한 아이템을 세부적으로 조율하고, 매장운영에 필요한 제반사항의 준비를 마치면 개업일을 정하고 오픈을 하면 된다. 이때 중요한 것은 적극적인 자세와 지속적으로 피드백 활동을 전개하고, 시행착오를 개선하려고 하는 비즈니스 마인드가 필요하다는 것이다.

즉 아무리 작은 규모의 음식점이라 할지라도 '장사'가 아니라 '사업'이라는 생각 속에서, '운영자'가 아니라 '경영자'라는 자세로 성공에 대한 목표와 비전을 만들어 나가야 한다. 그렇지 않으면 체급의 제한이 없는 무한경쟁 시대에서 결코 살아남을 수 없다.

7) 7단계 - 창업 후에도 항상 긴장감을 잃지 않고 외식업 동향 및 트렌드 연구

세상에 유아독존(唯我獨尊)은 결코 있을 수 없다. 오랜 기간과 노력을 들여 성공 창업을 했다 할지라도, 그 성공이 한없이 갈 것으로 생각한다면 큰 오판이다. 일반적으로 창업시장에서 가장 어려운 것은 창업 그 자체이지만, 창업 후에 가장 어려운 것은 수성(修城)이다. 특정 아이템으로 창업을 해서 영업이 잘 되면 될수록 늘 경쟁업소가 등장하기 마련이며, 이때 등장하는 경쟁업소는 분명히 더 강자임에 틀림없을 것이다. 왜냐하면, 선발 업소와 경쟁을 하기 위해 상당한 시간과 노력을 들여 외식시장과 아이템을 연구하고 진입했을 것이기 때문이다. 아울러 선정한 아이템과 관련하여 예상하지 못했던 문제점들이 나타날 수도 있다. 예를 들면, 앞서 언급했듯이 아이템의 유행주기가 지속적으로 단축되고 있기 때문에 오픈을 해서 조금 자리를 잡을만 하면 새로운 유행업종, 유행 아이템이 등장하여 영업에 막대한 영향을 미치는 경우가 많기 때문이다.

또한 외식업 창업시장 및 고객의 수요 변화 및 외식 소비트렌드의 동향도 항상 주시하고, 연구하여야 한다. 그리고 항상 언젠가는 업종전환을 한다는 전제하에 現 매장을 최대한 활용해서 최소 투자로 최대의 효과를 얻을 수 있는 아이템을 발굴해야 한다.

여기서 중요한 것은 현재 아이템 선정시 고려되었던 나머지 아이템은 일단은 후보 아이템으로 고려하지 않는 것이다. 왜냐하면, 그만큼 시간도 흘렀고, 외식시장의 상황과 소비자 외식트렌드는 또 변화되고 있을 것이기 때문이다. 즉 새로운 아이템을 고려할 때에는 처음부터 다시 시작해야 한다.

결론적으로 성공창업을 위해서는 단순히 인기, 유행 아이템을 모방하거나 흉내내지 말고, 항상 겸허함을 잃지 말고 끊임없이 연구하고 생각하는 자세로 이론과 실무를 겸비한 진정한 외식인으로, 항상 건승할 수 있는 성공 창업인을 추구해야 한다. 옛말 가라사대, 뿌리깊은 나무는 바람에 쉽게 흔들리지 않는 법이다.

3. 창업 아이템 선정의 기본 요소

외식업 창업 아이템을 선정하는데 왕도는 있을 수 없다. 예비 창업자 자신이 얼마나 발품을팔고, 전력을 다해 창업 준비를 하느냐에 따라 그 결과가 180도 달라지기 때문이다. 여기서는 일반적으로 외식업 창업시에 적용되는 업종과 아이템 선정을 위한 체크리스트를 소개하고자 한다.

1) 외식업 대표업종을 보다 세분화한 성공 Keyword 인지

외식업 창업은 대체적으로 창업자 본인 또는 가족과 함께 소규모, 소자본, 무경험으로 시작하는 경우가 대부분이다. 따라서 창업자 자신의 역량과 준비가 곧 창업성공 그 자체를 의미하므로 창업 업종 및 아이템을 선정할 때에는 성공의 대전제인 다음과 같은 핵심 키워드를 반드시 숙지하고 있어야 한다.

〈표 9-1〉 외식업 업종구분 핵심 Keyword

대표 업종	핵심 Keyword
전문 음식점	맛 〉 입지 〉 분위기
일반 음식점	입지 〉 맛 〉 분위기
Fast Food	입지 〉 브랜드 〉 맛
주류 및 커피 음료	입지 〉 시설 〉 규모

2) 업종의 선정은 적성에 기반하고, 아이템의 선정은 입지에 좌우된다.

업종을 선정할 때는 예비창업자의 적성, 사회 경험 및 자신만의 고유한 노하우를 고려하여 선정하여야 한다. 물론 모든 예비창업자들이 자신의 적성에도 맞고, 입맛에도 맞는 업종을 고르는 것은 불가능하겠지만 최소한 예비창업자 자신이 어느 분야에 역량이 있는지를 객관적으로 파악하는 것은 매우 중요하다.

이와 함께 외식업에 있어 개별 아이템-삼겹살, 칼국수, 해물탕, 돈가스 등-은 입지와 궁합이 맞아야 한다. 만약 고려하고 있는 아이템이 해당 입지와 궁합이 맞지 않는다면, 아이템을 바꾸거나 입지를 다시 찾아보아야 한다.

3) 메뉴전략 및 세부 메뉴기획은 상권에 따라 결정된다.

메뉴전략 및 세부 메뉴기획은 해당 입지의 상권분석을 토대로 목표고객, 구매력, 유사 경쟁업소의 영업현황 등을 종합적으로 파악한 후에 비로서 주메뉴(main menu)와 부메뉴(side menu)를 선정하여야 하며, 또한 이때 가격전략과 점포디자인 및 인테리어, 영업방법에 대한 방안을 도출해야 한다. 하지만 실제 외식업 예비창업자 대부분은 사전에 이러한 내용들을 분석하지 않고 매장을 오픈하는 경우가 많아 안타깝기 그지없다.

4) 유망 아이템과 유행 아이템을 구분하라.

유망 아이템과 유행 아이템은 도대체 무엇을 말하는 것인가?

우선 유행 아이템에 대해 살펴보면, 유행 아이템은 "차별화되고, 전문화된 고유의 아이템이나 기술적 축적(노하우)없이 주로 짧은 시간에 기획되어 단기간에 시장에 등장했다 사라지는 경쟁력 없는 아이템"이라고 말할 수 있다. 즉 "반짝 아이템"이다. 이러한 유행 아이템은 반짝 승부를 보려고 하기 때문에 전문성, 차별성 없이 주로 가격파괴를 통해 품질 하락으로 이어져 고객으로부터 외면을 당하게 된다. 그래서 심한 경우에는 채 1년도 버티지 못하고 사라지는 예를 종종 볼 수 있다. 물론 유행업종이라도 뛰어난 입지에 창업했거나, 시설투자에 인색하지 않고, 경영주가 열심히 노력했다면 그 아이템의 수명은 약간 연장될 수도 있을 것이다.

반면 유망 아이템은 기본적으로 독특한 아이템이라기보다 우리들의 식생활과 더불어 꾸준히 고객으로부터 사랑받아 온 아이템으로서 고유의 기술이나 노하우, 영업 및 서비스의 비교우위, 시장기능에 의한 수급의 조화 등 어느 한 가지 이상의 경쟁력을 갖추고 있는 아이템들로서 업종의 생명주기 중 성숙기를 오래 가져가는 아이템이라 할 수 있다.

5) 예비창업자의 창업 자금규모에 적합한 아이템 선정

아이템과 입지에 따라 창업자금은 차이가 많이 나는데, 통상적으로 점포구입비, 시설투자비, 운용자금으로 구분할 수 있으며, 그 비율은 50 : 35 : 15 정도로 구분된다. 그렇지만 이것은 말 그대로 통상적인 구분이고, 실제로는 특히 아이템 선정에 따라 점포구입비 부분에서 상당한 차이를 보이는 경우가 대부분이고, 그로 인하여 자금규모를 맞추는데 실패하는 경우를 많이 접하게 된다.

예를 들어, 테이크아웃형 커피전문점(또는 토스트점 등)과 배달+홀영업형 중국음식점을 비교해 보자. 전자는 10평 내외, 후자는 20~30평 정도의 규모가 필요하기 때문에 매장 규모만 고려했을 때는 당연히 후자가 점포구입비가 많이 발생할 것이다. 하지만 실제 외식시장에서의 점포구입비는 전자가 훨씬 많이 발생한다. 왜냐하면, 전자는 유동인구 중심형 아이템이고, 후자는 오피스가나 주거지 지역주민 중심의 배달형 아이템이기 때문이다. 따라서 창업을 준비할 때는 자기 자신의 자금여력을 고려하여 적합한 아이템을 찾아야 한다.

6) 소비자의 외식 소비트렌드를 파악하라.

우리나라는 올림픽과 월드컵 등의 국제행사를 개최하면서 경제뿐만 아니라 문화 및 의식수준이 상당히 변화하고 있다. 여기에 주 5일 근무제와 함께 더욱 가속화되고 있는 체험(즐거움) 및 오감(五感)만족 소비경향은 당분간 국내외 경기 침체 및 소비심리 위축 등의 요인은 있겠지만 지속적으로 진행될 것이다.

따라서 이러한 소비자의 소비패턴은 저가격이면서 고품질을 추구하는 합리주의 아이템, 다양화 및 복합화가 아닌 전문 아이템, 여가와 건강 등을 추구하는 웰빙 아이템 등이 최근 외식산업에서의 트렌드이다. 이것은 비단 아이템 선정뿐만 아니라 세부메뉴의 선정과 영업전략의 수립까지 다양하게 고려되어야 할 요소이기도 하다.

4. 그렇다면 어떤 아이템을 선정할 것인가?

외식업 창업에 있어 아이템 선정은 앞서 언급했듯이 무엇보다도 투자자금과 밀접한 관계를 가지고 있다해도 과언이 아니다. 자금에 따라 업종의 선택과 아이템의 콘셉트가 달라지고, 수익성에도 영향을 미칠 수밖에 없다. 결국 외식업 창업은 투자자금-아이템-입지(점포)에 따른 상관관계를 가지고 있는데, 여기서 아이템의 선정 여부는 안전성, 수익성, 발전가능성이 대전제가 되며, 차별화된 비교우위의 경쟁력을 갖추고 있는지가 중요하다.

아이템 선정에 따른 창업에는 일반적으로 개인독립 창업과 프랜차이즈 가맹점 창업 그리고 전수창업의 형태가 있는데, 어떤 아이템을 어떻게 선택하느냐에 따라 창업의 성격이 확연히 달라진다.

1) 외식업 아이템 선정의 핵심 원칙

① 안전성 - 유행 또는 단기적 외식 소비트렌드에 의해 활성화된 아이템은 당연히 수명이

짧다. 가장 보편적이고, 대중화되어 있는 아이템을 우선적으로 고려하는 가운데 전문성과 차별성을 부각하여 외식업 시장에서 검증받은 아이템을 선정하여야 한다.

② 수익성 - 우리가 창업을 하는 궁극적인 이유는 돈을 버는 데에 있다. 창업은 말 그대로 "투자대비 수익"을 전제로 한 치열한 비즈니스 활동이다. 창업은 자원봉사활동이 아니란 말이다. 따라서 수익구조와 수익의 원천, 수익률을 정확히 살펴 투자와 노력에 대한 적절한 수익을 실현할 수 있는지 판단하여야 한다. 그렇지 않으면 그 돈은 곱게 은행에 예치시켜 놓는 편이 더 수익성이 좋고, 안전할 것이다.

③ 발전가능성 - 앞서 언급한 것처럼 아이템의 유행주기 및 외식업 소비 트렌드는 점점 빨라지고 있고, 경기의 불확실성은 나날이 증가하고 있다. 이런 상황 하에서 아이템 선정의 가장 중요한 요소 중 하나가 아마도 이 발전가능성일 것이다. 즉 성숙기에 와 있거나, 성숙기를 지나 쇠퇴기에 접어든 아이템이 아니라 성장기 또는 성숙기 초기에 진입한 아이템을 선택해야 한다.

④ 선점성 - 아이템을 선택하는데 있어 또한 중요한 요소가 바로 선점성이다. 즉 시장진입에 있어 적절한 타이밍을 갖추고 선발 진입해야만 선두의 이점을 살리고, 경쟁의 위협요소를 줄이면서 수익을 극대화 할 수 있기 때문이다.

⑤ 가격적절성 - 외식업을 떠나 시장에서 고객이 구매에 대한 의사결정을 하는 근본이유는 한 마디로 "가격 대비 품질이 뛰어날 때"일 것이다. 외식업에 있어서도 당연히 고객들은 품질(맛과 서비스 등)과 가격만족도를 가장 최우선으로 고려한다. 따라서 아무리 아이템이 뛰어나고, 신선하다 할지라도 가격이 고객의 심리적 저항에 부딪친다면 빛 좋은 개살구에 지나지 않을 것이다. 한편으로 식재료의 구입가격이 판매가격에 비해 턱없이 높아 정상적인 영업이익을 실현하지 못한다면 이 또한 현실성이 없을 것이므로 구매단가-제조 원가-판매가에 이르는 과정에서 가격의 적절성이 확보되는 아이템을 선택해야 한다.

5. 메뉴전략 및 메뉴 구성

점포의 입지, 규모, 시설에 따라 주력메뉴 및 보조메뉴(side menu)가 달라지며 판매가격도 다양하게 적용되어야 한다. 상권의 특성을 파악하고 구체적인 소비행태를 조사함으로써 어떠한 메뉴를 주력 메뉴로 할 것인가, 메뉴구성은 어떻게 할 것인가, 판매가격은 어떻게 책정할 것인가가 결정된다.

예를 들면, 초밥전문점의 경우 점포가 젊은이들이 많은 대학가에 위치하고 있는지, 아니면 직장인이 많은 오피스상권에 위치하고 있는가에 따라 판매가격과 양 등이 달라질 수밖에 없다. 또한 상권 내 유사 경쟁업소의 영업 상황에 따라 가격정책과 메뉴 구성이 달라질 수도 있다. 즉 주변 유사 경쟁업소의 분위기, 맛, 가격, 주력메뉴 등을 분석하여 비교우위의 경쟁요소를 확보하여 메뉴전략과 가격정책 등을 수립해야 한다. 이와 같이 철저한 시장조사와 경쟁업소의 벤치마케팅을 통해 차별화된 경쟁전략이 수립되어야 한다.

메뉴구성에 있어서 예비창업자들이 범하기 가장 쉬운 실수가 처음부터 너무 많은 욕심을 내서 전문점의 특징을 살리지 못한다는 것이다. 요즘 성공하는 외식업소의 특징 중 하나는 대형화하거나, 소규모 전문점으로 양극화되는 현상이다. 메뉴전략을 수립할 때도 전문점의 이미지와 효율성을 극대화하는 주력메뉴와 이를 뒷받침하는 적합한 류의 보조메뉴를 구성해야 한다.

창업을 위해 예비 창업자가 특정 아이템을 선정했다면, 이를 기본으로 2~3가지 정도의 주력메뉴를 선정하는 것이 좋다. 여기서 메뉴 한 가지 정도는 전략적으로 가격을 낮게 책정하거나, 양을 풍부하게 하여 오픈 초기에 고객들에게 깊은 인상을 심어주는 것이 좋다. 그리고 일정 기간을 정하고 판매량과 공헌마진이 낮은 메뉴는 새로운 메뉴로 교체해 나가는 것이 바람직하다. 이런 과정을 통해 매장은 자연스럽게 비교우위의 경쟁력을 확보할 수 있고, 고객에게도 전문점으로서의 메뉴가 이미지를 확고하게 각인시킬 수 있다. 아울러 계절별 또는 특정일별로 스페셜 메뉴나 서비스 메뉴를 개발하여 이를 적적히 활용하는 것도 좋다.

1) 메뉴 선정을 위한 기본사항

① 자신이 좋아하는(관심 있는) 메뉴를 선택한다.

② 주력 메뉴와 보조 메뉴를 생각해본다(전문점이라 할지라도 보조 메뉴는 필요하다).

③ 예비창업자의 주관보다 목표고객과 외식 소비트렌드에 부합하는 객관성을 확보해야 한다.

④ 아이템(메뉴)과 입지의 조화를 고려한다.

⑤ 지역의 특색 및 정서를 고려한다.

⑥ 개인 독립형 창업인지, 프랜차이즈 창업인지 고려한다.

⑦ 반드시 외식업 전문가나 선배 창업자의 조언을 구한다.

⑧ 자기 점포만의 고유한 메뉴를 구성한다.

⑨ 판매 메뉴의 수와 품질수준을 결정한다.

⑩ 스페셜 메뉴, 세트 메뉴, 점심 특선메뉴 등 메뉴 선택의 다양성 고려

⑪ 가격은 유사 경쟁업소를 비교, 분석하여 결정한다.

2) 메뉴 선정을 위한 핵심 고려사항

외식업소에서 가장 중요한 메뉴는 입지 상권 특성, 매장 환경, 목표고객, 구매력, 주변의 상황들을 종합하여 적합한 메뉴를 선정하는 것이 가장 좋다. 그러나 대부분의 예비창업자들은 이러한 부분을 무시하고 메뉴를 결정함으로써 낭패를 보는 경우가 많다.

① 메뉴 선정시 주의사항

예비창업자와 업소의 제반 여건과 목표고객에 맞는 메뉴를 선정해야 한다. 예를 들어, 젊은이들이 많은 대학가 상권에서 주로 30~40대가 선호하는 음식을 판매하거나, 젊은 여성 직장인이 많은 오피스상권에서 주로 40~50대 이상의 남성들이 좋아하는 음식을 판매하는 것은 곤란하다.

② 메뉴의 종류

- 주력 메뉴 : 차별화, 전문화를 기반으로 비교우위의 경쟁력 확보에 초점
- 판촉 메뉴 : 조리 역량과 객석수를 고려해서 가격대가 낮으면서 조리를 간편하게 할 수 있는 판촉 메뉴 전개
- 점심 메뉴 : 무엇보다 회전율을 높이고, 고객의 시간적, 경제적 부담을 고려해 판매하는 한정 메뉴
- 브런치, 티타임 메뉴 : 흔히 말하는 아점 메뉴 또는 오후 간식메뉴
- 계절 메뉴 : 계절의 미각을 자극시키기 위해 개발된 1~2가지 메뉴
- 저녁(디너) 메뉴 : 퇴근 후 가족이나 직장 동료, 지인들의 모임 또는 회식 등의 자리에 판매하는 메뉴로 단품보다는 10~15% 정도 할인된 코스메뉴가 좋으며, 이때 전략적인 차원에서 음료나 디저트를 최대한 준비하면 좋다.

③ 홍보 마케팅을 고려한 메뉴

최근 선진 외식업소들은 메뉴 그 자체를 홍보 마케팅의 가장 효과적인 수단으로 활용하고 있다. 따라서 이슈화되고, 이벤트화 할 수 있는, 즉 화제성과 집객성을 살릴 수 있는 메뉴를 선정 개발하는 것이 중요하다. 다채롭고, 이국적인 퓨전 메뉴를 통해 고객의 호기심과 입소문을 자극하거나, 고객에게 음식의 조리과정을 공개(Showing)해서 고객으로 하여금 기다리는 시간의 지루함을 달래고, 재미를 주는 이벤트 메뉴는 현재 메뉴 선정 개발의 필수요소 중 하나가 되었다.

외식업이 발달하고, 외식시장의 규모가 커짐에 따라 고객의 수준이 높아지고, 양적인 면보다 질적인 면을 중요시하는 고객이 점차 증가함으로써 이제는 단순히 주방에서 조리해서 서비스하는 메뉴보다는 고객의 앞에서 조리하거나 고객이 직접 조리를 하는 이색적인 메뉴가 선호되는 추세이다. 이 경우 고객에게 체험의 기회를 제공하며, 조리과정을 지켜봄으로

써 지루함을 잊고 위생에 관한 신뢰감을 갖도록 하는 계기가 된다.

④ 식재료 및 재고를 고려한 메뉴

같은 식재료를 사용할 수 있는 메뉴가 다양하면 식재료의 재고를 줄일 수 있을 뿐만 아니라 매장을 경영하는 데도 큰 도움이 된다. 식재료의 구매가 안정적인 가격에 지속적으로 공급가능한지, 또는 공급이 어려운 식재료가 있는지를 파악하고 메뉴를 선정하는 것도 중요하다.

⑤ 기획 메뉴

기획 메뉴는 어떤 메뉴를 주력 메뉴로 판매할 것인가에 초점을 맞춰 선정되어야 한다. 기획 메뉴는 특히 판매를 촉진하기 위해 전략상 고려된 메뉴이므로 두 가지 이상이 결합된 메뉴를 상품으로 반드는 것이 유리하다.

⑥ 웰빙 건강 메뉴

요즘 사람들은 갈수록 질병과 비만에 상당한 관심을 갖고 있다. 최근에도 광우병, 조류독감 등의 여파로 소와 닭을 주력 메뉴로 하는 수많은 외식업소들이 폐업직전에 직면해 있는 경우를 심심치 않게 보게 된다. 그렇기 때문에 외식업 예비창업자들은 항상 이러한 소비트렌드의 변화를 정확히 인지하고, 항상 고객의 눈으로 저칼로리 또는 다이어트 메뉴를 구성하거나 전통적인 식재료나 천연 조미료를 사용한 메뉴를 선정하되 영양학적으로도 우수하다는 것을 보여줘야 한다.

⑦ 주방 설비를 고려한 메뉴

대부분의 외식업소는 주방 공간의 한계나 조리장비나 시설의 가격이 너무 높아 주방설비를 제대로 갖추지 않고 영업을 하고 있다. 그러나 부실한 주방설비는 결국 음식의 품질을 떨어뜨리고 고객으로 하여금 새로운 메뉴에 대한 기대를 반감시키므로 주방설비를 고려해서 최대한 활용할 수 있는 메뉴를 선정해야 한다.

제2절 창업메뉴 만들기 절차

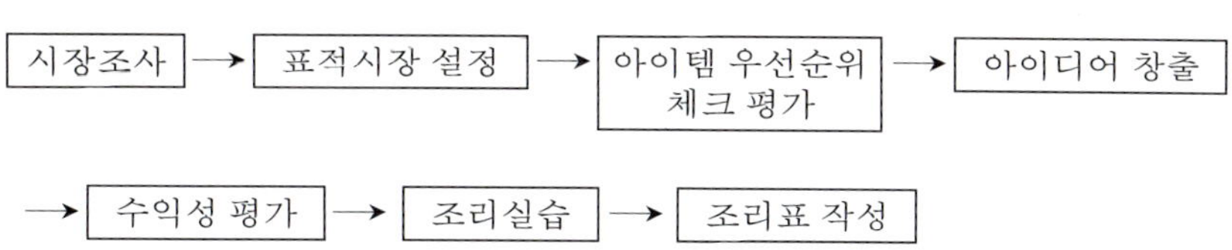

[그림 9-1] 창업메뉴만들기 절차도

(1) 표적고객층(標的顧客層) 선택에 따른 메뉴범위의 결정

메뉴개발에 있어 가장 먼저 고려되어야 할 부분으로 표적고객층의 결정이다. 누구를 대상으로 영업을 할 것인지가 분명치 않으면 우선 업소의 경영콘셉트를 잡는 것부터 어려움에 부닥치게 된다.

대상으로 할 고객층이 고단가의 품격 있는 업소를 지향하는 계층인지, 아니면 생리적인 욕구충족을 주목적으로 하는 샐러리맨 같은 일반고객들인지 등에 따라 메뉴의 종류와 질, 가격, 서비스, 마케팅전략 등이 달라지므로, 표적고객층의 필요와 욕구에 대한 정확한 이해는 바로 번성업소가 되기 위한 초석이자 메뉴개발의 첫 단계가 된다.

일례로 주요 고객이 업소 주변의 직장인들일 경우 이들에게 적합한 메뉴는 아마도 빠른 좌석회전수(座席回轉數)를 목표로 한 비교적 저렴한 제한메뉴가 가장 적합할 것이고, 대단위 아파트 및 주택가 주변에 위치한 가족단위를 목표로 하는 일반 패밀리레스토랑의 경우에는 중저가의 일반적인 메뉴를 택하도록 한다.

(2) 아이디어의 창출

표적고객층의 필요와 욕구에 부응할 수 있는 시장성 있는 메뉴를 개발하기 위해서는 다양한 정보를 수집해야 한다. 각종 외식관련 정보는 물론 지역적 특성과 표적고객층에 대한 이해를 바탕으로 업소의 목적과 고객을 동시에 만족시킬 수 있는 메뉴품목들을 개발해야 한다. 이 단계에서는 조리방법, 사용재료, 소스 등도 참신한 개발아이디어를 제공할 수도 있다.

(3) 조리표(調理表)의 작성

발상의 단계에 있는 메뉴를 실제화하는 과정으로 실험적인 조리과정을 통해 표준조리표(標準調理表)를 작성하는 단계이다. 품목별로 필요한 식자재의 종류와 양, 주방기기, 인력, 조리시간, 조리법 등을 일목요연하게 기술해 놓은 것으로 메뉴의 질적·양적 관리의 기준이자 원가관리의 중추가 된다.

(4) 메뉴의 수익성(收益性) 분석

모든 사업이 그렇듯이 외식업소의 경우도 이익을 내는 것을 업소의 최종목표로 한다. 메뉴를 개발하여 판매를 시작하기 전에 반드시 거쳐야 할 단계 중의 하나가 바로 수익성(收益性) 분석이다.

수익성에 대한 분석 없이 가격이 임의로 설정되었다면 다량의 판매에도 불구하고 결과적으로 업소에 손실을 줄 수 있는 가능성이 있기 때문이다. 자재원가와 원가율, 실제 마진액, 예상판매량에 대한 정확한 이해를 바탕으로 이익을 낼 수 있는 메뉴로 결정해야 한다.

제3절 후보 아이템 우선순위 결정방법

(1) 후보 아이템 상대평가시 검토항목(전체)

<table>
<tr><th>주요 항목</th><th>평가 요소</th><th>세부 검토사항</th></tr>
<tr><td rowspan="2">상품성</td><td>상품의 적합성</td><td>• 창업자가 잘 아는 메뉴나 조리방법인가?
• 메뉴가 대중적인가?
• 시대에 맞는 가격대인가?
• 식재료를 구하기가 쉬운가?
• 고객의 폭이 넓은가?</td></tr>
<tr><td>상품의 독점성</td><td>• 식자재를 독점적으로 공급 구매할 수 있는가?
• 정부의 인·허가에 의해 실제 창업이 제한되어 있지 않은가?</td></tr>
<tr><td rowspan="3">시장성</td><td>시장의 규 모</td><td>• 예상되는 고객의 수는 어느 정도인가?
• 시장 규모는 금액으로 어느 정도인가?</td></tr>
<tr><td>경쟁성</td><td>• 경쟁자의 세력 및 지역별 분포는 어떤가?
• 경쟁메뉴와 비교했을 때 품질과 가격관계는 유리한가?
• 차별화가 가능한 메뉴인가?</td></tr>
<tr><td>시장의 장래성</td><td>• 잠재고객수의 증가는 있는가?
• 새로운 창업기업의 침투의 가능성은 어느 정도인가?
• 소비자 성향이 안정적이고, 필요성이 증가하는가?</td></tr>
<tr><td rowspan="2">수익성</td><td>제 품 생 산 비용의 효율성</td><td>• 적정비용으로 원재료를 구할 수 있는가?
• 조리가 복잡하지 않고, 효율성은 있는가?</td></tr>
<tr><td>적 정 이 윤 보장성</td><td>• 원자재 조달이 용이하고, 값은 안정적인가?
• 필요한 노동력 공급이 용이하며 저렴한가?
• 제조 원가, 관리비, 인건비 등 공제 후 적정이윤이 보장되는가?</td></tr>
<tr><td rowspan="3">안정성</td><td>위 험 수 준</td><td>• 경제순환과정에서 불황적응력은 어느 정도인가?
• 기술적 진보수준은 어느 정도이며, 경쟁사의 출현에 쉽게 대처할 수 있는가?</td></tr>
<tr><td>자 금 투 입 적정성</td><td>• 초기 투자액은 어느 정도이며, 자금조달이 가능한 범위인가?
• 이익이 실현되는데 필요한 기간은 어느 정도이며, 그 동안 자금력은 충분한가?</td></tr>
<tr><td>재 고 수 준</td><td>• 원자재 조달 및 재고관리가 용이한가?
• 수요의 계절성은 없는가?</td></tr>
</table>

〈표 9-2〉 후보 아이템별 우선순위 결정 및 예비사업성 분석

평가항목		가중치	평가점수				후보 아이템 A	후보 아이템 B	후보 아이템 C	우선 순위
주요항목	평가요소		4	3	2	1				
상품성 (30)	상품의 적합성	20	우수	양호	보통	불량				
	-1-	(4)								
	-2-	(4)								
	-3-	(4)								
	-4-	(4)								
	-5-	(4)								
	상품의 독점성	10								
	-6-	(5)								
	-7-	(5)								
	소 계	30	120/4	90/4	60/4	30/4				
시장성 (30)	시장규모	10	우수	양호	보통	불량				
	-8-	(5)								
	-9-	(5)								
	경쟁성	10								
	-10-	(4)								
	-11-	(3)								
	-12-	(3)								
	시장의 장래성	10								
	-13-	(4)								
	-14-	(3)								
	-15-	(3)								
	소 계	30	120/4	90/4	60/4	30/4				
수익성 (30)	제품생산 효익성	15	우수	양호	보통	불량				
	-16-	(8)								
	-17-	(7)								
	적정이윤 보장성	15								
	-18-	(5)								
	-19-	(5)								
	-20-	(5)								
	소 계	30	120/4	90/4	60/4	30/4				
안전성 (10)	위험수준	4	우수	양호	보통	불량				
	-21-	(2)								
	-22-	(2)								
	자금투입적정성	4								
	-23-	(2)								
	-24-	(2)								
	재고수준	2								
	-25-	(1)								
	-26-	(1)								
	소 계	10	40/4	30/4	20/4	10/4				
100	합 계	100	400/4	300/4	200/4	100/4				

※ 평가점수 합계가 70점 이하일 때에는 창업을 신중히 고려하여야 한다.

(2) Main메뉴의 최종 결정방법

주요항목	평가요소	세부 검토사항
소비기호	연령별, 직업별 소비기호	• 타깃연령대가 좋아하는 음식인가? • 타깃연령대의 그래이드(수준)에 적합한가? • 건강식인가? • 메뉴가격대는 어떤가? • 행사메뉴〈모임, 회식, 기타〉로 적합한 메뉴인가? • 가족고객이 좋아하는가? • 단순식사로 적합한가?
입지,시장	물건(物件), 입지, 시장	• 적합한 입지인가? • 적합한 물건(건축물)인가? • 경쟁상태는? • 상권 내의 외식성향은? • 성장 가능한 입지인가? • 접객시설이 있는가? • 유동인구는 얼마나 되는가? • 유동차량은 얼마나 되는가? • 주차시설은 되어 있는가? • 점포규모는? • 주변 시장의 가격대는? • 혐오시설은 없는가? • 접근성(편리성)은? • 홍보성(가시성)은? • 시장성(시장수요)은?
경영효율	경영관리 계수관리	• 투자금액 • 매출이익은 • 회전율은? • 객단가는? • 원가(재료비, 인건비, 제경비) • 메뉴관리는 용이한가? • 서비스의 난이도 • 점포관리는? • 사장의 메뉴 이해도는? • 구매의 난이도는? • 종업원 채용은
식사형태		• 조식 • 중식 • 간식 • 석식 • 미드나이트
판매방식		• 내점(Eat in) • 배달(Delivery) • 포장판매(Take-out) • 복합판매 가능성은?

〈표 9-3〉 메뉴의 적합성 세부평가표(메인메뉴 최종결정)

평가항목		가중치	평가점수				후보 아이템 A	후보 아이템 B	후보 아이템 C	우선 순위
주요항목	평가요소		4	3	2	1				
소비기호 (17)	연령별·직업별 소비기호	17	우수	양호	보통	불량				
	-1-	(2)								
	-2-	(2)								
	-3-	(2)								
	-4-	(2)								
	-5-	(3)								
	-6-	(3)								
	-7-	(3)								
	소 계	17	120/4	90/4	60/4	30/4				
입지, 시장 (45) • 식당의 위치로서는 중하위권의 상권이다. 독특한 차별화 전략이 요구된다.	물건, 입지, 시장	45	우수	양호	보통	불량				
	-8-	(3)								
	-9-	(3)								
	-10-	(3)								
	-11-	(3)								
	-12-	(3)								
	-13-	(3)								
	-14-	(3)								
	-15-	(3)								
	-16-	(3)								
	-17-	(3)								
	-18-	(3)								
	-19-	(3)								
	-20-	(3)								
	-21-	(3)								
	-22-	(3)								
	소 계	30	120/4	90/4	60/4	30/4				
경영효율 (20)	경영의 계수내용	20	우수	양호	보통	불량				
	-23-	(2)								
	-24-	(2)								
	-25-	(2)								
	-26-	(2)								
	-27-	(2)								
	-28-	(2)								
	-29-	(2)								
	-30-	(2)								
	-31-	(1)								
	-32-	(1)								
	-33-	(2)								
	소 계	30	120/4	90/4	60/4	30/4				

평가항목		가중치	평가점수				후보 아이템 A	후보 아이템 B	후보 아이템 C	우선 순위
주요항목	평가요소		4	3	2	1				
식사형태 (10)	식사형태 -34- -35- -36- -37- -38-	10 (2) (2) (2) (2) (2)	우수	양호	보통	불량				
	소 계	30	120/4	90/4	60/4	30/4				
판매방식 (8)	판매방식 -39- -40- -41- -42-	8 (2) (2) (2) (2)	우수	양호	보통	불량				
	소 계	30	120/4	90/4	60/4	30/4				
100	합 계	100	400/4	300/4	200/4	100/4				

제4절 영업 중인 식당의 신메뉴 개발

(1) 입지와 고객계층에 맞는 메뉴콘셉트와 점포콘셉트

- 1차상권 - 인구수, 경쟁점포, 통행인, 통행차량(시청, 상공회의소), 집객시설(백화점 등), 학교나 공장 등 산업시설(주택지, 상점가, 오피스, 공장지역 등)
- 2차상권 - 상동
- 차상권 - 인구구성비, 산업구성비, 장래성 판단

(2) 내점한 고객계층과 객단가를 조사

- 고객계층 - 아이, 청년, 중장년, 노인 및 남녀별 구별하여 조사
- 객단가 - 식사시간대별 객단가 파악

(3) 메뉴 가격대 분석과 품목별 판매현황 분석

- 가격설정 – 원가계산, 유명점포 모방, 설문조사, 상권 내 유사점포 비교, QSC 레벨
- 메뉴가격 분석 – 대중가격, 가격의 평균화, 점심·저녁 대응하여 가격 설정
- 메뉴별 판매현황 분석 – 매출통계표, ABC분석표

(4) 메뉴 엔지니어링

영업중인 점포의 메뉴를 분석하여 메뉴전략을 수립하기 위한 분석도구로서 활용되는 메뉴 엔지니어링 기법이다.

〈표 9-4〉 메뉴 엔지니어링 4분면도

PLOWHORSE MM은 높고 CM은 아이템 (선호도는 좋으나 수익성이 낮은 아이템) 예 : 아이템 ②④⑧⑩	STAR MM도 높고 CM도 높은 아이템 (선호도 수익성도 높은 아이템) 예 : 아이템 ⑥⑦의 경우
DOG MM도 낮고 CM도 낮은 아이템 (선호도도 낮고 수익성도 낮은 아이템) 예 : 아이템 ①③의 경우	PUZZLE MM은 낮으나 수익성이 높은 아이템 (선호도는 낮으나 수익성은 높은 아이템) 예 : 아이템 ⑤⑨의 경우

※ MM은 메뉴믹스(Menu Mix), CM은(Contribution Margin)

(5) 고객계층에 맞는 메뉴개발

- 조건 – 인력, 기술력, 주방기구, 주방레이아웃, 점포의 콘셉트, 서빙, 원가, 고객계층에 맞는 메뉴
- 개발단계
  - 조건에 맞는 메뉴 선택
  - 유명식당 시식
  - 시식회 개최
  - 메뉴기준표 작성
  - 주방동선 재배치
  - 롤플레닝/리허설
  - 판매개시

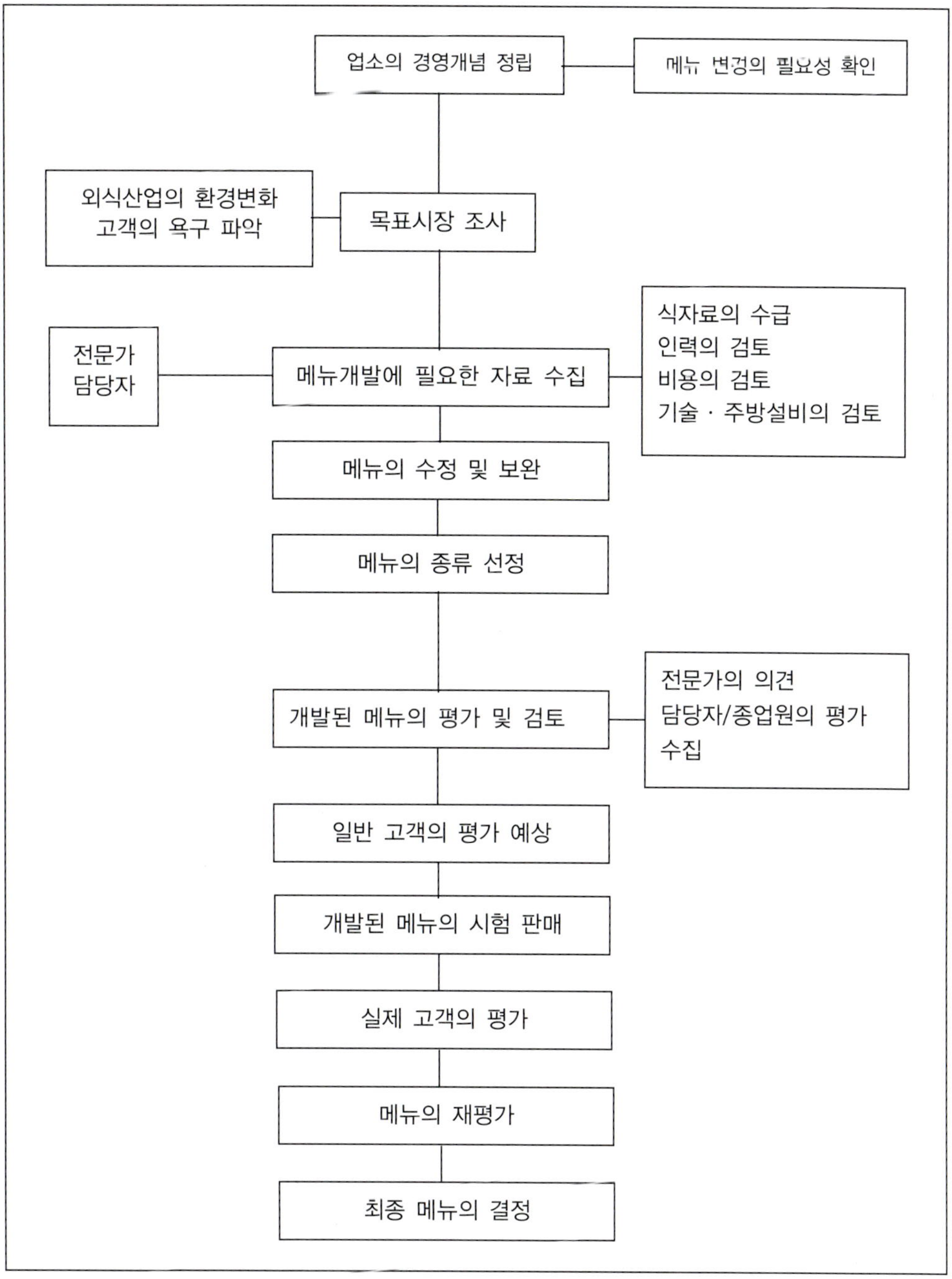

[그림 9-2] 신메뉴의 개발 Flow

제5절 메뉴가격 결정방법[2)]

수익성 분석을 통해 우열이 가려진 품목들에 적절한 판매가격을 결정하는 단계이다. 외식사업의 양대 주요 원가인 식자재원가(食資材原價)와 인건비(人件費) 비율은 두 가지를 합했을 때 대체적으로 판매가의 50~60%는 머물러야 이상적이고, 식자재원가만은 35% 이하로 유지해야 이상적인 원가비율을 달성하고 있다고 볼 수 있다. 물론 임대료나 지대가 상대적으로 높은 지역의 업소라면 식자재원가율은 이것보다 훨씬 낮은 20% 이하에서, 음료는 14~18%선에서 유지해야 하는 경우도 있다. 그러나 최근 들어 극심한 가격경쟁으로 이런 전통적인 기법을 탈피하여 원가가 60~70%대에 육박하는 박리다매형 점포들도 속속 생겨나고 있다.

다음은 외식사업에서 일반적으로 많이 이용되는 대표적인 가격책정법(價格策定法)이다.

1) 비구조적인 방법

(1) 원가기준가격결정법(Cost oriented pricing)

① 원가가산가격결정법(Cost plus or markup pricing)

제품의 단위당 원가에 일정비율의 차익금(Margin)을 가산하여 가격을 결정하는 방법.

> * **가격 = 원가 + 마진.** 일반적으로 수요가 비탄력적이고, 저장비용이 많이 들며, 자금회전율이 낮거나 혹은 계절상품 및 특별상품인 경우 팔리지 않을 경우의 위험에 대비하여 높은 마진을 붙인다.

② 목표가격결정법(Target pricing)

예측된 표준생산량을 전제로 한 총원가에 대해 목표이익률을 실현시켜 줄 수 있도록 가격을 결정하는 방법

(2) 수요기준가격결정법(Demand oriented pricing)

가격결정에 있어 중요한 것은 기업의 원가가 아니라 소비자의 가치인식이라는 가정 하에 소비자의 지각과 수용의 강도를 기준으로 가격을 결정하는 방법

① 가격차별법(Price discrimination) : 특정제품의 고객 또는 시기에 따른 수요의 탄력성을 기준으로 하여, 둘 혹은 그 이상의 가격을 설정하는 방법

② 지각가치가격결정법(Perceived value pricing) : 제품에 대한 소비자의 지각된 가치에 기초하여 가격을 설정하는 방법. 마케팅 믹스상의 비가격 변수(품질, 광고 등)의 활용으로 소비자 마음속에 지각된 가치를 파악한다.

* 원가기준가격결정이나 수요기준가격결정은 경쟁을 고려하지 않고 있다.

---

2) 나정기, 조춘봉(2001), "메뉴매가 결정기교", 한국외식경영학회 학술세미나

(3) 심리적 가격결정법

가격결정방법과 가격정책을 바탕으로 하여 최종적으로 구체적 가격을 정하는 것으로 다음의 유형들로 구분된다.

① 긍지가격설정법(Prestige pricing even-number pricing) : 가격-품질연상효과를 이용한 가격설정방법으로 매자가 가격에 의하여 품질을 평가하는 경향이 강한 경우 수요가 가장 많은 수준에서 가격을 결정하는 방법으로 비교적 고급상품(Quality)의 가격설정에서 많이 사용된다.

② 단수가격결정법(Odd-number pricing) : 가격이 최선의 선에서 결정되었다는 인상을 주기 위하여 가격의 끝수를 단수(Odd numbers)로 끝을 내는 방식으로 가격에 비하여 상대적 가치(Value)를 추구하는 고객층을 겨냥하는 방식으로 적용된다.

③ 가식단계화(Pricing lining) : 구매자는 가격에 큰 차이가 있는 경우에만 이를 인식하고 가정하여, 선정된 제품계열에 한정된 수의 몇 가지 가격만을 설정하는 방법이다.

④ 촉진가격(Prmotional pricing) : 고객을 유인하기 위하여 특정품목의 가격을 대폭 낮게 설정하는 방법

(4) 경쟁기준가격결정법(Competition oriented pricing)

경쟁자가 결정한 가격을 기준으로 가격을 결정하는 방법으로 기업이 자사제품생산에 소용되는 비용측정이 어렵거나 시장에서 경쟁기업의 반응이 불확실한 경우 사용된다.

① 경쟁대응가격결정법(시장기준가격결정법 : Going rate pricing) : 경쟁자(업세)의 평균적인 가격수준에 맞추어 가격을 결정하는 방법

② 입찰가격결정법(Sealed-bid pricing) : 입찰에서 낙찰받기 위하여 경쟁하는 기업이 사용하는 가격결정방법

(5) 모방(Benchmarking)

동종의 다른 레스토랑의 메뉴를 모방하는 것으로 가격결정자의 생각이 고객의 입장에서 대변되는 가격결정방법이다.

2) 구조적인 방법

구조적인 가격조정방법에는 펙터(Factor)를 이용하는 방식, 프라임 코스트(Prime-cost)를 이용한 방식, 식료원가를 제외한 모든 비용과 이윤을 이용한 방식, 실제 원가를 이용하는 방식, 매출 총이익(Gross-profit)을 이용하는 방식, 평균 객단가를 이용하는 방식, 레스토랑협회에서 개발한 방식을 이용하는 방법이 있다. 즉 주로 수치를 이용하여 매가를 계산한 후 기타의 변수를 고려하여 매가를 결정하는 방법이다.

(1) 펙터(Factor)를 이용하는 방식

승수(Multiplier), 또는 원가에 가산되는 금액(Mark-up)방식으로 기준이 되는 원가는 식료의 평균원가율로 과거의 데이터에서 얻어지는 원가율, 또는 바라는 원가율이다.

예) 원하는 원가율이 50%라고 가정했을 때 펙터(Factor)는 100%에 대한 숫자 2를 얻을 수가 있다. 여기서 계산된 2를 펙터라고 한다. 이 펙터를 기준으로 특정 아이템에 대한 매가는 다음과 같이 계산된다.

팩터 = 100 ÷ 50 = 2
식료원가 × 팩터=판매가격 / 5,000원 × 2 = 10,000원

(2) 프라임 코스트(Prime-cost)를 이용하는 방식

프라임 코스트(식자재원가+직접인건비)를 이용한 매가 결정방식에는 인건비가 더 추가되어 펙터를 이용한 매가 결정방식처럼 다음과 같은 방식에 의하여 특정 아이템에 대한 매가가 계산된다.

첫째, 프라임코스트의 계산 :

식료원가(5,000원) + 직접인건비(1,500원)=6,500원

둘째, 프라임코스트올의 계산(총인건비 24% 중 3/1은 직접인건비로 간주) : 식료원가율(40%) + 직접인건비율(8%=24% × 1/3)=48%

셋째, 펙터의 계산 : 매가(100%)-프라임코스트율(48%)=마진(52%)

∴ 펙터=100% / 52%=1.9

넷째, 매가의 계산 : 6,500원 × 1.9 = 12,350원

다섯째, 매가결정 : ±a를 고려하여 매가를 결정한다.

(3) 식료원가를 제외한 모든 비용과 이윤을 이용한 방식

- 펙터나 실제원가를 이용하는 방식과 같은 방식으로 매가를 계산
- 식료원가를 제외한 모든 비용은 예측된 자료를 이용하여 결정
- 식료원가는 표준 양 목표에 의해서 산출된 원가를 이용

첫째, 식료원가를 제외한 제비용과 이익을 결정하는데 전년도 데이터, 또는 예측된 데이터를 이용한다.

둘째, 식료원가가 차지하는 비율을 계산하기 위하여 매가를 100%로 보고, 식료원가를 제외한 제비용과 이익을 100%에서 감한다.

셋째, 펙터를 계산을 위하여 100%에 대하여 식료원가율로 나누어 얻는다.

넷째, 매가 산출을 위하여 식료원가를 계산된 펙터로 곱하여 얻는다.

다섯째, ±a를 고려해야 매가를 결정한다.

	매가		100%
−	제비용		40%
−	이익		10%
=	식료원가		50%
	펙터	= 100/50%	= 2
	매가	= 식료원가	× 2

(4) 실제 원가를 이용하는 방식

생산 및 운영에 소요되는 제비용과 원하는 이윤까지를 포함하여 매가를 계산하는 방식이다.

> 매가(100%)=식료원가+[{총매출액에 대한 변동비(%)+
> 총매출액에 대한 고정비(%)+총매출액에 대한 이윤(%)매가}]

예) 식료원가 3,000원, 총인건비 1,500원
매출액 vs 변동비의 10% / 매출액 vs 고정비의 15%
매출액 vs 이익의 12%

첫째, 매가는 항상 100%가 된다.

둘째, 식료원가와 인건비를 매가(100%)에서 차지하는 비율을 계산한다.

* 변동비(10%)+고정비(15%)+이윤(12%)−100%=
식료원가와 인건비가 차지하는 비율(63%)이다.

셋째, 주어진 공식을 이용하여 매가를 계산한다.

3,000원+1,500원+(0.10+0.15+0.12)매가=매가(100%)
4,500원+0.37매가=매가(1)

4,500원=0.63매가
매가=4,500원 / 0.63
매가=7,143원

넷째, ±a를 고려하여 매가를 결정한다.

(5) 매출 총이익(Gross-profit)을 이용하는 방식

매출 총이익을 기간 동안의 고객의 수로 나누어 객당 평균 매출 총이익을 구한 다음 총이익에서 식료원가만을 제외한 나머지로 제비용과 일정의 이윤을 상쇄한다.

예 1) 레스토랑 1년 동안의 손익계산서 상에 식료 총매출 100,000,000원, 식료원가 40,000,000원, 1년 동안의 고객의 수가 30,000명일 경우의 계산방식?
∴평균 매출 총이익은 2,000원이다.

	총매출액		100,000,000원
−	식료원가	−	40,000,000원
=	매출 총이익	=	60,000,000원
÷	고객의 수	÷	30,000,000명
=	객당매출 총이익	=	2,000원

앞에서 계산된 2,000원의 객당 매출 총이익을 특정 아이템을 생산하는데 요구되는 식자재의 원가에 추가로 부과하여 매가를 계산하는 방식이다.

예 2) 수프, 빵과 버터, 메인(선택), 커피로 구성되는 정식메뉴
첫째, 메인을 제외한 다른 아이템의 원가를 계산한다.

	수프	1,000원
	빵과 버터	500원
+	커피	500원
=		2,000원

메인 아이템 A	2,000원
메인 아이템 B	5,000원
메인 아이템 C	8,000원
메인 아이템 D	12,000원

둘째, 메인 아이템의 원가를 계산한다.

셋째, 메인 아이템의 매가를 계산한다.

넷째, ±a를 고려하여 매가를 결정한다.

	고객의 수준(평균 객단가)	6,000원(100%)
−	식료원가를 제외한 제비용	2,000원(33%)
−	원하는 이윤	1,000원(17%)
=	식료원가	3,000원(50%)
=	아이템 선정(3,000원에 해당하는 식재)	

(6) 매출 총이익(Gross-profit)을 이용하는 방식

고객(시장)의 수준에 따라 매가를 계산하는 방식으로 과거의 데이터를 수집·분석하여 평균 객단가를 결정하여 이용하는 방식

예 1)

첫째, 고객의 수준을 파악한다. 평균 객단가, 관리자의 판단, 중위값 등을 고려 결정

둘째, 제비용과 이윤을 설정한다. 과거의 데이터, 예산, 관리자의 판단 등을 고려 식료원가를 제외한 비용과 이윤을 결정

셋째, 식료원가를 계산한다. 고객의 수준(예상 매가)-제비용과 이윤

넷째, 아이템을 선정한다.

A	B	C	D	E
아이템 A	2,000원	2,000원	2,000원	6,000원
아이템 B	5,000원	2,000원	2,000원	9,000원
아이템 C	8,000원	2,000원	2,000원	12,000원
아이템 D	12,000원	2,000원	2,000원	16,000원
A : 아이템 명	B : 원가	C : 다른 아이템의 원가	D : GP	E : 매가

예 2) 주어진 조건 속에서 평균 객단가가 어느 정도인지를 계산할 수가 있다.

〈조건〉

투자액	20,000,000원	원하는 ROI	12%
은행대출	50,000,000원	금리	10%
이자를 제외한 고정비	10,000,000원	세율	30%
변동비	50,000,000원	식료원가율	40%
좌석수	100석	좌석회전수	2회
영업일수	313		

첫째, 원하는 ROI를 계산한다.

투자한 금액×원하는 수익률=20,000,000원×0.12=2,400,000원

둘째, 세금을 포함한 이윤을 계산한다.

순수익 / (1－세율)=2,400,000 / 1－0.3=2,400,000 / 0.7=3,428,571원

셋째, 이자를 계산한다. 50,000,000원×0.1×1=5,000,000원

넷째, 이자를 제외한 고정비를 계산한다. 10,000,000원

다섯째, 변동비를 계산한다. 50,000,000원

여섯째, 식료수입을 계산한다 : (②+③+④+⑤) / (1－원하는 원가율)=68,428,571 / 1－0.4=68,428,571 / 0.6=114,047,618원

일곱째, 매출량(서빙될 고객수)을 계산한다.

영업일수×좌석수×좌석회전율=313×100×2=62,600원

여덟째, 평균객단가를 계산한다.

총식료 수입 / 예측된 고객수 = 114,047, 618 / 62,600=1,822원

위와 같은 조건이라면 원하는 수익률 12%를 달성할 수 있다. 또한 모든 조건이 같더라도 좌석 회전수에 따라서 원하는 수익률 12%를 달성하기 위한 객단가는 변할 수 있다. 예를 들어, 좌석 회전수가 1.5회인 경우와 3회인 경우에 요구되는 객단가는 다음과 같이 차이가 난다.

1.5회인 경우 요구되는 객단가 : 2,429원(114,047,618 / 46,950)

3회인 경우는 1,215원(114,047,618 / 93,900)

좌석 회전수가 높을수록 객단가는 낮아지고, 좌석 회전수가 낮을수록 객단가는 높아진다.

(7) 미국레스토랑협회에서 개발한 방식을 이용

이윤율을 중요시하는 매가 계산방식으로 영업결과를 정리한 자료와 회원 레스토랑에서 제출한 이윤율에 대한 통계치로 정리한 자료가 근거

예) 레스토랑의 1년간의 영업실적 결과

인건비	20%	식료원가를 제외한 기타비용	20%
이윤	10%		

(%는 식료매출액 대비)

첫째, 매가는 항상 100%이다.

특정한 아이템에 매가는 인건비와 식료원가, 기타원가, 이윤을 합하여 계산

둘째, 인건비를 산정한다.

전년도 데이터를 기준, 예상 매출에 대한 비율

셋째, 식료원가를 제외한 기타비용을 산정한다.

전년도 데이터를 기준, 예상 매출에 대한 비율

넷째, 식료원가를 산정한다.

표준양목표상에서 특정 아이템에 대한 식료원가를 산정

다섯째, 이윤을 산정한다.

전년도 데이터를 기준, 예상 매출에 대한 비율

식료원가가 5,500원이 특정아이템의 경우 매가는 다음과 같이 계산한다.

매가	100%
− 인건비율	매출액의 20%
− 식료원가를 제외한 제비용	매출액의 20%
− 원하는 이윤	매출액의 10%
= 식료원가율	50%

매가(11,000원)=식료원가(5,500) / 식료원가율(0.5)

※ 메뉴가격 결정의 실무포인트는 메뉴가격 결정기법들을 2개 이상 믹스하여 실무에 적용하는 것이다(예: 프라임코스트+경쟁기준가격이나 실제원가+팩터 등… 업소에 맞는 다양한 믹스기법이 필요함).

3) 가격전략

가격의 목표는 원가를 커버하는 것이 아니라, 고객의 마음속에 지각된 상품의 가치만큼을 받아내는 것이다.

통합적 마케팅의 새로운 접근

❏ 기존의 4P's에서 4C's로

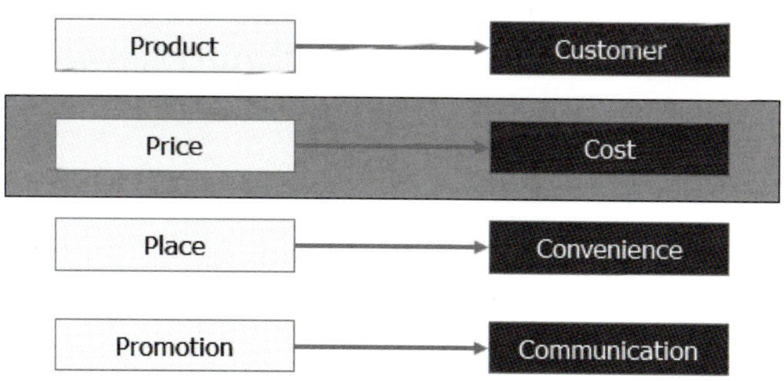

가. 가격의 역할

가격은 제품 또는 서비스에 부과되는 금액이며, 고객의 관점에서 볼 때는 제품 또는 서비스를 보유, 사용하는 혜택과 교환하는 가치 즉, 가격이란 상품을 구입하고 그 대가로 지불하는 화폐가치이다.

기업의 관점	......	❑ 제공하는 제품 또는 서비스에 부과되는 금액
소비자의 관점	......	❑ 제품 또는 서비스를 사용하는 혜택과 교환하는 가치

가격의 전략적 역할은 시장에서 부과할 수 있는 가격에 이익을 감안하면 자사는 어느 정도까지 비용을 부담할 수 있는가? 자사 제품은 고객에게 어느 정도 가치가 있는가? 그리고 이 가치를 어떻게 잘 알려서 가격을 정당화할 것인가? 자사가 가장 높은 수익성을 달성하기 위하여 필요한 판매량 또는 시장점유율이 어느 정도인가? 등이 중요하다. 이는 기업이익을 증가시키는 데 있어 가장 강력한 수단이며, 가격 1% 개선에 따른 영업이익 개선비율이 변동비용, 판매량, 고정비용의 1% 개선보다 1.4배에서 5배까지 효과적이기 때문이다.

나. 가격관리의 심리학적 접근

가격변화에 대한 소비자 지각, 만약 소비자가 가격상승 폭을 매우 크게 받아들이게 되면 원가가 상승하더라도 가격인상을 재고해 보아야 한다. 즉, 원가 절감책을 강구하거나 아니면 제품, 촉진, 또는 유통의 변화로 대응하여야 한다.

가격변화의 지각은 가격수준에 따라 달라진다(베버의 법칙, Weber's Law).

가격변화의 지각에는 임계치(threshold)가 있다. 즉, 가격 변화를 느끼게 만드는 최소의 가격 변화 폭이 있다.

반면, 준거가격(reference price), 즉 소비자가 제시된 가격의 높고 낮음을 지각하는 데 기준으로 삼는 가격과 품질 연상심리(price-quality association)에 따라 품질을 판단할 정보가 충분치 않다면 가격이 높을수록 품질이 높을 것으로 추론하는 현상을 활용한다.

다. 가격결정의 고려 요인

기업 내부 요인은 가격목표가 분명할수록 가격결정이 쉽다. 단기이익 극대화, 시장점유율 확대, 제품 품질개선으로서 마케팅믹스 전략을 구사하면 된다. 가격은 제품, 유통, 촉진 등 타 마케팅 믹스요소와 조화를 이룰 수 있도록 결정하는 것이다.

또한 원가는 제품의 생산, 유통 및 판매 등에 소요되는 비용을 충당하고 목표이익을 제공해 주는 것으로 가격결정에 중요하게 미친다. 외부 환경요인은 시장 및 고객 특성, 대체제에 대한 지각효과, 차별화 효과, 비교 가능성 효과, 가격-품질 연상 효과, 상황 요인 효과, 경쟁자 특성, 경쟁사의 원가와 가격 및 반응 성향 등을 고려해야 한다.

가격결정에 영향을 주는 요인들

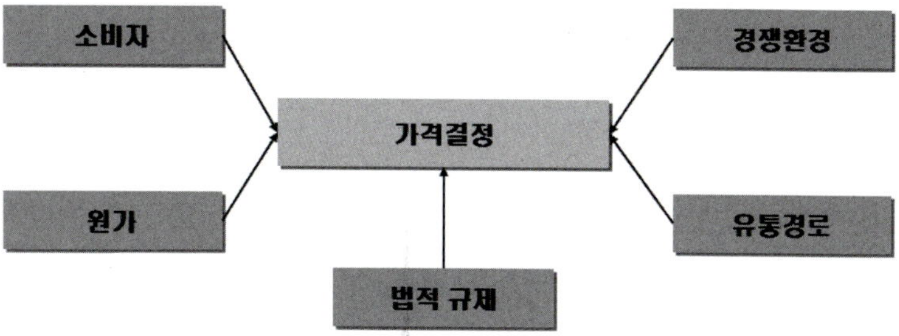

라. 가격결정의 주요 고려사항

가격은 일반적으로 너무 낮아서 이익을 낼 수 없는 하한선과 너무 높아서 수요가 존재하기 어려운 상한선 사이 어느 점에 위치한다.

마. 가격결정방법

- 원가중심의 가격결정
  - 원가 가산법(cost-plus pricing) : 가격 = 원가 + margin
  - 목표가격 결정법(target pricing) : 수요 예측 후 목표이익을 결정하고 목표이익이 달성되도록 가격결정
  - 평균 비용법, 한계비용법, 손익분기법, 투자목표 수익률법
- 수요중심의 가격결정
  - 지각된 가치 기준방법(perceived-value pricing), 소비자들이 인식하는 가치에 따라 가격결정
  - 차별적 가격결성(discriminatory pricing), 동일한 제품/서비스를 고객 대상, 판매시간, 혹은 장소 등에 따라 다른 가격을 적용, 시기별 차별가격, 장소별 차별가격, 용도별 차별가격, 고객별 차별가격(단골고객 할인 등)
- 경쟁중심의 가격결정
  - 입찰가격 : 경쟁입찰의 방법을 통해 결정. 최저가 입찰, 적정가 입찰
  - 모방가격 : 경쟁자의 가격을 그대로 모방

- 가격 선도제 : 가격변경 시 선도

◆ 경쟁자 가격변경에 대한 대응전략

- 특정기업의 가격변경은 단기적으로 그 기업의 판매와 이익을 증대시킬 수 있지만 장기적으로 산업 전체의 가격과 수익성에 변동을 가져옴, 매번의 가격변경이 미래의 경쟁양상과 수익성에 어떤 영향을 줄 것인가를 생각해야 함

바. 차별가격 정책(가격 차별화 정책)

수요 탄력성이 지역 · 계절 · 용도별로 상이할 때, 각각 다른 가격 설정, 총매출 · 이익 최대화하려는 정책이다. 차별화 요인(by)으로는 구매자의 관계, 입지조건(거리), 구매량, 결제조건, 구매시기 등이 있다.

- 계절별 차별가격 정책 : 성수기 : 고가 / 비수기 : 저가
- 지역별 차별가격 정책 : 농촌 / 도시(경제여건, 생활습관 등의 상이)
- 용도별 차별가격 정책 : 소비용품 / 산업용품 ex) 전기

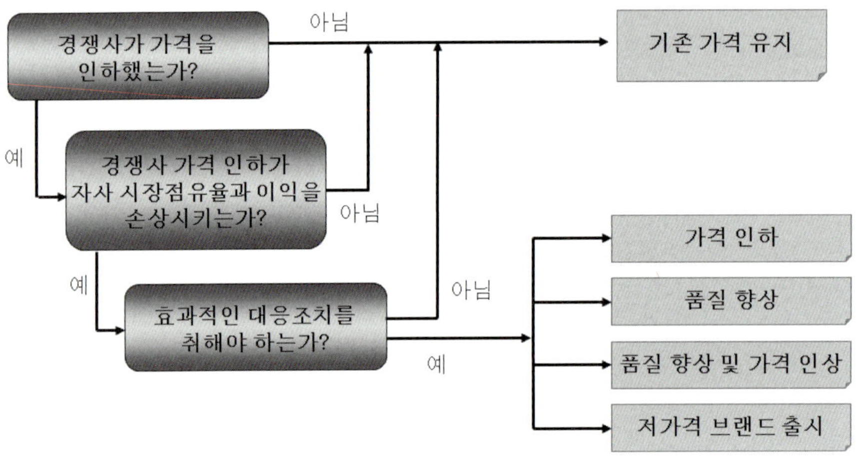

사. 가격전략과 가격전술

경제적 가치에 대비한 가격전략으로서 고가격전략(skimming pricing), 침투가격전략(penetration pricing), 균형가격전략(neutral pricing), 가격전략의 장단기 이익효과 등을 고려한다.

◆ 고가격전략(skimming pricing) : 특정 제품에 대하여 대다수 잠재 구매자들이 지각하는 경제적 가치에 비해 가격을 높게 설정하는 것으로 신제품 출시 초기에 높은 가격, 스키밍 가격은 시간에 따른 가격 차별이다. 시간이 지나면서 가격이 내려간다고 모두 스키밍 가격은 아니다. 이상적인 조건은 가격을 높게 매겨도 경쟁자들이 들어올 가능성이 낮을 때, 경험효과나 대량생산으로 인한 원가절감 효과가 크지 않을 때, 잠재 구매자들

이 가격-품질 연상을 강하게 갖고 있을 때이다.

- 침투가격전략(penetration pricing) : 경제적 가치에 비하여 가격을 낮게 설정함으로써 시장점유율 또는 판매량 증대를 통하여 이익을 얻고자 하는 가격전략으로서 신제품 출시 초기에 낮은 가격으로 진입하는 것이다. 강력한 구전 창출 및 모방 행동 유도, 진입 장벽 구축, 원가 우위를 확보하고자 할 때의 전략이다. 문제점은 낡은 모델이나 기술에 집착할 가능성, 낮은 품질을 연상할 가능성, 준거가격을 낮출 가능성이 있다.
- 균형가격전략(neutral pricing) : 가격을 경제적 가치와 일치하게 하여 마케팅 수단으로써 가격의 역할을 축소시키는 전략으로 가격 이외의 보다 효과적인 다른 수단에 주력하여 고객들이 가격 대비 가치에 민감하여 고가격전략의 사용이 어려우면서 동시에 경쟁사들이 점유율에 민감하여 침투가격전략의 사용도 어려운 산업에서 많이 사용한다.
- 제품수명주기별 가격전략, 도입기 제품의 가격전략(잠재 구매자들에게 제품의 가치를 주지시킴), 성장기 제품의 가격전략(차별화전략 또는 원가우위전략을 선택), 성숙기 제품의 가격전략(시장점유율의 확대에 주력하는 가격이 아닌 어떤 요인이든 자사가 보유하고 있는 우위를 최대한 활용하는 가격전략 선택), 쇠퇴기 제품의 가격전략(과잉설비를 얼마나 쉽게 제거할 수 있는가에 달림)을 고려한다.
- 경쟁사의 진입이 예상될 때의 가격전략

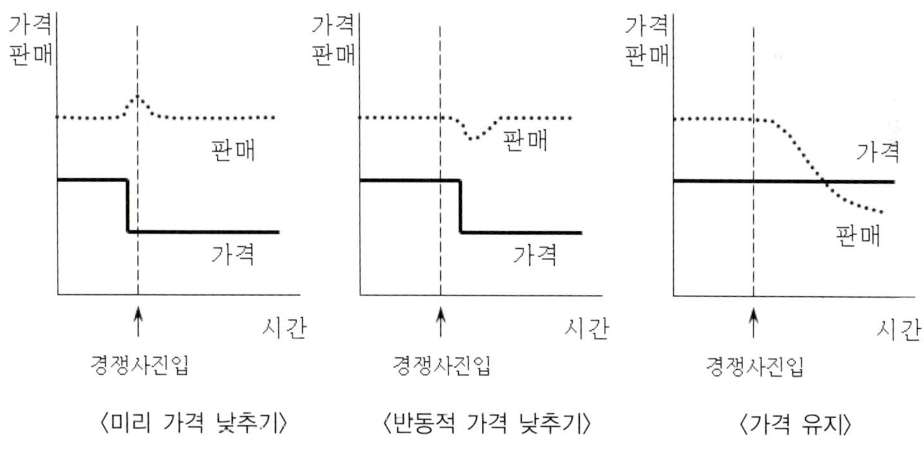

- 묶음가격(bundling pricing)전략 : 한계비용이 적은 상품들을 큰 상품으로 묶어서 제공하는 가격전략으로 각각의 상품을 결합한 묶음상품에 대해 가치가 있다고 생각하는 사람의 수는 각각의 상품에 대해 가치가 있다고 생각하는 사람의 수보다 훨씬 크다는 논리에 따라 묶음가격전략이 효과적일 수 있다. 그러나 한계비용이 매우 적어야 하고 묶음

속에 각각의 상품에 대해 가치 있다고 생각하는 소비자들이 모두 동일인이 아닐 수 있다. 또한 배달비용이 크고, 소비자들이 비교적 유사한 구매성향을 가지고 있을 때 효과가 크다. 순수묶음가격제(pure bundling price)는 통합상품만을 구매할 수 있는 가격제이고, 혼합묶음가격제(mixed bundling price)는 통합상품과 개별상품 중 선택해서 구매할 수 있게 한다. 묶음가격전략의 효과를 반감시키는 위험이 존재하지만 통합상품의 가격이 개별상품의 합보다 저렴하다는 것을 강조하는 준거가격(reference price)의 역할을 해줌으로써 고객들의 반응이 높다.

- 촉진가격정책
  - 복수단위 가격 : 포장단위별
  - 유도가격 : 촉진가치 높은 상품에 저가격 설정
  - 미끼가격 : 특정 메뉴에 저가 설정하여 고객 유도 후 고가 구매로 전환
  - 단수가격 : ex) 999원
- 할인, 수량할인은 다량 구매 시 적용받는 할인으로 대량·반복 구매 유도하는 데 목적이 있고, 판매비가 절약된다. 누적할인은 일정기간 구매량을 달성하면 추가제품을 주가 할인하는 것이다. 현금 할인은 외상(할부) 판매 시 현금 지불 시에 받는 할인이고, 거래 할인은 구매자(판매자)의 마케팅 기능 수행 대가로 받는 할인이다. 계절 할인, 비수기 상품, 자금(조기)회수 목적, 공제 등이 있다.

10 주방설비

1. 섬에 갇히지 않고 고객 가까이서 일하는 주방 만들기

음식점에서 주방은 과연 무엇일까? 주방 안에서 고단한 하루를 보내는 조리사들은 어떤 생각을 하면서 음식을 만들까? 1년에 수백 곳의 주방을 설계하고 장비를 설치하는 일을 업으로 삼고 있는 주방 설비 전문가에게도 늘 고민되는 화두이다.

팔이 저리도록 칼질을 하고, 뜨거운 가스레인지 위에서 구슬땀을 흘리고, 밀려오는 주문을 소화하느라 종종걸음 치다보면 한나절이 어떻게 갔는지도 모르게 된다. 손님들이 뜸해질 때쯤 짬을 내서 뒷문 모퉁이에 쪼그려 앉아 한 모금 담배연기를 길게 내뿜고 있는 이 시대 조리사들의 일상을 필자는 자주 목격하게 된다. 그래서 더없이 따스한 눈으로 그들을 바라보고자 늘 노력하게 된다. 그리고 이렇게 주장하고 싶다. "주방은 음식을 만드는 장소이기 이전에 조리사들이 즐겁게 일하는 터전이 되어야 한다"고.

그러나 어찌하랴. 음식점 주방은 '고객이 주문한 메뉴를 빠르고 정확하게 만들어 내야 하는 생산현장'이라는 숙명을 타고난 것을! 따라서 우리가 만들어야 할 주방은 '효율적인 조리작업장이면서 쾌적하고 편리한 시스템을 갖춘, 말 그대로 두 마리 토끼를 잡을 수 있는 구조'여야 한다. '인간의 얼굴을 갖춘 효율적이고, 기능적인 주방'이야말로 꿈꾸고 실현하고 싶은 것이다.

그런데 현재의 외식업 시장은 바로 이런 주방을 갖추는 것이 가장 경쟁력 있는 음식점이 되기 위한 필수 요건이 되고 있다. 왜 그러한가? 오늘날 외식업의 현주소를 살펴보면 쉽게 그 이유를 알 수가 있다. 오늘의 음식점 경영은 소위 삼중고에 시달리고 있다. 인건비의 상승, 원자재의 상승, 업소 간 경쟁의 격화가 바로 그것이다. 이 중에서 인력의 문제가 가장 심각하다고 볼 수 있다. 인건비가 올라가는 문제 이전에 일 할 사람을 구하는 것 자체가 어려운 상황이다. 대체로 외식업의 근로환경은 타업종에 비해 매우 열악한 상황임을 인정하지 않을 수 없다. 높은 노동강도, 저임금, 장시간 노동시간 때문에 음식점에서 일하려는 사람들이 줄어들고 있다.

따라서 음식점 경영을 잘하기 위해서는 보다 적은 인력으로 보다 높은 생산성을 내는 노력, 즉 '저비용 고효율'의 구조를 만들지 않으면 안 된다. 노동생산성의 향상은 종사자들에게도 시간당 평균임금을 높이는 효과를 가져다주게 된다. 이와 같은 생산성 향상의 핵심이 바로 주방의 구조를 혁신하는 것이다. 그래서 세계적인 외식컨설턴트인 일본의 사까끼요시오는 "음식점의 심장은 주방이다"라고 주장하고 있다.

보통 주방에 장비를 배치하는 유형은 '아일랜드(섬) 방식'과 '백키친(후면주방) 방식'으로 대별할 수 있다. 아일랜드 방식은 과거에 주로 유행했던 유형인데, 주방의 한 가운데에 길고 넓은 작업대를 설치하여 이곳에서 전처리(1차 가공)를 하거나 요리를 그릇과 접시에 담아내는 작업을 하게 된다. 중앙작업대의 오른쪽에는 가스레인지, 튀김기, 중탕기와 같은 장비를 배치하여 '조리 라인'을 구성한다. 그리고 좌측에는 세척공간을, 앞쪽에는 배식대를 배치하는 방식이다. 주방에서 일하는 모든 사람들이 중앙작업대를 중심으로 빙글빙글 돌면서 일한다고 해서 '아일랜드=섬'이라고 불리게 된 것이다.

'섬 방식' 주방의 단점은 우선 작업동선이 길어져서 요리가 빨리 나가지 못한다는 점이다. 모든 요리가 섬(중앙작업대)을 거쳐서 나가야 되기 때문에 느려지게 된다. 뿐만 아니라 조리인원도 많이 필요하게 된다. 아일랜드 주방 구조로 많이 되어 있는 호텔이나 고급 음식점의 경우 책임조리사가 여러 조리사를 거느리고 분업화하여 작업을 진행하기 때문에 많은 인원과 시간이 필요하게 된다.

이와 다른 형태인 '후면주방 방식'은 중앙작업대를 아예 없애버린 구조이다. 대신에 객석을 기준으로 제일 앞쪽에 '서비스 공간'을 배치하여 서버(홀 서빙)들이 기본 찬과 음료를 직접 가져갈 수 있게 배치한다. 그 다음 라인에는 주 요리를 하는 조리 라인을 배치하고, 뒤쪽에 시간제로 일하는 보조요원이 사전준비를 하는 후면주방이 배치된다. 이 구조에서는 한가한 시간대에 미리 사전준비를 하여 주요리 라인 쪽의 서랍식 냉장고 같은 곳에 처리된 식재를 비치해 둔다. 손님이 밀려들면 조리사는 한두 발만 움직여서 미리 준비해둔 재료를 꺼내 즉시 조리할 수 있다. 한편, 전처리 공간을 별도로 분리해둔 '후면주방'의 경우에는 주 조리장의 바닥에 물기가 없어 쾌적한 '마른주방'이 될 수 있지만, '섬방식 주방'은 주 조리장 내에 전처리 공간이 함께 있어 바닥에 물기가 될 가능성이 많다. 실험에 의하면 월 매출이 약 5,000만 원인 음식점의 경우 '섬방식 주방'은 약 6명의 조리사가 필요하지만 이를' 후면주방 방식'으로 변경하면 2명을 줄여 4명만 일해도 된다고 한다. 우리나라의 많은 음식점들은 아직도 '섬방식 주방'구조를 갖고 있다. 특히 한식의 경우에는 김치를 담그고 야채를 다듬어야 하고, 밑반찬을 탁자에 깔아주어야 하기 때문에 중앙작업대가 꼭 필요하다고 고집하는 점주와 조리사들이 유난히 많다. 그러나 이런 생각도 이제부터는 바꾸어줄 필요가 있다. 한식주방의 경우에도 '서비스 공간'을 전면에 배치하고 주조리 열을 집중 배치하여 효율적으로 작업하는 곳들이 속속 등장하고 있다. 조금만 연구해보면 개선할 수 있는 여지가 많은 것이다. 아래의 그림은 '후면주방'으로 설계하여 운영하고 있는 어느 한식당의 예이다.

이제 우리도 더 이상 섬에 갇혀서 일하지 말고 고객과 더 가까이서 조리사들이 보다 편리하고 빠르게 일할 수 있는 후면주방을 만들어 보자. 시간과 인력을 줄이고 회전율을 높일 수 있다. 물론 조리사들도 보다 편리한 주방에서 힘을 덜 들이고 일할 수 있다. 이렇게 해서 점포의 매출과 수익이 높아지고 종사원들의 처우가 개선된다면 떠나려 했던 사람들이 다시 음식점으로 돌아올 수 있을 것이다.

2. 음식점 작업동선과 공간의 배치요령

1) 기능별 공간 나누기(조닝, Zoning)의 중요성

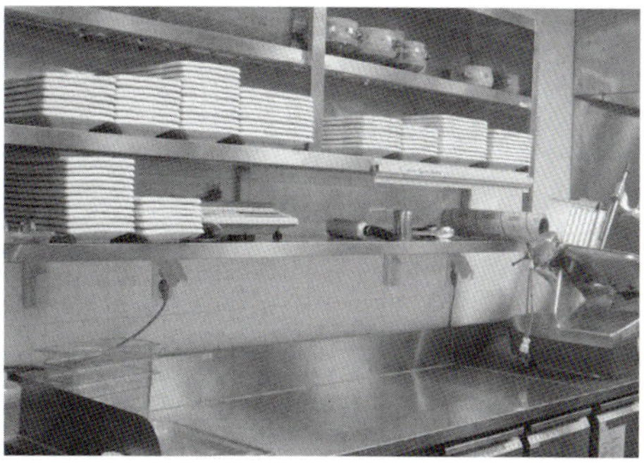

음식점은 고객과의 접점에서 고객이 주문한 음식과 서비스를 제공하는 곳이므로 흔히 식음료서비스업이라고 불린다. 어떤 업종과 업태의 음식점이든지 적절한 기능별 공간의 구획과 배치가 매우 중요하다.

음식점을 맨 처음 설계할 때 기획자는 우선 적당한 공간 나누기(조닝)를 하게 된다. 공간나누기를 할 때 중요한 것은 직원의 동작 동선이 충분히 확보되어야 하고, 전체적인 서비스 흐름을 배려하면서 객석과의 균형을 잡는 것이다.

고객이 우리 매장에 들어와서 직원의 안내를 받고 자리에 앉으면, 직원은 물수건과 물을 갖고 와서 주문을 받게 된다. 고객의 주문이 이루어지면 그 정보는 즉시 주방과 카운터에 알려지게 되고, 주방에서는 빠르게 주문한 음식을 조리하여 해당 서비스 직원에게 알려준다. 담당 서비스 직원은 주문한 음식을 고객에게 제공하고 이후 수시로 고객의 추가 주문이나 요구를 받들게 된다. 식사를 마친 고객은 카운터에서 계산을 한 후 직원의 배웅을 받고 걸어서 또는 차로 돌아가게 된다.

결국 음식점의 조닝은 위와 같은 고객의 단계별 움직임이 마치 물 흐르듯이 편안하고 원활하게 이루어지도록 배치되어야 한다. 음식점 평면을 설계할 때 대체로 점포의 미적 측면

만을 강조하여 물이 흘러야 할 곳에 방해물이 설치되어 있다든지, 고객과 직원이 움직이다가 부딪치게 된다면 곤란할 것이다. 특히 주방에서 홀의 이동이 불편하게 되면 점포 운영에 큰 손해가 발생하게 된다.

이러한 관점에서 음식점에서 일하는데 좋은 기능별 조닝의 주요사항들을 알아보자.

2) 각 부문별 조닝 사례

(1) 안내원의 경우

방문한 고객의 인원수를 바로 파악하고 객석으로 유도하기 쉬운 위치에 있는 것이 이상적이다. 따라서 객석과 홀 전체가 다 바라다 보이는 곳에 있어야 하고, 입구를 마주 보면서 손님이 부르기 쉬운 곳에 있어야 한다.

(2) 홀 서빙의 경우

객석에 유도된 고객을 대하는 직접적인 서비스를 담당하는 것이 주 업무가 되기 때문에 주방과 준비실 및 테이블까지 신속하게 이동할 수 있는 작업동선을 확보해 주어야 한다. 따라서 서비스의 흐름은 팬트리(식품저장고) ⇒ 객석 ⇒ 배식대 ⇒ 팬트리 ⇒ 객석으로 순환되는 것이 일반적이다. 서버들이 계산원(캐셔)의 작업을 겸하는 경우에는 카운터에 인접하고 있는 것은 물론 객석의 식당 상황이 파악 가능한 위치에 배치해야 한다.

(3) 조리장의 작업

객석으로부터 주문을 접수하여 보조 조리사에게 지시를 하면서 전체의 상황에 맞게 작업내용을 조정, 통제하는 일이다. 따라서 조리장은 주방의 중심에 있는 것이 일반적이다. 조리장은 좌우 동작이 적고, 전후 동작만으로 조리와 일이 가능한 곳과 그곳으로부터 객석과 홀의 동작이 확인가능한 곳에 항상 위치하는 것이 중요하다. 한편, 아주 바쁠 때에는 식자재나 식기 등의 보충과 처리를 신속하게 지시하여야 하기 때문에 전처리 공간과 세척공간을 잘 살펴볼 수 있는 위치가 좋다.

(4) 세척공간

객석과 팬트리 공간이 가까이 접하고 있는 곳에 위치하는 것이 좋다. 혼자서 대량의 식기류를 세정하기 위해서는 세척라인이 직선으로 돼 있으면 이동거리가 길어서 불편하다. 이런 경우에는 세척라인을 'L'자형으로 배치하여 작업자의 이동거리를 최대한 줄여주어야 한다.

(5) 퇴식공간

홀 서빙이 테이블을 치운 후에는 퇴식 컨베이어, 퇴식박스, 왜건 등을 이용하여 세척준비대에 전달하는 방법이 가장 깔끔해 보이고 편리하다. 특히 이런 방법은 단체급식 또는 단품

메뉴를 한꺼번에 많이 제공하는 음식점에서 사용하기에 적합하다. 코스요리를 시간전개형으로 서빙하는 경우에는 홀 서빙들이 전채요리-주요리-후식을 순차적으로 고객에게 가져다 주고 다음 요리를 제공할 때 빈 접시를 치우기 때문에 그때마다 홀서빙이 세척공간에 직접 전달하는 방식이 좋다.

3. 음식점 주방시설 설계의 기본

1) 음식점 주방을 알면 돈이 보인다

음식점 오픈과 경영에서 제일 어려운 부분 중 하나가 바로 주장의 설계와 시공이다. 주어진 공간에서 어디에 주방 위치를 잡는 것이 좋을까? 주방 면적은 어느 정도가 적합할까? 주방을 어느 정도 개방시킬까? 조리사 및 주방인원은 몇 명이 적당할까? 장비의 배치는 어떻게 할까? 어떤 장비를 선택할까? 등 고민하고 연구해야 할 것들이 한두 가지가 아니다.

주방의 장비는 대체로 무겁고 크고 비싼 것들이 대부분이다. 따라서 한번 잘못 설계된 주방의 구조나, 잘못 선택된 장비로 인해서 주방의 생산성이 크게 떨어지고, 들이지 말아야 할 비용을 지출하는 경우가 허다하다. 이것은 고스란히 업주가 가져갈 수 있는 이익을 줄어들게 만드는 원인이다. 만약 음식점의 경영자나 직원들이 주방의 설계와 장비의 배치 및 유지관리에 대한 기본적인 이해만 갖고 있어도 이런 불필요한 낭비를 줄이고 이익을 극대화할 수 있을 것이다.

보통 음식점의 매출에서 식재료비와 인건비가 차지하는 비중은 55%에서 70%에 달한다. 결국 이 두 주요 지출항목이 그 음식점의 이익과 손해를 결정짓는다. 특히 음식점 시설의 효율적인 설계는 '인건비의 절감'에 결정적인 영향을 미친다. 아래는 어느 프랜차이즈 음식점에서 주방과 관련 시설의 배치(레이아웃)를 같은 비용을 들이면서도 보다 효율적으로 변경하여 보조 조리사와 서빙 인력을 1명씩 줄였을 때 연간 약 3,400만 원, 감가상각 기간인 5년간 약 2억에 가까운 이익을 얻을 수 있음을 보여주는 표이다.

〈표 10-1〉 효율적 설계로 인한 인건비 절감(AFC음식점 사례)

보조조리사 1,500,000원/월 × 12	18,000,000원
홀 직원 5,000원/시간 × 40시간 × 50주	10,000,000원
소 계	28,000,000원
부가비용(4대 보험 등) 18%	5,040,000원
유니폼, 2인	200,000원
종업원 식비	2,000,000원
종업원 2인의 연간 비용	35,240,000원
5년간 절약 비용	176,200,000원

2) 효율적인 주방설계의 원리

식음료 시설설계의 궁극적인 목적은 고객만족과 이익의 극대화에 있다. 훌륭한 설계는 빠르고 정확하게 고품질의 음식을 조리할 수 있게 해준다. 또한 위생적이며, 안전해야 하고, 각 재료와 사람의 흐름이 마치 물 흐르듯 막힘이 없이 이루어지게 해야 한다. 효율적이고, 효과적인 주방(또는 식음료 시설) 설계의 몇 가지 원리를 살펴보자.

(1) 유연하게 그리고 규격화하자.

음식점에서 사용하는 대부분의 주방기구는 스테인리스 재질의 제품이다. 스테인리스는 마모되거나 녹슬지 않으며, 물이 스며들지도 않고 청소하기도 쉽다. 하지만 무겁고 마음대로 그 모양을 변경할 수 없다는 단점이 있다. 외식사업에도 유행이 있다. 고객의 취향이 변하면 우리는 이에 맞춰 메뉴를 바꾸거나, 서비스나 운영방법을 신속하게 바꿀 수 있어야 한다. 만약 튀김기를 새로 넣어야 할 경우 약 60cm의 공간이 필요하다. 그런데 주방에 있는 작업대를 210cm 길이 하나로 제작하여 설치했다면 이를 통째로 빼내야 한다. 그러나 만약 150cm와 60cm 두 개를 붙여 놓았다면 60cm 작업대 하나만 빼내면 될 것이다. 홀의 문, 탁자와 마찬가지로 가스레인지, 냉장고, 카트, 작업대, 싱크대 등의 주방기구도 60cm, 90cm, 120cm, 150cm, 180cm 등으로 규격화하여 이를 조합하여 설계하고 배치하는 것이 비용을 최소화하면서 재배치할 수 있는 방안이 될 것이다.

(2) 단순화시켜라.

주방기구가 어지럽게 배치되었을 경우 비위생적일 뿐만 아니라, 조리사의 작업효율을 떨어뜨려 결국 고객의 대기시간이 길어지게 만든다. 따라서 모든 장비의 배치는 간단명료하여야 한다. 가장 빈번한 작업이 이루어지는 가스레인지 주변은 깔끔하고, 반듯한 선이 나오도록 배치해야 한다. 기름이나 오물이 나오는 스팀솥과 같은 장비는 바닥에 세우지 말고 벽에 매달아 설치하는 것이 사용 및 청소가 쉽다. 또한 모든 기구는 가급적 삐죽 튀어나오는 부분이 없어야 한다. 각종 배관과 결선은 관리하기 어려운 바닥보다는 장비 뒤 벽쪽으로 모아주는 것이 좋다. 또한 장비에는 복잡한 부속장치를 최소한으로 부착하여야 하고, 직원들의 이동을 위한 통로를 충분히 확보해야 한다.

(3) 관리하기 쉽게

과거의 주방은 여러 개의 벽이나 파티션으로 나뉘어 있는 폐쇄형이었다. 이것은 작업자 간의 의사소통을 막고, 한 사람이 여러 기능을 수행할 수 없게 하는 비효율적인 구조이다. 이에 따라 최근에는 약 120cm 높이의 반(半) 벽을 치거나 아예 벽을 제거한 개방형 구조를 선호한다. 또한 주방 내부와 홀 간에도 바닥의 높이를 같게 하고 턱을 없애 원활한 이동과 소통을 가능하게 하는 추세이다.

(4) 공간을 효율적으로 활용하자.

식음료시설 설계는 공간의 효율적인 배치와 활용이 그 전부라고 해도 과언이 아니다. 대개의 경우 우리나라 음식점의 경영자는 홀의 테이블(좌석수)을 먼저 생각하고, 주방은 그 다음에 고려하는 경우가 많다. 비록 작지만 짜임새 있게 배치된 주방은 조리사가 즐겁게 일할 수 있는 공간이 되지만, 너무 비좁은 주방은 조리사를 짜증나게 하고 일의 능률을 크게 해치게 된다. 작업공간, 세정공간, 저장공간, 통로 등 반드시 존재해야 할 주방의 필수 공간에 대한 적정한 할당이야말로 좌석 몇 개가 더 늘어나 그만큼 고객이 채워지는 것보다 훨씬 큰 이익을 준다는 사실을 잊어서는 안 될 것이다.

4. 외식업 매장의 주방도면

하나의 외식업 매장을 오픈하려면 챙겨야 할 것들이 수백 가지에 이른다. 메뉴를 기획해야 하고, 직원들을 채용하여 교육 및 훈련을 시켜야 하고, 각종 홍보 판촉물도 챙겨야 한다. 점포의 공사를 위해서는 인테리어와 주방의 도면을 보아야 하는데 이것이 생각보다 어렵다.

음식점 주방의 경우에는 보통 주방기구회사의 전문 설계사들이 캐드 등의 프로그램을 활용하여 우선 레이아웃(기구배치도) 설계부터 진행한다. 기구배치도는 점포의 주어진 주방공간에 조리기구들을 적절하게 배치해 놓은 그림이라고 보면 된다. 그런데 이 그림을 그려내기가 사실은 쉽지 않다. 우선 그 점포의 업종과 업태를 정확히 파악해야 한다. 한식당인가, 중식당인가 혹은 이탈리안 음식점인가에 따라 주방의 생산방식이 다르고, 객단가 및 서비스 수준에 따라 장비의 수준 또한 달라지는 것이 일반적이다.

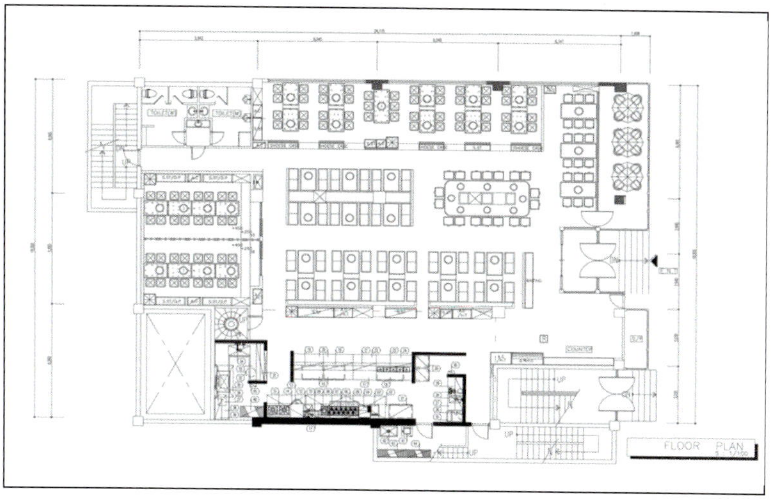

[그림 10-1] 일반 한식당 설계도

다음으로 점포에서 판매하고자 하는 메뉴를 분석해야 한다. 즉 어떤 음식을 주방에서 어떤 방식으로 조리할 것인지에 대한 파악이 중요하다. 그 다음에는 각 상품을 조리하기 위해 필요한 조리기구들을 어떤 것으로 할 것인지를 정해야 한다.

이런 사전 검토를 바탕으로 몇 명의 주방 인력이 어떻게 역할을 나누어 일할 것인지를 머릿속에 그리면서 기구의 배치를 하게 된다. 설계사가 1차로 그려놓은 배치도를 갖고 해당 점포의 조리책임자들과 수차례의 모의실험(시뮬레이션)을 하면서 수정 보완을 해서 그 완성도를 높이게 된다. 기구배치도가 완성되면 설계사들은 다음 단계로 '설비 배치도'를 설계하게 된다. 이 설비 배치도에는 각 조리기구들이 작동할 수 있게 필요한 전기, 수도, 가스, 배수, 환기 등의 관련 설비를 어떻게 해주어야 하는지를 정확하게 표기해놓은 도면이다. 사람으로 비교하자면 심장, 손과 발, 얼굴처럼 중요한 각 신체 부위들이 제 위치에 놓여 있는 것이 '기구 배치도'라면, '설비도'는 각 신체부위들이 원활하게 작동하기 위해 연결하는 혈관과 신경회로도라고 보면 될 것이다. 준수한 하나의 생명체의 모양이 그려졌듯이 주방의 기구배치도와 설비도가 만들어지고 나면 이제부터는 진짜 실물을 만들기 위한 '기구제작도의 시방서'를 그려야 한다.

예를 들어, 작업대 하나를 만들더라도 그 가로세로의 크기와 높이 그리고 받침대 및 조정발을 어떻게 만들지부터 어떠한 재질을 사용할 것인지 등에 대한 상세한 정보를 담은 제작도를 그려야 한다. 이것은 마치 인공심장을 만드는 것처럼 아주 정확하고, 세밀한 정보를 담고 있어야 한다. 외식업 매장을 열려는 책임자들은 적어도 이상 세 가지의 도면 즉 '기구배치도, 설비도, 제작도'를 보고 이것을 읽어낼 수 있어야 하고, 자신의 점포에서 사용하기 적합한 기구들인지를 세밀하게 살펴보아야 할 것이다.

그런데 우선 '기구배치도'를 읽는 것부터가 낯설기 짝이 없는 경우가 대부분이다. 왜냐하면, 대부분의 '기구배치도'는 소위 '심벌(상징물)'들로만 평면에 배치되어 있어서 실물 모양을 연상해내기가 쉽지 않기 때문이다. 위에 소개되어 있는 도면은 어느 한식당의 '기구배치도'이고, 아래의 그림은 보다 쉽게 이해하기 위해 실물 사진과 심벌을 나란히 배치해 놓았다. 심벌들은 대부분의 경우 실물을 위에서 내려다본 모양을 가능한 이해하기 쉽게 그려놓은 것으로 보면 되겠다. 이처럼 실물과 심벌을 비교 연상하는 훈련을 조그만 해보면 주방도면을 보기가 한결 수월해질 것이다.

하나의 완성된 주방에는 설계사와 주방장의 수없는 고민과 연구가 담겨 있기 마련이다. 이 땅의 설계사들은 더 나은 주방을 설계하기 위해 숱한 밤을 지새우기도 한다. 그러나 안타까운 것은 이런 설계사들의 창조의 노력은 일선 현장에서 인정받지 못하고 묻혀버리는 경우가 허다하다는 사실이다.

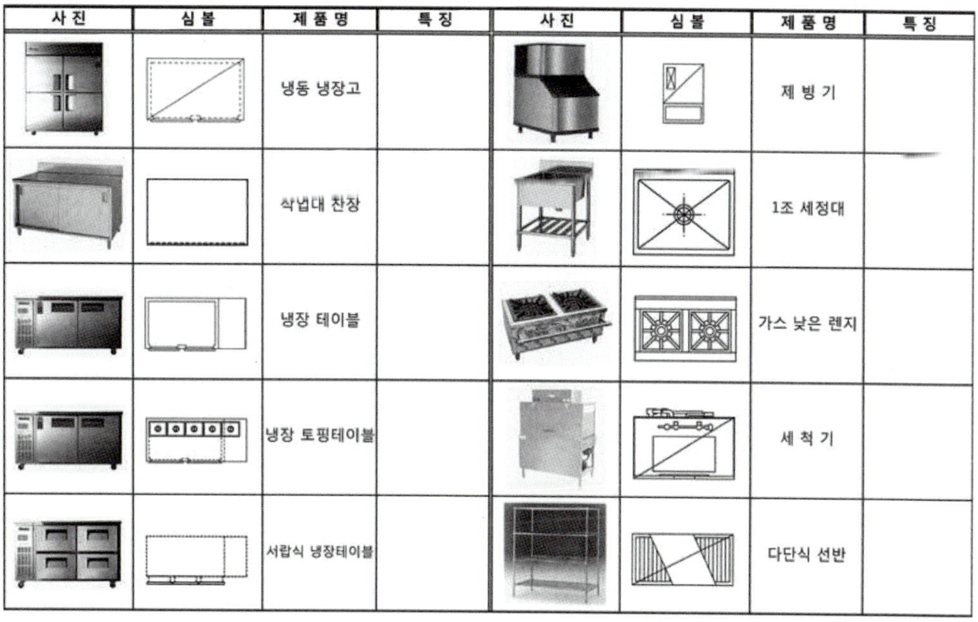

[그림 10-2] 주방기구 심벌

5. 인체공학과 주방

조리사들이 주로 일하는 공간인 주방은 그동안 고객에게 보여주기 싫은 공간이었다. 또한 경영자들에게도 주방은 홀에서 고객이 주문하는 음식을 만들어 주는 숨어있는 작업장으로 인식되곤 했다. 그러나 최근 들어 이러한 고정관념은 점차 깨지고 있다. 필자가 앞서도 언급하였듯이 주방이야말로 점포의 이익을 비약적으로 향상시킬 수 있는 핵심공간이다. 이제부터라도 음식점의 주방을 '따스한 애정과 과학적 관심'의 시각으로 바라봐 줄 것을 다시 한 번 당부드리며, 인체공학 주방공간의 중요성에 대해 알아보자.

1) 효율적인 주방공간 확보의 중요성

일반적으로 작업공간을 설계할 때 가장 크게 고려하는 것이 바로 '인체공학'이다. 주어진 공간을 활용하여 각종 기기(장비)를 다루는 주체는 바로 사람이다. 따라서 일하는 사람을 얼마나 편하고 안전하게 해줄 것인가를 연구하는 것이 바로 인체공학이라고 할 수 있다.

음식점 주방도 예외일 수는 없다. 일하기 편하고 안전한 조리장의 구성은 생산성 향상에도 커다란 효과를 발휘한다. 최근 몇 년간 필자의 회사가 설계한 음식점들의 주방면적을 보면 점차 공간이 작아지는 경향이 있다. 왜일까? 높은 임대료의 부담 때문에 홀 공간과 좌석을 최대한 늘이고자 하는 욕구와 전처리와 반가공된 식자재를 받는 비율이 지속적으로 늘어나고 있기 때문이다. 그러나 좁은 공간에서도 더 효율적인 구성과 장비의 배치를 하는 설계능력의 향상 그리고 조리사들의 적응력이 높아질 수 있다는 점을 강조하고 싶다.

깊은 바다 속을 누비고 다니는 잠수함의 경우를 생각해 보자. 잠수함에서도 사람은 산다. 잠수함의 승무원도 밥은 먹어야 하기에 좁은 공간이지만 주방을 만든다. 좁고 기형적인 공간을 최대한 활용하여 튼튼하고 꼼꼼하게 조리장비를 설치한다. 그들은 공간의 활용과 인체공학적 접근을 최대한으로 할 수밖에 없었을 것이다. 잠수함의 승무원들이 아직 밥을 굶고 있다는 충격적인 뉴스가 없는 것을 보면, 잠수함 주방의 원리로부터 우리가 배울 점이 참 많겠다는 생각이 든다.

주방에 배치된 조리장비와 소도구들이 사용하기에 불편하다면 조리사들은 즐겁게 일하지 못하고 짜증스러워질 것이고, 그 피해는 고객과 점포의 수익에 고스란히 반영될 것이다. 주방이 종업원의 만족도와 안전 및 생산성을 높일 수 있는 고도의 인체공학적 공간이 되어야하는 이유가 바로 여기에 있다.

그렇다면 주방이 이런 공간이 되려면 과연 어떻게 해야 할까? 효율적인 작업공간의 구성, 충분한 통로의 확보, 작업하기 적당한 장비의 구조와 높이 및 배열, 다루기 쉬운 도구의 재질, 적당한 온도와 습도, 소음의 조절, 적절한 조명 등이 각 공간에 세밀하게 고려되어 설계되어야 한다.

먼저 효율적인 공간을 할당할 때 고려할 사항은 해당 공간에서 몇 명의 주방인력들이 일을 해야 하는지, 그 공간에는 어떤 장비가 얼마나 놓이게 되는지, 장비의 문을 열고 청소를 할 때 어느 정도의 여유 공간이 필요한지, 해당 공간에서는 어떤 메뉴를 만들어내는지, 어떤 식재료나 도구를 얼마나 보관해야 하는지 등이다.

2) 철저히 계산된 조리작업 공간 설계의 필요성

아래 표는 작업공간의 유형별로 일반적으로 필요한 통로의 폭을 보여준다. 가장 번잡한 주 통로는 대략 1.5m 내외의 폭이 확보되는 것이 좋다. 이 주 통로는 저장창고에서 조리대까지 또는 조리된 음식을 서비스공간까지 이동하기 위해서 사람과 물자가 가장 많이 이동하는 공간이다.

〈표 10-2〉 조리장의 특성별 통로와 폭 출처

조리작업 공간의 특성	필요한 통로의 폭
몇 개의 장비가 일렬로 배치된 단일 통로	700 ~ 900mm
장비가 양렬로 배치된 중앙 통로	1,100 ~ 1,400mm
일부 장비가 돌출되게 배치된 단일 통로	1,100 ~ 1,400mm
일부 장비가 돌출되게 양렬로 배치된 중앙 통로	1,400 ~ 1,800mm
작업자의 이동이 적은 통로	900 ~ 1,200mm
작업자의 이동이 많은 주 통로	1,200 ~ 1,800mm

* Design and layout of foodsrvice facilities

만약 이 통로가 1.2m 이하인 경우에 여닫이문이 있는 냉장고가 배치되어 있다면 사람의 이동을 크게 방해하게 될 것이다. 따라서 여닫이문이 있는 냉장고, 오븐 등과 같은 장비가 배치되어 있는 경우에는 1.2m 이상으로 폭을 설계해야 한다. 그렇다고 무턱대고 폭을 너무 넓게 잡아주는 것 또한 공간을 낭비할 뿐만 아니라, 작업자들이 더 많은 발걸음을 해야 하기 때문에 비효율적이다.

결국 평면을 설계한 다음에 그곳에서 발생하는 상황을 가상해서 연구하여 가장 적절한 통로의 넓이를 확정해야 한다. 이런 시뮬레이션을 보다 효과적으로 하기 위해서는 주방을 2차원 또는 3차원으로 설계하여 보는 것 또한 크게 도움이 될 것이다.

6. 음식점 전처리 시설공간의 설계

음식점의 주방은 크게 몇 개의 기능별 공간으로 구성하는 것이 일반적이다. 물론 그 음식점의 업종과 업태, 제공하는 메뉴, 서비스 방식, 식자재의 조달방식, C.K(Central Kitchen, 중앙공급식주방)의 가동여부 등에 따라 각 공간의 구성과 배치 그리고 사용하는 주방기구가 달라진다. 그럼에도 불구하고 반드시 거쳐야 할 공정과 기능이 있기 마련이다. 이런 기능별 기준으로 보면 음식점은 '식재의 반입 및 저장공간', '전처리 공간', '조리공간', '배식공간', '퇴식 및 세척공간' 등 이상 5곳의 핵심 공간이 존재한다고 보아도 무방할 것이다.

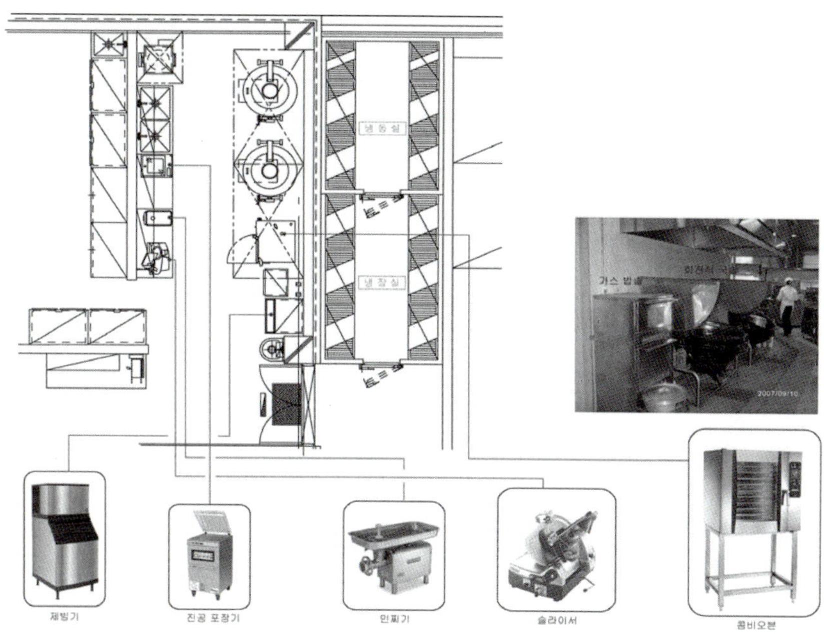

[그림 10-3] 조리공간 설계도

이 공간들의 배치는 대체로 외부에서 식자재가 주방으로 반입되고, 이것이 다듬어지고 조리되어 고객에게 제공되고, 그 다음에 상을 치운 후 나온 잔반과 그릇들을 세척하고 정리하는 일련의 과정이 가장 원활하게 이루어지도록 배치하게 된다. 여기서는 이른바 '전처리 공간'의 구성과 그 특성에 대해서 알아보고자 한다. 지면에서 보여주고 있는 그림은 어느 휴게식당의 주방 중에서 저장 공간과 전처리 공간의 배치도면과 그 공간에서 사용하고 있는 주요 조리기구들의 모습을 표현해 놓은 것이다.

일반적으로 전처리 공간은 창고형 냉장냉동고와 같은 저장시설과 바로 맞닿아 있다. 전처리공간의 기능은 고객이 주문한 메뉴를 최종적으로 조리하여 고객에게 제공하기 이전에 이를 준비하기 위한 사전 처리작업을 위한 공간이라고 볼 수 있다. 즉 식재의 저장과 조리의 사이에 놓여 있는 징검다리 역할을 하는 공간이라고 보면 되겠다. 따라서 이 전처리 실에서는 식재를 씻고, 다듬고, 자르고, 다지는 작업들이 이루어진다. 물론 미리 밥을 해놓거나 대량으로 국, 소스 등을 끓여놓기도 한다.

이렇게 1차 조리된 재료들은 분류 통에 담거나 포장하여 조리공간의 냉장고나 기타 간이 저장기구에 넣어둔 다음에 고객의 주문이 오면 즉시 꺼내서 조리하게 된다. 전처리 공간에서 주로 사용하는 기구들은 그림에서 보이는 것들이다. 우선 밥솥, 회전식 국솥 또는 국을 끓이는 케틀, 다기능 조리기인 콤비스팀머 등이 사전 대량 조리를 가능하게 하는 도구들이다.

식재를 씻고 다듬기 위한 세정대와 작업대, 칼, 도마는 필수적인 도구들이다. 다음으로 고기나 야채류를 가늘게 썰거나 분쇄하고 다지는데 사용하는 슬라이서, 푸드커터, 민찌기 등의 가공기기류들이 배치된다. 그 밖에 반죽기, 믹서와 같은 배합기구들도 자주 사용된다. 물론 용도에 따라 다량의 식자재를 빠르게 처리하기 위한 특별한 가공기구들이 점포의 필요에 따라 사용된다. 예를 들어, 감자, 고구마와 같은 구근류의 껍질을 벗기기 위한 탈피기, 파, 무, 당근과 같은 조미채소나 근채류를 대량으로 균일하게 자르기 위한 야채 절단기, 벼를 빻아내기 위한 정미기, 쌀을 씻기 위한 세미기와 같이 각 용도에 적합한 전처리 기구들을 사용하게 된다. 이와 같은 전처리 공간의 크기를 결정하는 요소는 무엇일까? 특정한 전처리 작업이 사용빈도가 아주 낮거나 생산 요구량이 매우 적은 경우에는 해당 기구를 구입하여 설치하는 것이 오히려 낭비일 것이다. 이런 경우에는 손으로 작업하거나, 가공된 식재료로 받는 것이 좋을 것이다. 최근 우리나라 각 음식점 주방의 전처리 공간은 대체적으로 그 규모가 줄어들고 있다.

그 이유는 크게 2가지로 볼 수 있다. 우선 다점포를 갖고 있는 프랜차이즈 음식점들이 많아지기 때문이다. 이들 프랜차이즈 음식점들은 중앙공급식주방(CK)을 만들어 이곳에서 필요한 전처리를 하여 진공 포장한 다음 각 점포에 배송하기 때문에 점포에서 직접 1차 조리를 할 필요가 줄어들게 된다.

다른 한편으로는 가공식자재 공급 유통망의 발전을 들 수 있겠다. 과거 식자재의 유통은 원산물을 그대로 공급하는 구조여서, 각 점포에서 1차 가공을 반드시 해야 했지만 이제는 각 점포에서 원하는 모양과 크기 및 상태별로 1차 가공을 하여 공급하는 식자재 회사들이 늘어나고 있다.

전처리 공간에서 1차 조리작업을 할 때 특히 주의할 것 중 하나는 위생과 안전이다. 전처리 공간은 외부 오염구역과 맞닿아 있기 때문에 이들 오염원을 차단하고 안전하게 식재를 가공할 수 있는 장치를 구비해야 한다. 따라서 전처리 공간의 입구에는 포충기, 발판소독기 및 손소독기, 에어샤워룸 등의 위생도구를 설치하여 운영하는 경우도 많다. 한편 전처리 공간에서는 대부분 원상태의 식재를 대량으로 빠르게 다루는 경우가 대부분이어서 안전사고의 위험이 상대적으로 높은 곳이기도 하다. 따라서 작업 중의 안전성을 높이기 위해서는 장비의 배치가 반듯하게 정렬되어 있어야 하고, 충분한 이동통로를 확보해야 한다. 또한 바닥이 미끄럽지 않게 미끄럼방지 타일을 깔고 깨끗하고 마른 상태를 늘 유지하도록 관리해야 할 것이다.

7. 낭비를 줄이는 주방시설 설계 - 린시스템

요즈음 음식점 경영자가 겪어야 하는 고충은 전에 비해 여러 측면에서 점점 커지고 있다. 경기는 불황이어서 소비자는 외식비를 줄일 뿐만 아니라, 더 까다롭게 점포를 선택하는 경향을 보이고 있다. 업소들 간의 경쟁은 치열해지고, 식재료비와 인건비의 상승으로 그야말로 4중고에 시달리는 형상이다.

이처럼 치열한 경쟁국면에서 어떻게 하면 "비용을 줄이고 효율을 높여서 단위 수익률을 높일 것인가"가 음식점 경영에서 당면한 중요한 고민거리일 수밖에 없다. 그런데 정작 줄여야 할 것은 줄이지 않고 업소의 근간을 뒤흔들 수 있는 핵심요소를 포기하는 실수를 저지르는 경우가 허다하다. 예를 들어, 필수인력을 내보내 버린다든지, 반드시 교체하거나 보수해야 할 시설과 장비를 외면해버리는 경우 당장 돈이 안 들어가더라도 머지않아 업소의 품질을 떨어뜨리고, 그나마 찾아오는 고객의 발길을 되돌리게 하는 최악의 사태를 맞이하기도 한다.

따라서 양적인 비용의 축소보다는 오히려 '시스템을 보다 좋게 하여 효율을 높이는 것'이 중요할 것이다. 즉 같은 비용을 들이더라도 한 사람이 보다 짧은 시간에 보다 많을 일을 한다든지, 고객의 이동을 보다 원활하게 해주어서 점포의 회전율을 높일 수 있다면 이것이야말로 가장 효과적인 비용절감 전략이 될 수 있을 것이다.

이러한 시스템을 소위 '린(Lean)시스템'이라고 부른다. 린시스템은 세계 최고의 자동차회사로 질주하고 있는 일본의 도요타자동차의 생산관리체제로부터 나온 경영기법이다. '린(Lean)'의 사전적 의미는 '얇은, 마른' 혹은 '(비용을)절감한'이란 뜻을 가지고 있다. (식)자재구매에서부터 생산(조리), 재고관리, 서비스에 이르기까지 모든 과정에 낭비를 최소화하여 최적화한다는 개념이다. 즉 불필요한 것들을 찾아내 제거하고 개선하는 '낭비제거 경영'인 것이다.

요즘 인기를 끌고 있는 (해산물)음식점의 샐러드바를 예로 들어보자. 어떤 뷔페식당의 샐러드바는 아래의 그림처럼 일렬로 배치되어 있다. 이런 경우 고객은 앞뒤 양면으로 길게 늘어서 있게 된다. 샐러드바를 통과하는 고객의 대기행렬이 길어지고 한군데에 사람들이 몰리는 병목현상이 일어난다. 떨어진 음식을 종업원이 보충하는 동안 고객은 또 기다려야 한다. 이러다보니 고객들은 한꺼번에 많은 음식을 담아가게 되고 당연히 버리는 잔반이 많아지게 된다.

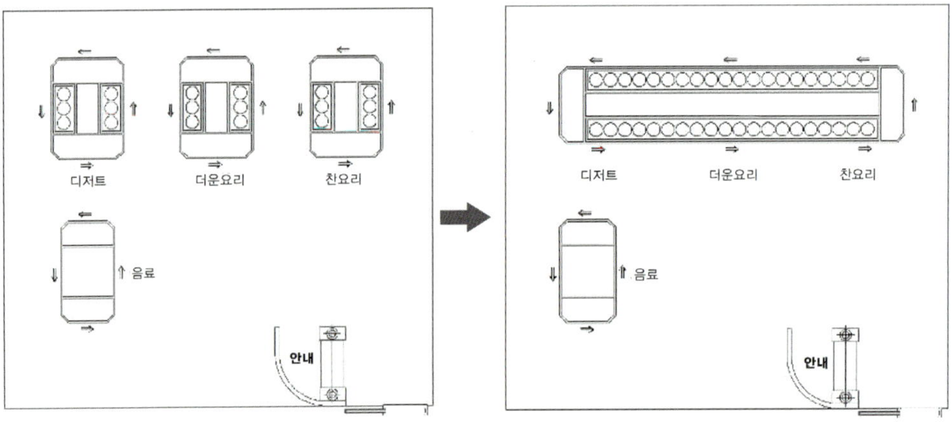

[그림 10-4] 뷔페식당 샐러드바 배치도

그래서 오른쪽 그림처럼 범주별로 나누어서 배치(셀형 배치)하는 개선안들이 최근에 나오고 있다. 이 경우에 고객은 4면으로 접근이 가능하고 원하는 음식을 적당량만 빠르게 담아갈 수 있게 된다. 고객의 이동시간은 훨씬 짧아지고, 낭비되는 잔반량도 크게 줄어들게 된다. 고객의 만족도는 높아지고 회전율도 높아져 업소의 수익률 또한 높아진다. 이처럼 생각을 바꾸면 음식점에서도 얼마든지 효율적인 '린시스템'의 적용이 가능하다.

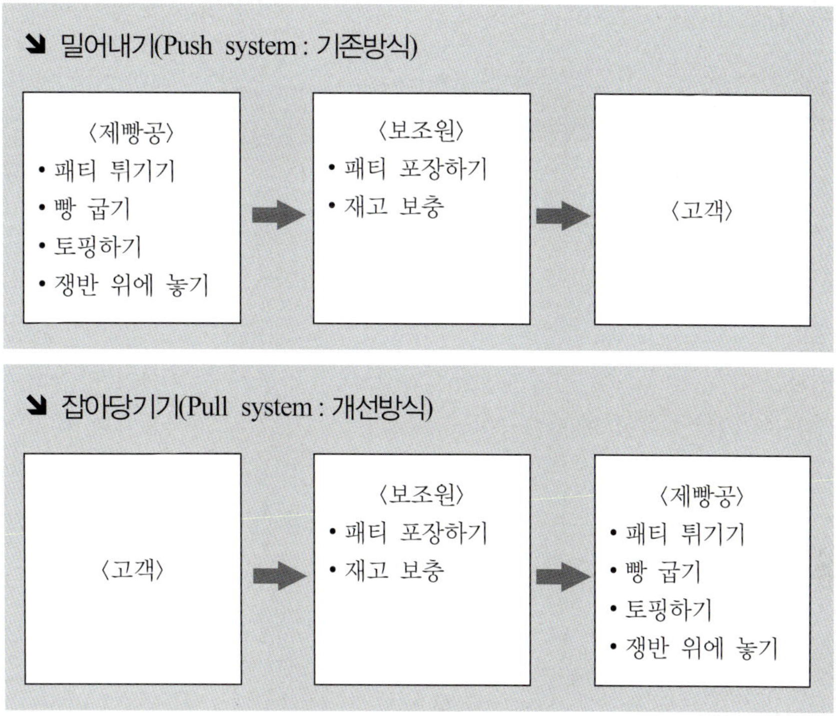

[그림 10-5] 린시스템 도

위의 그림은 린시스템을 도입한 맥도날드의 사례이다. 여태까지는 제빵공이 햄버거를 조리하여 보조원에게 넘기면 보조원이 포장하여 따뜻한 보관통에 놓는다. 미리 생산한 햄버거는 고객이 주문하면 그때야 팔리게 되는데, 맥도날드는 제품의 신선도를 유지하기 위해 10분이 지나면 남은 햄버거를 폐기하게 되어 낭비가 발생한다. 이것을 반대의 흐름으로 바꾸어보았다. 고객이 주문하면 보조원이 포장하여 판매하고 꼭 필요한 양만큼 보조원의 신호에 의해 제빵공이 햄버거를 조리하게 된다. 이처럼 꼭 필요한 시기에 필요한 양만큼만 만들어 즉시 제공하는 '적시생산(Just-in time)' 시스템의 도입으로 재고의 발생과 폐기를 최소화시킬 수 있게 된 것이다.

위 두 사례 외에도 음식점의 시스템을 개선할 수 있는 여지는 얼마든지 널려있다. 이제 내 점포를 새로 창업하거나 이미 운영하고 있는 점포의 비효율적인 요소가 어디에 있는지 한번 찾아보자. 주방의 경우에는 특히 마치 자동차공장처럼 매우 정교한 생산구조를 갖고 있어서 '린(Lean)'의 적용이 비교적 쉽게 될 수 있다. 물론 이런 관점을 갖고 있는 주방업체와 전문가의 도움을 받는다면 우리 음식점의 큰 고민거리인 '효율의 극대화'를 보다 쉽게 할 수 있을 것이다.

8. 냉동, 냉장기구에 대하여

음식점에서 사용하는 냉기구류는 여러 종류가 있다. 저마다 사용방법과 용도가 다르다. 그런데 아직까지 음식점에서 사용하는 주방기구들은 여러 사람들이 공통으로 사용하는 정확한 명칭이 없어서 헷갈릴 때가 많다. 예를 들어, 주로 생선을 굽는 기기인 '구이기'의 경우에도 부르는 명칭이 제각각이다. '생선구이기', '살라만다', '어소기', '야끼바' 등 영어식, 일본식 용어들을 마구 섞어 쓰고 있다. 냉기구류의 경우에도 마찬가지인데 대부분의 조리기구들이 미국과 유럽 그리고 일본으로부터 들어와서 사용되기 시작하다 보니 이에 적합한 우리말 용어가 없어서 곤혹스러울 때가 많다. 이런 한계를 인정한 범위 내에서 필자 나름대로 용어를 정리하여 설명해보고자 한다. 우선 음식점에서 가장 많이 사용하는 냉기구류는 '상자형(Reach-in) 냉동냉장고'이다. '상자형 냉장고'는 손으로 문을 열어서 식재를 저장하거나 꺼낼 수 있는 냉장고를 통칭하는데 냉각방식에 따라 '간접냉각식', '직접냉각식' 냉장고가 있다. '직접냉각식'은 냉각파이프를 통해서 차가운 냉기를 발산하는 방식인데 파이프 주변부터 먼저 냉각이 되고 성에가 끼는 단점이 있어서 최근에는 사용빈도가 낮다. '간접냉각식'은 '순환냉각식'이라고도 불리는데 냉각기에서 송풍기(Fan)로 차가운 공기를 강제적으로 뿌리는 방식인데 냉각속도가 빠르고 성에가 끼지 않는 장점이 있어서 최근 많이 사용하고 있다. 반면에 송풍기에 의한 소음이 조금 있을 수 있고, 바람에 의해 수분 증발이 많아 밀폐용기에 식재를 담아서 보관해야 한다.

구조물의 방향에 따라서는 '직립형(Upright) 냉장고'와 '탁상형(Table, chest) 냉장고'가 있다. 직립형 냉장고는 보통 업소용 냉장고로 불리는 가장 흔히 보는 냉장고인데, 통상 180cm의 높이와 80cm의 폭으로 되어 있다. 이 직립형 냉장고는 오래 전부터 저장용량에 따라 25박스(Box), 45박스, 65박스 이상 3종류로 분류하여 생산 유통되고 있다. 여기서 25박스란 과거에는 한 자(약 30cm)의 세제곱을 부피(약 27리터)의 기본단위로 해서 단위 용량의 25배(약 675리터), 45배(약 1,215리터), 65배(약 1,755리터)의 체적이 되게 만들어 여기에 각각 여닫는 문을 2개, 4개, 6개씩 달아서 사용하면서부터 불리게 된 용어이다. 하지만 오늘날은 미터법을 도량형의 기본 단위로 채택하고 있기 때문에 앞으로는 리터 단위로 구분하는 것이 좋겠다.

'탁상형 냉장고'는 흔히 '테이블 냉장고'라고 불리는데 수평으로 길게 놓을 수 있고, 상판은 작업대로 활용하는 냉장고이다. 높이가 85cm이고, 폭은 75cm이며, 길이는 통상 90, 120, 150, 180cm로 되어 있다. 직립형 냉장고는 탁상형 냉장고에 비해 냉각 효율이 다소 떨어지지만 높이는 바닥 면적을 적게 차지하고 식재를 넣고 빼기가 간편하며 해동하기도 좋다.

반면에 탁상형 냉장고는 바닥면적을 넓게 차지하는 단점이 있으나 상부 공간을 활용할 수 있어서 보통은 서랍을 달아서 제작한 제품의 경우 조리열에 배치하여 주문한 메뉴를 즉석에서 꺼내서 활용하기 좋다.

한편 '상자형 냉장고'는 문을 열 수 있는 방향에 따라서 '한 문형(One door)'과 '양문형(Pass-throughs)'으로 분류할 수 있다. 양문형 냉장고는 보통 주방과 객석 접점부에 설치하여 양쪽에서 문을 열어 사용하는 방식이다. 최근 들어 보다 적은 인력과 시간을 사용하고자 하는 효율성에 대한 요구가 높아져 양문형 냉장고의 사용빈도가 높아지고 있다.

[그림 10-6] 상자형 냉장고, 탁상형 냉장고, 창고형 냉장고가 설치되어 있는 주방의 전경

다음으로 냉장고의 큰 분류기준에 상응하는 유형으로는 소위 '창고형(Walk-ins) 냉장고'가 있다. 창고형 냉장고는 마치 커다란 창고를 짓는 것처럼 패널로 사각의 큰 상자를 짜고 냉각기를 설치하여 그 안에 적재할 수 있는 선반을 배치하는 대용량 냉각장치로 볼 수 있다. 창고형 냉장고는 '조립식'과 '붙박이식(Built-in)'이 있다. 조립식은 두께가 약 10cm인 우레탄 기준 패널을 블록처럼 연결하여 원하는 크기로 만든 제품을 구입하여 사용할 수 있다. 붙박이형은 현장에서 직접 원하는 크기로 패널을 조립하여 제작하는 경우이다. 창고형 냉장고의 성능을 좌우하는 것은 패널의 재질, 우레탄 발포의 탄탄한 정도, 사용하는 냉각기의 종류에 따라 달라진다.

특히 압축기(컴프레서)는 반밀폐형과 밀폐형이 있는데 밀폐형은 냉각기에 용접을 하여 고정되어 있어서 고장이 나더라도 분해하여 수리하기가 여간 어려운 게 아니다. 반밀폐형은 분해조립이 가능하고 냉각 효율이 상대적으로 높은 반면에 가격이 비싸다. 냉기구류는 이 외에도 음식을 변질시키지 않고 안전하고 급격하게 냉각(Cook-chill)시키기 위한 급속냉각기(Blast chiller), 적색과 백색의 포도주를 맛을 보존하기 위한 와인셀러(Wine celler), 생선, 초밥 등을 보기 좋게 보냉하고 진열하기 위한 진열장(Show case)처럼 특별한 용도에 맞게 사용하는 특수한 기구들이 있다.

9. 고기구이 로스터의 선택과 관리법

일본에서 가장 뜨고 있는 음식은 무엇일까? 감히 고깃집이라 해도 과언이 아닐 듯싶다. 주요 도시 어디를 가나 소위 야키니쿠(燒肉) 전문점들을 볼 수 있다. 일본인들은 이제 언제 어디서나 음식점에서 고기를 즐겨 구워 먹고 있어서 마치 한국의 거리를 보는 듯하다. 눈을 고기구이의 원조인 한국으로 돌리면 어떨까? 미국산 쇠고기의 수입재개와 발맞추어 바야흐로 고깃집들의 신규 출점이 많아지고 있다. 그런데 주목할 만한 현상은 고깃집들도 이제 차별화되고 있다는 점이다. 이런 차별화는 크게 보면 사용하는 고기의 종류와 가격 및 서비스의 방식에 따라 차이를 보이고 있다. 특히 보다 쾌적하고 산뜻한 서비스와 적당한 가격경쟁력을 갖춘 질 높은 고기음식점들이 속속 등장하고 있는 점에 주목할 수 있겠다. 그동안 양적 성장에만 치우쳐 왔던 데서 벗어나 질적 수준을 높이는 노력이야말로 고깃집의 원조로서 우리 음식점이 세계시장에 본격적으로 진출하는 발판이 될 것이다.

어떤 업태의 음식점이든지 고기를 구워 먹는 경우라면 가장 신경 쓰이는 기구가 바로 '로스터'이다. 현재 한국시장에는 국산 및 일본산의 다양한 로스터가 있다. 아래는 로스타의 종류와 구분표이다.

〈표 10-3〉 로스터의 종류

구분 기준	종 류
사용하는 열원(熱源)	가스식, 숯불식, 가스착화숯불식, 전기식 로스터
배기방식	무배관 로스터, 하향덕트식, 상향덕트식 로스터
굽는 면의 특성	망석쇠 방식(가스식의 경우 석쇠 아래 열판을 가열하여 그 복사열로 구움), 세라믹식, 돌판식, 철판식
겸용방식	원형 로스터는 전골, 샤브샤브 등의 냄비를 함께 사용할 수 있음

로스터를 선택할 때는 우선 얼마나 안전한지가 가장 중요하다. 가스나 숯불을 점포 내 탁자에서 사용하기 때문에 화재나 화상, 일산화탄소 중독의 위험이 늘 있다. 따라서 안전장치가 얼마나 잘 되어 있는지를 반드시 보아야 한다. 좋은 로스터의 경우에는 보통 약 3종류

의 안전장치를 설치한다. 먼저 가스타입의 경우 국물 등이 끓어 넘쳐서 불이 꺼졌을 경우 감지기(센서)가 작동하여 즉시 가스를 차단하는 장치가 있어야 된다. 두 번째로 혹시 로스터 내에 불길이 일어나더라도 신속하게 배기구를 차단할 수 있는 장치인 '방화댐퍼'가 설치되어 있어야 한다. 마지막으로 다른 요인으로 불길이 아래에서 올라올 경우 역시 가스와 불길을 막는 '역화방지장치'가 설치되어 있는 로스터가 가장 안전한 로스터라 볼 수 있겠다.

로스터를 선택할 때 또 하나의 중요한 기준은 냄새와 연기를 얼마나 잘 외부로 배출시킬 수 있는 지이다. 이는 소위 '공조시스템'의 문제인데 우리나라 고기음식점의 경우 공조시스템을 잘 갖추지 못해서 시간이 갈수록 점포 내에 연기와 냄새가 배어나 고객들의 눈살을 찌푸리게 하고 급기야는 고객의 발길을 돌려놓게 된다. 좋은 공조시스템이 되기 위해서는 몇 가지 중요한 조치를 취해야 한다. 우선, 배기덕트는 좋은 소재를 사용해야 한다. 통상 스테인리스 강판이나 아연도금판을 0.6mm 이상의 두께로 사용한다. 덕트의 접속 부분은 반드시 단열재, 코킹재를 사용하여 기밀을 유지해야 한다.

덕트관 내벽은 오래 사용하면 기름때가 끼게 되어 배기효율을 크게 떨어뜨리고 화재의 위험도 있으므로 통상 1년에 1회 정도는 덕트 내부를 전용 세재와 물로 청소해 주어야 한다. 덕트의 외부벽 관통 부분에도 방화댐퍼를 설치해야 한다. 덕트와 연결되는 배기팬의 경우에는 풍량을 계산하여 적정 용량의 팬을 설치한다. 외부에 설치할 경우에는 진동, 흔들림, 먼지의 침입을 막을 수 있게 보완해야 할 것이다. 공조공사에서 가장 중요한 부분은 뭐니 뭐니 해도 급배기의 균형(밸런스)을 맞추는 것이다. 우리나라 고깃집의 경우 많은 점포가 배기 장치는 설치했으나 급기에는 신경을 쓰지 않아 균형이 무너져 냄새와 연기가 빠져나가지 못하는 경우가 많다. 즉 공기는 나가는 양만큼 들어오는 것이 원칙이다. 가스식 로스터의 경우 통상 로스터 1대에 시간당 300m^{3}의 공기가 필요하다. 따라서 이만큼의 공기를 불어넣어주는 '급기갤러리'를 설치해 주어야 한다. 겨울철에는 차가운 공기가 바로 들어와서 실내의 온도 변화를 일으키지 않도록 해야 한다.

한편, 실내를 흐르는 공기의 속도도 신경써야 하는데 바람이 너무 세게 불면 로스터의 배기를 한쪽으로 쏠리게 해서 고기가 고르게 구워지지 않거나 배기가 잘 안 되는 경우가 발생한다. 따라서 점포 내의 풍속은 통상 초당 2m를 넘지 않도록 조절해야 한다. 한편, 점포 내의 공기의 온도에도 신경써야 하는데, 점포 내의 공기는 외부 온도에도 영향을 받을 뿐만 아니라 로스터 1대에서 보통 시간당 660㎉에서 960㎉의 복사열이 발생한다. 따라서 외기부하와 로스터의 복사열, 계절을 고려한 냉방부하를 계산하여 실내공기의 온도를 쾌적하게 조절할 수 있어야 하겠다. 위에서 언급한 안전하고 효율적인 로스터를 선택하여 공기밸런스를 잘 맞춘 공조시스템 공사를 했을 경우 고객은 쾌적한 환경뿐만 아니라, 구울 때 고기가 마르지 않고 맛있게 먹을 수 있을 것이다.

10. 주방기구와 스테인리스, 그 비밀의 열쇠

조리사들의 노고와 정성이 가득 배어 있는 주방기기, 칼질과 다듬이질이 수도 없이 행해지며 많은 불과 물을 사용해야 하는 주방기기는 청결해야 하고 또 튼튼해야 한다. 녹이 잘 슬지 않고 열에 잘 견디며, 외부 충격에 강한 특성을 갖추고 있어 주방기기는 스테인리스 재질로 만드는 것이 대부분이다. 하지만 품질이 떨어지는 수입산 판을 사용하면 쉽게 녹이 슬거나 사용한지 얼마되지 않아 망가지는 경우가 많아 주의해야 한다.

음식점 주방에서 사용하는 주방기구류는 이처럼 '스테인리스' 재질로 만든 것들이 대부분이다. 작업대, 세정대, 냉장고, 가스레인지, 오븐, 선반, 세척기 등 조리사들의 땀과 손길이 닿는 조리기구들은 도대체 왜 스테인리스로만 만들어져 있는 것일까?

물론 다 그 이유가 있다. 주방에서는 온종일 많은 불과 물을 사용하고, 다양한 식재료와 소스를 보관하고, 무거운 물건을 올려놓기도 하며, 칼질과 다듬질이 번개처럼 행해지기도 한다.

따라서 주방은 늘 안정하고, 청결해야 하며, 조리도구들도 깔끔하고 튼튼하지 않으면 안 된다. 물에 젖거나 불에 타서 변형되거나 녹이 슬어서는 큰일이다. 청소하기 쉽고 때도 잘 끼지 않아야 한다. 이런 용도에 딱 맞는 재질이 바로 스테인리스강(Stainless steel)이다.

1) 주방기구에 가장 많이 사용되는 스테인리스 304

스테인리스강이란 '스테인(Stain 녹) + 리스(Less 적다) + 강(Steel 鋼)'을 합친 말로 '녹이 적게 스는 철'의 뜻을 가지고 있다. 철(Fe)에 상당량의 크롬(Cr, 보통 12% 이상)과 니켈(Ni) 등을 넣어서 만든다.

철을 주성분으로 하면서도 보통 강이 가지고 있지 않는 여러 가지 특성, 즉 표면이 아름다운 점, 녹이 잘 슬지 않는 점, 열에 잘 견딘다는 점, 또한 외부 충격에 대해 강한 점 등에서 볼 때 아주 뛰어난 특성을 갖추고 있다. 그러나 크롬과 니켈 및 기타 성분의 함유량에 따라 그 튼튼함과 열에 강한 정도 및 녹이 슬지 않는 정도에도 큰 차이가 있다. 주방기구에 사용되는 대표적인 스테인리스강은 크롬 18%와 니켈 8%를 함유한 스테인리스(STS) 304이다.

그런데 최근 이 문제의 '스테인리스 판매상'이 소위 마술을 부리면서 사용자들을 자못 헷갈리게 만들고 있다.

2) 판의 종류에 따라 가격 천차만별

예를 들어, 같은 크기의 작업대의 경우에도 팔리는 제품마다 그 가격대가 천차만별이어서 소비자들 입장에서는 그 차이를 어떻게 이해해야 할지 머리가 아플 지경이다. 작업대의 가격이 차이나는 이유는 우선 사용한 강판의 두께 때문이다. 작업대 상판은 대개의 경우 1.2mm인데, 더 튼튼하게 하기 위해 1.5mm를 사용하거나 경우에 따라서는 1.0mm 이하의 판을 사용하기도 한다. 그 두께에 따라 당연히 무게가 달라지기 때문에 가격 차이가 발생하는 것은 당연할 것이다. 둘째 이유는 얼마나 깔끔하고, 튼튼하며 안전하게 만들었느냐이다. 그런데 최근에는 이 두 가지 이유만으로는 이해하기 어려운 수준으로 가격차가 워낙 크게 나는 경우가 발생하고 있는데, 그 이유는 바로 사용하는 판의 종류가 다르기 때문이다.

최근 스테인리스 값은 하늘 높은 줄 모르고 치솟고 있다. 지난해보다 무려 2배가 올랐는데, 가장 큰 이유는 스테인리스 값의 80%를 차지하는 니켈의 값이 2배 이상 올랐기 때문이다. 이에 따라 최근 304 대신 430이나 202판을 사용하는 저가의 제품이 등장하고 있는데 주의할 점은 304에 비해 약하고, 때로는 녹이 스는 경우도 있기 때문에 신중하게 살필 필요가 있다. 특히 치솟는 원자재 값 때문에 가격이 낮고, 품질이 떨어지는 수입산 판을 사용하는 제품의 경우에는 쉽게 녹이 슬거나 사용한지 얼마 되지 않아 망가지는 경우가 있기 때문에 주의해야 한다.

〈표 10-4〉 주방기구에 사용하는 스테인리스 판의 분류

판의 종류	성분	특징	가격
STS 304(27종)	니켈 8%, 크롬 18%	튼튼함, 열에 강함, 녹슬지 않음, 자석에 안 붙음	비쌈
STS 430(24종)	크롬 18%	열에 강함, 충격 및 침식에 다소 약함, 자석에 붙음	저렴
STS 202	니켈 4%, 크롬 18%	침식에 약함, 성형성 떨어짐, 자석에 안 붙음	저렴

11 기업홍보 판촉[1)]

제1절 CI / BI 디자인 업무 내용

1. 기본 디자인

- 로고(Logo) : 한글, 영문
- 심벌(Simbol) : 한글, 영문
- 캐릭터(Character)

2. 응용디자인

- 간판류 : 전면(메인 간판), 스텐딩간판, 유도간판, 돌출간판, 유리창사인, 출입구 유리사인, 유도안내 간판
- 포장류 : 캐리어백, 포장지, 우산커버, 도시락박스
- 서식류 : 명함, 메모지, 편지봉투(대, 소), 팩스지, 기안지
- 메뉴류 : 메뉴커버, 테이블 메트겸용 메뉴, 벽면부착메뉴, 메뉴용지
- 차량류 : 승용차, 봉고, 미니버스, 탑차
- 유니폼 : 안내직, 웨이트리스, 웨이터, 지배인, 캐셔, 주방직, 관리직
- 기물류 : 그릇, 재떨이, 컵류, 빌꽂이, 냅킨꽂이, 예약표시판, 수저집, 소독저, 요지, 냅킨, 성냥

1) 김헌희·이대홍(1999), 「외식창업실무론」, pp. 286~314, 백산출판사 ; 박형희, 외식경제신문, 한국외식정보(주)

제2절 개업날짜와 개업일 매출

'손 없는 날'을 잡기 위해 '족집게 점집'을 찾아가기 전에 먼저 일기예보와 주 고객의 휴일 리듬을 알아서 택일을 해야 한다.

개업일은 주말을 선택하는 것이 가장 무난하며, 황금연휴 직전과 이틀이상의 연휴 첫날은 피해야 한다. 특히 이 부분은 주택이 밀집한 지역의 상권이라면 더욱 신경을 써야 한다. 그리고 인근 초등학교와 중·고등학교가 있는 지역의 패스트푸드점이라면 주고객인 그들의 동향에 맞추는 것이 좋다. 즉 운동회나 체육대회, 입학일, 졸업일, 밸런타인데이, 화이트데이, 블랙데이 등등에 맞추는 것이 현명한 선택이다. 일기예보를 참고하지 않아 예기치 않은 일이 발생할 수도 있다. 모든 준비가 완벽한 상태에서 갑자기 소나기가 쏟아지거나 태풍이 불면 오픈 행사를 못할 뿐만 아니라 기존의 소비마저도 줄어든다. 명절 직전과 직후의 개업 역시 명절의 부담과 지출을 고려해야 하므로 약간의 시간을 두는 편이 좋다. 그러나 포장을 할 수 있거나 가족적인 분위기에서 즐길 수 있는 업종이라면 명절 직전의 개업도 괜찮다. 피자와 치킨의 경우를 보면 해마다 명절, 공휴일, 평일, 주말의 두 배 가까운 매출을 올린다. 이는 곧 명절 음식을 그다지 즐기지 않는 요즘 신세대들이 친척들에게서 받는 용돈으로 먹고 싶은 음식, 사고 싶은 물건을 위해 돈을 쓴다는 것을 의미한다.

영업을 해보지 않은 상태에서 예상매출액의 2배 정도의 분량을 잡으면 거의 맞아떨어진다. 부족할 경우를 대비해서 거래처의 비상연락처를 알아두고 수급을 부탁해 놓아야 한다.

영업을 해보지 않은 상태에서 예상매출 물량을 잡는다는 것이 어렵긴 하지만, 불상사가 생겨서는 안 된다. 초대장을 발송한 숫자의 절반 수와 평일 예상매출의 2배 정도의 분량을 잡으면 거의 맞아떨어진다. 부족할 경우를 대비해서 거래처의 비상연락처를 알아두고 수급을 부탁해 놓아야 한다. 지나치게 많이 잡으면 재료보관도 힘들 뿐 아니라 모두가 서툴기 때문에 재료 사용량이 정확하게 파악되지 않는다는 점도 유의해야 한다.

제3절 개업 홍보 판촉

식당은 개업 때 고객들에게 어떤 이미지를 심어주느냐가 아주 중요하다. 첫 이미지가 좋고 손님이 많으면 성공의 길로 들어서게 되는 것이다. 점포 인테리어 공사도 완료하고 주방기기 설치 및 종업원 채용, 원자재 입고 및 제반인허가 사항 등이 차질 없이 완료되면 개점을 하게 된다. 이때 점포개점을 알리기 위해서 어떤 형태로든지 홍보 판촉활동이 필요하다.

홍보 판촉은 점포의 위치, 대도시와 중소도시, 교외점포와 시가지점포, 체인점포와 개인점포, 점포의 규모 차이에 따라 신규고객을 확보할 수 있거나 점포 이미지를 개점 초기부터 고객에게 강하게 심어줄 수 있는 전략을 세워야 한다.

잔칫집은 거지든 부자든 누구라도 와서 떠들썩하고 재미있고 시끌벅적해야 한다. 개업하는 집은 구경꾼이라도 몰려와서 북적대는 분위기가 한결 축복받는 느낌을 준다. 그래서 "무슨 일이 났나?" 하며 호기심이 생긴 사람들을 끌어들이는 것이 성공적인 개업이다. 동네에서 시선을 가장 끌기 쉬운 방법은 역시 청각적인 것이다.

신나는 음악, 재미있는 캐릭터 인형들의 멘트, 그리고 현수막, 풍선 등등으로 축제분위기를 이끌어낸다. 실제로 이벤트를 하는 것과 하지 않는 것의 홍보효과와 매출의 차이는 엄청나다. 일반적인 개업일 매출과 이벤트했을 때를 비교해 보면 이벤트의 경우, 그 비용만큼 추가매출이 발생하는 것이 대부분이다. 눈앞에 보이는 돈 계산만 하지 말고, 투자한 만큼 번다는 논리를 기억해야 한다.

개점 초기의 판촉내용을 보면 거의 대동소이하다. 예를 들면, 전단지를 제작해 직접 배포하거나 신문 등에 끼워 넣고 배부하는 방법, 약간 규모가 큰 점포의 경우 직접 조사한 고객데이터를 이용하거나 DM을 보내는 방법, 무료시식권 배포, 무료음료권 배포, 현수막 설치, 웰컴폴 깃발의 점포주변 설치 등이 고작이다. 그리고 이 판촉업무는 개점 초기 1회성에 그치는 것이 대부분이다. 최근 〈외식경제신문〉에 홍보판촉방법이 보다 유용하게 설명되어 있어 여기에 소개하면서 설명한다.

〈표 11-1〉 개업 홍보판촉 집행 스케줄 계획표

일 시	분 류	종 류
오픈 2개월 전	• 현수막 부착	• 오픈고지
D-20	• 메뉴촬영 • 개업선물 발주	• 전단지용 • 카탈로그용 • 사진액자용 • 와이드컬러용 • 메뉴판용 • 벽걸이 메뉴판
D-14	• 메뉴필름 확인	
D-12	• 일회용품류 발주	• 성냥, 요지, 젓가락집, 냅킨, 간판

D-11	• 플래카드 부착 • 전단지 시안 컨폼 • 테이블 POP 컨폼 • 초청장 컨폼 • 초대장 컨폼	
D-7	• 벽걸이 메뉴북 컨폼 • 고객 설문지 컨폼 • 초청장, 초대장 입고 • 교정지 컨폼	
D-5	• 초대장 발송 • 벽부착형 POP 작성, 발주	
D-4	• 전단지 납품 • 전단지 신문삽입	
D-2	• 벽걸이형 메뉴북 입고 • 고객설문지 • 벽부착형 POP 입고 • 와이드 컬러/사진액자 입고 • 일회용품류 입고 • 개업선물 입고	
OPEN	• 신문 오픈고지	

■ 3가지 식당창업시 행하는 대표적인 홍보 판촉

- 현수막(플래카드) 설치
  - 전단지 제작배포
  - 무료시식권 배부
  - 시식회 개최
- 식당주변 극장 CF상영
  - 농악대 또는 고적대 동원 퍼레이드
  - 각종 선물제작
  - CR활동
  - 유명 연예인 동원
  - 경품실시
  - POP
  - 프리미엄권 배포
  - VIP 회원모집
  - 라디오 등 대중매체 광고선전
  - 특별이벤트 실시
  - DM

여러 가지 홍보판촉방법 중에서 어떤 방법을 선택하던 그것은 사업자의 의지에 달려 있다. 타 점포에서 실시한 것을 흉내 내거나 멋으로 행하는 판촉은 필요 없다. 자기점포여건에 맞고 자기점포 개성을 연출하는 것이 창업판촉의 기준이 돼야 한다. 대부분의 식당들은 현수막, 전단지, 시식회, 할인권 정도는 실시하고 있다.

1. 현수막

현수막은 보통 개업 예정일 20~30일 전에 점포에 부착해 점포 인근을 지나는 행인 또는 자동차운전자들에게 고지하기 위하여 설치한다. 언제쯤 어떤 점포가 이 지역에 개점한다는 것을 알리는 사전 홍보수단으로 흔히 활용된다. 가능한 크기를 대형화해서 원거리에서도 볼 수 있도록 건물 외벽에 설치하거나 이면도로에는 도로 양쪽 전신주 등에 가로로 현수막을 걸어놓는 경우도 있다. 선거철에 흔히 보이는 후보자 표시나 아파트나 연립주택 분양 고지물로서 현수막이 많이 사용되기도 한다. 현수막은 외부에 노출시켜 부착되므로 사용기간이 30일 정도되면 비바람에 의해 때가 묻거나 찢어지기 쉬우므로 관리에 주의해야 한다.

간혹 '○○식당 개점예정, 7월 중순'으로 인쇄된 현수막이 8월 중순에도 걸려 있는 경우가 있는데, 이것은 오너의 무관심 내지 부주의를 넘어 고객에 대한 서비스 정신의 결핍으로 고객들에게 신뢰감을 읽어버리게 된다.

현수막의 내용을 만들 때 개업일자를 확실히 예측할 수 없을 때에는 '○월 ○일'에 해당되는 수자를 매일매일 붙일 수 있도록 제작하는 것이 편리하다. 가로수 양쪽이나 전신주 양쪽을 이용해 가로로 현수막을 부착하는 경우 사람의 이동방향이 많은 쪽을 정면으로 해 부착한다. 때로는 현수막 뒷면의 글자가 방향이 다른 곳에서 이동하는 사람들에게는 우습게 보일 수도 있기 때문이다.

이 경우에는 방향에 따라 정면으로 보이도록 하는 두 개의 현수막을 일정 간격을 두고 설치하는 것이 효과적이다. 또 지나치게 큰 현수막이나 전신주 등에 임의로 부착하는 현수막은 관계법령에 위반되어 문제가 되므로 관할 관청에서 철거를 하는 경우가 있다.

현수막을 제작할 때에는 주메뉴를 중심으로 해서 일본식 돈가스, 이동갈비, 등심, 안심, 버섯불고기 등 대표적인 메뉴를 표시하고, 상호표시, 개점예정일, 전화번호 등을 삽입한다. 로고체와 캐릭터가 있으면 처음부터 사용하여 점포를 고객에게 인지시키는 것이 좋다. 제작비용은 크기에 따라 차이가 있지만 5만~10만 원 정도이다. 신규개점 점포의 개점 전에 고지물로 반드시 활용하여야 한다.

설치시기 / 인테리어, 건축 착공할 때
설치장소 / 전봇대, 메인간판 아래, 건물외벽
제작설치 / 건축업자
설치내용 / 점명, 오픈예정일, 전화, 메뉴(업종)

2. 웰컴 폴(Welcome pole)

최근에 중고자동차 매매소나 주유소 등에서 많이 사용하는 깃발형 고지물로 우리나라에서도 제작하여 여러 형태의 점포에서 사용되고 있는데, 바람에도 깃발이 펄럭이면서 시각적 유인효과가 크다. 또 이동형으로 제작되어 사용이 간편하고 제작단가도 비교적 저렴하므로 점포 외부 고지물로는 간판 못지않게 효과가 있는 판촉물이다. 다만, 대로변이나 인도나 교통이 번잡한 곳에서는 「도로교통법」에 저촉되므로 설치가 곤란하다. 그러나 도심지라도 주차장 전체에 사방으로 설치하든가, 교외 점포인 경우 50m 전방부터 좌우로 이 깃발을 설치해 두면 자동차 운전자의 눈에 쉽게 보일 수 있으므로 많이 사용되고 있다. 일본 중고자동차 매매시장에는 주차장 및 차량 전시장에 비키니 차림의 젊은 여성을 모델로 한 폴 깃발을 설치하여 많은 고객을 유인하고 있다.

3. 전단지와 리플릿

식당에서 개업 때나 영업이 잘되지 않을 때 가장 많이 활용하는 것이 전단지이다. 점포의 특성, 위치, 할인, 개점일자, 메뉴, 이벤트 내용 등을 편집하여 수천 내지 수만 매를 제작하여 신문이나 잡지에 끼워 사무실이나 가정에 배부한다. IMF 외환위기 이후 전단지의 홍수시대가 도래되었다. 대도시의 경우 신문 간지로 배부되는 전단지는 어떤 내용이든 회수율이 3~4%선을 넘지 않으며, 중소도시는 내용에 따라 회수율이 5~6%선으로 다소 높게 나타난다.

전단지를 만들 때에는 타점포를 흉내만 낼 것이 아니라 자기 점포 개성을 살려서 기획되어야 한다. 판촉의 캐치프레이즈, 판촉의 내용, 특전 등 판촉기간, 점포이름, 점포콘셉트(메뉴, 분위기, 서비스, 가격), 점포위치 표시, 점포영업시간, 전화번호, 추천메뉴, 기타 배달, 포장판매, 연회, 파티, 회원제 등이 포함돼야 한다.

식당을 개업할 때 또는 식당영업이 부진할 때 거의 대부분의 점포에서 행하는 판촉업무가 전단지 제작배포다. 전단지는 성의를 가지고 꼼꼼히 제작해야 한다.

(1) 전단지 제작시 주의해야 할 사항

- 전단지는 그 내용을 간단명료하게 작성해야 한다.

이것저것 여러 가지 내용을 욕심내어 표현하고 싶겠지만, 고객들은 그런 내용을 성실하게 읽어줄 이유가 없다. 꼭 표현하고자 하는 내용을 큰 글자로 표시해 정곡을 찌르도록 해야 하며 제작비용이 다소 많이 들더라도 만화나 캐릭터 혹은 사진을 넣어서 표현하면 비주얼하게 되어 점포의 목표를 달성하기 쉽다.

- 전단지는 원칙적으로 점포인근 50~100m 반경의 지하철역이나 버스정류장에서 승하차하는 고객이나 점포 앞을 지나는 행인에게 직접 전달하는 방법이 가장 효과적이다. 점포 전후방 500m 혹은 100m 떨어진 곳에서 배포하는 것이 효과적이다. 점포 앞을 지나는 고객에게도 배포를 해야겠지만, 점포인근의 샛길로 지나가는 고객에게도 개점 혹은 판촉업무를 알려야 하기 때문에 점포에서 약간 떨어진 곳이나 점포 건너편 인도에서도 배포하는 게 좋다.

아침 출근시간(7:30)이나 저녁 퇴근시간(6:30~7:30)에 전단지를 행인에게 직접 배포하는 작업은 굉장히 어려운 작업이다. 지나가는 통행객들이 거들떠보지도 않는 것이 현실이다. 그러나 주변 잠재고객들에게 가장 빨리 인지시키는 방법으로 가장 적합한 홍보방법이다.

- 전단지 배포시 직원 전원이 계속해서 10일 또는 15일간 사장부터 전원 참가해서 배포해야 하며, 배포 전에 전달하는 방법에 대한 교육을 철저히 실시해야 한다.

"저희 ○○○ 점포가 ○월 ○일 개점합니다. 한 번 들러주시면 고맙겠습니다." 통행객이 전단지를 받아주면 "고맙습니다. 안녕히 가십시오"라고 인사를 한다.

즉 인사 연습에서부터 세일즈 용어, 단정한 몸가짐 등 몇 가지를 교육한 후 전단지 배포에 임해야 한다. 적어도 개점 후 3개월까지는 10일 간격으로 계속해서 배포업무를 계속해야 한다.

이때 유의해야 할 것은 전단지를 점포카운터 위에 놓아두고 내점고객이 가져가게 하는 소극적인 배포방법은 하지 말아야 한다. 내점한 고객에게는 음식이나 서빙, 깔끔한 분위기 등으로 만족시켜야 하기 때문이다. 이와 같이 카운터에 비치하는 것은 그 효과가 아주 낮다. 꼭 판촉물을 놓고 싶을 때에는 명함광고지를 만들어 비치해 두면 된다. 필자가 영업실적이 나쁜 리노베이션 컨설팅을 할 경우 아르바이트를 채용하여 재개업시킬 때마다 점포에 방문해서 점포 직원과 함께 일주일에 한번 전단지를 배포하고 있는데, 계속 3개월을 시행하면 창업 초기의 매출회복이 빨라 손익분기점 도달이 쉬워지고 곧 이익이 난다.

아무리 어려운 환경에 있는 점포라 할지라도 이렇게 하면 곧 매출이 회복된다. 전단지 배포는 어떤 방법이던 간에 1회에 그치지 말고 수차례 계속해서 배포해야 한다.

(2) 전단지 배포에 있어 또 하나의 방법

점포주변 반경 0.5km 이내를 1차 공략대상으로 하고 반경 1km 이내를 2차 공략대상으로 정한 뒤 공략지역을 순위별로 정하고 직접 조사한 시장분석 내용을 기초로 해 대상고객, 잠재고객에게 직접 방문하여 전단지를 배포하는 롤러 작전을 펼치면 그 효과가 크다.

전단배포 비용과 많은 노력이 필요하지만, 전단지 배포방법 중 그 효과가 상당히 높다. 이때 조그마한 선물이나 떡을 해서 방문하면 더욱 효과적이다. 방문시간은 오후 3시에서 5시까지가 적당하다. 이때가 졸음도 오고 나른해지며 출출한 때로서 간식시간이기 때문이다.

삽입시기 / 오픈 7일 전부터 개업 후 1주일까지
매수 / 50,000 – 100,000(10회 이상 배포물량)
전단내용 / 점명, 오픈예정일, 전화, 메뉴(업종), 약도, 시식회

4. 무료시식권, 상품권, 초대권

전단지 또는 리플릿을 직접 전달 또는 DM으로 고객에게 배포해도 실제로 점포를 찾아오는 고객이 적다. 회수율이 지극히 낮기 때문이다. 이렇게 낮은 회수율을 높이기 위한 판촉기법이 무료시식권, 상품권, 초대권 등을 개점안내 팸플릿과 함께 보내는 방법이다. 물론 이 세 가지를 한꺼번에 보내지 말고 대상고객에 따라 한 가지만 실시하든가, 단계별로 실시할 필요가 있다.

(1) 무료시식권

한 사람이 시식권 한 장을 가지고 오거나 두 사람이 두 장의 시식권을 가지고 오는 것은 어쩐지 낯간지럽고 어색할 수 있으므로, 시식권은 막 뿌리는 것이 아니라 특별한 고객에게만 증정하고 있다는 예를 들어, 아파트의 부녀회장, 지도층 부녀자, 학부형회 간부, 회사의 총무인사 책임자, 거래은행 여직원 등에게만 지급한다는 내용을 기록하여 이를 지참하고 오는 고객들이 점포입구에서부터 어색하지 않도록 분위기를 만들어 주어야 한다.

가능한 사용에 제한을 두지 말고 1인 1가지 메뉴를 편하게 사용할 수 있도록 배려해야 한다. 아주 기분 좋게 “잘 알겠습니다. 잠시만 기다려 주십시오” 등으로 응대해야 한다.

개업 때에는 예행연습을 충분히 하지 않고 홀 서빙과 주방인원이 손발이 잘 맞지 않으므로 메뉴를 한정해 무료시식권을 발행해야 한다. 무료시식권은 1~3개 품목 중 택일하는 내용, 아예 품목을 정해서 발생하는 방법 등이 있는데, 품목선정의 기준은 주방에서 조리하기가 가장 편리하고 점포에서 자신하는 간판메뉴, 재고관리가 원활한 메뉴, 그리고 동시에 많은 양을 빨리 조리할 수 있는 메뉴를 선택하는 게 유리하다. 무료시식권은 DM을 통해 전달

하거나 직접 전달하는 것이 좋다. 신문·잡지에 끼워 배포하는 방법은 품위도 없고 싸구려 기분이 나므로 배포방법을 특히 유의해야 한다. 사장이 큰 인심을 쓰듯이 무료시식권을 주머니에 넣고 다니면서 친지나 친우, 거래처 사람들에게 주기도 하는데, 이와 같은 방법은 배포하는 범위도 좁아질 수밖에 없고 신규고객 창출에도 효과적일 수 없다. 이런 고객들은 당연히 접대 받는다는 기분이 들기 때문에 점포의 고정고객으로 만들기 어렵다. 점포반경 0.5km 이내 또는 1km 이내 잠재고객을 대상으로 치밀한 준비를 한 뒤 무료시식권을 배포하는 것이 기본이다. 시식권의 제작도 디자인, 초청안내문, 종이의 질 등을 가능한 겸손한 내용과 고급재질로 만들어야 한다.

개업 때 무료시식권 배포기간(유효기간)은 길어도 30일 이내로 해야 한다. 개업 초기 여러 가지 판촉전략이나 홍보전략을 실시하면 1개월 정도 후에는 점포의 성공가능성 여부를 알 수 있다.

(2) 상품권

상품권은 무료시식권과 유사한 내용이지만, 메뉴를 지정하지 않고 고객 스스로가 선정토록 하여 고객입장을 보다 배려한 판촉수단이 될 수 있다. 무료시식권보다 유효한 수단이며 패밀리레스토랑이나 파인다이닝 고급레스토랑에 활용하기 좋은 판촉방법이다. 개업 때나 또는 평소 영업할 때도 시행할 수 있는 판촉기법이다.

백화점 상품권이나 구독상품권처럼 현금을 받고 판매해도 되고 개업 때에는 무료로 배포해도 된다. 상품권은 유가일 경우에는 관할관청의 허가를 받아야 하나, 무가일 경우에는 발행에 따르는 행정당국의 허가나 규제에 얽매일 필요가 없다.

이 상품권은 사용기간을 1년 정도 장기화해도 큰 문제는 없다. 유가인 상품권일지라도 회수율이 상당히 낮다. 식당에서 상품권발행은 유가로 판매할 경우에는 큰 이익을 낼 수 있다. 판매에 자신이 있으면 적당한 양을 제작하는 것이 좋다.

5. 시식회와 앙케이트

무료시식권 배포와는 별개로 개업 전 훈련과정의 하나로 활용하는 판촉방법이다. 점포개업은 복잡하고 어렵기 때문에 그리고 개업 때 손님에게 불편을 주게 되면 다시는 그 손님이 오지 않기 때문에 철저한 준비가 필요하다. 이러한 문제점을 예방하고 공사로 인하여 불편을 끼친 주변 인근 주민이나 설비관계자들을 대상으로 시식회를 열어 앙케이트 조사를 실시하는 것이다.

예를 들어, 10월 27일을 프리오픈(Pre open)일자로 잡고 요리, 서빙, 치우기, 인사 등 평상시 영업과 똑같은 조건에서 실시하는 방식으로 예행연습삼아 실시하면 된다.

가장 핵심적인 것은 주방기기를 사용하여 요리하는 실습이다. 무작위 오더에 따라 메뉴 조리가 이루어지고 목표로 하는 맛 테스트를 하는 것이 필요하다.

시식회는 지역 내 유지, 학부형, 회사 간부, 회사의 오피니언 리더그룹, APT부녀회 간부 등을 초청해야 하며, 또 점포시설 중에 흔히 발생하는 이웃과의 마찰 등 불화를 해소하는 기회로 활용하기 위해 점포주변 이웃들을 초청해서 시식을 하도록 한 뒤 메뉴에 대한 의견을 듣는 것도 좋다. 또 친구나 친지, 외식업 관련 전문가를 초청해서 '요리맛에 대한 구체적 평가'를 듣는 기회로 시식회를 활용해야 한다.

일반적으로 시식초대권을 발행해 직접 전달하거나 DM으로 송부하는 방법이 있는데, 여기에 초청된 사람들은 "요리맛이 어떠냐"라고 들으면 초청해 준데 대한 고마운 마음에서 대부분 "괜찮다", "좋다"라는 반응이 보인다. 이런 결과는 시식회 개최의 의미가 없다. 기탄없는 의견을 제시할 수 있도록 하는 분위기 조성이 필요하고, 각자가 의견을 간단히 기록할 수 있는 앙케이트 설문을 사전에 준비하면 좋다. 대답도 "좋다", "그저 그렇다", "나쁘다" 등의 천편일률적인 내용보다는 구체적 질문에 답변이 나올 수 있도록 설정한다. 또 지나치게 설문 내용에 욕심을 내서는 안되고 5~7개 항목 정도의 설문이 좋다.

사례 1_메뉴 시식 평가표

월 / 일		점포명		담당자	
상품명	(1)		(2)		(3)
음식모양 (아름다운가)					
온도 (냉·온)					
양 (표준대로인가)					
맛 (맛있는가)					
조리법 (적절한가)					
시 간 (음식제공시간)					
원가와 판매가					
비 고					

한국외식산업연구소(KFI)

사례 2 _시식 앙케이트 설문지

설문자 성명 : ________ 성별 : 남, 여 연령 : _________

시식 품명 : ___________

	매우 좋다 100점	좋다 80점	그저 그렇다 60점	나쁘다 40점	매우 나쁘다 20점
1. 음식의 맛은?					
2. 음식의 색감은?					
3. 음식의 향기는?					
4. 음식의 양은?					
5. 온도감은 적절한가?					
6. 음식의 가격은?					
7. 조리법은 적절한가?					
8. 기타(식기, 표현력)은?					
소 계					
총 계					
9. 나쁜 점이 있다면? (구체적으로)					
10. 권유사항은?					

평점 90점 이상=매우 좋음
80점 이상=좋음
70점 이상=보통
60점 이하=나쁨

한국외식산업연구소(KFI)

6. 극장 CF와 TV CF

개업 초기에 점포인근 극장에 극장용 CF를 방영하는 것도 좋은 홍보방법이다. CF제작비가 높기는 하지만, 젊은층을 타깃으로 하는 점포는 그 효과가 크다. 시각적인 효과가 큰 CF 상영은 강력한 무기가 된다. 비용 때문에 극장 CF를 제작할 때에는 추후 TV에도 방영될 수 있도록 설정함이 좋다. 극장 CF를 보고 내점하는 직접적인 효과도 무시할 수 없다.

극장 CF를 본 고객은 해당 점포에 대해 우수한 점포, 재정이 건실한 점포로 인식하는 신뢰를 가질 수 있게 한다. 지방의 유명점포 중에 전국 네트워크를 갖춘 TV방송에 CF를 내보내는 것은 그 지방까지 식사를 하러 오기를 기대하기보다는 회사의 인지도를 높이는 전략이다. 그 광고를 보고 식사하러 가는 고객은 많지 않을 것이다. 그러나 왜 이런 전략을 구사하는 것일까? 그것은 최소한 해당 지역에서만은 타의 추종을 불허하는 유명점포, 실력 있는 점포, TV에 선전을 할만큼 경영을 잘하는 점포로서 경쟁력을 갖추게 되는 것이다. 방송시간을 SA타임, A타임, B타임 등에 구애받지 말고 C타임에 방영해도 관계가 없다. 지역한정 영업인 외식업에서 그것도 지방도시인 경우 TV방송을 했다는 그 자체만으로도 훌륭한 판촉전략을 구사한 것이다.

7. 이벤트

개점에 대한 주목률을 높이고 이벤트를 통해 타점과 차별화를 목적으로 최대한 홍보효과를 극대화시키기 위해서는 어떤 형태든 오픈이벤트가 필수적이다. 또한 이를 통한 단기간 최대 고객을 매장내로 적극 유도하고 매출안 정도를 기대할 수 있기 때문이다.

외식 프랜차이즈가 활성화되면서부터 전문업체와 오픈 이벤트를 벌이는 곳이 1~2년 전부터 눈에 띄게 늘어났다. 여기에는 기본적인 브랜드 인지도를 형성하고 회사 알리기에 효과적이라는 이유가 있다. 이벤트성 오픈 행사는 처음에 프랜차이즈 업체의 직영점, 가맹점들을 오픈할 때 주로 활용해 왔지만, 최근에는 개인 업소에서도 적극적으로 시도하고 있는 것을 쉽게 볼 수 있다. 이벤트사에 따르면 올 봄부터는 지난해의 2~3배 이상의 오픈 이벤트의 의뢰가 들어오고 있다는 얘기다.

프랜차이즈 업체의 경우에는 한 회사를 전속으로 1호점부터 일정 비용을 정해서 지속적으로 거래를 하는 경우가 많은데, 나중에 오픈하는 가맹점의 규모가 각각 차이가 나거나 환경이 틀리더라도 같은 비용으로 추가 서비스를 받을 수 있는 장점이 있다.

대체로 오픈 이벤트를 확실하게 하려면 적어도 3일간은 지속적으로 행사를 진행해야 한다는 것이 업계 관계자들의 의견이다. 2~3일간 행사를 했을 때 이 기간 동안 15일간의 손님을 모을 수 있다는 것이 평균적인 분석이다.

예를 들어, 의정부의 한 생고깃집에서는 춤추는 에어풍선, 도우미, 즉석복권, 풍선아치, 시음회 등으로 구성된 행사를 펼쳐 120만 원 비용으로 오픈 당일 4백 명의 고객을 유치할 수 있었다. 또 이화여대 앞에 1, 2, 3층의 대형 가맹점을 오픈한 케밥전문점 '멜리'의 경우는 1주일간의 가오픈 기간을 가진 후에 이벤트 겸한 그랜드 오픈을 실시했다. 도우미 3명, 피에로 1명, 풍선아치, 오픈 페넌트 등의 내용으로 지정 이벤트사를 통해 1일 70만 원의 비용으로 오픈행사를 진행했다. 이 회사 관계자는 오전 12시 전까지만 봤을 때도 행사전일 매출보다 10% 이상 높은 결과를 얻었다고 한다.

(1) 적은 비용으로 높은 효과의 이벤트

기본적인 사양만을 택해서 가장 효율성을 높일 수 있는 방안으로 외식업체 오픈 이벤트를 주로 하는 회사에서 추천하는 내용이다.(1일 기준)

- 시선을 집중시킬 수 있는 댄싱 도우미를 포함한 도우미 5명, 업소 이름과 전화번호가 기입된 컬러 풍선 1천개, 입구 풍-1백만 원선 아치, 음향
- 도우미 2명, 피에로 1명, 인쇄 풍선아치, 폴, 현수막, 음향-1백만 원
- 도우미 2명, 풍선아치, 폴, 현수막, 음향- 80만 원
- 도우미 2명, 인쇄풍선 1천개, 풍선아치, 음향 -50만 원

대부분의 외식업주들이 행사를 하는데 큰 비용이 들이기를 꺼리기도 하지만, 실제보다 고비용이 드는 것으로 알고 있는 경우가 많다. 그러나 투자한 비용이 적어도 2배 이상은 뽑을 수 있는 이벤트의 효과를 알고 난 후에는 일정 기간에 한 번씩 다양한 방법의 행사를 지속하는 예도 많이 볼 수 있다.

한편, 이벤트사를 통한 오픈 행사가 거의 비슷비슷한 형태로 이뤄지기 때문에 차별화된 기획과 연출이 더욱 요구되고 있다. 이벤트 업체들도 보다 획기적인 외식업소에 맞는 새로운 게임과 도구, 분위기 연출 장치들을 개발하는데 관심을 기울이고 있다.

개업 판촉업무는 점포의 존재를 새로운 시장(새로운 고객)에 어떻게 알리는가가 중요한 과제이다. 물론 영업 중인 점포도 마찬가지다.

1회성에 그치는 행사일지라도 그 효과는 상당히 높은 것이 이벤트이다. 방법은 연예적이며 시각과 청각에 의해 고객을 동원하는 방법이 좋다. 개점 전일이나 개점 당일에, 또는 개점 후 1~2일 동안 피에로 풍선 접기, 농악대행진, 고적대 행진, 노래자랑, 치어걸 공연 등이다. 이 방법은 그러한 연예행위를 할 수 있는 어느 정도의 공간의 필요하며 교통이 번잡한

도심지나 사람의 왕래가 많은 중심가의 인도에서는 연출이 어렵다. 이웃점포나 사무실 등에 소음공해를 줄 수도 있기 때문에 사전준비가 철저해야 된다.

인근 파출소에 사전 신고하고, 이웃시무실을 방문해 개점인사와 초청장 등을 배포하면서 개점일 몇 시부터 개최하는 행사를 이해시키는 등의 준비가 필요하다.

섬포 앞에 주차 공간이 확보돼 있고 광장이 있을 경우 중소도시의 교통이 혼잡하지 않는 곳은 이러한 연예행위 등의 연출은 깜짝스럽기는 하지만 충분히 접객효력은 가질 수 있다.

그 외 미용강좌 실시, 다이어트 강좌실시(유명강사 초청), 어린이를 초청하여 그림 그리기 대회나 글짓기대회, 중장년노인층 건강관리세미나 등을 개최할 수 있다. 그러나 점포규모나 돈, 고객의 수준 등에 의해 그 실시여부를 판단해야 할 것이다.

■ 이색 오픈 이벤트 게임

- 링 던지기
  도우미 2명이 링 고리를 만들어 점포 입구에 설치하고 링 고리에서 2m 정도 떨어진 곳에서 링을 던져 2개 이상 링 고리에 들어가면 특정 음식을 무료로 제공한다(링 5개로 한정). 이 때 내레이터는 음식점에 대한 내레이션을 활기차게 방송한다.
- 색소폰 연주와 함께하는 낭만의 연인의 밤
  소프라노 색소폰 연주자가 매장 피크타임에 반주 음악에 맞춰 20분 정도씩 1~2시간에 걸쳐 연주한다. 여성고객, 연인 고객에게 호응도가 높다.
- 말해줘 제발
  업소명이나 메뉴에 관련된 퀴즈문항을 제작해 참여자가 정해진 문장이나 단어를 얘기하도록 유도하는 게임. 게임 전에 업소에 관련된 퀴즈 내용을 다시 한 번 상기시켜 주는 것도 좋다. 게임 진행자의 재치 있고 매끄러운 분위기 조성이 중요하다.
- 행운의 다트게임'잘 찍으면 공짜로 먹고 갑니다.'
  도우미 2~3명이 점포 입구에 유동고객을 점내로 유도하기 위한 이벤트 자석 다트를 이용해 위협요소를 없애고 점수에 따라 메뉴를 무료로 제공하는 방식으로 진행. 유동고객이 많은 시간대를 정해 하루 2~3회 정도 실시하고 T셔츠 등 경품, 기념품을 준비하면 게임 유도가 쉽다.
- 훌라후프 돌리기
  3~5명이 동시에 돌려서 가장 오래 돌리는 사람이 나올 경우, 훌라후프를 동시에 두 개를 돌려서 5회 이상 돌리는 경우, 참여자의 목으로 3회 이상 돌리는 경우 등으로 게임을 진행한다.

〈표 11-2〉 개점 홍보물 항목 리스트

품 목	수량	실시방법	예산	비 고
플래카드		월 일 부착		사이즈, 위치확인 구청 협의
초청장		월 일 방송		귀빈 참여 여부 확인
와이드 컬러		월 일 부착		개수, 사이즈, 품목확정
실내사진액자		월 일 부착		개수, 사이즈, 품목확정
실내벽부착형 P.O.P(천장부착형)		월 일 부착 (실내, 실외)		내용, 사이즈, 품목확정
메뉴북		월 일 입고		
즉석식복권		이벤트일 ~ 일 까지 사용		
딜리버리용(테이크아웃용) 리플릿		월 일 입고		
판촉물		월 일 입고		아이템 결정
회원카드제작		월 일 입고		
명함				
기타				
계				

〈표 11-3〉 행사진행 스케줄 사례

구 분	시 간	내 용	비 고
객장정리 OPEN행사 진행 준비	10:30~15:00	진행요원 자리배치 음향기기로 전체 분위기 조성	
오프닝 이벤트 시작	15:00~15:30	메인 오프닝 내레이션 테이프 커팅	
고사	15:30~15:50	부를 기원하는 제례의식	고사차례 준비
점심식사	15:50~15:50	뷔페 형식의 음식마련	고사와 병행
홍보활동	15:50~18:00	거리 홍보 및 오픈 내용 고지 전단작업	도우미
마무리	18:00~18:30	클로징 멘트 및 이벤트정리	

〈표 11-4〉 오픈행사 비용

구 분	품 명	내 용	수 량	금 액	비 고
장치/장식물	베너 및 3색 띠	태극기 문양장식	1EA	7,000	실내 및 실외 분위기 연출
	3색 띠	실내장식	1롤	20,000	
	현수막	건물 외벽	1EA	450,000	홍보 극대화
	폴 현수막	거리홍보용	1EA	80,000~100,000	
	3색천	건물 외벽천		230,000	
	조명	내레이터 모델부스자리	1EA	200,000	200W
	음향	행사용 음향	1SET	100,000	
	풍선장식	정문양쪽 1자풍선	2EA	80,000	
	풍선아치	정문입구 분위기 연출	1SET	150,000~200,000	
	춤추는 에어풍선	음악에 맞추어 춤추는 에어풍선		400,000	
인건비	말하는 로봇	주위를 걸어 다니며 행사	1SET	300,000	
	도우미(내레이터모델)	전단만 돌리는 도우미(C급) 내레이션(경력 1년 이상 B급) 댄싱, 내레이터 도우미(A급)	1명	80,000 100,000 120,000	1일 6시간 기준
	피에로	동물모양풍선 손님제공 등	1명	100,000~150,000	
기타	판촉물	즉석복권	1,000장	100,000~130,000	
	인쇄풍선	업소명, 전화번호 기입	1,000개	150,000	
	전단지		3,000부	400,000	
	고사 차례상	※식당에서는 판매할 주력메뉴를 포함한 간단한 칵테일파티 메뉴 등을 함께 준비하면 된다.			
	점심뷔페				
총액					
행사 대행료					
(VAT) 10%					
총계					

※ 식당 오픈 이벤트시 일반적으로 사용되거나 가능한 내용을 목록화한 것이다.

8. 개업선물

점포 개업에서부터 일정기간 내점하는 모든 고객에게 개업선물을 제공하는 경우, 일정구매단위 이상의 고객에게만 특별한 선물을 제공하는 경우, 신년 초에 개점하는 경우에는 소띠 해 출생, 범띠 해 출생자 모두에게 선물을 제공하는 경우 등 여러 가지 방법이 있다.

일반적으로 제공되는 개업선물은 마우스 패드, 시계, 장난감, 휴지, 성냥, 이쑤시개, 어린이용풍선, 열쇠고리, 오프너, 전화카드, 메모지, ID카드 등이 있다.

그러나 여기서 주의할 것은 꼭 개점시에 개업선물을 제공할 필요는 없다는 점과 다른 점포를 흉내 낼 필요가 없다는 것이다. 점포개업에 의미를 줄 수 있는 물품, 저가제품이지만 고가품의 이미지가 있는 제품 등을 선택해야 한다. 구태여 개업선물을 제공해 고객이 당연한 것으로 받아들인다면 선물제공의 의미는 없다.

9. POP(Point of purchase) : 구매시점 광고

고객이 테이블에 앉아 쉽게 주문할 수 있도록 벽이나 테이블 위에 설치하는 광고를 말한다. 점포에서 많이 팔고자 하는 메뉴나 이벤트메뉴, 신제품 등을 고지하는데 주로 사용한다. 이때 상품설명을 알기 쉽게 구체적으로 표현해야 한다.

POP로 메뉴를 어필할 경우 다음과 같은 2가지 작업을 생각해야 한다. 어떠한 것을 이용하여 내용으로 표현할 것인가, 그 내용을 정한다. 정해진 내용을 어떻게 표현할 것인가, 그 표현 방법에 따라, POP로 강조할 요소는 3가지이다. 즉 고객이 상품을 구입하는 곳(업소 내외), 고객에게 정보를 알릴 수 있는 곳, 상품을 선택할 수 있도록 업소의 정보를 용이하게 알리는 광고를 말한다.

POP광고의 역할은 입점을 촉진시키고, 상품(메뉴)설명, 점포홍보, 메시지 게시판 역할을 한다.

용도별 POP의 선택하는 데는 적절하게 잘 이용되어야 한다. POP 광고라 해도 그 종류는 대단히 많고 그 사용방법도 다양하다. 물론 이럴 때에는 용도나 목적에 알맞게 디자인하고 보다 효과를 올릴 수 있는 방법들을 고안해 내는 것이 중요하다.

(1) POP 종류

- 점두 POP : 점두에 설치된 POP로 건물 자체의 철골구조물을 사용할 수도 있고 이젤, 포스터대(플라스틱제작) 등을 비롯한 다양한 소재를 사용할 수 있다. 최근에는 고객의 눈길을 끌기 위해 아이디어 사인보드가 많이 등장하였다.
- 벽면 POP : 벽면에 붙여서 사용하는 것으로 벽면포스터가 주종을 이루며 디자인하여

업소만의 개성을 자랑할 수 있을 것이다.

- 윈도 POP : 업소의 외부 유리에 부착하는 POP
- 플로어 POP : 점두에서 점내 플로어까지 여유공간이 있다면 활용해봄직한 POP
- 실링 POP : 천장공간에 매달아 사용하는 POP로 우드락 소재에 필요한 그림 등을 실크 인쇄하여 사용한다.
- 카운터 POP : 패스트푸드점에서 가장 많이 사용하는 것으로 카운터 위나 에지스터 옆에 주로 설치한다. 타 업태에는 메뉴판촉으로 적합지 않지만 메시지전달을 위해 실시한다면 주목률은 높다.
- 테이블 POP : 메뉴선택에 가장 영향을 주는 POP 광고로 인쇄물 형태로부터 다양한 소재를 활용할 수 있다.

(2) POP 광고의 조건

POP 광고를 시의적절하게 활용하면 최소의 비용으로 최대의 효과를 누릴 수 있다.

이런 POP 광고를 효과적으로 이용하기 위해서 아래의 몇 가지 포인트를 검토한다면 지속적인 광고효과를 볼 수 있다.

- 소비자에게 구매의욕을 일으키는가.
- 소비자에게 충동구매를 일으키는가.
- 시각적인 효과가 충분한가.
- 계절감각이나 지역특성을 충분히 반영하고 있는가.
- 메뉴의 개성 및 특성을 인상 깊게 주는가.
- 점두나 점내에서 고객의 눈길을 충분히 끄는가.
- 디자인이 참신한가.
- 제작비는 적절한가.

제4절 초대장과 초대 손님 모시기

예쁜 초대장을 제작, 초대 글은 쉽고 재미있게, 알고 있는 모두에게 동네 이웃에게도 초대장을 발송, 개업 일주일 전쯤 도착하도록 발송한다.

어느 날 불쑥 팩스로 날아온 초대장 아닌 초대장을 받는 상투적인 것보다 예쁜 초대장을 받는다면, 그 기분이 어떨까? 특별한 일이 없는 한 정말 축하해줘야 할 것 같은 기분이 들

것이다. 초대장의 인쇄는 홍보물 인쇄하는 곳에서 서비스로 해주기도 하지만, 따로 제작할 경우 2백장에 5만 원선으로 할 수 있다. 초대장의 글을 받는 사람이 부담을 느끼지 않고 축하하러 올 수 있도록 쉬우면서도 간결하고 재미있게 쓸 필요가 있다.

또한 "바쁘신 가운데서도… 빛내주시면 감사하겠습니다"보다는 "…자리를 빛내주시지 않으시겠어요?" 하는 식으로 친근한 구어체를 사용해서 직접 말로 하듯 글을 쓰는 것도 괜찮다. 언젠가 인상 깊은 초대장을 받은 적도 있다.

그 초대장에는 초대 일시와 장소, 시간을 기재하고 나서 초대자의 의상을 '블랙엔 화이트'라고 명시를 해두었는데, 실제로 개업식에 초대받은 사람들이 그 부분을 재미있어 했다. 반드시 복장을 지정해서 입고 오라는 의도가 아님을 알면서도 대부분의 사람들이 블랙엔 화이트를 입고 왔다. 그리고 그 부분이 공동화제로 되어 초대받은 사람들 가운데 서로 모르는 사람들이라 해도 왠지 친근함을 느껴 훈훈한 분위기 속에서 멋지게 개업식을 치렀다.

이웃에게도 "우리 개업했어요, 놀러오세요" 하면 약간 속보이는 면도 있기도 하지만, 초대장을 주면 훨씬 기억에 남게 되고 고객 이상의 대접으로 받아들인다. 또한 말로 한 초대는 대답으로 끝나버릴 수도 있지만 초대장을 받으면 개업 다음날이라도 찾아온다.

제5절 CR활동

밀레니엄 시대의 외식산업은 치열한 경쟁과 고객의 기호변화 등 이제까지와는 전혀 새로운 환경이 닥치게 될 것이다. 치열한 경쟁이란 결국 시장이 축소된 소상권 영업을 의미한다. 이러한 소상권 하에서 살아남는 방법은 소상권 내에서 경쟁력 있는 점포가 되지 않으면 안 된다. 즉 그 지역사회의 일원으로서 공존공생하는 자세가 필요하다. 경쟁업종과는 물론 다른 업종 사이에도 좋은 관계를 유지해야 한다. 중소도시에서는 이러한 이웃점포 또는 주인과의 좋은 관계유지는 점포영업에 직접 영향을 줄 수 있다. 지역사회에서 "건방지다, 콧대가 세다, 되먹지 않았다"라는 평가를 받는다면 그 영업은 끝이다. 그것이 경영자의 행동이나 경영자 가족, 특히 경영자 부인의 행동, 종업원의 잘못된 행동에서 온 결과이든 결과는 마찬가지다.

지역사회와의 좋은 관계유지를 위한 활동이 CR활동이다. 인근 사무실 방문, 노인정 방문, 공공단체 방문, 주부클럽과의 연합이벤트 실시, 조기축구회 참가, 지역장학회 참가, 방범활동 등 여러 가지 CR활동은 확실히 지역기반을 확립하는 좋은 판촉행위가 된다. 이것을 단순히 판촉전략으로 생각하기보다는 지역에서 사랑받는 점포로서 생존을 위한 방법이라고 생각해야 한다. 대학 인근점포는 대학동아리회를 적극 지원하는 방법도 CR활동의 하나이다. 영업과 직결되는 것은 CR활동은 인근 500m 이내의 각종 사무실을 정기 방문해 할인권, 초청권, 쿠폰, 떡 등을 전달하는 것도 CR활동이다. 앉아서 기다리는 자세가 아닌 적극적인 점포 활성화 전략을 세워 사장과 간부가 솔선해 하루 5개사를 방문해 명함과 초청장을 같이 제시하는 것은 아주 사소한 것처럼 보이나 1개월 150처 연간 1,700곳 방문이라는 커다란 거래집단을 만들어 갈 수 있는 전략이다.

그 외 점포를 대외에 알리는 판촉물로서는 점포의 간판, 음식물 샘플케이스, 점포명함, 전화카드, 점내 각종 POP, 각종 디스플레이, 미니매체광고, 버스고지광고, 지하철 역구내 와이드컬러, 지하철 역내광고, 점포 내 와이드컬러 및 패널, 홈 딜리버리 등이 있다.

제6절 온라인 홍보

SNS를 이용한 마케팅은 데이터베이스에 의해 광범위한 서비스 이용자들을 파악하고 관리할 수 있기 때문에 기업은 소비자 개인의 특성에 맞는 정보를 제공할 수 있다. 또한, 소비자가 기업이 제공하는 정보를 공유하고 확산시킴에 따라 자연스럽게 구전효과가 발생한다.

외식산업에서도 SNS의 발달과 함께 고객들의 외식정보에 대한 공유, 탐색 및 전달 방식이 새로운 양상으로 진화하고 있으며 상당수의 외식업체들이 고객과의 커뮤니케이션 마케팅 채널로 SNS를 활용하는 사례가 늘어나고 있다[2].

지난 10년간 외식업 마케팅의 가장 큰 변화는 온라인 홍보 마케팅이다. 온라인 마케팅은 공간 제약 없이 많은 사람과 소통할 수 있어 바이럴 마케팅에 용이하다. 블로그와 SNS 마케팅 모두 마케팅 도구로 사용되고 있으나 특성에 있어 약간의 차이를 보인다. 블로그는 사진과 글을 세밀하고 다양하게 담을 수 있지만 SNS는 간략하게 함축해서 핵심만 이야기한다. 그래서 SNS로는 고객을 유입하고 블로그로는 정보를 제공하여 구매전환을 유도하는 방식을 취한다. 또한, 스마트폰 사용의 증가로 모바일 마케팅이 활성화되고 있다. 이렇듯 업장을 홍보하기 위해서는 한 가지 온라인 수단만을 이용하기보다는 고객 특성에 맞는 방법을 찾아 전략적으로 블로그나 인스타그램, 페이스북 등에 홍보를 해야 할 것이다[3].

2) 이혜성(2015), 외식소비자의 소셜네트워크서비스(SNS) 이용동기가 이용자 참여와 구매의도에 미치는 영향(경희대학교)
3) 외식경영, 2015년 3월호

1. 블로그 마케팅이란

네이버, 다음, 네이트 같은 포털사이트를 보면 블로그(bolg)가 있다. 블로그란 개인의 관심사 같은 것을 자유롭게 게재할 수 있도록 만든 웹사이트이다. 특정한 형식에 구애받지 않고 자기의 개성을 표현할 수 있다는 점에서 많은 사람들이 블로그 등 자신의 개인홈페이지를 개설하고 있다. 개인적인 용도로 이용되어 온 블로그가 요즈음은 기업에서의 홍보수단으로 많이 이용되고 있다. 선진국에서는 이미 블로그마케팅을 통해 성공적인 결과를 많이 거두어 내었다. 이에 많은 기업들이 블로그 마케팅에 관심을 보이고 있는 것이다. 네이버, 다음 등의 검색사이트에서 기업의 이름을 노출시키려면 비용이 많이 든다. 여기에 소요되는 비용은 일반적인 IT관련 회사 마케팅 비용의 70% 이상을 차지한다 해도 과언이 아닐 것이다. 이러한 비용을 조금이나마 줄여보고자 개인사용자들이 준비한 블로그라는 매체를 통해서 자사를 알리는 것이다. 하지만 비용적인 면에서 블로그 마케팅에 관심을 보이는 것은 아니다. 블로그는 최신 정보를 발빠르게 교환할 수 있고, 소비자의 needs를 잘 파악할 수 있으며 소비자의 반응도 즉각적으로 확인할 수 있다. 하지만 가장 큰 장점이라면 스크랩이라는 기능을 통해 자사의 정보 같은 것을 무한대로 퍼뜨릴 수 있는 파급효과는 엄청나다.

2. 인스타그램(Instagram)

인스타그램(Instagram)은 온라인 사진 공유 및 소셜 네트워킹 서비스이다. 사용자들은 인스타그램을 통해 사진 촬영과 동시에 다양한 디지털 필터(효과)를 적용하며 페이스북이나 트위터 등 다양한 소셜 네트워킹 서비스에 사진을 공유할 수 있다.

인스타그램의 가장 큰 특징은 폴라로이드 사진처럼 정사각형의 사진이며 보통의 모바일 기기에서 사용하는 16:9 비율과 다르다. 2012년을 기준으로 인스타그램 이용자 수는 8,000만 명을 돌파했고 2014년 12월 11일을 기준으로 세계 월간 활동 사용자(MAU)가 3억 명을 돌파했다.

이용자 중 3억 명은 하루에 한 차례 이상 사용하며 매일 평균 9천500만 개의 사진과 영상이 올라온다. 인스타그램 사용자의 80% 이상이 미국 이외의 지역이며, 인스타그램에 올라오는 사진과 영상은 하루 평균 9천500만 개로서, 모회사인 페이스북의 성장동력으로 각광받고 있다.

사용자들은 사진을 올릴 수 있고 사용자들의 인스타그램 계정을 소셜 네트워킹 서비스와 연동할 수 있으며, 다른 사용자들과 피드를 주고받을 수 있다.

3. 페이스북

페이스북(영어: Facebook)은 2015년 2분기 기준, 전 세계 14억 9천만 명 이상의 월 활동 사용자(MAU: 최근 한 달 동안 그 사이트를 적어도 한번 방문한 사용자)가 활동 중인 세계 최대의 소셜 네트워크 서비스 중 하나이다.

사용자들이 서로의 개인정보와 글이나 동영상 등을 상호 교류하는 온라인 인맥 서비스(소셜 네트워크 서비스)의 대표격이다. 활발한 사용자 중 절반 이상은 모바일 기기에서도 페이스북을 이용하고 있다. 사용자들은 페이스북을 이용하기 전에 가입해야 하고, 가입 후 자신의 프로필을 만들고 사용자들을 친구로 추가하고, 메시지를 교환할 수 있다. 친구들이 프로필을 업데이트하면 자동적으로 알림이 뜬다. 또한 사용자들은 공통의 관심사를 가진 사용자 그룹에 가입할 수 있으며, 이 그룹들은 직장, 학교 등과 같은 특성으로 분류되고, 친구들은 '직장친구', '가까운 친구'와 같이 분류 가능하다. "Compete.com"에 따르면 페이스북은 활동 사용자들 가운데 가장 많이 이용되는 소셜 네트워크 서비스라고 한다.

2015년 8월 현재, 페이스북의 월 활동 사용자 및 일 활동 사용자는 전년 동기 대비 13%와 17%가 증가해 14억 9천만 명과 9억 6천8백만 명을 기록했다. 아울러, 모바일 월 활동 사용자와 모바일 일 활동 사용자 수치는 13억 1천만 명과 8억 4천4백만 명으로, 전체 월 활동 사용자의 65%가량이 매일 페이스북을 사용하고 있다. 또한, 전 세계에서 인터넷에 접속할 수 있는 인구인 30억 명의 절반가량이 페이스북을 사용하고 있는 것으로 나타났다.

페이스북과 트위터의 가장 큰 차이점 중 하나는 트위터는 회사 이름, 사물 등 다양한 주제를 이름으로 하여 가입하는 것이 가능하지만 페이스북은 가입 시 성별, 생년월일을 반드시 입력해야 하며 이는 사람만이 가입할 수 있다는 것을 의미한다. 따라서 페이스북 내에서 기업체의 홍보 등을 하기 위해서는 페이지를 만들어야 한다. '좋아요' 수나 게시글 수 등의 일정 기준을 넘는 페이지들은 사용자의 프로필에 등록 가능하며 @기호를 이용하여 하이퍼링크를 생성할 수 있다.

4. 온라인(on-line) 기획홍보 예시

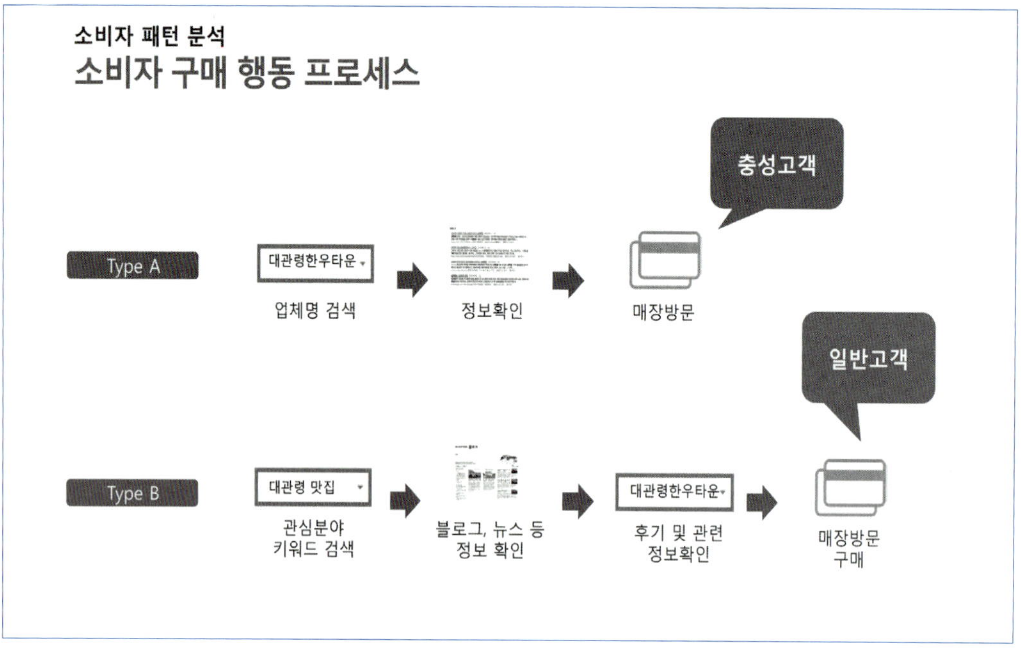

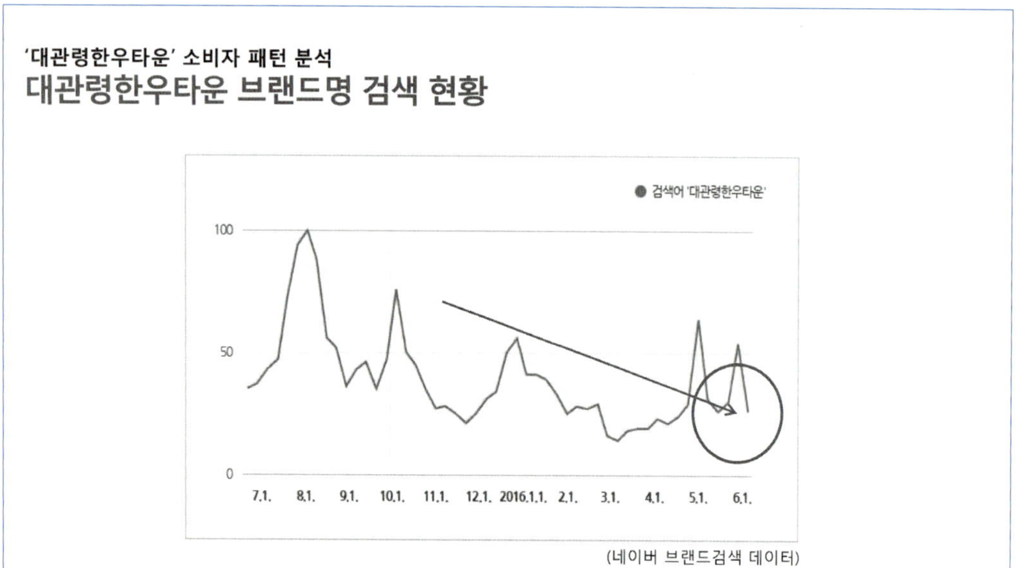

브랜드 검색량의 지속적인 감소 현황

*** 매출현황과 비례하기 때문에 마케팅을 통해 상승곡선을 만들어야 하는 상황

'대관령한우타운' 소비자 패턴 분석

대관령한우타운 관련 키워드 검색량 현황

45,000
이상 월 검색

키워드	월 검색량	키워드	월 검색량	키워드	월 검색량
대관령 맛집	8,000	대관령 여행코스	3,000	삼양목장 맛집	2,000
강원도 맛집	18,000	대관령 양떼목장 맛집	4,000	횡계 맛집	3,000
알펜시아 맛집	3,000	용평리조트 맛집	2,000	양떼목장 맛집	2,000

월 45,000건에 달하는 검색, 소비자는 어떤 정보를 보고 있을까?

'대관령한우타운' 소비자 패턴 분석

대관령한우타운 관련 페이스북 노출규모

- 최대 250,000명 **노출가능한 페이스북 노출량 보유**
- **지속적인 콘텐츠 생산을 통한** 대관령한우타운 브랜딩 극대화

(페이스북 광고 데이터)

WISE PLANET CONSULTING

검색량 하락원인 분석 및 경쟁사 현황

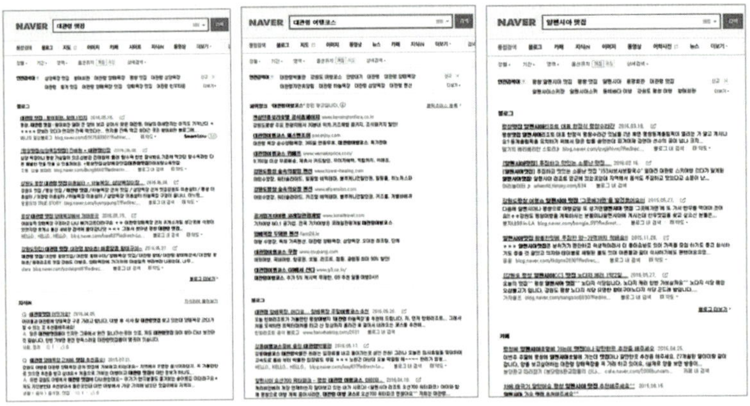

(대관령 한우타운 관련 지역 맛집 키워드 검색결과)

- 주요 키워드 검색시 CPC 등 모든 영역에서 노출없음
- 경쟁이 될 수 있는 타 기업의 후기, 지식인 등 콘텐츠 다수 노출 중
- 주요 키워드 검색을 통한 고객 유입이 어려운 상황

WISE PLANET CONSULTING

'대관령한우타운' 마케팅 진행 개요

마케팅 포인트 전략기획

- 대관령 명소 콘셉트 구축
  - 지역 맛집 콘셉트
  - 지역 관광지 연계 맛집
  - 대관령 -> 평창 지역확장

+

효율적 Media Mix 전략

<온라인 채널>

- 블로그 기자단, 체험단
- 연관검색어
- 페이스북 CPM(CPC)
- 지식인
- 카페 상위노출 등
- 언론기사
- 블로그 상위노출

<오프라인 채널>

- 현수막
- 버스광고

효율적 온라인, 오프라인 통합 Media Mix 전략진행

WISE PLANET CONSULTING

'대관령한우타운' 현황 및 예산책정

01_대관령한우타운 노출 현황 분석
대관령 맛집 관련 세부키워드 + 여행지 맛집 키워드 관련 노출량이 현저히 낮은 상태
: 키워드별 연관검색어, 블로그, 지식인, 언론기사를 통한 맛집 관련 키워드 선점 범위 확산

02_회차별 미디어믹스 변경을 통한 효율 중심의 마케팅 진행
대관령 맛집 관련 세부키워드 + 여행지 맛집 키워드 관련 노출량이 현저히 낮은 상태
***** 한우라는 제품 특성상 고품질 사진의 노출이 필요한 상황**

1차	**후기형 콘텐츠 생성을 통한 데이터 구축 및 채널별 상위노출 진행** **<온라인 채널>** **블로그 기자단 / 블로그 체험단 / 연관검색어 / 언론기사 / 카페상위노출 / 지식인** : 소비자들이 원하는 후기성 콘텐츠 제공을 통해 로컬매장 유입 극대화 기대 **<오프라인 채널>** **버스광고 / 지역별 지면광고 채널** : 검색시장을 제외한 광고채널 지속 발굴 진행 (지면별 예산 변동가능)	**1,200만 원 예산책정**

*** 1차 마케팅 진행을 통해 채널별 효율 분석 및 매출 상승에 따른 2차 마케팅 시 추가채널 노출 진행

WISE PLANET CONSULTING

'대관령한우타운' 현황 및 예산책정

03_마케팅효과 분석 후 채널 확장 및 점진적 예산 확장

2차	**<온라인 채널>** 언론기사 / 블로그 기자단 / 블로그 체험단 / 블로그 상위노출 / 카페상위노출 / 지식인 **+ 페이스북 광고 진행** **: SNS를 활용하는 20~30대를 타깃으로 페이스북 추가 집행** **<오프라인 채널>** 버스광고 / 지역별 지면광고 : 지면별 견적 변동 가능 및 효율 측정을 통해 추가 예산 집행	**1,800만 원 예산책정**
3차	**<온라인 채널>** 언론기사 / 블로그 기자단 / 블로그 체험단 / 블로그 상위노출 / 카페상위노출 / 페이스북 광고 **+ 브랜드 블로그 제작 + 이벤트 기획 및 실행** **: 노출극대화를 위한 이벤트기획을 통해 채널별 마케팅포인트 강화, 파급력 극대화 기대** **<오프라인 채널>** 버스광고 / 지역별 지면광고 : 지면별 견적 변동 가능 **: 지역 숙소 및 리조트 관련 지면광고 채널별 견적 확인 후 효율채널 선정 진행**	**2,000만 원 예산책정**

*** 매월 키워드 검색량, 티어 변화에 따라 집행달에 상세견적안 제공

Media Mix

마케팅 집행 비용(월)_1차 효율안

< 단위 : 원 >

No.	상품명	내용	단가	수량	금액(월)
1	블로그기자단	- 일 방문자 1,000명 이상 블로거 포스팅	70,000	15	1050,000
2	블로그 체험단	- 매장방문, 체험 후 포스팅 진행 (음식 및 상품 광고주 제공)	500,000	10	500,000
3	연관검색어	- 타깃키워드 지식인 1개월 노출보장 - 질문, 답변 설정 가능	150,000	15	2,250,000
4	언론기사	- 키워드 컨설팅이 완료된 언론기사 송출	300,000	3	900,000
5	카페상위노출	- 지역관련 맛집 메인키워드 선점	200,000	10	2,000,000
6	지식인	- Q&A 형식의 콘텐츠 상위노출 진행 (1개월 보장)	250,000	4	1,000,000
7	오프라인	- 버스광고, 지면별 견적 조사 후 진행 (상세 페이지 참고)	5,000,000 (변동가능)		
			계(VAT 포함)		1,270만 원 1200만 원 (할인가)

*** 매월 키워드 검색량, 티어 변화에 따라 집행달에 상세견적안 제공

Media Mix

마케팅 집행 비용(월)_2~3차 확장안

< 단위 : 원 >

No.	상품명	내용	단가	수량	금액(월)
1	블로그기자단	- 일 방문자 1,000명 이상 블로거 포스팅	70,000	20	1,400,000
2	블로그 체험단	- 매장방문, 체험 후 포스팅 진행 (음식 및 상품 광고주 제공)	500,000	10	500,000
3	연관검색어	- 타깃키워드 지식인 1개월 노출보장 - 질문, 답변 설정 가능	150,000	30	4,500,000
4	언론기사	- 키워드 컨설팅이 완료된 언론기사 송출	300,000	5	1,500,000
5	카페상위노출	- 지역관련 맛집 메인키워드 선점	200,000	11	2,200,000
6	지식인	- Q&A 형식의 콘텐츠 상위노출 진행 (1개월 보장)	250,000	5	1,250,000
7	페이스북	- 페이스북 콘텐츠 제작 후 광고 집행	250,000	7	1,750,000
8	오프라인	- 버스광고, 지면별 견적 조사 후 진행 (상세 페이지 참고)	7,000,000 (변동가능)		
			계(VAT 포함)		2,000 만원

*** 2개월차 1800만 원 예산집행 후 3개월차 2000만 원 예산집행

Media Mix

온라인 (광고노출 예시)

01_블로그, 카페, 뉴스 등 온라인에 상위노출 가능한 지면내 콘텐츠 노출

PC 상위노출을 기준으로 진행되며 노출 지면별 가격 변동 가능 (매월 검색량에 따른 키워드 가격이 변경됨)

: 월 보장형 상품의 경우 미노출시 전액환불되며 연장시 미노출일 계산 후 연장노출 진행

<온라인 기사 마케팅 예시>

<블로그 상위노출 예시>

<연관검색어 예시>

Media Mix

오프라인 (버스광고 광고 구성)

01_대관령 지역 버스광고 상세 구성

강원도 지역 노선별 평균 견적 40~50만 원 (1대) 기관별 광고주 최소 사용 대수 10대 배정

: 1차, 500만 원 / 2차, 600만 원 / 3차, 700 만 원 예산 배정에 맞는 버스광고 활용범위 제안

: 회차별 광고지면 제작비용 포함 진행 (광고디자인 제작)

<버스광고 지면 예시>

(측면 확대컷)

(측면 전체컷)

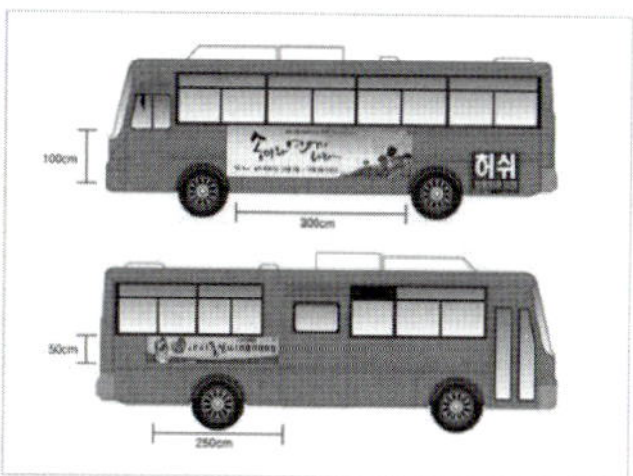

(외부광고 가능 지면)

<내부 광고 가능지면>

1) 창문지면
2) 창문 상단 지면
3) 노약자석 오른쪽 지면

*** 외부 광고지면과 별도로 금액 책정

12 개업 전후 체크와 컨트롤

1. 개업 전 체크와 컨트롤

- 입지조사는 완료했는가.
- 입지주변가의 특성은 파악했는가.
- 상권인구, 연령구성비 등 인구동태 확인은 했는가.
- 주변의 경쟁음식점에 대한 상황은 파악했는가.
- 외식산업 이외의 상업시설(상점·레저시설 등)의 경합상태도 조사했는가.
- 상권의 위치에 대한 성격은 파악하고 있는가.
- 상권전체에 몰려드는 사람들의 이동수단과 성격을 파악하고 있는가.
- 영업 전략이 입안되어 있는가.
- 개업사업 자체의 의의, 목적, 회사 내에서의 위치가 설정되어 있는가.
- 업종 · 업태의 설정 중 업계 내에서 점포의 지위가 정해져 있는가.
- 주력상품과 상품구성은 결정되어 있는가.
- 객단가의 설정 및 그와 관련된 단가설정은 되었는가.
- 대상고객의 이미지는 확립되었는가.
- 영업시간 · 정기휴일은 결정되었는가.
- 각 영업시간에 따른 소비자의 요구를 파악하고 있는가.
- 점포규모와 객석 수는 결정했는가.
- 각 영업시간에 따른 소비자의 요구를 파악하고 있는가.
- 점포의 이미지는 완성되었는가.
- 점포명은 지어졌는가.
- 유니폼·식기·인테리어 등 각종 시각적인 요소는 결정되었는가.

- 수치계획은 완성되었는가.
- 영업전략·입지조건으로 판단할 수 있는 매상고의 예상은 되어 있는가.
- 이번 개업에 소요되는 총비용의 목표는 정해져 있는가.
- 인건비, 원료비, 각종 경비 등 영업비용의 범위가 영업 전략에서 나온 것인가.
- 월차단계에서 손익계산서의 검토가 행해지고 있는가.
- 월차단계에서 차입금 반제, 투자채산성이 확인, 사업으로 성립되는 것을 알고 있나.
- 최저 5년 동안의 자금조달방법이 마련되어 있는가.
- 프로젝트 팀이 편성되어 있는가.
- 프로젝트 구성원 모두가 이번 프로젝트의 목적과 의의를 확인하고 있는가.
- 각종 프로젝트 팀에게 영업 전략을 설명했는가.
- 프로젝트 팀 구성원의 작업을 통합 관리하는 담당책임자는 임명되어 있는가.
- 점포의 로고 캐릭터의 디자인은 완료되어 있는가.
- 유니폼을 어떻게 할 것인가 결정은 내렸는가, 그리고 발주체제에 들어갔는가.
- 식기를 어떻게 할 것인가 결정은 내렸는가, 그리고 발주체제에 들어갔는가.
- 메뉴북의 형태는 결정했는가, 제작일수는 확인했는가.
- 각종 매입업자와 연락을 하면서 협상을 벌이기 시작했는가.
- 하드웨어로서의 점포계획이 완성되었는가.
- 점포 평면도는 완성되었는가.
- 주방 레이아웃(평면도 계획)은 완성되었는가.
- 주방 레이아웃과 조리가 예정된 상품과의 균형과 맞는지 확인했는가.
- 점포 평면상에서 실제 영업활동을 가상한 작업체크를 했는가.
- 요원계획은 다되었는가.
- 주방책임자는 결정되었는가.
- 주방책임자와 보조가 주방레이아웃을 이해하고 작업방법을 시작했는가.
- 메뉴기준표 작성을 하고 있는가.
- 홀 책임자(지배인, 매니저)가 결정되었는가.
- 각종 매뉴얼 관계(특히 교육에 관한 시스템)가 작성되었는가.
- 개업까지 운영계획표가 완성되었는가.
- 대강의 개점날짜가 정해져 있는가.
- 계획표 중에 프로젝트 팀의 일정관리까지 종합적으로 입안되어 문서화되어 있는가.

2. 개업 당일 준비와 체크

1) 점포 설비

- 간판, 네온, 샘플케이스 등에 전원스위치는 완비되었는가.
- 샘플케이스의 확인(진열방법, 가격표, 소품장식법 등)
- 영업시 간판이 '영업중'의 상태로 되어 있는가.
- 필요한 경우 우산꽂이는 설치되어 있는가.
- 개점, 화분 등이 어지럽혀 있지 않는가. 다른 점포에게 폐를 끼치지 않는가.
- 입구매트의 설치 확인
- 꽃꽂이나 화분 등은 깨끗하게 장식했는가, 또 물은 충분히 주었는가.
- BGM이 시간대에 맞는 곡으로 음향도 적절히 설정했는가.
- 점내 장식소품(그림 등)이 적절하게 배치되어 있는가.
- 점내 온도는 좋은가. 냉난방기 상태의 확인
- 화장실 주변의 확인(타월, 비누, 매트 등 비품이 완비되어 있는가) 또는 청소는 구석구석 고루 했는가.
- 청소도구의 확인. 품목과 수량이 갖춰 있는가.
- 어제까지의 공사흔적은 정리되었는가, 또 청소는 했는가.

2) 주변정리

- 개점당일부터 며칠간의 업무스케줄은 짜여져 있는가.
- 각 기기류의 스위치 조작확인의 실시와 종업원의 교육은 했는가.
- 사무용품은 갖추어져 있는가.
- 각종 업자관계 연락처는 일람표로 작성했는가.

3) 식기 저장소

- 은식기류 및 식기가 정 위치에 적정개수가 정돈되어 있는가.
- 찬장, 창고에 팻말이 붙어 있는가.
- 음료상품의 식재 구입은 파악했는가.
- 테이블 위치도가 게시되어 있는가.
- 소스, 샐러드 등의 확인
- 테이블번호를 알기 쉽게 붙여 놓았는가.

4) 홀

- 테이블 배치 및 정리는 조정되어 있는가.
- 서비스 준비단계에 있어 찬물·집기 등 준비되어 있는가.
- 물수건 사용 전의 놓는 장소, 사용 후의 놓는 장소 확인은 했는가.
- 휴지통은 준비되어 있는가, 또 재떨이는 각 테이블에 완비되어 있는가.

5) 금전출납

- 금전출납기의 작동확인 및 날짜확인은 했는가.
- 잔돈은 준비되었는가.
- 영수증과 수입인지에 날인이 되어 있는가.

6) 비품류

- 유니폼 수량의 확인, 또한 청결체크
- 명찰은 준비되어 있는가.
- 메뉴북은 적당히 준비되어 있는가, 또 정위치에 보관되어 있는가.
- 주문전표는 완비되어 있는가.
- 세탁물 보관장소의 위치는 설정되어 있는가.

7) 조리, 난방

- 조리기구가 정위치에 놓여 있는가.
- 난방기기 온도설정이 정확히 실시되고 있는가.
- 발주식재의 납품현황은 확인했는가.
- 판매예상에 맞는 적정한 재료구입이 행해졌는가.
- 현장에서 메뉴기준표의 변경에 대한 확인은 했는가.
- 시간대 메뉴 및 개업기념 특별메뉴의 유무는 확인했는가, 또 그 결과를 종업원에게 철저히 주지시켰는가.
- 주방 내의 업무진행표의 변경은 없는가.
- 조리관계 집기비품의 수량은 확인했는가.
- 냉장고·냉동창고 내의 식재가 정위치에 놓여 있는가를 체크
- 식재 재고량 확인을 한다. 동시에 정리정돈도 체크한다.
- 주방 내의 식기가 정위치에 적정량 수납되어 있는가를 확인한다.

• 조리용구의 수량은 부족하지 않은가, 또 청소는 깨끗이 되어 있는가.

8) 주위

• 주위 사람들에게 개점인사를 했는가.
• 개점을 알릴만한 간판과 광고는 어떤가.
• 개점으로 발생하는 혼란이 주위사람들에게 폐가 되면 안 된다.

〈표 12-1〉 개업일 필수 체크 일람표

구분	항목	월 일	비고	×
건축계획	기본틀, 내장공사			
	급배수공사			
	공조, 전기공사			
	가스설치 공사			
	정원, 주차장, 간판			
인사관계	구인관계			
	교육, 실천			
	조리장			
	홀			
관청관계	보건소(허가)			
	소방처(소화기)			
	지방세			
	전화국			
판매촉진·인쇄관계	로고, 캐릭터			
	DM			
	전단			
	신문광고			
	라디오, TV			
	기념품			
	메뉴			
	성냥			
	젓가락봉투, 종이냅킨			
	테이블 매트			
	명함			
주방비품	냄비류			
	보존용기			
	도마			
	기타소품			
홀비품	금전출납기			
	전표, 전표집계			
	게시판			
	영주증, 인지			
	인감			
	소품			
	화분받침			
사무실탈의실관계	책상, 의자			
	라커			
	양복걸이			
	흑판, 게시판			
	제장부			
	일계표			
	인감			
	유니폼			
	이름표			
현관주변	샘플			
	가격표			
	표시판			
	신발털이 받침			

개업 당일 비품이 갖춰 있지 않으면 영업개시는 혼란스러워진다.

이와 같이 바쁜 개점 직전의 작업 중에서 우선 비품의 완비가 불가결하며 이때 이 체크리스트가 필요하게 된다. 장소별, 분야별로 알기 쉽게 집계했다. 그날그날 주의해야 할 사항을 기입하여 기한까지 빠짐없이 준비되어 있는가를 체크한다.

항 목	품 명	단 가	수 량	제조처	적 요
현관	현관매트 우산꽂이				
청소용구	빗자루 털이개 대나무 빗자루 현관용 빗자루 우천용 걸레 왁스용 걸레 총채 털총채 호스(긴 것) 호스(짧은 것) 호스통 고무장갑 액즙주입기 나무총채 오물통(쓰레기통) 청소 수세미 양동이(중) 양동이(대) 양동이(특대)				
사무용품	시간기록표 시간표 이름표 볼펜 사인펜 연필 지우개 풀 매직 스테이플러 펀치 노트 자				

출납용품	영수증(사제) 영수증 도장 점포 고무인(가로, 세로) 스탬프(적) 스탬프(흑) 인주 가위 커터 스카치테이프 스카치테이프(대) 클립 대형테이프 전화노트 철끈 고무밴드				
인쇄관계	테이블 전표 커피서비스 티켓 안내장 종이냅킨 젓가락 봉투 성냥 봉투(가로) 봉투(세로) 리포트 용지 명함 DM 전단 안내표 가격표 납품전표				
메뉴	그랜드 메뉴 런치 메뉴 훼어 메뉴 스탠드 메뉴				
소품	휴지통(대) 휴지통(소) 화장실용휴지 나무젓가락 메모용지 총채				

세제기타	식기세정기용 세제 식기세정기용 린스 중성세제/수세용 세탁용 분말비누 크린저 소독액 만능크리너 바닥용 왁스 가구용 왁스				
테이블 용품	테이블매트 재떨이 테이블 소금 테이블 후추 이쑤시개통 소스병 장유폿트 냅킨홀더				
테샤프	타바스코 소스 가루치즈 케첩용기 겨자용기 빨대용기 냅킨 스테이크용 앞치마 어린이용 앞치마 유리식기용 타월 어린이용 의자 나무젓가락 이쑤시개 소금 설탕 유지				
식기실	물수건 쟁반 포트 찻잎 쇠그물 조리				

유니폼	남성용 셔츠 남성용 바지 남성용 나비넥타이 여성용 요리사복 여성용 바지 여성용 앞치마 여성용 스카프 여성용 흰 옷 고무 깔개 안전화 남성용 단화, 여성용 단화 남성용 구두, 여성용 구두				
소요관계	매상일계표 메뉴 기준표 영업일지 실동시간 집계표 부문별 매상표 메뉴 분석표 시간대별 매상표				

3. 오픈상식 50

1) 잘못된 상식 – 올바른 상식

- 일상업무의 집대성이 개업업무이다 – 개업이란 일상업무와 구별하여 계획성 있게 관리한다.
- 개업은 사내·부내에서 극비리에 준비한다 – 개업업무는 널리 외부 인재를 기용하여 실시한다.
- 성공할 수 있는 개업의 궁극적 목표는 최대한의 이익 창조이다 – 개업에 있어서 일하는 사람들의 행복창조를 목적으로 한다.
- 자금만 있으면(자금만 조달되면) 개업은 가능하다 – 자금은 개업을 성공시키는 요소의 일부분으로 사람, 입지, 상품력 등 종합적인 준비를 할 수 있게 해주는 것

4. 개업 후 체크와 컨트롤

음식점 개업이나 경영은 '이익을 올리는 일'이 최종 목적이라고 할 수 있다. 적정이익을 얻지 못하는 음식점은 개장을 위한 재투자 비용을 저축하는 일은 물론, 참신한 인재를 육성할 교육비조차 마련하기 어렵다. 따라서 경영자와 종업원은 의욕을 잃게 된다. 개점하고 나서 생각대로 이익을 올릴 수 없을 때, 그 이유를 어떻게 할 수 있으며 또 그 방법은 무엇인지에 대해 앞으로 설명해 보겠다(원래 개점 직후에는 매상이 안정되지 않는 법이므로, 3~4개월 지난

뒤 이 체크 리스트를 활용해 보자).

이익을 낼 수 없는 이유는 우선 크게 나누어 다음 2가지를 들 수 있다.

첫째, 매상이 절대적으로 적은 경우

둘째, 매상은 충분히 확보할 수 있으나, 너무 경비가 많이 들어 이익을 낼 수 없는 경우, 특히 신장개업에 있어서 전자인 '매상부체가 절대적 부족'이 부진의 원인이 되는 경우가 많다. 매상이 부진한 이유를 정확하게 알려면 다음 사항을 확인할 필요가 있다.

(1) 손님들에게 점포의 존재 및 영업에 대한 홍보가 충분히 전달되었는가.

- 손님수는 계획대로 순조롭게 모이고 있는가(영업일보).
- 서비스권과 개업광고지에 대한 반응은 어떠한가.

(2) 손님들에게 영업에 대한 이미지를 올바르게 이해시켰는가.

- 가격은 당초 계획대로 되고 있는가(영업일보).
- 팔고 싶은 상품이 팔리고 있는가(ABC 분석표).
- 시간대별 매상이 계획대로 실행되고 있는가(시간대별 매상관리표).
- 객석 회전수는 적절한 수준을 유지하고 있는가(시간대별 매상관리표).

(3) 현장 영업수준은 적절히 유지되고 있는가.

- 상품 제공시간이 낮지는 않은가.
- 상품 품질이 낮지는 않은가.
- 서비스 수준은 업종·업무와 일치하는가.

위에서 살펴본 ①, ②, ③의 '매상액 부족'이 이유가 아니라면 ④사항을 확인할 필요가 있다.

(4) 원가가 너무 높은 것은 아닌가.

① 이유

- 오버 포션이 되지는 않았는가.
- 준비단계에서 음식재료의 손실이 많지 않은가.
- 주문실수로 인해 원가율이 높은 것은 아닌가.
- 준비단계에서 비싼 음식재료를 사는 것은 아닌가.
- 아르바이트생을 많이 쓰는 것은 아닌가.
- 임금체계가 잘못된 것은 아닌가.
- 교대에 대한 관리를 정확하게 하고 있는가.
- 고임금 노동자를 쓰고 있지 않은가.

부록

부록 1 편의음식점 시장조사 Manual(예시)

부록 2 일식돈가스전문점 사업계획서(예시)

부록 3 운영(창업)자금조달 가능기관

부록 1 편의음식점 시장조사 Manual(예시)

1. 조사의 목적

상권조사의 필요성에 대해서 어떤 정해진 것은 없지만 시간대별로 변화해가는 상권상황을 명확하게 파악하는 것이 점포에 있어서 여러 판매활동을 시간대에 맞춰 효과적 내지 효율적으로 행함과 아울러 어떠한 표적을 정해두고 행동으로 옮길 수 있는 중요한 것이다. 다시 말해, 외식시장의 성숙화에 동반해 기업 간 경쟁도 이 업종 이 업태를 막론하고 보다 한층 심각해져 가고 있는 상태에서 세밀한 상권상황의 파악이 절실히 요구되고 있는 실정이다.

이 상권조사는,

① 점포에서 영업전략을 수립하기 위한 목적으로 수행하는 것이다.

② 독자적인 조사에 따른 최신정보의 입수

③ 같은 형태의 상권자료와의 비교 분석에 따른 자기점포의 상황파악을 목적으로 하는 것이다.

따라서 이제부터는 마케팅활동의 지침이 되는 중요한 자료를 만들기 위해 조사를 하고 점포 근무자간의 협력은 물론 인근 점포와의 협력 체제를 만들지 않으면 안 된다.

2. 조사의 내용

이상의 항목을 작업별로 분류하면,

① 자료의 수집항목(No. 1, 2, 3, 4, 5, 10)

② 점포자체 조사항목(No. 6, 7, 8, 9) : 크게 두 가지로 나눌 수 있다.

〈부록 표-1〉 조사 내용별 분류

상권 조사	1. 상권지도 작성
	2. 인구, 세대주 조사
	3. 사무실, 종업원수 조사
	4. 각종 시설 조사
	5. 각종 단체 조사
	6. 경쟁점 조사(위치, 객석수, 메뉴, 고객계층, 임대료, 매출)
	7. 점포앞 통행량 조사

고객계층 조사	8. 점포 입점자수 조사
	9. 고객 앙케이트 조사
소비자 조사	10. 외식지출 조사

조사의 Point는 통행량, 고객수 체크 및 앙케이트의 스케줄화, 거기에 따른 시프트(근무시간)의 조정, 추가로 인근 점포근무자와의 협력에 따른 기존자료의 수집에서 작업분담을 하면 시간의 단축은 가능하다.

3. 조사일정 및 보고

조사자료의 입수에서부터 보고까지의 스케줄은 다음과 같다.

(예 : 4월 중순~하순에 걸쳐 실시하는 경우)

〈부록 표-2〉 조사 일정표

4월 1주	조사자료 점포도착
4월 2주	조사내용의 확인과 스케줄 작성
제3주의 금요일 토요일 일요일	제 1 회 조사 예정일 통행량, 고객수 체크, 고객 앙케이트
제4주의 금요일 토요일 일요일	제 2 회 조사 예정일 통행량, 고객수 체크, 고객 앙케이트
4월 하순	조사보고서 작성(2주간)
조사종료 후 2주 이내	S.V에게 조사보고서 제출(5월 초순)

구체적인 실시 일정으로는 제3주 조사대상일에 평일, 토요일, 일요일의 형태로써 통행량, 고객수의 체크 및 고객의 앙케이트를 행하고 우천 시에는 연기한 후, 제3주의 대상일에 다시 실시한다는 것이다.

이들 3가지 자체조사는 동시에 실시하는 것이 자료분석상 이상적이지만, 시간표의 조정 등 곤란한 부분이 있기에 각각 실시해도 좋다.

기존 자료의 수집 및 자체조사의 집계는 자체조사 종료 후 2주간 이내에 완료시키고 담당 S.V에게 제출한다.

4. 조사 항목별 실시요령

1) 상권지도의 작성

점포주변의 광역상권을 알기 위한 〈광역지도〉

점포주변의 세부사항을 파악하기 위한 〈세부지도〉

이상의 두 종류를 작성한다. 지난 분기 작성을 마친 점포는 점포주변의 변화가 없는 경우 새로 작성할 필요가 없다.

(1) 목적

- 상권으로 설정된 범위의 지리적 조건 파악
- 고객이 유입되는 지역 파악

(2) 작성순서

먼저 지도를 준비한다.

- 시중 판매되는 15,000분의 1~20,000분의 1 지도를 준비한다.
- 점포주위 세부지도의 작성을 위한 주택지도를 준비한다.
  (이것은 가격이 비싸기 때문에 부동산회사나 도서관 등에 부탁바람)

① 광역도

- 시중에 판매되는 지도에 반경 0.5km, 1km, 2km의 원을 그린다.
- 반경 2km 부분이 중앙에 위치하도록 B4사이즈(가로)로 복사한다.

② 세부도

- 점포를 중심으로 해서 반경 500m 내의 세부도를 준비한다.
- 주택지도의 필요부분을 복사하고 나서 점포가 중앙에 위치하도록 용지 사이즈를 조정한다. B4(가로), A3 사이즈에 한정하지 말고 다소 용지가 커도 상관없으니 보고할 때 적당한 크기로 접어 보고한다.
- 목적점포와 관계있는 각종 시설은 굵은 사인펜으로 표시한다.
- 목적점포의 매출에 영향 있는 경쟁점은 굵은 사인펜으로 표시한다.
- 점포 앞 통행량(차량)을 통행 방향별로 기입한다(유통인구의 흐름은 굵은 선).

2) 인구 · 세대수 조사

동별로 인구를 조사해서 상권거리별 거주인구를 파악하는 것이다.
(지난 분기 조사를 마친 점포는 업데이트한다)

(1) 목적

- 목적점포의 고객이 될 가능성이 있는 인구를 명확히 나타낸다.
- 거주인구의 남녀별(연령별)로 고객계층을 파악한다.

(2) 작성순서

- 데이터 입수는 동사무소에 의뢰한다.
  - 불명확점은 구청, 민원실 상담창구를 이용하여 확인한다.
  - 연령구분은 5세단위로 기입한다.
- 먼저 입수한 지도에서 각 원내(0.5km, 1km, 2km)에 포함된 통, 반별로 면적비를 산출한다. 면적비는 예를 들어, ○○구 ○○동은 0.5km 권역 내에 70%, 1km권내에 30% 등으로 표기한다.
- 인구세대수의 통·반별로 실수 '나'로 산출한 면적비를 곱하여 각 1km마다의 인구·세대수를 산출한다.
- 최종적으로 집계표에 기준한 각 1km마다의 합계치를 산출한다.

3) 사무실·종업원수 조사

사무실수와 종업원수를 조사한다.
(지난 분기 조사를 마친 점포는 업데이트한다)

(1) 목적

상권 내의 타깃인구를 파악하는 것이다(상권거리별).
(타깃인구=주거인구+사무실 종업원수)

(2) 작성순서

- 동별 사무실, 종업원 수의 통계수지를 입수한다.
- 2개의 거리별 상권에 속하는 동의 경우 면적비를 곱하여
- 상권 내의 사무실, 종업원 수를 산출한다.
- 최종합계를 각 상권 거리별로 산출한다.

4) 각종 시설장치

사람이 모이는데 커다란 영향을 미치는 각종 시설의 상황을 파악하는 것이다. (지난 분기 조사를 마친 점포는 업데이트한다)

(1) 목적

각종 시설의 세부상황을 파악함에 따라 판촉 등의 계획, 실행 타이밍을 맞추는 구체적 데이터로써 활용한다.

(2) 작성순서

① 교육기관

각 km마다의 유치원, 초등학교, 중학교, 고등학교, 전문대학, 대학교, 사설학원 등의 각종 학교에 대해서 ① 학생수, ② 책임자수, ③ 전화번호를 조사한다. 이 데이터의 수집은 도서관에서 전국 학교총람을 보면 된다. 단, 거리구분은 점포에서의 거리에서 대상거리에 ○표를 한다.

② 대규모 상업시설 리스트

매출에 영향을 주는 '대형 쇼핑센터'를 중심으로 그 시설명, 매장면적, 연매출, 주차대수, 정기 휴일(영업시간) 등을 조사한다.

- 거리구분은 해당거리 구분에 ○표를 한다.
- 기입순서는 인근부터 시작한다.

주) 직업별 전화번호부에서 상세히 확인할 수도 있다.

③ 점포주위 정류장(지하철) 승강객수 데이터표

- 평일, 토요일, 일요일에 구분하여 승강객수 데이터를 입수한다.

※ 요일별로 구분하여 평균 숫자를 기록하는 경우 평균란 끝에 수치를 기입한다.

- 데이터입수 불가능 점포는 담당 SV에게 문의한다.

5) 각종 단체조사

CR활동의 대상으로써 반드시 파악할 필요가 있는 어머니회, 교회, 스포츠 단체 등을 조사하는 것이다(지난 분기 조사를 마친 점포는 업데이트(update)한다).

(1) 작성순서

- 어머니회 : 조사항목은 단체명, 책임자명, 전화번호, 회원수, 활동개요 등
- 스포츠클럽 : 단체에 등록되어 있는 스포츠단체 조사

6) 경쟁점 조사

(1) 목적

같은 상권 내의 경쟁점의 정보를 입수함과 동시에 경쟁점 대책에 활용될 수 있다.

(2) 작성순서

- 경쟁점의 리스트 UP
- 외면적 조사(객수, 레지객수)
- 내면적 조사(Open연월일, 추정 연매출)

단, 연매출의 추정방법은

① 입점자의 카운트

② 쓰레기통 및 폴리백 카운트, 빵 케이스 카운트 등을 기초자료로써 활용한다.

7) 점포앞 통행량 조사

① 시가지점 : 보행자 통행량

② 교외점 : 차량의 통행량을 원칙으로써 구분한다.

단, 점포의 대상구분이 어려운 경우는 담당 SV와 상의 후 2가지 중 어떤 형태인지를 판단해야 한다.

(1) 목 적

점포의 매출에 가장 영향 있는 점포 통행량을 카운트해서 '흡입상황' '입점객과의 상관관계' 등을 명확히 나타낸다.

(2) 작성순서

〈보행자 통행량〉

- 점포앞 보행자 통행량의 흐름을 나타낸다.
- 요일별, 시간대별, 고객계층 단위로 통행량을 조사한다. 고객계층은 상세하게는 구분하기 어렵기 때문에 다음과 같이 크게 3등분한다.

  ① 어린이, 주부 / ② 학생(중, 고, 대) / ③ 직장인(샐러리맨, 직장여성)
- 측정 장소는 점포 앞에서 하고 기본적으로는 2방향을 측정한다. 점포형태에 따른 측정장소, 통행흐름의 선정은 어려움이 다소 따르지만, 마지막 페이지의 조사패턴을 참고로 해서 통행량 조사지점 설명서에 기입한다.
- 각 시간대마다 모든 차량을 카운트할 필요는 없다. 다음과 같이 3회 측정 정도로 무방하다.

차량통행 조사표에 따라

① 10~15분까지 카운트 기입

② 30~45분까지 카운트 기입

③ (1+2)×2의 계산으로 1시간당 통행량이 된다.

또한, 차량 구분은 차종별 차량 조사표에 따라 100대 실측에 의한 차량 구분비에 기초해서 산출할 것 100대 실측은 매시간 행할 필요가 없다. 한번 계측한 배분비로 응용이 되는 시간대가 있다. 예를 들어,

09:00~10:00에 측정한 배분비는 12:00의 시간대까지 유효			
12:00~13:00	〃	18:00	〃
18:00~19:00	〃	폐점까지 유효	

- 점포의 위치에 따라 점포 앞의 보행자, 차량통행을 같이 카운트해서 '흡입상황'을 체크하든가 등은 현장여건에 따라 측정 장소라든가 측정대상 등을 검토 후 실시한다.

8) 점포 입점자수 조사

점포로 들어오는 고객수를 조사하는 것이다.

(1) 목적

- 통행량과의 상관관계(유입률)를 알 수 있게 된다.

(2) 작성순서

- 점포 출입구에서 매시간대마다 카운트한다.
- 고객계층 구분은 눈어림에 의한 비율로 계산해도 된다.
- 측정요령은 입점자수 조사표에 의한 15분마다 카운트해서 기입한다. 점포 입점자수 조사는 판매분석상 중요한 조사이기에 확실한 자료가 되도록 확인해야 한다.

9) 입점객 앙케이트 조사

(1) 목적

목적점포의 손님이,

- 어디에서 오는가(거주지, 근무지, 통학지).
- 어느 때에 오는가(이용시간, 동반인수, 동반형태, 입점동향).
- 왜 오는가(점포 선택이유는 점포의 사전 결정도).
- 어떤 의도로 오는가(내점 의도).
- 어떤 고객인가(성별, 연령, 직업) 등에 대해서 파악한다.

(2) 작성순서

- 조사의 방법은 내점시간마다 무작위 추출로 손님에 의한 자기회답방식으로 실시한다.
- 고교생 이상을 대상으로 실시한다.
- 시간마다 샘플수에 대해 플로어 앙케이트 조사표를 건네주고 앙케이트 회답을 의뢰한다.
- 회답은 객석에서 기입하게 하고 카운터에서 회수하는 방법을 취한다.

10) 외식 지출조사

(1) 목적

점포가 위치하고 있는 동네의 1세대 당 소비지출, 식품지출 및 외식지출을 파악하고 상권 내에 있어서 외식상황을 나타내는 것이다.

(2) 작성순서

- 인구 세대수 조사와 같이 구청이나 동사무소에 의뢰할 것
  동사무소에 따라서는 가계조사를 실시하고 있지 않는 경우가 있는데, 이 경우에는 인근 구청의 데이터를 입수할 것
- 입수한 데이터에서 1세대당 1개월 평균 소비지출, 식료품지출 및 외식 지출의 금액을 파악할 것

〈부록 표-3〉 상권조사 결과보고서

점명(　　　　　　　　)

1. 매　출　　연간(　　　　)천원 월간(　　　　)천원 일(　　　　)천원
2. 객　수　　연간(　　　　)명　월간(　　　　)명　일(　　　　)명
3. 객단가　　연간(　　　　)원

※ 항목 1~3은 작년실적이며, 월간, 일은 연간매출을 기초로 평균산출한다. 금년 신규점 및 작년 공사 실시점은 추정치로 기입한다.

4. 타깃인구

구 분		거주인구	세대수	종업원수	사무실수	타깃인구
상권별	0.5km	명	명	명	명	명
	1.0km	명	명	명	명	명
	2.0km	명	명	명	명	명
	합 계	명	명	명	명	명

5. 교육기관

구 분		유치원	초등학교	중학교	고등학교	대학 · 전문
상권별	0.5km	교	교	교	교	교
	1.0km	교	교	교	교	교
	2.0km	교	교	교	교	교
	합 계	교	교	교	교	교

6. 대규모 상업시설

No.	거리 구분	시 설 명	연매출(백만 원)
1	km		백만 원
2	km		백만 원
3	km		백만 원
4	km		백만 원
5	km		백만 원

7. 레저 · 스포츠시설

No.	거 리 구 분	시 설 명	수용(입장)인원 등
1	km		백만 원
2	km		백만 원
3	km		백만 원
4	km		백만 원
5	km		백만 원

8. 승강객수(버스 · 지하철)

No.	거 리 구 분	선 명	역 명	승 강 객 수
1	km			명
2	km			명
3	km			명
4	km			명

9. 경쟁점(Fast Food)

No.	거 리 구 분	점 명	추정매출(연간)
1	km		백만 원
2	km		백만 원
3	km		백만 원
4	km		백만 원
5	km		백만 원

10. 통행량

(1) 조사의 범위 : 해당항목에 ○표 할 것

① 보행자 통행량 조사 ② 차량 통행량 조사

③ 보행자·차량 동시조사

(2) 통행량 데이터

	조 사 일	월 일(평)	월 일(평)	월 일(평)
보행자	어린이·주부	명	명	명
	학 생	명	명	명
	직 장 인	명	명	명
	합 계	명	명	명

	조 사 일	월 일(평)	월 일(평)	월 일(평)
차량	이륜차	명	명	명
	승용차	명	명	명
	대형차	명	명	명
	합 계	명	명	명

11. 입점자수·통행자(수)·유입률

조 사 일	월 일(평)	월 일(평)	월 일(평)
입점자수	명	명	명
통행자(수)	명	명	명
유입률	%	%	%

※ 유입률 = 입점자수÷통행자(수)×100

12. 외식지출 상황

① 조사지역 : (   )

② 소비지출(금액) : (   )천원/월

③ 식품지출(금액) : (   )천원/월

④ 외식지출(금액) : (   )천원/월

⑤ 외식비율(%) = (4)÷(3)×100

※ 데이터는 앙케이트 조사를 기초로 1세대당 연간금액을 월평균으로 기입한다.

〈부록 표-4〉 고객 앙케이트 조사표

※ 해당란에 ○표 또는 직접 기재해 주세요.

1. 성별 : 男(　) 女(　)　연령 : (　　)세　직업 : (　　　)

2. 지금 어디에서 오셨습니까?
   거주지(　　) 근무지(　　) 통학지(　　)

3. 주로 언제 이용하십니까?
   오전(　　) 오후(　　) 저녁(　　)

4. 이용 동반인수는 몇 명입니까? (　　)명

5. 누구와 같이 오셨습니까?
   가족(　　) 친구(　　) 직장동료(　　) 기타(　　)

6. 무엇으로 오셨습니까?
   도보(　　) 전철(　　) 버스(　　) 승용차(　　)

7. 월 평균 외식 횟수는? (　　)회

8. 외식의 장소는 주로 어디를 이용하십니까?
   햄버거점(　　%) 식당(　　%) 분식점(　　%) 기타(　　%)

9. 1회 외식시 비용은? (　　)천원

10. 귀댁의 월 평균 외식 지출은? (　　)천원

11. 귀댁의 월 평균 식료품 지출은? (　　)천원

12. L 점포를 이용하는 이유는?
    품질우수(　　) 가격저렴(　　) 거리상(　　) 기타(　　)

13. 다른 햄버거 업체에 비해 L 햄버거가 좋은 점이 있다면?

14. 다른 햄버거 업체에 비해 L 햄버거가 나쁜 점이 있다면?

15. L 햄버거가 고쳐 나가야 할 점은?

〈부록 표-5〉 보행자 통행량 집계표

조사일(평)　　년　　월　　일　　날씨 :

조사일(토)　　년　　월　　일　　날씨:

조사일(일)　　년　　월　　일　　날씨 :　　　　점명:

시간	평 일				토 요 일				일 요 일			
	어린이 주 부	중고생 대학생	직장인	계	어린이 주 부	중고생 대학생	직장인	계	어린이 주 부	중고생 대학생	직장인	계
합계												

〈부록 표-6〉 연령별 인구 구성표

작성일 :　　　년　　월　　　일　　　점명:

洞명		남녀별 · 연령별 계층 구분							
		5~11세	11~15세	16~20세	21~25세	26~30세	31~35세	36세 이상	計
	男								
	女								
	計								
	男								
	女								
	計								
	男								
	女								
	計								
	男								
	女								
	計								
	男								
	女								
	計								
	男								
	女								
	計								
	男								
	女								
	計								
	男								
	女								
	計								
합 계	男								
	女								
	計								

〈부록 표-7〉 타깃 인구 데이터표

기록일자 : 년 월 일 점명:

동명	면 적 비			인구(세대수)				종업원수(사무실수)			
	0.5km	1.0km	2.0km	실 수	배분치			실 수	배분치		
					0.5km	1.0km	2.0km		0.5km	1.0km	2.0km
합계											

※ 점선 윗부분은 인구, 종업원수이며 점선 아랫부분은 세대수와 사무실수 기록

※ 면적비란에는 인구와 종업원수의 합계 기록

부록 2 일식돈가스전문점 사업계획서(예시)

≪사업 목차≫

1. 사업의 방향
2. 영업계획
3. 메뉴계획과 메뉴설명
   ① 메뉴계획 ② 메뉴설명
4. 인력운영계획
   ① 인원계획 ② 조직구성 계획 ③ 채용계획 ④ 교육계획
5. 시설 및 구매계획
   ① 점포계획 ② 인·허가사항의 체크
   ③ 점포 기본 Lay-out ④ 설비업체 일람표
   ⑤ 설비 및 비품리스트 ⑥ 식재리스트
   ⑦ 점포운영에 필요한 수배사항 ⑧ 오픈 반입 스케줄
6. 운영관리계획
   ① 주방 일일운영 매뉴얼 ② 홀 일일운영 매뉴얼
   ③ Q.S.C 체크표 ④ 영업일보
   ⑤ 품목별 판매 현황표 ⑥ 식재발주표
   ⑦ 사입집계표 ⑧ 영업효율표
   ⑨ 식재보관 매뉴얼 ⑩ 주문전표
7. 판매촉진계획
   ① 준비사항 ② 판매촉진 스케줄표 ③ OPEN 직후의 판촉
8. 투자예산 및 수지계획(안)
   ① 투자비용 분석 ② 고정비용의 분석 ③ 손익분기 매출의 계산
   ④ 매출계획 ⑤ 월차손익계획(月次損益計劃) 표준형 P/L

〈별첨〉

① 오픈 스케줄표 ② 메뉴별 Recipe ③ 소스별 Recipe
④ 원가계획(메뉴, 식재소스) ⑤ 교육교재

1. 사업의 방향

고객 만족을 통한 이익창출

- 사업방향을 설정할 때에는 사업자의 정책과 전략이 포함된 콘셉트(Concept)이어야 한다.

고 객

⇧

고객 감동 실현

MENU의 차별화	▸ 3 S System 구축 1. Standardization(메뉴의 표준화) 2. Specialization(메뉴의 전문화) 3. Speedily(메뉴의 신속한 제공)
최상의 서비스	▸ 고객만족 System 구축 1. 적시, 적온 서빙 2. 위생 및 청결한 점포 관리 3. 정성스런 친절한 서비스
합리적 운영	▸ 효율적인 운영 System 구축 1. 인력의 최소화 2. Eat in, Take out, Delivery

2. 영업계획

구 분	내 용	비 고
기본콘셉트	차별화된 맛있는 정통 일본식 돈가스 전문점	
운영일수	연중무휴	추석·설 명절 임시휴업
서빙방법	Full-Service at Table 방식	주문에서 제공까지 테이블 서비스 방식
정산방법	현금, 신용카드	빌지를 이용한 레지스터 계산
메뉴·상품	돈가스 : 4~5품목 Set 메뉴 : 3~4품목 안주메뉴 : 2~3품목 기타 : 커피, 음료, 일본식 주류	
점포이미지	밝고 쾌적하게 친근감 있는 차분한 분위기 연출 (참고점포 : 혼슈, 허수아비, 돈카 반포점)	
가격대	평균 객단가 6,000원	
좌석수	45~52 석	
영업시간	11 : 00~22 : 00	
부가서비스	「아이스크림」 튀김서비스	개업 후 10일간 한정

3. 메뉴계획과 메뉴설명

1) 메뉴계획

	메뉴명(상품명)	가격대(판매예정가)	비고(개요)
돈가스 (Cuttlet) 메 뉴	로스가스	5,500	돼지 생등심
	히레가스	6,000	〃
	고로케가스	4,500	
	생선가스	5,500	대구살
Set메뉴	정식 A(로스)	7,000	로스+우동
	정식 B(히레)	8,000	로스+우동
기타정식	어린이 돈가스	4,500	
	Y세대 가스	5,500	등심+감자+치즈
	모듬가스	7,500	로스+히레+ 생선가스
	〈상호〉스페셜	7,500	
	양파튀김	5,000	
음료 및 주류	음 료	1,000	
	병맥주	3,000	
	일본식 주류	7,000~12,000	

※ 돈가스 메뉴 : 生肉을 사용하여 상품의 맛과 질을 높인다.

2) 메뉴설명

메 뉴 명	판매가(예정)	메 뉴 상 세	비고
로스가스	5,500	생육(140g) 등심 돈가스, 밥 / 장국이 포함된다.	
히레가스	6,500	생육(140g) 안심 돈가스, 밥 / 장국이 포함된다.	
고로케가스	4,500	민찌(140g)를 이용한 돈가스, 밥 / 장국이 포함된다.	
점보가스	6,500	로스나 히레의 대형돈가스 밥/장국이 포함된다.	
생선가스	5,500	생선살(120g)을 이용한 돈가스, 밥 / 장국이 포함되다.	
정 식	A : 6,500	등심+코돈부루+생선, 밥/장국이 포함되며 식후에 후식(커피, 음료가 제공된다)	
	B : 7,500	안심+우동, 밥/장국이 포함되며 식후에 후식(커피, 음료가 제공된다)	
어린이가스	4,500	등심돈가스 100g / 감자 프라이 / 후르츠 / 콜라 제공	
모듬가스	7,500	로스+히레+생선가스+고로케 가스	1접시
안주스페셜	12,000	로스, 히레, 생선, 고로케, 감자튀김, 양파튀김	
양파튀김	5,000		
Y-가스	5,500	얇게 슬라이스 한 돼지고기 속에 치즈와 감자를 혼합해 넣어 프라이한다.	
커 피	2,000		
음 료	1,000		
맥 주	3,000		

※ 판매하는 모든 메뉴는 포장 판매하며

※ 도시락 용기를 이용한 배달판매도 실시한다. 단, 3인분 이상 주문시 배달에 한함.

4. 인력운영계획

1) 인원계획

[개점 기준]

<table>
<tr><th>구분</th><th colspan="3">7명(아르바이트 포함)</th><th>인원</th><th>급 여 내 역</th></tr>
<tr><td rowspan="8">근무시간표</td><td rowspan="4">주방</td><td rowspan="3">오전</td><td>조리장 1명(오전, 오후)</td><td>정직원</td><td>1,850,000원</td></tr>
<tr><td>보조 1명(오전, 오후)</td><td>//</td><td>1,400,000원</td></tr>
<tr><td>아줌마 1명</td><td>//</td><td>950,000원</td></tr>
<tr><td>오후</td><td></td><td></td><td></td></tr>
<tr><td rowspan="4">홀</td><td rowspan="3">오전</td><td>점주(오전, 오후)</td><td></td><td>1명</td></tr>
<tr><td>서빙 1명</td><td>정직원</td><td>1,100,000원</td></tr>
<tr><td>아르바이트 1명(11:00~15:00)</td><td>시간제</td><td>시간당 : 2,000원
10,000원×30일×1명=300,000원</td></tr>
<tr><td>오후</td><td>아르바이트 1명(17:00~22:00)</td><td>시간제</td><td>시간당 : 2,500원
12,500원×30일=375,000원</td></tr>
<tr><td colspan="5">인 건 비 총 계</td><td>₩ 5,975,000</td></tr>
</table>

※ 아르바이트 요원은 영업실적에 따라 조정한다.

2) 조직구성 계획

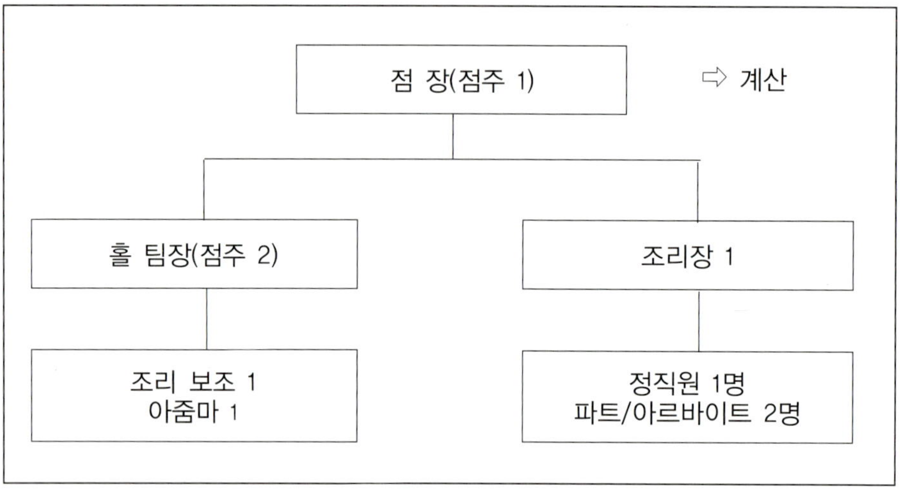

※ 개점초기 캐셔는 별도의 인원 없이 점장과 홀 직원이 담당한다.

3) 채용계획

모집직종	인원	연령	채용기한	운영 개시 후 기본 직접 인건비
조리장 (경력 5년 이상)	1	~35	개점 전 10일까지	185만
홀 주임 (경력 5년 이상)	1			
조리사 (경력 2년 이상)	2	~30	개점 전 10일까지	1,40만
주방 아줌마	1		개점 5일 전	95만
홀 아르바이트	2	~25	개점 1주일 전	시급 주간 (2,000원, 야간 2,500원)

4) 교육계획

일자 분류	시간	교육내용	담당	대상
개업 5일전	14:00~18:00	조리실연 (음식 만들기)	KFI & 조리장	주방직원
개업 4일전	14:00~19:00	조리	KFI & 조리장	주방직원
개업 3일전	청소	조리준비	주방직원	
	12:00~13:00	시식회	주방직원	공사관계자
개업 2일전	10:00~12:00	조리준비 및 요리	주방직원	주방직원
	12:00~13:00	시식회	주방직원	공사관계자
	15:00~17:00	서비스교육	KFI	홀직원
개업 1일전	10:00~12:00	조리연습	주방직원	
	12:00~13:00	시식회	주방직원	친·인척
	14:00~20:00	서비스교육	KFI	홀직원
OPEN 당일	11:00	조례 및 교육	KFI	
	11:00~	영업개시		
	15:00~16:00	평가회	KFI	전직원

※ 개업 3일전부터는 점심시간에 공사관계자 등에게 시식회를 실시한다.
※ 교육교재와 Recipe를 기준으로 교육한다.

5. 시설 및 구매계획

1) 점포계획

구 분	내 용	비 고
실 평수	20평	주방, 홀 포함
주방 면적	8평	
홀면적 / 좌석수	12평 / 42석 전후	평당 2.8석
화장실	공용	
영업시간	11:30~21:30	연중무휴

2) 인·허가사항의 체크

① 영업신고(일반음식점 영업)

가. 점포를 계약하기 전, 영업신고 가능 지역인지를 먼저 확인해야 함(해당 구청 민원실) 건축물 대장의 확인, 도시계획 확인원 등등

- 영업신청시 구비서류
  - 식품영업허가신청서
  - 건축물관리대장등본
  - 영업시설개요(서식의 뒷면에 객장과 주방이 구획된 평면도를 약식으로 기재)
  - 위생교육 필증
  - 도장 및 주민등록증
- 영업허가 지위승계시 구비서류
- 양식은 각 구청 민원실에 비치
  - 양도자 인감증명서(명의변경용)
  - 위생교육필증(신규 사업자)
- 사업자등록증 신청
  - 영업허가증 발급 후 20일 이내 관할 세무서 민원봉사실에 신청
  - 준비물 : ① 사업자등록신청서 2부 작성 ② 주민등록 등본 2통
③ 영업신고증 사본 1부

3) 점포 기본 Lay-out(홀, 주방, 기타)

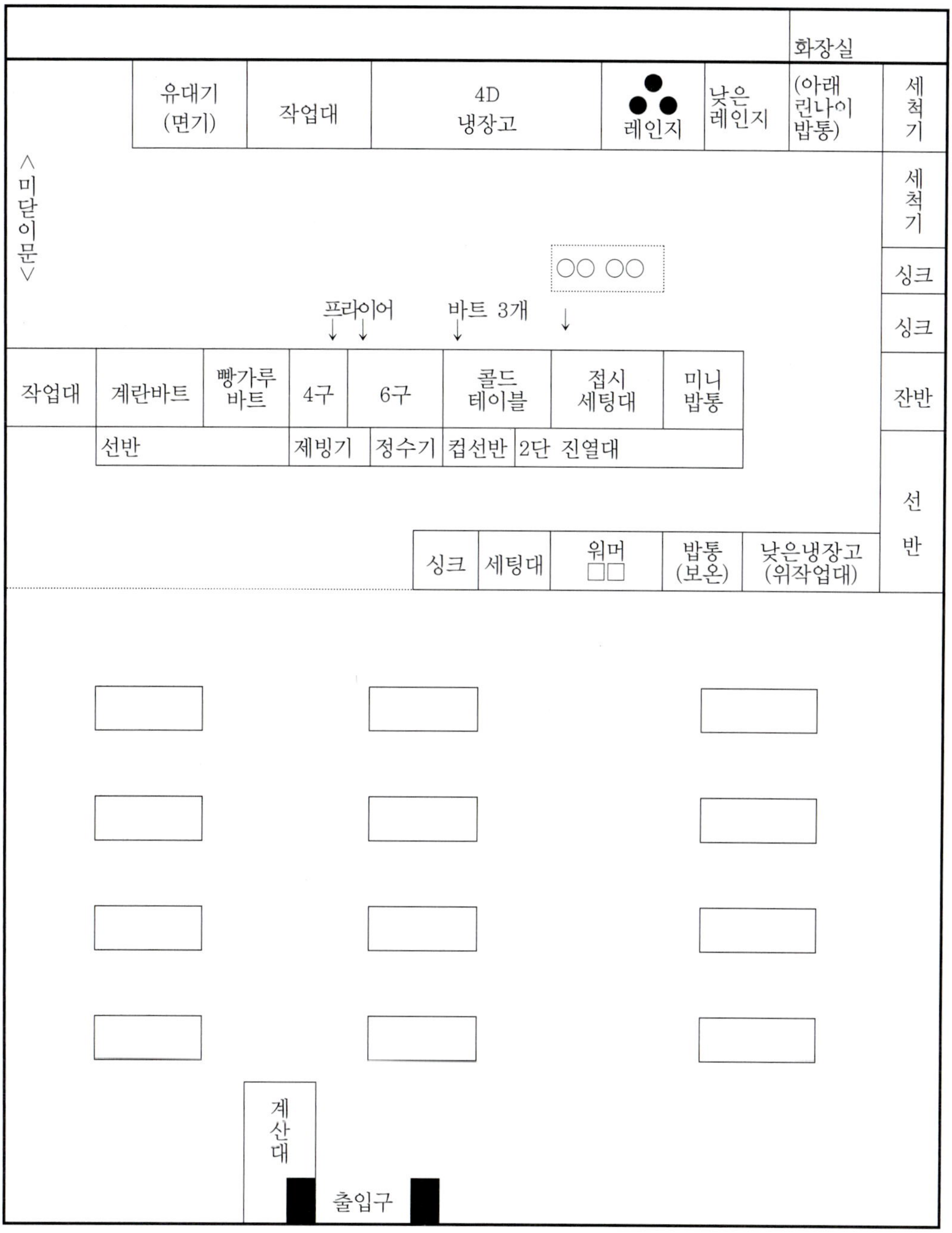

※ 홀은 만석률을 높이기 위하여 2인용 테이블을 절반가량 설치한다.

4) 설비업체 일람표

구 분	업 체	T E L	담당자	비 고
기본설계				
실시설계(주방)				
인테리어				
그 릇				
가구공사				
간판공사				
공조설비				
전기공사				
전화공사				
가스공사				
현수막				
돈가스 받침망				
영업허가				
사업자등록				
카 드				
냅 킨				
요 지				
명 함				

5) 설비 및 비품리스트

① 주방기구 리스트

품 목	규 격	메이커	수 량	단 가	비 고
냉동고	업소용	LG	1	130~170만	
냉장고	업소용	LG	1	130~170만	LG
테이블형 냉장고		주문 제작	1	100~140만	바트 3구
가스 튀김기	대(6구) 소(4구)	린나이	2	90~150만	400×530×850
보온밥통	50인용	신일	1	20~30만	
가스밥솥	//	린나이	1	20~30만	
장국 워머기	주문제작	신일	1	50~70만	
가스레인지	3구	린나이	1		1200×600×800
낮은 레인지	1구	주문 제작	1		
작업대		//	2		1500×600×800
싱크대	1조	//	1		900×600×800
세척 싱크대	2조	//	1		1500×700×800
배기후드		//	1		현장 실측 후 결정
벽선반		//	2		//
연육기(정육점용)	소형	국산	1	30만 원	(3날)
빵가루 기계	日産	일반	1	1,700,000	
양배추 슬라이스기	日産	국산	1	80~90만	
자카드			1	10만 원	3날짜리
민찌기			1	25~30만	
제빙기				150만	
돈가스 받침망				개당 3,000원	

② 주방 비품 리스트(1)

품 목	규 격	메이커	수 량	단 가	비 고
스텐 받드	530×330×150		4		
//	330×270×100		4		
//	330×180×100		4		
소스통	∅170×150		4		
스텐 숲통	∅385×410		3		
//	∅385×410		2		
스텐 믹싱볼	SET		1		사이즈별
철 프라이팬	275×535		2		SET로 1조
	250×520		1		
스텐 샥구	小		1		
고기 망치	70×70×390		1		
잎집게	大		3		
	中		3		
거품기	356mm		1		
	406mm		1		
	대형		1		
야스리			1		
숯 돌			2		공구시 · 모도시
캔오프너			2		
깡기리			2		
주방용 칼			4		야채 · 육류 각 2개
믹서기			2		
타파(보관 용기)	set		1		대 · 중 · 소
양념통	//		1		
스텐 소금 · 후추통	日産		각 2		
위생 도마	大,中,小		각 1		
튀김망	中		3		
아미(튀김용)	小		3		

③ 주방 비품 리스트(2)

품 목	규 격	메이커	수 량	단 가	비 고
주방용 쓰레기통	50l		1		
//	25l		1		
쌀 통	100l		1		
계량컵	1l		1		
//	2l		1		
//	200CC		1		
계량스푼	SET		1		사이즈별
저 울	5KG		1		SET로 1조
//	1KG		1		프라스틱
알뜰주걱	小		3		
계란칼			1		
국 자	大		4		
	中		5		
	小		5		
바케스	스텐		1		
튀김 온도계			1		
주방용 행주			100장		
나무주걱	大		1		
	中		2		
	小		3		
스파칠러			2		햄버거용
뚜껑프라이팬	코팅		1		//
린넨(흰색)			30		
소금·후추통			3		
알루미늄 추레이	大		4		
	中		4		
	小		5		
점화봉			2		

④ 홀 비품(식기) 리스트(1)

품 목	규 격	메이커	수 량	단 가	비 고
케첩통	투명		100		돈가스 소스 담는 용기
카스타드 세트			50		간장·소금·후추·냅킨
젓가락	플라스틱		300		중국식
안주용 접시			20		도자기
돈가스 접시			150		도자기
어린이용 만화 접시			20		플라스틱
소스 그릇			300		멜라민
샐러드 그릇			20		도자기
넌슬립 쟁반	大		10		멜라민(캠브로)
밥 용기			150		일본식
장국 용기			150		//
단무지 그릇			300		멜라민
물 주전자			5		
포 크			100		
양식 수저			100		
저분통			20		
유리컵 클로스			5		
커피 머그컵			50		
프림, 설탕통			5		
커피 스푼			100		

⑤ 사무용품 리스트

품 목	규 격	메이커	수 량	단 가	비 고
메모지	5×10cm		3권		
볼 펜	수성펜	모나미	10		
클 립	box		1		
포스티지	中小		각 2권		
자	30cm		1		
사무용 칼			1		
지우개			1		
샤 프			2		
호치키스			1		
화이트			1		
컬러펜	(red, blue)		각 3		
견출지			1		
스카치테이프			1		
검정테이프	전기용		1		
Boxing테이프			1		
메직펜	(black, red)		각 2		
노 트			2권		

⑥ 인쇄물 및 청소용구 리스트

품 목	규 격	메이커	수 량	단 가	비 고
오더 빌지	기존				
영업 일보					
근무 스케줄표					
발주표					
노동시간 집계표					아르바이트 포함
재고조사표					
전단지					
메뉴북					
각종 P.O.P					
빗자루			2		
더스트 MAP			1		
쓰레받기	손잡이형		1		
대걸레			2		
스펀지 걸레			1		
윈덱스			1		
유리창 닦이	칼날		3		
타일닦이 세제			1		
걸레 세제			1		
			1		
			1		
			1		
			1		
			1		
			1		

6) 식재 리스트

① 식재 리스트(1)

분류	품 명	규 격	단위	단 가	상 호	TEL	비 고
육류	등심(豚)	생육	kg				
	안심(豚)	생육	kg				
해산물	새 우	냉동	kg				
	대구살	냉동	kg				
	칵테일 새우	냉동	kg				
	문 어	냉동	kg				
	훈제 연어	냉동	kg				
공산품류	식 빵	NON-C	봉				
	코알라 빵가루	生	kg				
	우스타 소스	병	BOX				
	A1 소스	병	BOX				
	미 림	1.8L	EA				
	케 첩	3.3	kg				
	겨자분						
	설 탕	3	kg				
	브랜디	700	ml				
	와사비		kg				
	오뚜기 3분 카레	24EA	BOX				
	S B 디너 카레	24EA	BOX				
	S B 분말 카레	400g	CAN				
	혼다시						
	옥수수 기름	18L	CAN				
	대두유	//	//				
	쇼트닝	20	kg				
	비엔나소시지		kg				
	냉동감자		kg				
	왜된장		kg				
	후르츠 칵테일		CAN				
	콘		CAN				
	체 리		병				

② 식재 리스트(2)

분류	품 명	규 격	단위	단 가	상 호	TEL	비 고
공산품류	후춧가루		kg				
	미 원		kg				
	버 터		kg				
	강력밀가루	20	kg				
	식 초	1.8	L				
	저염간장	병	L				
	참기름	병	ml				
	마요네즈	3.3	kg				
	레몬주스	1	L				
	오이피클	병	EA				
	맛소금		kg				
	스모크햄		kg				
	옥수수차		1				
	피자치즈		kg				
	물 엿		kg				
	감자전분		kg				
	참치캔		CAN				
	게맛살		kg				
	데미그라스 소스		CAN				
	토마토 퓨레		CAN				
	토마토 페스트		CAN				
향신료	파세리 분말	200	g				
	넛 맥		kg				
	월계수잎						
	클러브						
	쿠 민						
	코리앤더						
	베이비리브						
농산물	사 과		kg				
	바나나		kg				
	쪽 파		단				
	양송이		CAN				
	감 자	BOX	kg				

③ 식재 리스트(3)

분류	품 명	규 격	단 위	단 가	상 호	T E L	비 고
농산물	당 근	BOX	kg	5			
	양배추	//	//	10			
	레 몬	EA	kg	10개			
	파세리	EA	kg	300g			
	적 채	EA	kg	1			
	단무지		kg	1			
	오복채		kg	1			
	쌀	20	kg	1			
	다시마	EA	kg	1			
	미 역	EA	kg	1			
	팽이버섯	//	봉	1			
	계 란	30	판	10			
	오 이		kg	2			
	양 파		kg	10			
	통마늘		kg	1			
	양상추		kg	1			
	방울토마토		kg	1			
	참 깨		kg	1			
기타	우드락 도시락	EA	BOX				
	포장용 봉투						
	냅 킨						
	소독저						
	만국기						
	사 탕						
	주류 일체						
	세제류						
	랩, 호일						
	청소용품						

7) 점포 운영에 필요한 수배사항(체크리스트)

수 배 사 항	업 자 명	T E L	담당자	계약 가격	계약 내용
전 화					
팩시밀리					
화재보험					
신용카드					
레지스터					
유니폼					
물수건					
식 목					
매 트					
폐유처리					
사무용품					
인쇄물					
주방기구					
쌀					
공산품					
주 류					
명함 · 초대장					
주방기기 A/S					
육 류					
야채류					
디스플레이					
청소용구					
홀 비품					

8) 오픈 시 반입 스케줄

항 목	발 주 처	발 주 시 기	납 품 일	담 당 자
식기류		6/15		
주방·편추리 비품		6/27		
사무용품(레지카운터용)		6/27		
도시락		6/20		
포장 봉투(용품)		25		
판촉물(인쇄물)		15		
디스플레이 비품		25		
유니폼		25		
라커, 책장, 의자		15		
커피머신		OK		
레지스터		OK		
타임 레코더		개업전 10일		
메뉴전표		15		
식재료		개업전 5일		
돈가스 받침망		60개		

6. 운영관리계획

1) 주방 – 일일 운영 매뉴얼

시 각	작업준비 항목	체크	시 각	작업준비 항목	체크
09:00 ~ 11:00 개점전 작업	• 매인트랜스 · 프라이어 · 가스레인지 · 소스워머 · 덕트(환기) • 영업준비 작업 · 쌀의 세척 · 야채류 썰기 · 장국 끓이기		17:00 ~ 21:00 저녁피크 작 업	• 저녁 피크 ※ 점심 피크 작업과 동일	
11:00 ~ 12:00 피크전 점검	• 점심 피크전 작업 · 직원들의 몸단장 체크 · 주방의 청결 상태 · 작업대 위의 준비 · 식재의 체크 · 작업 할당 체크 · 기기 정상 가동 체크 · 원재료 보충 점검		21:00 ~ 22:30 마무리 작 업	• 마무리 작업 · 저녁 피크시의 반성 · 냉동 냉장고의 체크 · 남은 원재료의 보관 (밀폐용기를 사용한다) · 튀김기, 가열기의 청소 · 행주, 걸레 등의 세탁 · 바닥, 벽면의 청소 · 쓰레기의 반출 · 다음날의 발주 품목 확인 · 후방설비, 주방, 화기 간판 및 외등 스위치 OFF	
12:00 ~ 14:00 피크타임 점 검	• 점심시간의 점검 · 상품의 제공 속도 체크 · 적량을 기준대로 담고 있나 · 조리장 내 청결상태 · 원재료의 점검				
14:00 ~ 17:00 아이들 점 검	• 아이들 점검 · 피크 시간의 반성 · 부족 원재료의 보충 · 쓰레기의 반출 · 위생점검 · 홀, 주방, 후방설비의 청소 및 점검			▸ 상황에 따라서는 시간의 과부족이 생깁니다. 그 시간대로 작업 내에 가능한 것은 전후의 시간대에 행합니다. (인계를 잊지 맙시다) ▸ 퇴근 전 다음날 자신의 근무시간을 확인합시다.	

2) 홀 - 일일 운영 매뉴얼

시 각	작업준비 항목	체크
09:30 ~ 11:00 개 점 전 까 지	(1) 청소작업 ① 조명점검 ② 카운터, 테이블, 의자의 청소와 세팅 ③ 레지스터 주변과 홀 바닥 ④ 현관 출입구 및 외부 ⑤ 액자, 창틀의 청소 (2) 서비스 품목의 보충과 정돈 ① 냅킨, 탁상 세트 ② 메뉴, 포장지, 도시락 ③ 재떨이, 컵 ④ 영업 표지판의 체크	
11:00 ~ 12:00 피 크 점 검	(1) 개점에서 점심까지 ① 용모 및 복장단정 ② 서비스용 설비체크 · 냉, 온수기 · 음료냉장고 체크 및 보충 · 음향설비 ON · 장국 워머 점검 ③ 준비완료시 접객 스탠바이 고객내점시 안내 및 물 제공	
12:00 ~ 14:00 피 크	(1) 주로 접객 서비스 ① 원활한 접객 주문작업 ② 상품의 제공속도 체크 ③ 정확한 계산서 작성 ④ 손님 배웅 ⑤ 테이블의 리세트	
14:00 ~ 17:00 아이들 점 검	(1) 아이들 점검 ① 피크 시간의 반성 ② 부족 원재료의 보충 ③ 쓰레기 반출, 위생점검 ④ 후방 설비의 청소점검	

시 각	작업준비 항목	체크
17:00 ~ 18:00 피크전 점 검	(1) 서비스 품목의 보충 ① 냅킨, 탁상세트, 메뉴 ② 포장지, 재떨이, 컵 ③ 음료 냉장고의 보충 (2) 정리정돈 ① 카운터, 테이블, 의자 청소 ※ 더러움이 눈에 보이는 설비, 비품의 청소	
18:00 ~ 21:00 저 녁 피 크	(1) 주로 접객 서비스 ① 원활한 접객 주문작업 ② 상품의 제공속도 체크 ③ 정확한 계산서 작성 ④ 손님배웅 ⑤ 테이블의 리세트 ⑥ 탁상 조미료의 보충	
21:00 ~ 폐점 마무리 작업	(1) 청소 및 정리정돈 ① 테이블 청소 ② 더러움이 눈에 보이는 안팎의 설비 청소 ③ 쓰레기 반출 ④ 위생점검 ⑤ 안전점검 · 워머 스위치 OFF · 냉난방 스위치 OFF · 간판 스위치 OFF · 가스기기 OFF · 각종 화기의 점검	
적 요	▸ 상황에 따라서는 시간의 과부족이 생깁니다. 그 시간대로 작업 내에 가능한 것은 진후의 시간대에 행합니다(인계를 잊지 맙시다). ▸ 퇴근 전 다음날 자신의 근무시간을 확인합시다.	

3) Q.S.C 체크표

체크일 :　　　년　　월　　일
① 체크시간 :　시　분　　(인) ② 체크시간 :　시　분　(인)

구 분		체크 항목	양호	불량	구 분		체크 항목	양호	불량
입구·현관	1	입구, 현관, 스테인리스			서비스스테이션	27	음료의 적정 보관상태		
	2	카운터주변 정리정돈				28	판추리의 정리정돈		
	3	비품준비/전표·성냥·사탕				29	컵, 식기류의 수량		
	4	계산기, 볼펜, 메모지 유무				30	음료냉장고 청결도		
	5	바닥, 재떨이 청소상태				31	냉온수기 작동상태		
	6	잔돈의 준비 상태				32	식기류의 적정사용수		
화장실	7	체크표 작성여부				33	메뉴판의 준비		
	8	비품, 소모품의 준비				34	워머, 보온밥통의 준비상태		
	9	바닥, 벽, 천장의 청결도			몸가짐 안내	35	몸단장-두발, 손톱, 화장		
	10	조명기기의 파손 여부				36	유니폼 청결도		
	11	좌변기·소변기의 청결도				37	명찰, 웃는 얼굴		
	12	장식물·부착용품의 상태				38	안내/인사 · 접객방법		
	13	문(도어)의 작동 여부				39	대기방법		
	14	세면대 주변의 청결도				40	테이블안내-보행,		
	15	거울, 스테인리스의 청소				41	캐셔의 인사, 자세		
객석과 주변	16	바닥청소는 골고루				42	현금, 카드의 수수		
	17	테이블의 청결도			서비스방법	43	걷는법-속도, 신속하게		
	18	테이블, 의자의 흔들림				44	서빙방법, 서빙수순		
	19	테이블 위 카스타 SET				45	주문방법/복창확인		
	20	식목의 상태				46	요리의 제공시간		
	21	공기온도는 적당한가				47	접객용어의 사용		
	22	조명의 청결, 파손				48	웃는 얼굴표정		
	23	벽의 디스플레이, POP 부착				49	세팅은 지시대로		
	24	음향, 음질 등 스피커				50	상품의 지식은		
	25	홀 전체의 정리정돈				51	치우기는 규정대로		
	26	유리창과 턱의 청소				52	모범적인가		
						53			

4) 영업일보

점 포 명				날 짜	년 월 일	
매 출 현 황				월 고객 수 누계		
시 간	매출액	고객조수	조객수	입 금 현 황		
10:00~11:00				일일금액		
11:00~12:00				카드누계		
12:00~13:00				월누계		
13:00~14:00				미입금 사유		
14:00~15:00				기타 입금		
15:00~16:00				근무현황		
16:00~17:00				성명	근무시간	구분
17:00~18:00						
18:00~19:00						
19:00~20:00						
20:00~21:00						
21:00~22:00						
22:00~						
총 계				휴무자내용	성명	성명
카드 매출액		현금매출액				
전표사용매수	장 No ~ No					
사 입 현 황						

업무보고	1. 보고 및 실시 사항	2. 요 청 사 항	3. 자재 Loss 현황	4. 고객 불만 사항

5) 품목별 판매 현황표

[기간 : 1 ~ 15일]

품 목	일자	1	2	3	4	5	6	7	8	9	10	11	12	13	14	15
	단가															
로스가스																
히레가스																
고르케가스																
생선가스																
정식 A																
정식 B																
어린이 돈가스																
모듬가스																
Y세대 가스																
★★★스페셜																
양파튀김																
음 료																
병맥주																
일본주																

[기간 : 16~30일]

품 목	일자	1	2	3	4	5	6	7	8	9	10	11	12	13	14	15
	단가															
로스가스																
히레가스																
고르케가스																
생선가스																
정식 A																
정식 B																
어린이 돈가스																
모듬가스																
Y세대 가스																
★★★스페셜																
양파튀김																
음 료																
병맥주																
일본주																

※ 품목별 판매현황은 필수적으로 기록해야 한다. 향후 경영에 응용되는 데이터(data)이다.

6) 식재 발주표

점 명			발주일			입고일		
발주자			메모					
품 명	단 위	수 량	품 명	단 위	수 량	품 명	단 위	수 량
등 심	KG		밀가루	KG		파세리	개	
안 심	KG		브레딩	포		적 채	KG	
우 육	KG		식 초	병		단무지	개	
새 우	BOX		저염간장	병		오복채	KG	
대구살	KG		참기름	병		쌀	포	
칵테일새우	KG		마요네즈	EA		다시마	개	
문 어	KG		레몬쥬스	병		미 역	개	
훈제연어	KG		오이피클	CAN		팽이버섯	개	
식 빵	봉		맛소금	봉		계 란	판	
빵가루	봉		스모크햄	KG		오 이	KG	
미 림	EA		옥수수차	개		양 파	KG	
케 첩	CAN		피자치즈	KG		통마늘	KG	
겨자분	봉		물 엿	개		양상추	KG	
설 탕	KG		감자전분	KG		방울토마토	KG	
브랜디	병		참치캔	개		참 깨	KG	
와사비	봉		게맛살	개		도시락	개	
오뚜기3분	BOX		데미소스	CAN		포장봉투	개	
SB 디너	BOX		파세리분말	봉		냅 킨	BOX	
SB 분말	CAN		넛 맥	봉		소독저	BOX	
혼다시	봉		월계수잎	봉		만국기	RO	
옥수수기름	CAN		클러브	봉		사 탕	봉	
대두유	CAN		쿠 민	봉		하이트	BOX	
쇼트닝	BOX		코리엔더	봉		라 거	BOX	
비엔나	KG		베이브리브	봉		마주왕	병	
냉동감자	KG		사 과	KG		토마토푸레	CAN	
왜된장	봉		바나나	KG		토페이스트	CAN	
후르츠	CAN		쪽 파	단		우스타소스	BOX	
콘	CAN		양송이	CAN		A I 소스	BOX	
체 리	병		감 자	KG		스파게티	EA	
후추가루	봉		당 근	KG		스파게티소스	CAN	
미 원	봉		양배추	KG				
버 터	개		레 몬	개				

7) 매입 집계표

업체 / 요일		1)		2)		3)		4)		5)	
日	曜										
1											
2											
3											
4											
5											
6											
7											
8											
9											
10											
11											
12											
13											
14											
15											
16											
17											
18											
19											
20											
21											
22											
23											
24											
25											
26											
27											
28											
29											
30											
31											
합 계											

8) 영업 효율표

분석항목 \ 월별	1	2	3	4	5	6	7	8	9	10	11	12	합계
매 출													
전년대비													
객 수													
객단가													
원재료비율													
인건비율													
총노동시간													
인시매출													
노동분배율													
평균시급													
원재료+인건비													
경영체질													

- 매출 : 음식, 커피, 술등 전부 포함한다.
- 전년대비 : 전년의 같은 달의 매출과 대비한다.
- 객수 : 1개월간의 총객수 / 객단가 : 총매출 ÷ 객수
- 원재료비율 : 원료비 ÷ 총매출 × 100
- 인건비율 : 인건비 ÷ 총매출 × 100
- 총노동시간 : 근무시간수
- 인시매출 : 총매출 ÷ 노동시간합계
- 노동분배율: [총인건비 ÷(총매출-원료비)] × 100
- 원 + 인 : 원재료비율 + 인건비율
- 경영체질 : 원제료비율 + 인건비율+제경비율

9) 식재 보관 매뉴얼(주요 식자재)

① 중요 식자재의 보관기준

식 재 명	온도 관리	처 리 방 법	보관 기간
등 심	5℃	입고 후 냉장 숙성 24시간	5일
안 심	5℃	//	5일
우정육	5℃	냉장보관	5일
새 우	-18℃	해동 후 3미 개별포장 냉동보관	유통기한 표시일
대구살	5℃	냉장보관	3일
칵테일 새우	-18℃	냉동보관	유통기한 표시일
문 어	-18℃	해동 후 슬라이스(5g) 30g 단위포장	60일
훈제연어	5℃	냉장보관	유통기한 표시일
식 빵	5℃	냉장 보관(분쇄작업)	유통기한 표시일
빵가루	5℃	냉장보관	유통기한 표시일
향신료	상 온	용기 밀폐 후 건조한 곳에 보관	유통기한 표시일
왜된장	상 온	용기 밀폐 후 건조한 곳에 보관	유통기한 표시일
캔 류	상 온	개폐 후 밀폐용기에 보관	유통기한 표시일
쪽 파	5℃	세척 후 슬라이스 냉장보관(용기)	3일
감 자	상 온	건조한 곳에 보관(신선한 곳)	7일
당 근	//	//	//
기타 야채류	5℃	냉장고 하단에 보관(냉동방지)	즉시(선도 우선)
피자 치즈	5℃	냉장보관	유통기한 표시일

10) 주문전표

주 문 전 표

NO	
HOUR	시 분

DATE	T/NO	담당	고객계층				
			학생	주부	직장인	가족	노인

품 명	수 량	비 고

일식 돈가스 전문점「★★★」

※ 2매 1set(주방-고객·카운터)로 한다.

7. 판매촉진계획

1) 준비사항

항 목	내 용	비 고
현 수 막	상호, 개점 예정일, 업종	정통식 돈가스 전문점
간 판	로고, CI 등의 삽입	간판회사 별첨
전단지	상호, 판매 메뉴, 약도, 전화번호	
사은품	저가의 기념품(볼펜, 메모지)	주로 OFFICE 방문판촉시 사용
명 함	기존 로고, CI 사용	
상권도	점포를 중심으로(상세 상권지도)	반경 1km 정도의 상세 상권도를 그린다.
개점음식물(떡)	개점 당일 판촉用	주변 인근 상인들에 배포
서비스권(30% 할인)	전체	
초대장	일시, 장소 모시는 글	전단, 무료시식권 동봉

2) 판매촉진 스케줄표

스케줄	필요 도구	내 용
개점전-20일	현수막	제작 후 즉각 설치한다.
개점전-10일	초대장, 서비스권	오픈 2주전에 발송(선전의 일부로써 서비스권, 전단지 동봉)
개점전-5일	간 판	시각적 POINT 및 메뉴의 전문적 이미지
	전단지	신문 간지를 이용한 배포, 가두 배포 (점포를 중심으로 반경 2.5km)
개점전-2일	전단지	신문 간지를 이용한 배포, 가두 배포 (점포를 중심으로 반경 2.5km)
개점 당일	개점 음식물 (떡, 등등)	점포 주변 상인들 (개점 인사)
개점후- 3~10일	할인권	주변 OFFICE街를 중심으로 방문 판촉 (상권도에 위한 ROLLER 식 배포)
개점후- 10일	전단지	신문 간지를 이용한 배포, 가두 배포 (점포를 중심으로 반경 2.5km)

3) OPEN 직후의 판촉

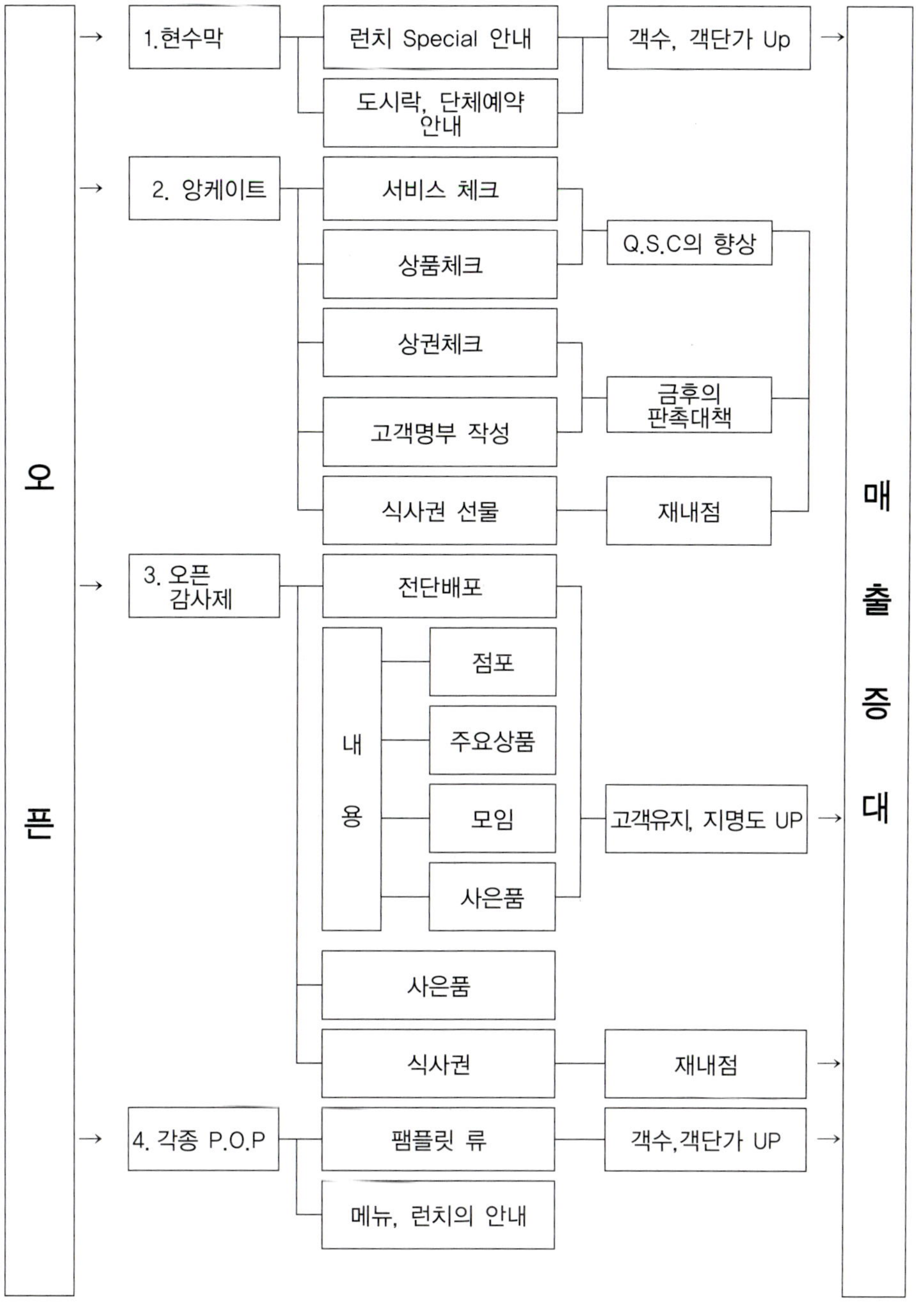

오픈
1.현수막
런치 Special 안내
도시락, 단체예약 안내
객수, 객단가 Up
2. 앙케이트
서비스 체크
상품체크
Q.S.C의 향상
상권체크
고객명부 작성
금후의 판촉대책
식사권 선물
재내점
3. 오픈 감사제
전단배포
내용
점포
주요상품
모임
사은품
고객유지, 지명도 UP
사은품
식사권
재내점
4. 각종 P.O.P
팸플릿 류
객수,객단가 UP
메뉴, 런치의 안내
매출증대

8. 투자예산 및 수지계획(안)

1) 투자비용 분석

(단위 : 만 원)

구 분	항 목	금 액	비 고
주 방 시 설	설 비	1,800	세척기 등
	기구 / 비품	300	
	식 기	350	소도구류
	가스 설비	50	
인 테 리 어	내장 공사	4,000(20평×2백만)	
	간 판	300	전면, 돌출, 입
홍 보 관 련	광고판촉	300	전단, 현수막, 할인권 등
전 산 통 신	전산 장비		컴퓨터, 레지스터
	통신 장비	50	FAX, 전화 가설료
용 역	컨 설 팅	700	
소 품	장식 재료	100	인테리어 소품
초도 상품비		300	식재료 구매비
예비비		300	인허가비용 외
보증금		3,000만 원	
합 계		11,550만 원	

※ 상기 비용은 설비, 비품의 확정시 다소 금액의 차이가 발생할 수 있음.

2) 고정비용의 분석(초기 조건)

항 목		금 액	계산 방법
감가상각비	내장공사비 투자금	43,000,000	내장공사비와 간판은 5년 정액법으로 계산한다. 비용 × 0.9(잔존가치) ÷ 60개월 = 금액 ▸항목: 내장공사비용, 간판설치비용, 소품구매비
	감가상각 비용	645,000	
	주방, 비품투자금	25,000,000	주방설비비 4년 정액법으로 계산한다. 비용 × 0.9(잔존가치) ÷ 48개월 = 금액
	감가상각비용	468,750	
	개업제경비용	11,500,000	개업제경비는 1년정액법으로 계산한다. 비용 ÷ 12개월 = 금액 ▸항목 : 컨설팅 용역비, 예비비
	감가상각비용	958,334	
소계		2,072,084	
지불금리	962,500원		총투자금액 11,550만 원의 연 10% 금리로 계산한다.
월세	200만 원		
합 계		5,034,584	

※ 초기투자를 하여 식당을 개업하게 되면 점포 임대료, 은행 지불금리, 감가상각비, 리스료 등이 초기에 결정되어지며, 이 비용은 매출이 변동하더라도 고정적으로 지출해야 하는 고정비용으로 초기조건이라고도 한다. 고정비용이 매출대비 15%~18% 정도이면 통상적으로 경영상태가 양호한 것으로 판단한다.

3) 손익분기 매출의 계산

항 목		백분율(%)	계산방법
변동비율설정(62%)	원가율	35 %	업계 평균 35%
	인건비율	15 %	업계 평균 20%(오너 1명은 포함하지 않음)
	제경비율	12 %	업계 평균 12%
최소필요매출	금액	25,172,920	고정비용을 매출 대비 20%로 설정하면 필요매출은 초기조건(5,034,584)×100÷20으로 계산된다.
손익분기매출	금액	13,248,905	변동비율을 매출대비 62%로 설정하면 손익분기 매출은 초기조건(5,034,584)÷(1 - 0.62)으로 계산된다.

※ 인건비율과 제경비율의 설정은 전개 지역의 특성과 점포의 여건을 감안하여 다소 하향 조정하였음(점주 인건비는 포함하지 않았음).

※ 손익분기점 매출 13,248,905원이므로 객단가 6,000원으로 가정하면 1개월에 2,208명이 입점하여야 하고 1일 73명이 입점해야 한다. 그러나 영업개시 후 인력의 최소 감소비율과 매출저조로 인한 식자재 로스, 고정비 등으로 실제 손익분기점은 1,600만 원 전후가 될 것이다. 1,600만 원이 손익분기점일 경우 하루에 약 90명이 입점해야 한다.

※ 최소필요매출을 달성하기 위해서는 1개월에 4,195명이 입점해야 하고 1일 140명이 입점해야 한다. 그래서 세전이익 450만 원을 달성할 수 있다.

※ 손익분기점(매출) = 재료비 + 인건비 + 일반관리비 + 고정비 + 세금

4) 매출계획

내역 구분	항목	저조매출	평균매출	목표매출
중 식 (11:00~14:00)	객석 회전율	1.0회전	1.5회전	2.0회전
	고객수	36명명	54명	72명
	객단가	5,000	5,000	5,000
	매출액	180,000	270,000	360,000
아이들타임 (14:00~18:00)	객석회전율	0.3회전	0.5회전	0.8회전
	고객수	10.8명	18명	28.8명
	객단가	4,000	4,000	4,000
	매출액	43,200	72,000	75,200
석 식 (18:00~22:00)	객석회전율	1.2	1.8	2.5
	고객수	43.2명	64.8명	90명
	객단가	6,000	6,000	6,000
	매출액	259,200	988,8000	540,000
합 계	객석회전율	2.5	3.8	5.3
	고객수	90명	136.8명	190.8명
	객단가	5,360	5,342	5,320
	日 매출액	482,400	730,800	1,015,200
	月 매출액	14,472,000	21,924,000	30,456,000
	年 매출액	173,664,000	263,088,000	365,472,000
비 고	• 면적 20평 / 좌석 45석(평당2.2석) / 만석률 80%(36석) 기준 산정하였다. • 매출 산정은 평일을 기준으로 하였다. • 최저 매출은 개업 후 2~3개월 정도의 개업 초기에 예상되는 매출임 • 표준 매출은 개업 첫 달과 개업 후 3~6개월 경과 후 통상적으로 기대되는 매출임 • 목표 매출은 개업 후 영업력이 90% 발휘되었을 때 예상되는 매출로서 개업 후 6개월이 경과하였을 때 기대할 수 있다. • 객단가가 시간대별로 다른 것은 시간대별로 판매메뉴가 다를 것으로 예측되기 때문이다.			

5) 월차손익계획(月次損益計劃) 표준형 P/L

항 목		저조매출	%	평균매출	%	목표매출	%
총매출액		14,472,000	100	21,924,000	100	30,456,000	100
원재료 비용		5,499,360	38	7,673,400	35	9,136,800	30
인건비		4,341,600	30	4,341,600	19.80	6,000,000	19.70
	총인원	6(점주 포함)		6		8	
	정직원	3		3		4	
	파트, 아르바이트	2		2		4	
	평균인건비						
제경비		1,881,360	13	2,630,880	12	3,350,160	11
	수도광열비						
	통신·잡비						
	광고·접대						
	연구·교육						
	소모·수리						
임대료		2,000,000		2,000,000		2,000,000	
감가상각비		2,072,084		2,072,084		2,072,084	
지불금리		962,500		962,500		962,500	
세전이익		-2,285,000		2,244,000		6,934,000	

※ 소수점 이하로 인해 수치가 다소 차이가 있을 수 있다.
※ 오너 1명에 대한 인건비는 산정하지 않았다.
※ 감가상각, 금리까지 공제하였으므로 그 이익의 폭은 보다 클 수 있다.

별첨 : 오픈 스케줄표, 메뉴별 Recipe, 소스별 Recipe, 원가계획, 교육교재

1998년 4월

NO	1	메 뉴 기 준 표				점 명 :			
메뉴명	로스돈가스		년 월 일						
			판 매 가	5,000					
NO	원료명	수량	제조법	단가	금액	단가	금액	단가	금액
1	돈등심	140g		4.7	658		658		
2	빵가루	45g		1.87	84		84		
3		1		10	10		10		
4	계란	1/3		93	31		31		
5	식용유	1		100	100		100		
6	밥	200g	밥 200g = 생쌀 90g	1.9	171		171		
7	장국	200cc	미역, 파, 팽이 포함	1	90		90		
8	단무지	20g		1.3	26		26		
9	무절임	20g		2	40		40		
10	모듬야채	100g	양배추, 오이, 적채, 토마토, 파슬리	1.93	193		193		
11	돈가스 소스	40cc		3.28	131		131		
12	드레싱	40cc		2.96	119		119		
13	음료·커피	1		100	100				
14									
15									
17									

제조법의 요점		원료비	1,753		1,653		
		순이익	4,047		3,347		
		원료비율	30.2		33		
		제 기 록					
		연월일					
담기요점							

식자재별 원가계산서

98. 4

식 재 명	포장 단위	단가	kg / 단가	g / 단가	L / 단가	ml / 단가	비고 (loss %)	최종단가 (기준)
사과			2,700	2.7				2.7/g
바나나			3,000	3				3/g
깐 쪽파	700g/단	2,500	3,500	3.5			5%	3.67/g
감자			2,300	2.3				2.3/g
양배추	2.5kg/ea	2,500	1,000	1			20%	1.2/g
당근			1,200	1.2				1.2/g
레몬	EA	600	1 / 12 = 50원					50/ea
파세리			8,000	8			20%	9.6/g
적채	포기	1,500					15%	3/g
단무지	통	2,200						1.3
건다시마			7,000	7				7/g
건미역			15,000	1.5				1.5/g
팽이	100g/봉	600	6,000	6			5%	6.3/g
계란	판	2,800						
오이			1,600	1.6			5%	1.68
양파			800	0.8			5%	0.84/g
통마늘			6,500	6.5				6.5/g
양상추			3,000	3			20%	3.6/g
참깨			7,500	7.5				7.5/g
무	2.5kg/개	800	320	0.32			10%	03.52/g
찹쌀가루			5,000	5				5/g
고운 소금			700	0.7				0.7/g
방울토마토			4,500	4.5				4.5/g
양송이			6,000	6			10%	6.6
쌀	20kg/포	38,500	1,925	1.92				1.92/g
연근			3,000	3				3/g

식자재별 원가계산서

[분류 : 가공식품]

식 재 명	포장 단위	단가	kg / 단가	g / 단가	L/ 단가	ml / 단가	비고 (loss %)	최종단가 (기준)
참기름	300g	4,400	14,700	14.7				14.7/g
저염간장	병/1L				2,000	2		2/ml
우스타 소스	4.3L	6,500			1,511.6	1.51		1.51/ml
A1 소스	병/400ml	3,700			9,250	9.25		9.25/ml
미림	1.8L	3,500			1,944	1.94		1.94ml
빵가루	5kg	7,000	1,400	1.4				1.4/g
토마토케첩	3.3kg	2,900	878.7	0.878				0.878/g
겨자분	300/g	1,300	4,333	4.3				4.3/kg
설탕	3/kg	4,000	1,333	1.3				1.3/g
와사비	300/g	2,300	7,666	7.66				7.66/g
오뚜기 3분	190g/봉	1,000						1,000/봉
S.B 분말	400g	7,500	18,750	18.75				18.75/g
혼다시	1/kg	19,000	19,000	19				19/g
식용유	18L	33,000			1,833	1.83		1.83/ml
쇼팅(하인즈)	14L	22,000			1,571	1.57		1.57ml
비엔나소시지	1/kg	5,200	5,200	5.2				5.2/g
맛감자	1/kg	7,000	7,000	7				7/g
왜된장	1/kg	4,000	4,000	4				4/g
후르츠칵테일	850g/c	2,700	3,176	3.17				3.17/g
후추가루	450/g	8,000	17,777	17.77				17.77/g
미원	1/kg	3,500	3,500	3.5				3.5/g
버터	450g/ea	4,000	8,888	8.88				8.88/g
밀가루	20/kg	15,000	750	0.75				0.75/g
식초	1.8L	1,800			1,000	1		
마요네즈	3.2/kg	7,000	2,187.5	2.18				2.18/g
레몬주스	946/ml	4,000			4,228	4.22		4.22/ml

식자재별 원가계산서

[분류 : 가공식품]

식 재 명	포장 단위	단가	kg / 단가	g / 단가	L / 단가	ml / 단가	비고 (loss %)	최종단가 (기준)
오이피클	620g/병	3,700	5,967	5.96			20%	7.16/g
맛 소금	1/kg	1,400	1,400	1.4				1.4/g
피자치즈	2.5/kg	24,500	9,800	9.8				9.8/g
감자전분	25/kg	80,000	3,200	3.2				3.2/g
데미그레이스	3/kg	15,500	5,166	5.16				5.16/g
토마토 퓨레	3.3/kg	8,000	2,424	2.4				2.4/g
토마토 페스트	3.2/kg	8,000	2.424	2.4				2.4/g
넛 맥	500g	9,000	18,000	18				18/g
월계수잎	450/g	6,000	13,333	13.33				13/g
크로바	500/g	9,000	18,000	18				18/g
스파게티	500/g	900	1,800	1.8			수율 200%	0.9/g
스파게티소스	3/kg	14,000	4,666	4.6				4.6g
양송이 홀	2.8/kg	6,000	2,142	2.14				2.14/g
일제 마몬드카레	250/g	4,000	16,000	16				26/g
오뚜기 바몬드	120/g	1,300	10,833	10.83				10.83/g
제과점 식빵	1/kg	2,000	2,000	2			20%	2.4/g
빵가루 7:3			1,700	1.7			10%	1.87/g
코리엔더	450	15,000	33,333	33.33				33.3/g
쿠 민	500	13,000	26,000	26				26/g
오뚜기 바몬드	130g	1,300	10,000	10				10/g
우 유	1 L	1,200			1,200	1.2		1.2/ml

식자재별 원가계산서

[분류 : 육류·해산물]

식 재 명	포장 단위	단가	kg / 단가	g / 단가	L / 단가	ml / 단가	비고 (loss %)	최종단가 (기준)
도드람 전지			3,500	3.5				3.5/g
도드람 등심			4,700	4.7				4.7/g
축협 안심			5,000	5				5/g
소 양지			8,500	8.5				8.5/g
새우(오도리)	25미/kg	25,000						1,000/미
대구살			4,000				20%	4.8/g
칵테일 새우	80미/kg	16,000						200/미
문 어			13,000	13				13/g
훈제연어			16,000	16			5%	16.8/g
베이컨	1/kg	10,000	10,000	10				10
비엔나	1/kg	3,200	3,200	3.2				3.2
소 정육	1/kg	8,500	8,500	8.5				8.5/g

소스류 원가계산

1998. 4월 기준

돈가스 소스(42L)			드레싱(50L)			타르타르(4L)		
재료	중량	금액	재료	중량	금액	재료	중량	금액
우스타	18L	27,209	겨자	376g	1,617	오이	1kg	1,680
A 1	6L	55,500	설탕	2.4kg	3,120	피클	400g	4,296
와사비	50g	383	양파	4.5kg	36,000	레몬쥬스	100cc	211
사과	2.5k	6,750	계란노른자	60ea	5,600	마요네즈	1.6kg	3,500
바나나	4k	12,000	식초	5.4L	5,400	계란	10ea	933
겨자분	250g	1,075	참기름	2.7L	39,690	양파	0.5kg	420
설탕	1kg	1,300	식용류	19.8L	36,293	소금	2.5g	2
미림	5L	9,720	저염 간장	10.2L	20,400			600
토마토케첩	3L	2,900						
양파	5kg	4,000						
브랜디	700ml	12,500						
왜된장	900g	3,600						
찹쌀가루	185g	925						
	합계	137,862			148,120			11,642
	L	3,282.4			2,962.4			2,910.5
	ml	3.28			2.96			2.91
	1인분	131			119			174.6

사례 1_판매실현 타당성 검증

[일본식 고깃집(야끼니꾸) 30평의 수지 시뮬레이션을 통한 사업타당성 분석]

- 가정(추정) 설정
  - 1인 식사시간 : 점심 - 30~40분, 저녁 - 1.5시간
  - 1인 객단가 : 점심 - 7,000, 저녁 - 15,000원
  - 좌석수 : 45석
  - 만석률 : 70%(32석)
  - 테이블수 : 15개(2인석 - 5개, 4인석 - 10개)
  - 메뉴 : 저녁 - 고기중심, 점심 - 식사(면류 중심)

1. 월간추정 손익계산과 필요매출 산출

분류	항목	단위	단위	금액(BEP)	비율(%)	필요매출	비율(%)	비고(업계평균수치임)
매출	매 출			25,253,690.0	100.00	42,593,750.0	100.00	
매출원가	재료비			8,838,791.5	35.00	13,630,000.0	32.00	순수 식재료비 평균 35%
매출이익	매출이익			16,414,898.5	60.00	28,963,750.0	60.00	매출-매출원가
일반관리비	소 계			10,107,184	40.02	12,544,372	29.45	
	인건비	1,500,000	4.5	6,750,000	26.73	7,500,000	17.61	주방2, 홀3명, 기타
	수도광열비			1,010,148	4.00	1,703,750		매출대비 4%
	카드수수료			689,426	2.73	1,162,809		카드매출대비 2.7%
	4대보험	300,000	3	900,000	3.56	900,000	2.11	3명 가입(회사부담 전액)
	기타(소모품)			757,611	3.00	1,277,813		매출대비 3%

고정 비용	소 계			4,237,500	16.78	4,237,500	9.95	
	월 세			2,500,000		2,500,000		임대평수 40~50평
	본부비			-				체인본사에 내는 비용
	이 자	130,000,000	0.07	758,333		758,333		이율 연 7%
	감 가 상각비	47,000,000	48	979,167		979,167		인테리어, 주방, 싸인, 에어컨
세금	매 출 부가세			2,025,060	8.02	3,487,866	8.19	매출의 10%
	주민세							
이익				45,154	0.18	8,694,013	20.41	

불포함 : 소득세, 주인 인건비, 일본의 프라임코스트 45~50%

투자비 1억3천만 원	보증금	5,000		에어컨 등	500	
	인테리어	2,700		예비비	500	
	주방/기물	1,000		운전자금	2,100	
	싸인	500		초도상품	700	

2. 판매실현 타당성(가능성) 검증

- 가정(추정) 설정
  - 1인 식사시간 : 점심 - 30~40분, 저녁 - 1.5시간
  - 1인 객단가 : 점심 - 7,000, 저녁 - 15,000원
  - 좌석수 : 45석
  - 만석률 : 70%(32석)
  - 테이블수 : 15개(2인석 - 5개, 4인석 - 10개)
  - 메뉴 : 저녁 - 고기중심, 점심 - 식사(면류 중심)

식사유형	항목	금액(추정1)	단위	손익분기점(BEP)	필요매출
점심 11:30 ~14:00	객석회전율	0.8	1	1.0	2.0
	손님수(명)	26.0	1	32.0	64.0
	1인 객단가	7,000.0	1	7,000.0	7,000.0
	판매금액	182,000		224,000	448,000

식사유형	항목	금액(추정1)	단위	손익분기점(BEP)	필요매출
저녁 18:00 ~24:00	객석회전율	1.0	1	2.0	3.0
	손님수(명)	32.0	1	64.0	105.0
	1인 객단가	13,000.0	1	13,000.0	13,000.0
	판매금액	416,000		832,000	1,365,000

식사유형	항목	금액(추정1)	단위	손익분기점(BEP)	필요매출
일매출 합 계	객석회전율	1.8	1	3.0	2.0
	손님수(명)	58.0	1	105.0	64.0
	1인 객단가	10,311.0	1	10,311.0	7,000.0
	판매금액	598,000		1,056,000	448,000

식사유형	24일	14,352,000	24	25,344,000	43,512,000
연간합계	12개월	172,224,000	12	304,128,000	522,144,000

사례 2_수익(손익)분기점 분석

창업전 수익(손익)성 분석을 통하여 계약을 할 것인가 아닌가를 판단할 수 있는 주관식 프로그램이다. 본 내용은 창업예정자에게 유익한 프로그램이므로 여기에 소개한다. 보다 세부적이고 구체적인 활용방법에 대해서는 소상공인지원센터(http://www.sbdc.or.kr)를 이용하기 바란다.

▸ 귀하가 운영 중인 점포의 테이블 단가는 얼마입니까?

(테이블단가란? 단위테이블 당 발생하는 평균 매출액)

계산방법 : 테이블단가 = {객단가(고객 1인당 평균 매출액)×테이블 당 평균 고객수}

▸ 귀하가 운영 중인 점포의 테이블은 몇 개입니까?

*참고 : 테이블수 계산 방법

1. 점포 실평수에서 주방 평수를 제외한 평수
   주방 평수는 귀하의 점포 운영계획과 업종에 따라 차이가 큰 편이나 매장 평수 대비 10~20% 범위 내에서 평가
2. 주방 제외 실 평수에서 한식 1테이블/1.5평 이내, 일식 1테이블/ 2평 이내로 산정
   예) 실평수 20평인 경우 주방 4평을 제외한 16평으로 4인 기준 테이블 10개

▸ 귀하가 운영 중인 점포의 1일 테이블 회전수는 얼마입니까?

*테이블 활용수란? 매출이 발생한 테이블숫자

예) 테이블 20개인 업체에서 일 매출이 발생한 테이블수가 30테이블이라면 테이블 회전수는 30/20=1.5로 테이블 회전수는 1.5에 해당한다.

▸ 포장판매와 배달판매 일 예상 매출은 어떻습니까?

▸ 귀하가 운영하는 점포의 일 예상 매출액은 얼마입니까?

▸ 귀하가 운영하는 점포의 월 예상 매출액은 얼마입니까?

▶ 비용평가

1. 종업원 1인당 평균인건비는 얼마입니까?

※ 종업원 인건비는 지역별, 업종별로 차이가 있음, 창업업종의 특성에 맞게 평가할 수 있습니다.

예) 주방장급여 150~250만 원/월, 매장근무자 120~150만 원/월

① 주방장 [0] 원 ② 상시근무자 [0] 원,

③ 파트타이머 [0] 원

2. 종업원은 몇 명입니까?

※ 업종 및 사업자의 의도에 따라 근무자를 정할 수 있으며, 일반적으로 4인기준 테이블 5~8개당 1명으로 산정됩니다(주방근무자 별도).

① 주방장 [0] 원 ② 상시근무자 [0] 원

③ 파트타이머 [0] 원

3. 본인 및 가족의 인건비는 얼마입니까?

※ 사업자의 의도와 전직경력 등을 토대로 평가할 수 있으나, 과다한 비용산정은 수익성평가에서 비용을 상승시켜 순익 감소될 수 있음을 고려하시기 바랍니다.

예1) 소상공인지원센터 경영진단에서 본인 및 가족인건비 산정기분(본인 150만 원/월, 가족 100만 원/월)

예2) 본인의 인건비 전직연봉 80%를 월로 평가

① 본인 [0] 원/월 ② 가족 [0] 명 / [0] 원/월

4. 매출원가비중은 얼마입니까? [0] %

※ 매출원가비중은 업종과 객단가에 따라서 차이가 많은 편이나, 일반적으로 30~50% 내에서 구성되며, 바람직한 비율은 30~40% 정도라 할 수 있습니다.

5. 사업장 보증금, 월 지급임차료 및 월 관리비는 얼마입니까?

※ 점포임차시세자료를 가급적 정확히 입력하시길 바랍니다.

① 보증금 [0] 원/월 ② 월 지급임차료 [0] 원,/

③ 월 관리비 [0] 원

6. 수도관열비, 차량유지비, 통신비 등은 월 얼마입니까?

① 수도광열비 [0] 원 ② 차량유지비 [0] 원,/

③ 통신비 [0] 원

7. 광고선전비 및 기타잡비는 월 얼마입니까?

※ 홍보, 광고비 책정은 음식업종 사업자에게 반드시 필요한 부분입니다. 신규사업자는 신규고객확보를 위해서, 기존사업자는 기존고객으로 하여금 점포브랜드를 재인식시키고 신규고객을 창출하기 위해서입니다.

① 광고선전비 [0] 원 ② 기타잡비 [0] 원(5,6,7번 비용 외 지출비용)

부록 3 운영(창업)자금조달 가능기관

기관	대출명	내용				
		대상자	한도	금리	연락처	기타
중소기업청 소상공인진흥원	소상공인 창업 및 경영개선 자금	• 우선지원자금 대상 - 중소기업청장이 정한 교육을 이수한 소상공인 또는 예비창업자 • 정책목적자금 대상 - 프랜차이즈 가맹점 사업자, 신사업 개발 창업자, 장애인 창업자 등 정부의 정책적 지원 사업에 참여한 소상공인 및 재해피해 소상공인	최대 5,000만 원	3.67% ('11년 1/1분기 기준)	소상공인지원센터 1588-5302	
서울신용보증재단	서울특별시 창업자금 및 사업장 임차자금 지원	• 창업교육 이수 및 사업성 컨설팅을 받은 자로서 사업자등록 후 3개월 이내(개업일 기준) 창업자 또는 업종 전환자	• 창업자금특별지원 - 3,000만 원 이내 • 사업장임차자금특별지원 5,000만 원 이내	각 은행별로 상이 평균 6.60%	1577-6119	
한국여성경제인협회	창업자금지원사업	• 배우자의 사망, 이혼 및 1년 이상 장기실직으로 가족을 사실상 부양하는 경우 • 배우자가 심신장애, 사고, 질병 등의 사유로 노동능력이 상실되어 배우자를 대신하여 가족을 부양하여야 하는 경우	최고 3,000만 원	연 3.0%	서울지회 02)720-4244	
	주류대출	• 해당 점포에서 주류를 납품하는 조건으로 대출 • 생맥주 판매량에 따른 대출 금액 상이 • 맥주 쇼케이스, 생맥주 관련 설비, 소모품 기본 지원 • 2년 약정	500~3,000만 원	무이자	주류도매회사	
각 시·군·구청	식품진흥기금	• 현재 영업중인 업소 - 시설개선자금, 화장실개선자금, 모범음식점 운영자금	시설개선자금 1억 원까지 화장실개선자금은 2,000만 원까지('11년 동대문구청 기준)	1~2% ('11년 동대문구청 기준)	각 시·시·군·구청 보건위생과	
서민대출상품	미소금융중앙재단	• 신용등급 7등급 이하 저소득, 저신용자 지원 - 프랜차이즈창업자금대출/5,000만 원/연 4.5% - 창업임차자금(사업장임차보증금) 대출/5,000만 원/연 4.5% - 운영자금대출/1,000만 원/연 4.5% - 시설개선자금/1,000만 원/연 4.5% - 사업자무등록자영업자를 위한 무등록사업자대출/5,000만 원/연 2.0%	1,000~5,000만 원	2.0~4.5%	1600-3500	
	햇살론	• 신용 6~10등급 연소득 2천6백만 원 이하 • 정부, 공공기관의 창업교육을 이수한 창업자 • 무등록, 무점포 자영업자가 사업자 등록 후 점포를 구비하는 경우	5,000만 원	상호금융 10.95% 저축은행 14.24%	상호금융회사, 저축은행	
	새희망홀씨대출	• 신용등급 5등급 이하로 연 소득 4천만 원 또는 3천만 원 이하인 자	2,000만 원	11~14% ('10년 10월 기준)	농협중앙회, 신한은행, 우리은행, SC제일은행 등 시중 16개 은행	

참고문헌

각 대기업 중소기업 공시사료, 2011

공정거래위원회, 2012

금융감독원 공시시스템

김동승, 외식창업마케팅, 백산출판사, 1998, p.15

김태희, 외식산업의 현황과 과제, 2003

김헌희 · 이대홍, 외식창업실무론, 백산출판사, 1999

나정기 · 조춘봉, 한국 외식업 발전사에 관한 소고, 1999

남수정 · 김인식, 외식산업에 있어서 육류이용의 현황과 전망, 2003

농림부, 외식산업 발전방안 연구, 2011

농수산식품유통공사 · 최규완, 2012년 2분기 한국음식업경기지수보고서, 2012

농식품부 · aT, 2016년도 식품 외식산업 주요지표, 보도자료 인용

농정연구, 외식산업현황과 당면과제, 농정연구센터, 2007

모수미, 한국 외식문화의 발달과정, 한국식생활문화학회지, 1994

미국레스토랑협회, 新2011 Restaurant Industry Pocket Factbook, 2011

박기용, 21세기 글로벌 시대의 외식산업 경영학, 대왕사, 2008

박춘란 외, 단체급식, 광문각, 2007

박형희, 외식경제신문, 한국외식정보(주), 2012

상무성, County business patterns, Annual retail trade survey, 2007 Economic census

서울신문, 2012

소상공인창업지원센터(http://www.sbdc.or.kr/)

식품외식경제신문, 2012.06.25

식품의약품안전청, 식품의약품통계연보, 2010

신봉규, 입지상권분석, 백산출판사, 2010

신재영 · 박기용, 외식산업개론, 대왕사, 1999, pp.34~35

여성가족부, 가족실태조사, 2010

외식산업총합조사연구센터(매출액), 2009

월간식당, 2011년 국내음식점 실태조사, 2011

월간외식경영, 2012

이데일리, 2012

2012 한국고용정보원(잡영)/직업별 분석과 전망(발췌자료)

2011년 국세통계연보, 2010년도 제2기 부가가치세 신고현황자료

일본 新도소매업 및 서비스업 총조사, 2009
일본총무성, 新사업소·기업통계조사(사업체수, 종사자수), 2006
(재)일본외식산업총합조사연구센터, 가계조사연보, 총무성, 2010
中國電子商務硏究中心, 코트라 칭다오 KBC 자체 자료조사, 2010
중소기업연구원, 외식업 업종별 현황, 2012
중화인민공화국 국가통계국, 소비자물가지수, 2008
통계청, 경제통계국 산업통계과 新도소매업조사
통계청, 경제통계국 산업통계과, 2012
통계청, 도소매업조사, 도소매업 및 서비스업총조사, 2011
통계청, 서비스업총조사, 2005
한국외식산업연구소, 안산시 댕이골음식문화거리 육성방안 연구, 2007
한국외식업중앙회 통계자료, 2011
한국외식연감, 2011
한국은행, 경제통계시스템(ecos.bok.or.kr)
한식재단, 한식세계화를 위한 정보조사 및 마케팅 전략수립 보고서, 2009
홍여진, 외식업체의 육류 품질 및 서비스품질이 고객만족 및 충성도에 미치는 영향에 관한 연구, 경기대학교 석사학위논문, 2007, p.8 인용

Bureau of Labor Statistics, Consumer Expending Survey, 2003~2008
CENSUS, County Business Patterns, Annual Retail Trade Survey, 2007 Economic Census
DART(금융감독원 전자공시시스템), 2012
Donald E. Lundberg. John R. Walker, The Restaurant from Concept to Operation, John Wiley & Sons, Inc., 993
FIS, 식품산업통계, 2012
KOSIS, 도소매업조사, 2012
MK뉴스, 2012
NRA, 2006
tgate.or.kr(2012)
USDA, Economic Research, Food Expenditure Series, 2009

■ 저자소개

신봉규 박사

- 현, (사)한국외식산업연구소 대표이사
- 농림수산식품부 한식세계화 TFT(2008)
- SK텔레콤, 롯데월드, 한화설악워터피아, 프랑스(파리) 한식당방문컨설팅 등 수행
- 중소기업청 컨설팅/교육대상 수상

저서 / 논문

- 입지상권분석, 친절서비스실무, 성공지침서 등
- 한식에 대한 인식이 이미지, 태도, 세계화 추구성향에 미치는 영향관계(박사학위논문)

박재호 박사

- 현, 경기대학교 관광전문대학원 겸임교수(외식창업 및 프랜차이즈)
- (주)이원(투다리, 칸) 공동창업
- 한국외식경영학회 부회장, 감사, 상임이사

대표 연구논문 : 국내 외식프랜차이저의 생존율에 관한 연구 외

송흥규 박사

- 현, 장안대학교 외식산업학과 교수
  한국연회기획가협회 대표
  한국음식관광연구원 사무총장
  한국서비스디자인연구소 대표
- (사)한국외식산업연구소 이사 및 자문교수

저서 / 논문

- 외식창업실무(형설), 호텔연회기획(백산출판사), 호텔이벤트기획(대왕사)
- 외식소비자의 건강메뉴성향이 건강외식지향에 미치는 영향 – 웰빙 성향과 LOHAS 성향을 조절 변수로 –

이용석 박사

- 현, 업소용 주방기구 전문회사 ㈜키데코 대표이사
  경기대학교 서비스경영전문대학원 서비스벤처창업경영학과 겸임교수
- 경기대학교 서비스경영전문대학원 외식벤처창업경영학과 석사/박사
- 미국레스토랑협회(NRA) 국제공인레스토랑경영전문가(FMP) 자격
- 외식기업 해외시장진출의 문화적 결정요인에 관한 연구(박사학위논문)

박한나 박사

- 현, 소상공인진흥원 컨설턴트
  (사)한국푸드코디네이터협회 이사
  서울호서전문학교 식품조리과 학과장
- 배화여자대학교 겸임교수, 경기대학교 영양교육대학원 강사
- 경기대학교 외식조리관리전공 박사

저자와의
합의하에
인지첩부
생략

신 외식산업현황과 창업실무매뉴얼

2013년 2월 25일 초 판 1쇄 발행
2018년 2월 10일 개정판 2쇄 발행

지은이 신봉규 · 박재호 · 송흥규 · 이용석 · 박한나
펴낸이 진욱상
펴낸곳 백산출판사
교 정 편집부
본문디자인 오행복
표지디자인 오정은

등 록 1974년 1월 9일 제406-1974-000001호
주 소 경기도 파주시 회동길 370(백산빌딩 3층)
전 화 02-914-1621(代)
팩 스 031-955-9911
이메일 edit@ibaeksan.kr
홈페이지 www.ibaeksan.kr

ISBN 978-89-6183-671-5
값 28,000원